2013~2014
中国通信业发展分析报告

中国通信企业协会 编

人民邮电出版社
北京

图书在版编目（C I P）数据

2013～2014中国通信业发展分析报告 / 中国通信企业协会编. -- 北京 : 人民邮电出版社, 2014.4(2014.7重印)
ISBN 978-7-115-35127-2

Ⅰ. ①2… Ⅱ. ①中… Ⅲ. ①电信－邮电企业－经济发展－研究报告－中国－2013～2014 Ⅳ. ①F632

中国版本图书馆CIP数据核字(2014)第055882号

内 容 提 要

本书是一部综合反映2013年中国通信业发展的研究分析报告。书中对2013年通信业和互联网的发展以及新政策、新业务、新技术和由此带来的影响等进行了深度分析，对2014年通信业的发展作出了预测和展望，内容涵盖了运营、市场、业务、技术、管理等众多方面，以及通信和互联网产业链的各个环节。书中给出了大量详实的数据，同时收录了业内外专家针对备受业界关注的热点问题专门撰写的文章。全书具有较强的分析性、研究性和参考性。

本书可供通信业的各级管理人员、相关研究单位工作人员以及关心中国通信业发展的各界人士参考。

◆ 编　　　中国通信企业协会
责任编辑　王建军　李　静
执行编辑　李娅绮
责任印制　焦志炜

◆ 人民邮电出版社出版发行　　北京市丰台区成寿寺路11号
邮编　100164　　电子邮件　315@ptpress.com.cn
网址　http://www.ptpress.com.cn
北京天宇星印刷厂印刷

◆ 开本：880×1230　1/16　　彩插：32
印张：26　　2014年4月第1版
字数：732千字　　2014年7月北京第2次印刷

定价：360.00元

读者服务热线：(010)81055488　印装质量热线：(010)81055316
反盗版热线：(010)81055315
广告经营许可证：京崇工商广字第0021号

前　言

2013年，全国通信业按照“稳中求进”的总基调，着力稳增长、调结构、促改革，积极推动通信业创新发展和转型升级，宽带中国战略支撑向信息社会转型，但信息社会发展区域失衡问题仍然非常突出。通信行业保持平稳较快发展，基础设施建设步伐加快，用户规模持续快速增长，移动通信加速更新换代，市场竞争格局进一步优化，三网融合取得积极进展，新兴信息消费成为拉动内需的重要力量，移动通信转售业务对民资开放，市场监管能力稳步增强，网络与信息安全保障有力，行业发展活力持续增强，加速推动了两化的深度融合和信息化水平的提升，服务和支撑国民经济社会发展的基础性、先导性和战略性作用日益突出。

《2013～2014中国通信业发展分析报告》（以下简称《报告》）聚焦通信、互联网及战略性新兴产业领域，全面梳理了中国通信业的发展变化情况，对中国通信业的行业发展、电信运营企业（包括互联网企业）的发展、宽带及移动通信发展、新一代信息技术发展、互联网发展、网络与信息安全、通信设备制造及建设运维、政策法规等过去一年的重大研究成果及问题进行了比较全面的论述、分析和研究，同时，也对2014年通信业的发展作出了预测和展望。

针对这一年行业的发展重点，《报告》以专家的视点，从不同角度对全球LTE的运营和发展、信息消费、“四化同步”、移动通信转售、4G牌照的发放、智能管道、OTT、广电和铁路通信等热点问题进行了深度阐述。《报告》还收录了2013年新发布的信息通信业的政策法规、通信业的各项评奖结果，并且提供了大量通信业发展的专业统计数据。

《报告》邀请了近百位行业内知名学者、专业人士、行业观察家、分析师、媒体人撰写相关稿件，并得到了工业和信息化部电信研究院，中国电信、中国移动、中国联通等电信运营企业，北京邮电大学和人民邮电报社以及企协各专业委员会的大力支持。《报告》在成书过程中，也得到了人民邮电出版社的大力支持，其所属的信通传媒公司调动大量的人力、物力，组织作者编写《报告》，并且进行了认真的编辑加工，使本书能够及时出版。

《报告》还存在需改进之处，真诚希望业内外人士提出宝贵意见，以便我们今后在组织编写的过程中不断改进和提高。

中国通信企业协会

2014年2月

目　录

行业发展篇

企业发展篇

宽带及移动通信发展篇

新一代信息技术发展篇

互联网发展篇

网络与信息安全篇

通信设备制造及建设运维篇

专家视点篇

附录 1　政策法规

附录 2　资料类

附录 3 数据类

2013年中国通信业发展形势分析

中国通信企业协会

2013 年是新一届政府的开局之年，也是实施“十二五”规划承前启后的关键一年。中国信息通信业把握重要战略机遇期，围绕促进信息消费，加大宽带基础设施和 3G 网络建设力度，积极发展新技术新业务，不断提升电信服务水平，继续保持平稳较快的发展态势，为经济社会转型升级做出了新的贡献。

一、2013年信息通信行业发展形势分析

（一）电信业务收入持续增长，收入结构发生根本变化，行业加速转型

根据工业和信息化部相关数据统计，2013 年，我国信息通信业保持平稳较快增长，整体增速达到 15.7%。电信业务收入实现 11689.1 亿元，同比增长 8.7%，比 2012 年回落 0.2 个百分点，连续 3 年高于同期 GDP 的增速；电信业务总量实现 13954 亿元，同比增长 7.5%，比 2012 年回落 3.2 个百分点。

在业务收入增长的同时，业务收入结构也发生了根本性的转变。2013 年，行业发展对话音业务的依赖持续减弱，非话音业务收入占比首次过半，达到 53.2%，高于全球 5 个百分点；移动互联网收入首次超过固定数据及互联网收入；短信业务量和业务收入都负增长；数据业务成为行业增长的引擎，移动数据及移动互联网业务发展迅猛，业务收入同比增长了 59.6%，对行业收入增长的贡献从 2012 年的 51%猛增至 75.7%，成为当前电信市场增长最快的业务领域；固定数据及互联网接入收入增长贡献率达到 13.0%，首次超过移动话音业务。

此外，用户结构的优化也进一步反映出通信行业转型步伐正在加快。截至 2013 年年底，3G 移动电话用户在移动用户中的渗透率达到 32.7%，比 2012 年提高 11.8 个百分点；光纤接入 FTTH/O 用户占宽带用户总数的比重突破 20%，达到 21.6%；融合业务发展逐渐成规模，IPTV 用户和物联网终端用户分别达 2842.5 万户和 3200.4 万户。

（二）国家级战略政策出台，信息消费蓬勃发展，宽带建设明显加快

2013 年，国家对信息通信产业发展给予了新的更有力的政策支持，8 月国务院出台了《关于促进信息消费扩大内需的若干意见》和《“宽带中国”战略及实施方案》两个纲领性文件，年底还正式发放了 4G 牌照，极大地改善了信息通信业的发展环境。促进信息消费扩大内需政策的出台着眼于培育扩大信息消费需求，立足于加快信息基础设施演进升级和增强信息产品的供给能力，要求提升公共服务信息化水平，营造安全可信的消费环境，是既利当前又利长远，既稳增长又调结构的重要举措，对于信息通信业在新时期认清历史使命、发挥先导作用、打造中国经济“升级版”具有重要的现实意义。“宽带中国”战略是继可持续发展战略、科教兴国战略、人才强国战略、信息化发展战略之后我国实施的又一国家发展战略，首次在国家层面将宽带网络定位为“战略性公共基础设施”，这是我国信息基础设施建设理念的一个重大突破，有利于更好地调动全社会资源加快宽带发展，推动宽带网络更好地服务于经济社会发展，促进转型升级。

在国家政策的推动和全行业的共同努力下，2013 年，全国信息消费规模不断扩大，网络和信息基础设施进一步完善，信息服务和应用创新活跃，居民消费潜力迅速扩大，电子商务增势迅猛，产品智能化应用日益突出。截至 2013 年年底，全国宽带接入端口数达到 3.6 亿个，增长 34%；FTTH 覆盖家庭超过 1.67 亿户，增长 76.5%，光纤接入端口数

达到1.15亿；互联网网民达到6.8亿人，普及率达到45.8%；固定互联网宽带接入用户总数达到1.89亿户，人口普及率达到13.9%；宽带4Mbit/s及以上用户占比达到78.8%，接近2011年的两倍；宽带平均下载速率达到3.53Mbit/s，宽带速率在全国范围内得到了普遍提升，用户上网体验得到较大改善。3G基站数达到134.5万个，净增30.4万个，TD-LTE试验网络共建设4G基站2.5万个，无线宽带网络建设也突飞猛进。

（三）移动互联网加速发展，流量经营蓄势待发

随着运营企业不断加强3G网络覆盖优化和加大3G业务营销推广的力度，以及智能终端和业务应用的创新普及，移动互联网呈现滚雪球式的发展。在用户增长上，2G用户加速向3G迁移，2013年，2G移动电话用户减少5185万户，在移动电话总用户数中的比重下降至67.3%；新增3G移动电话用户1.69亿户，总规模突破4亿户，在移动用户中的渗透率达到32.7%，同比提高11.8个百分点。其中TD-SCDMA用户净增突破1亿户，达到1.03亿户，在3G用户增量、总量市场中的份额达到61.2%和47.6%，分别比2012年提高了26.1和9.8个百分点。

同时，智能手机加快普及，中国智能手机出货量占据全球三分之一和中国手机总销量的80%。2013年，智能手机用户的渗透率达到40.8%，同比提高近16个百分点，手机用户结构进一步优化，也带动了手机网民渗透率的大幅提升。2013年，全国手机网民规模达到5亿人，比2012年增加8009万人，网民中使用手机上网的人群占比由2012年的74.5%提升至81%。手机即时通信、手机搜索、手机视频和手机网络游戏用户规模比2012年分别增长22.3%、25.3%、83.8%和54.5%。电子商务应用在手机端应用发展迅速，手机在线支付用户在手机网民中占比由2012年年底的13.2%上升至25.1%。

用户、终端和应用的大规模增长，使2013年全国移动互联网流量同比增长了71.3%，比2012年提高31.3个百分点，达到132138.1万GB。月户均移动互联网接入流量达到139.4MB，同比增长42%。其中手机上网是主要拉动因素，在移动互联网接入流量的比重达到71.7%。移动互联网用户月户均ARPU值同比增长47.1%，达到20.4元/（月•户）。但是，与发达国家90%的智能终端用户渗透率以及户均流量超吉比特相比，我国手机用户上网流量还落后4～5年，正处在流量爆发起步期，流量经营还没达到流量价值运营阶段，正蓄势待发期待通过数据流量的精细化运营驱动行业价值增长。

（四）互联网主导行业增长，新经济影响力日益彰显

互联网的跨界融合正在成为行业增长的主导力量，正在颠覆传统的产业模式，催生了众多新兴业态。

2013年，全国互联网网民数净增5358万人，达6.81亿人，互联网普及率达到45.8%，比2012年提高3.7个百分点。基于互联网的各类业务保持高速的发展，2013年，全国电子商务市场规模达到10.67万亿元，同比增长了33.5%。搜索引擎、网络广告、网络游戏和视频网站市场规模分别同比增长了38.8%，44.7%，20.9%和51.1%。此外，以移动互联网为平台，新型业务和应用创新的速度不断加快，移动支付、移动打车、网上挂号等多种应用也开始深刻改变人们的生产和生活。

正因如此，互联网企业发展前景被资本市场持续看好，市值不断攀升。2013年，全国互联网企业市值达到2.5万亿元（含阿里巴巴估值），同比增长近90%，市值收入比达到了8∶1。而三大基础电信企业总市值为1.7万亿元，市值收入比为1.5∶1。从收入增长看，互联网已成为行业发展的主引擎。2013年，全国互联网服务收入达到6500亿元，占信息通信业总收入的40%，占比提高了6个百分点；收入增量贡献达74%，提高了4个百分点。

互联网的融合创新和加速渗透，给传统行业和通信业都带来了巨大影响。网络零售突飞猛涨，为众多企业创造了无限新商机。“双11”促销活动中，淘宝天猫销售额突破551亿元，同比增长了83%。2013年，全国网络零售交易规模达到2万亿元，同比增长50%，占社会消费品零售总额超过8%。互联网基因植入传统产业，催生出工业互联网、互联网金融、C2B2C和众包等新模式，众多“米粉”参与研发的小米手机2013年销售了1870万台，增长了160%，余额宝上线7个月，用户突破4900万户，交易规模达2500亿元。

（五）通信相关战略性新兴产业落地开花，垂直行业应用深入推进

大数据、智能终端、云计算和物联网都是战略性新兴产业的重点领域，也是全球ICT产业最具活力的领域，在2013年都获得了长足的发展。

2013年，互联网企业通过投资并购争夺大数据资源成为产业界热门话题，阿里巴巴参股新浪微博、入股高德和投资穷游网，百度收购“91无线”的背后都是大数据在驱使。各行各业都在纷纷谈论大数据的变革，大数据应用逐渐落地，并加速向传统行业渗透。上海、天津、重庆、陕西等地已经或正在制定大数据规划，中国电信、中国移动、中国联通的大数据思路逐渐清晰，构建数据共享服务体系，进行深度数据挖掘，基于大数据分析来开展业务创新和营销服务。

国内智能终端市场持续高速增长，2013年智能手机出货量达到了3.51亿台，同比增长约7成，并显示了强大的产业辐射效应，拉动了移动智能芯片、触摸屏、传感器、电池等硬件设备和LBS、导航、移动支付等新应用的飞速发展。国内企业紧密跟随产业趋势，纷纷推出智能手表、智能手环、智能指环等可穿戴产品，并开始涉足可穿戴芯片领域。

2013年，全国公共云计算服务市场规模达到47.6亿元，增速为36%。当前，我国云计算企业基本形成了技术研发和产业化能力，阿里、盛大、百度、腾讯、新浪、华为、浪潮、蓝汛等企业和三大基础电信企业都推出了自己的云平台或云服务，形成了群雄并起、合纵连横的产业格局，呈现出生机勃勃的发展态势。2013年，垂直行业应用成为发展的重点，“基于云计算的电子政务公共平台”标准编制工作启动，将有力促进政府部门采用云计算。“可信云认证工作”正式开展，促进了云计算在金融、交通、教育等行业领域的应用推广。

物联网应用在2013年也得到了快速的发展，年初国务院发布《关于推进物联网有序健康发展的指导意见》，我国物联网发展的政策环境持续优化，应用渗透的广度和深度不断扩大。例如在社会民生领域，我国大力开展了食品安全溯源体系建设，在交通领域，车联网受到了广泛关注，电子不停车收费项目联网区域和城市不断扩展。

大数据、云计算和物联网等IT新技术与移动互联网、智能终端的融合创新，催生了一系列的新产品、新服务、新模式和新业态，推动了信息化和工业化的深度融合，有力地促进了经济社会的转型升级，也为通信业转型指明了方向。

二、2014年信息通信行业发展展望

展望2014年，互联网跨界融合进程的加速给产业生态带来了深刻变革，通信业面临的发展机遇和风险挑战前所未有，应加快创新融合转型步伐，在新生态中谋求新发展。

一是把握产业新生态蕴含的发展机遇。外部宏观环境的改善，为信息通信业可持续发展开辟了新天地。党的十八届三中全会对全面深化改革作出了重大决策部署。2014年，工信部将开展民资进入移动转售、接入网等竞争性业务市场试点，完善电信资费市场化形成机制，并加快实施“宽带中国”专项行动，推动4G网络建设，大力促进信息消费。这将充分激发企业创业和创新活力，破解制约产业发展的需求、技术和资源瓶颈，使改革红利同内需潜力、创新活力更好地结合起来，为产业健康发展提供有力保障。

ICT技术的演进升级，为信息通信业快速健康发展扩大了平台空间。2014年，4G网络建设将全面铺开，宽带网络将加快普及提速。未来无处不在的高速接入，功能强大的智能终端，随时随地的应用下载，将让移动互联网跨界融合的速度和能力得到进一步强化，为新产品、新服务、新应用和新业态的创新提供无限想象空间，不断激发新的消费需求，创造新的业务增长点。未来ICT技术将全面打上移动的“标签”，“互联网+”将会成为创新焦点，推动传统企业和传统产业的重构，开启开放、合作的产业新生态。在生态竞合中，无论通信企业还是互联网企业，谁更能满足用户个性化的信息消费需求、谁能提供更好的应用体验，谁就能掌握推动行业发展的主导权。

二是树立互联网思维，加快创新融合转型。传统话音市场已经趋向饱和，而随着电信市场的开放，市场参与主体更加多元化，虚拟运营商将呈浪潮式发展。传统电信运营商将面临网络流量爆增、互联

网跨界竞争、用户需求升级和话语权增强的巨大挑战，电信转型已进入核心期。面对“互联网+”引发的信息社会的新一轮变革，需要树立互联网思维，重新审视企业的业务模式、商业模式、营销模式、运营模式、服务模式和研发模式等，加快创新融合，积极开展全业务运营。

三是将流量经营作为业务发展的重心。数据业务收入已经占据运营商业务收入的半壁江山，更是业务收入增长的主要动力。随着3G、4G用户渗透率的提高，我国移动数据流量将年均翻倍增长，拉动移动用户ARPU值的不断提升，移动数据流量收入有望两年实现翻倍增长。从流量经营的现状来看，与发达国家相比，我国在前端的资费模式、终端模式和业务模式，以及后端的支撑手段等方面都存在很多不足，急需迎头赶上。

四是以拓展行业信息化应用为发展方向。当前，全球信息技术、互联网技术、通信技术与传统产业融合带来的“第三次工业革命”已经初露端倪。为了提高工业的竞争力，在新一轮工业革命中占领先机，工业互联网概念也开始被广泛接受，利用遍布产品的网络和传感器连接机器，并结合大数据技术来创造更大价值。互联网和工业的融合推动了新的产业革命，也给通信业转型提供了广阔的市场空间。

我国拥有全世界最多的电话用户数和互联网用户数，已经是一个网络大国，但还不是一个网络强国。习近平总书记提出“要努力把我国从网络大国建设成为网络强国”。2014年将是新征程的起点，通信业应把握机遇，直面挑战，面向移动互联网加快创新融合步伐，提升行业价值，为经济社会发展提供更强的动力和支撑。

北京邮电大学MBA项目

北京邮电大学MBA教育从1995年开始筹备，1998年正式招生。北邮MBA充分依靠和发挥北邮的工、管、文、理相结合的教育资源优势，尤其注重在通信与信息领域的研究，注重培养IT类的专业人才。截至2013年底已招收16届学生，累计招生达3503人，学员毕业后大多供职于工信部、通信运营商、全球设备厂商及信息领域制造业等等。

2012年北邮经管院结合北邮办学特色，推出“技术叠加管理”、“科学融合艺术”的新版MBA培养方案。新版MBA培养体系本着依托IT和放眼全行业的办学理念，重视知识传授的同时更加重视综合素质能力的培养。北邮MBA学员不仅能系统学习到管理知识，也能通过博学讲堂、企业课堂、整合创新实践、案例大赛、特聘导师等课外形式，提升自身的软技能、创新和创业能力；开拓国际视野和丰厚人脉；成为具备领导潜力与创造性执行力的工商管理专业人才。

行业论坛

北京邮电大学MBA教育发展历程：

1998年，　获得MBA举办权，并成功招收春季和秋季的MBA学员

2001年，　成立北京邮电大学MBA联合会
　　　　　成功举办第一届MBA新年论坛

2002年，　北邮MBA与中国移动签署第一家实习基地协议

2008年，　聘请国家信息化专家周宏仁教授担任名誉院长

2010年，　荣获《经理人》“MBA薪酬涨幅最快”第2名
　　　　　荣获中国企业案例大赛北方赛区二等奖

2011年，　北邮经管院荣获“中国十大MBA教育学院”
　　　　　北邮经管院被欧洲权威商学院排名机构评为“中国地区杰出商学院”第16名
　　　　　北邮经管院入选2011年中国十大品牌商学院
　　　　　荣获第七届《MBA成就奖》特色院校前列

2012年，　新版MBA培养方案出台
　　　　　智慧云课件系统上线使用
　　　　　北邮MBA荣获全国商业模拟决策大赛“二等奖”和“最佳团队合作奖”

2013年，　北邮MBA荣获第五届“尖峰时刻”全国模拟大赛二等奖
　　　　　荣获“第二届亚太地区商学院沙漠挑战赛”第三名

沙漠挑战赛

北京邮电大学EMBA项目

北京邮电大学是2009年由国务院学位办发布的国内第二批具有EMBA招生资质的院校之一，也是当中极具特色的院校。北京邮电大学EMBA项目经过了四年多的发展，现已招收EMBA学生五百多名。学员分别来自运营商、通讯设备制造商、SP增值企业、系统集成商、软件制造服务商、互联网企业等。

EMBA毕业生为学校赠送礼物

北邮EMBA经过不断的努力与发展也取得了社会与同行的认可：

- ◆ 2011年、2012年连续两年入选搜狐网教育年度总评榜“中国十大品牌商学院”
- ◆ 2011年、2012年连续两年入选腾讯网教育年度盛典“中国十大MBA教育学院”
- ◆ 2011年中国最具权威EMBA排行榜(不含国外合作EMBA项目)，北京邮电大学经济管理学院名列第9位。
- ◆ 2011年（第八届)《中国市场最具领导力EMBA》国内新增EMBA院校第一，同时荣获2011(第八届)《中国市场最具领导力EMBA》最佳企业合作单项奖。
- ◆ 2012年（第九届）中国最具影响力EMBA 综合排名第十。
- ◆ 2013年（第十届）中国最具影响力EMBA 综合排名第十。
- ◆ 2013年 网易教育大选：年度最具影响力商学院

在人民大会堂举办学位授予仪式

在广东黄埔军校旧址举办EMBA开学典礼

原国资委主任李荣融在北邮EMBA开设讲座

北京邮电大学EMBA项目特色：以融合创新为导向，技术加管理、科学加艺术：

1、北邮经管院EMBA是国内率先开设院士讲坛的商学院。北邮EMBA教学始终不离开技术发展的前沿，为此特邀请行业院士学者，讲解技术发展趋势与潮流。

2、在EMBA项目中嵌入整合模块，即Business Model（商业模式）的创新。让学生在行业顶尖人才指导下做关于Business Model（商业模式）创新策划方案，让学生在学与做的过程中可以产生理论的升华，这是我们EMBA项目的重要特点之一。

3、实现管理科学与艺术的融合，学院派教授与企业实战专家相结合。教授围绕理论与方法论，展开案例教学；企业高管与学生分享管理实战经验与个人感悟，探讨行业发展态势。

4、重视人文素质培养。开设例如：语言的艺术、红酒文化、艺术品鉴赏、音乐赏析、哲学、宗教等文化艺术类讲座。培育学生的人文素养，提升领导魅力，升华管理艺术。

5、建立信息产业高端平台。北邮EMBA依托北邮校友会（国内外共计50多个校友分会）资源平台，在此基础上建立北邮EMBA联合会，旨在打造信息产业高端人脉平台，实现会员终身学习、提升会员个人及所在企业品牌，回馈母校与社会。自2011年成立至今现已有四百多名会员，下设多个机构。每年都会组织多种多样的文化学习活动。

项目管理工程硕士（MEng-PM）

通过全球项目管理课程认证 打造国际IT项目管理品牌
跻身国际知名国内高校高质量项目管理教育的领先行列

2004年6月，北京邮电大学被批准为“项目管理工程硕士专业学位授权点”培养单位。2008年7月，全国工程硕士专业学位教育指导委员会、中国（双法）项目管理研究会和国际项目管理协会（IPMA）授权批准我校为“项目管理领域工程硕士与IPMP结合的培养单位”。2011年9月，我校与清华大学同时通过了美国项目管理协会（PMI）全球项目管理认证中心（GAC）的项目管理工程硕士（MEng-PM）课程国际认证。

北京邮电大学项目管理专业立足ICT行业，创新工程硕士培养模式，优化工程硕士教育资源，独具ICT行业项目管理工程硕士研究生教育特色。搭建了项目管理国际交流平台，强调与国际项目管理知识体系和研究水平接轨，打造国际IT项目管理品牌。注重学生工程项目管理实训，建设了1个高水平“工程项目管理和信息系统仿真实验中心”和2个ICT企业学生实习基地。

工程管理硕士（MEng-EM）

2010年，北京邮电大学被批准为“工程管理硕士专业学位授权点”培养单位。

工程管理依托北京邮电大学通信工程主干优势学科，形成了培养具有工程技术与管理能力的复合型、高层次高级专业人才为特色的工程硕士教育模式，形成了一支集理论、科研、教学和社会服务为一体的学科队伍。近年来，工程管理学科承担国家自然基金项目、国家科技攻关项目、国家部委科技项目等科技项目多项，取得了一批具有国内先进水平的科技成果。

工程管理专业硕士采取周末上课的学习方式，学制为2.5年。采用学分制，修满学分后，在导师组指导下撰写学位论文，进行论文答辩。答辩通过者，由校学位评定委员会审核批准后，按有关规定授予国家颁发的硕士研究生毕业证书和学位证书。

咨询电话：010-62283413 62282847 **联系人：王老师 裘老师 殷老师**
联系地址：北京邮电大学经济管理学院项目管理教育中心

北京邮电大学EDP项目

“授人以鱼，不若授人以渔。”北京邮电大学高层管理发展项目（Executive Development Program, EDP），以造就信息时代管理精英为己任，主要面向企业的中高层管理团队开设ICT产业前沿讲座板块、管理通识板块、经典管理板块、ICT行业特色课程板块四大培训板块，采用案例体验式学习模式，帮助学员探索更深层次的自我认知；通过名师短期引领，教会学员如何挑战固有思维模式，迅速完成突破、提升和跨越，从而支撑学员个人和所在企业的可持续发展。

我们的价值是采用咨询诊断的方式发现企业的“症结”所在，开出“药方”融于课程之中；并将企业的最佳实践进行总结、提炼，发掘规律，以此为基础发展出一套普适的理论加以推广；同时我们会结合客户组织的实际情况，邀请业界有实战经验的政商精英与您分享，交流。

同时，北京邮电大学经济管理学院EDP中心依托北京邮电大学在信息通信领域的雄厚师资和科研力量，深入洞察相关技术在信息通信行业的应用趋势与商业前景，开发了系列技术课程，力图为客户提供“技术+管理”的复合型培训方案。

北邮-里昂商学院GEMBA项目

北京邮电大学与法国里昂高等商学院的合作项目是北京邮电大学率先获批的全球高级工商管理中外合作学位项目。两校2010年开始商谈在中国开办高级工商管理硕士学位项目，2011年10月签约，2012年6月合作项目的申报，通过了国家审批，成为中外合作办学项目中为数不多的管理类项目，2013年成功开办首届GEMBA班，项目品质得到广泛好评。

法国里昂高等商学院成立于1872年，是法国最著名的四所商学院联盟之一，具有悠久的办学历史和精益求精的办学理念，拥有近50年的EMBA办学经验，是欧洲第一个获得EQUIS、AMBA、AACSB三大国际认证的商学院，2010年起它的管理学硕士项目就连续被英国金融时报评为欧洲前五，在创业创新管理领域持续多年全球领先，是培养全球顶级企业家的摇篮。

南京邮电大学是率先入选国家“2011计划”的江苏省重点建设高校。2013年10月，原南京人口管理干部学院正式并入南京邮电大学。70多年来，学校秉承“勤奋、求实、进取、创新”的校风，践行“厚德、弘毅、求是、笃行”的校训，已经发展成为一所以工学为主体，以信息学科为特色，理、工、经、管、文、教、艺、法等多学科相互交融，博士、硕士、本科等多层次教育协调发展的格局，为国家培养输送了各类优秀人才10万余名，享有“华夏IT英才的摇篮”之誉。

学校现有博士后流动站2个，一级学科博士学位授予点3个、二级学科博士学位授予点14个。现有本科专业50个，中外合作办学项目4个，7个国家特色专业建设点，1个国家专业综合改革试点项目，省级品牌特色专业及建设点18个，国家级卓越计划专业8个。现有各类在籍生3万余人。

学校拥有中国科学院院士、“长江学者”特聘教授、“国家杰出青年基金”获得者、国家百千万人才工程、国家“千人计划”、“青年千人计划”、国家“优秀青年科学基金获得者”、中科院“百人计划”、“新世纪优秀人才支持计划”等高层次人才，引进诺贝尔奖获得者1人。现有国家重点领域创新团队1个，“长江学者和创新团队发展计划”创新团队1个。一大批教师作为会士、专委会主任、专家等活跃在教育部高等学校教学指导委员会、国际电联、中国通信学会、电子学会、计算机学会、自动化学会、统计学会等机构。

学校具有良好的教学、科研支撑条件。现有省部共建国家重点实验室培育基地1个，省部共建教育部重点实验室1个，教育部工程研究中心2个；国家级实验教学示范中心1个，国家级虚拟仿真实验教学中心1个，国家级工程实践教育中心2个，国家级校外实践教育基地1个。

全国信息科技产学研协同创新论坛在南京邮电大学举行，同时该校被确定为江苏省科普教育基地，校党委书记刘陈揭牌

杨震校长被授予美国纽约理工学院荣誉博士学位

南京邮电大学物联网技术与应用协同创新中心获首批江苏省高校协同创新中心立项建设

南京邮电大学南京人口管理干部学院合并办学

南京邮电大学作为主要协同单位率先入选国家“2011计划”

南京邮电大学在江苏省省属高校中率先引进诺贝尔奖得主

南京邮电大学Apollo3D队再次问鼎Robocup机器人足球世界杯冠军

学校构建了特色鲜明的人才培养体系，人才培养工作成绩显著，在教育部本科教学工作水平评估中取得优秀。近年来，获得国家级教学成果一等奖1项，国家级精品课程1门，国家级双语教学示范课程1门，国家级精品资源共享课1门，教育部—英特尔精品课程1门，国家级精品（优秀）教材2部，“十一五”、“十二五”国家级教材规划23部。“十二五”以来，在校本科生累计获得包括全国大学生电子设计竞赛“索尼杯”，中国机器人大赛暨Robocup公开赛2010年、2011年、2013年三届冠军，“教育部高校校园文化建设优秀成果”一等奖，“挑战杯”全国大学生课外学术科技作品竞赛一等奖、全国大学生数学建模竞赛一等奖等省部级以上奖励960项。毕业生以基础厚、素质高、能力强受到用人单位的广泛欢迎。

学校具有较强的科技创新水平和社会服务能力。获国家自然科学奖二等奖1项，高等学校科学研究优秀成果奖（人文社会科学）一等奖1项。学校以建设特色显著的物联网大学科技园为纽带，重点孵化具有鲜明学科特色和优势、具有自主知识产权的科技成果和科技企业，完成了物联网领域从人才培养、科学研究到服务社会的全方位布局。

学校正抢抓机遇，努力早日建成在信息科学与技术领域特色鲜明的高水平教学研究型大学。

南京邮电大学黄维院士团队创新成果获国家自然科学奖二等奖

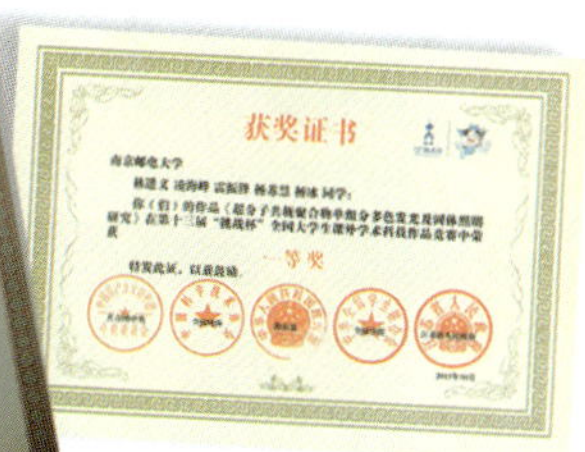

南京邮电大学学生在第十三届“挑战杯”全国大学生课外学术科技作品竞赛中荣获一等奖

南京邮电大学信息与通信工程、光学工程两个学科在全国第三轮学科评估中排名进入前20名

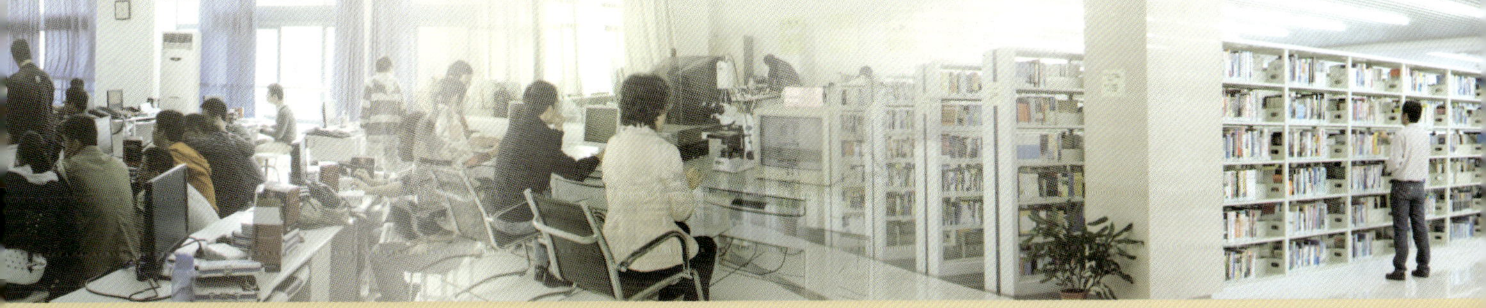

南京邮电大学在职工程硕士专业学位研究生

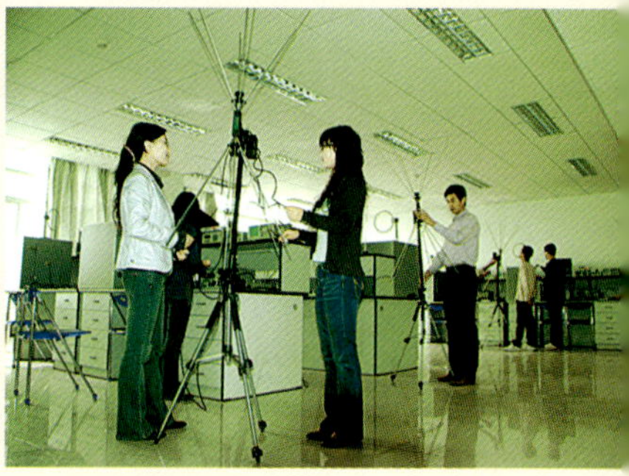

南京邮电大学是全国较早具有可授予硕士学位的高等院校之一，已培养研究生3800多人，毕业研究生在邮电科学研究、通信工程应用和技术开发、企业管理、高等教育等方面已经和正在发挥积极的作用。学校招收的在职攻读工程硕士专业学位的工程领域有电子与通信工程、计算机技术、软件工程、项目管理、光学工程、控制工程、仪器仪表工程。所有专业均自主招生。

工程硕士专业学位是与工程领域任职资格相联系的专业性学位，学校着力培养基础扎实、素质全面、工程实践能力强并具有一定创新能力的应用型、复合型高层次工程技术和工程管理人才。

工程硕士的培养实行学校与企业合作培养，采取进校不离岗的方式。课程学习实行学分制，采取集中面授的方式授课。论文阶段实行校内导师加校外导师的双导师制。学位论文选题直接来源于生产实际或者具有明确的职业背景和应用价值。通过2.5年，最长不超过5年的学习，掌握相关工程领域的基础理论、先进技术方法和现代技术手段，了解相关领域的技术现状和发展趋势，在相关领域的某一方向具有独立从事工程设计与运行、分析与集成、研究与开发、管理与决策的能力，能够胜任相关工程领域高层次工程技术和工程管理工作。

联系人：邓老师

咨询热线：025—52997170

微波暗室

南京邮电大学工商管理硕士（MBA）

联系人：肖老师
咨询热线：025—85866290

南京邮电大学是通信行业较早承担中国通信企业协会“职业经理人认证培训”工作的机构。该校管理学院拥有“管理科学与工程”、“工商管理”两个一级硕士点；项目管理工程硕士点，MBA，工程管理专业硕士点。学院在教学、科研、人才培养等方面都取得了显著的成绩，在信息通信领域具有较高知名度，是华东地区重要的信息通信人才培养基地。

南京邮电大学MBA项目是针对企业中高层管理人员进行的综合能力教育，其具体定位为“培养综合能力突出的企业中高层管理者”。该校MBA项目将突破传统的以知识教育、理论传授为主的教育理念，将MBA学习方式融于实践之中，强调管理实践与理论传统并重，注重学生的能力和品格培养。在培养方式上，将从认知、知识、实践等环节着手，转变传统单一的课堂教学方式，主要通过案例教学、团队式学习、整合式学习等培养方式，为社会输送具有较强管理实践能力和丰富理论知识的高素质管理人才。

课程设置方面，共设置了9门MBA主干课程，5门必修课程，并分设财务管理、创新与创业管理、市场营销、供应链管理4个专业方向，每个方向设4-5门选修课。此外，还增加了丰富的社会实践活动课程，包括专题讲座、企业实践、案例采集等，紧密联系实践，着力完善学员知识与理论结构，提升学员综合管理素质和能力。MBA培养方向有战略管理、人力资源管理、营销管理、项目管理、财务会计、创新与创业管理、供应链管理等。

南京邮电大学MBA教学点设在学校三牌楼校区，紧邻南京邮电大学物联网科技园，具有得天独厚的产业环境与创业氛围，具备良好的教学环境与教学条件。MBA教育的师资队伍呈高职称、高学历和富有实践经验的特征，其中教授11人，副教授19人，占83%；博士21人，占58%；大型企业顾问15人。近年来，学院专任教师承担多项国家级、省部级研究项目，以及多项企业横向研究项目；并在《管理世界》、《中国软科学》等权威期刊发表数十篇高层次论文。

重庆邮电大学信息与通信工程学科

本学科具有60余年学科积淀。在我国率先开展数字通信、第三代移动通信等领域研究，系列研究成果获得1978年全国科学大会奖和1992、2003、2008、2011年度国家科技奖等。1965年开始培养研究生，2000年起为部、市重点学科，累计为国家培养了30000余名通信行业高级技术人才。

本学科现有教授48名（其中博导16名），拥有国家“千人计划”、国家“百千万人才工程”专家3人，拥有全国五一劳动奖章获得者、全国优秀科技工作者、全国优秀教师等4人，18名中青年教师入选部级新世纪人才、重庆市杰青、巴渝学者、学术技术带头人等省部级人才计划；有部级创新团队1个、重庆市创新团队及教学团队6个；建有国家地方联合工程中心、省部级重点实验室与工程中心7个，建有国家重点实验教学示范中心。

学科坚持自主创新，以突破新一代通信网络关键技术、促进行业进步为使命。作为发起单位之一，参与制定我国通信系统TD-SCDMA国际标准，获2003年国家科技进步二等奖；率先突破TD-SCDMA基带信号处理等关键技术，率先研制出业界TD-SCDMA（TSM）终端样机和0.13微米工艺TD-SCDMA手机核心芯片，对我国突破TD终端技术瓶颈起到了关键作用，研究成果被评为2005年中国高校十大科技进展，并获2008年国家技术发明二等奖；在国家科技重大专项的持续支持下，连续推出了TD-HSPA、TD-LTE多模终端核心通信芯片并市场化；创新地突破通信网测试的多项关键技术，形成了全制式通信网络测试与优化平台及技术体系，研发系列测试仪表，应用广泛，获2011年国家科技进步二等奖。

TD系列基带芯片(世界上率先采用0.13微米工艺的TD手机核心芯片，获2008年国家技术发明二等奖)

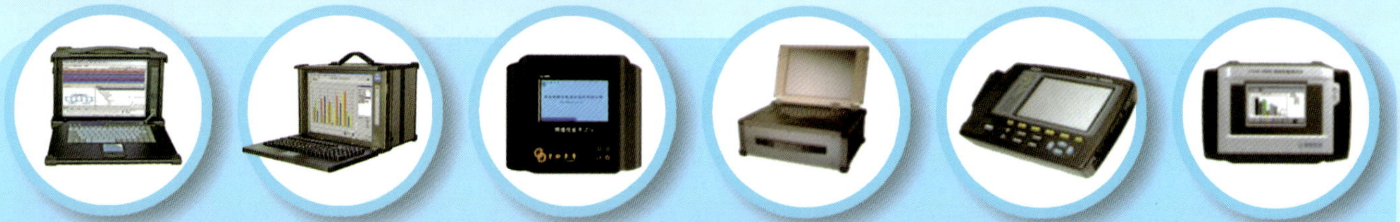

通信网络测试仪等一系列网络测试仪器（“通信网络测试与优化平台关键技术及其应用”项目荣获2011年度国家科技进步二等奖）

外场测试

基于TD芯片的无线模块和直放站、

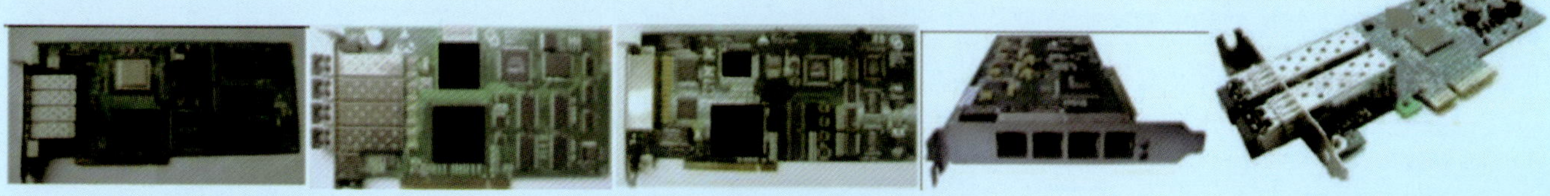

系列网络板卡和高速数据采集卡

重庆邮电大学计算机科学与技术学科

本学科起源于1986年设置的计算机本科专业，1996年获计算机应用技术硕士点，2006年获一级学科硕士点，2013年获一级学科博士点，2000年起为部、市重点学科。本学科2012年在教育部第三轮学科评估中排名全国第38位（全国参评高校共计120所，其中有一级学科博士点的高校50所）。

本学科聘任张景中院士为学科带头人，建立起一支以中青年学术骨干为主、梯队合理的师资队伍。现有“万人计划”专家1人、全国中青年科技创新领军人才1人、百千万人才工程国家级人选1人，部级新世纪人才4人，全国优秀教师2人，重庆市杰青、学术技术带头人、有突出贡献中青年专家等10人；国家重点教学团队1个，重庆高校创新团队3个、教学团队2个、杰出青年群体2个。教授35人（其中博士生导师8人），副教授48人，博士61人（占专任教师70.9%）。拥有3个省部级重点实验室/工程中心，2个与美国康奈尔大学、韩国仁荷大学合作建设的研究中心。近五年承担国家级科研项目63项、省部级168项，科研经费7000多万元；发表SCI/EI收录论文483篇，出版专著、教材等45部（专著13部），授权发明专利58项；获国家科学技术奖1项、教学成果奖1项，省部级科学技术奖16项、教学成果奖5项。

本学科围绕大数据处理、智能信息处理、新一代网络等学术前沿开展基础研究，在通信终端、信息安全等行业领域进行软件研发和工程应用，培养基础理论扎实、工程设计和技术研发能力强的信息产业专业人才。

坚持智能科学基础研究，夯实学科基础，提升学术水平。在智能计算理论、模式识别与图像处理等领域，重点开展粗糙集与粒计算、知识发现、图像认知、复杂系统分析等研究。突破了不确定性知识高效获取等难题，形成了面向信息网络的数据智能分析、海量数据处理、多粒度思维模拟的理论体系，获重庆市自然科学一等奖。是国内首批开展粗糙集研究的学科之一，学科负责人任国际粗糙集学会副主席，推动了相关领域的发展。

瞄准信息网络发展趋势，突破核心技术，促进产业升级。在未来互联网、信息网络安全等领域，开展新一代网络体系结构、嵌入式软件与系统、信息安全与网络管控等研究，取得重大成果。特别是网络动态数据传输、移动数据交换、内网安全管控等方面部分填补了我国在信息安全领域的技术空白，产品成功出口海外，获国家科技进步二等奖。

构建产学研人才培养模式，完善保障体系，培养创新人才。与HP、IBM、微软、甲骨文、中兴和中科院等共建产学研科技创新平台和人才培养基地。建成国家重点特色专业2个，国家双语课程1门，重庆市精品课程等省级优质课程9门。近五年培养硕士毕业生873名，联合培养博士毕业生16名。50余人获国家及省科技竞赛奖励，15篇学位论文被评为重庆市优秀硕士学位论文。“产学研合作的研究生创新教育模式的研究与实践”等6项成果获国家及重庆市教学成果奖。

李银国校长为张景中院士颁发聘书

图灵奖得主美国科学院John E.Hopcroft院士和时任重庆邮电大学校长陈流汀教授为“智能计算联合实验室”揭牌

罗川江国际数据挖掘大赛领奖照片

构建产学研人才培养模式，完善保障体系，培养创新人才。与HP、IBM、微软、甲骨文、中兴和中科院等共建产学研科技创新平台和人才培养基地。建成重点特色专业2个，国家双语课程1门，重庆市精品课程等省级优质课程9门。近五年培养硕士毕业生873名，联合培养博士毕业生16名。50余人获国家及省部级科技竞赛奖励，15篇学位论文被评为重庆市优秀硕士学位论文。“产学研合作的研究生创新教育模式的研究与实践”等6项成果获国家及重庆市教学成果奖。

西安邮电大学

西安邮电大学是国家在西北地区布局的一所邮电通信类高等学校，是“卓越工程师教育培养计划”实施高校、后备军官选拔培养基地、全国率先试办边防军人子女预科班的高校。

学校占地1500余亩，校舍面积73余万平方米，现有专任教师总数973人，其中教授116人，具有博士学位教师204人，全日制在校生16000余人。学校有11个一级硕士点、47个二级硕士点，4个工程硕士授权领域和MBA专业学位授权点，42个本科专业，6个省部级重点学科。教师队伍中有国家“千人计划”特聘专家、新世纪“百千万人才工程”人选、新世纪优秀人才支持计划人选、陕西省“百人计划”特聘专家、国家有突出贡献中青年专家、享受国务院政府特殊津贴专家、全国优秀教师、省级教学名师等国家和省级荣誉称号获得者52人，双聘院士6人，客座教授91人。

西邮与宁夏移动羽毛球联谊赛

“十一五”以来，学校立足陕西，面向行业，积极开展信息科学技术的创新和应用研究，不断提升科学研究水平，加快科技成果转化，在优势特色研究领域形成了比较优势。全校共承担国家“863”计划、国家自然科学基金、国家社会科学基金、国家软科学研究计划、国家重大科技专项等国家科研项目280余项。获国家科技成果奖励39项，其中，“TD—SCDMA基站系统关键技术研究、设备研制及产业化”获2009年国家科技进步二等奖；“40Gb/s SDH(STM—256)光纤通信设备与系统”获2008年国家科技进步二等奖；“虎符TePA”2010年被国际标准化组织（ISO/IEC）批准为国际标准。2012年12月我校作为承担单位之一的“无线网络安全技术国家工程实验室”正式挂牌。近年来，公安系统电子信息现场勘验应用技术重点实验室、陕西省（13115）通信专用集成电路设计工程技术研究中心、陕西省网络与信息安全技术支持中心、陕西省两化融合创新研究中心、陕西省法庭科学电子信息实验研究中心、陕西省信息产业发展研究中心、陕西省高性能计算研究中心、陕西省信息化工程研究院、陕西信息产业知识产权研究中心等省级创新平台相继落户学校，并依托这些平台，在社会服务方面取得了显著成绩，为推动陕西经济社会建设和行业发展做出了积极贡献。

学校坚持“以人才为核心，以学科为龙头，教研统一、开放办学、人文与科学并重”的办学理念，努力建设特色鲜明、国内知名、国际有影响的高水平邮电大学，办好人民满意的高等教育。

西安邮电学院邮电技术公司

西安邮电学院邮电技术公司成立于1992年，是西安邮电大学所属的以通信技术开发服务、移动通信工程服务为主的高新技术企业,业务主要涉及移动通信系统的网络规划、勘察设计、硬件安装、软调测试、网络优化、网络维护、工程项目管理、通信专业知识和技能培训等方面，公司英文简称PTTC。

PTTC拥有通信系统集成甲级资质、安全生产许可证，通过了ISO-9001质量管理体系认证、ISO-14001环境管理体系认证及对外承包资格认证，获历年工商重合同守信用单位称号。

PTTC通过与校内二级学院联合，于2013年1月成立了西安邮电大学邮电技术研究所，以促进产学研结合，同时提升校办企业的自主创新能力和核心竞争力，积极构建校内“产学研良性循环”机制。校企双方通过邮电技术研究所这个平台，联合进行人才培养，联合促进技术成果转化，共同承担科研项目，资源共享、优势互补，协同创新，开展了一系列卓有成效的教学科研合作活动,并接纳各学院学生实习4000人天，为提高学校的产学研结合水平和服务社会的能力，进行了积极而有益的探索。

“努力、开拓、诚信”是PTTC的座右铭，“精心做事，创用户满意项目”是公司的质量目标。依托高校，近年来通过公司全体员工的共同努力，已经取得中国移动、中国电信、中国联通等电信运营商，华为、中兴等设备供应商，各邮电规划设计院以及中国通信服务股份有限公司等第三方合作公司的认可和肯定。

新疆喀什联通来校交流

甘肃移动TD-LTE示范基站施工

诚信建设企业称号

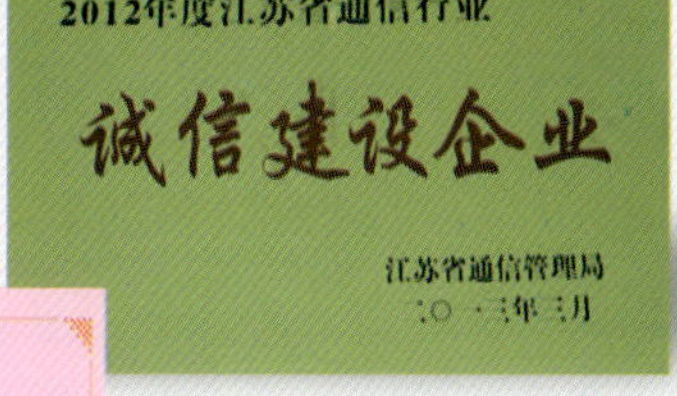

优秀施工单位荣誉证书

中国电信
CHINA TELECOM

CHINA
TELECOM

2013年，中国电信上海公司深入贯彻落实科学发展观要求，引领“城市光网”和“无线城市”建设，继续发挥智慧城市建设主力军作用，积极参与上海市的i-Shanghai工程，承接上海市“12345”综合政务热线等重点项目，各项工作得到各级领导的高度肯定；围绕智慧政府、智慧民生、智慧行业，重点推进智慧社区、智能交通、智慧医疗、智慧教育等建设，加大社会信息化应用推广力度。2013年，上海电信年共建成智慧社区高达2000个。

上海电信于2009年率先开展“城市光网”战略部署，自2011年至今，陆续通过五轮“智慧城市”宽带大提速工作，克服了“市民接受难、建设推进难、标准实施难、成片改造难”等“四难”，在实践中艰难探索，宽带用户平均带宽实现每年翻倍增长，通过两年多的时间就快速走过日韩美等发达国家十多年的发展历程，实现上海城市光网的跨越式发展。在“城市新印象（2007-2012）”主题活动上，上海电信被评为五年来上海城市的“十大重要进展”，为将上海建成国内“光网第一城”奉献出力量。

2013年，上海电信移动用户超过700万户，2013年9月1日，上海电信启动了第六次“智慧城市”宽带大提速，为申城用户带来极速光网体验，目前，光网用户占比到达73%，宽带用户平均带宽已超过20M，根据NetIndex、蓝汛（CCIndex）、360等第三方机构公布的最新测速报告，上海宽带网速位居全国前茅。

上海电信秉承**“用户至上，用心服务”**的服务宗旨，在宽带的安装、维修、服务等方面推出了一系列诸如拨打10000号装宽带、预约修障服务、智能提速、在线测速等全新专业化服务举措，提升以用户感知为核心的宽带客户服务体系，使宽带服务更加简便高效。

上海电信聚焦服务能力创新、体制机制创新、智慧应用创新。以满意度提升为引领，客户感知为导向，持续深化服务领先战略，以服务创新助力企业规模发展；继续深化“为民服务、创先争优”的理念，打造群众满意工程，连续三次蝉联“全国通信行业实施用户满意工程先进单位和中国质量协会全国用户满意企业”；公众满意度测评连续两年名列前茅；被评选为“规范服务达标先进行业”。

中国电信
CHINA TELECOM
城市之光 智慧之城
徐家汇
南京西路
天翼

iPhone 5
火热发售中!

停
校车
无限关爱 翼起成长

Public Service
CHINA TELECOM
智慧民生 SMART
Livelihood

玩转3G
卡宝
地图笔记
GeoReminder
来电情景
Calling Status
我拍你拼

中国联合网络通信有限公司上海市分公司

中国联合网络通信集团有限公司（简称“中国联通”）于2009年1月6日在原中国网通和原中国联通的基础上合并组建而成，在国内31个省（自治区、直辖市）和境外多个国家和地区设有分支机构，是一家在纽约、香港、上海三地同时上市的电信运营企业，连续多年入选“世界500强企业”。

中国联通主要经营固定通信业务，移动通信业务，国内、国际通信设施服务业务，卫星国际专线业务,数据通信业务,网络接入业务和各类电信增值业务，与通信信息业务相关的系统集成业务等。中国联通于2009年4月28日，推出全新的全业务品牌“沃”，承载了联通始终如一坚持创新的服务理念，为个人客户、家庭客户、集团客户提供全面支持。

中国联合网络通信有限公司上海市分公司（简称上海联通）是中国联通在上海的重要分支机构，拥有包括移动和固定通信业务在内的全业务经营能力。自融合重组以来，上海联通以全业务经营和“沃3G”发展为创新引擎，用五年时间实现了经营业绩的稳步提升，主营收入从融合之时的39.12亿元增长到目前的83.6亿元，在中国联通集团公司的综合业绩考核中，连续五年名列前茅。截至2013年底，上海联通资产规模达到150亿元人民币，用户总数701万户，其中移动电话用户624万户，3G用户342万户。

上海联通还积极参与上海“智慧城市”建设，五年来累计投入160多亿资金，主要用于光网络、3G移动通信网络及信息化的建设，网络质量和覆盖范围得到了明显的改善。未来三年，上海联通将继续投资100亿，构建第四代宽带无线移动通信网，提升城市光纤宽带网络能级，推进中国（上海）自由贸易试验区、上海国际旅游度假区等重点区域基础建设，为“智慧城市”海量信息的数据传输提供更高能级的网络保障。

同时，作为上海市信息化建设的主力军，上海联通依托先进的信息技术和强大的网络能力，开发了涉及多个行业的几千种信息化的智能应用，形成了独具特色的信息化产品和服务。今后，上海联通围绕“全面建成小康社会”的宏伟目标，严格履行对社会的承诺，不断提升服务水平。为中国电信业的改革发展，为上海城市建设和经济发展做出应有的贡献。

沃
精彩在沃
选4G 就选沃
上网更快
覆盖更广
体验更好
给您完美的高速移动宽带领先体验
上网快 就选沃
www.10010.com
中国联通

让全民尽享高速移动宽带之精彩
——中国联通 4G 策略在广东深圳发布

2014 年 3 月 18 日，中国联通在深圳隆重召开以“汇聚众智、与沃共赢”为主题的 2014 中国联通合作伙伴大会。会上，中国联通发布了 4G 发展战略、市场策略及多款 4G 终端。其中对外发布的“4G/3G 一体化资费套餐”及套外流量“放心用”功能更成为本次大会的最大亮点。

为迎接 4G 时代的到来，中国联通将全面实施“移动宽带领先与一体化创新战略”。在网络方面，联通将依托强大的宽带网络，秉承 3G 的优良品质，携手 LTE 高速网络，建立一体化的网络空间，打造完美的用户体验，充分发挥“上网更快、覆盖更广、体验更好”的优势。目前联通已经在全国 25 个城市率先开展 4G 网络服务。年底，开通 4G 服务的城市将达到 300 个。

在资费方面，为充分满足 4G 时代用户日益增长的流量消费需求，联通精心设计了让老百姓用得起、用得好的资费套餐，创新推出了“4G/3G 一体化套餐”，套内流量比 3G 套餐大幅提升。以联通 3G 基本套餐 A 套餐 156 元档为例，对比与之月费相近的 4G/3G 一体化套餐 166 元档，套内语音由 420 分钟提高至 500 分钟，套内数据流量由 500MB 提高至 2GB。为有效解决用户超套餐流量使用资费难以控制问题，联通特意设计了套外流量“放心用”功能，用户套餐外流量不足 1GB 时按照 0.30 元 /MB 计费收费，达到 60 元（即 200MB）时，用户将额外获得 824MB 免费流量（即 60 元 /GB），之后每超出 200MB 都按照这个规则计费收费。为控制套餐外高额流量费用，中国联通还推出了套餐外国内流量“双封顶”措施，即对于用户超出套餐外国内流量费达到600元后，停止计费，用户仍可继续使用，当国内计费流量达到15GB时，将自动关闭数据通信功能。此外，本次中国联通还推出了“流量半年包”，以及“在网越长优惠越多”网龄升级计划，未来更有自由组合套餐、共享套餐，满足用户的多终端、个性化、多层次需求。

在业务方面，随着4G来临，各类互联网应用将不断涌现、加速流行并迭代更新，中国联通基于“优势互补、公开透明、合作多赢”的开放理念，以Wo+能力共享平台，通过开放有核心价值的能力实现与互联网应用的融合，通过能力开放，聚集庞大且离散的合作伙伴，使其参与产品创新、业务开发和营销创新，提供丰富产品与应用满足用户多样化需求，从而建立多方共赢的局面。

在终端方面，围绕“双卡LTE、八核巨屏、全线42M”三大重点，深化产品差异化定制，不断推出种类更丰富、性能更优越、功能更强大、价格更实惠的4G终端。此次大会上，中国联通联合24个终端厂商发布了61款终端产品，其中4G LTE终端25款，42M终端28款，创新型终端8款。中国联通2014年终端销量预计将达到1.88亿台，其中LTE+42M定制机将达到1亿台。

在渠道方面，联通将借助移动互联网发展热潮，加快推进中国联通线上线下一体化布局，此次大会上中国联通宣布与1号店、亚马逊中国、当当网、华为商城及易迅网建立渠道战略合作伙伴关系，用户可以通过电商平台享受全天24小时的中国联通一站式服务，标志着中国联通全面开启电商渠道合作。

在行业应用方面，联通将坚持“开放、合作、共赢”的原则，重点布局“智慧城市、热点领域、中小企业”三大板块，联合上下游产业链核心企业，实现全产业链的协同创新发展，共创行业应用4G时代的新繁荣。

广东省内广州、深圳、东莞、佛山、中山5个城市今日正式提供4G服务，这5个城市的广大市民可以前往联通营业厅体验沃4G业务，办理“4G/3G一体化资费套餐”，购买4G手机，率先体验广东联通提供的优质4G服务。

2014年，是中国4G发展的起步之年，中国联通又一次站在了攀登新高峰的起点上。中国联通将立足提升在购买、消费、服务、产品、网络、应用的全方位客户感知，积极推进与终端、渠道、平台和应用的深度合作，共建产业合作新生态，助力中国经济转型升级，让全民尽享高速移动宽带之精彩。200余家战略渠道、100余家终端企业、30余家行业应用企业及近百家互联网合作单位参加了大会。

附：4G/3G业务一体化套餐资费表

	套餐包含			套餐超出及其他业务收费					
月费（元/月）	国内语音、可视电话拨打分钟数	国内流量	接听免费	国内语音、可视电话拨打（元/分钟）	套餐外国内流量（元/GB）	国内点对点短、彩信（元/条）	其他业务	包含增值业务	套餐外国内流量放心用功能
76	200	400MB	国内	0.15	60	0.10	标准资费	来电显示	套餐外流量放心用计费收费规则，：即用户套餐外流量不足1GB时按照0.30元/MB计费收费，达到60元（即200MB）时，用户将额外获得824MB免费流量（即60元/GB），当用户套餐外流量超过1GB时，仍按照上述原则计费收费（即每超出200MB即按照60元/GB计费收费），以此类推。
106	300	800MB							
136	500	1GB							
166	500	2GB							
196	500	3GB							
296	1000	4GB							
396	2000	6GB							
596	3000	11GB							

“与沃共赢”中国联通推出多项创新应用产品

3月18日，在“2014中国联通合作伙伴大会”上，中国联通提出了“开放、合作、共赢”的行业合作战略，开放平台与能力，与应用合作伙伴优势互补，产业链联动，共同推动4G时代的创新发展。

经过三年来的实践，中国联通成功打造了超过50项行业信息化应用标杆产品，已经与近200个城市（城区）的地方政府达成智慧城市战略合作；力推班班通，构建教育信息化生态圈，与14省达成共建协议，业务覆盖超过17万个班级；聚合优势资源产业链，已发展汽车信息化380万户、无线监测与监控560万户、移动办公及移动执法1400万户，推动了行业应用的快速发展。在此次大会上还现场签约“蓝信”、“互动宝宝”合作应用，并对多家合作伙伴进行了表彰，向各行业信息化应用企业发出了合作邀请。

4G时代的到来，伴随着云计算、物联网、移动互联网和大数据等新一代信息技术的发展，只有产业链的紧密结合才能共同拓展行业应用的蓝海。2014年中国联通将围绕“移动宽带领先与一体化创新”战略，重点布局“智慧城市、热点领域、中小企业”三大板块：依托十个大型云基地提供智慧城市云孵化；聚焦电子政务、教育信息化、远程保健与电子病历、汽车信息化、司法矫正、智慧城管、工地及国土资源监控、社区金融及展业应用、可穿戴装备及智能表具、移动传媒十大热点领域，开创推广班班通、企业蓝信、互动宝宝、融信通、移动传媒、企业移动数据800等创新应用产品；依托宽带商务中小企业云平台，广泛承载标准化信息应用，布局中小微企业云服务市场。

2014年中国联通将进一步加强与终端厂商、设备制造商、信息与内容提供商、平台系统服务商在行业应用领域的合作，创新多种合作模式、开放云孵化、协同拓展市场，共创行业应用4G时代的新繁荣。

腾讯等10家合作伙伴获颁中国联通WO+合作贡献奖

3月18日，在“2014中国联通合作伙伴大会”上，中国联通产品创新部总经理李红五讲话提出，中国联通将秉承Wo+“开放、合作、共赢、创新” 的理念，与各个互联网企业携手开展多方面的合作，包括Wo+流量私人订制、Wo+渠道开放共赢、Wo+计费共同创富等。

近年来，腾讯、百度、阿里巴巴、奇虎360、新浪、搜狐、多米音乐、盛大文学、去哪儿、拓维等10家行业伙伴共同在流量一体化产品、线上线下的应用推广、业务体验提升和客户服务等方面与中国联通开展紧密合作，为中国联通用户带来了优质的应用和业务体验，在本次大会上，中国联通为这10家合作伙伴颁发了“wo+合作贡献奖”。

随着4G来临，各类互联网应用将不断涌现、加速流行并迭代更新。在这一全新的市场形势之下，基于“优势互补、公开透明、合作多赢”的开放理念，中国联通Wo+能力共享平台通过开放有核心价值的能力实现与互联网应用的融合；通过能力开放的方式，聚集庞大且离散的合作伙伴，使其参与产品创新、业务开发和营销创新，提供丰富的产品和应用满足用户需求，从而建立多方共赢的局面。

本次大会，中国联通还集中展示了wo+能力开放核心产品：APP计费、模板短信、智能管道，其中APP计费为广大互联网应用开发者及各互联网应用提供了灵活的话费支付能力。此外，展区还展现了WO+视频、WO+音乐、WO+应用商店、WO+阅读等热门应用。

联通战略渠道承诺年发展用户2000万

3月18日，在"2014中国联通合作伙伴大会"上。中国联通对2013年在业务合作、终端销售、市场表现、体验营销等方面表现突出的10多家渠道合作伙伴进行了表彰。其中：乐语通讯因全面创新店面模式、以"手机+配件+中国联通业务+增值业务+乐语服务"的"多元通路"一站式服务体系，为广大中国联通用户提供了极佳的沃3G应用体验，荣膺中国联通2013年度"杰出贡献奖"；乐语通讯、苏宁云商、国美电器、迪信通、京东商城、恒大和、中域电讯、东莞捷通、话机世界、福建中博等10家全国连锁渠道，因助力中国联通实现年发展3G用户和在网用户双双突破1亿户而荣获"最佳价值奖"。

会上，中国联通更是凭借"移动宽带领先与一体化创新战略"和"领先3G+先进4G"的网络优势，再次赢得广大渠道商的认可，有160余家战略渠道主动请缨，承诺年发展联通用户近2000万。

中国联通多款4G终端亮相合作伙伴大会

4G/3G一体化终端策略引关注

3月18日，在2014中国联通合作伙伴大会上，中国联通正式公布了4G/3G一体化终端策略，同时，发布61款4G LTE、42M和创新型产品。2014年中国联通LTE+42M定制终端销量将达到1亿台。

实施4G和3G一体化终端策略

会上，中国联通市场营销部总经理熊昱介绍了4G终端定制策略和运营策略，4G时代联通将实施"移动宽带领先与一体化创新"战略。2013年底，中国联通已将全网升级至HSPA+ 42M网络。2014年，将继续坚持"网络领先、业务领先、服务领先"，全面实施4G和3G一体化终端策略，实现"移动宽带终端"领先目标。

面对4G元年，产业链各方都充满了期待。中国联通提出的4G和3G一体化终端策略得到了产业链各方的积极响应。发布会上，中国联通联合三星、联想、酷派、华为、金立、小米、诺基亚、HTC、中兴等24个终端厂商联合发布了61款终端产品，其中4G LTE终端25款（含2款MIFI和1款上网卡），42M终端28款，创新型终端8款。明星产品悉数登场，群星璀璨。三星GALAXY S4 4G、三星GALAXY Note3 Lite闪亮登场，全球首款LTE双卡千元机酷派K1星光闪耀，还有华为Ascend Mate2 4G、HTC One Max 4G等LTE产品大放光彩，此外大会上还发布了众多42M和创新性产品如Nokia XL、vivo X3SW、荣耀X1/3C、红辣椒等，重量级产品数不胜数。会上还公布了优惠的4G/3G一体化套餐合约计划，将为4G终端销售提供强大的助推引擎。

产业链合作 携手共赢

中国联通在本次大会上对2013年度WCDMA终端销售、运营、发展做出积极贡献的合作伙伴进行了表彰和颁奖。评选出了2013年度WCDMA终端合约发展突出贡献奖、W终端市场突出贡献奖、W终端定制合作贡献奖等奖项。在现场热烈的气氛中，16家终端厂商还分别与中国联通签订了2014年度销售目标，现场累计签约联通终端销量达到1.88亿台，终端合约销量达到6000万户。

此次中国联通发布4G终端，种类多、款型丰富，展现了中国联通与产业链深度合作的丰硕成果，标志着中国联通4G时代的开启。4G时代，中国联通将一如既往团结和凝聚全产业链合作伙伴，发挥4G/3G终端协同优势，联合产业链合作伙伴一起，携手共赢，共享4G盛宴。

国内外知名芯片商、终端厂商、国代商、操作系统商、全国级和区域级战略渠道合作伙伴、行业合作伙伴及互联网合作伙伴等产业链各领域大佬、领袖及领军人物超过1000人参加了盛会。

移动力量 助跑中原

中国移动通信集团河南有限公司（以下简称“中国移动河南公司”），自1999年成立以来，抢抓机遇、融入大局，逐步实现了从2G到3G再到4G移动通信技术的快速平滑演进，加快从传统语音业务向移动互联网业务的转型。近年来，中国移动河南公司围绕中原经济区和郑州航空港经济综合实验区建设的战略部署，加快“无线城市”建设，以政务信息化、民生信息化、行业信息化助推河南信息化发展，助力“智慧中原”构建。

在政务信息化方面，中国移动河南公司依托云计算、大数据、安全移动接入等先进技术和覆盖全面的网络系统，制定以电子政务为核心，以城市管理、行政监管、应急安全等为重点的政务信息化服务体系，打造政务云应用，开发了《廉政周刊》、干部监督处短信平台、政务通、应急通、警务通、城管通、全省行政效能电子监察系统等160多项ICT信息化应用项目，目前已覆盖全省5000多家党政军单位100多万客户，助力各级政府机关有效提升了工作效能。

在民生信息化方面，中国移动河南公司坚持“移动互联网化”的思路，以“无线城市”为抓手，打造包括教育云、医疗云、生活云、家居云的“民生云”，目前已覆盖3.6万教育机构、1600万学生，1万余家医疗机构，30余万医护人员，3000余万民众，800多万家庭。中国移动河南公司与18个地市政府合作，面向6000万客户打造“无线城市”平台，涵盖了无线政务、生活服务、医疗保健、交通查询、旅游指南、教育培训、求职就业及购物优惠等全方位便捷服务信息，开发了社保查询、手机公交、医讯通、务工易、商务出行等精品杀手业务，累计上线269项与群众生活、工作息息相关的业务应用，为全省客户提供了“一站式本地生活服务”，客户点击使用量超过5500万次。

在行业信息化方面，中国移动河南公司针对集团客户市场开展专业化运营，将物联网、移动互联网、云计算等新技术融入各行各业，开发推广64项行业信息化产品，覆盖农业、教育、电力、金融等20多个行业，服务集团单位数超过30万家，其中中小企业超过27万家，服务集团成员达1000多万户。在农业行业，依托“农信通”平台，为全省600多万农村客户提供农业政策、科技信息等服务；在教育行业，打造教育云，推出“校信通”行业解决方案，为全省2.4万所中小学老师和1000多万家长，搭建信息化沟通平台；在电力行业，实现了无线电力抄表、无线设备监控、电力信息服务等，为电力行业的客户提供更便捷的服务；在金融行业，开发包括手机钱包、移动支付、无线POS等一系列的移动金融行业应用，全面助力金融行业信息化水平和服务水平的提升。公安、医疗、交通、保险、物流等其他行业信息化发展如火如荼。

手机支付：

中国移动河南公司推出“手机支付”业务，为市民生活提供便利

工业信息化管理平台：

中国移动河南公司通过建立“新型客户服务体系信息化管理系统”，实现对重型工业设备的实时运维管理及远程故障处理

乐贝通：

中国移动河南公司打造“乐贝通”系统，推动幼儿教育信息化进程

中国移动河南公司全面推进网络建设，在网络村村通的基础上，为客户搭建信息高速路。

中国移动河南公司经过多年的建设和发展，在河南省建立了一个覆盖全面、质量可靠、功能完善、业务丰富、管理先进、世界一流的综合通信网络，截止2013年11月底，中国移动河南公司客户规模超过6000万户,其中3G客户超1300万户。累计建设2G和3G基站超6.9万个，网络容量超7000万户，网络覆盖了全省所有乡镇和行政村，已具备乡镇以上区域随时随地的信息化宽带接入服务能力。同时，加强河南省营业服务网点建设，现有自有营业厅2500多个、社会渠道服务网点7万多个，良好的网络覆盖和优质的网络服务为广大移动用户提供了可靠的通信保障，公司的发展业绩得到了社会各界的认可和好评，先后获得“全国文明单位”、“全国五一劳动奖状”、“全国诚信单位”、“全国用户满意服务企业”、“河南十大优秀慈善企业”等荣誉称号。

手机电视：

中国移动河南公司推出“手机电视”业务，随时随地享受畅通视频

执法服务平台：

中国移动河南公司联合工商系统实施的移动执法服务平台，实现了工商管理、移动办公和综合监管服务的信息化和智能化。

农信通：

中国移动河南公司开发“农信通”平台，为广大农民搭建“农信直通车”

河南移动

为您节省网络建设综合成本
——长飞气吹微管微缆解决方案
显著提高管道纤芯容量
可根据需求灵活增加光缆
光纤在多重保护下更加安全可靠
光纤布署效率大大提高
拥有国内首家通过CNAS认证的测试平台
YOFC 长飞
长飞光纤光缆股份有限公司
地址：武汉市光谷大道9号
电话：027-6788 7325/400 991 6698
网址:WWW.YOFC.COM

沈阳市公安局智能交通指挥中心
警力精确定位

中国通信企业协会

CHINA ASSOCIATION OF COMMUNICATION ENTERPRISES

刘利华参加通信行业三项活动推进大会

中国通信企业协会是经国家核准注册登记，由通信产业相关的企业、事业单位和个人自愿组成的全国性、行业性、非营利的社团组织，成立于1990年12月。协会以服务、维权、自律和协调为基本职能，发挥桥梁纽带作用，为政府服务，为会员服务，为行业服务，促进通信业发展,促进信息化建设，促进工业化与信息化融合。

刘立清会长参加两岸通讯产业
交流与合作会议

协会团体会员单位480余家，包括通信运营、通信工程建设、网络运维、增值服务、设备制造及光电缆、网络安全及科研院校媒体等，中小企业占会员总数的90%。协会下设通信工程建设、通信网络运营、信息通信服务、通信电缆光缆、通信网络安全专业委员会及邮政分会、通信器材分会、通信企业家工作委员会等分支机构，常设办事机构为秘书处。

邬贺铨院士在中国通信业发展
高层论坛上发表演讲

主要职能：经政府部门授权起草或参与制定行业标准；通信行业、企业咨询服务与行业统计；企业资质认证及年检；举办通信发展论坛，组织通信业发展研究分析；推进通信行业用户满意企业、企业管理创新、质量管理活动；开展技术业务培训；促进行业自律，维护企业合法权益；维护消费者的合法权益；联系境外国家和地区通信行业组织，开展对外经济技术交流与合作，举办国际国内展览会，为政府、企业和行业搭建沟通交流平台。

协会会长： 刘利华

名誉会长： 谢高觉 奚国华 刘立清 郭炎炎

副会长单位： 中国电信 中国移动 中国联通 中国邮政 华为 中兴 大唐 上海贝尔 中国普天 中国邮电器材 腾讯 奇虎360 工信部电信研究院 中国移动设计院

秘书处： 副会长兼秘书长苗建华 副会长兼副秘书长钱晋群 副秘书长郝克芳、仲伟琴

信息技术的发展与产业变革

中国工程院院士　邬贺铨

近半个多世纪以来，以集成电路、计算机、互联网、光纤通信、移动通信的相继发明和应用为代表，信息技术的发展深刻影响了人们的工作和生活。目前又面临移动互联网、物联网、大数据、云计算为代表的新一轮的信息化浪潮，将重塑信息产业生态链，推动信息化与工业化深度融合，拉开新产业革命的序幕，对经济和社会及全球竞争格局将产生深刻的影响。

一、加快中国信息技术发展的现实意义

（一）信息产业成为国民经济的支柱产业

信息产业（含电子产品制造与软件及电信服务）在不少国家都已成为国民经济的支柱产业。2000～2004年，欧盟经济增长的一半是由信息通信产业贡献。2008年，信息产业增加值占GDP的比例，美国为6.4%，日本为6.9%，韩国为7.2%；我国近10年，此值在5%～7.5%，2012年为6.25%。中国信息产品出口占外贸1/3以上。

（二）信息技术的辐射带动作用

（1）信息技术作为通用性技术，渗透率高，对其他产业和社会发展有很强的带动作用和辐射效应。2010年，互联网经济给G20国家贡献GDP的4.1%，给G8加上韩国、瑞典、巴西、中国和印度共13国贡献GDP总量的3.4%和增量的20%。宽带普及率每增加10%，GDP可增加1.3%（据世界银行估计，对于中低收入国家和高收入国家，分别是1.38%和1.21%）。2011年，对经合组织（OECD）33个国家的研究得出GDP会随宽带接入速率的加倍而增加0.3%。沃达丰公司对1996～2003年一些国家移动通信与经济发展的关联做过调查分析，移动通信普及率增加10%，人均GDP增加0.6%（发展中国家是0.8%～1.2%）。对74个国家1995～2010年的统计发现，移动通信普及率提高10%，全要素劳动生产率增加4.2%；2008～2011年对96个国家的统计，在总的移动通信普及率不变但随着2G用户替换为3G而使3G普及率提升10%的情况下，人均GDP的平均年增长率将提高0.15%；对14个国家统计，如果移动数据的使用加倍，人均GDP的平均年增长率将提高0.5%。

（2）信息通信技术支撑节能降耗。在电网、建筑、物流、汽车等行业应用信息技术将减少对能源的消耗和提高能源转换效率。按照《Smart2020》报告，信息技术的使用所贡献的节能效果是信息技术产品自身耗能的5倍，到2020年可以减少二氧化碳排放的15%。据推算，2011年通过淘宝网进行的交易相比传统模式减少了235.8万吨标准煤的使用。

（3）信息化对就业有积极的贡献。据美国布鲁金斯学会的研究，美国每个宽带制造岗位和每个宽带服务业岗位分别能够产生2.91个和2.52个其他新工作岗位，宽带普及率每增加1%，各州的年就业率就可增长0.2%～0.3%。截至2012年年底，阿里巴巴国际和国内交易市场分别拥有280万和850万个企业商铺，拥有小企业业务注册用户7770万名，淘宝网帮助数百万人实现直接就业。2014年年初，人力资源和社会保障部报告，中国网络创业就业累计新增岗位上千万个。

《2013全球信息技术报告》提出，尽管处于不利的全球经济环境，数字化还使2011年的世界GDP提升了1930亿美元，新增就业600万人，其中发展中国家占新增GDP的71%和就业的94%。

（三）新时期信息技术的战略地位

在国际金融危机后，各国更加重视依靠科技发展经济，信息技术的高增长性、带动性和低碳性以

及在非传统安全中的重要角色更显突出，信息技术被寄予厚望。国外学者认为，大数据、智能化生产和无线网络革命将引领科技繁荣，IDC公司提出信息技术已从计算机和互联网这两个平台发展到以移动宽带、云服务、社交应用和大数据为标志的第三平台，并预测到2020年信息产业收入的40%和增长的98%将由第三平台的技术所驱动。

为了抢占信息技术新的制高点，一些国家纷纷出台国家战略。最近两三年来，美国出台了《国家宽带计划》、《大数据研究和发展倡议》和《脑科学计划》等；欧盟2010年3月公布的《欧洲2020战略》将以知识和创新为基础的智慧增长摆在首位，优先发展信息技术；韩国的"2025年构想"的重点领域也是信息技术领衔。全球有146个国家都制定了加速发展宽带的国家战略或规划。中国国务院在2013年8月发布了《"宽带中国"战略及实施方案》，成为这一高潮的响亮尾声。

（四）中国发展信息技术的紧迫性和重要性

改革开放以来，中国信息技术和产业快速发展，在通信设备、计算机、电信运营和互联网服务等方面涌现了产业规模位居世界前列的一批企业，但自主创新能力不足，产业大而不强，而且中国城乡差距大，信息化应用总体水平还不高。世界经济论坛的2013年《全球信息技术报告（GITR）》用网络就绪指数（NRI）来评价各国的信息化水平，在所列的144个国家和地区中，中国位于第58位，比2012年还落后7位。国际电信联盟在《衡量2013信息社会发展》的报告中用信息通信技术发展指数（IDI）评价固定与移动接入及宽带使用状况，中国2012年在157个国家和地区中名列第78位。总的来说，中国信息化状况的世界排名与中国的社会经济地位不相称。

发达国家是在工业化、城市化完成之后才开始信息化的，中国信息化与工业化、农业现代化和城镇化同时进行，这既是挑战也是机遇。与消费者的信息产品和服务应用相比，中国在信息化与工业化融合方面差距更大。从前述的一些统计分析数据来看，信息化对发展中国家的效果比工业化国家更显著，跨越发展可以少走弯路。但另一方面，信息技术换代很快，一两年的差距就意味着落后一代，发达国家会利用所掌握的先机扩大这一差距。在传统的彩管电视时代，中国企业经过多年努力处于全球领先位置，但到了平板电视时代，又回到跟踪的行列；在功能手机时代，中国的手机企业占领了国内中低端市场；在智能手机时代，国产手机的操作系统则全是舶来品。

当前信息技术发展呈现一些新趋势，预示比过去有一个更快和更大的发展，我们必须高度重视，争取"弯道超车"。中国当前转变经济增长方式打造中国经济发展的升级版需要更多依靠科技进步，现代信息技术将是重要的抓手。党的"十八大"报告提出"建设下一代信息基础设施，发展现代信息技术产业体系，健全信息安全保障体系，推进信息网络技术广泛运用，推动信息化与工业化深度融合，促进四化同步发展。"

二、信息化应用的拓展

（一）物联网与智慧城市

物联网（Internet of Things， IOT）的词汇最早出现在20世纪80年代，认为每个物体均应有标志以便于管理；到90年代认为可将物体联网；近几年进一步挖掘物体联网的价值是感知环境并支持分析决策。物联网的体系由3层组成：感知层利用感知单元（射频标签 RFID、条码和传感器）获取物体或人或环境的信息；网络层利用通信网络汇集这些信息；应用层进行信息处理和数据挖掘，提供智能决策。例如利用通信网将遍布城市马路上的交通视频摄像头的信息汇集到交通监控中心。物联网通常架构在互联网上作为面向特定任务所组织的专用网络而出现，但互联网是全球性的而物联网是行业性和区域性的，与其说物联网是网络不如说是互联网应用的拓展。

"智慧地球"、"感知中国"和"智慧城市"等概念随着物联网的应用而出现。无线城市、数字城市、宽带城市、感知城市是智慧城市的必要条件；智能制造、智能农业、智能电网、智能交通、智能建筑、智能安防、智慧物流、智慧环保、智慧医疗等是智慧城市的重要体现；创新城市、绿色城市、宜居城市、平安城市、健康城市、幸福城市、人文城市等是智慧城市应有之意。以智能交通为例，北京每天刷公交一卡通的次数超过4000万人次，其中地铁1000万人次。

收集和分析这些数据可了解客流去向，据此可优化公交线路的设计。利用马路上的埋地线圈和路口的摄像头，甚至利用驾车人和乘车人的手机位置信息，可以判断车流量和实际通行速度，从而及时疏导交通。需要指出的是，信息基础设施等技术仅仅是手段，城市各主管部门的协调和管理体制的改革及市民参与才是智慧城市的根本。中国的物联网和智慧城市的热度堪称全球之冠，但不少地方重感知轻分析、重建设轻管理，核心产品自主可控的比例不高。

（二）大数据及其应用

物联网产生大数据，一个 8Mbit/s 的摄像头每小时产生 3.6GB 的数据，一个有数十万个摄像头的城市一个月收集的监控视频数据量高达数百 PB（$P=10^{15}$）数据。医疗业也产生大数据，一个三甲医院存储的数据几乎每 5 年增加一个数量级，预计 2015 年可达 1PB。网络更是大数据之源，淘宝网每天交易的数据量超过 50TB（$T=10^{12}$），百度每天处理 60 亿次搜索请求约几十 PB 的数据，腾讯每天有上千亿次的服务调用。全球新产生的数据年增 40%，全球信息总量每两年就可以翻番。2011 年，全球新产生的数据量达到 1.8ZB（$Z=10^{21}$），如果用一个内存为 32GB 的 iPod 来存储，需要 575 亿个 iPod，由此可见大数据时代正在到来！

大数据具有量大、增长快、多样性和价值密度低但隐含价值高的特点。大数据的处理涉及获取、过滤、存储、计算、挖掘和可视化呈现等多个环节，需要关联聚类和语义分析，目前对非结构化的数据（如照片和视频）的挖掘难度还很大。大数据可应用到各行各业，IBM 日本公司建立经济指标预测系统，从互联网新闻中搜索影响制造业的 480 项经济数据，计算出采购经理人指数（PMI）预测值；印第安纳大学从网民的近千万条留言中分为 6 种心情，进而对道琼斯工业指数的变化进行预测，准确率达到 87%；淘宝网通过采集分析网上成交额比重高的热门商品的价格走势，实时给出淘宝 CPI；GE 公司通过监视其生产的喷气引擎运行状态，提前一个月预测维护需求，准确率达到 70%。硅谷有个气候公司将几十年的天气数据和土壤状况及历年农作物产量做成精密图表，预测任一农场的明年产量，向农户出售个性化保险；阿里巴巴根据淘宝网上中小企业的交易状况筛选出财务健康和诚信的企业，无需担保便可从网上申请贷款，目前已放贷上千亿元，单笔微贷成本和坏账率分别为大型商业银行的 0.1%和 30%；在医疗保健领域，“谷歌流感趋势”项目依据网民搜索内容分析全美流感等病疫传播状况，与美国疾控中心提供的报告对比，精确率达到 97%而且提前给出预测；每到长假前两三周，不少人就会在网上查询旅游景点、交通工具或自驾游路线，百度根据在搜索引擎上的热点词汇，在黄金周前就能预测哪个景点或交通路线会拥堵。大数据在社会管理和军事领域等也都有重要的应用。麦肯锡公司 2011 年发布的报告指出，数据就是一种生产资料，大数据是下一个创新、竞争、生产力提高的前沿，并推测如果把大数据用于美国的医疗保健，一年的潜在价值是 3000 亿美元，用于欧洲的公共管理可获得年度潜在价值 2500 亿欧元，零售商可增加 60%的运营利润，制造业可减少 50%的装配成本。世界经济论坛的报告认定大数据为新财富，价值堪比石油。在大数据处理体系和非结构数据挖掘技术方面，美国和德国布局较早，中国差距很大。

（三）云计算和云服务

云计算是从数据库、互联网数据中心（IDC）演变而来，其底层（设施层）包括存储器、服务器等，支持虚拟共享和动态配置，提供信息化设备外包和托管服务，即以出租信息存储设备作为服务（IaaS）。中间层（平台层）有数据库、中间件、各种应用的网络开发环境和工具，即以平台作为服务（PaaS），租用者利用该平台可以开发自己所需的软件。对于自身没有软件开发能力的客户，需要直接使用云计算的上层（软件层）。该层配有可用于企业管理的各种软件（产品生命管理 PLM、供应链管理 SCM、企业资源规划 ERP、客户关系管理 CRM 和财务管理以及产品开发等软件），提供软件的按需租用，即把软件作为服务（SaaS）。公用云这种第三方多租户按需弹性共享的概念能大大节省企业信息化投资和维护及能耗成本，大企业集团也可建设私有云供下属各部门共享信息化资源。政府部门也将大量使用云计算，2011 年美国政府宣布了“云优先”政策，美国政府信息技术采购预算的 1/4 将用在云计算上。中国一些地方热衷于建设云计算中心，但大多停留在 IaaS，很少提供 PaaS 和 SaaS，即便有其软件也基本依赖于外国公司。

（四）信息化与工业化深度融合

英国《经济学家》杂志主笔保罗·麦基里 2012 年 6 月在《第三次工业革命》一书中提出，一种基于互联网和新材料、新能源相结合的第三次工业革命即将到来，它以制造业数字化为核心，并将使全球技术要素和市场要素配置方式发生革命性变化。美国国防分析研究所 2012 年 3 月在《先进制造的新兴全球趋势》报告中指出：未来 20 年，最有潜力从根本上改变制造业的四大领域是半导体制造、先进材料和集成计算材料工程、添加制造技术（例如 3D 打印）、生物制造（重点是合成生物领域）。首先，材料的开发方法因信息技术而有革命性变化。2011 年，美国总统奥巴马宣布了“材料基因组计划”，利用材料设计数据库等，建立材料从成分—原子排列—相—显微组织—材料性能—环境参数—使用寿命等之间的关系，把材料研发从传统经验式的“炒菜”提升到科学设计，其目标是把发现、开发、生产和应用先进材料的速度提高一倍，复兴美国制造业和保持全球竞争力。3D 打印是在计算机上将拟制造的工件虚拟化切片，通过一个像打印机的设备，把可融接的材料按虚拟切片模型逐层叠加而成，相对于通过切削等将大块原料加工为产品的传统制造（也称为“减法制造”），3D 打印是“增材制造”，节能和环境友好，将缩短新产品的开发时间，适应样机开发、个性化生产和特殊加工的需要。合成生物学借助信息技术设计出以 DNA 编写的语言，通过将标准化处理的 DNA 片段组合，能够制成具有生命及繁殖力的活细胞，从而改造和优化现有自然生物，或者合成具有预定功能的全新人工生物体，合成生物学可用在现代化学品生产、医药、农业、污染物检测与降解等。

（五）信息消费

Gartner 咨询公司统计，2012 年全球信息通信方面的支出达到 3.88 万亿美元，分为通信服务及应用、终端设备、数据中心和企业软件三大类，分别占 71%、17%和 12%。中国 2012 年信息消费规模达到 2.45 万亿元，桌面互联网占 40%，移动互联网占 60%，增加值占 GDP 的比例分别为 0.49%和 1.45%，可见移动互联网的影响更显著，这还未计算移动互联网对其他产业增加值的贡献（占 GDP 2.49%）。预计信息消费规模将年增 20%，成为拉动经济增长的新引擎。与信息消费有关的电子商务其销售额增长更快（2012 年同比增长 66%），已占到社会零售额的 6.5%。互联网不仅对实体商业有影响，对金融业的影响也开始呈现，可以预期互联网特别是移动互联网会触发所有的服务业变革，将催生新业态。

三、信息产业变革的趋势

（一）关注颠覆技术，把握技术换代

（1）颠覆性技术改变产业格局。信息技术发展很快，颠覆性技术的出现会对已有传统或主流技术途径产生颠覆性效果，引领产品换代和产业跨越式发展。1975 年柯达公司最早掌握数码相机技术，但为保护其胶卷市场而束之高阁；1988 年日本富士公司与东芝公司合作将数码相机投放市场，同年中国政府注资 8 亿元给乐凯扩大胶卷生产。现在乐凯的胶卷收入占其总收入不到 2%，而柯达则资不抵债，已申请破产保护。1994 年，中国在大连与松下公司合资组建华录公司，生产录音机和录像机，但很快就被 VCD/DVD 取代。2004 年液晶彩屏已问世，安彩集团仍收购美国康宁公司彩管生产线，没等开工彩管市场就开始萎缩；同年 TCL 公司收购法国汤姆森公司彩管电视机生产线，连续两年亏损；苹果公司的智能手机对诺基亚公司的功能手机也是一次成功的颠覆。2013 年 5 月，麦肯锡全球研究所发布了“2025 年前可能改变生活、企业与全球经济的 12 项颠覆性技术”，其中就有移动互联网、知识型工作自动化、物联网、云技术、先进机器人和车联网等。

（2）商业模式上的颠覆性创新同样值得重视。互联网内容提供商将内容、应用平台和门户等进行整合；终端厂商通过操作系统捆绑客户端软件来掌控客户，抢占产业链的主体位置；电信运营商沦为管道，业内称为 OTT（Over The Top），即借用足球的过顶传球术语比喻运营商的利润被分流，运营商原有的经营模式受到冲击不得不让利与互联网公司合作。电子商务挑战实体零售卖场业务。2013 年 2 月，苏宁电器正式更名为苏宁云商，迈出了从名称到战略、从线下到线上扩展的转型步伐。按苏宁的

解释，云商是未来中国的零售模式即‘店商+电商+零售服务商’。阿里巴巴基于电子商务积累的信用记录，以阿里贷和余额宝在网上办理小微信贷，值得传统金融业反思。当前正处在信息技术变革的大规模应用前夕，需要把握好技术换代和商业模式创新的机遇。

（二）业务关联发展，推动三网融合

（1）通信与计算的融合。小型平板电脑与智能手机尺寸相近，功能也相差无几，通信与计算的融合大大增强了智能终端的功能，成为用户的个人事务助理和移动互联网入口及大数据的重要源头。

（2）通信与感知的融合。移动智能终端可嵌入射频标签（RFID）和各种传感器，能读取条码和定位并实现小额支付等一卡通功能，成为随身携带的物联网节点，用户通过对周边环境的感知获得更好的体验。

（3）广电与即时通信互动。随着具有操作系统的智能电视和智能机顶盒的出现，对用户而言三屏的差别仅仅是观看位置的不同（客厅、卧室或室外），基于网络视频的三网融合发展很快，对广电和电信运营商都是不小的冲击。一些视频网站还将视频娱乐节目与即时通信耦合，例如搜狐视频获得《中国好声音》独家网络直播权，用户在收看的同时可通过微博和微信点评，广电与即时通信的互动使视频网站从电视节目的重播平台升级为与新媒体的融合平台。

（4）通信与媒体的混搭。微博用户可以加关注或被关注，既是通信业务也有传媒特征。微信具有深度绑定手机通讯录的特性，不仅可提供点到点通信，还可提供点到多点通信，不仅可实时也可异步（如电话留言），可以半私密也可以作为公众账号，微信呈现出广播媒体平台的属性。

（三）面向服务转型，实现垂直整合

（1）终端与服务的捆绑。苹果公司的取胜不仅是靠新颖的手机设计，更重要的是抓住了移动互联网的机遇，以移动应用商店的平台控制了移动应用入口，将终端与服务捆绑，实现了从通信到应用整个产业链的垂直整合。昔日的手机霸主诺基亚在智能手机的换代上反应迟钝，向移动互联网转型行动不力，最终不得不出售手机业务。中国腾讯、百度和阿里巴巴等互联网企业也定制手机，他们并不指望从手机硬件获利，目的是用手机锁定互联网门户网站，抢占移动互联网入口，通过内容黏住用户，后续通过应用和流量从广告中变现。

（2）软件与硬件互补。苹果公司以终端来放大其操作系统价值，软硬结合使制造与服务两手都要硬成为信息产业的转型方向。苹果公司是以终端来影响服务，谷歌等公司则从服务扩展到终端，谷歌近年明显进行战略调整，进军移动通信和社交网络及大数据服务，开发平板电脑和可穿戴式智能终端硬件产品。微软公司作为全球最大的软件公司也不甘于只在软件领域耕耘，通过收购以进入网络电话、视频会议和社交服务领域，并接连推出平板电脑和以 72 亿美元收购诺基亚手机业务，成为智能终端生产商。德国的 SAP 公司通过兼并实现了从企业管理软件公司变身为云计算、大数据分析和移动互联网企业，目前 SAP 的市值占德国首位，超过了西门子和大众汽车。

（3）制造业向生产性服务业转型。20 世纪 90 年代初期，IBM 公司的硬件占其销售收入约 70%，IBM 随后出售 PC 和打印机等产品线，近年用近百亿美元收购云计算与管理软件公司，推出大数据分析平台，现在 IBM 生产性服务业收入已占 70%，成功实现转型。惠普、戴尔公司的 PC 走下坡路，不得不在战略上做出重大调整，通过收购分别向大数据解决方案和软件中心服务提供商转型。爱立信退出与索尼的合资从而放弃手机市场，重点转到软件与服务，这两类业务的营收比重已分别超出了 50%和 38%，爱立信已成为全球第五大软件公司。陕鼓动力集团在其出厂的机组中加装运行监测传感器并联网，为 215 家企业的 1224 台机组提供在线监测及故障诊断服务，服务收入占公司收入 1/3，实现了从制造向服务的延伸。

综上所述，新一轮信息技术革命正在到来，它的影响将超越计算机和互联网，已经并将继续改变信息领域企业的竞争格局，随着信息化应用的深入还将引发其他行业的变革。对于正在转变经济发展方式的中国来说，这既是难得的机遇也是严峻的挑战。机会稍纵即逝，抓住了就是机遇，抓不住就是挑战。我们需要正视中国在核心信息技术和产业以及信息化应用方面的差距，从创新链、产业链、资金链以及推进体制改革和完善法制环境等方面集中力量抢占制高点。

中国信息社会建设十大趋势分析

国家信息中心

一、我国尚处于从工业社会向信息社会转型阶段

从全国信息社会发展水平看，2012 年中国信息社会指数（ISI）达到 0.4391，仍处于工业社会向信息社会过渡的转型期。2001～2006 年，中国 ISI 从 0.232 增长到 0.281，处于工业社会向信息社会过渡的起步阶段。2007 年，中国 ISI 突破起步期临界点（0.3），达到 0.3023，标志着我国已进入了工业社会向信息社会过渡的转型阶段，至 2012 年仍处于此阶段。

从信息社会发展的 4 个主要领域来看，数字化生活是发展最快的领域，也是对信息社会指数增长拉动最为显著的领域。2006～2012 年，数字化生活指数从 0.1686 增长到 0.4133，增长了 145.14%，年均复合增长率高达 16.12%，对 ISI 增长的贡献率为 46.30%；网络化社会指数从 0.3402 增长到 0.5045，增长了 48.30%，年均复合增长率为 6.79%，对 ISI 增长贡献率为 31.09%；知识型经济指数从 0.2837 增长到 0.3918，增长了 38.12%，年均复合增长率为 5.53%，对 ISI 增长贡献率为 20.46%；服务型政府指数从 0.4276 增长到 0.4619，增长了 8.01%，年均复合增长率为 1.29%，对 ISI 增长贡献率为 2.16%。

转型阶段信息社会发展的主要表现是：信息基础设施加快普及，主要信息技术产品加速扩散，信息化对经济运行、社会发展、生活提高、政府治理的影响日益显著，信息技术应用效果从量变逐步走向质变。从经济领域来看，信息技术开始广泛应用于产业经济活动中，ERP、CAD、3D 打印等技术应用成为企业提高竞争力的重要武器，数字学习成为人才培养的重要手段，信息技术成为经济增长方式转变的重要支撑。从社会领域来看，信息基础设施趋于泛在、高速、互联互通，数字包容受到越来越多的关注，智慧城市成为城镇化建设热点领域。从生活领域来看，信息消费成为全社会消费的新增长点，生活工具中数字产品日益丰富，人际互动手段更具瞬时、多媒体和高效特点，生活方式呈现出虚拟化倾向。从政府领域来看，电子政务成为提高行政效能不可或缺的工具，信息共享、业务协同成为行政职能转变的重要“抓手”，信息公开、政民互动、高效治理和科学决策成为服务型政府建设的突破口。

转型阶段信息社会发展也面临着一些突出的问题和矛盾，主要有：一是新旧矛盾冲突交织。这一阶段工业化任务尚未完成，并积累了若干亟待化解的矛盾，但人们对信息社会的需求、渴望已被激发出来，理想与现实之间的碰撞和冲突普遍存在，使得这一阶段既是发展的黄金期也是矛盾的凸显期。政府、企业和个人在发展中都会遇到许多新矛盾与新问题，出现许多不适应。二是数字鸿沟问题依然突出。城乡之间、地区之间、行业之间、不同社会群体之间在拥有和使用信息技术方面依然存在较大差距，不仅导致新差距的出现，还对原有差距产生了明显的放大效应。三是信息化成效亟待提高。在这一阶段，人们尚未完全把握信息社会发展的基本规律，在实践中容易沿用工业时代的思维和方法推进信息化建设，导致重硬件轻软件、重技术轻应用、重系统轻资源、重建设轻维护等问题屡见不鲜。同时，受原有社会“条块”分割的管理模式和利益格局的影响，重复建设、“信息孤岛”比比皆是，部门间、系统间信息资源共享难、协同办公少，直接影响信息化成效的充分发挥。

二、信息社会建设进入加速发展快车道

从全国总体水平来看，近年来信息社会呈现加速发展态势。2001～2006 年中国 ISI 从 0.232 缓慢

增长到 0.281，增幅仅为 21.18%，年均复合增长率为 3.92%。2007～2012 年中国 ISI 从 0.302 快速提升到 0.439，增幅达到 45.24%，年均复合增长率达到 7.75%，远远高于 2001～2006 年时期。2012 年，信息社会指数同比增长 10.8%，增长速度创历史新高，信息社会建设正在加速推进。

信息基础设施和信息技术应用是信息社会建设加速发展最为突出的领域。一是从信息基础设施来看，电信通信能力显著提升。2007～2012 年，光缆线路长度从 577.7 万公里快速提升到 1480.6 万公里，年均复合增长率达到 9.3%，明显超过 2001～2006 年年均 6.2% 的增长幅度。宽带接入端口从 2003 年的 1802.3 万个迅速增长到 2012 年的 26835.5 万个，年均复合增长率约为 34%。其中，2010 年以来宽带接入端口增长幅度更是创历史新高，为信息社会加速发展奠定了坚实基础。二是从信息技术应用来看，主要信息技术产品与服务加速扩散。2001 年，我国移动电话普及率首次超过 10%，2001～2005 年移动电话普及率稳步增长到 30.26%，年均提高 4.7%，2006～2012 年移动电话普及率从 35.3% 快速提升到 82.6%，年均提高 7.88%，明显超过 2001～2005 年的发展速度；互联网普及率在 2006 年之前增长缓慢，2002～2006 年年均增长幅度仅为 1.475%。2006 年互联网普及率首次超过 10%，互联网应用进入加速扩散期。2006～2012 年，年均增长幅度达到 5.27%，呈现出明显的加速发展态势。信息社会的加速发展主要源于技术与制度两个层面的推动作用。

从技术层面来看，我国信息技术及其产品服务的创新速度不断加快。2012 年，我国在多项核心关键技术领域取得突破，其中采用国产处理器和软件的神威蓝光千万亿次计算机技术水平处于国际先进行列。随着新一代信息技术创新不断深化，信息技术扩散趋于加速，信息技术在经济社会与行政管理领域的应用不断拓展。一是在经济发展领域，信息技术的发展推动了电子信息制造业、软件服务业、电信业及其他新型产业等快速发展，2012 年我国电子信息产业销售额首次超过 10 万亿元大关；信息化与工业化进一步深度融合，信息技术对现代制造业、现代服务业、现代农业的支撑作用进一步凸显，信息技术渗透到经济领域的方方面面，经济形态进一步知识化。二是在社会生活领域，信息技术在社会领域加速渗透，智能水利、智能电网、智能交通、数字环保等带动了基础设施的智能化改造，教育信息化、医疗信息化、社保信息化引领社会领域的信息技术深化应用，产生了一系列新型社交、购物和娱乐方式，如微博、淘宝等，带动了居民的数字化生活。三是在行政管理领域，近 10 年电子政务建设在网络基础设施、核心业务系统、政务信息资源等方面取得了明显成效，现阶段信息技术应用是创新政府治理模式、打造服务型政府的重要手段，为推动政府科学决策、公开透明、高效治理、互动参与发挥了重要作用。

从制度层面来看，从“十一五”至今，各级政府部门出台了一系列信息化发展规划与政策，为信息社会加速发展注入了强大的动力。“十一五”期间出台的《2006～2020 年国家信息化发展战略》为中国信息社会建设进入快车道奠定了坚实的基础，为关键信息技术创新、信息技术产业发展、新一代信息技术在经济社会领域的深化应用等方面初步构建了政策支持体系。“十二五”以来，从中央到地方都出台了信息化领域的一系列规划与政策，涉及电子政务、电子信息制造业、农业农村信息化、两化融合、智慧城市等多个领域，为我国信息社会建设提供了有力的政策支持。

三、信息消费成为拉动内需的重要力量

信息消费是指以信息通信技术产品和服务为主要对象的消费行为，具有结构层次高、绿色无污染、带动作用强等特点。随着全球范围内信息技术创新的不断加快，与信息技术相关的新产品、新服务、新业态大量涌现，不断激发新的信息消费需求。从信息技术的扩散情况来看，信息消费涵盖生产消费、生活消费、管理消费等领域，包括手机、平板电脑、智能电视等多种电子信息产品，也包括语音通信、互联网接入及数据服务、信息内容和应用服务、软件等多种信息服务，还包括基于信息平台的电子商务、云服务等新型信息服务。

近几年来，我国信息消费增长势头迅猛，形成了巨大的产业和市场规模，正日益成为新时期扩大

内需特别是消费需求的战略支点，对内需的强力拉动作用已经日益显现。

（一）快速增长的信息产品消费对内需的带动作用日益明显

在移动电话、计算机、互联网设备等相对传统的信息产品继续快速增长的同时，由新一代信息通信技术衍生的智能手机、平板电脑、智能电视、数字家庭产品和北斗导航等信息产品也渐成气候。2012 年，全国移动电话用户净增 12590.2 万户，达到 111215.5 万户；全国网民数净增 0.51 亿人，达到 5.64 亿人，互联网普及率达到 42.1%，比 2011 年年末提高 3.8 个百分点；国内城镇居民家庭每百户计算机拥有量超过 70 台，比 2002 年增加 50 台；城镇居民每百户彩电拥有量为 135 台。新兴信息产品也在快速增长。国内市场智能手机出货量为 2.58 亿部，增长 166.8%，占手机总量的 55%；平板电脑国内销售 879.5 万台，同比增长 54.7%；北斗卫星导航产业市场规模已经超过 1200 亿元，民用注册用户约有 5 万个，有望逐步替代 GPS 系统。

（二）信息服务消费快速增长

2012 年，我国信息服务业占 GDP 比重进一步提升，达到 7.3%，比 2011 年提高近 1 个百分点。拉动就业 520 万人，上缴国家税金 2562 亿元，同比增长 10%。其中，电子商务作用明显。据工信部统计，自 2008 年开始，我国网络购物用户数一直在高速增长，年增长率均达到 50%左右，至 2012 年年底，网络购物用户总规模已达到 2.42 亿户。网络零售额从 2004 年的 45 亿元增加到 2011 年的近 8000 亿元，年均增长 140%，网上零售额占社会消费品零售总额的比重从 2004 年的 0.08%上升到 2011 年的 4.3%。2012 年的“双 11”促销，淘宝、天猫一天就创造了 191 亿元的销售纪录。

（三）基于信息技术的新型信息服务模式支撑了信息消费的蓬勃发展

随着信息技术的发展，各种性能先进、价格低廉的电子信息产品迅速进入平常百姓家庭，人们的交往、学习、消费、娱乐等方式越发基于信息服务。一是社交网络的出现和广泛应用，正在帮助人们构建一个基于互联网的真实的人际关系网。截至 2012 年 12 月底，我国使用社交网站的用户数为 2.75 亿，同比增长 12.6%。二是数字化学习成为人们获取知识和信息的重要方式。除了传统的课堂教育，人们获取知识和信息的方式趋于数字化，信息检索、在线学习、在线阅读、移动学习等成为人们学习的一种常态方式。三是以网络为载体的新兴数字化消费方式快速崛起，打破了传统信息消费方式所面临的时空限制。信息的生产、传递和消费连成一体，信息的供求双方无须直接接触，即可实现信息沟通。四是各种数字媒体实现了声音、文字、图像的综合集成与共享，使得视频点播、互动游戏、在线娱乐、在线收看、视频下载等新的娱乐方式成为越来越多人的选择。

虽然信息消费在拉动内需中发挥着积极的作用，但是在现阶段我国信息消费还面临着基础设施支撑能力不足、产品和服务创新能力弱、市场准入门槛高、政策不配套、体制机制不适应等问题。今后要加快出台相关政策，引导企业根据市场特点、消费者习惯和技术产业发展趋势，提供适合我国消费者的信息产品和服务以及信息服务模式，积极开拓经济、社会、民生、电子政务、城市和农村等各个领域的信息消费需求，以促进内需持续快速的增长。

四、城镇化成信息社会发展的重要推动力

测算结果表明，我国城镇化发展水平与信息社会发展水平之间呈正相关关系，城镇化率越高则信息社会指数越高。2011 年，我国城镇化率为 51.27%，总体尚处于城镇化加速阶段，全国地级以上城市城镇化率与信息社会指数呈显著的线性关系，其相关系数达到 0.77。从城镇化发展阶段来看，全国有 42 个地级以上城市的城镇化率超过 70%，处于城镇化成熟阶段，其相应的信息社会指数平均值达到 0.63；213 个城市的城镇化率在 30%～70%，处于城镇化加速阶段，其相应的信息社会指数平均值为 0.41；还有 60 个城市尚处于城镇化初始阶段，其相应的信息社会指数平均值为 0.32。总体上说，城镇化从初始阶段走向成熟阶段的过程，也是信息社会从起步期走向发展期的过程。

通过进一步的分组统计分析可以看出，城市的人口规模、居民人均年收入两个因素都与其信息社会发展水平有明显的正相关关系。一方面，城市的人口规模越大则信息社会发展水平越高。在本次重点测算的315个地级以上城市中，2012年，46个人口低于50万人的小城市的ISI均值为0.331，而35个人口超过300万的大城市的ISI均值达0.529，比前者高出59.8%。另一方面，城乡居民人均年收入越高，信息社会发展水平也越高。在本次重点测算的315个地级以上城市中，城乡居民人均年收入低于1万元的89个城市的ISI均值仅为0.281，尚处于信息社会起步阶段；而年收入高于1.5万元的86个城市的ISI均值为0.590，约是前者的2.1倍。城镇化对信息社会发展的推动作用主要体现在以下两个方面。

（一）城镇化为信息社会的发展提供了重要的物质基础

随着城镇化的推进，相对优越的人力资源、产业资本、基础设施等也不断在城市聚集，有力地支撑了政府与企业等主体参与现代信息技术的研发、应用与推广，带动了现代信息技术产业的发展以及现代信息技术在经济社会各个领域的渗透。人、财、物等各种要素在城市的加速集聚，既为信息社会发展提供了可供开发利用的海量数据，又为信息社会发展提供了必要的规模经济与范围经济。此外，随着人口在城市的集聚，人与人之间的交往越来越频繁、越来越便捷，也为居民信息意识、信息技能、信息素养的提高提供了条件。

（二）城镇化快速发展对信息社会建设提出了更高的要求

随着城镇化的推进，亟须充分发挥信息技术数字化、网络化、智能化特点，推动电子政务向基层延伸，深化信息化在人口管理、公共交通、市政运营等领域的应用，推进城镇基本公共服务均等化，促进城乡社会保障一体化，加快基本医疗卫生服务普惠化，推动优质教育资源共享化，支持社区服务便捷化，提高城市承载能力与治理水平，以解决城镇化进程中出现的一系列问题。与此同时，城镇化的快速推进也催生了居民在消费、旅游、娱乐、交往等领域新的信息需求。

五、智慧城市建设热潮助推信息社会发展

智慧城市是城市发展的新形态，是信息化城市发展的新阶段。近两年，智慧城市热潮的出现，为推动各地区信息社会建设发挥了重要的作用。据不完全统计，国外在建的智慧城市数量大约有200个，智慧城市建设已被许多国家看做是提升城市竞争力、促进经济社会发展、提高居民生活品质、改进城市公共管理的重要途径。我国的智慧城市建设也呈现出井喷式发展势头，据不完全统计，截至2012年年底，国内提出智慧城市建设的城市超过150个，在2012年政府工作报告和“十二五”规划中正式提出智慧城市建设的地级以上城市共41个，副省级城市10个，北京、上海、天津3个直辖市均提出了相关的规划纲要与行动计划。在分散的智慧城市建设的基础上，东部沿海发达省份如广东、江苏和山东省进一步规划实施了智慧城市群建设，有力推动了信息社会建设。

从各地智慧城市建设与信息社会发展情况来看，开展智慧城市建设的省、市在信息社会发展的许多方面都有比较突出的表现。从省级层面看，北京、天津、上海3个直辖市都较早规划实施了智慧城市建设，其信息社会指数排名在全国31个省份中位居前三，广东、江苏、浙江、山东和湖北5个省较早实施了智慧城市群建设，其信息社会指数在全国排名均位居前列。从城市层面来看，一些开展智慧城市建设成绩突出的城市其信息社会发展往往较好，如南京、苏州、扬州、杭州、宁波、厦门、佛山、深圳等城市在智慧城市建设方面处于国内领先水平，通过在智慧基础设施、城市管理、产业发展、民生服务等方面的建设，带动了信息社会的快速发展。

智慧城市以物联网、云计算等新一代信息技术作为技术支撑，以泛在感知的海量信息整合共享作为应用基础，带动了现代信息技术在基础设施、城市管理、民生服务、产业发展中的应用，大大推动了信息社会发展的步伐。一是在知识型经济方面，智慧城市建设高度重视智慧技术攻关、智慧企业运

营、智慧产业培育和智慧基地建设。比如，天津已经规划实施智能芯片技术、传感技术、云计算技术和信息安全技术等的攻关；南京规划实施了麒麟科技创新园、智能电网基地和智能物流基地建设，加速了知识型经济的发展。二是在网络化社会方面，智慧城市建设重视光纤宽带、无线城市、三网融合等主要信息基础设施的广泛覆盖，以传感终端、物联网络为代表的智慧基础设施建设得到较大程度的推进。如深圳已经规划实施了深圳云服务工程，组建深圳云计算中心，构建系列深圳云，形成了辐射华南的云计算基础设施服务能力。三是在数字化生活方面，智慧城市建设涵盖教育文化、医疗卫生、社会保障等方面。如江苏扬州规划实施了民生幸福体验计划，开展智能教育建设项目、智能综合视听信息化系统项目等，提升了数字化生活水平。四是在服务型政府方面，智慧城市建设重视政务运行、交通管理、公共安全、资源环境等方面的建设。如北京规划实施了城市智能运行行动计划，重点覆盖城市人口精准管理、交通智能管理服务、城市安全智能保障等，为建设服务型政府提供了支撑。

六、“宽带中国”支撑向信息社会转型

信息基础设施是以信息通信技术为基础，以光纤网、无线通信网、广播电视传输网、传感网等为依托，以交互方式传送语音、数据、文本、图像、视频等多类信息的通信网络及相关设施。当前，信息基础设施正在加速向宽带化、移动化、智能化方向发展，宽带成为信息社会建设的重要支撑。由于宽带基础设施具有公共产品属性，加之电信运营商通常处于垄断地位,因此在推动宽带建设的过程中,往往需要政府发挥“看得见的手”的作用，以纠正市场失灵问题。近年来，世界各国高度重视宽带基础设施建设。

2010 年 3 月，美国联邦通信委员会（FCC）向国会提交了国家宽带计划实施细则，提出未来 10 年的主要发展目标：1 亿以上的美国家庭能使用上平价宽带，并且实际下载速率至少达 100Mbit/s，实际上传速率至少达 50Mbit/s；每个美国社区都能获得至少 1Gbit/s 的宽带服务等。其他国家也不甘落后，据不完全统计，截至 2012 年年底，全球已有 110 多个国家和地区部署了宽带战略。

我国也积极推动以宽带为重要内容的信息基础设施建设，特别是在应对国际金融危机的冲击和加速经济转型升级的过程中，加大了信息基础设施的建设力度，着力提升以宽带为主要内容的网络基础设施建设。2011 年 8 月，工业和信息化部推动实施“宽带中国”战略，加快宽带网络基础设施建设和业务开发。电信运营商也积极跟进，中国电信全面实施“宽带中国·光网城市”战略，并将宽带下乡、拓展农村综合信息服务作为重要内容。2012 年 3 月，国家发展和改革委员会、工业和信息化部、财政部、科技部等 8 部门共同组织成立了“宽带中国战略”研究工作小组。5 月，国务院常务会议确定了实施“宽带中国”工程。7 月，国务院发布《“十二五”国家战略性新兴产业发展规划》，提出要实施“宽带中国”工程，加快构建下一代国家信息基础设施，统筹宽带接入、新一代移动通信、下一代互联网、数字电视网络的建设。12 月，“光纤到户”建设成为强制性国家标准。2013 年 3 月，工业和信息化部发布《“宽带中国 2013 专项行动”实施方案》，包括“城市宽带提速计划”、“农村宽带普及计划”、“农村校通宽带计划”、“应用创新推广计划”“宽带体验提升计划”和“宽带产品研发计划”6 项行动计划。4 月，上述 8 部门又发布《关于实施宽带中国 2013 专项行动的意见》。7 月，国务院常务会议明确提出多措并举提速“宽带中国”。2013 年 8 月，国务院正式发布“宽带中国”战略及实施方案。

在各方面的积极努力下，宽带、融合、泛在、安全的国家信息基础设施正在形成。2007～2012 年，网络基础设施大幅提升。2012 年，全国光缆线路总长度净增 902.9 万公里，达到 1480.6 万公里，增长了 1.56 倍，年均复合增长 21%；基础电信企业互联网宽带接入端口净增 3596.1 万个，达到 26835.5 万个，年均复合增长 26%；移动电话交换机容量净增 97373.7 万户，达到 182869.8 万户，增长了 114%，年均复合增长 16%。

此外，电信资费综合价格水平持续下降。近年来，由于信息技术发展、市场竞争程度加深、电信

企业生产经营效率进一步提高等因素影响，我国电信资费综合价格水平不断下降，出现了业务总量与业务收入持续增长和资费水平连续下降的良好态势。2008～2012年我国电信资费综合价格水平累计下降29%，而同期我国人均收入从9794元提高到16674元，“电信购买力”（人均收入/电信资费综合价格水平）增长了60%。

七、17个城市进入信息社会初级阶段

就全国31个省、自治区、直辖市而言，上海于2007年、北京于2008年先后步入信息社会（ISI均超过0.6）。之后一直到2012年，依然只有北京和上海处于信息社会“俱乐部”。其余省份中，高于全国水平的有天津、浙江、广东、江苏、福建、辽宁、山东，基本属于东部改革开放先行地区，低于全国水平的有22个，基本处于中西部地区。

从我国地级以上城市信息社会发展水平看，在2012年重点测算的315个城市中，深圳、北京、上海、厦门、东莞、苏州、广州、无锡、佛山、中山、南京、西安、珠海、杭州、常州、嘉兴和济南17个城市的ISI超过0.6，进入了信息社会初级阶段，占比5.40%；240个城市的ISI处于0.3～0.6，属于向信息社会发展的转型阶段，占比76.19%；58个城市的ISI低于0.3，属于向信息社会发展的起步阶段，占比18.41%。其中，东莞信息社会建设水平在全国地级城市排名中位列第一。

这些城市之所以率先进入信息社会初级阶段，主要原因有以下3个。

（一）经济发展（特别是居民收入）水平较高

较高的经济发展水平往往意味着在信息基础设施建设方面具有更好的基础，同时居民收入水平较高往往直接影响着各种信息技术和产品的应用水平，这些都是决定信息社会发展水平的重要因素。2011年，上述17个城市人均收入全国排名均处于前20位，均值达到22020.13元（2000年可比价），是全国水平（11200.97元）的1.97倍。

（二）数字化生活发展水平在全国的排名普遍靠前

现阶段数字化生活领域对信息社会发展的拉动作用最明显。2012年，17个城市数字化生活指数基本占据全国排名前17位（嘉兴例外），指数平均值（0.6927）高出全国平均水平（0.4133）67.58%。

（三）17个城市地方政府高度重视信息化建设，有效地推动了信息社会发展

这些城市不仅信息化建设起步早，建设经验较为丰富，成效明显，而且在当前智慧城市建设热潮中，北京、上海、广州、深圳、杭州、南京、厦门等地方较早制定或实施智慧城市发展的专项规划，较好地推动了物联网相关技术发展、电信业务及信息化基础设施建设、相关认证安全等平台和示范工程，促进了信息社会水平不断提高。

八、中西部面临信息社会跨越发展机遇

经济发展是影响信息社会水平的重要因素，总体而言，经济发展水平与信息社会水平具有高度同步性。但是，经济发展水平并不是决定信息社会水平的唯一要素。从地区来看，中西部省份经济发展与信息社会的同步程度较低，一些省份抓住机遇实现了跨越发展；与之相反，另外一些省份在信息社会建设过程中则明显掉队。

中西部地区面临信息社会跨越发展的机遇。以陕西省为例，2012年陕西省经济发展指数为0.248，在全国31个省份中排第23位，但其信息社会指数为0.428，在全国排第10位，表明陕西省信息社会发展状况明显领先于经济发展状况。通过对全国31个省份经济发展指数及其全国排名的计算和比较可以看出，陕西、山西、四川是信息社会发展领先经济发展程度最大的3个省份，内蒙古、江西、湖南则是信息社会滞后经济发展程度最大的3个省份，上述省份主要分布在中西部地区。

因此，对于经济发展水平相对较低的中西部地区而言，只要针对自身特点采取行之有效的措施，就可以在信息社会建设过程中实现跨越发展。一方面，可以充分发挥后发优势，如可以通过借鉴其他省份、城市的成功经验，规避它们走过的弯路，找出既合乎客观规律又适合当地实际的跨越路径；也可以通过直接采用先进技术，达到少投入多产出、事半功倍的效果。在信息社会条件下，不同地区与

城市之间的经济往来、文化交流、技术合作等活动日益密切，中西部地区比较容易获取信息社会先行地区及其城市的发展理念、成功经验与先进技术，高起点、加速度推进信息社会的跨越发展。另一方面，可以充分利用信息技术的特殊性实现跨越发展。一是信息技术存在跳跃性，在现有信息技术应用水平还不够高的情况下，可以直接应用更为先进的信息技术，比如中西部地区可以跨越传统的ADSL、VDSL等*x*DSL铜线接入方式，直接采用更为先进的光纤接入方式。二是信息技术存在通用性，可以覆盖各个领域、各个行业、各个环节和流程。中西部地区可以集中人力、物力、财力，在具备发展条件的重点领域、重点产业、重点地区实施重点突破，一旦在某一方面取得突破，就有可能带动其他领域、产业、地区真正实现跨越发展。

九、信息社会发展区域失衡问题非常突出

从总体上看，我国信息社会发展存在明显的区域不平衡现象。主要表现为：一是东、中、西区域差距较大；二是省际间差距较大；三是省内差距较大。

从东、中、西区域差距来看，2012年，我国东、中、西部地区信息社会指数均值分别为0.541、0.386、0.358。其中，东部和中、西部落差明显，中、西部地区信息社会指数均低于全国均值，东部地区比西部地区高51.1%。东部地区中，除海南、河北两省以外，其余省份信息社会发展水平均高于全国平均水平。

从省际间的差距来看，北京、上海已率先进入信息社会初级阶段，而大多数省份刚刚进入信息社会转型阶段。2012年，各省信息社会指数的标准差为0.108，其中信息社会指数最高的省比最低的省高出约150%，9个省信息社会指数高于全国平均水平，其均值为0.572，而其他22个省份的信息社会指数均值仅为0.372。

部分省内信息社会发展存在明显的不平衡现象，比较突出的如广东、甘肃、内蒙古、福建等。有些省份信息社会发展总体水平高，但内部发展不平衡，以广东为例，2012年广东省信息社会指数为0.562，在全国排第5位，其中，有6个城市信息社会指数均超过0.6，已经迈入信息社会初级阶段，深圳最高达0.775，在全国地级及以上城市信息社会指数排名中位居第一，但仍有11个城市信息社会指数低于0.4，占广东省地级及以上城市数量的52%。有些省份信息社会发展总体水平低，但省内个别地区信息社会发展水平一枝独秀。以甘肃为例，2012年甘肃信息社会指数为0.320，其中有9个城市社会指数均低于0.3，尚处于信息社会起步期，但最高的嘉峪关地区信息社会指数为0.523。

信息社会发展的区域不平衡问题是一系列因素综合作用的结果。一是经济基础差异较大。2011年，我国东、中、西部地区人均GDP分别为53350元、29229元和27731元，人均地方财政收入分别为5628元、2373元和2986元，第三产业占GDP比重分别为44.9%、34.1%和36.3%，东部地区支撑信息社会建设的经济基础明显优于中西部地区。二是信息技术应用水平差异较大。与中西部相比，东部地区在信息技术的研发投入、人才储备、创新能力方面优势较为明显，信息技术应用程度较高。以互联网应用为例，2011年全国互联网用户总数为5.16亿，互联网普及率为38.3%，东、中、西部地区互联网用户数占全国的比例分别为53.5%、25.1%和21.4%，东、中、西部地区互联网普及率分别为49.9%、30.5%和30.5%。三是政策支持力度差异较大。由于认识水平、客观条件等多种因素影响，各地区在推进信息社会建设方面的政策导向、力度等存在明显差异，直接影响信息社会的发展水平。

十、数字包容状况喜忧参半

数字鸿沟是指不同社会群体之间在拥有和使用现代信息技术方面存在的差距。导致数字鸿沟的最直接原因是“收入鸿沟”，收入较高的人群拥有更多财富来拥有各类信息技术产品和服务，逐渐形成了不同群体之间的数字鸿沟。除收入因素外，使用者的信息技能、观念、习惯等方面的差异也可能扩大数字鸿沟。数字鸿沟的扩大，反过来会放大不同劳动者和地区之间在能力、收入、机会等方面的差

距。缩小数字鸿沟，实现劳动者之间、地区之间甚至行业之间的数字包容，日益成为和谐社会建设过程中必须面对的重大课题。

2006～2012 年，我国数字包容指数不断提高，从 0.3372 增长到 0.5368。同期，全国 31 个省份均实现了数字包容指数的正向增长，数字包容状况得到明显的改善。其中，增幅最高的是西藏，从 2006 年的 0.1906 提高到 2012 年的 0.4134，增长了 116.93%。

在本次重点测算的 315 个地级以上城市中，108 个城市数字包容指数超过 0.6，比重为 34.3%；介于 0.5～0.6 的城市有 119 座，比重为 37.8%；介于 0.4～0.5 的城市有 69 座，比重为 21.9%；其余低于 0.4，仅占 6.0%。2010～2012 年，315 座城市中的 267 座实现了数字包容指数的提高，占比高达为 84.8%，表明我国绝大部分地区数字包容状况得到改善。

尽管数字鸿沟得到明显改善，但城乡间数字鸿沟形势仍较为严峻。在信息产品日益成为重要生产生活工具的情况下，全社会有责任和义务进一步帮助低收入者和弱势群体拥有基本的数字产品，掌握必备的信息技能，把握住新的发展机遇。当前，传统信息产品的数字鸿沟问题已得到较好解决，全国电视普及率的城乡差距已经较小，2011 年我国农村电视机普及率相当于城市的 85.43%，东部地区基本超过 90%，中西部地区普遍超过 80%。不过，人群间信息产品普及情况并不理想，与世界较高水平相比，我国仍有相当多人群未能使用手机和互联网等数字产品服务。2012 年，我国移动电话普及率达到 82.6%，达到全球平均标准，但与发达国家仍有差距，例如美国手机普及率为 110%，而在阿联酋，手机数量与人口数量之比约为 2∶1；根据国际电信联盟（ITU）相关报告，在固定宽带与移动宽带普及率方面，中国普及率分别为 11.6%、9.5%，分别位列第 53 位与第 71 位，而美国位列第 18 位与第 9 位。

更严重的是，我国计算机产品的城乡间数字鸿沟问题依然严峻。2011 年，全国农村计算机普及率仅相当于城市的 21.94%，情况最好的省级区域北京仅为 60.73%，次之的浙江滑落至 42.18%，而上海仅为 36.49%。计算机在现代信息技术中的重要地位不言而喻，全国城乡间计算机普及率巨大差距必须引起高度重视。如何设计出切实有效的方案，以政府引导、市场跟进、社会组织和企业积极配合的方式，降低农民购买计算机的实际支出、提高农民信息技能、建设农村信息公共服务点、普及农村信息基础设施等，是下一阶段破解城乡间数字鸿沟问题的主攻方向。

（摘自国家信息中心 2013 年 8 月 31 日发布的《中国信息社会测评报告》）

行业发展篇

通信业发展分析

一、通信业经济技术指标完成情况

（一）我国信息通信业[1]增速超过全球，增长贡献显著提升

2013 年，我国基础电信业增长 8.6%，远超全球基础电信业增速 0.85%的水平。我国基础电信业收入占全球的比例由 2009 年的 8.1%提升至 11.2%。从增量贡献上看，2010 年我国信息通信业收入对全球的贡献仅为 12.5%，2013 年这一贡献率接近 115%，成为全球基础电信业发展的主要驱动力。

（二）电信业务收入增速超过同期 GDP 增速水平

2013 年 1～11 月，全国电信业务总量累计完成 12762 亿元，同比增长 7.7%；电信主营业务收入累计完成 10674.3 亿元，同比增长 8.5%。移动通信收入占比稳步提升，固定通信收入增长贡献提高 0.4 个百分点。1～11 月，移动通信业务实现收入 7988.3 亿元，同比增长 9.9%，在电信业务收入中占比达到 74.8%，比 2012 年同期提高 1.0 个百分点。从业务收入增长贡献上看，移动通信业务收入的增长贡献率达到 86.5%，比 2012 年同期下降 0.4 个百分点。固定通信业务实现收入 2686 亿元，同比增长 4.4%，增速与 2012 年同期持平，对行业收入增长的贡献从 2012 年同期的 13.1%提高至 13.5%。1～11 月，非语音业务实现收入 5282.9 亿元，同比增长 16.6%，高出全行业收入增速 8.1 个百分点，占电信业务收入的比重达到 52.2%。

（三）移动业务收入中语音收入份额下降，数据业务份额持续提升

移动语音业务收入维持 4 成份额，移动数据业务收入份额提高至 16.6%。移动语音业务收入增速明显放缓，收入占比缓慢下滑。1～11 月，移动语音业务实现收入 4476.1 亿元，同比增长 1.9%，比 2012 年同期回落 3 个百分点。在电信业务收入中的比重由 2012 年同期的 44.6%下滑至 41.9%，仍占据各业务收入比重之首。移动数据及互联网业务实现收入 1776.1 亿元，同比增长 55.3%，在电信业务收入中的占比由 2012 年同期的 11.6%提高到 16.6%，比固定数据业务收入份额高 3.8 个百分点，与移动增值业务收入份额差距缩小至 0.4 个百分点。

（四）固定电话用户退网速度加快，无线市话用户规模降至 900 万户

2013 年 1～11 月，全国固定电话用户减少 986.7 万户，每月平均减少 90 万户，退网速度明显加快，比 2012 年同期增加 73%，总数为 2.68 亿户，占电话用户总数比重降至 18.0%，比 2012 年末下降 2 个百分点。无线市话用户退网速度趋缓，累计减少 316 万户，比 2012 年同期减少 40%，总数达到 908.9 万户，在固定电话用户的比重由 2012 年年末的 4.4%下降至 3.4%。3G 移动电话用户渗透率达到 31.6%，月均提升 1 个百分点。2013 年 1～11 月，全国移动电话用户净增 1.11 亿户，总数达到 12.23 亿户。3G 移动电话用户累计净增 1.54 亿户，是 2012 年全年净增数的 1.5 倍，总数达到 3.86 亿户，在移动电话用户中渗透率达到 31.6%，月均提升 1 个百分点。TD 用户在 3G 用户中占比明显提高。1～11 月，TD 用户累计净增 9276 万户，总数达 1.81 亿户，占 3G 移动电话用户比重达到 46.7%，比去年末提高 9 个百分点。

（五）在“宽带中国”战略的推动下，宽带用户普及率持续提高

2013 年 1～11 月，基础电信企业互联网宽带接入用户净增 1822.1 万户，总数达 1.88 亿户，同比增长 11.3%，比 2012 年同期回落 5.9 个百分点；宽带用户人口普及率达到 14%。农村地区宽带业务快速

---

1 信息通信业包含基础电信业和互联网服务业。

发展，城乡差距进一步缩小。2013 年前 11 个月农村地区宽带接入用户达到 4700 万户，城市和农村宽带用户比例由 2012 年年底的 3.3:1 缩小到 3:1。

（六）2G 上网用户规模缩小，无线上网卡用户占比回升 0.1 个百分点

2013 年 1～11 月，移动互联网用户总数达到 8.04 亿户，同比增长 7.8%，在移动电话用户的渗透率达到 65.7%。2G 手机用户总数下降的同时，2G 上网用户数持续减少，总数为 5.2 亿户，占移动互联网用户总数的比重由 2012 年末的 76.8%下降至 65%。无线上网卡用户累计新增 74.6 万户，比上月净增提高 33.8 万户，达到 1584.1 万户，占移动互联网用户的比重达到 2%，比上月提高 0.1 个百分点。

（七）固话通话量降幅持续收窄，每用户长途通话量下滑超过本地通话

2013 年 1～11 月，固定本地通话时长为 2774.8 亿分钟，同比下降 15.6%，比上月收窄 0.2 个百分点，近两个月降幅收窄至 16%以内。固定本地电话 MOU 达到 92.2 分钟/（月・户），同比下降 12.7%。固定长途电话通话时长为 540.9 亿分钟，同比下降 16.2%，比上月收窄 0.2 个百分点，连续 5 个月降幅持续收窄。固定长途电话 MOU 同比下降 13.3%，达到 18.0 分钟/（月・户）。

（八）移动语音业务量增速持续下降，移动本地和长途 MOU 降幅均超 5%

受 OTT 应用的强烈冲击，移动语音通话量增速进一步趋缓。2013 年 1～11 月，全国移动电话去话通话时长 26499.9 亿分钟，同比增长 5.1%，比上月回落 0.1 个百分点，比 2012 年同期增速下降 7.7 个百分点。其中，移动本地去话和移动长途通话时长分别同比增长 4.9%和 5.8%，比 2012 年同期增速下降 4.5 个百分点和 20.4 个百分点。由于移动语音业务量增速大幅低于用户的增长，每用户每月贡献的移动语音业务量同比持续下降。移动本地去话 MOU 为 158.1 分钟/（月・户），移动长途去话 MOU 为 47.9 分钟/（月・户），分别同比下降 6.2%和 5.4%。

（九）OTT 应用对短信产生强烈替代作用，点对点短信量收加速下滑

在 OTT 应用和垃圾短信集中治理的双重影响下，1～11 月，全国移动短信业务量为 8314.5 亿条，同比增长 1.6%，比上年回落 1.2 个百分点。其中，点对点短信量为 4004.3 亿条，同比下降 12.9%，占移动短信业务量的比重下降至 48.2%。业务向移动互联网转型加快，增值企业短信量加速下滑，同比下降 16.9%。彩信业务量增速趋缓，1～11 月,移动彩信业务量 807.5 亿条，同比增长 27.7%，比上年回落 4.1 个百分点。其中，点对点彩信量 49.1 亿条，同比增长 9.5%，比上年回落 1.9 个百分点。

（十）移动互联网接入流量增速创新高，月户均手机上网接入流量突破 100MB

2013 年 1～11 月，全国固定互联网宽带接入时长为 28.96 万亿分钟，同比增长 13.3%。移动互联网接入流量 11.86 亿 GB，同比增长 70.6%，创 2009 年以来增速新高，比 2012 年同期增速提高 30.5 个百分点。其中 2013 年 11 月移动互联网接入流量突破 1.3 亿 GB。户均移动互联网接入流量达到 136.5MB，同比增长 48.1%。其中手机上网流量占比提升至 70.8%，月户均手机上网接入流量突破 100MB，达到 100.3MB。

二、通信业发展基本特点

（一）OTT 加速替代传统电信业务，行业增长动力转移到互联网

1. 受到业务饱和 OTT 业务替代的影响，传统业务增速明显放缓

一是固定语音业务的业务量和收入均呈负增长态势。2013 年前 11 个月，固定本地和长途语音业务的收入分别下降了 9.5%和 16.2%，业务量分别下降了 15.6%和 16.2%。一是移动对固定的替代作用，固定语音业务一直处于萎缩趋势，量收齐跌主要是由于自身业务饱和及技术替代的作用；二是移动语音业务量收增速下滑明显。2013 年前 11 个月，移动语音业务收入和业务量分别同比增长 9.9%和 5.1%，分别比 2012 年下降 7.7 个百分点。移动短信收入和业务量分别同比下降 1.6%和 12.9%。

2. 移动互联网（移动数据）收入成为拉动行业收入增长的第一引擎

随着移动互联网时代的全面到来，特别是智能手机的快速普及，随时随地通过移动互联网平

台进行社会交往、搜索、消费、休闲娱乐等行为变得越来越普遍。受此推动，移动互联网接入流量及收入均迅猛增长，对行业整体收入增长的贡献率由2011年的34%飙升至2013年的53%，首次超越移动语音成为第一增长引擎。同时，随着宽带普及提速工程和宽带村通工程的快速推进，固定宽带接入业务对收入增长的重要性进一步提升，收入贡献位次从2011年的第4位提升至第3位，但绝对贡献率下降3个百分点至12.5%。

3. 互联网产业的迅速崛起

2013年，一是我国互联网服务收入超过3100亿元，在信息通信业中的占比接近30%。同时，互联网服务业的年均收入增速自2007年以来一直保持在30%以上，成为信息通信业增长的主要拉动力；二是我国涌现出多家大型增值业务上市公司，与美国同为全球互联网业务发展最为迅猛的国家。在全球市值排名前30名的互联网公司中，我国有7家[2]企业入围，仅次于美国（18家），远高于俄罗斯（2家）、日本（2家）和韩国（1家）；其中腾讯、百度进入市值排名前十名，腾讯市值进入千亿美元企业阵营。全球大型互联网公司数量见表1。

表1 全球大型互联网公司数量

国家	前30名企业数量	企业市值规模（亿美元）
美国	18	10075.8
中国	7	2191.7
日本	2	464.6
俄罗斯	2	227
韩国	1	158.5

数据来源：雅虎财经、工信部电信研究院整理；2013年12月底市值数据。

（二）我国宽带网络提速明显，与OECD（经合组织）国家相比差距进一步缩小

1. 在“宽带中国”战略的推动下，光纤接入和8Mbit/s以上高带宽用户比例突破20%

2Mbit/s以上、4Mbit/s以上和8Mbit/s以上宽带接入用户占比分别达到95.9%、77.4%、21.1%，比2012年年末分别提高1.6个百分点、11.6个百分点和5.2个百分点。光纤入户稳步推进，FTTH用户累计净增超1843.1万户，用户总量达3881.2万户，占宽带用户比重由2012年年末的11.6%提升至20.6%。

2. 我国宽带普及率与OECD国家的差距进一步缩小

对比OECD国家的宽带发展历程，我国宽带业务起步较晚，所处的发展阶段存在较大差别，这在一定程度上导致我国宽带与OECD国家在普及速度上存在一定的差异性。前几年，我国宽带普及仍处于起步期，与OECD国家所处的高速增长期相比，呈现出宽带普及率差距不断拉大的现象。2008年我国宽带普及率与OECD国家相差超过15个百分点。随着2010年我国宽带普及率标志性突破9%进入高速增长期，我国与OECD国家的差距在2011年缩小至14%，到2012年再缩小为10%左右。

（三）我国电信企业国际地位不断提升

2013年10月25日，英国的国际知名通信专业媒体《全电信》（Total Telecom）发布了题为《2013年全球电信企业100强》（简称“100强报告”）的年度分析报告。该报告基于2013年财年各国电信企业公开发布的企业收入、净利润等财务数据，给出100强排行榜。“100强报告”统计对象包括固定电信企业、移动电信企业以及提供电信业务的有线电视运营商，不含纯ISP等不拥有基础网络的电信业务提供商和电信设备供应商。排名依据是各电信企业在一个完整财年的总收入或净利润。其中，总收入指标是企业排名的最终决定依据，因为在电信行业，企业规模的大小至关重要，而收入正是反映企业规模大小的核心指标；而净利润指标受会计核算方法、临时性和突发性因素的影响较大，同一家公司年度之间的变化经常很大，因此可比性不如总收入指标好。在指标核算上，报告采用国际财务报告准则(International Financial Reporting Standards，IFRS)对各企业财务数据进行处理，并采用XE网站提供的货币汇率表进行换算。下面就“100强报告”排名进行深度分析。

1. 全球百强电信企业收入增长放缓，门槛降低，集中度不断下降

2013年电信业百强收入合计1.28万亿欧元，比2012年增长了0.5%，低于2010～2013年5.5%的年均增速和2013年世界经济2.1%的增速，增长

2 分别为腾讯、百度、网易、奇虎360、携程、搜房、新浪。

呈现放缓趋势。电信业百强入门门槛第 100 名收入较 2012 年下降了 17.4%，这是 2010 年以来首次降低，百强企业规模大小更趋分散。从前十名看，有 6 家运营商出现了零增长或负增长现象，十强收入占百强收入比例连续 3 年下降，从 2010 年的 51% 下降到 2013 年的 49%，反映出电信业集中度在不断下降，这也成为 2013 年行业并购频发的一个关键诱因。

2. 电信业十强中，北美洲、欧洲、亚洲运营商三足鼎立

从 2013 年 100 强排名和近 4 年的排名变化看，全球电信业增长放缓，百强门槛降低，而我国则逆势而上，快速提升在国际电信业中的地位。从电信业前十名分布情况来看，2013 年北美洲、亚洲运营商地位得到进一步巩固[3]，形成了北美洲、欧洲、亚洲运营商多极发展的局面。在前十名中，北美运营商由 2010 年的 2 家增加到 2013 年的 3 家，百强收入占比由 14.7%增长为 17.8%。亚洲 3 家运营商百强收入占比由 14.1%增长为 14.8%。欧洲运营商由 2010 年的 5 家减少为 2013 年的 4 家，收入占比由 2010 年的 22.3%下降为 16.9%。

3. 我国电信业高速增长，排名持续大幅提升

我国三家运营商收入持续高速增长，占全球百强收入比重稳步上升。据《全电信》报告，2013 年我国三家运营商总收入 1308 亿欧元，比 2012 年增长了 9.8%；再加上我国人民币汇率连年升值，导致 2010～2013 年，我国电信业年均增速高达 16.2%。我国三家企业收入占百强比重，2013 年达到 10.2%，比 2010 年的 7.6%大幅提升了 2.6 个百分点。我国三家电信企业的百强排名不断提升。2010～2013 年，总体由 10~15 名同步向前十名跻身。2013 年，中国移动、中国电信、中国联通在全球电信百强中分列第 4、第 10 和第 12，比 2010 年分别上升了 3 名、4 名、4 名。

三、2014 年展望

（一）展望 2014 年，通信业将继续保持平稳发展的良好势头

一是预计我国通信业仍能维持 10%以上的增长势头，其中基础电信业将保持 8%以上的增长，信息通信业整体收入规模超过 12000 亿元。二是在国务院“信息消费”和“宽带中国”战略政策的推动下，数据业务将继续成为引领行业增长的最大推动力；同时受到互联网行业利好政策的影响，互联网信息服务收入有望突破 400 万亿元人民币。三是移动转售业务快速起步。根据多家转售商的业务发展计划，其将于 2014 年年中开通业务，预计 2014 年（试点期第一年）移动转售市场将平稳起步，市场份额约为 1%左右；2015 年底（试点期末）随着移动转售业务运营逐渐成熟，我国移动通信转售用户将接近 5000 万户，占移动通信市场的 3%左右。

（二）受到互联网发展的挑战及转型中遇到的问题，通信业仍面临巨大挑战

第一，2014 年将成为 LTE 的开局之年。运营商网络建设投资压力加大，同时面临巨大的市场竞争压力，营销费用和终端补贴费用同时加大。因此电信运营商需要不断完善成本管控体系，实施流量经营，通过流量优化、差异化计费等提升流量价值。第二，电信业对民营资本开放将形成倒逼机制，促使基础电信企业加快创新业务，提升服务水平，转变经营模式，加快转型步伐。第三，根据国家税收体制改革的总体部署，2014 年基础电信业将纳入营改增试点，增值电信企业可能同步纳入试点中。税收政策调整可能在短时期内带来三方面的影响，即基础和部分增值企业可能因抵扣链条不完整、成本构成特殊等因素使得赋税上升；部分小规模增值企业可能因不能开具增值税发票而失去与基础电信企业合作发展的机会。

（作者：工业和信息化部电信研究院 石立娜）

3 2013年电信业前十名，北美洲3家包括美国AT&T和Verizon，分列第1、3名，墨西哥America Movil，列第8名；亚洲3家包括日本NTT，列第2名，中国China Mobile和China Telecom，分列第4、10名；欧洲4家包括西班牙Telefónica、德国Deutsche Telekom、英国Vodafone、法国Orange，分列第5、6、7、9名。

信息消费现状分析

一、信息消费的内涵

信息消费是指信息产品或服务的中间消耗和最终使用，包括信息产品消费、信息服务消费以及信息消费间接带动了其他领域的消费三个大类。由于当今信息产业是消费活跃、应用活跃、创新活跃的领域，因此，信息消费的性质和范围也在不断变化。

第一，信息产品消费，主要包括手机、平板电脑、IPTV终端、智能安防设备、物联网等各类网络化终端产品的消费。据咨询机构测算，中国智能移动终端产品保有量已经接近全世界的1/4，移动电话用户占比将近1/5，智能手机占比超全球平均水平。而且，随着行业信息化发展，智能摄像终端、物联网终端等还将被更广泛应用于城市管理和金融、交通、教育等领域，增长空间巨大。

第二，信息服务消费，是指通信网、互联网上承载的各类业务、内容或应用的服务消费。其中，信息内容和应用服务的范畴非常宽泛，包括即时通信、网络音视频、网络游戏、互联网金融等典型服务形态，市场潜力巨大，是当前和今后信息服务消费的基石。值得关注的是，3G宽带无线通信网络发展对推动信息服务消费发挥了巨大作用，不仅催生了移动互联网这一具有颠覆性的产业生态；同时，用户信息消费结构已经发生根本性变化，从以移动话音消费为主体快速转向数据消费。目前，信息技术创新正在改变信息服务形态，随着云计算的商用和宽带基础设施的升级，通过互联网实现的计算、IT资源服务等云计算产品成本低廉，方便快捷，很多企业将以购买IT设备或资源为主转向租用IT设备，信息服务消费的范围和空间进一步放大，为中国信息服务业的发展带来了更大的空间。

第三，信息消费间接带动了其他领域的消费，是指其他行业利用信息技术或网络平台间接实现的消费，如电子商务、在线教育、信息惠民等，这些行业通过信息化应用，不仅拉动了信息通信业互联网数据和接入流量的增长，同时极大促进了零售业、物流业、医疗和教育等相关产业的发展与转型。

我们看到，随着网络技术的进步，信息产品已逐渐融入信息服务之中，形成“软件即服务、平台即服务、制造即服务、应用即服务”，因此，信息消费中比较重要的是信息服务消费。同时还由于信息通信技术作为一项通用技术，不仅可以带动自身产业的发展，而且还惠及全社会经济发展的各个领域，因此，它的间接带动性大于它本身的直接效应，经济与社会信息化的发展将最终推动经济转型与社会进步。

二、中国信息消费的发展现状

当今，中国的信息消费正处于高速发展时期。信息技术创新不断加快，信息领域新产品、新服务、新业态大量涌现，不断激发新的消费需求，成为日益活跃的消费热点。工信部统计数据显示，2012年中国信息消费规模已经超过1.7万亿元，相比2011年的增幅高达29%，占当年GDP比重达到3.3%，拉动GDP增长0.64个百分点，拉动其他行业新增产出9300亿元。其中，新型信息消费规模为1.03万亿元，同比增长61%。2013年1～6月全国信息消费规模达2.07万亿元，同比增长20.7%。其中：通信业务收入5642.6亿元，同比增长8.9%；软件技术服务消费8345.8亿元，同比增长24.5%；信息终端产品消费6168万元，同比增长28.7%。电子商务快速发展，累计交易额达49800亿元，同比增长45.3%。

信息化和工业化深度融合工作稳步推进，启动两化深度融合5年专项行动计划。未来，面向生产、生活和管理的信息产品和服务更加丰富，创新更加活跃，市场竞争秩序规范透明，消费环境安全可信，信息消费示范效应明显，居民信息消费的选择更加丰富，消费意愿进一步增强。企业信息化应用不断深化，公共服务信息需求有效拓展，各类信息消费的需求进一步释放。由此看来，信息消费作为新的经济增长点的长期拉动作用日益明显。

为贯彻落实国务院《关于促进信息消费扩大内需的若干意见》精神，充分发挥信息消费在拉动国内有效需求、推动经济转型升级中的积极作用，工业和信息化部拟在有条件的地区开展信息消费试点示范。为此，工信部发布了《关于征选信息消费试点市（县、区）的通知》，将在全国范围内遴选 50 个市（县、区）开展为期两年的首批信息消费试点。试点从 2014 年 1 月开始，内容包括以地方政府、行业、企业、社区为主体，重点围绕建设宽带和 TD-LTE 等信息基础设施、开发智能信息产品、培育新型信息消费示范项目、整合政府公共服务云平台、拓展中小企业电子商务服务平台、引导信息消费体验等开展试点示范。到 2015 年 12 月试点结束时，择优评选“全国信息消费示范市（县、区）”，进行示范经验推广。

三、中国信息消费发展中存在的主要问题

中国信息消费发展中面临着网络基础设施薄弱与不均衡、信息服务消费水平较低以及网络与信息安全形势并不乐观。

1. 网络基础设施有待提升，信息消费均衡性获取需要重视

高速宽带网络已日渐被认同为经济和社会发展的重要基础设施，它既为整个经济活动提供沟通和交易平台，也能通过对各行业的渗透而提高生产率。因此，促进国家宽带网络发展已经成为众多国家网络公共政策的聚焦点。从 2002 年开始，中国大力推动宽带发展，但与其他发达国家相比，差距仍然比较大，一定程度上影响信息服务消费与信息消费间接渗透性的发展速度与效率。不仅如此，所面临的最大问题是西部与农村地区的网络覆盖水平低，长期信息闭塞和教育落后加剧了这些区域的落后，迫切需要实施宽带发展的国家战略，明确财政补贴，推动网络覆盖与价格下降，促进信息消费的公平，实现信息消费的均衡发展。

2. 需要改进信息消费水平与结构，提升信息服务业水平

首先，中国人均信息消费的水平还比较低。有关统计数据显示，美国、日本的人均信息消费支出分别为 3400 美元/年和 2400 美元/年，而中国仅为 190 美元/年；其次，中国的信息消费结构存在重娱乐性消费，轻生产性信息消费水平的倾向。根据 CNNIC 第 32 次调查报告的有关数据，2012 年 12 月～2013 年 6 月，除了即时通信和搜索引擎之外，中国网民对各类网络应用频率最高的分别是网络新闻、网络音乐、博客、网络视频、网络游戏和微博，都远远超过了 50%，而电子邮件、电子政务、网络购物、网上支付等频率相对较少。从更大的层面来看，我国信息服务业的发展水平与发达国家存在较大差距。2012 年，中国服务业增加值占国内生产总值的 44.6%，大大低于发达国家 70%以上的份额，也低于同等收入水平的发展中国家 10 个百分点。

3. 网络与信息安全问题亟待重视

随着 ICT 技术融合性与泛在性的延伸、宽带与互联网的广泛应用、信息生产力的强大作用，以及开始向网络空间转移的国家利益，使网络全面渗透到社会、经济、文化、政治、军事等各领域，网络空间成为海、陆、空、天之外的第五空间，是世界各国致力角逐的战略制高点，成为国家安全的重要组成部分。

通信业务和网络进一步融合开放，基础网络直接与公共互联网相连，来自互联网的 APT 网络攻击、信息窃取等非传统网络安全威胁日益突出；网络、系统、业务、终端的安全问题相互交织，特别是移动智能手机的普及，云计算技术规模商用，物联网融合应用，手机病毒、恶意软件、非法窃取数据等安全问题激增，大规模数据跨境流动监管问题等给网络安全工作带来了严峻挑战。同时，随着网络个人信息的经济价值日益凸现，盗取、搜集、侵害网络个人信息的技术手段将日趋复杂，并且网络个人信息安全威胁的边际成本递减，所产生的边际效应将日益递增。不对互联网上的个人信

息进行安全保护，将不可避免株连数据资产，导致经济总量出现萎缩和衰退，并使互联网业务生态体系发生崩溃。

四、通过政策机制，促进信息消费发展

需要通过实施“宽带中国”战略、加快 4G 建设等政策措施来进一步促进信息消费的发展；通过提升网络基础设施的支撑能力，使基于网络上的信息服务以及信息化获得有更大的创新和发展的空间；同时，为了保护网络与信息的安全，需要加大立法与管制。

1. 实施“宽带中国”战略，提升基础网络支撑能力

2013 年 8 月 17 日，国务院出台《“宽带中国”战略及实施方案》，提出到 2015 年中国将初步建成适应国民经济和社会发展需要的宽带、融合、安全、泛在的下一代国家信息基础设施，并着力推进中西部和农村宽带网络发展以及宽带网络优化升级的战略目标。这是国务院首次在国家层面将宽带网络定位为“新时期中国经济社会发展的战略性公共基础设施”，这意味着将从国家层面统筹协调宽带建设、市场化发展中面临的建设权和通行权问题以及农村高成本地区市场失灵问题，并在建设用地规划等方面得到地方政府更多的支持。国家将通过深化行政审批、加大财税金融政策支持，基础电信业迎来良好的发展机遇期。

2. 大力发展移动互联网，促进信息产品与信息服务消费

移动互联网是当今创新最活跃、渗透性最强、影响面最广的领域。它在生产生活各领域广泛渗透，信息消费呈现规模收益递增趋势，已成为扩大内需、转变发展方式的重要引擎。因此，需要加快移动互联网应用向生产领域拓展，面向农村农业需求，发展价廉、易用、适农的智能终端和面向农民的移动互联网应用，并推进移动互联网在智能交通、远程教育、远程医疗等公共服务信息领域的应用。

3. 两化融合深度推进，四化同步加快推动

2013 年 8 月，工信部印发了《信息化和工业化深度融合专项行动计划（2013—2018）》，提出促进信息技术向工业领域全面渗透，传统行业两化融合水平整体提升的战略部署，同时要求抢抓信息技术和产业革命机遇，促进互联网与工业融合创新，加快推动物联网、网络制造、电子商务及大数据等新技术新应用驱动的新型生产性服务业蓬勃发展。ICT 产业是信息化不可或缺的关键支撑环节，是新型工业化、城镇化、农业现代化变革突破的手段，四化同步也为 ICT 产业提供了新的机遇和发展空间。随着城镇化加速推进，每年都有相当数量的农村富裕劳动力及人口转移到城市，都将带来通信基础设施投资大幅增长和信息消费的快速增加。

4. 大力推进全社会的信息化水平

信息化对于改善经济运行和社会管理，提高政府行政能力，促进社会全面进步，具有重大推动作用。目前，中国信息化的发展正处于关键转折点，信息技术将与新材料、新能源、智能控制技术的结合从不同维度塑造着智能制造、车联网、智慧城市等新的信息化发展模式。政府需要深入开展信息技术在公安交通、农业现代化、商业物流等重点行业的应用，加强经济运行的监测、预测和预警，提升宏观决策服务能力；深化电子政务应用，加快跨部门信息共享和业务协同，整合提升政府公共服务和管理能力；加强信息资源开发利用，优先部署基础信息资源建设，推动地理、人口、金融、税收、统计以及城市管理等基础信息资源建设和应用，进一步加快教育、医疗卫生、社会保障等民生领域信息化进程。

5. 构建安全可信的信息消费环境

首先，政府要加大对信息市场的监管力度，规范信息市场的交易规则；其次，依据《关于加强网络信息保护的决定》加快信息安全相关立法进程，综合采取执法、司法、技术和自律等多种措施，加大网络个人信息的安全保护力度；再次，加强国家信息安全基础设施建设，健全重要信息系统安防体系，加强关键软硬件的研发，提高信息技术装备安全保障水平。

综上，我们需要从不同角度营造健康的信息消费生态运营体系，为信息消费市场的健康发展创造一个良好的环境。

（作者：工业和信息化部电信研究院　何霞）

“宽带中国”战略解读及落实情况分析

2013 年 8 月，国务院发布了《“宽带中国”战略及实施方案》正式启动“宽带中国”战略。“宽带中国”战略首次明确了宽带的国家基础设施地位，指出宽带是“新时期国家经济社会发展的战略性公共基础设施，这意味着将从国家层面统筹协调宽带建设，市场化发展中面临的建设区和通行权问题以及农村高成本地区市场失灵问题有望得到缓解。为落实“宽带中国”战略，工信部等相关政府部门和产业界做出了巨大努力，顺利完成“宽带中国”战略中提出的目标。

一、“宽带中国”战略出台背景

《“宽带中国”战略及实施方案》是在综合国际国内发展形势基础上研究制定的。从国际情况来看，宽带在抢占新一轮科技和产业变革制高点、塑造新时期国家发展新优势的战略先导作用日趋突出，已成为各国战略性基础设施的重要组成部分。据有关方面统计，金融危机以来，发达国家和 127 个发展中国家发布并实施了宽带战略或相关行动计划，以加强统筹规划和战略指引，力图通过统筹政府和市场力量实现宽带的超常规发展，以抢占国际竞争制高点。这些国家主要从 3 个方面做了战略部署：一是加强系统规划，全面提升宽带发展水平。以光纤接入和新一代移动通信为重点加快建设高速宽带网络，以解决农村宽带覆盖为重点缩小数字鸿沟，以支撑经济发展转型和改善民生服务为重点普及深化业务应用。二是加快网络空间战略布局，强化信息化条件下的国家竞争优势。以宽带为基础，着力提升网络空间发展能力，推进网络空间安全国际合作和网络空间国际规则的制定。三是加大政策扶持，优化发展环境。在财政补贴、税收减免、信贷优惠等系列政策措施方面加大支持力度；将电信普遍服务机制向宽带扩展；提供频谱、站址、管道等保障，加快推动无线移动通信发展。

从我国的情况来看，当前正处于加快转变经济发展方式和全面建成小康社会的关键时期，宽带在经济、社会、科技发展中正发挥着越来越重要的作用。建设一个宽带、融合、安全和泛在的信息网络已成为我国未来发展的迫切需要和战略选择。一是转变经济社会发展方式要求深化宽带在经济社会各领域的应用。加快战略性新兴产业发展，要求强化宽带网络与新一代信息技术、生物医药、新能源、新材料和绿色智能建筑等产业的深度结合，推进产业融合创新。促进传统产业转型升级，要求深化宽带在研发设计、生产制造和经营管理等环节的集成应用，变革生产方式，推动制造业向柔性制造、绿色制造和服务型制造转变。发展现代服务业，要求深化宽带在商贸流通、金融交易和生产服务中的基础平台作用，培育壮大电子商务、网络金融和现代物流等新业态，推进服务业规模化和网络化发展。二是推动创新型国家建设要求全面提升宽带能力。抓住当前新一轮技术变革机遇，激发国家创新活力，要求充分发挥宽带在科技创新中的协同平台作用，聚集和整合全球科技资源，加快对全球科技成果的学习利用，加速科学技术扩散和共享，促进全社会科技资源优化配置。三是创新社会管理和服务模式要求加快网络覆盖和普及。促进基本公共服务均等化，要求基于宽带网络提供远程教育培训、医疗卫生和社会保障等公共服务，延伸优质资源服务范围，创新服务模式。宣传主流声音，弘扬先进文化，要求通过宽带网络汇聚民意民智。创造新型就业机会、扩大就业规模、优化就业结构，要求加大宽带业务普及和应用创新。四是构筑网络空间竞争优势要求打造安全可控的宽带网络。当前网络空间竞争形势日趋复杂，网络信息安全挑战日趋严峻，谋划长远、主动应对，要求加快建设和完善网络信息安全保障机制和管理支撑能力，实现网络空间的可靠、可信、可管和可控。

党的“十八大”提出，我国要适应国内外经济形势新变化，加快形成新的经济发展方式，要着力增强创新驱动发展新动力，着力构建现代产业发展新体系，着力培育开放型经济发展新优势，使经济发展更多依靠内需特别是消费需求拉动，更多依靠现代服务业和战略性新兴产业带动，更多依靠科技进步、劳动者素质提高和管理创新驱动，更多依靠节约资源和循环经济推动，更多依靠城乡区域发展协调互动，不断增强长期发展后劲。同时，要坚持走中国特色新型工业化、信息化、城镇化和农业现代化道路，促进工业化、信息化、城镇化、农业现代化同步发展。要实现上述发展目标，我国必须要结合新形势、新任务和新要求，抓紧建立一个宽带的信息基础设施，这既是促消费、扩内需、利当前的现实要求，也是转方式、调结构、惠长远，塑造新时期国家发展新优势的战略需要。2013 年 7 月 12 日，国务院常务会议对促进信息消费进行了研究部署，其中明确要求加快“宽带中国”建设，挖掘信息消费潜力，促进信息消费持续稳定增长。当前我国研究提出“宽带中国”战略，目的就在于明确宽带的发展定位，通过加强顶层设计，统筹网络部署、技术研发、产业发展、应用服务和安全保障能力建设，加快完善相关政策和发展环境，有效支撑我国经济、科技和社会发展。

二、“宽带中国”战略解读

关于推进宽带发展的考虑，《“宽带中国”战略及实施方案》提出，一是从国家层面明确宽带的公共基础设施属性，将宽带定位于与水、电、路等同等地位的公共基础设施，这是我国信息基础设施建设的一大突破，将为宽带网络后续长期可持续发展奠定坚实基础。二是要服务于国家经济和社会发展大局，围绕加快转变经济发展方式和全面建成小康社会的总体要求，以支撑经济发展、服务社会民生为着力点，加快推动宽带在经济社会各领域的应用，全面提高信息化水平，支撑经济社会可持续发展。三是要以构建下一代信息基础设施为目标，抓住网络建设、技术研发、应用创新、安全保障等关键环节，重视产业链协同发展，综合利用有线无线技术，推动电信网、广播电视网和互联网的融合发展，形成适度超前的宽带网络发展格局。四是要着眼全局、统筹协调，加强顶层设计和规划布局，加强制度创新和政策扶持，凝聚社会各方力量推进宽带发展。因此，《“宽带中国”战略及实施方案》的提出，将统筹好政府引导与市场调节、统筹规划与分步推进、网络建设与应用服务、网络升级与产业创新、宽带普及与保障安全等几方面的关系，务实推动宽带发展。

从发展目标来看，《“宽带中国”战略》提出，到 2015 年，我国将基本实现城市光纤到楼入户、农村宽带进乡入村，固定宽带家庭普及率达到 50%，第三代移动通信及其长期演进技术（3G/LTE）用户普及率达到 32.5%，行政村通宽带比例达到 95%，学校、图书馆和医院等公益机构基本实现宽带接入；城市和农村家庭宽带接入能力基本达到 20Mbit/s 和 4Mbit/s，部分发达城市达到 100Mbit/s；宽带应用水平大幅提升，移动互联网广泛渗透；网络与信息安全保障能力明显增强。

到 2020 年，宽带网络全面覆盖城乡，固定宽带家庭普及率达到 70%，3G/LTE 用户普及率达到 85%，行政村通宽带比例超过 98%；城市和农村家庭宽带接入能力分别达到 50Mbit/s 和 12Mbit/s，发达城市部分家庭用户可达 1Gbit/s；宽带应用深度融入生产生活，移动互联网全面普及；技术创新和产业竞争力达到国际先进水平，形成较为健全的网络与信息安全保障体系。

为了实现上述阶段性目标，方案还明确了“宽带中国”战略 3 个阶段的发展时间表：至 2013 年年底是全面提速阶段，重点加强光纤网络和 3G 网络建设，提高宽带网络接入速率，改善和提升用户上网体验；2014～2015 年是推广普及阶段，重点在继续推进宽带网络提速的同时，加快扩大宽带网络覆盖范围和规模，深化应用普及；2016～2020 年是优化升级阶段，重点推进宽带网络优化和技术演进升级，宽带网络服务质量、应用水平和宽带产业支撑能力达到世界先进水平。

三、“宽带中国”战略落实情况分析

（一）宽带用户增长略有下降，用户结构基本稳定

2013年，全行业共新增互联网宽带接入用户1905.6万户，新增规模比2012年下降612.5万户，比2011年下降1113.9万户，低于“十二五”规划中制定的用户每年增长2500万户的目标。截至2013年12月底，行业互联网宽带接入用户总规模达到1.89亿户，人口普及率接近14%。宽带家庭用户占比略有下降。2013年，家庭和单位宽带接入用户分别新增1350.9万户和554.6万户，截至2013年12月底的累计用户规模分别达到1.56亿户和3284.3万户。家庭宽带接入用户在全部宽带用户中占比60.89%，占比比2012年年底下降0.43个百分点。从整体来看，家庭和单位宽带接入用户的比例基本保持稳定，为2:1。

（二）宽带用户接入速率明显提升

用户宽带接入速率明显提升。2013年1～12月，接入速率在4Mbit/s～8Mbit/s和8Mbit/s以上的宽带接入用户分别新增1873.7万户和2052.3万户。截至12月末，接入速率在4Mbit/s以上的宽带接入用户累计达到1.49亿户，占全部宽带接入用户的比例达到78.77%，比2012年12月底提高13.19个百分点。接入速率在8Mbit/s以上的用户占全部宽带接入用户的比例也由2012年12月底的15.99%提升至22.45%。

FTTH用户增长较快。2013年，全行业共新增FTTH用户2044.1万户，占全部新增宽带用户的107.3%，截至2013年12月底，FTTH用户总数已经达到4082.2万户，在全部宽带用户中占比为21.72%，比2012年12月底提高10.09个百分点。其他两种接入方式的宽带接入用户占比均出现下降，*x*DSL用户下降最为明显，占比由2012年12月底的65.46%下降至57.01%，用户数比2012年底减少1174.6万户。LAN用户1～12月共减少665.8万户，截至2013年12月底达到3980.2万户，在全部宽带用户中占比由2012年12月底的22.92%下降至21.27%。

（三）宽带资费下降带动宽带业务收入下降

互联网宽带接入业务收入增速持续下滑。2013年，基础电信业共完成互联网宽带接入业务收入1265.4亿元，同比增长8.7%，增速比2012年下滑2.3个百分点。自2011年以来，互联网宽带接入业务收入的增速呈现连续下滑的基本态势，业务资费下降是造成这种现象的主要原因。2013年行业月均互联网宽带接入业务ARPU值为57.9元/（户·月），同比下降0.9%。

（四）农村宽带快速增长，普及率略有缩小

农村地区由于面积广阔、居住分散等原因，宽带网络建设成本要高出城市地区；同时，可支配收入低、电脑拥有量相对较低、文化水平低等因素也导致农村地区宽带实装率低，建设成本回收周期长。因此，从宽带发展初期，城乡宽带用户普及率一直呈拉大趋势。“宽带中国”战略实施以来，城乡差距开始小幅减小。

在用户普及率方面，截至2013年年底，城市地区和农村地区互联网宽带接入用户分别达到14153.6万户和4737.3万户，分别比2012年年底增加892.7万户和1012.9万户，累计用户增速分别达到6.7%和27.2%，农村地区的增速明显快于城市地区。截至2013年12月底的城市和农村地区宽带接入用户普及率分别达到19.88%和7.38%，普及率差异由2012年年底的12.59个百分点缩窄到12.5个百分点。

在基础设施方面，截至2013年年底，城市地区和农村地区互联网宽带接入端口总数分别达到27276.3万个和9341.6万个，分别比2012年底增加2088.7万个和2212.6万个。随着“宽带中国”战略的推出与实施，城市和农村地区的较高速率宽带接入能力有所增强。截至2013年12月底，城市地区20Mbit/s以上和农村地区4Mbit/s以上宽带接入端口占比分别达到61.1%和86.8%，分别比2012年年底提高10.1和5.8个百分点。

（作者：工业和信息化部电信研究院　石立娜）

三网融合发展概况

一、三网融合相关配套政策频出

2013 年 7 月 12 日，国务院召开国务院常务会议，会议要求：提升 3G 网络覆盖面和服务质量，推动年内发放 4G 牌照；全面推进三网融合，年内向全国推广，鼓励民间资本以参股方式进入基础电信运营市场。

2013 年 8 月 1 日，《国务院关于印发“宽带中国”战略及实施方案的通知》国发【2013】31 号正式公布，通知要求：到 2013 年年底，无线局域网基本实现城市重要公共区域热点覆盖；到 2015 年，基本实现城市光纤到楼入户、农村宽带进乡入村，部分发达城市宽带接入能力达到每秒百兆；到 2020 年，发达城市部分家庭用户可达每秒千兆。

该通知还要求：健全监管体系；全面推进三网融合，加快电信和广电业务双向进入，建立和完善适应三网融合需要的网络信息安全和文化安全监管机制；健全宽带网络监管制度，加强监管能力建设，推进监管队伍向地市延伸。

2013 年 8 月 2 日，《关于开展国家下一代互联网示范城市建设工作的通知》发改办高技【2013】1884 号文下发。通知指出，互联网是我国经济社会发展的重要信息基础设施。根据国务院审议通过的《关于下一代互联网“十二五”发展建设的意见》(发改办高技【2012】705 号)，为推动我国下一代互联网产业加快发展，国家发展改革委、工业和信息化部、科技部、国家新闻出版广电总局决定联合开展“国家下一代互联网示范城市”建设工作，在目前已具备一定基础条件的 22 个城市中，先行支持建设一批具有典型带动作用的示范城市。

该通知表示，工业和信息化部将加强行业指导，引导和支持电信运营企业和互联网企业等加快示范城市信息基础设施改造，并会同新闻出版广电总局在推进三网融合过程中，加快发展业务应用。

2013 年 8 月 8 日，国务院出台《关于促进信息消费扩大内需的若干意见》国发【2013】32 号文，意见要求：到 2015 年，适应经济社会发展需要的宽带、融合、安全、泛在的下一代信息基础设施初步建成，城市家庭宽带接入能力基本达到 20Mbit/s)，部分城市达到 100Mbit/s，农村家庭宽带接入能力达到 4Mbit/s，行政村通宽带比例达到 95%；智慧城市建设取得长足进展。

到 2015 年，信息消费规模超过 3.2 万亿元，年均增长 20%以上，带动相关行业新增产出超过 1.2 万亿元，其中，基于互联网的新型信息消费规模达到 2.4 万亿元，年均增长 30%以上；基于电子商务、云计算等信息平台的消费快速增长，电子商务交易额超过 18 万亿元，网络零售交易额突破 3 万亿元。

通知在“加快信息基础设施演进升级”中要求：全面推进三网融合；加快电信和广电业务双向进入，在试点基础上于 2013 年下半年逐步向全国推广；推动中国广播电视网络公司加快组建，推进电信网和广播电视网基础设施共建共享；加快推动地面数字电视覆盖网建设和高清交互式电视网络设施建设，加快广播电视模数转换进程；鼓励发展交互式网络电视（IPTV）、手机电视、有线电视网宽带服务等融合性业务，带动产业链上下游企业协同发展，完善三网融合技术创新体系。

不仅仅 2013 年，在此以前，国家为了积极推动三网融合试点工作，已经出台了诸多政策。从国家陆续出台的上述诸多与三网融合相关的扶持政策可以看出，都明确提出要全面推进三网融合，加快电信和广电业务双向进入。这对中国三网融合无疑是一大利好。与此同时，三网融合进程的加快也势必会推动包括文化消费、信息消费及其他新兴行业的发展再上一个新台阶。

二、三网融合试点地区概况

通过国务院对外公布的“首批+二批”共54个三网融合试点地区（城市）的名单可以看出，上述54个试点地区（城市）的确定无论从区域范畴（比如，既包括直辖市，还包括了省会城市及二三线地级市等）还是经济范畴（比如，既有经济发达的地区，也有经济欠发达的地区），都已覆盖到，而且其覆盖人口总数已超过3亿。

根据融合网最新的统计数据，电信及广电两大阵营的运营商（比如中国联通、中国电信、各地有线电视网络运营商等）、电信及广电相关管理机构或者平台方，围绕着三网融合的试点工作已基本上完成了以下各方面。

电信系统旗下的电信运营商：诸多地区（城市）的电信运营商加快光纤入户、宽带免费提速工作，陆续推出三网融合试点业务等工程。

电信系统旗下的管理机构：此处特指工业和信息化部及其相应的三网融合试点地区（城市）的通信管理局等机构。正在陆续向相应的三网融合试点地区（城市）的有线电视网络运营商发放诸如互联网接入服务和互联网数据传送增值业务的许可。

广电系统旗下的有线电视网络运营商：第一批12个三网融合试点地区（城市）内的有线电视网络不断加快双向化步伐，已基本上完成向普通有线数字电视用户提供三网融合业务的相关条件。

广电系统旗下的管理机构：此处特指国家新闻出版广电总局及其相应省市的广电局等机构。他们也正式向电信运营商发放了除广播电台电视形态以外的公共互联网视音频节目服务和IPTV传输业务、手机电视分发服务等许可。

广电系统旗下的内容集成播控方/牌照方：目前，第二批三网融合试点地区（城市）的IPTV内容集成播控的分平台建设正在建设中；部分三网融合试点地区（城市）区域内的电信运营商相关平台正在与IPTV集成播控平台进行对接。

正是上述各个层面取得的诸多突破，全国部分三网融合试点地区（城市）的当局者们已正式开展了相应的三网融合业务并取得了以下成效：

2013年1月16日，江苏省总台建设的IPTV集成播控平台通过了国家新闻出版广电总局验收。在此之前，江苏IPTV用户已超过400万户，过去半年，新发展用户超过100万户。

上海电信IPTV用户超170万户，其中高清用户近50万户。截至2012年年底，其光网覆盖能力达到680万户，光网用户突破260万户，平均接入带宽达到16Mbit/s。

从2013年开始，海南、贵州、山东、河北、安徽等地IPTV业务分别开始商用，湖北IPTV用户也超过50万户。

2013年3月，北京地区的IPTV业务悄然开展运营。这意味着这项等待数年的三网融合代表型业务终于在北京地区落地。

2013年7月5日，北京联通宣布开通IPTV商用业务。据悉，IPTV将支持114预约挂号统一平台，用户通过遥控器便可在电视上进行预约挂号。

在未来两年左右的“总结推广试点经验，全面推进三网融合”重要阶段，一旦三网融合业务能够真正得以实现，除了可以提升相应试点地区（城市）的电信及广电阵营旗下的运营商收入外，还可以将更多更好的各种内容（如资讯、服务、教育等）惠及到上述地区（城市）的数亿普通百姓。

除此之外，2013年，诸多新兴的产业力量（如互联网、网络视频、IT、消费类电子产品、网络游戏厂商甚至传统家电渠道商等）纷纷借助三网融合、文化体制改革、信息消费等政策开始大规模、成体系地“攻占”多个屏幕（如手机屏、电视机屏幕、电脑屏幕、PAD屏幕等），并充分利用自己技术创新优势，开始研发并生产出物美价廉的OTT机顶盒。

截至2013年11月1日，乐视、小米、苏宁、弘毅、爱奇艺、海尔、海信、长虹、同洲、PPTV、PPS、完美世界等不同领域的企业纷纷借助着上述政策，研发出不同的终端类型，开始向相关领域进行渗透，对于这一股股产业力量，无论是电信运营商还是有线电视网络运营商都不要小视，如何与这一股股新兴的产业力量进行竞合是当下最急迫的问题之一。

三、催生巨大的信息消费市场

三网融合的本质是让电信运营商与有线电视

网络运营商旗下拥有的网络（如广播电视网、电信网、互联网等）能充分发挥各自的网络优势，进而服务于普通大众。大众一旦接受并提升在文化、信息等层面的消费水平及能力，不仅可以拉动国内需求、催生出新的经济增长点，还可以提升和发展服务业，推动经济转型和民生改善。

三网融合作为一个基础性工程，为文化消费、信息消费所做的工作是一项既利当前又利长远、既稳增长又调结构的重大举措。

综合目前部分三网融合试点地区（城市）所开展的三网融合业务来看，还是局限于利用自身的网络去开展诸如打电话、上网、看电视等传统业务。这样的试点业务及其模式不仅会在短期内引起原有产业链各方的反感与抵制，而且不会让普通大众感受到三网融合给其生活、工作、学习等方面带来的实惠。

三网融合试点工作如想快速推动并惠及普通大众，核心在于现在产业链各界人士需要立体式、全方位、创新性地围绕普通大众的衣、食、住、行，甚至于学习等方面进行业务层面的升级与布局。如能否将基于互联网的游戏进行升级与改造，变成电视机版的游戏；再如能否基于电视机将相应的电子商务等商业模式与产品进行移植或者改造等。

上述业态尽管已有雏形，但并没有真正形成产品与市场，还要看产业链各方能否加大投入，使其真正快速落入“寻常百姓家”。只有将三网融合试点工作与大众的文化消费、信息消费等消费心理与习惯相结合，才能抓住这次难得的发展时机，快速打破目前三网融合较为尴尬的局面。

如果通过政策将最为基础的信息传输通道（如广播电视网、电信网、互联网、物联网、移动互联网，甚至于未来的电力网）成功打通，真正融合后的这张新网络的价值及地位将不可同日而语。在这个前提下，这张新的网络将会真正地通达全国各地，甚至走进农村，一个具有十几亿、基于全新网络的消费规模与群体就顺其自然地诞生了。

这张全新的网络不仅可以缩小各地百姓在文化、生活、教育、医疗等各方面的差距，还能快速形成一个个巨大的消费市场，包括信息消费、产品消费、文化消费等。

四、多网融合局面逐渐形成

融合网数年之前就提出“未来不仅是广播电视网、互联网、电信网这样基础性的物理网的融合，更是一个‘物理网+虚拟网+新兴网络’多张网络融合发展的发展格局”。进入2013年，我们可以看到，诸多IT企业、电子商务、终端厂商、物联网、智能电网等多股力量的加入，中国三网融合试点工作呈现出“百花齐放”的发展态势。

虽然未来数年之内，融合的主体仍是电信网、广播电视网、互联网这三种信息传输通道，但在可预见的未来，相关政策、体制等层面的改革将会促使更多新兴技术的出现，并涌现出更多、更新的传输通道，如上述提到的技术成熟度越来越高的智能电网、越来越务实的物联网等。

但无论是电信网、广播电视网、互联网，还是智能电网等，上述这些传输网络都只是信息流、物流（指类似于电商、电视购物产业兴起的过程中给类似于快递公司、公路、铁路、民航等产业带来的巨大商机）等相关物质传输的一个通道而已。一旦诸多新兴的技术及传输通道逐渐成熟并成为主流，市场将呈现出不仅仅是三网融合的局面，而应该是之前提到的多网融合的局面。

目前，在三网融合过程中，两大阵营的运营商（指三大电信运营商和有线电视网络运营商）之间虽然仍在互相“争夺”对方手中的用户、业务、市场的情况，但未来三网融合一旦跟信息消费成功结合，市场空间将不可估量，两大阵营的运营商应该未雨绸缪，真正围绕三网融合的实质在业务上进行创新，一旦双方围绕业务及用户进行业务层面创新，三网融合试点工作将会势如破竹。

无论是三网融合还是多网融合，最终都是要更好地实现“信息流、物流、资金流、人才流”等各种物质方便、快捷的大流通，进而实现国家大力推动三网融合、促进信息消费、扩大内需的初衷。要想实现三网融合就需要产业链上各方通过上述“各种流的变动”优化产业结构，转变经济增长方式，发挥巨大的促进作用。

（作者：融合网|DWRH.NET 总编辑　吴纯勇）

通信业节能减排发展分析与展望

通信业是支撑国民经济发展的战略性、基础性和先导性行业，是推动传统产业转型升级、促进经济结构战略性调整、提升国家信息化水平的重要力量。虽然通信业能源消耗总量占全国能源消耗总量的比例很低，但随着中国信息化建设的加速推进以及互联网、云计算、移动互联网等新技术、新业务的蓬勃发展，通信网络规模快速扩张，通信业能源消耗呈现快速增长态势，特别是2013年“宽带中国” 战略的发布实施以及4G牌照的发放，通信业能源消耗占全国能源消耗的比重和对全社会的影响逐年增加。同时，通信业节能减排基础管理比较薄弱，能耗统计体系、监测管理体系和市场节能机制有待完善和提升，绿色发展任务艰巨，节能减排面临较大挑战。

一、全球信息通信产业节能减排情况

信息通信技术（ICT）引起越来越多的国家重视，用于保护环境，减少由于人类活动导致的环境变化和气候变暖。ICT保护环境持续发展可分为两类应用，一类是ICT行业本身的节能减排，另一类是通过ICT实现其他行业的节能减排。根据估算，2011年全球ICT行业温室气体（GHG）排放只占全球总排放的1.9%，所以通过ICT促进全球其他行业节能减排具有更显著的效果。ICT行业本身的能耗主要包括终端、通信网络和数据中心3个方面，仅全球移动运营商每年在能耗方面支出约150亿美元。随着全球ICT需求强劲增长，ICT本身的能耗增长较快。《SMARTer 2020》[1]报告预测，基于目前发展趋势，全球ICT行业碳排放将以平均每年3.8%的速度增加，到2020年，ICT行业碳排放将达到13亿吨，占全球总量的2.3%，但ICT减排潜力是本身碳排放的7倍之多，到2020年，可以减少全球16.5%的温室气体排放。

重点对通信网络碳排放进行分析，2013年全球通信网络的碳排放约为2.2亿吨。全球移动运营商为应对移动数据的爆炸式增长，必须不断扩容现有网络并部署LTE，这必然增加移动通信网络的碳排放。另一方面固定网络同样面临业务的高速增长，预计到2020年，固定IP流量将是2013年流量的5倍，但考虑到光纤的广泛使用和固网单位业务能耗较低，全球固定通信网络碳排放将保持一个较低增长态势，预计到2020年，全球固定通信网络碳排放为1.4亿吨。

二、2013年中国通信业节能减排情况

2013年，电信运营企业在加强自身绿色网络的建设与节能应用创新、推广信息化应用促进全社会节能减排方面成效显著。预计全国电信业务总量累计超过14000亿元，尽管在网络规模持续快速增长、能源消耗也呈现较快增长的情况下，单位电信业务综合能耗保持逐年下降的趋势。初步估算2013年通信业综合能耗为656万吨标准煤、耗电433亿度，2013年单位电信业务总量综合能耗为0.046 5（吨/万元）。对“十二五”前半期通信业节能减排效果进行分析，可以看出每年通信业单位业务总量综合能耗均呈现一个下降趋势，但下降速度趋缓，如图1所示。预计2013年单位电信业务总量综合能耗较2011年下降约3.6%。

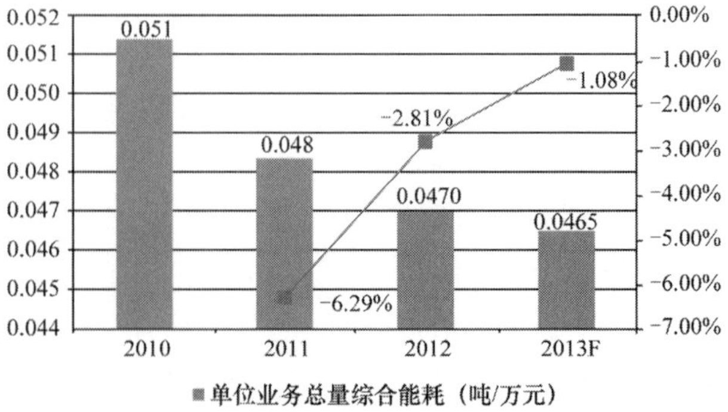

图1 2010～2013年通信业单位业务总量综合能耗

1《GeSISMARTer2020: The Role of ICT in Driving a Sustainable Future》

2013年4月，工业和信息化部出台了《关于进一步加强通信业节能减排工作的指导意见》，要求2015年末通信网全面运用节能减排技术，实现单位电信业务总量综合能较2010年年底下降10%，促进社会节能减排量达到通信业自身能耗排放量的5倍以上。同时提出了九项重点任务：促进全社会节能减排、加快网络结构优化升级、统筹部署绿色数据中心建设、加大绿色基站建设力度、深化基础设施共建共享、实施生产用房节能改造、推进电力能源合理使用、加强产业链各环节节能减排力度和完善合同能源管理和节能自愿协议等节能新机制。这为中国通信业节能减排指明了发展方向和工作重点。

三、2013年中国主要通信企业节能减排情况

运营商作为通信业节能减排工作的主体企业，积极推进绿色网络的建设。中国电信积极推进网络绿色改造和升级，加强绿色采购、绿色运维和绿色办公，创新采用高压直流供电等技术实现节电。经过多年努力，中国电信的能耗增长率从2009年的30%降低到2012年的10%。中国移动自2007年实施的"绿色行动计划"涵盖了电信运营企业与节能减排相关的节能、节地、节材、废弃物回收和环境保护、推进信息化等不同层面。全面应用设备节能分级标准，推广主设备节能技术及自然冷源应用等配套设备节能。截至2013年6月底，中国移动累计有27.3万座基站实现能耗自动采集，占全部基站的38%；900万个载频开启智能节电功能，占全部载频的75%；11.1万个基站应用自然冷源，占具备安装条件基站的74%。2013年上半年实现了单位业务流量综合能耗较2012年年底下降33%。中国联通从新增资产节能、存量资产的节能、精细化管理3个方面来开展节能减排工作，截至2012年年底，中国联通节能基站达到9万个，占可节能改造基站的40%，所有GSM网节能功能都开启。此外，三大运营商积极利用云计算、虚拟化改造和建设绿色数据中心，以达到数据中心PUE（能耗效率）目标。

另一方面，包括运营商在内的多个行业、企业都在推进ICT技术的广泛应用，这将极大地促进实现全国节能减排的目标。据国外咨询机构报告，有35种ICT技术和应用可以发挥推动多个行业的节能减排，涉及六大经济领域，包括电力、交通、制造、消费与服务、农业和建筑，新的ICT技术不但能大大推动这些行业的发展，而且能够降低行业的碳排放。

四、中国"十二五"后半期通信业节能减排发展趋势分析

（一）随着2013年年底4G牌照的发放，LTE网络节能成为重点关注问题

随着移动数据业务的爆炸式增长，2013年运营商不断进行3G扩容。2013年12月工业和信息化部向三大运营商发放TD-LTE的4G牌照，这意味这三大运营商随后将开展大规模的4G网络建设，目前全国运营商基站总数已经接近200万。随着4G网络大规模部署，预计2014年4G基站建设规模超过50万个，届时基站能耗陡增，节能减排面临较大压力。目前针对LTE基站的符号级别关断、通道关断技术和Pico小基站关断技术已纳入中国移动企标技术要求。一些在2G/3G网络中节能效果明显的节能技术也将尝试应用于4G网络，如C-RAN架构应用于4G网络的部署，将明显减少网络能耗。另一方面，在4G网络部署方面，还需要加强运营商的共建共享，提高2G/3G/4G的共站址比例，从共建共享方面降低4G网络部署的能耗。

（二）宽带中国战略的发布实施将会对中国节能减排产生重大影响

宽带中国成为国家战略，而宽带能耗增长也引起关注。根据宽带中国发展目标，到2020年，中国宽带网络全面覆盖城乡，固定宽带家庭普及率达到70%，3G/LTE用户普及率达到85%，行政村通宽带比例超过98%。城市和农村家庭宽带接入能力分别达到50 Mbit/s和12 Mbit/s，发达城市部分家庭用户可达1 Gbit/s。战略中涉及的通信机房、基站和数据中心都是能耗大户。运营商在建设通信机房、基站和数据中心等宽带基础设施过程中，必须把能耗指标作为考虑因素之一，同时加大节能新技术的应用

力度。但需要看到的是，宽带战略的实施将降低其他重点行业的能耗，根据ITU报告，宽带在产品去材料化、通信业自身减排和提高人类应对环境变化等方面发挥重要作用，宽带战略能够促进ICT技术的广泛应用从而降低多个行业的能耗。在中国宽带战略中也提出了节能减排要求，明确提出了利用云计算和绿色节能技术建设数据中心，将绿色节能作为关键研发技术之一。

（三）物联网逐步广泛应用，将助力其他行业的节能减排

以车联网、智能电网为代表的物联网大规模应用，将大大减少其他行业的碳排放，据统计，2011年全球有超过10亿的M2M连接，其中2.6亿的M2M连接用于智能电网、智能电表及智能交通和物流等应用，估算减少全球碳排放约300万吨。对于不同行业物联网的应用，节能效果不同，根据沃达丰报告，应用于智能电网的物联网应用，每个M2M连接平均减少碳排放0.5吨。积极推动物联网应用，发挥ICT技术降低其他行业能耗的潜力，是实现中国节能减排目标的关键。

（四）数据中心

中国数据中心建设迎来高峰，面向云计算、未来大数据业务需求，三大运营商纷纷建立大规模的云计算数据中心。三大运营商正在内蒙古建立大型数据中心，如果投产后，整个耗电量会超过当地用户耗电量的总和。根据工业和信息化部出台的《进一步加强通信业节能减排工作指导意见》，新建大型云计算数据中心的能耗效率(PUE)值达到1.5以下。高效排热是数据中心可持续发展的关键实现。相关专家预计，目前小型数据中心的PUE在2左右，大型在1.5左右，都有巨大的节能降耗潜力，在中国北方地区，大型数据中心PUE应该能够降低到1.25以下。

五、相关政策建议

通信行业节能减排依然面临着挑战，“十二五”后半期随着4G网络建设和宽带战略的实施，通信业能源消耗呈现快速增长态势。同时，通信业节能减排工作基础管理比较薄弱，能耗统计体系、监测管理体系和市场节能机制有待完善和提升。需要从以下方面加强管理，努力实现中国通信业节能减排的规划目标。

第一，抓住通信业能耗重点，推进通信业绿色发展。数据中心和移动通信基站，是通信基础设施中主要能耗网络单元，是通信业节能减排的重点。环境温控和电源管理是通信节能减排的关键环节。对于数据中心建设，通过优化选址、利用云计算等新技术、合理布局通风等举措，推进绿色数据中心建设。对于扩容和新建通信基站，通过降低主设备能耗、推广再生能源和自然温控等手段，加大绿色基站建设力度。与此同时，积极深化基础设施共建共享，扩展共建共享带来的节能效应。

第二，通过创新加强节能新技术和新应用的使用与推广。随着节能新技术与应用的不断涌现，低碳、绿色的ICT产品应用已经是产业链各厂商技术研发和产品创新的重要方向。大胆尝试使用新的节能技术、节能方案，应用更低功耗的通信网络设备是降低通信业能耗的重要手段。基础电信企业、设备商以及数据中心业者，需要进一步加大在节能减排领域的技术研发与应用创新力度，积极利用先进适用的节能减排技术和产品，促进绿色通信发展。

第三，通过协作推动整个通信业的绿色发展。节能减排是一项复杂工程和长期工作，只有通过产业链协同，才能实现整个通信业的节能减排。产业链各环节企业通过协作，在通信产品的设计、运输、使用、维护、回收等环节考虑节能减排因素，开展节能、节地、节材、废弃物回收及环境保护工作。

综上分析，2013年在通信业能耗增加的情况下，单位电信业务总量综合能耗下降，为实现“十二五”节能减排目标奠定了坚实基础，随着宽带战略的实施和4G网络的规模建设，“十二五”后期通信业节能减排压力较大，为实现2015年年底单位电信业务总量综合能较2010年年底下降10%的目标，还需整个产业链协同工作。

（作者：工业和信息化部电信研究院 刘琪；
中兴软创科技股份有限公司 王帅）

宽带基础设施共享现状分析

一、宽带基础设施共建共享的意义

宽带基础设施的建设与共享已经成为时代发展的需要和必然，对于中国国民经济发展、通信业发展和行业形象都具有重要意义。宽带基础设施共建共享能够带来可观的社会效益和经济效益。宽带网络基础设施共享能够有效促进普遍服务，降低网络建设成本，保护环境，并推动新进入企业快速进入市场。

宽带基础设施共建共享所带来的社会效益主要包括以下三点。

一是宽带基础设施共享可以对电信市场的竞争产生积极影响，帮助电信运营商快速提升服务能力。共建共享降低了市场进入成本，帮助企业将运营的重点从网络投资建设转向服务质量的提升。例如，新晋企业在较短的时间内利用共享网络推出自有服务，从整体市场看有利于市场竞争和服务水平的提升。

二是宽带基础设施共建共享能够改善网络的覆盖能力，并对普遍服务水平产生积极影响。特别是在很多场景下，通过共享无线宽带基础设施，是实现低成本、广覆盖的重要方法。例如，在地铁、公路和隧道等场景的移动宽带服务可以通过共享同轴光纤无线分布系统实现更好的覆盖。

三是宽带基础设施共享可以促进环境保护，减少资源浪费。基础设施的共享能够最大限度地减少网络光纤的安装要求，减少基站的电磁干扰和辐射量，显著降低对市容和环境造成的不利影响。

宽带基础设施共建共享所带来的经济效益主要包括以下四点。

一是优化电信运营商的资本支出和运营成本支出结构。宽带基础设施共享可以在很大程度上降低电信运营商网络建设和维护的成本。

二是帮助电信运营商加速进入市场。在网络建设方面，运营商在站点选址等方面的困难日趋严重。宽带基础设施共建共享能够简化站点选址，极大地加快了网络建设的步伐，帮助运营商快速进入市场；另一方面，基础设施共享能够统筹三家运营商的能力，显著提高网络建设的速度，早日进入新市场，能够提高运营商的积极性。

三是提高运营商的服务能力。当前电信市场的竞争重心正在由基础设施的能力向营销、渠道建设、软件服务等更加贴近用户的层面转移，宽带基础设施的共建共享符合这一趋势，能够帮助降低运营商在基础设施层面的投入，将更多精力投入到服务能力的提升和创新上。

四是帮助运营商解决其在移动网络的部署中面临的站址需求和频率干扰等问题。移动网络小型基站部署成为趋势，这类基站由于覆盖范围小，覆盖相同范围需要更多的站址，多家运营商在相同区域分别建网，难以获得充足的站址及配套资源。通过 WLAN 共建共享，能够解决用户高密度地区城市站点过多过乱的问题，确保运营商有充足的站址，同时能够有效地完善网络覆盖。运营商之间重叠布网，且缺乏统一的规划，导致频率干扰问题严重。但当前特别是运营商与非运营商网络之间则缺乏有效的协调。共建共享通过运营商之间共享网络资源，有助于运营商之间开展规划与协调，从而有效地解决了移动网络之间的频率干扰问题。

二、中国宽带基础设施共建共享现状

近几年，工信部和国资委相继出台多项文件，引导运营商开展电信基础设施共建共享，各地方通信管理局出台相应措施，鼓励运营商之间开展共建共享。中国电信基础设施共建共享工作取得长足进展。在减少土地资源占用、保护生态环境和景观、避免行业重复建设等方面取得的成果得到了社会广泛认可和好评，也让企业享受到了实实在在的益处。截至2013年年底，全国通过共建共享节约建设资金累计超过500亿元。

宽带是当前电信基础设施共建共享的热点。2013年，中国将宽带战略上升到国家高度。2013年8月17日，国务院正式发布了《“宽带中国”战略及其实施方案》，大力推进宽带、融合、安全、泛在的下一代国家信息基础设施建设。到2015年，基本实现城市光纤到楼入户、农村宽带进乡入村，固定宽带家庭普及率达到50%，3G/LTE用户普及率达到32.5%，行政村通宽带比例达到95%，学校、图书馆、医院等公益机构基本实现宽带接入。其中，“深化网络设施共建共享”是宽带中国“战略规范建设秩序”的一项重要内容。

在发展进程方面，中国宽带基础设施共建共享已度过了初期的开拓性阶段后，面临着向深度发展演进。随着通信业务发展需求的变化，原有的以铁塔、杆路、管道等以传输为主的大型基础设施的共建共享，正逐步转向小区驻地网、室内分布、基站站址共享等以接入网为主的共建共享。

2013年发布的“宽带中国”战略的政策措施中也明确提出，在城市地下管线规划、控制性详细规划中，统筹安排通信工程综合管道网和相关设施，加强宽带网络设施与城市其他通信管线、居住区、公共建筑等管线的协调。深化光缆、管道、基站等电信基础设施的共建共享，创新合作模式，探索应用新技术，促进资源节约。

三、宽带基础设施共建共享关键因素

在宽带基础设施建设领域，技术问题已不再是最主要的问题。许多电信设备制造商都能够根据运营商的共享需求提供完整的技术解决方案，通过提供各种共享技术帮助运营商改造现有的系统和设备，包括基站共建共享、基站机房共享、室内分布式系统和电力设备的共享等。

政策方面，目前中国还缺乏国家更高层面有关基础设施共建共享的相关法律法规规定，深入推进电信基础设施共建共享，面临着跨行业的壁垒和阻碍问题。目前，通信业虽然在铁路、地铁、机场等重点领域对外协调的问题有所改观，但尚未形成规模突破。此外，在小区等宽带接入市场中，目前尚未形成一套健康的产业合作模式。部分开发商对小区宽带建设故意设置运营商入户门槛，宽带建设费用先由各家运营商出，再转嫁到用户身上。而光纤到户、物联网和智能小区成为开发商宣传的手段，其成果不能体现出足够的用户选择权和公平竞争权。运营商的支出费用普遍增加，部分运营商利润降低甚至亏本，用户宽带支出费用增加。随着中国经济的发展，土地资源日趋紧张，运营商的站点征地和高额的地租问题日趋严峻。运营商宽带建设的重复投资造成国有资产的流失浪费，不利于企业的整体发展，公司的市场竞争力下降。为了宽带战略的深入开展，必须尽快解决这一难题。

产业合作层面，电信运营商间共建共享仍缺乏足够动力。在当前情况下，电信基础设施在各家运营商之间的分布是不均衡的。有的运营商拥有较多的城市固网传输和接入资源，有的运营商拥有较多基站站址资源等。在当前运营商市场竞争激烈的情况下，电信基础设施分布的不均匀，无疑是打击竞争对手的有力武器。

在维护、管理和业务运营中，3家运营商在合作机制上也存在问题。维护方面，运营商在宽带共建共享维护过程中，主要有3种维护方式：单方维护、多方维护和第三方维护，这3种方式在维护过程中都面临了一些问题。对于单方维护，共建资源、基础设施维护职责难以分配；对于多方维护，需制定统一的维护机制；对于第三方代维，需确定运营商的监督职责。与此同时，在维护过程中，除基础设施的日常维护之外，故障发生后责任承担方的确认和处理工作也都需要进行合理的分配，另外，维护过程中还需要制定维护费用的分摊机制。应对以上问题，运营商可以通过制定规范的网络维护机制，来明确各方的维护权利和义务。还有管理问题，运营商在共建共享管理过程中，由于对各环节缺乏统一的管理机制，导致共享运营商难以对网络实施有效管理，无法合理划分管理权限。在运营商网管技术方面，网管接口的配置、性能及告警信息的设置相对复杂，同时对网管设备、资源、数据等一致性要求较高，所以各运营商网络之间网管系统的建立难度较大。应对以上问题，运营商可以通过制定统一的标准，规范共建共享的管理机制及网管技术。业务方面，运营商在共建共享业务开展过程中，共享运营商由于不具有网络的直接管理和监控权，在认证、计费和结算等环节较为被动，无法实现接入用户限制以及获取用户访问日志、QoS控制、网络运行状态、网络质量的监控等多方面内容。

实际建设层面，安全问题是当前影响宽带共建共享的最关键因素。当前宽带基础设施共享主要涉及基站、极线、传输线和室内分布式系统等。上述网络及基础配套设施的安全应该得到保障。基础设施属性的不同，其面临的安全问题也多种多样。一是发射塔安全问题，包括结构安全、防雷、电磁辐射和电磁干扰。承重和风力负载是影响结构安全的两个重要指标。电磁干扰主要是指不同的共享系统中的干扰。二是基站安全问题，主要分为两个部分：机房和屋顶。机房的安全性主要包括安全能力、城中安全、机房环境安全、电力负荷安全、防雷等。屋顶的安全性主要包括城中安全和隔离度安全等。三是共享传输线路的安全性，主要包括管道和光纤的容量安全和维护安全。

四、宽带基础设施共建共享建议

共建共享还有一些值得改进和完善的地方。共建共享只有政府出面，自上而下进行规划、要求，才能从根本上解决这个问题，才能最大限度地减少重复建设。

加强国家层面有关共建共享的立法，破除行业壁垒，使得共建共享不仅仅是电信运营商一家之事，而应从节省整个社会资源的高度，来推进共建共享的实施。电信主管机构应进一步加强与高铁、铁路等垄断性部门的沟通与协调，争取畅通入场。价格核算应由运营商之间协商以及有关机构协调、裁定。共建共享模式满足多家电信企业共同接入的需求，运营商不必再铺设新线路，只需在交接处与新选择电信企业的网络进行连接，即可实现用户转网，为业主提供服务。

加强政府力量的影响，强化运营商间的合作意愿。从避免重复建设、节省社会整体资源的角度，制定法律，强制运营商开展电信基础设施的共建共享。制定统一的管理、维护流程，明确各方权利义务，制定通用的技术标准，推动运营商开展共建共享。制定考核指标构建奖惩体系，督促相关工作的有序开展。建立共建共享KPI考核体系的建立和推进执行。考虑借鉴国外经验，在电信运营商体系内，建立电信基础设施第三方委托运营或中立的第三方电信基础设施运营公司。

（作者：工业和信息化部电信研究院　杨天一）

无线电管理发展现状分析

一、国内外无线频率管理发展现状

（1）采取多种措施应对频谱危机已成为国际趋势

2013年，移动宽带数据量爆炸式的增长对无线电频谱资源足量供给提出了高的要求，世界各国监管机构采取了多种措施应对频谱危机。第一，700MHz用于移动通信已成为全球趋势。欧美多数发达国家已明确将700MHz用于移动通信发展，亚洲国家也在紧锣密鼓地部署。2013年5月，南亚电信监管委员会(SATRC)宣布联合采用APT 700MHz频段的计划，承诺将加快700MHz频段广播电视的模数转换工作，进而为移动宽带这个高价值应用释放出更多频谱，并从国家层面制定明确的时间表。SATRC成员国包括印度、阿富汗、孟加拉国、尼泊尔、巴基斯坦和伊朗等9个南亚国家。此前，印尼、马来西亚、新加坡、日本等亚太国家也对700MHz频段计划做出了承诺。第二，频谱拍卖仍然是商用频谱分配的主要模式。频谱拍卖可以实现频谱资源的优化配置，并且同时具有高效、透明和客观等优点。2013年2月，英国举行了4G无线频谱拍卖，沃达丰等5家电信运营商中标，总价为23.4亿英镑；9月，台湾开始进行4G频谱拍卖，总计12段频谱的最终竞标总值达到40.2亿美元，超过起拍价的3倍；10月，奥地利举行了LTE无线电频谱拍卖，最后的拍卖所得超过了20亿欧元。第三，各国开始深入开展频谱共享的研究。频谱的物理资源是有限固定的，而实现频谱资源共享是未来提高频谱资源利用效率，提升频谱资源保障能力的有效途径。2013年2月，美国国防预研计划局举办了关于"雷达与通信的频谱接入共享"项目的研讨会，旨在开发军民雷达与通信频谱共享技术；9月，诺基亚西门子通信公司采用TD-LTE频谱完成全球首次授权共享接入。

随着地面电视市场的萎缩以及移动宽带市场的繁荣，越来越多的国家认识到将数字红利用于移动业务的巨大价值，因此将数字红利频段用于发展移动业务已成为各国的共识。GSM协会预测，将数字红利频段应用于移动宽带，对亚太地区GDP的贡献是广播业务的8.6倍；对拉美地区的GDP的贡献是广播业务的7倍。在欧洲地区，将数字红利应用于移动宽带能够产生的经济价值是广播业务的4.8倍。为加快数字红利应用于移动宽带，许多国家的模数转换和数字红利再分配并不是按照时间顺序依次进行的，政府机构在做好数字红利的规划后，往往在规定的模数转换完成时间前1～2年就进行数字红利的再分配，被分配到数字红利的运营商在转换完成后即可获得和使用数字红利，如美国在2009年完成全功率模数转换，于2008年1月完成了数字红利的拍卖；澳大利亚于2014年年底完成模数转换，于2013年5月完成了数字红利的拍卖；巴西于2013年年底拍卖数字红利频谱，而此频谱要到2016年6月才能被完全释放。

（2）我国无线电管理法律法规体系将愈加完善

近年来，我国对无线电管理法律法规体系的建设更加重视，尤其是2013年工作力度加大。从国家层面来看，2013年7月1日起，《卫星固定业务通信网内设置使用移动平台地球站管理暂行办法》，规范了全国范围内相关无线电业务的管理工作；10月，《非独立操作使用的无线电发射模块型号核准管理办法(试行)》结束了公示期，正式出台后将完善无线电发射设备型号核准管理；对于已经实施20年的《中华人民共和国无线电管理条例》（以下简称《条例》），工业和信息化部无线电管理局一直在积极推动《条例》的修订工作，目前《条例》的修订工作列入2013年国务院一类立法计划。2013年11月28日，工业和信息化部公布了《中华人民共和国无线电频率划分规定》，它是我国划分无线电频率的法定依据，为充分、合理和有效地利用无线电频谱资源，保证无线电业务的正常运行提供了依据。同时，还制定了 LTE 频率分配方案、IMT 系统相关的台站管理规定、230MHz 宽带数据传输系统的频率规划及管理规定；研究调整 1400MHz 频段频率规划，开展 5GHz 频段宽带无线接入系统和 50GHz 频段高速无线接入系统等频段规划及调整工作；开展轨道交通、无人机和警用直升机相关的频率规划研究工作；协调保障新一代移动通信网、下一代互联网、物联网及其他战略性新兴产业和国家科技重大专项和国家重点工程所必需的频谱资源。

除此之外，我国已经成立专家组，正在进行《无线电法》的立法预研和调研。研究修订第二代公众移动通信频率占用费征收办法，适时修订《无线电管理收费规定》。从地方层面来看，2013 年 1 月，福建省信息化局对《福建省无线电管理行政处罚自由裁量权参照执行标准》进行了修订完善；3 月 1 日，《天津市无线电管理条例》正式实施；湖南、浙江等省（区、市）正在积极推进各地无线电管理条例的立法工作。

（3）RFID 产业迎来发展新机遇

2013 年，我国 RFID 产业在技术、市场、政策等多个方面都呈现出蓬勃向上的发展势头。一是我国发布首个 RFID 国标。目前全球已经有 5 大 RFID 标准，首个国标的发布填补了我国该领域标准的空白，不仅为我国相关企业的长远发展明确了方向，而且还提升了我国未来在国际竞争中的话语权。二是 RFID 标签成本价格下降。根据国际 AUTO-ID 中心预测，在大规模生产的情况下，RFID 标签生产成本最低能降到 5 美分；在芯片制造成本方面，由于工艺的限制，标签芯片的成本仍然存在进一步下降的空间。三是 RFID 产业市场发展空间巨大。据 IDTechEx 的最新研究显示，全球 RFID 市场规模（主要包括标签、读写器和软件或所有其他形式的 RFID 产品）将从 2012 年的 69.8 亿美元增长到 78.8 亿美元，并将于 2020 年达到 234 亿美元。四是我国政策支持为产业发展提供保障。我国各相关政府部门为物联网产业与应用的健康发展营造了良好的环境。随着“十二五”规划的逐步落实，对物联网的支持力度不断加大，将使我国 RFID 应用领域迅速拓展，应用需求更加旺盛，规模化应用不断涌现。

（4）TD-LTE 频率规划助推产业发展

2013 年，在中国移动“双百计划”的推进下，TD-LTE 网络建设加速发展，TD-LTE 网络的主设备招标目前基本完成，100 个城市 20 万个网络基站的建设也已顺利展开，重要城市主城区实现连续覆盖，其他城市主城区数据热点区域覆盖。10 月，工业和信息化部正式批复同意中国移动将 TD-LTE 规模试验扩大至全国 326 个城市。除了网络基础建设方面，经过 3 年多的拓展与合作，TD-LTE 已经获得了国内、国际运营商和众多国际组织的广泛认可和支持，目前包括大唐、华为、中兴、诺西、爱立信和阿尔卡特朗讯等在内的全球主要系统厂商已全部支持 TD-LTE 技术，TD-LTE 产业链逐渐完善并趋于成熟。

为促进信息消费，推动新一代移动通信技术和业务的发展，我国无线电管理机构为三大运营商分配了 TD-LTE 频率资源，奠定了 4G 牌照的发放以及相关产业发展的资源基础。为满足未来移动互联网和其他无线宽带通信网的发展需求，我国无线电管理机构进行了 40～50GHz 频段宽带无线接入和固定无线接入系统的频率规划，并已于 2013 年 10 月 10 日公示完毕。同期完成公示的还有 5.8GHz 频段频率规划调整方案。TD-LTE 将为物联网、车联网、移动互联网、大数据和云计算等关联产业的发展提供更高速、稳定的信息传输通道，进而推动关联产业的技术创新。不仅如此，TD-LTE 商用后会改善现有移动宽带网络的上网体验，消除消费者与信息服务提供商之间的数字鸿沟，促进信息消费。

（5）无线宽带专网建设将提速

2013 年，LTE 网络在全球的快速普及带动了无线宽带专网建设的浪潮。一方面，国际上基于 LTE 技术的无线宽带专网建设成为主流。美国已经宣布启动在政务和公共安全行业将 LTE 技术作为公共安全移动宽带标准，同时澳大利亚、俄罗斯和德国等国的不同行业也都进行了 LTE 实验网的建设。另一方面，我国基于 TD-LTE 技术的政务宽带专网表现突出，目前已有北京、天津、上海和南京等城市开始建网和应用：从 2011 年到目前为止，北京市政务物联数据专网的基站数量超过 200 个，主城区基本实现覆盖，重点业务主要为多方会议电话、联席办公和远程实时监控等；天津市同样选择了TD-LTE技术建设覆盖全城的政务网，目前一期网络建设已基本完成，并且滨海部分地区也已部署了TD-LTE专网宽带网络；南京市政府建设的全球首个TD-LTE宽带多媒体数字集群政务专网为第二届亚青会的顺利举办保驾护航，成功实现了中国自主技术TD-LTE宽带集群对国际重大赛事的通信指挥保障。除政务专网以外，国内公共安全、能源、高铁、民航、交通运输等行业和领域都在积极部署或者正在规划原有专网基于TD-LTE技术的宽带化升级。

二、我国无线频率管理存在的问题和挑战

（1）缺乏优质低频段将影响TD-LTE网络的快速普及结合我国IMT频率规划方案和我国国情来看，2500～2690MHz频段将成为我国部署TD-LTE的主导频段。但该频段由于频率高、衰减大、穿透能力差，在一定程度上将会影响TD-LTE网络性能，尤其是室内覆盖和传输速率。据估算，使用2.6GHz的TD- LTE要保持室内覆盖有较高速率，其覆盖半径仅500米，这将导致极高的建设成本。根据全球移动通信系统协会（GSMA）的测算，建设覆盖同样区域的移动通信网络，使用2.6GHz频段所需要的基站数量约为700MHz的5倍。

中国移动是全球TD-LTE的主要推动者，全世界TD-LTE的设备制造商和潜在运营商都在关注着我国TD-LTE的发展状况。截至目前，我国TD-LTE仍处在规模实验阶段，商用化进程严重滞后。即使TD-LTE商用后，如果没有低频资源的支撑，在网络部署初期仅使用2.6GHz频段组网，较高的建设成本很可能会对全国范围内TD-LTE网络的快速普及造成影响。更为重要的是，如果我国TD-LTE网络建设发挥不了示范带头作用，将削弱国际市场对TDD制式的信心，不利于TDD产业的国际化进程。

（2）如何提前协调、规划好各种新技术标准对于频谱资源的需求仍是重点工作

考虑到新技术的长期演进和公众对带宽需求快速的增长，中国公众移动通信对频谱资源的需求也将呈不断增长的趋势，如何提前协调、规划好各种新技术标准对于频谱资源的需求是当前无线电管理者的重要工作之一。

物联网蓬勃发展，其用频规划及管理需进一步完善。目前，应尽快制定物联网的频谱规划，同时要提高物联网频谱的利用率。与此同时，应对相关物联网设备进行严格管理。白频谱有较大的发展空间，我国暂无利用此频段的规划。目前，美国为了更有效地利用白频谱资源，解决移动宽带需求迅速增长的问题，正在积极推进超级Wi-Fi（Spuer Wi-Fi）。无线充电相关频段规划尚无国际统一标准。无线充电技术中的基础核心要素是“频率”。积极参与无线充电技术研究、无线充电频率规划的工作，有利于提升今后我国在国际标准制定中的地位。

（3）频谱分配模式单一，现行分配模式未充分发挥市场配置作用

无线电频谱资源是国家重要的稀缺战略资源，它的经济价值和社会价值越来越引起人们的重视。诺贝尔经济学得主罗纳德科斯在1959年就提出：频谱必须被看作是另一种生产要素，并且其价值必须在自由市场中予以确定。

对无线电频谱资源的分配，传统上主要当作一个技术或行政问题而不是经济问题来处理，目的是把频谱提供给每一个或尽可能多的用户使用并要避免用户之间的干扰。一直以来，我国沿用行政审批的模式来分配频谱，从某种角度上来说，行政审批对我国无线电技术和相关产业的发展起到了重要的保障作用。但是，随着无线电技术应用的快速发展，我国现行的频谱分配模式受到了新的挑战：一方面，频谱资源的稀缺性日益凸显，尤其是优质频谱竞争激烈；而另一方面，部分已分配频谱的经济和社会价值没有得到充分挖掘。

（4）无线局域网（WLAN）亟需进一步规范化建设和管理

无线局域网（WLAN）是当今世界应用最广泛的宽带无线接入技术。据Wi-Fi联盟统计，全球WLAN用户数已超过10亿。随着WLAN用户的快速增长以及在公共场所免费覆盖步伐的加快，无线电管理机构在频率规划和协调推进中的职能作用越

来越重要。

目前，WLAN亟待解决的主要就是干扰问题。WLAN干扰分为系统内部干扰和系统外部干扰，其中系统内部干扰主要是因为WLAN工作频率2.4GHz为共享资源，互不干扰的子信道只有3个。由于WLAN覆盖范围较小，移动、电信、联通等多家运营商在相同区域分别建网，运营商之间缺乏统一的频率布网规划，各网络之间互相重叠，极易发生干扰。系统外部干扰主要是因为2.4GHz频段除WLAN使用外，微波炉、无绳电话、微波基站以及蓝牙网络等设备都工作在此频段，容易受到ISM（工业、科学和医疗）应用可能产生的干扰。

（5）频谱供需矛盾将长期存在，频谱共享能缓解矛盾

截至目前为止，我国为国际移动通信系统（IMT）共规划了687MHz频率，其中已分配了307MHz给三大运营商，基本满足了当前和近期的IMT用频需求。据华为、中兴等公司向国际电信联盟（ITU）提交的最新预测结果显示，到2020年，我国移动通信总共需要1700～2100MHz带宽频率，由此推算，我国届时将存在约1000MHz的频率缺口。

随着社会信息化进程的推进，国际范围内无线电业务需求的呈迅速增长态势，如果不在国际、国家和地区的各区域范围内分别采取有效的频谱管理措施，就可能造成频谱资源的严重短缺。有效利用频谱，可以使多个用户或业务共用某频谱并且保证其不互相干扰。有效的共用频谱可以为各种不同业务增加可用频谱的数量，可以采取多种手段实现频率的共用。根据ITU的规定，允许存在一些无害干扰以及采用允许同频段内多个发射共存的新技术，而新兴的无线电新技术将频谱共享变为可能。这种可能性将大大提高频谱的利用率，进一步缓解频谱资源的供需矛盾。

三、我国无线电频谱管理发展趋势

一是将加速推进无线电立法，充分发挥无线电频谱资源的作用。单纯的管理条例很难在无线电频谱资源的分配方面进行统一协调，迫切需要出台一部与形势发展相适应的无线电法。

二是将逐步建立完善的无线电管理标准规范体系。通过无线电管理标准规范体系的建立和完善，将使无线电管理工作更加制度化、规范化和标准化。

三是将逐步完善频谱资源的动态管理机制，实现精细化管理。完善频谱资源的动态管理机制是实现精细化管理的基础，在制定无线电频率规划时要逐步改变过去不分地区差异、“一刀切”的做法，做到从频率、地点和时间三维空间综合安排使用资源。

四是不断提高无线电管理技术水平。先进的技术设施是无线电管理得以有效开展的基础，高水平的专业人才是提高无线电管理技术水平的关键。

五是未来将建立高效务实的无线电行政管理体系。各级无线电管理机构需加强自身组织机构的建设，改善管理水平，提高业务能力，在不断的探索实践中建立高效务实的无线电行政管理体系。

（作者：工业和信息化部电信研究院　胡海波）

农村通信与信息化建设分析

一、影响农村通信市场需求的主要因素

1. *农村人口收入将进一步增长*

《中国共产党第十八届中央委员会第三次全体会议公报》指出，要加快构建新型农业经营体系，赋予农民更多财产权利，推进城乡要素平等交换和公共资源均衡配置，完善城镇化健康发展机制。专家认为，公报中的这一原则，保障了农民财产收益，特别是土地财产收益将会成为未来土地改革的重点，土地财产收益增高也必将使农村土地价格上升，农村人口收入将进一步增长。

2. *城镇化使农村人口潜在用户规模缩小*

根据 2012 年统计公报数据，中国城镇化率达到 52.57%。据中国社科院 2012 年下半年发布的《城市蓝皮书》，2011 年中国城镇人口达到了 6.91 亿，人口城镇化率达到 51.27%，城镇常住人口首超农村常住人口。伴随国家加快推进城镇化建设的步伐，农村人口减少的趋势非常明显。"十二五"规划期末，中国社科院《城市蓝皮书：中国城市发展报告 No.3》认为，中国城镇化率将达到 52.6%（注：已经很接近了），即农村人口将减少 6000 万，与此同时，城镇人口将增长近 1 亿。农村减少的人口特征主要是以青壮年劳动力为主，而这部分人是农村通信业务的重要使用者，将直接导致农村人口现实或潜在用户规模缩小。

3. *人口流动特性导致农村剩余人口消费层次趋低*

随着大量流动人口的外出，留在农村的人中有相当部分留守的性质，这种情况在规划期内将得到延续。根据相关调查和分析显示，中国农村居民中程度不同地存在着 6 种消费分层类型，即私营企业主（占 1.05%）、个体工商户及种养大户（占 4.25%）、县外打工型（占 43.65%）、政治精英型（占 5.47%）、农业主导型（20.31%）和年老贫困型（占 25.27%）。除去县外打工型，年老贫困型和农业主导型成为农村人口的主要组成部分。

虽然农村人口基数较大，但是从留守人口的消费层次来看，基本上处于较低水平。随着农村经济的发展和农民生活水平的提升，农村通信市场仍将有较大的增长空间，但是从用户价值来看，用户低价值化的趋势是无法改变的。因此，运营商在开拓农村个人市场的同时，需要更加关注潜在用户的特征，实现低成本的用户发展手段。

4. *物联网等新技术应用将提升农村信息化业务需求*

城市化进程不断发展，外出务工人员比例逐渐上升，2012 年农村从事农业劳动的人员仅占农村人口的 20%左右。农村劳动人口的减少也为农村信息化发展创造了一定的条件，使得较大规模的农业信息化技术得到应用。农业和农村的信息化是"十二五"期间国家重点关注的问题，运营商作为信息化的重要参与者，寻求着在信息化进程中的商业机会，物联网等新技术应用的发展提供了良好的契机，可广泛应用于农业、畜牧业等领域。

5. *政府政策是风向标*

2013 年 3 月 7 日，工业和信息化部发布了《"宽带中国 2013 专项行动"实施方案》，明确了专项行动的主要目标、重点工作和进度安排。6 项行动计划中有两项是关于农村通信业务的，即"农村宽带普及计划"和"农村校通宽带计划"。

2013 年 4 月 17 日，工信部、国家发改委等 8 部门联合发布了《关于实施"宽带中国 2013 专项行动"的意见》。意见中有关农村宽带的目标包括新增通宽带行政村 18000 个，实现 5000 所贫困农村地区中小学宽带接入或改造提速，启动实施"宽带网络校校通"工程。

2013 年 8 月 17 日，国务院发布《国务院关于印发“宽带中国”战略及实施方案的通知》中提出了要加大对农村地区的资金和政策扶持，加快农村宽带的发展。将宽带纳入电信普遍服务的范围，重点解决宽带村村通问题。在人口较为密集的农村地区，积极推动光纤等有线方式到村。在人口较为稀少、分散的农村地区，灵活采用各类无线技术实现宽带网络覆盖。加快研发和推广适合农民需求的低成本智能终端。加强各类涉农信息资源的深度开发，完善农村信息化业务平台和服务中心，提高综合网络信息服务水平。

根据《“宽带中国”战略及实施方案》，到 2020 年实现宽带基本覆盖城乡。在城市接入速率达到 50Mbit/s，农村达到 12Mbit/s。

二、农村通信和信息化发展的现状

（一）村村通工程建设情况

2012 年，电信业围绕国家信息化战略和两化融合中心工作，大力推进农村信息通信基础设施建设和农村信息化进程，持续深入实施通信村村通工程。截至 2012 年年底，中国农村 100%的行政村已接通电话，20 户以上的自然村通电话率达到 98%。

（1）行政村通宽带方面。全年新增通宽带行政村 1.9 万个，行政村通宽带比例从 2013 年年初的 84%提高到 87.9%。随着“农村宽带入乡进村”和“公益机构接入普及”计划的组织开展，100 所全国集中连片特困地区中小学和 100 所残疾人特殊教育学校已开通宽带并提速到 4Mbit/s 以上，同时提供 3 年免费上网。

（2）自然村通电话方面。全年新增 1.1 万个自然村通电话，全国 20 户以上自然村通电话比例从 2012 年年初的 94.7%提高到 95.2%

（3）信息下乡方面。2012 年全年新增 2005 个乡镇实施信息下乡活动，新建乡信息服务站 2050 个、村信息服务点 29622 个、乡级网上信息库 9940 个、村级网上信息栏目 66780 个。开展信息下乡活动的乡镇比例达到 82%。

2013 年，三大运营商继续承担农村通信建设和信息化的推进工作，具体见表 1。

表 1　三大运营商承担农村通信建设和信息化推进工作

运营商	主要工作	目标
中国移动	积极承担了西藏、新疆、四川等 17 个省份的通电话和通宽带任务，大力开展“12582”农信通建设和应用推广	拟在 2013 年完成 6774 个自然村通电话、378 个寺庙通电话、9249 个行政村通宽带、1810 个农村学校通宽带，进一步提升中国的农村信息化水平
中国联通	积极承担村村通建设任务，并推出智慧农业等多类智慧城市应用，助力农村信息化发展	2013 年计划建设自然村通电话 400 个，行政村通宽带 2551 个，农村学校通宽带 770 个，总投资预计超 7 亿元
中国电信	积极落实普遍服务，推动农村信息化工作，围绕农村特色需求，整合资源，开展各类信息化应用，并打造了农村信息化平台，提供丰富的信息内容	截至 2013 年 5 月，中国电信全国农村地区各类电话用户累计达 1.15 亿户，农村地区宽带用户超过 3000 万户。中国电信农村营业厅 2.3 万个，全国村级网点达 28 万个

（二）农村互联网普及情况

（1）农村网民人口增加。近年来，中国城镇化进程加快，农村人口比例不断减少，但中国网民中的农村人口比例却没有减少，甚至略有增加。截至 2013 年 6 月底，中国网民中农村人口占比为 27.9%，规模达到 1.65 亿，相比 2012 年略有提升，增加约 908 万人。最近半年，农村网民规模的增长速度为 5.8%，略高于城镇。

截至 2013 年 6 月底，中国新增网民 2656 万人，其中新增农村网民占比 54.4%，达 1445 万人，延续了 2012 年农村新增网民数超越城镇网民数的增长之势，成为中国互联网的重要增长动力。不难看出，中国互联网发展的潜力市场在农村已成共识，在政府、电信运营商、互联网服务提供商和终端厂商的共同努力下，农村互联网这个原本沉睡的市场正在逐渐被唤醒。

（2）互联网接入终端拥有量和使用率上升。截至 2012 年年底，中国 100%乡镇能够上网，其中具备宽带接入能力的村镇比例为：乡镇 99%；行政村 85%。在广大农村地区，手机的拥有率上升至 90%，家用计算机的拥有率为 40%。使用互联网作为信息获取渠道的农民从 2008 年的 24%增加到 2012 年的 40%。用电脑上网、用手机聊天等个性化的工作和娱乐方式正在成为农村居民日常生活的一道风景。

手机成为农村网民的主流上网设备，使用率高达 78.9%，远高于对台式计算机和笔记本的使用率，说明手机在满足这些人员基本通话需求的同时，推动了中国互联网的进一步普及。中国电信推出的 399 元农村智能手机、3.5~4 英寸大屏智能手机走进农村。而中兴、华为、酷派等手机制造商也不断推出千元以下智能机，为农村网民的移动上网终端带来更具性价比的选择。

（三）农村信息化发展情况

1. 农业物联网是信息化建设的重要组成部分

农业部就农业信息化建设提出了具有顶层设计意义的 4 个目标：农业生产智能化，包括物联网技术和大型智能农业机械；经营过程网络化，大力促进电子商务，包括配送和冷链物流，推行农产品身份制度；宏观管理高效透明，做到信息公开；信息服务高效便捷，提供针对性强的个性化服务。《全国农业农村信息化“十二五”发展规划》《关于深化流通体制改革加快流通产业发展的意见》等一系列国家层面有关农业信息化以及物联网发展的文件政策出台，明确了包括农业物联网在内的农业信息化的发展思路。

为了推动农业物联网的发展，2013 年农业部启动了物联网区域试验工程。该试验工程的目标：开展农业物联网应用理论研究，探索农业物联网应用主攻方向、重点领域、发展模式及推进路径；开展农业物联网技术研发与系统集成，构建农业物联网应用技术、标准、政策体系；构建农业物联网公共服务平台；建立中央与地方、政府与市场、产学研和多部门协同推进的创新机制和可持续发展的商业模式；适时开展成功经验模式的推广应用。天津、上海、安徽三省市率先开展试点试验工作。天津是设施农业与水产养殖物联网试验区，上海是农产品质量安全监管试验区，安徽是大田生产物联网试验区。

农业物联网的发展实现了农产品价格发布和供求对接。通过建立农产品批发市场信息采集系统、电子化交易平台、自动化产品交易动态监控系统、智能化产品质量监控系统等，借助网络平台搭建农产品价格查询系统，可实现通过计算机、手机等终端设备进行价格信息的发布、汇集、展示和查询。通过搭建农产品供求信息网络平台、网络促销平台，农户通过计算机、手机等网络终端设备发布或查询农产品供需信息。依托网络平台，采用文字、图片、视频多角度展示有机、绿色和地理标志产品，促进特色农产品的推介营销。利用互联网、物联网等现代信息技术，建立农产品电子商务平台，开展线上线下相结合的鲜活农产品网上批发和网上零售，以及农业合作社与城市超市对接、农业合作社与城市消费合作社对接和订单农业，多渠道多形式促进农业信息流、物流和资金流的融合。

2. 大数据“旋风”吹响智慧农业前进的号角

中国农业从完全依靠人工完成，到半机械化农业，再到大规模的机械化农业，生产力得到了飞速提升。但随着人口压力的不断提高，可用耕地不断减少，农业需要另一场变革来满足人类的粮食生产需求。传统的农业生产方式应向数据驱动的智慧化生产方式转变。而云计算、大数据、互联网等科学技术则将是这场变革的主要推动力。

如果农民能随时掌握天气变化数据、市场供需数据、农作物生长数据等，农民朋友和农技专家足不出户就可观测到大田里的实景和相关数据，准确判断农作物是否该施肥、浇水或打药，不仅能避免因自然因素造成的产量下降，而且可以避免因市场供需失衡给农民带来经济损失。

双汇、蒙牛等一批农产品加工龙头企业就十分重视用信息化改造传统加工方式，有些企业信息化水平已经达到国际先进水平，带来了良好的经济效益。目前，全国初步建立了农产品加工国际标准跟踪平台，基本形成了多层次的农产品加工信息网络，农产品生产、加工、运输和销售的数据库，全国农产品加工技术推广对接平台，以及农产品加工市场信息预警服务体系。

中国各地区智慧农业应用案例如下：

（1）在河南某移动运营商出的农业信息化解决

方案中，用 3G 手机打理种花大棚智慧农业。在农业大棚基地，门楣的电子屏滚动播报着实时数据，内容包括环境温度、环境湿度、光照强度、土壤温度和土壤湿度。如果超过或低于设定参数，系统就会自动给绑定的手机发送短信提醒。

（2）南京某物联网公司为某农场开发的物联网技术应用案例。这家农场近 30 个标准化大棚内，布满了 40 个温度、湿度、视频和光照等类型的传感器，利用传感器采集数据，系统实时绘制出一目了然的数值空间分布场图，通过物联网模块传输数据，操作人员借助计算机和手机就能对蔬菜进行实时了解和掌控。

（3）在江苏宜兴市新建镇新建村，“物联网”技术被应用到养殖业领域，切切实实为当地的蟹农们“养”起了螃蟹，蟹农们用手机能随时随地了解养殖塘内的溶氧量、温度、水质等指标参数，并操控自动投喂机按预先设定的间隔时长、投喂量为塘区的水产动物投喂饲料。监控几十亩的水塘，不到 10 min 就可以全部完成。

（4）山东省七级镇为推广食用菌种植，2011 年给冬暖棚配备智能化喷淋系统。解决了食用菌种植的技术“瓶颈”，为菌农们带来了巨大收益。

3. 休闲农业成为农民增收的好路子

休闲农业是中国休闲消费的新业态，是充分发挥农业功能、促进农业结构调整和增加农民收入的好路子。截至 2012 年年底，全国休闲农业与乡村旅游经营单位达 180 万家，其中农家乐超过 150 万家，年接待游客接近 8 亿人次，年营业收入超过 2400 亿元。目前已经有了不少信息服务平台，比较突出的是由农业部乡镇企业局支持和指导的“魅力城乡”休闲农业信息化服务平台：一是用户可以通过多种搜索和检索功能，快捷地找到自己需要的信息；二是利用电子地图，可形象直观地获取相关位置服务及关联的信息服务；三是观看全景漫游，给消费者身临其境的感觉；四是利用手机，通过短信、彩信、移动互联网、手机客户端软件随时随地享受贴心服务；五是提供电子商务服务，通过网站、400 呼叫中心进行预订及交易；六是通过互动社区，消费者可以建立个人空间、发布游记、发起活动并寻找志同道合的“驴友”。

三、农村通信和信息化发展面临的困难

1. 数字鸿沟逐步拉大

农村宽带发展仍然任重道远。中国农村和边远地区总体经济发展水平较低，加之地域广袤、人口居住分散、自然条件复杂等因素，使得农村宽带网络建设的投资和运维成本居高不下，而且投资回报周期较长。未来宽带发展要在通行政村的基础上深入到各个自然村、深入到普通家庭，还面临着巨大的资金缺口，农村地区的宽带建设和发展延缓，农村与城市之间的“数字鸿沟”进一步加剧。统计数据显示，截至 2012 年年底，中国乡村互联网普及率为 23.7%，落后城市 35.4 个百分点，亟须健全机制，统筹解决。

2. 资金不足

从通信网络建设来看，据工信部测算，要实现“宽带中国”战略，到 2020 年前大约需要 2 万亿元人民币的投资。但在农村地区，宽带投入目前很难见到回报。据调研，宽带成本是每户 5000 元人民币，但用户每月的费用仅为 30 元。不仅难以收回投资，每年的设施维护还需要新的投入。

从农业信息化投资回报来看，农业物联网基础设施建设具有一次性投入大、回报周期长的特点。在农业整体比较效益低、以小农户分散经营为主的情况下，很多物联网设备因价格偏高很难大面积推广。试点示范并不代表真正实现产业化，大规模商业化应用还需要时间。农业是弱势产业，生产条件可控性差，这决定了物联网在中国农业领域的应用明显不同于在工业等领域，导致了其发展初期受资金制约严重。

3. 内容匮乏

宽带网络被称为“信息高速公路”。电信运营商的职责是铺好路，但是要想让这条高速公路发挥作用，需要在上面“跑满”各式各样的信息，其中政府掌握的公共信息是最重要的一块，其中包括综合治理、卫生系统、交通系统等的信息。在大部分地方，政府信息的公开仍存在很大难题，有的是部门不愿共享信息，有的是数据格式不对。这就像光纤提供了宽阔的“马路”，但路上的“车”并没有显

著变化。

四、加快农村通信和信息化发展的建议

1. 政策指导和资金扶持将赋予农村市场更大的能量

推动农村地区互联网的普及和互联网质量的提升，不能光靠电信运营商、互联网企业、终端企业，政府的力量才是最根本的动力。在美国，由联邦通信委员会主导的“连接美国基金”一期资金近期将开展第二轮拨款，这次拨款资金额将达到4.85亿美元，用于扩展美国农村固定宽带覆盖范围，新增投资将带动额外数百万美元的私人投资。英国政府拨款5.3亿英镑用于“宽带传播英国”项目中农村高速宽带的建设，尽管进度有所拖延，但该项目仍在持续推进中。印度也从普遍服务基金划出“半壁江山”，用于补贴农村无线宽带建设，其中约1600亿卢比将补贴给两家最终获得向全国22个服务区的50万个村庄提供宽带服务权的运营商。日本政府对宽带运营商提供无息贷款，瑞典政府承担农村宽带网建设成本的1/2、地方政府承担11%。相比之下，中国在政策的引导，特别是资金的扶持力度上还显得不够大。

对农户上网及购买信息服务实行补贴。（1）对互联网接入实施补贴。电信运营商要尽可能地降低农村互联网接入价格，政府要对农民上网给予相应的资费补贴。（2）对农户购买计算机、智能手机等信息化终端设备实行补贴。继续执行家电下乡补贴，加大对购置信息化终端设备的补贴力度，从现在的补贴13%提升到40%以上，通过政府招标确定下乡品牌和价格。（3）对农民信息技术培训实行补贴，通过培训使农民掌握计算机基础知识和实用技术，让农民会用计算机上网。（4）信息服务费补贴，建议对接受有偿信息服务的农民给予50%左右的费用补贴。

对应用信息化技术产品实行补贴。（1）政府部门通过组织相关机构收集研究农户、农民专业合作社、农业企业具有的普遍性需求，形成报告向社会公布。（2）发动各类IT企业参与竞争，但要求需先投入开发出可供评审的产品，政府组织机构定期对IT企业开发的产品进行评选，符合需求规定的择优列入推荐名录。（3）农户、农民专业合作社、农业企业自主选择政府推荐名单内的产品，一旦使用就给予一定的补贴，降低先使用者的购买成本。

此外，进一步加快宽带接入网业务的开放进程，鼓励民间资本参与宽带网络设施建设，拓宽投资渠道和参与范围。在高成本地区，积极探索政府、运营商、民间资本合作建设宽带网络的模式，鼓励多元化资本投入。充分发挥地方政府在小区接入、基站选址、管道建设等方面的统筹作用。

2. 进一步完善宽带配套监管政策

实际上，除了资金缺口外，中国农村宽带网络的建设还面临着一系列外部环境问题，例如未纳入城乡统一建设规划、管道开挖难、基站架设难、接电难、线路动迁赔补难等。要促进中国宽带普及，配套措施和制度的细化必不可少。应抓住实施“宽带中国”战略和促进信息消费的契机，充分发挥中央和地方各级政府在宽带发展中的引导作用。细化在宽带推进过程中地方政府、城市管理部门、施工单位等多方参与者的行为规范和责任，在政策层面上充分理顺各方利益，为农村宽带网络发展提供良好的基础环境。

3. 不断加强农业信息化基础设施建设

一是针对偏远地区加强相应设施建设，确保通信畅通。对于游牧民、沿海渔民等活动范围较广的农业生产者，利用中国自主研发的卫星通信设备，为其建设小型卫星电话通信系统，基本实现对中国农业生产者的全覆盖。二是进一步推进“宽带下乡”。利用光纤、3G无线宽带网络等信息技术，提高乡村宽带接入能力，加快宽带网络在农村的推广应用。三是积极推进农村地区的“三网融合”。紧密结合国家“三网融合”政策，在条件比较成熟的地区开展农村“三网融合”示范工程，研究制定发展规划和相关政策。四是加强关键技术装备的研发推广。鼓励各研究机构和信息化装备生产企业，开发符合农业生产需要的各类传感器、计算机硬件模块和相关监控软件等，研究建立农业生产过程中对光、水、温和肥等条件的需求数据模型，为计算机智能控制提供数据支持，利用先进的信息技术产品装备各类农业生产者。

4. 组织实施一批农业信息化示范项目

需要组织实施三类可操作性强、效益明显、具有较强示范效应的项目。第一类：基础支撑类信息化项目。建设好国家级农业资源基础数据库，包括主要农产品生产信息收集和发布平台、农业综合服务信息平台、农产品质量安全监管平台和国家级农业云计算服务中心等基础支撑性项目。第二类：生产应用类信息化项目，如精准农业、设施园艺、养殖业智能化管理等项目。第三类：经营性服务类信息化项目。加强农业龙头企业信息化、批发市场信息化、农民专业合作社信息化和农业电子商务平台等项目建设。

五、农村通信和信息化展望

2013年属于“十二五”规划的中期，是具有承上启下作用关键性的一年，中国农村通信和信息化发展也迎来了前所未有的良好机遇。纵观近年来农业及农村信息化发展的现状与趋势，基础设施、远程教育和系统平台建设是2013年中国农业及农村信息化的重点投资领域。

1. 广播电视电话网、宽带网等基础设施还将进一步完善

目前，中国农业农村信息化基础设施建设取得了一定进展。中央无线广播电视覆盖工程已全面完成，广播电视已覆盖全部建制村和20户以上通电自然村；自然村通电话比例也已达到98%；行政村通宽带比例达87.9%。但信息技术在不断创新和应用，光纤网络的推广和3G信息技术的应用才刚刚开始，全国2亿有线电视用户中有近一半还未实现数字化，基础设施“村村通”还需向“户户通”加强推进。因此，随着信息产业的进一步发展，农业农村信息化基础设施建设还需完善。

2. 远程教育系统将加快应用普及

在中国，科技对农业的贡献率已由20世纪80年代的27%提高到了目前的49%。但与发达国家高达85%的贡献率相比，水平依然较低。因此，依靠教育改变农民的意识，提高农民综合素质，改善农民的生活环境，推进社会主义新农村建设，已经成为中国各级政府的共识。高效普及农业先进技术、提高农业技术的入户率和到位率，已成为加速农业现代化，确保新农村推广建设稳步发展的当务之急。

农业农村远程教育作为一种先进的教育形式，具有传播快捷、资源丰富、覆盖面广、形式灵活的优势，能将农业信息和一些实用技术，通过农民易于理解和接受的形式，第一时间送进千家万户，这是中国农业推广方式的重大创新，是提高科技对农业贡献率的有力途径。近年来，各地农业农村远程教育发展层次差距较大，贵州、甘肃、陕西、青海、宁夏、内蒙等西部地区的远程教育水平还较低，正在大力发展当中，孕育着农业农村信息化发展的良好契机。农业农村远程教育也将成为投资的重点领域。

3. 系统平台将在实践中逐步推广

农业农村信息化发展越来越受重视，信息化系统服务平台也逐渐成为了发展的重点领域之一。2013年1月4日，农业部发布的《全国农村经营管理信息化发展规划（2013～2020年）》中指出：“农经信息化发展要实现信息服务平台普遍建立、信息系统建设应用规模不断扩大、信息资源开发利用能力显著提升、新型农业生产经营主体信息化步伐加快……”

在农业农村信息化发展过程中，为推进农村土地承包管理信息化，推进农民负担监管信息化，推动农业监测预警智能化，实现分工合理、业务协同的信息化发展道路，实现农产品和生产资料的市场监测、质量监管、产品追溯等系统和信息服务等，要统筹规划建设综合信息服务平台、农村电子政务平台、农村经营管理综合信息平台、土地流转信息共享服务与监管平台、农民负担监管和强农惠农政策信息发布系统等一系列覆盖部、省、市、县的信息服务平台。

（作者：北京邮电大学　吴洪）

通信业发展趋势展望

随着3G市场的成熟发展以及LTE的快速部署，2013年全球通信业开始走出低迷，非话业务的快速发展，以及智能终端对用户及流量的强力拉动，带动运营商整体业绩持续向好。中国通信业的发展将沿袭全球的发展趋势，随着LTE牌照的发放、宽带中国战略的实施、信息消费政策的推进，2014年中国通信业的市场发展及运营模式均会出现一些新的趋势。

一、市场发展

（一）收入：收入走势整体向好，移动数据和宽带业务成为绝对增长主力

依靠3G规模发展以及LTE快速发展的带动，2013年全球通信业收入增速出现上扬，一季度达3.5%。2012年移动话音收入增长首次为负，移动和固定数据成绝对增长主力，其中移动数据收入增量贡献4.14%，固定数据收入增量贡献0.33%。先进运营商的收入走势持续向好。以美日韩三国典型运营商为例，2012年美国AT&T收入增长1.7%，虽然较2011年同期仍有所下降，但降速有所趋缓，从收入增量贡献来看，无线数据123%、有线数据69%；2012年日本NTT Docomo收入增长5.0%，较2011年提升4.6个百分点，移动数据增量贡献达22%；2012年韩国SKT收入增长5%，实现了止跌回弹。

中国运营商的收入增速高于先进运营商。移动数据和宽带业务成为拉动收入增长的绝对主力。2013年上半年，中国移动通信服务收入增长6.8%，其中数据业务收入占比达33.5%，占据1/3的份额；中国联通主营业务收入增长13.9%，非话音业务占比达55.4%，其中3G占移动主营业务收入比56.3%、宽带占固网主营业务收入比52.3%；中国电信运营收入增速14.1%，其中移动数据收入占比16.6%、宽带收入占比22.4%。

（二）用户：移动用户数持续增长，其中2G用户遭遇拐点、3G用户进入普及期、4G用户跨越门槛期，宽带用户保持快速增长

2012年全球移动用户普及率达91%，未来随着平板电脑、M2M等纯流量终端的发展，移动用户仍将保持持续增长。2012年年底2G用户规模已达顶峰，2G用户数开始缩减，加速向3G/4G用户迁移；3G用户高速增长，渗透率26%，用户增速45%，进入普及期；LTE用户快速增长，增长6倍。先进运营商的移动用户经历了从2G到3G，3G到4G的迁移过程，美日韩发达国家运营商的2G用户数早就开始了负增长，而且部分国家和地区的2G网络面临关闭，NTT Docomo2012年3月关闭2G网络；AT&T将在2016年关闭2G网络；Verizone10年内将关闭2G网络；3G用户也早就进入了普及期，日本运营商的3G用户渗透率超过90%，韩国运营商超过70%，并且正在向4G迁移；目前美日韩先进运营商的4G用户渗透率超过20%，韩国运营商甚至超过50%。

2013年我国移动用户普及率突破90%，预计2014年到达顶峰。2013年2G用户开始出现缩减，遭遇拐点，未来随着3G/4G的快速发展，2G用户将加速迁移；2013年3G用户渗透率达突破90%（其中移动突破90%、电信突破90%、联通突破90%），正式进入普及期，同时由于中国移动互联网具备广阔的发展空间，以及4G的加速发展，在一定时期内3G、4G用户将共同发展；2013年底随着4G牌照的发放，三大运营商将加速LTE网络建设，尤其是中国移动将在前期LTE试点的基础上，扩大TD-LTE网络建设规模，拉动TD-LTE产业链发展，预计TD-LTE的话音解决方案以及终端在2015年后才能成熟，因此2014年4G发展进入启动期，2015年在解决了网路和终端门槛之后才能实现规模发展。

（三）业务：话务量下滑趋势不可逆转，流量迎来爆发式增长

从业务发展来看，国外运营商开始出现话务量下滑的趋势，流量持续爆发式增长。尤其是流量业务发展迅速的日韩国家，话音业务下降更为明显。以日本NTT Docomo为例，其计费时长和MOU同比负增长，2012年第1季度话务同比负增长超7%，MOU同比负增长超过10%；以韩国SKT为例，其2012年4个季度计费时长均同比下降，且降速加快。一方面话务量加速下滑，另一方面流量持续高速增长。据思科报告分析，流量增长来源于4个方面的动力。一是网络升级：2012年，4G单机流量是非4G的19倍。预计到2017年，4G流量占比将达45%。二是智能终端普及：智能手机贡献流量相当于功能机的50倍，平板电脑贡献流量相当于功能机120倍；三是特色业务发展：预计到2017年，视频业务产生流量比2012年翻16倍，占移动数据流量的66.5%；四是资费优化：预计到2017年，视频业务产生流量比2012年翻16倍，占移动数据流量的66.5%。基于以上4个方面的拉动，预计2017年，全球移动数据流量将达11.2 EB/month，相当于2012年的13倍，复合增长率为66%。

中国运营商话务量仍保持增长，增速有所下滑，MOU开始出现负增长。以中国移动为例，2013年上半年移动话务量增速3.7%，较去年下降5.5个百分点。三家运营商的MOU均出现负增长，其中中国移动持续负增长，2013年上半年MOU为495min，较去年下降23min；中国联通MOU为289.4min，较去年下降15.4min。流量持续保持高速增长，随着4G牌照发放流量将引来新一轮爆发式增长。截至2012年上半年，移动数据流量增速82.3%，联通131.3%。

二、运营模式

（一）从话音经营转向流量经营

由于话音业务遭遇天花板，流量业务爆发式增长。国外运营商纷纷从话音经营转向流量经营。为了延缓话音业务的下滑趋势，国外运营商的普遍做法是大幅降价，例如日本软银推白计划语音套餐月租980日元，网内短信、特定时段话音免费；美国AT&T推多终端流量共享套餐，话音、短信免费；香港PCCW的主套餐各档资费本地话音免费。还有运营商试图通过推高清话音业务来带动话音业务的复兴，例如韩国SKT在2013年年初首推高清话音业务HD-Voice。但是大幅降价和高清话音业务未来能否延缓话音下降态势，尚不明确。基于此国外运营商重点聚焦流量经营。一是拓展流量规模：重点通过推出流量共享套餐、开发新型流量业务、提高终端销量、调整流量资费等手段扩充流量规模。例如美国AT&T 2012年6月推出Share Everything套餐后，户均终端接入量持续增加；韩国SKT推出了多人在线角色扮演移动网“Genesis”、T-Freemium视频业务拉动流量增长；韩国LGU+通过提升终端销量来带动流量增长；美日韩运营商均不断优化升级流量资费体系，使4G资费相对于3G同档单价更低、流量更高。二是提升流量价值：重点采取取消无限量套餐、沿用公平使用限速策略、稳定流量单价等手段提升流量价值。例如美日韩运营商在4G套餐设计中均取消了无限量套餐；日本软银iPhone LTE套餐流量无限，用量超过7GB万便开始降速；美国AT&T 4G中高档资费流量单价保持不变。

中国通信业虽然话音业务收入占比仍然较高，但是话音业务对收入的增量贡献在不断缩减，甚至有些先进省份运营商的话音收入开始出现负增长，流量业务成为拉动收入增长的绝对主力。因此中国运营商2014年将从话音经营转向流量经营，通过拓展流量规模和提升流量价值带动整体业绩的提升。

（二）向全业务运营转型

从客户的消费特性来看，个人和家庭客户呈现融合的趋势。2013年某先进省份市场调查数据显示，用户手机上网地点分布以家里为主，占比达到70%以上；根据日本KDDI研究显示，用户流量分布白天以室外为主晚上以室内为主。不管是从上网地点还是流量分布来看，个人和家庭客户都呈现融合的趋势。基于此，国外移动运营商纷纷通过开展光纤网络建设向全业务运营转型，国外主流运营商宽带份额均至少在10%以上：SKT收购了韩国第二大固网运营商；KDDI自建并收购或入股CATV运营商；Verizon自建FTTH；Vodafone在各个国家租用或收购固网；NTT Docomo是纯移动，但是日本大部分宽带是NTT集团下的；软银原本就是固网为主。除此以外，其他主流运营商都是全业务运营商。国外运营商在进军宽带市场的时候，通过多种方式获取宽带资源，构建立体化网络，并开展业务融合经营。以KDDI为例，在网络建设上，采取并购和自建光纤的方式，其在2006、2007年分别并购电力光纤及TEPCO FTTH，2006年开始自建光纤，每年FTTH投资占比达10%。除了保障光纤网络的投资，也大力部署LTE和Wi-Fi网络。移动网每年投资占比达60%；Wi-Fi投资持续加大，截至2013年3月，Wi-Fi室内热点203万个，室外热点23万个。在市场运营上，提供au Smart Value固移融合业务，捆绑智能手机、FTTH高速上网、电话和有线电视服务。

因此，未来的网络建设将向立体化高速数据承载方向转变，业务将向全业务融合经营方向转变。中国运营商目前也在强调网络、业务融合经营。以中国移动为例，提出五网协同战略（2G/TD/LTE/WLAN/宽带），采取有线无线相结合的方式拓展家庭市场，在业务上推出个人家庭融合计划，向家庭用户提供Wi-Fi终端，推出固移融合业务，家庭宽带捆绑WLAN 、GPRS/TD流量、固定话音等产品，实现套餐“话音共享、流量共享、账单统付、总价优惠”。

（三）加快LTE部署

全球LTE网络部署持续升温，用户数呈指数上涨，渗透速率加快。2013年全球163张LTE商用网络在67个国家投入使用，年底将达248张；2013年全球先进运营商LTE用户渗透率平均达到20%，韩国运营商甚至达到50%。LTE渗透速率取决于运营商的建网态度、语音解决方案、终端支持情况。目前运营商LTE的建网态度有3种类型：激进型、渐进型、谨慎型。谨慎型以美国Verizon为代表，原先运营CDMA网络，无平滑演进可能，所以LTE网络建设迅速、覆盖快，3年时间实现人口全覆盖；激进型以日本NTT Docomo为代表，原先运营WCDMA网络，占据市场主导地位，移动用户份额48%，但收入逐年下滑，希望借助LTE发展拉动收入，逐步将WCDMA网络平滑演进到LTE，4年时间实现人口100%覆盖；谨慎型以澳大利亚Telstra为代表，原先运营WCDMA，网络速度快，3G市场发展较为成熟，地广人稀，进行大规模覆盖成本较高，故推进速度较慢，LTE推出21个月人口覆盖率维持在66%的水平。从话音解决方案来看，LTE话音业务的提供方式，主要有以下3种方式：SVLTE（双待机），CSFB，VoLTE，基于IMS的LTE/SRVCC（分组域与电路域的切换）预计2014/2015年具备全网部署条件，随着LTE话音方案的成熟，2G、3G网络具备退网条件，会加速用户向LTE网络的迁移速度。以韩国SKT为例，采取VoLTE的话音解决方案，截至2013年第三季度末，LTE用户渗透率已经超过50%。LTE发展的另一个关键要素是终端支持情况，截至2013年一季度末，全球终端款数达到821款，其中智能手机占比达到32%。

从中国情况来看，随着LTE牌照将在2013年底发放，各大运营商均积极加强LTE网络的商用试验。以中国移动为例，其已经在上海、广州等9个城市开展LTE网络建设，2013年年底基站数达20万个。中国移动终端发展分两步走，从现在开始到2014年上半年，TD-LTE终端还是以CPE、Mi-Fi这样的上网终端以及双卡双待手机为主；VoLTE手机将作为2014年下半年的主推机型。预计到2015年LTE终端步入成熟，LTE渗透速率开始加快。

（四）开放能力平台，发力政企市场

政企市场具备广阔的市场发展空间，是电信运营商未来拉动收入增长的主要动力，运营商重点通过能力平台开放进入政企市场蓝海。以美国AT&T为例，2012年商用业务收入增量占总收入增量比达106%，2013年上半年占比也超过60%，政企市场对拉动收入增长发挥着至关重要的作用。AT&T在政企市场发展上重点通过开放能力平台聚集核心资源，提升政企市场的核心竞争力。AT&T通过与云服务公司Axeda合作，向企业提供M2M应用开发平台，降低企业开发M2M行业应用难度，从而实现市场的快速拓展。

从中国情况来看，中国电信是政企市场的主导者，政企服务领域发展较快，政企业务收入占其总体收入的三分之一，其不仅推出了以“融合信息应用，远见成就价值”为核心内涵的政企客户专用品牌“天翼领航”，还加强与行业机构、内容提供商、

IT 服务商等的合作，深入行业信息化，力图为企业客户打造一站式整体解决方案。在能力开放上，中国电信建设物联网能力开放社区，为开发者提供相关规范、测试环境、应用发布等服务。另外，2012 年中国电信发布移动业务开发平台，定位为业内首个行业应用开发运营平台，希望和开发者一起进军企业应用领域。

（五）拓展云计算和大数据等新的收入增长点

随着基础话音业务的衰减，国外运营商积极向信息消费领域拓展新的收入增长点，云计算、大数据成为重点方向。先进运营商在云计算及大数据领域已经获取了实际的收益。在云计算领域，日本 NTT Docomo2011 年提出云战略，包括个人云、企业云、网络云三大部分，基于八大融合领域（包括了媒体/内容、金融/支付、商务、医疗/保健、M2M、聚合/平台、环境/生态、安全。）提供云应用。其云服务 2012 年收入 10 亿美元，收入增长 17.9%；韩国 SKT2012 年宣布 B2B 云计算业务三大战略包括最佳的移动办公服务、世界水平的安全性和稳定性，以及超大容量的云存储服务 Easy Storage，B2B 业务包括电子医疗、智能交通、远程教育、移动办公。其 B2B 业务收入占比逐年提升，2012 年占比达 13%。在大数据领域，西班牙 Telefonica 根据基站统计数据，提供给智能交通和商店选址，上线 3 个月，获得 2 000 万收入；美国 Verizone2012 年 10 月成立精准营销部门（Precision Marketing Division）从事大数据处理工作，提供以下三类服务：（1）精准营销机会分析，提供商业数据分析；（2）精准营销实施，提供广告投放支撑；（3）移动商务，该类服务推出之后成为收入增长最快的业务领域之一。

对于中国运营商，云计算和大数据目前还是以内部测试推广为主。总体来说规划完整，但是实际进展较慢，一些省市公司正在推行试点。如中国联通上海分公司目前拓展了一些公有云业务：为平安保险提供云桌面，为水晶石提供主机租用；北京电信推云呼叫中心等。但行业用户均没有成规模。未来结合云计算和大数据中国运营商将推出相关的业务，为其带来实实在在的收益。

（作者：工业和信息化部电信研究院　潘丽）

全球电信设备业前景预测

自 2009 年全球电信设备市场迎来首度下滑后，受全球经济不景气、传统电信业务遭遇瓶颈等影响，营收亏损及公司裁员成为近几年电信设备厂商的常态，并被迫进入战略收缩阶段。进入2013 年以来，随着全球经济的回暖以及电信运营商不断加大 4G 网络的建设，新的网络和设备需求将成为拉动电信设备市场持续增长的主要驱动力，这也将是电信设备厂商在今后几年真正走出寒冬的重大机遇。

一、2013 年全球电信设备市场开始从疲软中复苏

虽然具体数据不同，但研究机构的分析普遍认为，2013 年，随着电信运营商将提高网络设备资本支出，部分程度上缓和了因经济疲软而急剧收缩的2012 年电信设备市场困境。在细分领域，无线宽带网络无疑是 2013 年投资的重点，全球范围内的 LTE网络第二波投资启动成为主要驱动力；在地域分布上，中国、日本和美国引领增长，欧洲则止步不前；在厂商方面，爱立信、华为继续保持领先优势，诺基亚西门子重组后经营状况大大改善，阿尔卡特朗讯则为生存挣扎。

（一）全球 LTE 网络建设的不断推进使电信设备厂商的业绩逐渐好转

虽然全球电信设备市场在去年的增速较为低缓，但受益于 LTE 网络建设规模的不断扩大，全球电信设备市场空间将在 2013 年之后逐步恢复，并将在未来几年内保持平稳增长。市场研究公司 Gartner估计 2013 年的全球网络设备支出增长 2.2%，为 795亿美元，比 2012 年 773 亿美元的投资略有上涨。

Infonetics Research 的预测相对比较乐观，预计2014 年增长 13%，原因在于 2013 年推迟网络投资的运营商，2014 年开始追赶竞争对手的进度。

瑞银的预测称，2013 年的全球电信设备整体资本开支与 2012 年相比无明显变化，预计无线网络资本开支同比增长 1.4%，固网资本开支同比下跌 4.5%。

（二）全球电信设备的主要增量市场将集中在中国和美国

从区域看，从 2013 年起，全球 LTE 部署的主要增量市场集中在中国，其次是欧洲、美国和日本。其中中国催生近全球三分之一的 LTE 设备市场，从而为本土供应商带来业绩提升的最大助益。全球LTE 设备市场需求预测如图 1 所示。

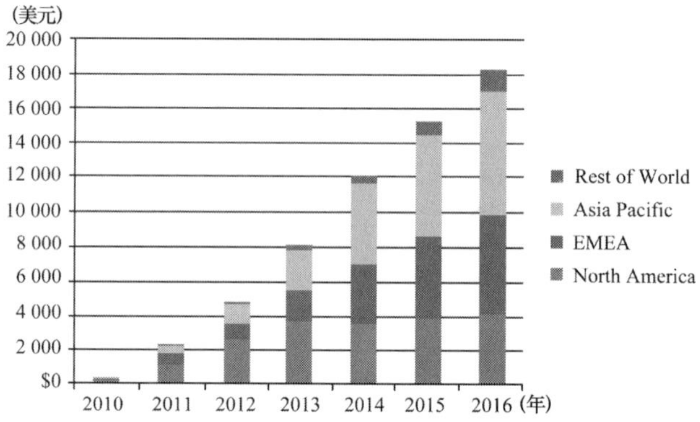

图 1　全球 LTE 设备市场需求预测

在欧洲地区，主要看点仍将是德、法、英、西、意、荷等国家，这些国家的人口和国土面积都远小于中、美等大国，而与日本相当。随着各国经济的逐步复苏和频谱牌照协议的压力，2013 年欧洲加大力度进行 LTE 和城域传输承载网络等战略性资源的投资力度，推动欧洲的 LTE 设备市场进入快速发展期。

在北美市场，按照 Verizon 和 AT&T 的部署计划，往往采取第一年覆盖 10 个左右的都会区，第二年覆盖 100 个左右的都会区，第三年完成全国覆盖，之后进行扩容升级。Verizon 已在 2012 年基本完成全国覆盖，AT&T 则在 2013 年完成，再加上Springt/Cleanwire 以及其他区域性运营商的部署，

美国在2013年LTE投资规模仍保持稳步增长。

（三）全球电信设备厂商竞争格局中华为继续保持领先优势

全球电信设备市场经过过去几年的分化整合，已经形成爱立信、华为、阿朗、诺西、中兴等少数几家主导的寡头市场，但从目前看来，这一分化趋势尚未终结。从2013年三季度各厂商的财报来看，整体市场格局日益分化，华为的规模优势已经较为明显。

华为公布的2013年业绩显示，其全年销售收入达到2380亿～2400亿元人民币，比2012年增长约8%。按美元口径计算，华为去年销售收入同比增长率为11.6%。逆市增长主要是由于华为的企业业务和消费者业务快速增长，以及运营商业务中来自服务和软件收入的占比不断提高。华为最近两三年发力的企业业务和消费者业务在公司总销售收入中的占比已经分别达到7%和23%，同比增速分别为32%和17%。此外，2013年主营业务利润率的3个百分点增长中，2.8%来自于管理变革，集成财经服务（IFS）贡献了0.5%，但面向未来的研发创新投入带来了0.3%的负增长。

爱立信公布的2013年三季度财报显示，该公司在三季度净销售额530亿瑞典克朗，同比下降3%。爱立信网络业务、支撑解决方案业务、全球服务业务等均出现了销售额的同比下降。

阿朗2013年第三季度财报显示，受市场收入两位数增长的推动，该季度营收增长7%，至36.7亿欧元(约合50.5亿美元)。不过，阿朗依然处于亏损状态，季度净亏损额为2亿欧元（约合2.75亿美元）。

诺基亚今年第三季度净营收为56.6亿欧元(约合77.9亿美元)，而上年同期为72.39亿欧元。净亏损为9100万欧元(约合1.25亿美元)，比上年同期9.7亿欧元的净亏损大幅缩小。

中兴三季度财报显示2013年前三季度成功扭亏，共得5.52亿元净利润，较上年同期增长近25%，这也打破了中兴通讯连续两年净利润负增长的趋势。

（四）五大全球电信设备厂商产品组合差异化的程度日趋明显

回到2011年时爱立信的规模下降16%、诺西下降17%、阿朗下降15%、中兴下降9%的情景，此番的变化对全球设备行业意义重大，电信设备行业的业绩复苏可谓是一场压抑已久的破冰之旅。但对于全球通信设备商之间的竞争，五大电信设备商彼此之间产品组合差异化的程度日趋明显。

爱立信主打移动宽带、电信专业服务和BSS/OSS三大领域，力争在各领域维持市场领导者地位，而为保持市场第一的位置，甚至不惜牺牲利润。例如，爱立信2012年移动网络业务的运营利润率只有6%，比2011年的13%减少一半多。

诺西的业务领域更加聚焦，仅主打移动宽带和电信专业服务，迅速剥离大量非核心资产，以尽快集中优势资源推动核心业务的发展，扭转不利局面。不过随着终端业的贩卖，设备业逐渐萎靡的趋势依然难止。其过去几年持续亏损。为提高利润率，诺西出售非核心资产，还计划在今年底前削减近17000名员工。

阿朗的战略尚不清晰。从其2013年收入发展目标来看，阿朗以数据通信业务为重心，光通信和通信软件业务为补充，收缩电信专业服务，其他业务以守为主，确保总收入有缓慢增长。

华为、中兴秉持多元化战略，除了继续保持宽泛的运营商产品线，同时向企业网和终端领域进军。从2013年的情况来看，华为的多元化战略执行情况较好，企业业务快速增长，终端业务稳步扩大，尤其是终端业务收入占比已达22%，接近2015年的目标。中兴的战略执行出现了偏差，2013年企业网业务取得重大进展，收入占比已接近2015年的目标，但原本倚重的终端业务出现收入下滑，比2012年减少4.1%，占总收入的比重停滞在30%左右。

二、2014年全球电信设备市场展望

（一）在LTE建设的带领下，全球运营商网络设备市场将持续恢复增长

2013年，全球运营商网络设备市场规模约为795亿美元，如图2所示。这主要是因为全球经济处于复苏通道，运营商将启动网络升级和战略性网络资源投资（如LTE、下一代网络等），特别是LTE

网络建设将加快启动。从区域性看，2013 年美国、中国、日本投资仍处于上升通道，而非洲、拉美市场将扭转负增长态势，欧洲最坏时期已过去，资本开支信心将逐步恢复，亚太新兴地区呈现平稳趋势。

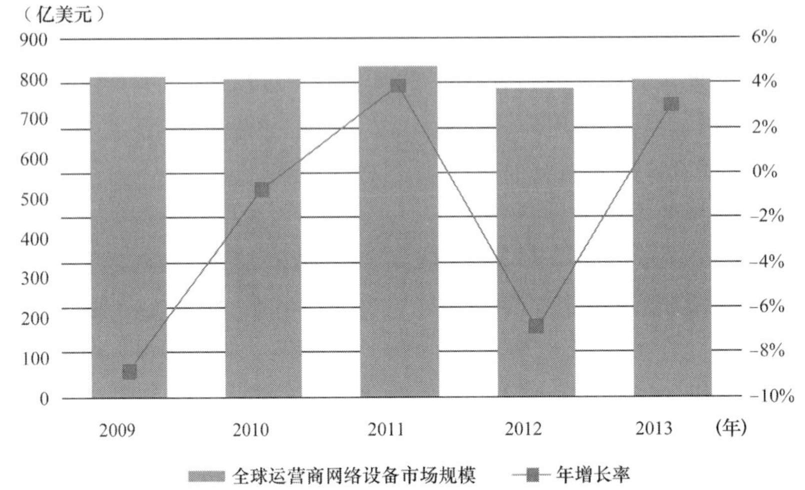

来源：通信信息研究所根据 Gartner 的数据整理。

图 2　2013 年全球运营商网络设备市场规模（不含服务性收入）

（二）移动通信网络建设进一步侧重 LTE

2013 年全球移动通信接入网规模约 370 亿美元，2012 年～2016 年复合增速预计 3.7%，需求结构将加快转向 LTE。2012 年～2016 年全球 GSM、TD-SCDMA、CDMA、WCDMA、LTE 基站设备市场规模复合增速分别为−30.5%、−4.2%、−26.6%、2.1%、40.9%。其中，GSM 市场占比预计从 2012 年的 22.3%（79 亿美元）下降到 2016 年的 4.5%（19 亿美元），TD-SCDMA 占比从 2012 年的 4.4%（16 亿美元）下降到 2016 年的 3.2%（13 亿美元），CDMA 从 2012 年的 11.9%（43 亿美元）下降到 2016 年的 3.0%（12 亿美元），WCDMA 占比从 2012 年的 47.2%（168 亿美元）下降到 2016 年的 44.3%（183 亿美元），而 LTE 占比从 2012 年的 13.2%（47 亿美元）提升到 2016 年的 44.9%（185 亿美元），可以说未来设备商制胜关键领域在 LTE 市场，全球 WCDMA 市场格局已相对稳定，其余市场均处于下滑趋势。全球移动通信接入网设备增长预测如图 3 所示。

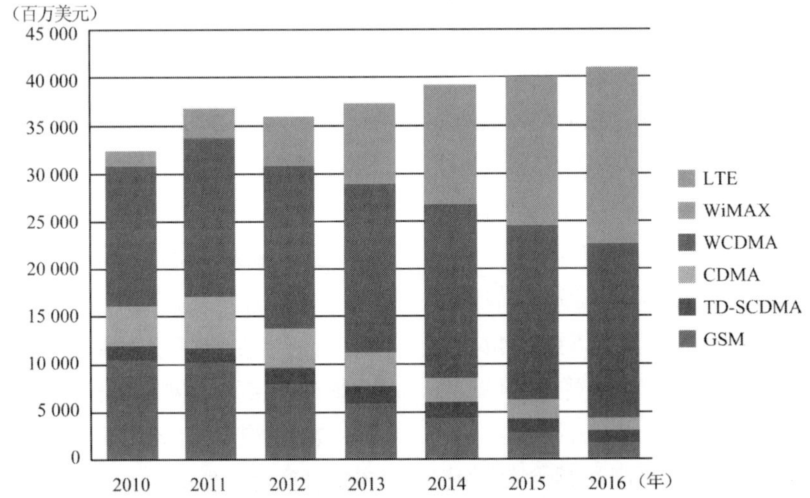

来源：根据 Dell'Oro Group 的数据整理。

图 3　全球移动通信接入网设备增长预测

具体而言，2013 年全球 LTE 设备规模约 81 亿美元，年增量约 33.6 亿美元，是同期整个运营商网络设备市场增量的 1.4 倍。预计 2012 至 2016 年全球LTE需求复合增速高达41%。从区域需求看，2012年至 2016 年北美、EMEA（为欧洲、中东、非洲三地区的合称）、亚太、其余区域市场需求复合增速分别为 12.66%、58.67%、55.36%、150.52%；其中北美 LTE 市场占比预计从 2012 年的 54.0%（25 亿美元）下降到 2016 年的 22.4%（41 亿美元），EMEA 占比从 2012 年的 19.3%（9 亿美元）提升到 2016 年的 31.5%（58 亿美元），亚太从 2012 年的 26.0%（12 亿美元）提升到 2016 年的 39.0%（72 亿美元），其余区域占比从 2012 年的 0.7%（0.3 亿美元）提升到 2016 年的 7.1%（13 亿美元）。全球 LTE 设备市场规模预测如图 4 所示。

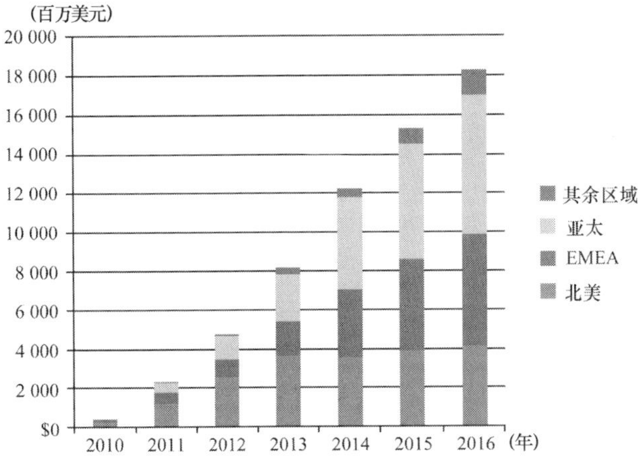

来源：根据 Dell'Oro Group 的数据整理。

图 4 全球 LTE 设备市场规模预测

分制式来看，2012～2016 年全球 LTE FDD 设备投资复合增速 29%，市场规模将从 2012 年的 42 亿美金提升 119 亿美金；2012～2016 年全球 TD-LTE 设备投资复合增速 91%，市场规模预计从 2012 年的 5 亿美金提升到2016年的66亿美金，2013年是TD-LTE全球规模性推广的转折年，市场需求有望达到 28 亿美金左右，占 LTE 市场份额将超过 1/3。随着 TD-LTE 牌照的发放，TD-LTE 网络建设高潮将持续 3 年左右，拉动的投资规模约 5000 亿元。三大运营商已经响应国家号召，积极投入 TD-LTE 网络的建设中，这也为全球电信设备市场注入了一针强心剂。在三大运营商的 TD-LTE 卡位战背景下，产业链上的通信设备制造商将会最先领到 TD-LTE 红包，享受到 TD-LTE 带来的春风，走出电信设备市场的“寒冬期”。全球 FDD-LTE 设备投资预测如图 5 所示，全球 TD-LTE 设备投资预测如图 6 所示。

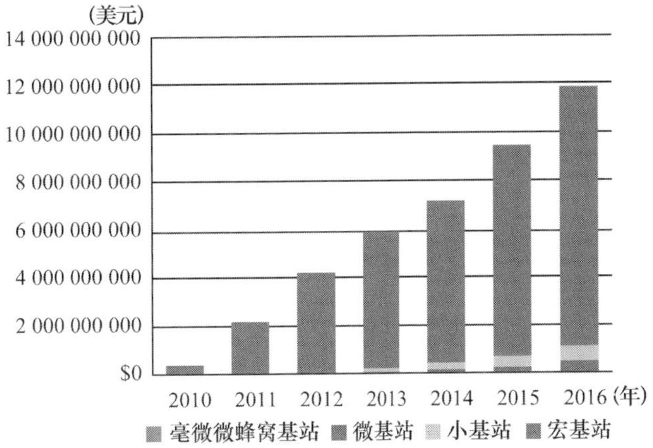

来源：根据 Dell'Oro Group 的数据整理。

图 5 全球 FDD-LTE 设备投资预测

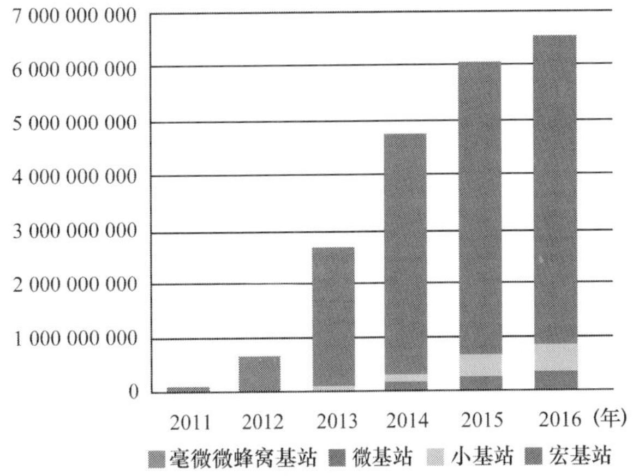

来源：根据 Dell'Oro Group 的数据整理。

图 6 全球 TD-LTE 设备投资预测

（三）固定宽带接入投资增长预计放缓

经过三年时间的强力建设，目前全球固定宽带接入普及率已明显提高。全球宽带接入人口普及率从 2007 年年底的 6.18%上升到 2012 年 10.91%；家庭普及率则从 23.37%提高到 41.62%，四成家庭实现了宽带接入。全球固定宽带接入普及率如图 7 所示。在一些发达国家，宽带接入已成为互联网接入的主流手段，宽带接入用户数占互联网接入用户数的比例超过 90%，例如在日本这一比例为 90.2%，澳大利亚为 92.1%，加拿大为 97.2%，丹麦为 93.6%，法国为 98.7%，挪威为 97.7%。

与普及率不断提高相对应的是，全球固定宽带接入用户增长率逐年下滑。2012 年全球固定宽带接入用户年增长率首次降至 10%以内，发展速度不断趋缓。而且，未来几年运营商需要把更多的资源投向移动宽带网络建设。在这种情况下，预计运营商会适度放缓宽带接入投资步伐，全球固定宽带接入设备投资年增速可能降至 5%以内。

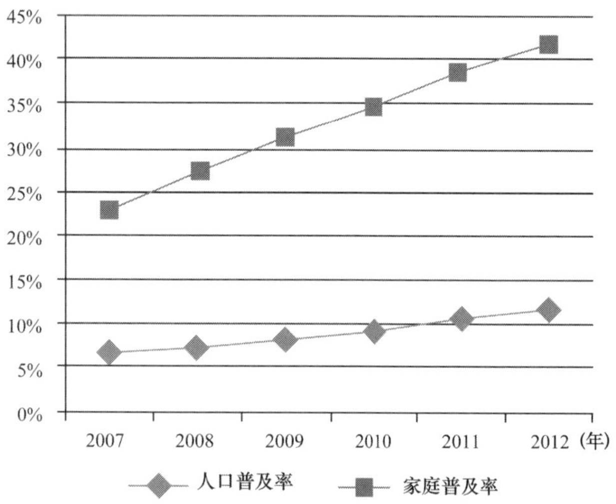

来源：通信信息研究所根据 Point Topic 数据整理。

图 7 全球固定宽带接入普及率

（四）全球系统设备商竞争格局趋稳，强弱分化

华为通过多元化发展，预计将进一步巩固第一大通信设备企业的地位。在运营商网络方面，相比于 2012 年及其之前华为无法进入美国市场获得大规模的 LTE 订单，2013 年中国、欧洲的 LTE 部署将给华为带来盼望已久的 LTE 机会，华为的整体市场环境较 2013 年会有所改善。随着华为在欧洲、拉美等地现网份额日益提高并巩固，其服务业务收入也有望取得较大发展，从而给华为运营商网络业务带来新的增长。在企业业务方面，通过保持中国区收入稳步增长，积极拓展海外市场，在价值区域取得突破，该业务也有望实现增长。

爱立信通过聚焦运营商网络与服务市场，预计其第一大运营商网络设备企业的地位更加稳固。爱立信在 4G、OSS/BSS 以及专业服务等方面优势较为明显，在这些领域应会继续保持行业领导性地位。特别是在 LTE 快速发展期，爱立信可充分利用其在移动基础设施市场上的领导地位，获取大量收益。

诺西经过 17000 人的裁员、出售微波、固网等业务的调整，已经基本得以喘息。2012 年～2013 年取得连续 5 个季度的正现金流。预计 2014 年其业务剥离将更加彻底，节约更多成本，盈利水平进一步改善。

阿朗仍未取得盈利能力的改善，压力巨大。预计 2014 年阿朗在新 CEO 的带领下，强势推动战略重组的有效执行，快速退出不盈利的市场，集中公司资源专注于优势业务领域，实现在 2015 年以前提高利润率的新战略目标。

中兴在 2012 年受前期“大国大 T”战略粗放式执行的影响，付出了很大的代价，大量的低毛利订单连累业绩。预计 2014 年中兴将大力提高资源利用率，精细化“大国大 T”战略，抓住大国和大运营商上马 LTE 的机会，加强拓展智能手机和发达国家手机市场，加快企业网业务发展，收入和利润情况应会有所改善。

总体而言，五大电信设备商在 2014 年的市场规模不太可能出现大的变化，但由于 4G 的引入，运营商的投资分散，市场份额和格局有可能会重新洗牌。谁能成为 2014 年最后的赢家，既取决于其在 3G 时代的份额实力，又将受到其在 4G 时代的竞争实力影响。

（作者：工业和信息化部电信研究院 胡海波）

企业发展篇

电信运营企业发展概况及特点

一、2013年基础电信业呈现五大特点

1. 运营商开始与互联网企业合作

2013年，随着移动网络宽带化和用户流量使用习惯的养成，微信等OTT业务继续快速发展，微信的用户数从2012年的近3亿，增长到2013年的6亿（媒体披露，其中国用户数超过5亿）。同时，随着微信游戏平台、支付平台和订阅号等功能的不断更新，微信对移动用户的粘性也越来越大，运营商开始尝试与腾讯、新浪、网易等互联网企业合作，通过推出定向流量、合作套餐、移动互联产品等方式增强用户粘性，获得竞争主动权。

2013年8月，广东联通推出微信沃卡，10元获赠300MB微信定向流量；广东电信随后推出双微卡，6元2GB省内微信和微博定向流量；同期，中国电信与网易公司联合推出“易信”，拥有跨网免费短信、免费电话留言等功能。

2. 运营商业务收入结构持续转型，流量业务成为绝对主力

2013年，电信业务收入实现11689亿元，同比增长8.7%，连续3年高于同期GDP增速，整体保持平稳增长。但是从结构上看，运营商的业务收入正在从话音为主持续向数据和流量收入为主转型。

（1）运营商收入结构持续转型，流量等数据业务收入成为收入增量主力

2013年上半年，中国联通业务收入中非话音占比达55%，同比提升3个百分点；中国电信非话收入占移动收入比达61%，同比提升4个百分点；中国移动数据业务收入占收入比达33.5%，同比提升5个百分点。

（2）短信和移动MOU下降明显，流量快速上升

2013年，由移动用户主动发起的点对点短信量加剧下滑到4313亿条，同比下降14%，降幅同比扩大了7个百分点。此外，移动本地去话和长途通话MOU分别达158、48分钟/（月•户），同比降低6%和5%。

2013年，移动互联网流量达到132138万GB，同比增长71%，比2012年提高31个百分点。月户均移动互联网接入流量达到139MB，同比增长42%。其中手机上网是主要拉动因素，在移动互联网接入流量的比重达到72%。

3. 随着智能机快速普及的拉动和2G用户的迁移，3G用户呈现加速增长的态势

2013年，在运营商的3G定制机、合约机的带动下，全国手机市场出货量为5.8亿部，同比增长24%。其中，3G手机出货量占比高达70%。

在3G手机快速普及的拉动下，全国3G用户数总规模突破4亿，在移动用户中的渗透率达到33%，同比提高12个百分点。比2012年提升8个百分点的增长速度更快，呈现加速增长的态势。

需要关注的是，由于移动用户市场普及率较高，2013年的3G用户快速发展不仅来自新增用户，还来源于2G用户的升级和迁移，因此2013年2G移动用户首次出现下降，全年减少5185万户，在移动电话用户的比重下降至67%。

4. 运营商资费结构调整动作频频，以提升客户流量使用满意度

随着用户的通信行为从话音为主转向流量为主的变化，运营商的资费套餐结构也在不断调整优化，以满足用户的流量使用需求，提升客户满意度。

2013年4月，中国电信推出积木套餐，允许用户自由搭配通话分钟数、短信和流量；5月，中国移动推出积木套餐；10月，广东联通推出流量共享套餐，允许家庭用户、多终端上网用户和企业用户进行流量共享。

5. 运营商持续进行网络的宽带化改造

在2012年国家提出“宽带战略”后，2013年

8 月，中国电信继 1999 年从拨号升级为 ADSL、2011 年升级到 20Mbit/s 之后，正式启动第三次全国宽带大提速，在试点地区，中国电信光宽带用户可申请提速至 100Mbit/s。

中国联通持续进行 3G 网络的提速升级，2013 年 10 月，广东联通宣布全省 21 个地市的 3G 网络全部升级至 42Mbit/s。

中国移动 2013 年底获得 4G 牌照后，也在积极进行移动网络向 4G 的升级，在覆盖区域，4G 下行速率可达 72Mbit/s。

二、2013 年市场结构变化

（一）收入市场份额

2013 年上半年，由于 3G 用户的持续快速发展，中国联通运营收入保持高速的增长态势，上半年同比收入增速为 19%[1]，其中 3G 收入仍保持高速增长，增速为 52%，带来移动整体运营收入增长 24%，弥补其固网运营收入 4%的低增长，实现收入市场份额从 2012 年同期的 23.1%提升 0.8 个百分点，至 23.9%。

中国电信的移动业务收入继续保持快速增长，2013 年上半年增速为 35%[2]，为三家移动业务中增速最快的一家，而固网收入增速继续下滑到 1%且规模较大，因此整体收入市场份额下降 0.2 个百分点，2013 年上半年为 26%。

由于 3G 手机销售规模的大幅提升，中国移动 2013 年上半年的收入增速提升到 14%，因此收入市场份额的下降有所趋缓，下降近 0.5 个百分点，到 50.1%。

（二）用户市场份额

1. 移动用户市场份额

由于中国联通在实现用户从 2G 向 3G 迁移的同时，吸引了外部 3G 客户，在 3G 用户数快速增长的同时，2G 用户数下降不明显，因此 2013 年全年整体移动用户市场份额提升最快，为 1.5 个百分点。中国移动虽然 TD 手机销量的翻倍性增长，但是由于 2G 用户向 3G 用户的迁移带来 2G 用户数的明显下降，因此整体移动用户市场份额仍然下降 2 个百分点。中国电信的用户市场份额增长 0.5 个百分点。2012 和 2013 年三大运营商移动用户市场份额如图 1 所示。

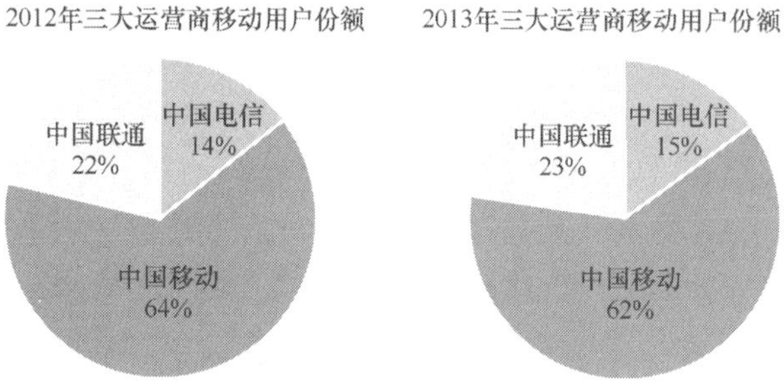

数据来源：各运营商网站。

图 1 2012 和 2013 年三大运营商移动用户市场份额

而从 2G 和 3G 用户市场来看，2013 年由于中国移动 TD 终端销量从 2012 年的 6000 万部增长到 1.5 亿部以上，3G 用户市场份额变化较大，截至 2013 年年底，中国联通和中国电信 3G 用户份额分别下降 3 和 5 个百分点，而中国移动 3G 份额提升 8 个百分点，如图 5-2 所示。但是从 2G 用户市场来看，中国移动用户规模下降最大，为 4679 万户，占 2G 用户整体下降量的 78%，因此中国移动的整体用户市场份额仍然呈现下降态势。2012 和 2013 年三大运营商 3G 用户市场份额如图 2 所示。

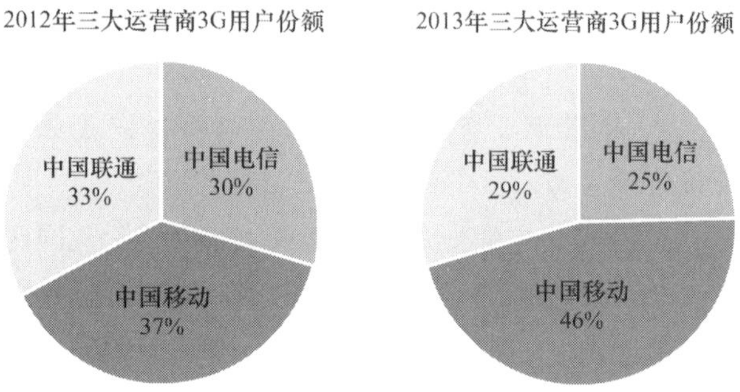

数据来源：各运营商网站。

图 2 2012 和 2013 年三大运营商 3G 用户市场份额

2. 宽带用户市场份额

2013 年，中国电信由于第三次宽带提速工程的领跑，其宽带用户市场份额继续上升，从 2012 年的 51%提升到 53%。中国移动于 2013 年年底获得宽带牌照，其他宽带服务提供商的市场份额提升 0.7 个百分点到 13%，而中国联通的宽带用户市场份额相应下降 2 个百分点。2012 和 2013 年宽带服务提供商用户市场份额如图 3 所示。

---

1 中国联通收入为港股运营收入。

2 电信运营收入含终端销售收入。

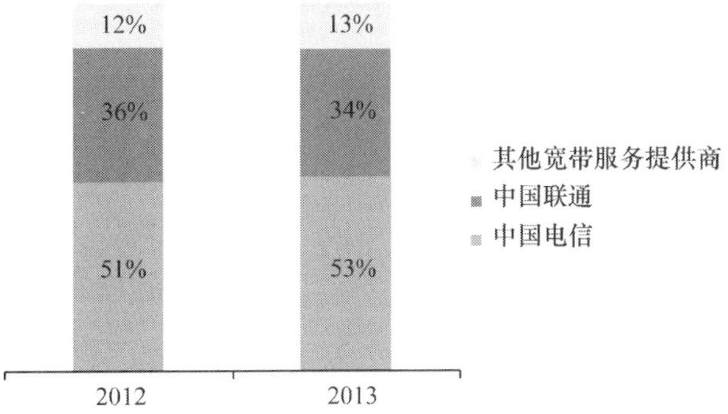

数据来源：各运营商网站，工信部网站。

图 3 2012 和 2013 年宽带服务提供商用户市场份额

（三）利润市场份额

从净利润的情况看，2013 年上半年，利润集中的问题有所缓解。随着 3G 用户发展的加速，中国联通的净利润提升明显，增速高达 55%，因此利润份额提升 2 个百分点；中国电信上半年净利润开始反弹，增长 16%，利润份额提升 1 个百分点；中国移动净利润增长 1%，利润份额相应下降 4 个百分点。2012 和 2013 年上半年各运营商利润（净利润）市场份额如图 4 所示。

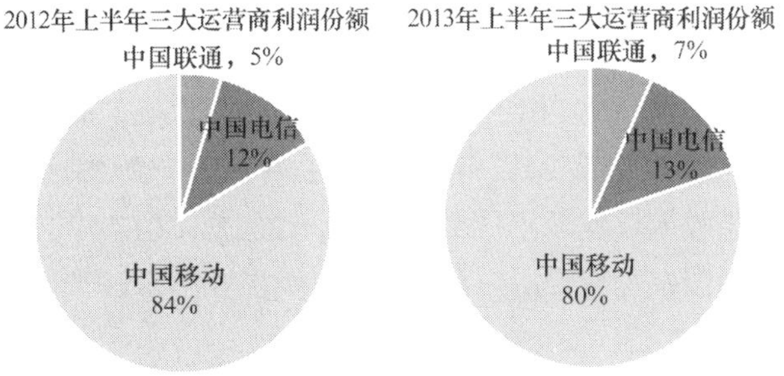

数据来源：运营商半年报和半年推介材料。

图 4 2012 和 2013 年上半年各运营商利润（净利润）市场份额

三、2014 年基础电信业发展趋势

1. 4G 的规模化运营将进一步提升运营商的流量收入，并催生新兴业务的出现

按照中国移动最新披露的 LTE 建设节奏，2014 年年底，LTE 覆盖的城市将达到 344 个，网络覆盖规模与 2G 网络相当。同时，移动 50 元 1GB 的流量资费也将快速激发用户的流量使用需求。

在中国移动对LTE网络建设和运营的快速推进下，预计用户的月度流量使用将快速进入G时代（即以 GB 为单位的流量使用量），同时一些基于高速移动网络的新兴业务，如高清视频、云游戏、物联网的相关应用等也将快速出现。

2. 虚拟运营商的正式运营，将可能产生新的业务模式

随着 2013 年年底第一批 11 家虚拟运营商和 2014 年 1 月 8 家第二批虚拟运营商牌照的发放，预计到 2014 年 6 月，虚拟运营商的业务将正式开展，市场上将可能出现一些运营商业务与虚拟运营商自身独特业务打包的新兴业务模式，同时可能会对用户市场结构产生小幅的影响。

3. 全业务竞争将会逐步激烈

随着 2013 年年底中国移动获得全业务运营牌照，中国移动作为宽带市场的新进入者，将可能出台一些更有力度的营销手段，虽然短期内由于中国移动宽带资源有限，竞争还不会大范围展开，但是可以预见未来全业务市场竞争必将逐步升级，也将为消费者带来更多实惠。

4. 运营商收入结构的变化还会继续

随着互联网企业对移动应用的不断创新，包括移动支付、移动打车等业务的快速普及，以及运营商移动宽带网络的快速升级，流量业务必将继续快速增长，同时使得 OTT 业务对运营商话音和短信业务的冲击进一步加大，从而带来运营商业务收入结构向流量的进一步倾斜，并快速向话音、流量平分收入天下的方向迈进。

（作者：工业和信息化部电信研究院 卢玥 潘丽 陈磊）

中国电信发展情况分析

2013 年，中国电信明确了“扎实推进‘新三者’创新服务上台阶”的工作任务，提出重点把握好 5 个方面：一要坚定不移加快规模发展；二要更加注重发展的质量和效益；三要推进业务结构战略性调整；四要持续提升创新、服务、集约和运营四大能力；五要加强企业文化建设。

这里重点需要关注以下两个方面：一是业务结构调整，中国电信提出要加大创新力度，拓展新兴领域，推进业务结构的战略性调整；二是更加注重发展质量和效益，也成功在上半年实现净利润的反弹。

一、市场和业务发展分析

（1）收入实现结构性调整

2013 年，中国电信提出拓展新兴领域，推进业务结构的战略性调整。从 2013 年上半年的经营情况来看，中国电信的移动收入占比提升 7 个百分点，达到 46%，已经接近与有线收入平分天下的比例。2012～2013 年上半年中国电信收入结构变化如图 1 所示。

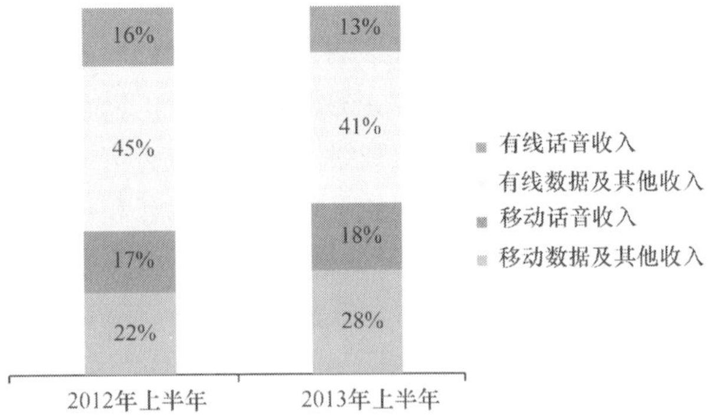

图 1　2012～2013 年上半年中国电信收入结构变化

2013 年，中国电信 3G 用户户均手机流量增长 51%，带来移动数据收入实现 36%的增长，移动数据收入占移动收入的比例也提升到 48%。2012～2013 年上半年中国电信 3G 户均流量和数据收入变化如图 2 所示。

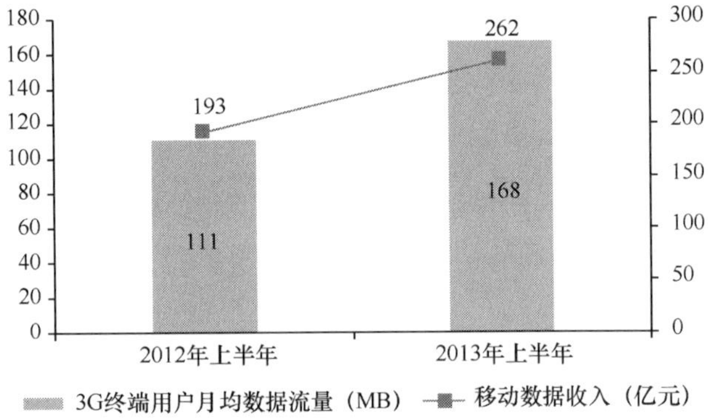

图 2　2012～2013 年上半年中国电信 3G 户均流量和数据收入变化

（2）宽带第三次提速带来用户的上升和 ARPU 值的下降

2013 年上半年，在宽带第三次提速的带动下，中国电信宽带用户数继续快速提高，实现了近 1200 万的净增量，比 2012 年上半年多增长了 70%。但是用户 ARPU 值从 2012 年上半年的 69 元下降到 63 元，宽带收入仅实现了 5.5%的增速。2012～2013 年上半年中国电信宽带用户和收入发展如图 3 所示。

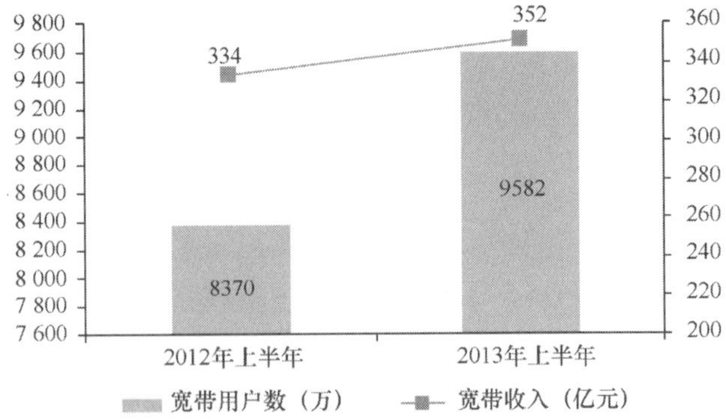

图 3　2012～2013 年上半年中国电信宽带用户和收入发展

二、网络、终端资源分析

（1）虽然有宽带第三次提速工程，但中国电信

的网络投资仍然向移动倾斜

2013 年 8 月，中国电信在北京宣布启动第三次全国宽带大提速，全面推广 100Mbit/s 的宽带。但是从中国电信的资本开支结构来看，宽带投资的占比仍在下降，而移动和 IT 支撑等方面的投资占比有所增加，这也体现了中国电信业务收入结构实现战略调整的思路，2012～2013 年上半年中国电信资本开支结构如图 4 所示。

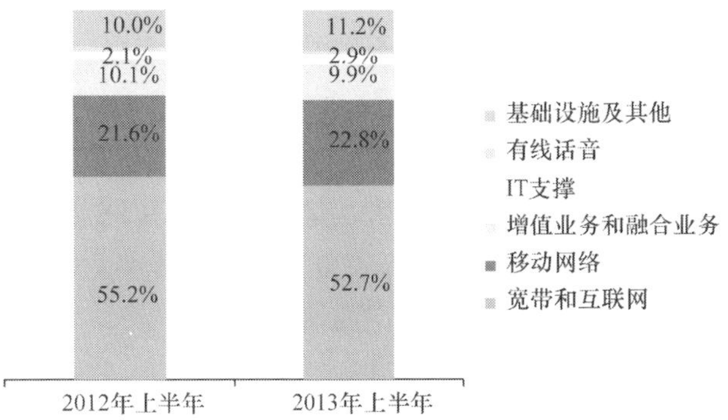

图 4　2012～2013 年上半年中国电信资本开支结构

（2）终端补贴聚焦中高端，但是补贴规模仍在上升

2013 年，中国电信提出重点补贴千元或者以上价位的大屏（双模）智能机，但是由于 3G 终端规模的不断扩大，中国电信的终端补贴规模仍然快速增长，2013 年上半年终端补贴同比增长 26 亿，终端补贴占运营收入的比例提升 1 个百分点。2012～2013 年上半年中国电信移动终端补贴如图 5 所示。

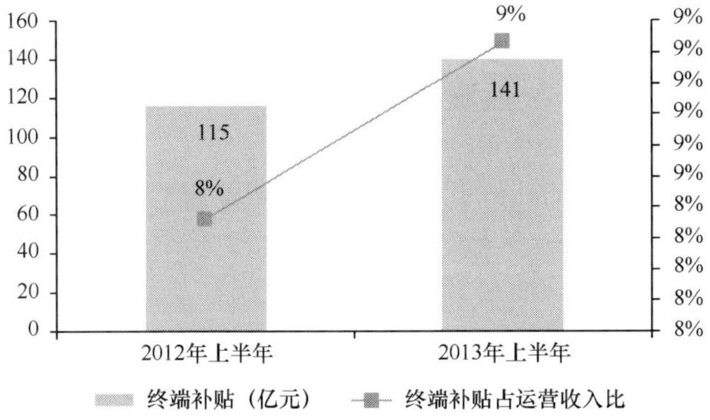

图 5　2012～2013 年上半年中国电信移动终端补贴

三、服务情况分析

（1）推进社会信息化进程

中国电信积极推进智慧城市建设，聚焦智慧政府、智慧民生和智慧企业三大领域，面向政务办公、社会管理、医疗健康、文化教育、交通物流、企业金融等 15 大行业，研发推广智能大棚、智能交通、智慧环保、智慧矿山和智慧园区等 36 项行业信息化应用，积极推动各行各业信息化建设，促进“两化”深度融合，为“稳增长、调结构、惠民生”努力作出贡献。目前已与 29 个省份 189 个城市签订智慧城市建设合作协议，全面助力社会民生各个领域的信息化发展。

中国电信积极落实普遍服务，推动农村信息化工作，围绕农村特色需求，整合资源，开展各类信息化应用，并打造了农村信息化平台，提供丰富的信息内容，以强烈的社会责任感推动农村信息化发展。

（2）加速宽带升级提速

2013 年，工信部组织启动了“宽带中国 2013 专项行动”，这是通信信息业以实际行动贯彻党的“十八大”精神促进“新四化”同步发展的一项重要举措。中国电信坚决拥护、积极响应，调动全集团的力量，抓好各项工作的落实。

一是继续加大投资规模建设宽带网络，加快宽带基础设施建设。在城市地区，继续以光纤入户为主，建设城市光网；在农村地区，因地制宜，采用有线和无线相结合，加快提高农村宽带普及率。同时，认真履行社会责任，在政府组织下快速实施“学校宽带通”计划。二是继续改进客户服务。优化服务流程，改进工作作风，不断提升宽带服务能力和水平；继续填充和丰富宽带应用，满足各类客户的综合信息服务需求。三是加快技术创新。积极稳妥地建设好下一代互联网的规模商用示范工程，推进 IPv6 的引入步伐。

2013 年，中国电信实施“宽带中国 2013 专项行动”的目标是新增固定宽带用户 1500 万户；光纤入户覆盖家庭新增 2500 万户；提升用户上网速率，使用 4Mbit/s 及以上宽带产品的用户比例达到 75%；城市地区能够按需提供 8Mbit/s、20Mbit/s 甚至更高带宽的接入业务。2013 年全年新增宽带接入端口（含 FTTH 端口）2385 万个，南方城市 20Mbit/s 线路带宽覆盖率为 91%，比 2012 年提升约 9 个百分点。截至2013年年底，FTTX端口数占所有宽带端口数的72%，比2012年提升约8个百分点。

（3）强化垃圾短信治理

继2012年开展端口类短信群发业务清理整顿专项行动以来，中国电信一直高度关注端口类垃圾短信的防治工作，2013年，中国电信先后下发《关于深化网络信息保护工作要求的通知》、《关于转发工业和信息化部开展深入治理垃圾短信息专项行动的通知》、《印发中国电信2013年度纠风工作实施方案的通知》等文件，均对垃圾短信防治工作提出了明确的治理要求。内容包括：

a）加强绩效考核，各省公司执行到位。

b）不断升级、完善能力系统的建设，提高拦截垃圾短信的精准性。

c）加强集约管理，再次明确要求各省公司要集中审核和开通行业短信等短信业务。加强对行业短信的客户资质、签约要求的审核，规范端口号码分配，不得进行业务转售。

d）严格执行100%签名制要求，客户发送短信必须取得最终用户的确认。

e）严禁出现号码池群发短信的情况。要求各省公司落实到位，加强监管，定期检查，对违规事件要从严处理。

f）切实落实对违约、违规客户的处罚要求，特别是业务暂停、端口号回收、罚金等可操作手段。

g）要求各省公司要按照上述要求对行业短信、SP短信、自有端口短信等业务进行检查和清理，根据统计，2013年1～6月中国电信共清理关停端口1713个。

（4）提升互联网服务能力

制定全生命周期、差异化、全业务服务标准，对内完善机制、优化流程、推进贯标的基础，对外公示十项客户版服务标准，进一步提升客户感知。从外部客户感知评价的角度，以客户生命周期体验感知为主线，梳理形成8个接触点、124个客户接触主要场景、329项感知点的服务管理全视图，以关键时刻为切入点，实施营业厅、网厅、账务、网络、装维等项关键服务触点提升。

开展长期、延时、即时满意度测评，推进解决计费收费、增值业务、装维服务等客户不满意的关键问题；按季度开展全集团满意度测评，点对点下发调查结果通报及省公司整改提升工作要求。推动10个试点省建成实体渠道、宽带装维等即时客户满意度测评系统，强化服务生产过程管控能力，测评结果已纳入划小单元服务考核和一线服务人员考核，利用市场化手段推进服务效率的提升。

成立集团客服运营支撑中心，推进省级多媒体智能客服系统建设，31个省份均具备为客户提供语音、IM、微博、E-mail等多渠道接入服务的能力。推动新媒体客服建设，全国客服微博体系粉丝数为6639万，投诉、咨询信息受理量达3633件/月；易信客服粉丝已超过100万，人工服务量近2万次/月；加强10000知道运营，集团10000知道搜索达35万次/月。

（5）主要服务指标完成情况：

- 固定电话服务质量

电话装移机平均时限：城市2.04天，农村2.69天

障碍修复平均时间：城市18.38h，农村18.93h

- 移动电话服务质量

业务变更平均时间：5min

恢复通话平均时间：5.8min

障碍修复平均时间：4.7h

网络接通率：98.05%

- 互联网业务服务质量

障碍修复平均时间：14.95h

接入服务器忙时接通率：99.9%

本地用户接入认证平均响应时间：1s

四、社会责任情况分析

2013年7月，中国电信公司发布了2012年社会责任报告，本次发布的报告是中国电信集团公司的第三份企业社会责任报告。报告以“转型尽责 和谐发展”为主题，展现了中国电信在网络建设、客户责任、员工责任、环境责任以及公益责任等方面所做的工作。

在网络建设方面，中国电信积极履行对国家和社会最基本的责任，建设基础网络，发展普遍服务，保障应急通信，维护信息健康，推进科技创新，促进产业发展。2012年，中国电信持续优化3G网络

覆盖，3G基站数达到24.6万，覆盖35369个乡镇，并开展校园、路网、高铁、农村等区域的专项网络优化工作。作为宽带建设的主力军，中国电信2012年持续推进“宽带中国·光网城市”工程，加快宽带基础设施建设，在城市地区大力推进光纤到户建设，农村地区因地制宜采取各种技术建设宽带网络，推进行政村通宽带。2012年12月，光纤到户覆盖家庭已超过6300万户，南方已通宽带乡镇和行政村客户4Mbit/s带宽覆盖率超过94%，同时加快对贫困地区基础教育宽带提速。在普遍服务上，2012年，中国电信重点完成10027个行政村通宽带和2 182个自然村通电话的建设任务，全年为已开通的村通网络投入维护资金超过20亿元。西藏、新疆和宁夏等省的“村通工程”为当地开发提供助力。在应急通信方面，中国电信圆满完成“十八大”等重大通信保障任务，完成北京河北暴雨、甘肃岷县冰灾、四川宁南特大泥石流等重大灾害的应急保障，以过硬的保障作风、稳定的网络质量、出色的保障效果获得好评。在信息健康方面，中国电信通过“绿色上网”业务保障孩子健康成长，并通过“西湖读书节”、“动漫梦想屋亲子计划”等活动倡导健康的信息文化。在科技创新方面，中国电信积极参与社会产学研合作和国家项目，与华为、中兴等企业，清华大学、北京邮电大学等高校，工信部电信研究院等科研院所开展项目合作，其中以中国电信名义申请承担国家项目31项，2012年研发投入61亿元。

在客户责任方面，中国电信追求企业价值与客户价值共同成长，努力理解客户需求的变化，不懈创新，致力于为客户提供便捷、丰富、个性化、高性价比的综合信息服务，让客户尽情享受信息新生活。在客户服务上，2012年结合“为民服务创先争优”和“纠正侵害消费者权益专项行动”的工作要求，提升3G和宽带服务感知，创新客户服务手段。在工信部的年度满意度评测中，3G和宽带业务的满意度比2011年有所提升。同时，中国电信在加强资费管理、治理不良短信、保护客户信息、创新服务手段等方面也有突出表现。另外，中国电信努力推动政务信息化、教育信息化、医疗信息化、企业信息化、家庭和社区信息化和农村信息化，助力“智慧城市建设”，为全面推进信息社会做出贡献。

在员工责任方面，中国电信以人为本，依法维护员工权益，注重建立和谐劳动关系，积极开展员工培训，拓展员工职业发展通道。2012年累计培训12261人次，网络在线学习780万人次；同时支持工会履行职能，完善工会及职代会制度，引导员工参与管理，维护员工当家作主权利，努力实现企业与员工共同发展。中国电信对员工生活和身心健康给予极大关注，全年检查机动车辆、营业厅等重点部位560余处，治理隐患2710处。同时开展EAP关怀员工心理健康、“阳光星期五”等员工关怀活动，缓解员工工作压力。对困难员工通过送温暖活动进行慰问，全年慰问人数254200人。

在环境责任方面，中国电信认真贯彻落实国家对节能减排的要求，树立“低碳电信　绿色发展”理念，深入推进绿色管理、绿色采购、绿色运营、绿色产品，开展绿色公益活动，努力做绿色综合信息服务提供商。在业务总量快速增长的情况下，耗电总量增幅较2011年下降约1个百分点，有效控制了能源消费总量的过快增长，单位信息流量综合能耗较2011年下降约29%，全年节电约10亿度。其中湖北公司的蓄电池回收处理体系、江苏等公司的绿色采购方法、西藏公司的环保天翼等均是优秀的节能减排生产和管理实践。同时，中国电信积极推进基础设施共建共享，中通服上海公司与上海电信、上海联通的共建共享项目成为上海市通信行业共赢发展的一大成果。

在公益责任方面，中国电信自觉参与社会公益事业。公司建立捐赠管理体系，遵循“自愿无偿、权责清晰、量力而行、诚实守信”的原则，通过捐款、捐物、提供免费服务等形式，解危扶弱，扶贫帮困，支持科教文卫，积极传播信息文明；鼓励员工发扬志愿精神，参与多种形式的志愿服务活动。全年进行扶贫援藏、“爱心水窖”捐款、“爱心毛衣”、“蒲公英行动”、“温暖爱心行动”等多种扶贫帮困活动。同时，建设“云南电信博物馆”、“未来信息馆”等多种基地向青少年传播信息文明。对于创业者，中国电信开展“天翼飞 YOUNG 创业计划”，助创业者早日实现梦想。

（作者：工业和信息化部电信研究院　卢玥　潘丽　陈磊）

中国移动发展情况分析

中国移动 2013 年总体秉承四网协同、全业务和移动互联网三大战略。

李跃总裁在 2013 年工作会上提出坚持以创新要市场、以改革要发展、以管理要效益，“狠抓”六个方面工作的思路。其中涉及业务工作的是前三个方面：一是狠抓质量与服务，持续提升网络、业务和服务质量；二是狠抓转方式调结构，紧紧围绕存量经营、流量经营和集客经营三大驱动力，切实增强产品竞争能力和营销资源支撑；三是狠抓新业务发展，形成新型产品和特色业务体系，有效应对移动互联网业务竞争，打造新的增长点。

因此，中国移动 2013 年的工作思路需要重点关注以下 3 个方面：一是网络能力提升，中国移动一方面关注流量经营下的移动网络质量提升以及 4G 网络建设，另一方面关注包括全业务在内的基础网络资源储备；二是营销转型，中国移动在存量经营和集客经营的基础上，开始全面开展流量经营，关注终端对 3G 业务的拉动作用，同时提出超细分、微营销的营销转型思路；三是新业务发展，中国移动一直致力于寻找新的业务和收入增长点，目前在云计算、物联网等方面都有相应布局。

一、市场和业务发展分析

（1）业务收入出现结构性调整，话音收入首次出现下降，流量增长迅猛

2013 年，在 OTT 业务的持续冲击下，中国移动的话音业务收入首次出现下降，从 2012 年全年的增长 1.1%变为 2013 年上半年下降 1.2%。同时，MOU 下降速度加快，从 2012 年全年下降 13min 变为 2013 年上半年同比下降 23min。通话分钟数增速明显放缓，通话分钟数增速从 2012 年全年的 8%下降到 2013 年上半年的 4%。2012 和 2013 年上半年中国移动话音业务收入和 MOU 如图 1 所示。

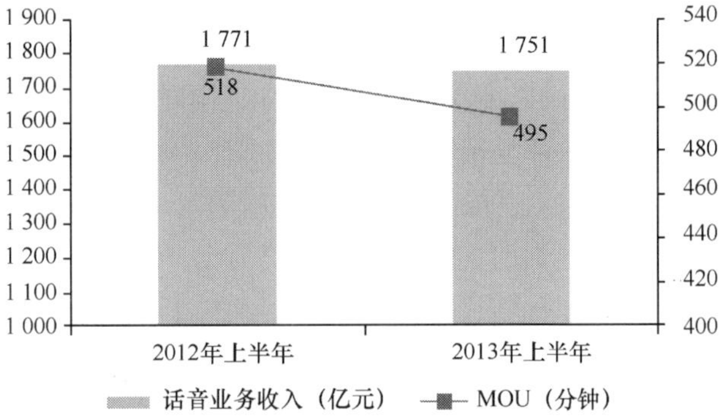

图 1　2012 和 2013 年上半年中国移动话音业务收入和 MOU

与此同时，中国移动的流量和流量收入增长迅速。移动数据流量（不含 WLAN）增速为 82%，移动数据流量收入增速高达 62%，同时移动数据流量收入占通信收入比例也从 2012 年上半年的 11%提升到 2013 年上半年的 15%。2012 和 2013 年上半年中国移动数据流量和移动数据流量收入如图 2 所示。

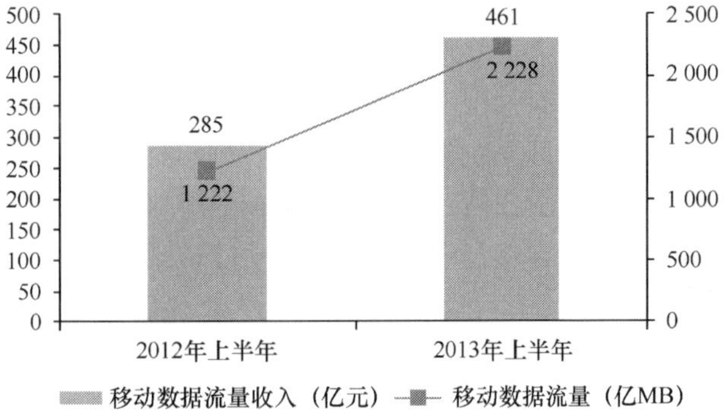

图 2　2012 和 2013 年上半年中国移动数据流量和移动数据流量收入

中国移动的短信和彩信收入也在 OTT 的冲击下持续下降。短信和彩信收入同比增速继续加大，从 2012 年全年的下降 4.8%扩大到 2013 年上半年的下降 5.5%。2012 和 2013 年上半年中国移动短信及彩信业务收入如图 3 所示。

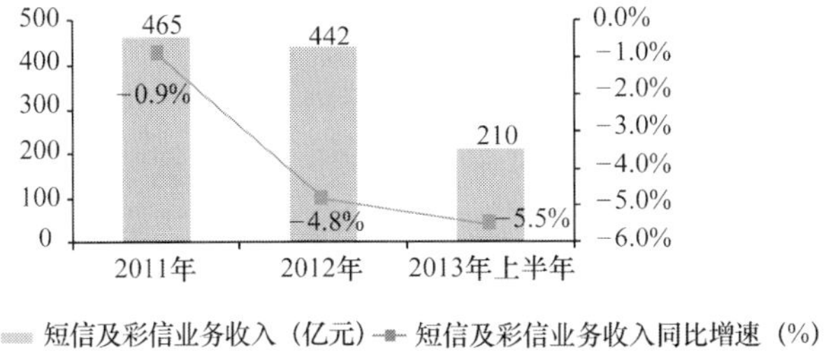

图 3 2012 和 2013 年上半年中国移动短信及彩信业务收入

（2）终端销售突破对 3G 用户的拉动作用明显

2013 年，中国移动在终端销售上实现亿部的突破，全年 TD 终端销量从 2012 年的 6000 万部上升到 1.5 亿部以上。仅 2013 年上半年，TD 手机销量就达 6600 万部，新入网 TD 手机 595 款，TD 产业链不断壮大，同时，中国移动也在 8 月推出自主品牌手机 M601 和 M701。

终端销量的大幅增长带来中国移动 3G 用户数的迅猛增长和 2G 用户加速向 3G 的迁移，2013 年，3G 用户数增长 1 亿户以上，2G 用户数则减少 4700 万左右，实现 2G 用户向 3G 用户的明显迁移。2011～2013 年中国移动 2G 和 3G 用户数变动如图 4 所示。

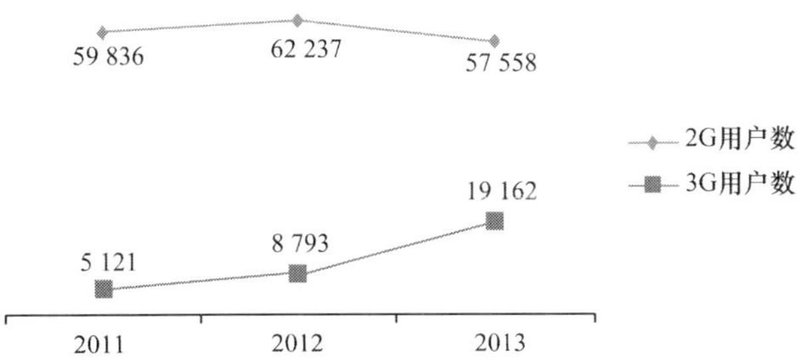

图 4 2011～2013 年中国移动 2G 和 3G 用户数变动

二、网络、营销资源分析

（1）一方面积极进行 TD-LTE 的建设，另一方面加强基础设施资源积累，为全业务运营做好准备

中国移动 2013 年建设 20 万个 TD-LTE 基站，实现 100 个重要城市主城区的连续覆盖。

从中国移动 2013 年上半年的资本开支结构可以看出，中国移动在明显加大传输网的建设，传输网在资本开支中的占比从 2012 年上半年的 26%提升到 2013 年上半年的 41%。传输资源的积累将为中国移动后续宽带业务的拓展打好基础。2012 和 2013 年上半年中国移动资本开支结构如图 5 所示。

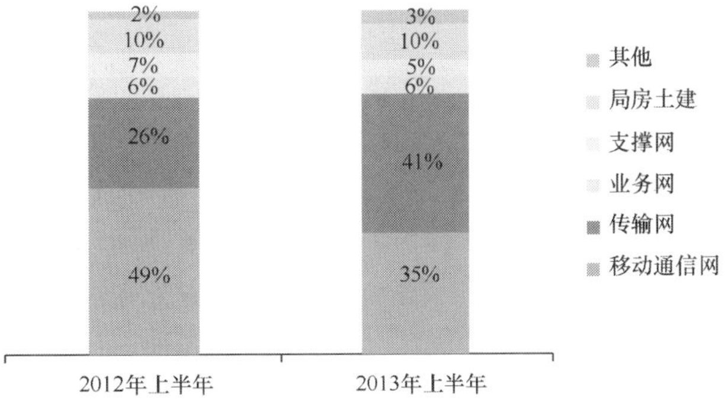

图 5 2012 和 2013 年上半年中国移动资本开支结构

（2）随着终端销量的翻倍增长，终端销售成本快速上升

2013 年上半年，由于终端销量的翻倍增长，中国移动的运营支出中，含终端销售的销售产品成本占比快速提升，从 2012 年全年的占比 7%提升到 2013 年上半年的 10%。2011～2013 年中国移动营运支出结构如图 6 所示。

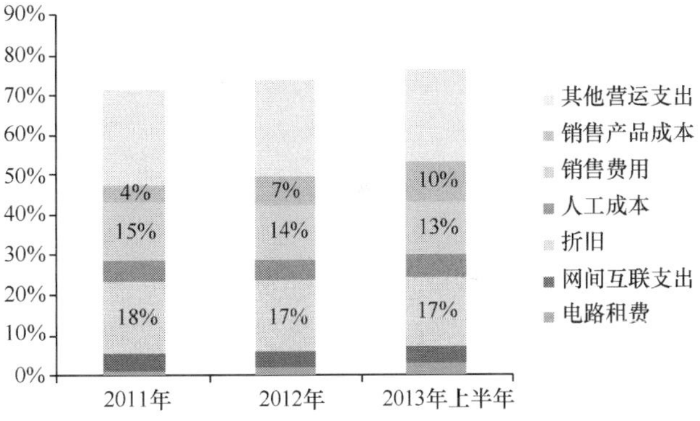

图 6 2011～2013 年中国移动营运支出结构

三、服务情况分析

（一）优化资费服务，改善用户感知

（1）优化流量资费服务

推出流量加油包（3 元、10 元、20 元），满足用户超套餐后流量使用的需求，用户只要发送“开通流量加油包 3/10/20”，即可立即开通流量加油包；针对标准资费用户，推出“提醒升级”服务，标准资费用户流量费用达到 5 元时提醒用户升级为 5 元流量套餐。部分地区推出流量自动升档套餐，自动匹配最合适的套餐档次，并推出长周期的流量季包和半年包，这在一定程度上解决了用户流量消费每

月不均匀的问题。

（2）创新漫游资费体系

2013 年，中国移动在国际及港澳台漫游资费普遍较高、部分国家结算成本居高不下的情况下，通过加强境外结算谈判，创新推出“国际及港澳台漫游 1 元/2 元/3 元区新资费”，将中国移动所有开通国际及港澳台漫游的 242 个国家和地区的主要漫游资费大幅降低至 0.99 元、1.99 元、2.99 元/分钟，并面向 63 个热门出访国家和地区推出漫游流量套餐。

此外，为满足用户国际及港澳台漫游时的高速上网需求，还面向美国、韩国及我国香港和台湾地区推出 WLAN 漫游服务，每天最多仅需 20 元即可登录当地合作运营商网络无限使用 WLAN 上网。

在调整资费的同时，中国移动也十分注重国际业务服务体系的建设。在 2004 年推出国际漫游问候短信和国际漫游统一服务热线——8613800100186 基础上，定期优化问候短信内容及发送频次，并持续提升国漫热线的服务支撑力度，大力提升专业化服务水平。

（3）下调国际及港澳台长途电话资费

2013 年，中国移动全面优化国际及港澳台 IP 长途电话资费，用户在中国内地加拨 17951 后拨打 197 个国家和地区的长途电话，最低仅需 0.39 元/分钟，最高 2.99 元/分钟，而在此之前，多数国家和地区的国际及港澳台 IP 长途电话资费为 4.6 元/分钟。资费大幅下调，既方便了大家与海外亲朋的沟通，也极大降低了沟通成本。

（二）提升渠道服务质量，打造便捷、高效服务

（1）打造热线优质服务

在热线服务方面，中国移动持续通过提高一线服务人员的工作技能、科学合理安排班务等措施，继续保持热线人工服务接通率、一次解决率和用户满意度在 85%以上。为了方便用户通过热线自助服务，中国移动深度研究用户行为，听取专家意见和建议，邀请用户直接参与设计，对 10086 热线自助服务流程进一步优化，新自助服务流程 7 月 1 日上线后，用户感知大幅度提升。中国移动还进一步加强了热线与短信、邮箱等电子渠道协同，向用户提供更加多样化的、便捷高效的服务方式。

（2）优化营业厅服务

中国移动充分考虑用户的需求，深入推进营业厅转型，统一规范了新型营业厅中相关影响用户感知的服务环境、销售过程、服务标准，大大提升了用户感知。中国移动还在营业厅增设万余台自助电脑和自助终端等设备，方便用户查询、办理业务；在等候期间主动为用户提供业务咨询、证件复印等业务预处理服务，持续优化、简化业务办理流程，力争使用户排队等候时间不超过 10min。目前，营业厅等候 10min 达标率超过 90%，而且稳步提升。

（3）增强电子渠道服务能力

中国移动门户网站实现了业务的普遍办理，实现 100%业务承载，可以向用户提供终端销售、号卡销售、充值交费、套餐办理和服务查询等服务，同时还拓展了易充值服务（即银行卡和手机号绑定充值）。为了进一步方便用户，中国移动推出了全网统一的掌上营业厅（wap.10086.cn）以及手机营业厅（用户端）。

（三）持续完善用户服务，提升服务价值

（1）改善关键服务环节

强化透明消费服务举措：全面实施订购“二次确认”服务，业务订购关系需经过用户二次确认后才被系统接收；进一步优化了业务扣费主动提醒服务，在业务扣费时，系统自动向用户下发扣费提醒短信，及时告知用户，用户如有异议可提出终止扣费；拓展“0000 统一查询和退订”服务的范围，用户在业务使用过程中，可以随时编辑短信“0000”发送到 10086，即可快速查询、退订本机订购的所有增值业务。

优化流量服务：围绕流量用户全生命周期的关键感知点，构建办理便捷、资费适配、提醒及时、响应迅速的全流程服务保障体系，让用户易用、敢用、放心用业务，改善用户感知和体验，促进流量业务的健康持续发展。

搭建终端售后服务体系：为了帮助用户解决终端问题，自 2013 年起，中国移动启动建设了中国移动终端售后服务体系，正式向用户提供终端售后咨询、终端维修、终端接机送修等服务，全网共建设售后维修网点 1131 个，已覆盖全网 91%地市级以上区域；对于维修网点未覆盖的区域，向用户提供接机服务，即收下用户的故障机，帮助送修，全国已建成接机点6119家，已覆盖全国73%的县。

（2）广泛回馈用户

推出星级用户信用标准，提供差异化的增值服务：为答谢用户长期支持中国移动的认可和回馈，中国移动2013年上半年面向入网时间长、消费稳定的忠诚用户推出信用服务，即根据用户的在网时间、消费情况、交费情况等评定可享受的信用服务星级，达到1～5星级的用户即可尊享中国移动信用服务。信用服务包含欠费额度、紧急开机、节假日免停机、国际漫游免预存和热线优先接入等系列服务，星级越高，享受的欠费额度越多、信用服务越丰富。

围绕用户需求，拓展积分计划：为进一步满足用户兑换需求，积分商城优化提供了全网统一的数据流量包、流量加油包等产品兑换，以陕西、黑龙江为试点省在积分商城引入机场/火车站贵宾厅服务，同时提供了近600家的影院、凤凰大讲堂等合作礼品；而在物流配送方面，整合优化了全国的仓储、配送体系，于6月底完成物流大区（除西南大区）、全国中心仓的整体替换工作，从根本上解决了省仓分散经营效率较低问题；在系统方面，为了提升服务流程及用户体验，积分商城门户进行了界面优化、转赠流程中增加二次确认、礼品信息进行富文本优化等相关工作，有效提升了用户感知。

（四）持续优化网络服务，保持网络服务领先

在城市新区、新建楼宇、新增交通干线等区域，对2G网络实施有针对性的建设及优化，并通过话音数据均衡优化等措施，在确保2G话音品质的前提下尽可能承载数据流量，提升2G用户对数据业务的感知。强化城区TD网络的连续覆盖和数据热点的有效覆盖，及时发现并解决2G高流量小区周边无TD覆盖、TD网络结构不合理导致高干扰高质差等问题，TD网络“覆盖优、质量优”的“双优”省市大幅增加，TD网络业务量持续增长。持续针对高干扰、高质差、高拥塞区域进行网络结构优化，确保广大用户对无线网络的良好感知。大力提升WLAN网络的易用性，建立每月WLAN网络质量和运行情况通报制度，开展提升WLAN网络接入成功率整治活动，方便用户使用WLAN宽带数据业务。

四、社会责任情况分析

2013年5月，中国移动发布了2012年可持续发展报告。这是中国移动连续第七年发布企业社会责任报告，全面反映了中国移动2012年在可持续发展领域的努力和成效。2012年，中国移动以“移动改变生活”的企业愿景为指引，以诚信和透明运营为基本准则，以产业创新和发展为己任，以高标准的社会责任管理与实践，努力满足相关方诉求，共同促进企业与社会可持续发展，致力于“移动让生活更美好”。

报告以“连接你我　开启明天”为主题，紧密围绕六大类相关方群体的关键诉求，聚焦可持续发展八大关键议题，包括保护员工权益、惩治预防腐败、建设负责任供应链、保护用户权益、支持社会公益、降低运营能耗、无线城市建设以及信息化“新农村”。

在保护员工权益方面，2012年，中国移动持续关注员工身心健康和个人发展：加强安全生产管理，开展安全检查，共检查通信机房楼等重点部位405处，全集团2012年工程建设中未发生安全生产事故；建立畅达的员工申诉通道，通过职工大会、平等协商制度等多种形式，确保及时获取和反馈员工意见；通过量化绩效薪酬激发员工活力；面向全体员工开展各类培训，覆盖员工98.3万人次；大力推广员工帮助计划（EAP），加强员工心理疏导，覆盖员工超过20万人次；同时开展丰富多彩的活动丰富员工业余生活，缓解工作压力。通过以上员工权益保障活动，帮助员工获得个人成长，实现自我价值。

在惩治预防腐败方面，中国移动强化权力监督，提升廉洁意识，有效封堵相关制度和流程漏洞，不断健全腐败惩防体系；完善监督巡视与举报查处，确保企业阳光、健康运营。2012年，中国移动完善建立“三重一大”决策制度，重点明确决策原则、形式、程序、范围和监督措施，确定143项“三重一大”决策事项。组织开展对所属单位执行“三重一大”决策制度情况的监督检查。同时，中国移动鼓励公众监督与举报腐败行为，设立举报电话、电子邮箱等多种途径接受员工与公众举报。

在建设负责任供应链方面，2012年，中国移动进一步规范采购及供应商管理，扶持供应商共同成长。在贵州，建立供应商管理系统，识别出信誉好并存在融资困难的优质供应商，在其出现资金困难时，由中国移动牵线搭桥，鼓励银行向其提供应收账款融资业务，帮助缓解经营困难，扶持中小企业成长；在移动互联网行业，中国移动推出“MM 百万青年创业计划”，深入高校引导学生参与互联网创业，并提供超过 1100 万元的创业扶持资金。同时，中国移动高度关注提升供应链履责水平，引导供应商关注其员工健康、安全和环保，促进供应商良性发展。在河南，2012 年参照 SA8000 对供应商员工工作时间、薪酬与支付等方面进行考核认证，累计考察 174 家各类供应商，共有 167 家通过认证。

在保护用户权益方面，中国移动围绕用户反映突出的关键问题，运用技术、管理和服务手段多种途径、全方位保护用户权益不受侵害。设定 99.99% 的计费准确率目标，通过数据一致性管理、流量门限、封顶等举措保证目标的实现，确保透明消费；同时积极推出资费惠民举措，下调国际漫游资费，提高充值卡有效期，推出神州行“两城一家”等资费优惠活动；设立信息安全管理与运营中心归口负责信息安全与不良信息治理，保护用户信息安全，防范恶意软件和不良信息；并不断优化营业厅服务流程，积极建设网上营业厅，通过 10086 热线为用户提供 7×24 小时周到服务。在特殊群体方面，推出多项残障人士专属爱心服务，在少数民族地区推出特殊语言服务，为老年用户提供紧急呼救、医疗保障等方面的信息服务。

在支持社会公益方面，中国移动兑现企业长期承诺，战略性支持社会公益发展，聚焦教育、弱势群体关爱等领域开展富有成效的公益活动，与公众共享企业成长价值：积极开展对口支援和造血扶贫活动，长期对口援助西藏改则县、黑龙江桦南县等地区，2012 年共落实对口支援资金 3743 万元；联合中华全国妇联、总过儿童少年基金会共同启动“中国温暖 12.1 爱心基金-中国移动关爱和行动”，计划用 5 年时间为万名艾滋病致孤及特困儿童寻找爱心家庭，在湖北、吉林、上海等地也发起了“留守儿童关爱行动”、“点亮视界”等对弱势群体的关爱援助项目；通过捐助、建立勤工助学基地、支持就业创业等方式大力助推教育发展，在陕西发起“爱心 100”助学活动，2012 年募集善款 200 万元，资助 516 名贫困大学新生。

在降低运营能耗方面，中国移动根据企业特点有效管理运营产生的环境影响，提升能源效率与资源利用水平，实现绿色运营。自 2007 年以来全面实施以节能减排为核心的“绿色行动计划”，截至 2012 年年底，该计划总投资累计达到 5.7 亿元。在网络建设上，2012 年每载频耗电较 2011 年下降 5.7%，单位业务流量耗电较 2011 年下降 14.6%。同时，中国移动积极推进共建共享，2012 年完成共建基站 1.7 万个，共享 6000 多个；在业务办理上，积极倡导电子化方式，在山西、黑龙江等 19 省开展营业厅无纸化改造，改造后营业厅纸质单据总量减少 75%；在日常办公上，进一步加强日常节能管理，推广应用信息化办公手段，应用节能技术建设绿色建筑。同时，中国移动积极倡导行业绿色发展，带动社会参与环保。

在无线城市建设方面，中国移动全面部署和应用最先进的 ICT 技术，创造性地发现和高效满足“移动改变生活”的各类需求，提供丰富精彩的“无线”生活体验。在居家、学习、医疗、出行、工作、消费等领域提供多种便民服务。其中“校讯通”用户达到 6381 万户，12580 预约挂号应用人次达到 1100 万，宜居通、亲情通、车联网等业务也广受好评。

在“信息化新农村”方面，中国移动不断提升信息通信服务的可获得性，针对农民、农业、农村发展的现实需求创新提供农村信息化应用，切实帮助广大农村地区共享信息化成果，赢得自身发展。其中“务工易”成为企业招工和农民工就业的对接平台，截至 2012 年年底，“务工易”已累计为 5000 万人次提供务工信息；山东大棚管家、新疆物联网滴灌等应用让梦想的高科技实实在在走进了田间地头；贵州、江西等地推进的新农合信息系统建设，为百万以上的农户提供医疗补偿、农合参保等服务，帮助农民便捷、实时的进行新农合报销补贴，确保惠民政策落到实处。

（作者：工业和信息化部电信研究院 卢玥 潘丽 陈磊）

中国联通发展情况分析

中国联通在 2013 年工作会上提出“推动中国联通规模效益发展迈上新台阶”的目标。同时，在业务方面做出三方面的具体部署：一是全力实现重点业务快速发展，实现移动业务的领先发展、宽带业务的快速发展，大力拓展集团用户、创新型业务和国际业务；二是全力实现网络效能显著提升，以移动网、宽带网和基础传送网为重点，加强网络能力建设，重视网络质量保障和运行维护支撑，促进运维工作从“以网络为中心”到“以业务质量和用户感知为中心”的转型；三是积极启动面向移动互联网的服务转型，强力推动建立全业务电子商务，加速建立新的生产销售服务管理体系。

总体来看，中国联通 2013 年的工作思路有两个需要关注的方面：一是 3G 网络保持领先优势，实现移动业务的领先发展，中国联通在 2013 年持续进行 HSPA 网络的升级建设，保持 3G 网络的领先，从而实现 3G 乃至移动业务的快速发展；二是面向移动互联网的服务转型，中国联通在电子商务上走得最快，2013 年还提出建立全业务电子商务，将加速中国联通向移动互联网的服务转型。

一、市场和业务发展分析

中国联通通过终端、营销、渠道等手段促进 3G 流量增长，从而带动收入的高速增长。

2013 年，中国联通推动流量增长主要做了 3 件事：一是提升智能机数量，根据 2013 年上半年的数据，联通 3G 用户中持有智能机用户的占比已经提升到 67%；二是通过套餐营销激发用户的流量使用需求，包括率先推出含定向流量的微信沃卡，以及推出流量共享套餐等；三是强化渠道聚合能力，推广融合套餐和流量叠加包。

在多种手段的刺激下，中国联通的手机数据流量从 2012 年上半年的 474 亿 MB，增长 131%到 1097 亿 MB。其中 3G 数据流量增长 124%，2G 数据流量增长 155%。2012 和 2013 年上半年中国联通手机数据流量如图 1 所示。

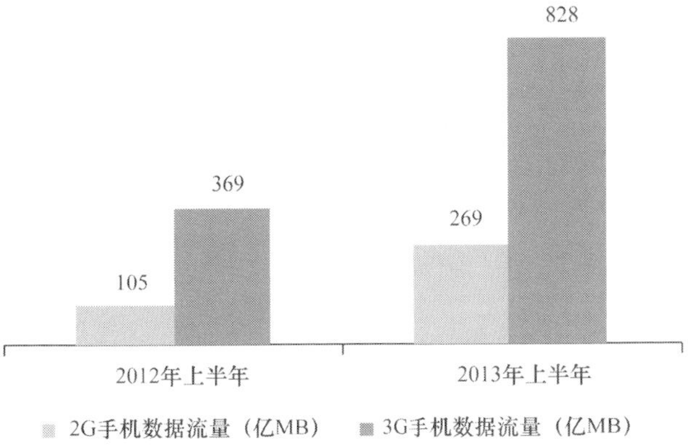

图 1　2012 和 2013 年上半年中国联通手机数据流量

同时，中国联通的 3G 用户数和 3G 收入也快速增长，从而带动整体移动业务收入保持了 20%的高速增长。2011～2013 年中国联通 3G 用户和 3G 收入如图 2 所示。

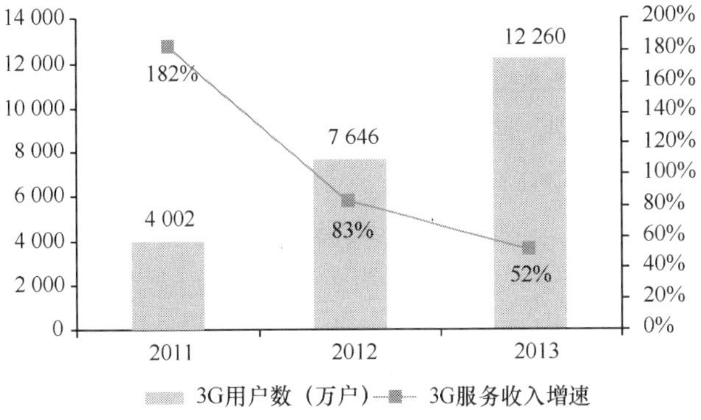

图 2　2011～2013 年中国联通 3G 用户和 3G 收入

二、网络、渠道、终端营销资源分析

（1）网络投资明显回落，聚焦于网络能力建设，提升效益

2013 年，中国联通继续加强网络能力建设。网络建设主要聚焦于建立宽带移动互联网领域的网络优势：一方面全网开通 21Mbit/s 的 HSPA+，同时部分城市热点区域网络速率升到 42Mbit/s；另一方面优化基础传送网结构，满足 3G 和 4G 业务的综合业务承载需求。

2013 年上半年，在网络规模建设减少的情况下，中国联通资本开支出现下降，从 2012 年上半年的 389 亿元，下降到 216 亿元，同比下降 44%，2011～2013 年中国联通资本开支如图 3 所示。在投资下降的带动下，净利润继续高速增长，2013 年上半年净利润同比增速 55%，达到 53 亿元，是三家运营商中利润增长最快的。

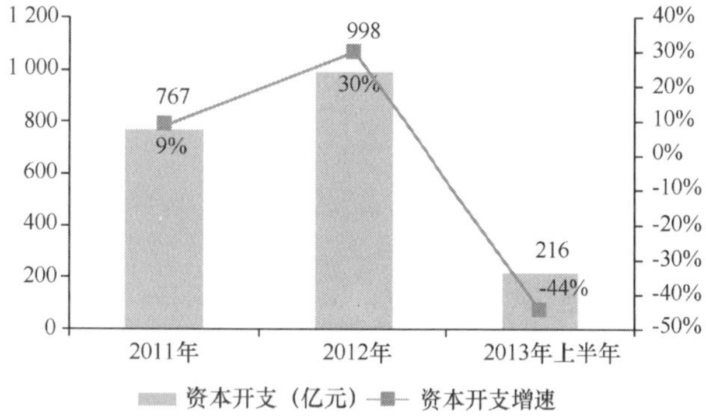

图 3　2011～2013 年中国联通资本开支

（2）推进建立全业务电子商务

中国联通在工作会中已经提出，启动面向移动互联网的服务转型，强力推动建立全业务电子商务。在这种思路的指导下，中国联通的电子商务发展迅速，截至 2013 年上半年，中国联通网上营业厅营业额达到 259 亿元，同比增长 65%，同时，电子渠道服务承载占比较 2012 年全年提升 12 个百分点，达到 64%。

此外，中国联通还积极拓展微博客服、手机营业厅、在线客服等新型互联网服务渠道，实现用户投诉的下降和用户满意度的上升。

（3）3G 手机补贴有所控制

2013 年上半年，中国联通进一步减少对千元机的补贴，总体补贴向高端机倾斜，使 3G 手机补贴规模虽然仍然增长，但是 3G 手机补贴占 3G 服务收入的比例明显下降，从 2012 年上半年的 13%下降到 2013 年上半年的 10%左右。2012 和 2013 年上半年中国联通 3G 手机补贴如图 4 所示。

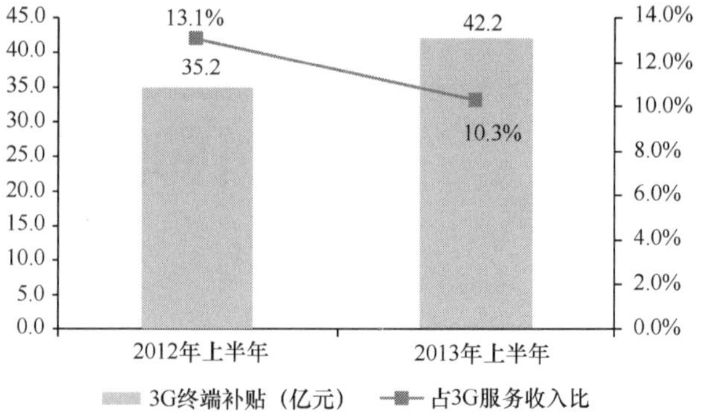

图 4　2012 和 2013 年上半年中国联通 3G 手机补贴

三、服务情况分析

2013 年，中国联通坚持以用户为中心，以行业纠风专项行动为抓手，围绕用户感知，持续提高网络质量、产品应用和服务水平，全面推进服务领先。

（1）加快基础网络建设，持续提升网络覆盖水平

2013 年，中国联通在移动网络建设方面，重点完善县级以上城区覆盖，持续提升乡镇覆盖水平，截至 12 月底，全年新建基站 5 万个，扩容 3.2 万个，乡镇覆盖率达到 97%，全网热点区域升级至 42Mbit/s；持续加强重点区域网络深度覆盖优化，进行全网网络质量排查评估，完成深度覆盖优化 3G 场景区域 5880 个、2G 场景区域 5369 个。在固定网络建设方面，深入贯彻工信部“宽带中国 2013 专项行动”的要求，超额完成全年新增 FTTH 覆盖家庭 1000 万个，4Mbit/s 及以上宽带接入用户占比超过 70%的工作目标；利用“光进铜退”改造和运维技改，加强重点区域线路整治，持续提升宽带线路质量；开展宽带测速工作，提高用户接入带宽配置，全网宽带测速用户合格率达到 98.6%。

（2）拓展窗口服务功能，全力提高电子化服务水平

• 营业窗口服务：全面开展“提升用户感知行动”，对影响用户感知的业务规则和业务流程进行梳理，组织全国营业厅进行现场体验，通过流程优化、规范修订、系统改进等手段，减少用户业务办理和等待时间，提升营业厅服务能力。

• 10010 客服热线服务：以“打得通、说得清、办得明”为目标，持续开展“热线提升工程”，提高

服务标准，开展智能客服，实现终端应用延伸服务，全面实施 10010 宽带业务受理服务。

- 互联网电子化服务：通过持续的功能完善和服务创新，满足用户日益增长的电子化服务需求，为用户提供更加方便快捷的服务；网上营业厅全面改版，网站架构和业务流程全方位优化，新增 3G 临时信用额度调整、3G 网龄升级计划、用户实名补登记等 30 多项功能，在业内率先实现宽带资源网上预判及全流程办理，让用户足不出户即可完成宽带在线办理和续费。

- 其他渠道服务：手机营业厅新增移动用户上网记录查询、在线客服、垃圾短信举报等 5 大项功能，并采用全新的移动互联网新技术全面改版手机营业厅；短信营业厅优化业务场景和短信交互语 150 余项，持续增强短信智能应答能力；自助终端新增手机呼叫转移设置、3G 流量包办理、国际及港澳台漫游套餐办理等 20 余项功能，改进页面操作 390 项；迷你营业厅增加 3G 流量包办理、支持用户刷银行卡交易等功能；微博客服方面，@中国联通客服官方微博累计响应用户咨询、投诉等诉求逾万件，发布实时预警信息近 700 条，累计覆盖人群数十亿，赢得用户良好口碑；全新推出微信营业厅，顺应移动互联网发展趋势，在业内率先推出打通业务系统的官方微信，依托“中国联通”微信公众账号，为用户提供智能便捷、内容丰富的多媒体在线服务。

（3）强化用户服务保障，全面提升用户服务感知

2013 年，中国联通重点从六个方面加强用户权益服务保障工作。一是积极推进手机上网资费合理下降：推出 2G/3G 融合套餐和 3G 流量叠加包，大幅缩小数据业务套餐内外价差，加大数据流量的优惠幅度；针对音乐和视频业务试点推出定向流量包月产品，满足用户定向上网流量需求的同时降低用户流量费用。二是持续优化用户协议表单：全面梳理用户服务协议和业务受理表单，统一规范，实现新版入网服务协议、业务协议和受理单的简化和归并；优化协议条款，完善用户实名登记、信息安全、委托办理等条款，使用用户化语言解释，让用户简明易懂。三是严格贯彻实名登记制度。按照工信部的统一部署，严格落实电话用户实名登记制度，加强渠道管理，完善技术手段，建立用户信息管理和保护制度，将用户真实身份信息登记和信息保护纳入营销渠道考核奖惩体系，确保用户个人信息安全。四是进一步完善流量消费提醒服务。针对用户关注的流量使用问题，在现有流量日提醒、周提醒基础上，免费提供流量套包临界、套包超值提醒和套包外流量定额提醒，以及用户境外漫游每 10MB 即时提醒和每日流量提醒实现用户流量消费提醒短信的自主定制和自助查询，用户可通过网上营业厅和手机营业厅查询上网记录，实现明白消费。五是加强增值业务规范管理。严格落实增值业务违约处理管理办法，加大增值业务拨测力度，上线增值业务违规处理系统，严厉处理增值业务强行定制、诱导消费等侵害用户权益的不规范问题。六是深化落实宽带服务承诺。通过完善号线资源、实施宽带测速、建立固网公众用户服务支撑系统、推进入户标准化服务、加强预约服务、实施前后台协作机制等措施，深入落实宽带装移机“无条件预受理”和“限时装机、限时移机、限时修障”服务，北方 10 省宽带承诺服务达标率都保持在 95%以上，南方 21 省都已达到 90%。

四、社会责任情况分析

2013 年 3 月，中国联通发布了 2012 年度企业社会责任报告。2012 年，面对宏观经济下行、市场竞争加剧的严峻挑战，中国联通仍积极履行社会责任，在完善管理、网络建设、产品与服务创新、社会公益、绿色环保等方面做出积极探索，同时认真遵守并努力倡导全球契约在人权、劳工、环境和反腐败方面的十项原则，切实将社会责任融入日常运营中。

在完善企业管控方面，中国联通学习和借鉴国内外公司治理先进经验，结合公司实际持续完善公司治理结构，提升公司治理水平和沟通质量；加强反腐倡廉建设，围绕公司改革发展中心任务，切实履行纪检监察监督职能；通过内控与风险管理组织体系纵深开展风险评估，持续优化内控规范，不断提升风险管理水平；推进责任战略，提高责任能力，强化责任沟通，以“责任融入核心业务，聚焦提升用户感知，共同践行社会责任”为指导，把“诚信、绿色、平安、活力、责任”的履责要求融入公司的

全过程，实现企业利益与社会目标的和谐统一。

在网络建设方面，中国联通以提升网络品质、实施宽带普及提速工程为抓手，不断提升网络质量和网络服务能力，持续推进村通工程，努力实现网络无缝覆盖。2012年共建设WCDMA基站9.2万个，3G基站累计达到33.1万个，3G乡镇覆盖率由2011年的33%提升至75%，新增宽带接入端口2054万个，北方10省宽带覆盖行政村已达94%。全年投资12.2亿元完成黑龙江、吉林等11省4552个村通任务，为贫困地区现代化发展奠定基础。同时，在“神舟九号”发射、党的“十八大”胜利召开等重大社会活动中完成通信保障，实现零故障。另外，在通信安全、应急通信、通信技术创新等领域也取得了丰硕的成果。

在产品与服务创新方面，中国联通致力信息普惠，服务百姓生活，在公众信息化、三农信息化、城市信息化、行业信息化和提升服务质量5个领域重点突破。在公众信息化方面，中国联通聚焦3G重点业务，推出3G业务创新产品，沃商店累计注册用户1620万户。构建全价位段终端产品体系，普及千元智能机。同时开展“光网世界·沃宽天下”宽带提速营销，在城市、高校、农村等不同区域逐步普及高速率宽带接入服务。在三农信息化方面，中国联通本着“政企联动、着眼长远、共同发展、实现共赢”的原则，与各级农业主管部门共同实施光纤入村、信息入户等工程，在农村积极推动3G信息技术应用、12316三农热线、农业物联网、云计算等领域的合作。在城市信息化方面，中国联通关注并致力于推动智慧城市的发展，2012年，中国联通与26个省120多个城市签署智慧城市协议，共同推动智慧城市的规划、建设、运营、服务和创新发展，先后在沈阳、哈尔滨、武汉等地展示我国联通在智慧城市方面的最新成果。在行业信息化方面，中国联通高度重视并牢牢把握行业信息化带来的机遇，形成了以“三大领域，八大行业”为基础的行业信息化应用体系，推出了包括移动警务、数字城管、数字工商、网络发票、土地执法等几十项行业信息化应用，行业信息化应用用户达到2299万户。在提升服务质量方面，中国联通深入洞察用户需求并作出快速响应，强化资费设计和管理，打造健康网络，创新服务手段持续实施营业厅营销模式转型，用户感知明显提升。

在社会公益方面，中国联通坚持以人为本，共建和谐社会。从保障员工权益、坚持民主管理、促进员工发展和关爱员工生活4个方面关注员工成长，全年培训员工1429人次，网络学习人数达到85万人次。2012年投入困难员工帮扶资金1142万元，累计慰问人数27172人。在合作伙伴上，中国联通致力打造责任供应链，以责任采购、负责人的增值合作、负责人的渠道合作作为抓手，促进合作伙伴共同发展。在社会和谐方面，中国联通大力开展扶贫济困、援助西藏、定点扶贫等活动，全年对外捐赠共计1969万元，援藏资金共计1152万元，扶贫资金220万元，实现了较好的经济效益和社会效益。同时，广泛开展“爱心妈妈宝宝宝贝”、“WO的就业见习实习基地”等社会活动，收到较好的社会响应。

在绿色环保方面，中国联通持续创建“资源节约型”和“环境友好型”企业，努力开展绿色管理、绿色网络、绿色办公、绿色公益，营造绿色“信息生活”环境。在绿色管理方面，中国联通先后出台《2012年能耗预算目标》等管理办法，突出工作重点，安排专项基金，将节能减排贯穿网络规划、建设、设备采购等生产经营各环节。在绿色网络方面，中国联通推动网络建设绿色化、网络运营绿色化以及资源共建共享，单位骨干网信息流量综合能耗下降30%，启动节能技术改造项目206个，节能减排转向投资10.45亿元，进行节能改造的基站达到38%，通信机房达43%。2012年资源共建共享为企业节省当期投资约36亿元。在绿色办公方面，中国联通努力提高循环物流效益，理顺各类物资的回缴、处置、再利用流程，获得初步成效。2012年物资回缴额达7亿元，再利用额达1亿元。在绿色公益方面，中国联通广泛开展义务植树、废旧电子设备回收等社会活动，获得了社会的积极响应。

（作者：工业和信息化部电信研究院　卢玥　潘丽　陈磊）

通信运营企业开放式创新的探索与实践分析

产品创新是通信行业发展的永恒主题。从固定电话、长途电话、PC互联网到移动互联网，通信行业经历了从封闭—开放—融合的发展历程，整个产业链控制点也随之从基础网络向应用平台直至用户端转移；与此同时，电信运营商的产品创新也从原来封闭式、纵向一体化的内部研发模式转变为面向产业链的、以“平台创新”和“创新孵化”为典型代表的开放式创新模式。

内部研发模式基于传统电信业务构建起来，是典型的自上而下型的产品创新模式。从产品创新的需求梳理、项目建议书撰写、项目评审、立项、开发、测试、试点到正式上线商业运营，需要以“年”为周期来实现整个创新环节。这明显与“快鱼吃慢鱼”的互联网和移动互联网时代的产品创新速度不相符合；而且这种开发与运营相分离的创新模式也不利于产品上线后基于用户体验的产品优化和微创新的实现。因此，近年来电信运营商也充分意识到：仅仅依靠内部的资源进行高成本的创新活动，已经难以适应快速发展的市场需求和日益激烈的企业竞争；运营商必须通过构建与移动互联网相适合产品创新模式，利用产业和资本的力量，将外部创新引入企业内部，与内部产品研发体系一起共同组成完整的产品创新链条，拓展创新范畴、加快创新速度。

平台创新模式是一种已经为业界所验证过的行之有效的开放式创新模式；是运营商将自身核心资源、服务或能力以API方式开放出去，汇聚第三方开发者围绕运营商的核心业务体系进行产品和服务创新，最终满足个性化用户需求的一种新模式。以Facebook为例，在2007年5月推出开放平台之前，Facebook自己研发或合作研发推出的应用不过三四千，活跃用户数3400万。但仅仅3年后，2010年中，该平台上一共运行着55万个活跃应用，用户数超过5亿。如今，Facebook已经相继超越MySpace、AOL、雅虎、微软成为仅次于谷歌的全球第二位互联网公司。其次，平台创新模式的确可以降低甚至转嫁企业开发应用的成本和风险。再强大的互联网公司开发某应用也有不讨用户喜欢的可能。通过平台开放，互联网公司可以将开发风险转嫁给第三方开发者。

创新孵化最早起源于硅谷的科技企业孵化器（Business Incubators），是一种为初创型企业提供所需基础设施和一系列支持性综合服务，使其成长为成熟企业的一种新型经济组织。2011年，AT&T设立创新合作中心FOUNDRY，免费向初创公司提供场地、产品研发及测试环境、能力开放、创业指导等服务。同年，Verizon也从培育LTE产业链角度出发设立LTE创新中心和应用创新中心，并与国外知名风投机构联合设立Verizon Ventures基金，在追求战略价值的同时开始追求财务回报。2012年，德国电信重启了之前因为金融危机而暂停的孵化器计划Hub:Rraum。而西班牙电信的Wayra学院已经遍及欧洲和拉丁美洲12个国家和地区。2013年，NTTDocomo设立Innovation Village孵化器和Docomo Capital，利用产业链资源，围绕未来发展的重点领域进行产品创新和投资。KDDI也启动了LABO计划，扶持初创公司，为其战略业务SmartPass平台输送优质外部应用。而国内首个电信运营商的创新孵化基地，中国电信孵化基地，也于2012年3月正式挂牌，首批从中国电信集团内部382个创业项目中选出14家创业团队进入孵化体系。同年5月，天翼创投公司成立，孵化基地开始探索公司化运作。如何契合企业战略诉求，调动产业链资源，走“运营商特色”的创新孵化模式又将成为行业的一个新课题。

一、业界创新孵化模式对比

由于企业战略诉求、核心资源和企业文化各异，大型企业内部的创新孵化模式在发展过程中演化出不同的运营模式。

（一）德国电信：企业创新战略框架下的外脑式产品创新模式

德国电信 Hub:raum 孵化器是德电创新战略 2.0 机制的重要组成部分，负责为德电现有业务单元引入外部创新，与德电内部产品创新部门（创新实验室、无线事业部、ICT 事业部等）、风险投资部门（T-Venture）实现对接，共同组成德电完整的产品创新体系；利用产业的力量加快电信业务创新。因此，Hub:raum 只关注外部创意。Hub:raum 为初创公司提供办公场地、启动资金、内外部导师服务和基于德电优势资源的从产品开发—测试—业务部署-运营全过程的网络环境和技术支持；因而吸引了众多初创公司和团队。德电用约 19 万美元的启动资金换取初创公司 10%左右的股权，并享有优先收购权。收购后的初创公司或并入德电现有业务单元，或作为德电新的业务单元独立运作，相应股份和收入也一并计入母公司。

为了更好地吸引外部创新，Hub:raum 采取了与德电“刻意保持距离”的策略。总部设在柏林的时尚中心而不是德电在波恩的总部大楼内，尝试以一个创新且独立于德电的全新形象出现在业界面前；同时在具体运作上，Hub:raum 享有自主决策权；但这仅仅是一种表象。Hub:raum“为德电现有业务单元引入外部创新”的战略使命注定了它与德电集团的“貌离神合”。这种“神合”具体体现在：第一，战略上高度协同。首先，Hub:raum 只关注那些与德电现有业务相容的新兴领域，如 ICT、移动互联网等领域，并且不能蚕食德电核心业务。所以，虽然 Hub:raum 计划每年引入 10～15 家初创公司，但实际上从 2012 年重启孵化器至今，Hub:raum 只招募了 4 家初创公司，他们分别是聚焦移动教育应用的 Blinkist、关注个性化移动商务的 Stylemarks、关注在线时尚的 Salonmeister 和专注于网络口碑评估管理的 Reputami。其次，Hub:raum 最终服务于德电现有和新兴的业务单元，追求的是孵化成果与集团业务单元的协同发展，而不是基于股权投资的财务回报。第二，体制上高度依赖。虽然 Hub:raum 自主决策运营，但实质是作为德电的一个成本中心来运作的，其采购、人力、财务都需要走德电总部的流程，并接受总部监管；即是典型的“企业内部运作”模式。

（二）AT&T：聚焦技术创新的产业链培育模式

为加快通信业前瞻性技术创新、培育未来的合作伙伴，AT&T 和其核心技术厂商于 2011 年分别在美国的加利福尼亚、德克萨斯和以色列的特拉维夫三地合作成立孵化器 AT&T FOUNDRY。除了基础的办公场地和网络环境，AT&T 不但可以为初创公司提供该技术领域内资深专家的全职导师服务，更重要的是，AT&T 凭借自身在通信产业链上的主导地位可以为初创公司提供上下游资源，促成初创公司与产业链之间的合作，因而吸引了众多通信领域内技术及硬件型初创公司加入该孵化计划。与其他主流孵化器不同，AT&T FOUNDRY 不提供启动资金和融资服务，也不要初创公司的股权。初创公司毕业后，可以成为 AT&T 的合作伙伴独立运作，也可以由 AT&T 收购整合进 AT&T 业务体系，甚至可以选择为其他运营商，包括 AT&T 的竞争对手，提供服务。

AT&T FOUNDRY 是 AT&T 未来技术型合作伙伴的培育基地。首先，AT&T FOUNDRY 与 AT&T 实验室、开发者计划一样，战略上服务于 AT&T 整体技术创新体系，FOUNDRY 负责人直接向 AT&T 首席技术官汇报工作。其次，AT&T FOUNDRY 专注于为 AT&T 培育能帮助 AT&T 解决在技术创新、业务实现、用户体验提升等关键技术问题的合作伙伴。最后，AT&T FOUNDRY 以单纯的“成本中心”模式运作，免费为初创公司提供场地、网络、导师服务和合作资源，不提供启动资金，也不要求持股，更不追求财务回报，以全开放的态度培育产业链发展。

（三）KDDI：从创业到商用的全流程扶持模式

日本第二大移动运营商 KDDI 将创新孵化服务 LABO 计划作为其应用商店 SmartPass 业务发展中重要的一环：即为 SmartPass 业务发现、培育和输送优秀的外部应用；因此它的孵化计划并不是为了追求财务回报，而仅仅是为了丰富 SmartPass 平台上的应用。

为了发现、培育和输送优秀的外部应用，KDDI 在产品开发阶段为初创公司提供基本的创业扶持，如场地、启动资金和导师服务，但用的都是自有资源；场地是 KDDI 自有大厦中的楼层、导师也都来自 KDDI 各事业部；在成长阶段，KDDI 提供天使投资；而在产品成熟阶段，KDDI 为初创公司提供“快速规模化”的推广服务，孵化计划中的优秀项目能获得 SmartPass 业务的首页推荐，相当于获得 500 万个潜在用户；而且这些创业团队可以获得高达 80%～90%的收入分成，远高于 Google Play 和 App Store；这是 KDDI 相较于其他孵化器的独有资源，吸引了日本众多开发者。所以 KDDI 创新孵化服务最大的特色在于：作为一个成本中心，打通了应用分发渠道，实现了应用从孵化—成长—商用的体内循环。得益于该孵化计划，KDDI SmartPass 业务也得到了快速发展；自 2012 年 3 月发展至今，用户数已突破 500 万；为 KDDI 每年提供 2.5 亿美元左右的营收。图 1 所示为 KDDI 创新孵化服务示意。

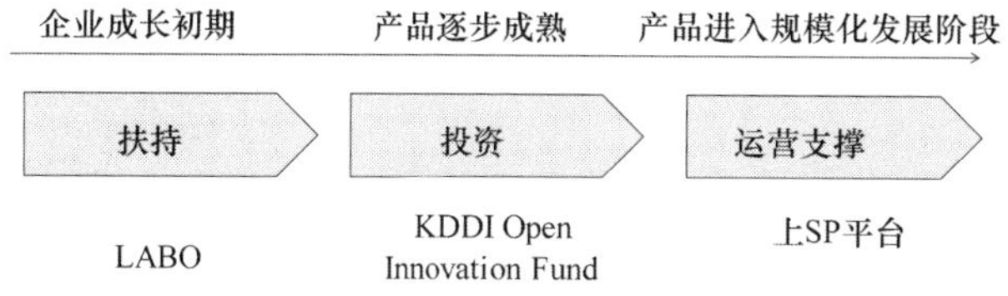

图 1　KDDI 创新孵化服务示意

（四）西班牙电信：基于“人—关系网络”建立的批量孵化模式

西班牙电信 Wayra Academy 是伴随着 Telefónica Digital 海外业务拓展成长起来的孵化器。从 2007 年创立伊始，已经在欧洲和拉丁美洲 12 个国家和地区建立了分支机构。当西班牙电信在海外某一地区设立分公司，就会相应地在当地设立一个 Wayra Academy 的分支机构，每年招募 10 个左右的初创公司，以创业培训为中心提供“办公场地、网络环境、种子基金（换取 10%的股权）、导师指导、合作资源、技术共享”等孵化服务，从而与当地企业家（初创公司）建立联系，并从孵化项目中挑选出优秀初创公司发展成为西班牙电信在当地的技术和服务提供商。

因此，Wayra Academy 孵化服务围绕“人”展开。首先，通过开放式、海选式的比赛机制从近千名创始人中选出 10 人参加“新兵训练营”，并接受 Wayra Academy 为期一年的集中培训，从产品开发到市场推广，从团队组建到公司治理……1 年期的集中式培训使得西班牙电信能够更全面、更深入地了解这些创业家，并和他们建立起深度的“师生”关系，利用他们在当地的关系网络发展起更庞大的关系网络，不但为西班牙电信在当地的技术和服务采购培育潜在的合作伙伴，而且也为西班牙电信在当地的业务拓展提供各类当地资源。很多初创公司毕业后仍会以“校友会”等形式保持着密切联系，依然在其公司网站上放 Wayra 的 Logo，对 Wayra Academy 有着极高的归属感。

（五）联想之星：以“人才培育”为中心的孵化和投资联动发展模式

成立于 2008 年的联想之星，最初的想法是通过创业培训（联想之星 CEO 特训班）来推动、教育和帮助国内科学家们创业，以复制柳传志当年的创业经历。2009 年，为资助特训班学员创业，联想控股又 100%出资成立了联想之星创业投资有限公司，投资规模为 4 亿元。2011 年，联想之星开始组建创业联盟，为学员对接各种第三方资源。2012 年，联想之星又透过创业大讲堂实现与各地政府的合作，在天津、苏州和上海为学员们提供孵化基地。至此，联想之星从一个创业培训机构，蜕变为一个“以创业培训为中心的孵化与投资相联动”的创业投资机构。图 2 所示为联想之星孵化及投资服务示意。

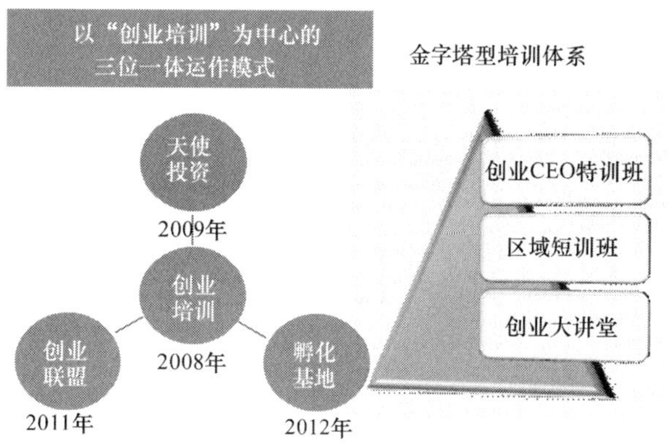

图 2　联想之星孵化及投资服务示意

联想之星用4年时间、每年近2000万元的投入打造“创业CEO特训班—区域短训班—创业大讲堂”三级金字塔型培训体系。其中，创业CEO特训班每年面向全国举办1期，学员招募数为30～90人/期不等，培训期1年；由柳传志为首的联想系公司高管（包括联想集团、君联资本、弘毅资本等）亲自担任讲师，为学员就创业实战答疑解惑。正是这为期1年的培训期，作为培训班辅导员的投资经理才会对每一位学员及其创业团队深入了解，锁定准确的投资目标。截至2012年年底，联想之星天使投资基金已完成近30个项目、总额近两亿元的投资。而这30个项目中，60%的投资来源于培训班学员；平均单个项目投资额高达670万元，远高于行业平均水平。而联想之星之所以敢于投资、敢于下大手笔投资，就是因为投资人员全程参与培训，在培训中发现、跟踪、评估企业家和项目。因此，联想之星实际上是通过“创业培训”来发现“人”、培育“人”和投资“人”，以CEO成长带动创业和投资。

（六）创新工场：以商业运作为特色的创新孵化模式

创新工场是一家致力于早期阶段投资并提供全方位创业培育的投资机构。为了给创业者提供全方位的创业培育服务，创新工场成立了包括行政、人力资源、孵化、商业、法务、财务以及用户体验等多个部门约40多名全职专业人士为所有项目服务。图3所示为创新工场孵化服务示意。

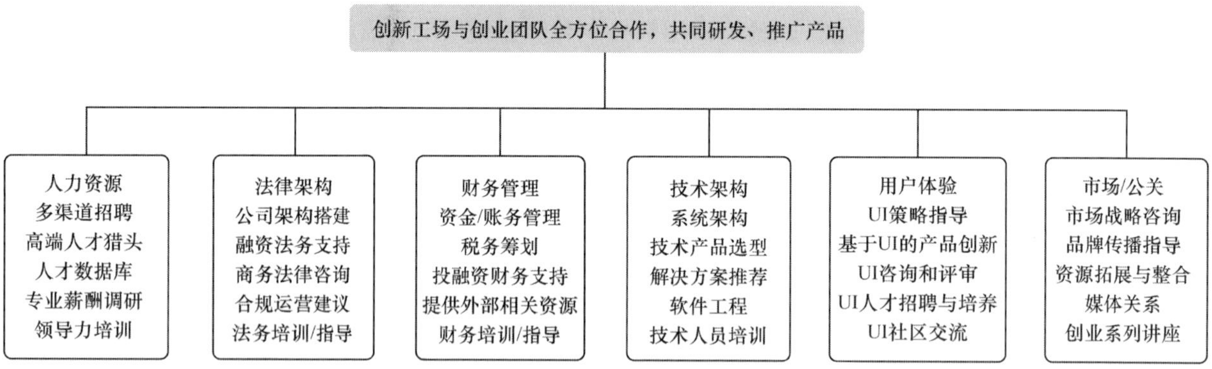

图3 创新工场孵化服务示意

虽然创新工场提供创业服务，并且创业服务还是创新工场的核心竞争力所在。但究其本质，创新工场仍是一个投资机构而不是孵化机构。创新工场追求的是财务回报，资本的认可。在这点上它与深创投、红杉并没有不同；只是它做的是初创期的投资。因此，如何提高项目生存和发展能力，降低投资风险，是创新工场无法回避一个的问题。而创新工场的策略就是：提供从场地、资金，商业、技术、市场、人力、法律、财务、培训、公关、导师网络等一揽子创业服务。为了做好“全方位的创业服务”，创新工场其实付出了很多成本的代价和资源的投入。首先，为了提高孵化项目的成功率，必须要对互联网行业趋势和技术发展具有前瞻性的预见力和判断力，为此创新工场设有15人的投资和研究团队。甚至在发展初期，创新工场做了2年多的内部孵化。从效果上看，这种投入是值得的，创新工场早于互联网巨头们预见到Android和iPhone的崛起，为点心、豌豆荚、友盟、应用汇、魔图这些移动互联网工具型入口级应用发展抢占了先机。其次，这种全方位的创业服务要求创新工场具有强大的投后管理能力，背后是30个全职专业人士组成的运营团队。所以说，这45人左右的专业服务团队，既是创新工场的核心资产，也是最大的成本支出项。因为这种全方位的创业服务几乎没有收入，而投资收益起码要等3～5年才能变现；所以创新工场已经前后完成了3次融资，不断增加资本金，通过收取2.5%的基金管理费来维持日常运营。

二、业界实践对电信运营商孵化模式的启示

1. 业界的创新孵化模式基本上可以分为两大类。一类是大型企业内部的孵化器模式。虽然具体运营模式各有不同，但往往都带有强烈的企业战略诉求，或是为引入外部创新、或是为发现和培育合作伙伴；因此，这类孵化器首要追求的是企业战略价值的创造，而不是单纯的财务回报。另一类是商业化运作的孵化器模式，通常采用孵化与投资联动的运营模式。首要追求财务回报和资本认可，孵化板块服务于投资板块。孵化板块或是为投资板块发现、培育和输送优质的投资标的，或作为投后管理环节，为所投初创公司提供一系列溢价服务，促进初创公司快速成长，提高投资成功率。

2. 业界的创新孵化模式基本上围绕两项核心服务展开。一类是以特色创业服务为代表的孵化模式，如德国电信 Hub:raum 孵化器、AT&T FOUNDRY 孵化器、KDDI 的 LABO 孵化计划，创新工场等都是基于自身核心资源以创业服务的形式扶持初创企业支持。另一类则是以创业培训为特色的孵化模式，以西班牙 Wayra Academy 和联想之星为代表。他们认为，TMT 行业的初创公司多为轻资产的公司，人是其核心资产。创新孵化，孵化的虽然是项目，但成功的关键却是团队。因此，这类孵化器往往以创业培训为核心，通过培训加深对学员的了解，从中挖掘中好的项目和团队，作为孵化和投资的优质标的。

3. 无论是大型企业内部的孵化器还是商业孵化器，创新孵化的发展早期从实践上来看基本上都会经历“成本中心”阶段，只不过大家找的买单的人有所不同。大型企业内部孵化器的运营成本通常由企业总部或者其他内部机构来承担；而商业孵化器的运营成本则由投资人以基金管理费和投资收益来买单。孵化器可以有收入，如场地租金、创业培训费、财税等专业增值服务费、人才招聘费用、投融资服务等中介服务费，但收入并不是孵化器的主要诉求。各企业对孵化器也没有收入和利润的考核指标。

4. 孵化器成功与否，很大程度上取决于其运营团队的专业能力。因此，孵化器运营团队既是孵化器的核心资产，也是最大的成本支出项。企业孵化器服务内容及运营模式见表 1。

表 1 企业孵化器服务内容及运营模式

名称	目标	创意来源	孵化服务	股权投资	毕业去向	运营模式
德国电信 Hub:raum	为现有业务体系引入外部创新	外部	办公场地 网络环境 启动资金 内外部导师服务 技术服务	10%股权 具有优先收购权	• 纳入 DT 业务体系 • 独立运营，DT 持股	成本中心 体内运作
AT&T FOUNDRY	培育未来的技术合作伙伴	外部	办公场地 网络环境 全职、资深技术专家服务 产业链合作资源	无	• AT&T 收购，纳入 AT&T 业务体系 • 独立运营，成为 AT&T 合作伙伴 • 独立运营，与 AT&T 没有任何关系	成本中心 体内运作
KDDI	丰富 SmartPass 业务内的优秀应用	外部	办公场地 网络环境 内部导师服务 启动资金 规模推广服务 融资服务	少量股权	• 优秀应用获得 SP 业务首页推荐 • 独立运营	成本中心 体内运作
西班牙电信 Wayra Academy	为海外业务拓展培育本地化技术及服务提供商	外部	办公场地 网络环境 启动资金 创业培训 学员关系网络 合作资源	10%股权	• 独立运营	成本中心 体内运作
联想之星	投资	外部	创业培训 天使投资	10～30%股权	• 独立运营	成本中心 体外运作
创新工场	投资	外部	全方位创业服务 天使投资	股权	• 独立运营	成本中心 体外运作

三、电信运营商创新孵化模式的发展建议

1. 强化企业战略协同。电信运营商在体系内设立创新孵化板块并不是为了单纯的财务回报，更多是为了通过创新孵化体系为企业母体培育新的业务增长点和（移动）互联网运营人才，激活原产品研发和运营体系的运作效能。因此，这也决定了：第一，除了外部项目之外，内部创业项目也将是一个很好的项目来源。第二，项目甄选首要考察的是其与运营商战略业务、新兴业务等核心业务之间的协同度。这与“什么项目赚钱就孵化什么项目，什么项目赚钱就投资什么项目”的创业投资 CV/PE 有着本质区别。第三，孵化服务要汇聚电信运营商的优势资源。如短信、IDC、业务开发—测试—运营部署、业务规模化推广等资源，才能吸引优质的外部项目。

2. 打通体内循环。无论电信运营商创新孵化是为了引入外部创新、培育合作伙伴还是培育新兴业务，本质上都是为了“为我所用”。因此打通企业内部循环是关键，如建立企业收购/回购机制、打通孵化应用分发渠道。孵化只是手段，如何将孵化成果整合进企业现有业务体系，促进核心业务成长才是创新孵化的终极目标。

3. 探索市场化运作。追求战略价值创造，并不是说可以完全忽略财务回报。虽然业界创新孵化模式目前多停留在“成本中心”阶段，但也有少数多元化拓收型孵化器已经实现了账面的收支平衡。其孵化服务实现了产品化和收费化，也拓展了包括会议活动费、企业赞助、投融资中介费等多种收入源，而中长期的股权投资回报也成为孵化器的主要利润来源。因此，电信运营商在整体战略框架指引下应努力实现创新孵化的市场化，提高自我造血能力，尽早度过“成本中心”发展阶段，向“服务中心”和“利润中心”迁移。

（作者：中国电信股份有限公司上海研究院 张云华）

通信零售业的营销方式分析

一、电信零售业的现状

这里所说的现状，主要是指存在的问题和缺憾，主要表现在：运营商领导观念不到位，社会渠道合作不给力，店长和一线经营管理人员销售不给力等。

（一）观念

观念不到位的原因与以前的知识结构和从业经验有有关，也与以前形成的固有管理模式、企业的管理模式以及官本位思维有关。

（二）一线

一线存在以下问题：一是外行指导内行（从店面经营管理来讲）；二是喜欢照搬别人的经验，没有结合自己的实际消化别人的经验；三是毫无科学依据的创新，从某种程度上来说只是满足了自己个人的喜好；四是以脱离零售店面实际的 KPI 为标准，不从零售的本质上经营店面。

（三）思路

利用行政命令、个人喜好的模式指导零售店面的经营，不从本地环境特点、百姓喜好、店面环境、产品供给、服务能力等方面考虑，领导“一言堂”的现象非常普遍。

（四）方法

缺少科学系统的方法带动中层指导店面的具体经营，经常是一个部门的领导一种说法，到店面进行指导的缺乏科学依据，以至于某些基层检查反而影响店面的业绩。而店员则成了“受气包”。

（五）人员

在很多店面中，从一把手到店员，还采用 2G 时代的思维模式、销售模式和管理模式。很多没有实际店面管理经验和实操经验的人在制定政策、指导店面、管理店员等。这将导致店面的政策制定容易出问题，方向存在偏差，自然不可能带来理想的结果。

在人员方面，说到底，我们没有打造一支专业、专注、专人、专长的零售连锁管理队伍。

（六）支撑

一线得到的支撑除了物料、网络、设备、店面装修等硬件以外，极少能够得到具体的经营指导，更不可能帮助提升店面业绩。手机厂商一般多培训参数，运营商多讲解政策并下指标，店面缺少精细化的电信零售连锁运营体系的支撑。

二、突破方法

针对我们以上总结的现状问题，我们提出的突破方法是：建立电信零售连锁标准化、精细化运营体系，完善以营业厅和店面为核心的客户化运营，让体验更加生活化与人性化，以加快组织变革以适应 4G 时代的到来。

（一）客户的经营

走过一百多个地市了解到，有关注和维系客户的不到 5%。即使有统计客户资料的，充分利用客户资料进行经营和管理的也不到 1%。这就是整个电信零售行业客户经营现状的真实写照。

那么，如何做好客户的运营？

1. 从战略层面高度重视

将客户经营放在公司的核心战略层面上加以重视和贯彻，具体表现在将店面建设、产品管理、销售模式、营销活动和店面管理等都必须围绕客户进行。

在实现方法上要充分发挥领导的作用，公司一把手作为首席客户运营官，把客户当成企业生存的命脉，领导带头做客户的发展、经营和维系工作。

2. 团队接口配置

公司战略既然以客户运营为核心，那么也必然要配备以琢磨客户为核心的人员与团队。

将具备服务意识、会与人交流、组织管理能力强、做过会员俱乐部运营、懂异业联盟、受过客户运营训练以及会员管理等人员搭建成一个客户管理部，组成企业最核心的管理部门！它的职责是用系统科学的方法，利用企业的CRM系统，分析客户的消费行为和习惯，提供店面经营、营销、产品提供、店面建设等的指导。

3. 一线落地方法

一线员工：全力将进店的客户发展成店面的会员或者微信、易信、微博、QQ等的粉丝，而且刚性要求：成交的客户必须是店面的微信粉丝，非成交的客户必须占成交粉丝的一定比例。让一线员工意识到客户才是开工资的人，努力去获得每一个可能的客户或粉丝。

店长：除了自己发展客户以外，有义务和责任帮助、督促、检查店面员工每天客户发展、维系和运营的情况。采取奖励先进鼓励后进的方式，逐步让店员养成与客户交朋友、时刻为客户提供价值的习惯，从态度上让客户有宾至如家的感觉。

管理人员：制定客户发展和维系规划，提供客户管理的策略和方法，以及发展客户需要的资金、礼品、活动场地等，并定期检查客户的发展状况、与经营业绩的关系、客户管理的效果等。

后台支撑：目前运营商可以利用自己的CRM系统进行客户的经营分析和管理，中小社会渠道的总经理可以利用微信、电子表格和每一个员工进行客户的维系和管理，大的连锁店面可以考虑购买客户管理系统进行客户的运营和管理。

客户运营没有一蹴而就的魔法，唯有日积月累的不断坚持并用心去做，才有机会获得成功。因此，移动互联网时代必须做精细化的运营，让客户得到价值，企业才能获得价值。

（二）组织的变革

有了思路和方法，最终落地还是需要人执行的，这就需要我们建立一套与之相对应的组织，保障我们的思路与方法可以得到有力执行。具体需要从以下4个方面来考虑：

1. 管理模式

（1）连锁化发展思路

管理模式向连锁化运营靠拢。连锁化是移动互联网时代的必有之路！无论是通过自己的一个店一个店地发展，还是通过联盟的方式，以及加盟的方式，或者收购的方式，都需要评估开店的盈利可行性。因此要在店面选择、目标客户群的确定、人员的配比、销售模式的建立、产品的适配、营销活动的管理等方面用数据进行分析、管理和经营。

（2）打造标杆店

而要想连锁快速发展，必须有一套适合自己企业发展、形成标准化、能够复制、可以快速推广的经营模式或标准。否则在目前的情况之下，很难有较大的突破和发展。

我们建议先打造标杆店，建立起一套自身的管理系统标准，再通过区域复制的做法推广。这套标准包括店面选址管理、产品管理、店面形象和展陈的硬环境管理、店面销售流程与话术的软实力管理、人员激励管理、客户运营管理、营销活动管理、日常制度管理和评估管理9部分。

2. 管理架构

（1）转变管理者观念为支撑者

传统的组织管理架构是金字塔型的，领导在最上面，领导向中层发号施令，中层又向一线指指点点。但是新时代店面需要的是指点，而不是指指点点。

在市场变化为买方市场、竞争又如此饱和的现在，运营商和手机厂商不再是“我卖你啥，你就得买啥”的市场主导者，而变成了“你需要啥，我就卖啥”的客户主导阶段。

在这种背景下，传统管理架构就显得格格不入了，完全不能适应市场变化的需求。因为很简单，金字塔型决策来自上层，而他们恰恰是最少接触市场（客户）的人，那又如何能有效把握市场动向，向一线提供有效的指导呢？

这要求组织金字塔的管理结构倒置，政策依据应来源于一线而非领导。相应的，领导也不应该以管理者的身份自居，转而做一线的服务者。

（2）落地实现

基于以上的管理架构设置，现在特别是部分运营商做出了相应调整，比如轮岗，或在干部考核中加重一线人员的比例、强调一线实战的经验背景。

应该说还是取得了一定成效，但是也存在很大的弊端，如轮岗人员时间过短导致政策变化太快，一线成果无法沉淀。

在目前的条件下，我们提出的建议是加大一线人员“参政议政”的范围与力度。最直接的，可以从店长处多沟通获取信息，政策制定后首先通过店长进行可行性论证等。

3. 服务体系

（1）客户中心

在客户运营时代，电信零售自然要靠服务取胜，这就要求我们必须完善服务模块与服务功能。客服中心是客户服务体系中不可或缺的一部分。

运营商已经建立了自身的客服中心，有条件的社会渠道与连锁门店也应该建立客户服务体系，当然，碍于资金、场地与人员，有些渠道实现不了，但是我们仍旧可以通过其他方式代替其内核功能。

（2）微信运营

微信的覆盖面之广、受众之普遍应该是我们首先可以考虑的工具。门店可将存量客户与增量客户全部用微信平台做统一的服务管理，成本低、效率高、信息有效性高。建立微信获取、信息分析、服务运营、客户维系的模块，是微信运营的方法。

（3）落实到每个人

服务体系的概念并非庞大的系统运作这么复杂，系统的运作也需要以人为单位的具体行为，门店服务体系是每个人的协同作业，需要落实到每个人：首先是把客户服务理念落实到人，保证每位员工将客户当做朋友，真正重视客户的长期运营；其次是客户服务技巧落实到人，保证每位员工有高超的客户服务技能，能够解决客户问题，抓住客户；再次是将客户服务制度落实到人，利用奖惩制度、行为规范等激励与约束员工的客户服务行为。

4. 经营模式

（1）思路

未来电信零售店面一定是社区化、一站式，这是根据消费者的购买行为与消费特征分析而来的。什么叫社区化？就是门店将不再是业务办理处而是生活中心。什么叫一站式？就是门店将可以解决客户的一系列生活所需，当然，主要还是通过智能的方式实现的。

这必然要求门店根据客户口味转变自身的经营模式，我们还在潜意识里定位自己是买手机的？已经不适应快速发展的市场了，我们是 3G 美好生活的服务员。

（2）异业联盟落地

那么，我们又如何落地实现这种思路转变呢？必须要求我们拓展思路，联合其他生活服务者，为客户提供社区化与一站式的生活服务。

如我们可以联合餐厅向客户实施用餐优惠，客户在我们的店面消费，同时又能获得实惠，是不是丰富了他的生活服务呢？

异业联盟的思路是与门店需要考虑与客户生活息息相关的衣、食、住、行、学、商、游、娱等各个方面的服务内容，尽量与智能机和店面服务结合起来，打包推向客户。使得门店成为客户生活中不可或缺的一部分，而不是仅仅卖合约、卖配件而已。

（三）体验的升级（生活化、情景化、个性化）

自从在国内推行 3G 以来，普遍的观点就是打造一个 3G 体验店，也就是体验式营销，业绩就会几倍、几十倍的增长。相信大家都进入到了一个误区：那就是模仿苹果就可以成功，就可以实现店面经营性质的转变。

说明我们没有方法，没有思路，不知道客户应该体验什么？客户为啥来店体验？没有解决体验的本质问题，导致走弯路、浪费时间和机会，结果变成一场店面装修的大比拼：道具看谁做得精致、真机看谁陈列得多等。

这些是目前电信零售在做体验时的误区，我们有必要对体验进行一下升级，可以考虑的方式如下。

1. 生活化

移动互联网改变生活，具体改变在哪些方面，在我们的店面也是看不见抹不着的。除了游戏，而游戏玩得也不爽。也就是说，店面体验与百姓的生活没有关系，不能让客户体验到他们的生活会被如何改变。因此需要让客户在店面体验到与生活相关的吃、住、行、游、购、娱的内容，切实让百姓体验到智能机改变了他们的生活。

2. 情景化

可以考虑在店面设计一些区域和场景，模仿一些情节，让客户主动、积极地参与到体验的乐趣中。

而不是摆一张沙发、放一套音响等，这并不能给百姓带来身临其境、解决生活中的问题的感觉。

如果使用主题体验、场景体验、娱乐体验、新奇特的体验等，是不是可以让客户真正地体验到移动互联网带给他们的生活改变，成为他们快乐生活的帮手呢？

3. 个性化

每个人的需求不同，每个店面的客户群体也不尽相同，因此要根据店面设计不同的体验内容就成为达到客户完美体验的必然。比如大叔大妈可能需要的就是健康和省钱的内容，青年人可能喜欢的是聊天、娱乐和玩的内容，商务人士喜欢的是出行相关、业务相关的内容等。可以将本地去的客户分类，然后根据他们的喜好进行有目的的个性化的体验，让每个人得到他们自己想要的，帮助解决他们的痛点、痒点和烦点。

所有简单的体验都是经过精心设计的结果！我们的体验要能给客户带来价值和生活的变化，必须要从店面设计开始就考虑，同时随着季节的变化变换不同的体验主题和内容，让体验永远充满新意、客户乐于参与！

（四）精细化管理

目前电信零售行业最缺的就是：零售连锁化运营体系的标准！根据移动互联网时代的要求，店面的运营在产品规划和管理、店面建设、销售技能、客户运营、营销活动、组织架构和激励、店面管理等方面进行细致的规范和管理。

1. 数据化管理

一切用数据说话！不仅是目前每天的销售额、流量统计、宽带发展量、市场占有率等，更需要进行店面占有 80%收入的产品比例、店面的坪效、人效、进店量、成交率、客单价、毛利率、回头率、跟机率、体验率、上柜率、微信粉丝增长率和客户互动比率等。通过数据的分析，可以得出店面经营存在的问题，进而找到解决的办法，根除用模糊的不知道、差不多、没办法的推托陋习。

2. 客户化运营

通过整理和分析客户的发展数量、客户的流失率、活动参与度、客户进店的次数、购买的次数和频率、老客户带来新客户的数量、店面玩家的数量、客户参与异业举办活动次数和效果等数据，将客户细分，进行分级服务分类管理，让客户从满意到忠诚。

三、转变思路

（一）领导观念转变

电信零售企业（含运营商）的核心管理者在观念上转变（无相应的知识结构、缺少行业经验、用外行的思路领导内行、为完成 KPI 花费主要的精力等），企业才能有前途。

（二）中层技能提升

中层干部的业务知识和店面管理能力需要快速提升，需要店面赚钱能力、客户管理、营销活动和店面指导等的知识学习。

（三）店长角色转变

店长不仅是简单的销售员，更是店面的“老板”，他们不需要高深的理论熏陶，需要落地、可执行和操作的工作方法和工具。

（四）店员认知转型

店员要从产品销售向顾问式销售的转型，可能要员工大换血，需要具有服务意识和愿意做与客户寒暄的零售业的人，更需要会销售客户价值、玩转应用和智能终端的人，从人的招聘开始改变、从培训模式和销售模式的转变开始、从自己成为玩家开始。

以客户为中心、加速组织变革、打造生活情景化的体验环境、建设精细化的运营体系，加快接受移动互联网时代的经营模式，用移动互联网的思维进行实体店面和线上模式的融合，才有赢得新的生机和快速发展、壮大的机会！

4G 来了，迫切需要解决的核心问题是：业绩提升的关键在于店面软实力的打造（特别是解决新增店面的赚钱能力、已经合作店面的业绩提升的瓶颈）、合约销售与流量经营、客户的管理。谁的经营观念转变得快，谁就能赢得更多的客户，谁能用生活场景式的体验让客户购买服务和产品，谁就是新时代的王者！

（作者：北京携创天成科技有限公司　李占宗）

电信运营企业在移动互联网环境下的策略分析

一、移动互联网的阶段发展特点与新趋势

（一）产业界垂直整合态势依然明显，但只有少数巨头能成功构建垂直一体化的生态系统

苹果公司终端+应用商店的软硬一体化服务模式深刻影响了产业链，谷歌、微软、亚马逊、三星等巨头纷纷有不同程度的垂直整合趋势，并且初步打造了“自我为中心”的生态系统，但是目前除谷歌和苹果之外，其他尚难称得上已成功。在国内，众多互联网和IT公司打造终端+应用的一体化模式也一度是业内热点，但是目前除小米之外，其他公司也难以称得上成功。其他公司拥有自身的业务应用产品，进军手机产业的着眼点是将自身软件与服务植入终端以抢占移动互联网入口。这两种做法的思路不同导致用户的口碑不同，特别是自身的大部分业务应用产品难以像谷歌一样做到各自业内前列的时候，大量内置应用严重影响了用户的体验。这里特别要指出的是腾讯一直没有正式进军手机硬件终端并发布手机，而是为华为、三星等公司提供QQ Service等合作业务，国外的Facebook和腾讯策略类似，二者着眼点均是其业务产品的终端广泛覆盖和争夺用户触点。

（二）移动互联网发展泛化，从信息通信产业延伸至全社会各行业，越来越多工作和生活方式被重新定义，促生新的商业模式

美国风投KPCB合伙人玛丽·米克发布的2013互联网趋势报告指出移动互联网正促进“轻资产时代”的形成，从个人娱乐中的音乐、视频、游戏到学习工作中的教材、笔记、招聘再到社会生活中的住房、交通、贷款、协同等，移动互联网极大地促进了现实世界与虚拟世界的互动与融合，越来越多的生活方式正被改变和重新定义：如Facebook、微信类应用改变人们通信沟通与交际方式，Square、支付宝等应用改变商务交易的金融支付方式，Twitter、新浪微博等应用改变媒体与消息的传播方式。而这种改变，也将促生移动互联网从娱乐、休闲、沟通等向更广泛的行业普及和深入，也将改变当前以游戏、电商、广告为主的移动互联网商业模式，促进更多的民生、商务类业务的发展和成熟。

（三）智能终端发展迅速

2013年，全球范围内智能终端出货量已超越功能机，Android在智能终端平台市场上一枝独秀，Windows是否能成为主流平台之一尚需努力，另外一方面智能终端技术发展进入平稳期。智能终端在出货量及市场占比上逐渐超过功能机，越来越多老年人以及儿童将成为移动互联网用户，针对新的用户群，简单、实用成为移动互联网产品准则之一。对于智能终端平台，根据市场调查机构Gartner2013年的最新数据，全球范围内谷歌Android在2013占据智能终端平台市场份额的79%，苹果iOS排名第二，份额仅为14.2%，而微软Windows Phone与黑莓分别只占3.3%和2.7%，其他的市场份额不足1%。总体上，Windows Phone市场份额非常小，微软在WIN8之后启动的多屏多终端统一平台内核战略目前难言成功，诺基亚等WP手机厂商也仍然在转型之中。智能终端平台技术发展进入平稳期，最新版的iOS7、Android5.0以及Windows8.1均更多的是操作系统层面的完善和小改进，当前智能终端的竞争逐渐更多是在芯片、内存、摄像头等硬件能力的提升以及生产制造成本、渠道以及营销等方面，在新技术方面有待新的突破，而诺基亚的PureView摄像技术、MOTO X的语音控制及X8移动计算架构等技术代表了智能终端新技术突破的尝试。

（四）领先应用的平台化趋势明显，同时新应用发展为大平台的门槛提高

智能终端及操作系统技术的发展进入平稳期，而移动应用则成为当下移动互联网发展创新的主要驱动力，苹果和谷歌应用商店的应用数量均已达到

百万级，根据友盟等移动应用服务提供商统计，2012年人均的移动应用使用频率以及使用时长相比 2011年具有较大增长，特别是视频类应用。其中，国内互联网三巨头腾讯、阿里巴巴、百度在移动社交、支付、搜索等领域保持领先，同时涌现了高德地图、大众点评、UC 浏览器、Go 桌面等在位置、本地生活、工具、桌面入口等方面领先的移动互联网应用，遵循着产品用户规模化、平台化、开放化的演进路径。而作为平台化的应用，社交、位置、支付、搜索等逐渐成为移动应用标配并呈现协同发展之势，不同的是切入点和发展路径不同，比如阿里巴巴从支付能力切入，逐渐引入社交和搜索等，腾讯从社交到支付，百度从位置搜索到本地生活 O2O 等。但据多项调查显示，绝大部分用户经常使用的手机应用不超过 10 个，并且应用的营销推广成本也在逐渐提升，社交、地图、游戏、工具、电商、视频等细分市场已出现较强优势的应用，这均意味着新的移动应用发展为平台的挑战更大，根据对国内开发者的有关统计，个人开发者占比已下降至 10%，但是互联网行业拥有充满颠覆式创新永远存在机会，而对于大部分应用开发者来说，基于领先的应用开放平台上开发应用以及面向行业的商务应用则存在更多的淘金机会和更理想的选择。

（五）新的智能终端设备形态和人机交互技术正孕育移动互联网的下一波发展浪潮

移动互联网极大地促进了现实世界与虚拟世界的互动与融合，移动智能终端特别是谷歌眼镜和手表等代表可穿戴设备成为人的周边环境感知器官延伸，但总体而言新的智能终端设备和人机交互技术仍然处于早期发展阶段，市场潜力和空间巨大。苹果 Siri 为代表的语音交互、微软 XBox360 的 Kinect 以及 Leap Motion 等为代表的体感交互等新的人机交互技术逐渐在智能手机终端、平板电脑和智能电视上得到应用，以第三方评测以及作者体验来看，当前语音交互作为一种辅助手段，体感交互则主要用于游戏类应用，这些技术仍然存在识别率较低、使用范围受限等问题，相对比较成熟和广泛应用的是二维码交互和 NFC 交互。而随着智能手表等可穿戴设备的兴起，语音、图像、声波、体感等交互技术的成熟，并结合更多的用户行为数据采集和大数据分析，智能化的提醒、规划、推荐等无所不在，移动互联网产品体验将朝着以人为本、人机合一的方向大步迈进。

二、电信运营商的移动互联网发展策略

（一）电信运营商的战略选择和发展思路

经过最近几年的移动互联网探索，电信运营商的移动互联网发展更加务实和明确定位，发展智能管道、构建生态平台、提供差异化业务成为大部分主导运营商的移动互联网战略选择，并且电信运营商也充分认识到已有机制在互联网产品创新和运营上的不足，纷纷通过开放合作、成立专业公司、招募和内部挖掘互联网人才及机制创新等手段开辟互联网第二战场。

对于互联网业务和平台，作者认为电信运营商需重点发展三类平台和开展三大经营：

（1）三类平台包括：电子渠道、应用商店等渠道平台；通信、位置、支付、认证等重点能力型平台；音乐、智慧城市等重点业务平台，其中重点业务平台是从初期较广泛的业务布局、赛马机制的市场化优胜劣汰中遴选出来的。

（2）三大经营包括：流量经营（不仅是扩大流量规模，关键是提升流量价值、丰富流量内涵，技术上结合智能管道的 DPI 分析、PCC 流量管控、内容计费、Wi-Fi 分流、大数据分析挖掘等手段）、账号经营（以账号作为业务应用入口，通过账号识别、分析和黏住用户，提供统一账号登录连接、账号与支付、存储、通信等能力的协同等服务）、能力经营（能力的开放、增强、整合等，重点开展能力产品化的创新，如提供基于应用插件等方式的能力销售联盟等）。

（二）国际主导电信运营商的互联网业务发展策略

移动互联网给电信运营商带来巨大发展空间的同时，互联网公司的 OTT 业务也在冲击和颠覆电信运营商的传统业务和能力，包括通信、位置、支付等核心能力和短信、语音等基础和增值业务，给运营商带来巨大挑战。面对巨大的机遇与 OTT 业务挑战，根据 OVUM 的咨询研究总结，全球电信运营商的业务应对和发展策略主要包括（以下策略并非互相排斥，也存在一定交织）：

（1）保护。减少 OTT 业务对运营商网络服务与资源使用的负面影响，如通过流量限制防止视频等

部分应用无限占用网络资源。

（2）利用。探索更加有效的网络资源利用并提供给第三方 OTT 公司实现资产增值的方式，如西班牙电信的开放网络能力 API、提供托管的网络服务以及分发服务等。

（3）合作。通过战略及产品合作向运营商已有的客户群提供第三方 OTT 业务，如联通与腾讯的“微信沃卡”合作。

（4）竞争。与第三方 OTT 业务和服务直面竞争，如推出自有品牌的 OTT 服务，法国电信推出与 Skype 等竞争的 OTT VoIP 服务 Libon，Libon 提供群内免费的通话、短消息、语音邮件以及给非 Libon 用户付费的电话呼叫、电子邮件提示、无限的个性化语音邮箱问候模板等服务。

（三）国内电信运营商的互联网业务创新发展策略

作为国内领先的移动运营商，中国移动提出移动互联网十六字方针：“智能管道、开放平台、特色业务、友好界面”，并确定了“云、管、端、台”的移动互联网新战略。其“智能管道”包括数据中心和网络，是以管道为基础构建基础设施平台，大力开展流量经营，为客户提供更快捷、更方便、更高效的上网体验，构筑好用、易用、智能的信息传送管道，而“开放平台”是以移动应用商城、无线城市、云计算、位置服务等平台为核心，集中搭建聚合的内容型平台、开放的能力型平台，打造使用方便、反应灵敏的统一门户，引导产业链为客户提供更多、更优质的业务和应用服务。“特色业务”则是在部分能够充分发挥运营商优势的领域，有选择地形成业务先导、品牌统一、价值创新、竞争力强的核心业务。“友好界面”则是通过推动各种平台能力在终端的适配以及特色业务在终端体验的优化，为客户提供友好的终端和业务界面。

作为国内最大的综合信息服务提供商和宽带网络服务提供商，中国电信在移动互联网的总体定位是“智能管道的主导者、综合平台的提供者、内容和应用的参与者”：一方面作为移动宽带网络提供商，推动作为移动互联网基础设施的网络智能化发展，为上层应用提供更好的网络资源调度、质量保证、无缝连接等能力，充分发挥中国电信固网宽带、无线 WLAN 以及移动宽带的多网协同优势；另外一方面继承电信资源禀赋，并遵循“去电信化、市场化、差异化”的指导思想提供平台能力和服务以及部分内容应用产品，当然这里的“去电信化”是一种哲学上的扬弃，是希望去除传统电信的求稳、重建设、流程固化、运营分散、工程周期长等不足，引入更多的开源、开放、求精、求新、迭代开发等互联网产品与技术元素。

作为拥有最具优势的 WCDMA 网络和终端的 3G 运营商，中国联通在 3G 移动互联网时代迎来较快的发展，其移动互联网业务层面以流量经营为主：一方面也采用基地模式布局阅读、音乐、应用商店等业务；另外一方面则积极推进“Wo+开放平台战略”，在产品聚合、能力开放、渠道共享、智能管道等方面与产业界各方开放合作。

三家运营商在移动互联网发展的浪潮中，都意识到网络以及基于网络的智能管道是生存之本，并且在云计算、大数据、物联网等推动下，智能管道与流量经营将大有可为。三家运营商也高度重视互联网营销和电子渠道，纷纷大力发展电子商务营销，推动营销模式的改变。而在业务应用层面，三家运营商的发展策略则呈现多元化：中国移动收缩了业务战线，但是对于战略型以及与运营商优势强关联的业务仍然是自身为主打造，如 MM 应用商场和飞信；中国电信一方面推进重点业务的规模化差异化发展，并在部分重点业务如 IM 上采取了与网易合作的发展策略，另外一方面是积极打造支撑“账号经营、流量后向经营、App 整合营销”等重点经营策略的综合平台；中国联通则更多采取合作策略发展业务，如与腾讯微信合作推出微信沃卡、与搜狐合作推出包含搜狐视频定向流量的套餐。

在移动互联网实践中，三大电信运营商也均认识到需要以创业的心态、互联网的机制和规模来发展业务，中国移动和中国电信在产品基地模式基础上建立专业化公司独立运营。而为进一步顺应移动互联网发展趋势和激发内部员工，中国电信还成立创新孵化基地并专门成立天翼创业投资有限公司，建立内部创新孵化和天使投资机制，这是大型国有企业在创新实践方面的新尝试，开创了国有资产体系下自主创新和企业发展的新模式。

（作者：中国电信股份有限公司北京研究院 张成良 杨鑫）

互联网企业的发展现状与模式

2013 年度的全球互联网服务行业呈现出了一种全产业竞争的格局。各个互联网络巨头之间的业务交叉更加密集，在各自的主要业务之外展开了激烈的竞争。全球互联网科技巨头纷纷基于自有操作系统向移动互联网产业上下游环节不断延伸，以实现对产业链的垂直一体化整合，意图在打造产品最佳用户体验的同时，凭借不断扩张的掌控力为自身谋取更大的利益。国内方面，形成阿里巴巴、腾讯、百度的“三国演义”局面。

一、百度

在过去的 2013 年中，百度成为我国最挣钱的互联网企业。值得关注的是，在由 PC 互联网向移动互联网的转型期，百度正在继续不断加大技术创新和研发力度，将地图、图像识别等搜索相关的产品和服务，与搜索服务进行整合。百度的互联网战略总体可以总结为：在产品技术领域，以搜索为中心，力推开放平台，发布百度云战略；布局移动客户端，占据移动互联网入口。在商业模式方面，对组织架构进行调整，组建“前向收费业务群组”，成立“搜索业务群组”。市场推广方面，以搜索联盟为核心，将 PC 上中国最大的网络联盟复制到移动互联网领域，并加强对移动生态进行投资，为应用程序开发者打造各种工具和功能，培育健康、规模庞大和快速发展的移动社区。

（一）传统业务发展：以搜索为中心，力推开放云平台

在互联网产品技术领域，百度主要开始布局移动搜索。移动搜索方面，将优化网页搜索的用户体验、针对细分需求的深度垂直搜索，完善终端适配和页面转换能力。同时，力推开放平台，发布百度云战略。

百度认为，移动搜索是最天然的应用分发平台，因为搜索可以更精准的锁定用户需求，为开发者带去丰沛的流量。此外，百度移动云平台为开发者提供一站式开发环境，包括云开发、云能力和应用分发入口，通过对海量大数据的分析，为开发者提供精准的开发需求。其中，还提供了 SiteApp 移动化站点服务，让普通站长也能低成本地开发 WebApp 页面，并利用百度移动搜索进行 SEO。

百度即使没有占据主导地位的前端 App，其巨大的移动云平台也拥有海量开发者与应用，仍然是移动互联网生态系统的掌控者。与此同时，百度在搜索技术上的积累也有利于核心业务——移动搜索抢占手机搜索入口，包括图像搜索、语音搜索等都与手机有天然的契合点。

（二）创新业务发展：加强渠道把控，布局移动互联网入口

围绕该核心战略，百度正在通过自主开发与投资“两手抓”的方式抢占移动互联网入口，并形成战略防御。入口就代表着流量与用户，同时代表着大数据，未来互联网公司的竞争是大数据之争已经得到了共识。如果说腾讯抢占了社交用户数据，阿里巴巴搞定了电商用户数据，百度必须要更好地获得移动搜索数据，因此抢占入口至关重要。

百度现阶段看重移动搜索的渠道，因此抢占移动互联网各类入口至关重要。百度移动搜索 DAU 突破 1 亿正是在这种背景下实现的，一方面是移动搜索正在逐渐演变为用户的强需求，另一方面百度加强对渠道的把控也起到了很大作用。

（三）搭建生态系统，为终端厂商提供收入分成等新的赢利模式

搭建生态系统是百度云战略目标之一。百度一方面针对开发者提供集开发、运营、分发、变现于一体的云服务，另一方面积极和终端厂商合作，为终端注入最优的云服务，并为终端厂商提供收入分成等新的赢利模式。拥有众多开发者的支持，能使

百度云服务更加丰富，进而使安装百度云服务的终端拥有更大的竞争优势；反过来，拥有越来越多终端支持，使更多用户能够零距离接触百度云服务，这将为在百度云上的各类应用带来更多的流量。这种相互促进、共同获利的模式，将推动生态系统繁荣发展。

在 2013 年的移动互联网大会上，百度开放给开发者的云开发能力与系统保障服务包括云储存（PCS）、应用引擎（BAE）、云推送（PUSH）、位置服务（LBS）、自测平台（MTC）、众测平台、移动统计、开放平台提交、移动联运平台、In-App Ads。可以看到，既有开发、储存方面的服务，也有发行、营销能力的支持，还在移动变现方面进行了探索。

（四）自主研发和收购并举，推动整体战略形成闭环

百度自主开发的产品多为平台和工具类产品，也代表着各类入口。这包括输入法、地图、浏览器、手机助手、安全管家；而投资的产品也都看重其入口价值，比如：爱奇艺、点心 OS、ES 文件浏览器、豌豆荚、PPS，以及最近盛传的收购搜狗，都是为了抢占各类入口。而且通过收购，百度可以快速地建立起战略防御，比如：完成对 PPS 的收购可以加强移动视频入口的抢占，从而与优酷土豆形成对抗势头，抢占移动视频先机；收购搜狗，可以提升搜索份额，抢占移动输入法入口；还可以将 PC 端浏览器与自家手机浏览器连成一体，打造无缝跨终端上网体验。

在对流量入口的抢占过程中，百度可以获得丰富的移动端数据，通过对海量移动大数据的分析，从而反哺移动云和移动搜索这两大核心战略，这也让百度移动互联网战略形成闭环。

路线选择的不同，使百度与腾讯、阿里的互联网战略可比性越来越弱（其中阿里巴巴着眼于提供电商生态平台的建设，与百度的互联网战略微相似）。但百度的这个战略也面临挑战，最大的不确定性来自于数据的来源：腾讯拥有大量基于用户明确 ID 的行为数据，阿里巴巴则拥有整个互联网价值最高的电商流量数据。在 PC 互联网上，百度拥有搜索框入口，但在移动互联网上，杀手级 APP 的匮乏，可能会导致百度在数据采集方面脚步放慢。

二、腾讯

与百度的“搜索流量对接”发展模式不同，腾讯的发展策略为“全面开放、单点突破、多点整合”。其策略内容：一是推行全面开放战略，打造移动互联网和电子商务产业生态系统；二是创造新的移动互联网产品，加速平台培育，并加速 PC 端产品转型与新的移动互联网产品进行整合。

（一）传统业务发展：推行全面开放战略，打造生态系统

2011 年 4 月，腾讯启动全面开放战略，同时腾讯开放门户正式上线。此后，QQ 空间、腾讯微博、QQ 游戏、朋友网等核心产品和海量用户资源陆续走向开放。数据显示，腾讯开放平台应用活跃用户数在 2012 年 12 月突破 3 亿人，给开发者的收益总额累计超过 20 亿元人民币，注册应用超过 35 万款，有超过 80 万的注册开发者，9 成以上取得收入，最高的开发者月收入已经超过两千万。

腾讯全方位的平台支持简要概括主要包括 4 个方面：一是基础能力：包括腾讯云、账号体系 QQ 互联以及数百个丰富的 API；二是营销能力：帮开发者触达更多用户，含 PC-push（安装转化率达 40%）、关系链及社交传播等；三是商业化能力：Q 币+短信支付、广点通广告联盟，帮开发者更好地营收及商业化；四是关注合作伙伴培养与成长：腾讯开放平台为近 100 万创业者打造了“知识分享体系”和“选拔培养平台”，包括腾讯公开课、开发者沙龙、开放平台白皮书、开放画报，以及“互联网创新创业大赛”和“腾讯合作伙伴大会”。

（二）加速发展移动端开放平台，提升移动端流量变现能力

腾讯移动端开放平台加速发展，不断提升移动端的流量变现能力：一是借鉴 PC 开放平台能力到移动端，包括社交渠道、支付、社交广告等；二是积极筹备移动广告联盟建设；三是像微信这样的纯粹移动开放平台的崛起，更新为行业带来了极大的想象空间。

（三）创新业务发展：组织架构调整聚焦移动互联网，加速新产品研发和平台培育

2013 年 2 月，腾讯公司宣布升级移动互联网战略，旗下移动互联网事业群（MIG）将更加聚焦于浏览器、安全、搜索、应用平台等平台型业务，手机QQ和超级QQ调至社交网络事业群，手机游戏对外合作部门调至互动娱乐事业群。

近年来，移动互联网事业群在手机浏览器、手机安全、手机阅读等竞争激烈的领域也取得突出成绩，把腾讯在移动互联网的布局向前推进了一大步。截至目前，手机QQ浏览器、腾讯手机管家以及街景已经拥有良好的发展势头。数据显示，以总体浏览量统计，腾讯手机浏览器市场份额已位居第一；手机管家在2012年10月份就宣布用户过亿，成为腾讯移动端又一个“亿级”产品；手机街景地图上线仅一个多月就成为App Store上最受欢迎的互联网地图应用之一。

在新一轮的结构调整中，微信、手机管家、手机浏览器将成为腾讯的三大核心，未来腾讯将重金打造移动互联网，微信是核心，将提升到与QQ相同的地位，围绕微信开放和拓展。微信之外，腾讯在移动领域的布局还包括浏览器、安全软件等基础服务，以及手机游戏、手机书城等增值服务。腾讯把手机游戏视作移动互联领域必须要抓住的盈利机会，但目前在移动游戏平台方面，腾讯还没有明确的政策出台。

三、阿里巴巴

阿里巴巴于2010年10月推出移动互联网战略以来，一直坚定按照原定计划实施，并认为未来移动互联网的核心在于在线服务，将包括搜索、购物、LBS、SNS等功能的应用。出于安全支付的考虑，阿里巴巴认为目前面临移动环境复杂和WAP浏览器依然脆弱的挑战，新的商业模式需要建立在开放API和多赢的利润分成模式基础之上，应合力促成开发、对等、协同的电商生态圈。

（一）传统业务发展：围绕支付、淘宝网、云计算，打造电商生态圈

阿里巴巴表示将大力发展移动互联网业务，围绕支付、淘宝网、云计算3个平台展开。第一，解决移动互联网的支付瓶颈，为用户创造更安全、便利的支付体验；第二，快速推动淘宝网、口碑网在移动互联网的发展，拓展新的消费者在移动互联网上消费体验；第三，提供云存储服务，打造繁荣的电子商务生态圈。

阿里巴巴会将淘宝网、口碑网等用户行为数据与用户资源与更多的中小网站分享，口碑网也会加入地方网站的运营支撑体系；同时也会以开放的态度推动移动互联网的建设，支付宝、云计算和PW则扮演移动电子商务平台3家基础服务技术提供商的角色。当互联网的电子商务环境越来越好、进入成本越来越低时，会有更多的传统企业涌入B2C，而移动互联网会给众多中小站长带来高速二次创业的机会。

例如，2010年阿里巴巴推出网络应用商店“淘宝箱”，并承诺愿与第三方程序开发者分享运营收入。“淘宝箱”中的应用主要由独立软件开发商(ISV)开发，淘宝网负责运营，用户可以直接在应用商店购买和使用。其中“淘宝箱”涉及的应用程序可分为基于淘宝的卖家工具、买家工具、社区插件、淘客工具以及手机应用。淘宝也鼓励开发者开发外部网站可使用的应用服务。

（二）创新业务发展：布局产业链各重要环节，推动生态向移动互联网迁移

回溯阿里巴巴近年来组织机构调整以及最近几次的收购，可以清晰地看到阿里巴巴的战略意图：持续投入，在移动领域各个重要环节上布局。现在阿里巴巴所做的就是将生态建设复制到移动互联网上来。

2011年4月，人人公司向美国证券交易委员会提交的招股说明书显示：作为基石投资者，若干基金和战略投资者已在人人的IPO投资逾1亿美元，其中就包括阿里巴巴集团。2011年7月，阿里巴巴集团领投美团B轮的5000万美元融资。自此以后，阿里的投资都更直接地指向移动端入口。

2012年11月，阿里巴巴战略投资陌陌。陌陌，是一款基于地理位置的移动社交工具。通过陌陌，用户可以发现身边任意距离范围内的陌生人或朋友，互相发送文字、图片和地图位置。2011年8月上线以来，陌陌用了不到两年时间，用户量已过3000万。从陌陌2.0版开始，添加了基于位置的群组社交功能。

随后，贴上阿里标签的还有生活信息服务平台——丁丁网，投资丁丁网主要是看好其O2O业务的发展前景，丁丁优惠是本地生活领域通往O2O电子商务平台的最佳渠道之一，也会同阿里巴巴多个业务部门产生协同作用。而阿里的最近一次投资落在快的打车，根据快的打车披露的数据，已经拥有超过30万用户，覆盖近3万司机，每天成交近2万单，覆盖杭州超过70%的出租车。

除了这些已经确认的动作之外，据悉与阿里有关的还包括：8000万美元收购友盟，增持了UCweb，成为最大股东。数据显示，UCweb拥有主流手机浏览器月度用户71.2%的覆盖率。UC浏览器在海外拥有1亿用户。友盟最有价值的资产无疑是积累的大量移动应用数据，可以和阿里旗下的众多商家资源对接，实现广告精准投放，满足商家在移动互联网上的推广需求。

尽管动作频繁，阿里巴巴的投资逻辑其实非常清晰，从人人到陌陌，从丁丁网到快的打车，再到新浪微博，所有的布局都围绕马云所强调的商业生态圈，能够直接带来流量的入口则是布局的重点。

（三）提出数据分享平台战略，进军大数据领域

阿里巴巴的电商资源和多年来积累下的数据通过云计算实现的大数据挖掘和分析，将会为用户和商家带来不言而喻的实际收益。也是出于这些原因，阿里巴巴提出数据分享平台的战略，以图开发大数据的宝藏。早在2008年，阿里云就开始构建云计算平台，在经历数年的磨练之后，阿里云的飞天开放平台日渐成熟，其中大数据处理与弹性计算、大规模数据存储与服务一样，成为三大云计算服务之一。此外，阿里巴巴还在2011年发布阿里云手机操作系统及云应用手机，甚至也有意部署平板电脑，覆盖更多移动终端。随着云计算平台的成熟，阿里巴巴不断对电商平台进行升级优化，在大数据领域试水，已经初具数据分享平台的轮廓。现在来看，阿里在移动入口上的布局已经初具规模，从吃穿住行到水电煤气，阿里可能借助不同的移动入口，利用自身已有的资源进行二次变现。

阿里巴巴的移动互联网战略着眼于打造电商生态平台，通过近两年的产业链各重要环节布局，并借助支付、淘宝网、云计算等技术和业务品牌，对电商资源和多年来积累下的数据进行价值提升。这种发展策略比腾讯、百度等国内互联网公司更具有优势，从目前国内移动互联网发展竞争态势来看，阿里巴巴公司已经走在最前面。

（作者：工业和信息化部电信研究院　胡海波）

大唐公司发展情况分析

一、坚持创新驱动，构建以企业为主导、市场为导向、产学研用相结合的高效协同技术创新体系

大唐电信集团积极践行创新型国家战略，通过不断增强自主创新能力，推动集团逐步成长为我国移动通信领域自主创新的领军企业和国家科技创新的重要载体。大唐电信集团自2006年起就着手建设以TDD技术标准为主线，以无线移动创新中心为平台，依托国家级实验室和国家科技重大专项，促进产学研用相结合的具有中央企业特色的自主科技创新体系。

（一）打造国家级科技创新平台

2008年，大唐电信集团获批建设“无线移动通信国家重点实验室”，是国家首批36家依托企业建设的国家级重点实验室之一。随后，大唐电信集团获得国家发改委批准，承建“新一代无线移动通信系统技术国家工程实验室”。2010年，大唐电信集团整合内部创新资源，成立大唐无线创新中心，进一步增强在无线移动通信国际标准、前沿技术公共研发平台等方面的竞争力。

作为国家科技创新和重大科技研发任务的重要载体，目前，大唐电信集团承担着“核心电子器件、高端通用芯片、基础软件”国家科技重大专项一、“极大规模集成电路装备与成套工艺”国家科技重大专项二和“新一代宽带无线移动通信网”国家科技重大专项三的重大课题任务，同时参与国家电子信息产业调整与振兴规划中“TD 3G产业新跨越”和“集成电路升级”两个重大工程的主要任务。

（二）建立高效协同研发体系

大唐电信集团积极推动内外部研发协同与合作，构建高效协同研发体系。以国家级实验室为平台，发挥国家重点实验室在前瞻性、应用基础性和平台性研发的作用，进一步发挥国家工程实验室在为产业化准备、配合概念验证等技术试验方面的作用，同时结合高校、研究所、海外等科技资源，实现开放创新型研发管理，推进产学研用相结合，实现商业模式正向循环。大唐电信集团先后与清华大学、北京大学、复旦大学、上海交大、中科院计算所等国内22所高校、院所签订战略合作协议，并与爱立信、安捷伦等全球领先企业合作共建研发中心，通过多种方式，推动研发与创新资源的协同，提高研发的效率与质量，加快促进创新成果的转化进程。

（三）推动全产业链合作，构建全球视野下的产业生态系统

面对TD-SCDMA产业化初期薄弱的产业链基础，大唐电信集团加强与国际、国内厂商合作，实现系统设备环节产业化，推动芯片、仪器仪表、手机终端厂商加入TD-SCDMA产业链，并与运营商共同推动产业成熟。在大唐电信集团的积极参与下，TD-SCDMA产业联盟联合产业上下游企业，配合运营商的需求，提升工程化水平，使产业能够尽快满足成熟商用标准。同时，为扩大TD-SCDMA产业的国际影响力，大唐电信集团积极参与TD产业联盟与国际电信业相关组织与机构的合作。

二、肩负高科技央企使命，推动民族移动通信产业跨越发展

（一）3G时代奋起直追，追赶国际先进技术

自1998年代表中国政府提出3G TD-SCDMA国际标准以来，大唐电信集团持续加大技术创新力度，积极开展专利布局，掌握核心技术专利。在产业化过程中，通过布局系统设备、集成电路设计与制造、仪器仪表等移动通信产业高端环节，带动我国本土企业实现TD-SCDMA系统设备国产化进程，彻底改变我国移动通信产业和市场竞争格局。在集

成电路产业领域，以移动通信产业发展为牵引，战略入资中芯国际，带动集成电路产业发展，形成两个产业的协同互动发展格局。

作为TD-SCDMA市场主流的设备供应商之一，大唐电信集团在TD-SCDMA系统设备历期招标中，始终保持市场份额第一阵营的地位。在TD终端芯片方面，实现了从“无芯”到“有芯”的关键突破，市场份额超过30%。在测试仪表方面，依托自身技术优势，成功攻克高端通信仪器仪表技术难关，填补我国高端通信仪表空白，首次实现高端仪表对外出口，其中TD-SCDMA一致性测试仪表市场占有率达到100%。目前，国内TD-SCDMA已突破1.8亿用户，切实完成国务院明确的“三分天下有其一”的战略目标。

在2009～2013年商用过程中，我国TD-SCDMA系统设备国产化率达到90%以上，TD-SCDMA终端芯片国产化率达到70%以上，TD-SCDMA手机终端国产化率达到89%以上。2013年1月，“TD-SCDMA关键工程技术研究及产业化应用”荣获国家科学技术进步一等奖，得到社会各界的广泛认可。

（二）4G时代持续创新，与国际先进技术齐头并进

2012年以来，大唐电信集团积极落实国家战略部署，全力推动4G TD-LTE产业发展，以满足支持我国三家运营商TD-LTE规模网络建设和运营的需求。2012年年初，大唐电信集团主导提出的TD-LTE-A被正式确立成为两大4G国际标准之一，使我国掌握了未来十年国际无线移动通信产业发展的主动权和话语权。大唐电信集团积极推动我国三家运营商使用TD-LTE技术，保持与国际市场同步，在中国移动TD-LTE扩大规模试验网建设中，主要指标名列前茅。同时，大唐电信集团还积极开拓欧洲、非洲以及南美洲的TD海外市场，推进TD-LTE成为全球主流的4G商用标准。提升产业关键环节国际竞争力，统筹规划推动“4G+28纳米”工程。中芯国际即将完成28nm先进制造工艺研发，全力保障我国三家运营商及国内终端企业参与TD-LTE发展。

（三）把握4G牌照发放重大战略机遇，提升我国信息通信产业国际竞争力

2013年12月4日，工业和信息化部正式向我国三家电信运营商同时发放三张4G TD-LTE牌照。此举充分体现出党中央、国务院，我国电信运营业、我国通信制造业对TDD技术快速健康发展的信心和决心，体现出社会各界对大唐电信集团坚持创新驱动，推动我国3G TD-SCDMA产业化和4G TD-LTE产业竞争所取得成就的充分肯定。三张4G TD-LTE牌照的发放，是TD产业发展史上的一个重要里程碑，奠定了未来十年我国移动通信产业持续创新与产业转型发展的基础，是加快推动我国实现从“通信大国”向“通信强国”根本性转变的关键一步，将带动传统产业，以移动互联网、物联网、汽车电子等为代表的战略性信息产业齐头发展。长远来看，4G TD-LTE规模商用，还将有助于我国加快构建国家信息安全产业保障体系，并对我国信息消费快速增长、优化消费结构、推动经济增长方式转变发挥积极的促进作用。

当前TD-LTE已经形成完整、成熟的产业生态链。目前有超过10个系统厂商、17个芯片厂商、45个终端厂商、36个仪表测试厂商支持TD-LTE的发展，TD-LTE从标准、技术到产业保持与FDD LTE同步的发展态势。截至2013年年底，全球22个国家推出了29张TD-LTE商用网络，在建网络61张，用户数累计超过720万人。

中国三大运营商同时部署TD-LTE网络将有力带动全球TD-LTE的发展，特别是中国移动2014年建设50万个TD-LTE基站，发展1亿部TD-LTE终端的规划将极大刺激产业链的发展，带动产业链各环节加大对TD-LTE市场的投入力度，带动国际上越来越多的运营商将采用TD-LTE标准。

作为中国主导的4G技术标准，TD-LTE在国内市场占据优势份额，是中国通信产业全面走向全球的起点。在国内和国外两个市场的共同支持下，中国通信企业将能够获得在国际市场上竞争的平台，进一步增强国际竞争力，带动我国移动通信产业全面步入基于自主创新产业发展的新时代。

（作者：大唐电信集团）

腾讯公司发展情况分析

腾讯公司成立于 1998 年 11 月，是目前中国最大的互联网综合服务提供商，也是中国服务用户最多的互联网企业。成立十五年来，腾讯一直秉承着一切以用户价值为依归的经营理念，始终处于稳健、高速发展的状态。2014 年 2 月 28 日，腾讯市值稳健增长至 1507 亿美金，是继谷歌、亚马逊、Facebook 之后的全球排名第四位的互联网公司。在腾讯，一切从用户需求和用户价值出发贯穿公司研发的始终。 在腾讯，创新能力被视为公司未来竞争力最核心的元素之一，也是价值观和企业文化的重要组成部分。据统计，目前腾讯已累积申请近 6000 项专利，位居世界前列。

一、技术创新，以核心技术跻身世界前列

在技术创新方面，腾讯 50%以上的员工为研发人员，拥有分布式网络技术、数据分析、多媒体、中文处理、模式识别、无线应用技术六大核心技术，同时在即时通信、电子商务、在线支付、搜索引擎、信息安全以及游戏等方面拥有 1300 项以上的专利，不仅遥遥领先于国内同行，也是全球互联网拥领域有专利数量最多的企业之一。

二、产品创新，一切从用户需求出发

在产品方面，腾讯有更多创新产品功能和体验，如在生活和工作中常用的 QQ 的群聊、文件传输、QQ 邮箱的大附件等。基于 QQ 平台的各项增值服务更是以解决用户需求为出发的迭代式创新，也基于不断地自我革新,QQ 平台在激烈的互联网市场竞争中仍保持了很强的用户粘性和很高的使用率,截至 2013 年年底,腾讯的即时通信月活跃用户达到 8.08 亿人；QQ 空间的月活跃账户数达到 6.25 亿户，并不断地在将 PC 端的优势转移到移动端。

在新一代的移动互联网时代，腾讯抓住机遇，于 2011 年 1 月正式推出微信。这是一款完全基于移动端开放的产品，微信自上线以来，一直保持了高速增长的势头，2013 年年底的月活跃用户数达到了 3.55 亿人。

在腾讯开始着手开发微信时，国外已经有了 KIK 等语音通信软件，腾讯却从国内用户的需求出发，创新性地开发出对讲、寻找附近的人、摇一摇、视频会话等功能，迅速打开市场。微信不仅为腾讯成功拿到进入移动互联网时代的门票，也成为腾讯走出国门、进军海外市场的利器。

微信的产品创新融合了服务创新和商业模式的创新，微信迅速发展成为移动互联网上的王牌产品，并成为商业化社交新平台。

从微信的开发过程可以发现，腾讯的研发工作一切都是从用户需求和用户价值出发的。腾讯公司在做每一件事的时候，都会问自己：“这是不是用户需要的？这能给用户带来什么？从用户的角度出发，则是融入了每一个腾讯人 DNA 中的一种根深蒂固的思考方式和行事准则。在对用户需求保持长期关注的基础上，腾讯对外界技术和趋势变化也保持着高度敏感性，并且会根据不同发展阶段主动做出各种调整，始终力争处在大的趋势中不掉队。

微信之所以获得成功，根本原因在于它提供了基本功能价值、产业生态价值和融合发展价值等 3 个方面的价值，它是虚拟经济与实体经济融合发展的重要产品。微信现已经成为商家和机构与用户沟通零距离的移动互联网营销新渠道。目前，已有很多企业将微信作为客户关系管理和市场营销的工具，并通过微信获得了良好的收益。例如，招商银行上线的微信银行业务，服务项目已拓展至 94 项，占总服务项目的 85%。除此之外，微信的服务号还成为了招商银行信用卡的智能客服平台库，可以随时调动数万条用户信息，并通过即时通信平台为用

户服务。

三、打造产业创新生态系统，与合作伙伴共同成长

互联网越来越像大自然，追求的不是简单的增长，而是跃迁和进化。而腾讯正是努力要成为这样一个生态型企业，通过不断地资源整合与调整，保持创新的活力和灵动性，把自己变成整个互联网大生态圈中的一个具有多样性的生物群落。

2011年，腾讯率先选择开放共赢之路，利用自身多年的运营经验和强大的用户基础为开发者创造了良好的平台，成为了中国互联网创业者们的摇篮。开发者可通过多种终端触达腾讯庞大的带登录态的用户群，并获得腾讯领先社交平台的网络影响力、精准的广告解决方案以及专有的云服务等基础设施支持。目前，腾讯已经将包括腾讯朋友、QQ空间、腾讯微博、财付通、拍拍网、搜搜、QQ彩贝联盟、QQ等多个平台和数亿活跃用户向第三方合作伙伴开放。

从2011年6月至2013年年底，腾讯开放平台的第三方开发者累计总收益超过50亿元。目前，开放平台上月活跃用户超过3亿人，2013年超过10家开发者总收益超过1亿元，超过100款应用月流水超过100万元。未来两年，腾讯开放平台的第三方开发者收益将超过100亿元。开放平台正在开创中国互联网的新格局。

四、以中国市场为核心，积极部署国际化战略

自2000年开始，腾讯就开始积极开拓海外市场，通过海外投资参股和产品合作的模式，以社区产品、无线产品、游戏产品为3个重点方向尝试拓展海外新兴互联网市场，截至2012年12月，腾讯在美国和金砖国家如俄罗斯、印度、巴西、南非以及周边国家如泰国、越南、韩国、日本、新加坡、菲律宾、马来西亚等有了一定程度的进展。

其中，深受海外用户欢迎的微信成为了腾讯布局海外市场的重要利器。腾讯自2012年开始利用微信拓展海外业务，已开发出20个语言版本，现已覆盖200个国家和地区，在东南亚及中东25个国家和地区的App Store社交类排行榜中名列第一，在超过10个国家的App Store总排名中始终保持在前25名。微信的海外版本WeChat也于2013年8月突破了1亿注册用户。2013年，微信在东南亚取得较快增长，其他地区也正迎头赶上，包括东欧和中东地区。

五、创新塑造明天

改革的重点是经济，经济的重点是转型；其中，转型的关键是创新；而创新正是互联网行业的特点和生命线。

腾讯作为中国最大信息服务提供商，服务多平台上亿的用户，在促进信息消费、转变经济增长方式与深化创新驱动战略等多方面起着重要作用。

腾讯在过去15年的发展中，也是坚持在技术创新、产品创新、服务创新、商业模式创新等多方面进行行业的突破，甚至是自我突破。在坚持创新的道路上，腾讯的“打造精品”战略让产品在应用和服务的层面更加人性化，贴近用户需求，切实解决用户痛点。这样的真正被广大用户接纳的全方位的产品创新才是成功的服务大众的创新。

除此之外，在互联网与各行各业大融合的环境下，与互联网结合衍生的新的行业也成为了引领创新的另一大动力。例如，目前异常火爆的互联网金融、3D打印机、大数据等方面都为传统行业的创新发展提供了新的契机。作为行业龙头，腾讯也积极尝试与传统行业的各项融合，通过我们的海量在线用户平台与技术经验共同创造出中国经济的“升级版”。

（作者：腾讯控股有限公司）

360公司发展情况分析

自2005年成立以来，360公司在全球首创了互联网“免费安全”的理念，以颠覆式创新的模式，通过产品技术创新、用户体验创新和商业模式创新，改变了市场格局，并创立了全球互联网前所未有的“360模式”。2011年3月在纽约证券交易所成功上市，近3年来，公司营收连续保持近100%的速率增长，市值现已超过100亿美元，是中国第一、全球第三的互联网安全公司。目前，公司在个人电脑上拥有用户数4.65亿，市场渗透率达到94%；在移动互联网方面，拥有用户数4.08亿，渗透率超过70%；在浏览器方面，用户数达到3.42亿，渗透率达到69%。

在360公司所倡导的“免费安全”理念的带动下，我国互联网信息安全改变了曾经由国外杀毒软件主导半壁江山的市场格局，不仅使我国的杀毒软件公司占据了市场的主流，使我国成为全世界第一个能够全民享有免费安全和免费杀毒服务的互联网大国。目前，已经有超过99%的我国网民正在使用免费安全软件，大幅度提升了我国国家信息安全的水准。

一、首创互联网免费安全理念

360公司已经为近5亿我国互联网用户免费提供了领先的互联网和无线安全产品及服务，覆盖率超过95%，每年为互联网用户节省400亿～800亿元人民币的安全软件开支。

“免费安全”改变了曾经由国外杀毒软件主导半壁江山的市场格局，更令我国互联网安全公司占领了我国网络安全的主导地位，承担起保护我国网络安全的责任，大大提升了我国国家信息安全的水准，使我国成为全球第一个能够实现全民享有免费安全和免费杀毒服务的互联网大国，有效支撑了我国互联网产业的发展。

2013年，微软官方安全报告指出，我国计算机的恶意软件感染率指标为0.6‰，仅是全球平均值的十分之一，也是恶意软件感染率最低的国家，同时，我国的恶意软件感染率近年来一直呈现快速下降趋势。可见，在360免费安全模式的推动下，以360为主的各类免费安全软件的普及对我国网络安全形势的改变发挥了关键作用。

目前，360公司安全产品日均为用户拦截木马病毒9967万次、钓鱼攻击2200万次、虚假证券300万次、彩票欺诈400万次、假药网站500万次，为保护公众的财产安全、维护国家网络信息公共安全发挥了重要作用。

二、开创互联网颠覆式创新时代

360公司成功实现了“商业模式创新”、“产品技术创新”和“用户体验创新”三大颠覆式创新，在全球创立了互联网企业发展的“中国模式”。通过坚持创新，360公司在巨头林立的中国互联网大环境下，实现了用户利益的最大化，赢得了广大用户的支持和拥护，成功实现了跨越式发展。

（1）商业模式创新

360公司凭借着免费安全理念赢得海量用户资源，在我国率先倡导互联网开放平台理念，并通过以浏览器、搜索和应用商店为核心的上网入口，在为广大中国网民提供安全、周到的上网体验的同时，与广大合作伙伴特别是大量创业型的企业共同建立起多方共赢的互联网生态体系，并在这个过程中实现收益，被广大海外投资者誉为互联网企业发展的“中国模式”。

（2）产品技术创新

360公司发明了基于白名单的杀毒技术，颠覆了以黑名单特征码为核心的传统杀毒技术，突破了对未知木马病毒查杀的瓶颈；创新了云安全杀毒技术，改变了传统杀毒软件单兵做战的状况，极大地提升了与木马病毒的对抗能力；自主发明的 QVM 人工智能引擎，大大提高了杀毒软件对未知病毒的查杀力。目前，360 公司已拥有发明专利 2066 件，包括国际专利 125 件。正是基于领先的网络安全技术，360 公司安全产品也连续获得 AV-C、VB100、AV-Test 和英国西海岸实验室认证，获得世界级评测“四大满贯”，长期处于全球领先地位。

（3）用户体验创新

360 公司在全球首倡“大安全”的理念，将互联网安全由传统的病毒、木马查杀拓展至数据泄露、信息骚扰、强制或误导消费、软件恶意捆绑等影响用户体验、侵犯用户权益的行为，推出 360 开机加速、垃圾清理、插件清理、不良软件清除等诸多实用功能，在全方位保护用户网络信息安全的同时，实现了用户上网安全、简单和实用，极大改善了用户体验，深受用户青睐。同时，通过大幅度提高计算机等用户终端的使用效率，降低了全社会的能源消耗。据不完全统计，仅计算机开机加速一项，全国用户每年累计可节约用电 3.3 亿度。

三、积极推进网络信息安全产品国产化

近年来，360 公司紧密围绕网络信息系统安全需求，不断加大研发力度，自主研发了基于“白名单技术”、经过安全认证和具有合规性的程序方可运行的“360 天擎”产品，以及对未知文件和攻击的进行检测和防范的“360 天眼”产品，获得了相关主管部门的一致认可。

同时，针对我国网银系统大量使用国外 CA 数字证书给金融信息系统带来的安全隐患，360 公司还成功实现了 CA 数字证书的国产化并顺利植入 360 安全浏览器，成为国内唯一响应并支持国产密码算法的浏览器厂商。

360 公司每一次产品的推出，都是对用户需求的一次满足;每一次创新，都是对用户体验的一次改善。360 公司“以用户需求为中心”，根据用户需求快速研发、迅速调整，使 360 公司始终能引领互联网安全行业发展的潮流，受到数亿用户的欢迎，更证明了安全已成为互联网的基本需求。

（作者：北京奇虎科技有限公司）

高德公司发展情况分析

移动互联网时代，人们的上网模式被彻底改变，与 PC 互联网不同的是，移动互联网“还原”了一个真实的世界，消灭了 PC 互联网“虚拟世界”的距离感，使人、物、时间、空间这些核心要素被更加充分地映射到数字世界中。微信、微博等 SNS 平台反映了人与人之间的真实关系，主导了信息流，而地图则单独承载起映射空间的使命，成为移动时代的基础与核心。

有数据显示，移动互联网的生活服务类应用中，有 67%的应用与导航地图有关。根据易观数据机构最新发布的报告显示，截至 2013 年 2 季度，我国手机地图客户端的市场累计用户已经达到 6.2 亿户。当前，“地图入口”已成为众互联网企业跑马圈地的必争之地，亦被巨头们视作了抢滩移动互联网蓝海的“超级战舰”。

高德公司于 2002 年成立，2010 年登陆美国纳斯达克。它作为我国领先的数字地图内容、导航和位置服务解决方案提供商，同时也是国内唯一一家拥有导航电子地图甲级测绘资质、测绘航空摄影甲级资质和互联网地图服务甲级测绘资质“三甲”资质的地图厂商。高德的业务主要覆盖了互联网和移动互联网、车载导航、政府和企业应用三大领域。

在移动互联网领域，高德旗下两款主要面向互联网的产品——“高德地图”和“高德导航”应用全面覆盖了 iOS、Android、Windows Phone 三大主流操作系统。其中，用户过亿的“高德地图”APP 长期占我国手机地图市场份额第一，它是从 2012 年 9 月起与苹果公司合作为 iOS 系统提供在华的地图服务。“高德导航”则是苹果应用商店第一款中、英文导航软件，连续三年荣登苹果应用商店“付费应用排行榜”导航类榜首，Android 版“高德导航”应用在三星、摩托罗拉、联想、华为、中兴等国内外知名手机品牌内预装。

易观数据机构显示，2013 年第 3 季度高德地图以 31.3%的市场占比连续 8 个季度同比居首，高德导航则连续 11 个季度持续领跑国内专业导航市场。目前，高德地图和导航应用下载装机激活总数超过 3 亿。

移动互联网大势势不可挡，作为一家在传统领域深耕十余年的专业地图商，高德在 2009 年即明确要向互联网领域跨界转型，并制定了适应互联网发展蓝图的“四屏一云”的战略：“四屏”包括汽车、移动电话、PC 和（智能）电视；“一云”则通过向合作伙伴开放数据、开放 API，最终形成一个开放、能够支持各种应用终端的云平台。在“四屏一云”战略的基础上，最终实现各业务在应用端的打通和共赢。

2013 年 8 月底，高德宣布原价 50 元的手机导航 APP 免费，被外界看做是其彻底转型的里程碑事件，是从传统企业向互联网公司转型的必然选择。而在此前，高德就率先在国内推出了完全免费的在线地图导航手机应用——“高德地图”，为广大移动互联网用户提供“一站式”出行和生活服务，推动了国内整个数字地图、导航和位置服务领域突飞猛进的发展，不但成功地让用户习惯于将地图作为在移动互联网上日常生活的新入口，也让自身成为首先迈入“亿级用户俱乐部”的地图厂商。

导航产品免费，意味着高德从一个传统的软件厂商，真正成为了一家有互联网精神与基因的互联网厂商。在坚定转型的 2013 年，高德在合作模式、产品服务及服务场景等方面展现出的创新驱动企业发展的理念，不仅为其打造移动时代综合门户夯实了基础，也为业界及产业发展带来一股崭新的活力。

（1）模式创新——高德地图新浪微博深入合作，开启中国 Waze 模式

在移动互联的新 Web 时代，用户既是内容的浏览者同时也是内容的制造者，“UGC”（用户生成内容）的概念早已普及。手机地图应用的发展趋势也

是这样，通过用户上传的信息来完善地图数据，以方便其他用户。

“Waze”是国外的一款免费应用，它利用移动设备的GPS信息来获取有关路面交通流量等信息，用户也可通过“Waze”发布和分享各类有效的交通信息，“Waze”的这些交通信息最终也会展现在谷歌地图上。

高德地图与新浪微博的合作正是基于“Waze”模式，新浪微博用户发布的有关实时交通的内容，会及时显示在高德地图的界面上。打开新版高德地图，即可看到用户发布的各类交通信息，无论是堵车、交通管制还是车祸事件都一目了然，为其他地图用户出行做了有力指导。此次二者的合作，也被外界视为国内互联网企业对“Waze”模式的首次探索。

（2）服务创新——打通线上线下，高德地图为天猫“双十一”导航

2013年5月，高德与阿里巴巴宣布战略合作，共同致力于海量基础地图和生活服务数据库的建设，更好地提升高德地图作为移动生活服务入口及应用的用户体验。而双方“大数据”体系的融合，数据+流量+用户的多重资源共享，更为O2O探索运营带来了无限的想象。

2013年天猫“双十一”狂欢节再创单日销售额350亿元的销售奇迹，在这个过程中，协助天猫打通线上线下消费场景、担当最重要O2O使命的就是高德。此次天猫“双十一”的线下门店有3万多家，包括银泰百货、优衣库、鄂尔多斯、宏图三胞等300多个品牌，双方的合作形式则是开放这些商户和物流数据，由高德地图APP中推出了“双十一”专区，用户可实现实时在线查询“身边店”，查找附近参与“双十一”线下活动的品牌及商户位置，去线下商户领取优惠折扣。根据统计，在“双十一”前后一个月的时间内，总共有超过2000万人次使用高德“双十一”专区，活动分享总数约为122万条，签到数达到近60万人次，日均使用“双十一”专区次数为22万次，平均每天跳转至天猫旗舰店的次数超过5万次。

（3）功能创新——高德牵手“e家洁”推找保洁功能

高德地图V6.0.1版本中正式接入了“找保洁”的家政服务，用户既可以通过高德地图查询附近的保洁阿姨，通过其他人的评语及保洁阿姨的接单量等信息来选择更适合的保洁人员，也可以通过直接预约服务来等待保洁人员主动响应。

早期，“e家洁”的团队在推广上多采用应用商店分发这种模式。然而，在以苹果与安卓APP商店为主导的应用推广及分发模式下，大部分中长尾应用下载量仅占到总下载量的30%，也就决定了除少数明星应用能够成为智能手机用户的“必选项”外，绝大部分应用都只能淹没在快速更迭的应用洪流之中，成为“可选项”。

作为一款基于地理位置找小时工的应用，“e家洁”其本身“长尾”属性限制，加之传统应用商店模式的局限，使其面临推广成本高而用户激活率和活跃度却难以掌控的问题。“e家洁”选择和地图商合作，一方面是因为其本身就是O2O+LBS模式的结合，地理位置是该应用的基础和特色；另一方面是因为用户过亿的手机地图是很好的生活入口，能够为其带来巨大的流量和产出。通过与高德合作，“e家洁”获得了大流量和用户导入，反之合作亦令高德地图生活平台更接地气。

（4）场景创新——高德联通试水O2O推“WO+高德地图公众服务平台”

2013年年底，高德和广东联通达成战略合作，共同发布了“WO+高德地图公众服务平台”及“WO+生活馆”、“WO+高德地图能力SDK包”、“沃乐活客户端”等系列产品。双方以O2O为突破口展开全面合作，开启移动生活整合模式。

“WO+高德地图公众服务平台”整合了联通的优势数据资源和高德的基础地图数据、定位服务及双方海量的用户群而打造的全新生态系统。商家可以通过这一平台完成入驻、产品与服务发布，同时能够通过该平台构建CRM系统。此外，平台商家还可以通过用户会员统计、优惠验证等数据的深度挖掘，结合高德地图的专业定位能力，实现优惠信息定向推送等精准营销。而用户则可以通过联通的3000余家营业厅和高德地图手机应用进入“WO+生活馆”，只需凭一张“沃通卡”就可全方位地享受到旅游、美食、购物、娱乐、影视等众多特色优惠

生活服务。

“WO+高德地图公众服务平台”将联通的庞大用户群、WO+能力、渠道资源和高德的地图能力完美结合，通过账号互通、资源共享等形式，实现了优势互补和强强联合，为开发者、O2O、移动电商平台提供更精准、更高品质的服务平台。该平台不仅能够帮助商家吸引消费者、组建商业联盟、利用大数据分析和追踪评估营销效果等，而消费者在享受线上优惠价格的同时，又可以在商家的实体店中享受到优质的服务。

未来，除了吸引更多的商家入驻并合力打造精准的营销体系外，高德与中国联通还将计划逐步完成这一平台的计费等服务，从而建立起 O2O 的闭环，方便用户在“WO+高德公众服务平台”上，能够享受更多和更完整的服务。

除去其不断丰富和完善的本地化生活服务，高德在面向合作伙伴和开发者的 LBS 平台生态系统构筑方面亦动作频繁，如果说与携程、大众点评等合作让高德地图 API 占据先机，那么与阿里云平台的打通则是在服务方面的一次飞跃。作为双方在底层信息架构方面的深度合作，除了为阿里系带来基于位置服务的业务外，还可以促使阿里云上众多开发者完成向高德 LBS 开放平台用户的转化。开发者在阿里云平台上，通过高德云空间数据库、云渲染引擎、云检索引擎实现实时渲染和索引等基础云服务，进一步还可以实现自有 LBS 数据托管、数据存储管理、数据文件导入可视化标注、自定义制作地图样式、第三方开发者使用自有数据展现、检索等个性服务，构建起“云端”的生态体系，形成 API 开放、数据开放和流量开放。

数据显示，截至 2013 年第四季度，高德 LBS 开放平台已经为 30 万开发者提供了地图 API 服务，其中不乏新浪、360、赶集、即刻等知名产品。2013 年，高德地图 API 调用量增长了 5.6 倍，月活跃 APP 数量也相应增长了 4.3 倍。尤其是第三季度，高德地图 API 的日均定位请求次数环比已经超过 170%，而这一增长幅度还将在 360 手机卫士、UCWeb 等热门手机应用2013年10月成为其新客户后被刷新。

宽带及移动通信发展篇

宽带网络发展分析

宽带技术产业是支撑我国宽带加速发展，确保国家宽带战略顺利实施的重要保障。加快宽带技术产业的完善和升级，提高自主创新能力，对于推进宽带网络基础设施建设，提升国家长远竞争力具有重要的战略意义。2013 年，4G 牌照的发放无疑是我国移动宽带发展的里程碑，与此同时，固网宽带也在这一年实现了历史性的跨越。顺利实施了“宽带中国 2013 专项行动”，正式公布了光纤到户两项国标。2013 年 8 月 17 日，国务院正式发布了《“宽带中国”战略及实施方案》，将统筹网络部署、应用服务、产业发展和安全保障能力建设，构建宽带、融合、安全、泛在的下一代国家信息基础设施。有了国家战略的支持，我国的宽带产业在这一年实现了快速发展：运营商在全国范围内进行了光纤到户改造和宽带提速；100Gbit/s 等光通信技术进一步发展；光纤光缆等创新技术取得新的突破；在 IPTV 等宽带应用推广方面也取得了长足的进步。

一、我国 宽带技术产业发展总体趋势

（1）100Gbit/s 光网络开始进入高速发展阶段

2013 年可以说是中国 100Gbit/s 商用元年。进入 2013 年，中国移动拉开了 100Gbit/s 集采序幕，也推动了全球 100Gbit/s 建设步入新纪元。包括中国联通的 100Gbit/s 试验网，2013 年三大运营商共启动了 5 次 100Gbit/s 集采，其中 3 次是中国移动的。中国移动 2013 年初的 100Gbit/s 集采规模就达到了 1500 块板卡，并在 9 月份进行了一次补采。国内 100Gbit/s 光网络设备的大局随着三大运营商紧锣密鼓式的部署正在进入高潮期，这也将 100Gbit/s 商用提到了更高的层次，并正式开启了 100Gbit/s 市场未来的“黄金十年”。

从 2012 年年初起，中国移动就先后启动了 3 轮不同要求的严格测试，3 轮测试完成后，中国移动于 2012 年 10 月中旬向华为、上海贝尔、烽火通信和诺西等厂商下发了 100Gbit/s 集采标书。随着本次“中国移动 2013 年 OTN 设备集中采购中标结果”的出炉，中国移动不仅成为首家建设 100Gbit/s 网络的中国运营商，同时也将建成全球最大的 100Gbit/s 干线网络。与此同时，另外两家国内运营商的 100Gbit/s 部署也开始全面提速。中国联通的 100Gbit/s 实验网项目已经在最近落幕，中国联通 100Gbit/s 实验网部署正式开启。中国电信 2013 年 4 月也启动了 DWDM 和 OTN 设备集中测试，涵盖了 100GOTN 设备和 100GDWDM 设备。

（2）宽带接入技术开始多元化发展

通过最近几年的大力投资建设，目前我国的 FTTH 覆盖用户数和实装用户数均发展迅猛，居于世界领先地位。截至目前，全国 FTTH 的覆盖用户数已经超过 1.3 亿(其中 2013 年新增超过 3500 万)，但从总体来看，FTTH、FTTB 等光纤网络的实装率仍处在较低的水平，分光器端口的实装率多低于 40%的水平，MDU 等有源设备端口的利用率也参差不齐，反映出在我国 FTT*x* 的实际发展过程中，用户需求与网络覆盖仍存在一定偏差。随着宽带提速工程的快速推进，2013 年，宽带接入网技术也在发生深刻变化，总体来看主要体现在以下 3 个层面。

第一，10GPON 将实现快速发展。为了实现宽带中国的战略目标，现有的 PON 技术难以满足需要，需要进一步扩容。从现实考虑，FTTH 与 FTTB 结合起来进行部署有利于现阶段的宽带发展。FTTB 模式要求的分路比比较高，带的用户数量多，这样一来，原先的 1GPON 或者 2.5GPON 设备就不够用，10G PON 技术将迎来规模商用。目前，10GPON 尚处于小规模商用阶段，但作为发展趋势已经愈发明朗。

第二，ODN 加速走向智能化。作为 FTT*x* 建设的基石，ODN（光分配网）对于运营商部署 FTT*x* 网络的作用也至关重要。目前，ODN 设备及工程投

资已经成为FTTH投资的主体，约占FTTH总投资的70%～80%，而且ODN建设周期比较长，一旦部署完成，需要长期使用，因此在建设初期需要考虑一步到位的建设方案。广义的智能ODN是实现了智能化管理的ODN，涵盖了用于实现ODN智能化的各种先进技术；狭义的智能ODN是通过采用电子标签技术，实现基于端口的可感知以及可视化管理能力，并结合相关安装和维护流程，提高资源准确性和装维效率的光分配网络。

第三，铜缆技术仍有一定的发展空间。由于光纤到户目前还存在诸多建设难题，完全做到光进铜退还不现实，更多的可能是光进铜不退。在这种情况下，过去一些铜缆的技术又有了一定的发展空间。VDSL2、Vectoring、G.fast等铜缆技术是对光接入技术的重要补充，可以应用于部分光纤接入难、光进铜不退等应用环境，但也要根据运营商的具体需求对铜缆技术和设备进行因地制宜的改造和升级。

（3）视频类业务成为宽带应用的重点

宽带提速工作在2013年持续开展，特别是“宽带中国”国家宽带战略的出台，无疑为我国宽带的发展注入了强劲的动力。在电信运营商等各方的共同努力下，全国范围内的光纤到户工作取得长足的进步，大量的用户已经从以前的1Mbit/s、2Mbit/s宽带服务升级到10Mbit/s、20Mbit/s甚至速率更高的宽带服务。网络带宽的提升使得视频类业务得到快速发展，IPTV和OTT视频等业务均实现了新的突破。

我国高清机顶盒累计出货量已经达到3950万台，占机顶盒保有量的14.8%。虽然高清机顶盒所占比例仍然较低，但其增长率高达89.5%，呈现出强劲的发展势头。如此高速的增长主要得益于电信运营商对IPTV的推广，广电运营商积极更换高清有线电视机顶盒，以及大量的OTT运营商推出了各式各样的电视“盒子”。报告显示，高清机顶盒的市场格局发生了明显的变化，高清有线电视机顶盒所占比例减少了约24%，IPTV和OTT高清机顶盒的比例持续增加，占据了市场的主导地位。

三网融合的持续推进，再加上更快的宽带网络的支持，IPTV在2013年实现了快速发展。多地的电信运营商推出了“用宽带送IPTV”的业务，在推广宽带的同时极大地推动了IPTV的发展。

OTT类业务在2013年可谓风生水起，呈现出多终端融合发展的趋势。随着智能手机、平板计算机的普及，各大OTT运营商将战场从PC端转移到智能终端，推出了各式各样的客户端软件，让广大用户可以随时随地利用各种设备观看高清视频。值得一提的是，各种由互联网企业推出的“电视盒子”在2013年纷纷出现。它们的出现就是为了“抢占”用户的客厅，占据这个互联网新的入口。

（4）光纤光缆产业将进入转型升级阶段

对于我国光纤光缆产业而言，2013年充满新的机遇，更充满严峻的挑战。宽带中国战略的发布、4G牌照的发放，给我国光纤光缆行业带来广阔的发展前景。但是，严重的产能过剩、低迷的市场价格又给我国光纤光缆产业的发展蒙上了阴影。面对机遇和挑战，我国光纤光缆产业群体认识到，转型升级才是我国光纤光缆产业由大到强的正确道路。

经过多年的艰苦努力，我国光电线缆产业逐步发展壮大，取得了辉煌的成就，已经形成了完整的产业链并成为全球的光纤光缆制造中心。产品研发实力也显著提升，市场地位大大增强，市场占有率不断提高。国内光纤市场份额超过70%，海外品牌影响力也在不断上升。在当前的市场形势下，我国主要光纤光缆企业加大了产业转型升级的力度。

此外，发挥自身技术优势，通过技术合作等多种形式，进入新的高端技术领域也是我国光纤光缆产业转型升级的一个重要途径。我国一些企业已经开始进入新能源等新兴产业领域，也有企业通过战略合作进入诸如有源光缆等新兴技术领域。这些尝试虽然在2013年刚刚开始，但发展趋势已经十分明显。

二、我国宽带产业已经具备支持我国宽带加快发展的基本条件

近年来，我国宽带技术研发创新取得了显著进展，产业支撑能力不断提高。我国已基本掌握了大容量长距离光纤传输、高端路由交换、光纤宽带接入、3G/LTE移动通信等核心关键技术。在新一代移动通信、下一代互联网、下一代广播电视网等重点领域实现了突破，拥有自主知识产权的TD-SCDMA

技术规模商用，建成了全球最大的IPv6示范网络。宽带技术标准体系不断完善，国际标准影响力显著增强。

我国的宽带产业链趋向完整，初步建立了覆盖光通信、宽带无线通信、互联网、移动互联网和有线广播电视网等多个领域，涵盖系统、终端、芯片、器件和仪器仪表等各环节的宽带产业体系。目前，我国宽带系统设备制造已达到国际先进水平，形成了一批具有较强国际竞争力的设备制造企业。移动智能手机、智能电视等智能终端产业化能力不断提升，各种信息服务和移动互联网应用蓬勃发展，服务种类日趋丰富。从总体来看，我国宽带技术产业已经具备支持我国宽带加快发展的基本条件。

三、我国宽带产业发展面临的问题和挑战

目前我国已经成为全球宽带产业大国，但是从整体来看，宽带产业链大而不强。在技术创新能力和产业基础方面，我国宽带产业仍面临严峻挑战。

一是为支撑宽带中国未来高速发展的需求，亟待实现宽带核心技术突破。宽带普及提速带来业务流量爆发式的发展，骨干、城域、接入网络容量和速率需求急剧提升，宽带网络服务质量、安全性等问题凸现，迫切需要研发下一代宽带网络核心关键技术，为宽带战略的顺利实施提供技术保证。二是宽带技术产业链上游的研发能力和产业化水平落后，宽带产业的进一步发展受到制约。我国宽带产业在高端器件、关键芯片、基础软件等产业链上游环节的研发能力和产业化水平与发达国家相比还有较大差距。如移动终端基带/射频芯片、光纤接入和高速传输的高端光电器件、核心路由交换芯片、下一代广播电视网终端芯片、智能终端操作系统等，基本上都是由国外相关主流厂商提供的，对外依存度较大，“空芯化”问题严重，制约了我国宽带产业的进一步发展。三是长期缺乏基础原创性技术和核心知识产权，国际竞争力不足。尽管我国在宽带重点领域已经通过集成创新、二次创新等方式取得了较大突破，但目前大多数创新仍属于对国际先进水平的跟随。我国宽带技术发展缺乏基础性技术的原始创新能力，在核心技术研发方面长期处于被动跟踪局面，部分领域在知识产权方面仍存在隐患，产业的国际竞争力不足。四是部分宽带市场竞争环境不规范，不利于宽带产业的健康发展。我国宽带市场的部分产品和设备市场竞争激烈，部分运营商采用价格主导招标策略，导致部分企业恶意低价竞争，无法保证产业的合理利润和产品质量，影响了产业链的健康发展。

四、我国宽带产业的未来发展趋势

2014年是我国LTE发展元年，三大运营商在获得4G牌照后均会大力开展LTE网络的规划建设和实际运营。对于先期已经规模开展FTTH建设的中国电信和中国联通来说，这必然面临着两难的战略选择：在投资有限的情况下如何平衡有线与无线宽带的投资，是继续加大FTT*x*宽带网络的投资力度确保战略优势还是快速将投资转向LTE建设应对未来可能的移动为王的市场竞争。从现实情况来看，对于上述两大运营商，固网宽带投资的压缩已经不可避免。

一方面，2013年4月，工业和信息化部与住房和城乡建设部联合发布了《住宅区和住宅建筑内光纤到户通信设施工程设计规范》及其相应的验收规范，已明确住宅建设单位必须同步建设住宅区内通信管道和楼内通信暗管、暗线(光纤)等通信设施，满足多电信运营企业共享使用相关资源的需要。这无疑为扭转宽带驻地网前几年无序竞争的局面，规范驻地网投资及其建设，降低运营商在新建区域实施FTTH建设所需投资奠定了基础，可部分缓解宽带运营商的投资与建设压力。另一方面，随着在接入网引入民资的试点工作逐步深入以及全面实施推进速度加快，未来在我国接入网新增投资市场，将有望引入更多的民营资本参与投资建设、共享线路资源，运营商也有机会采取更加灵活的策略吸引民间资本广泛合作，采用合作分成等方式，拓展新的用户市场。

（1）FTTH与LTE的互补与融合可能开创宽带市场的新空间

从长远来看，在宽带领域，FTTH和LTE均是

运营商满足用户不同类型需求的重要宽带接入手段，需要优势互补、协调发展，逐渐形成有线/无线统一、无缝的宽带接入网络。

FTTH 具备高速、稳定的特征，主要适合满足政企以及家庭用户的固定或很有限范围内移动的高带宽接入需求;而 LTE 具有移动、高速的特征，主要目标是满足用户随时随地以较高带宽体验移动互联网业务的需求。FTTH 与 LTE 各自优、劣差异明显，但是在低接入速率、低用户密度或者城乡暂居人口居住区等特定宽带用户市场中可能会产生交叉。运营商在宽带发展的过程中，应注意做好有线和无线宽带接入技术的统筹协调，围绕应用地域、使用场景、商业模式和应用承载等多方面的不同，构筑好两者协同的网络架构与业务体系。

对于运营商来说，充分利用好 FTTH 和 LTE 的各自优势，针对特殊的用户应用场景，建立“FTTH+LTE”的融合宽带网络，实现优势互补，不仅能够较大节省很有限的网络建设投资，提升宽带建设速度；而且通过打造好跨网络环境的统一接入体验界面，还可为用户提供体验一致的高速宽带接入服务并进而设计和推广更多符合用户使用习惯的新型宽带应用。宽带接入手段的丰富必将带来新的增长空间。

（2）FTTH 市场的开放竞争将给光纤通信产业带来新的发展机遇

中国移动在取得固网运营牌照后，会逐步参与到固网宽带的市场竞争中。从中国移动近几年在光纤光缆领域的投资规模来看，未来运营商之间围绕光纤宽带技术在政企客户以及家庭客户群中的应用竞争将会愈演愈烈。在国家宽带战略的逐步落地以及运营商竞争等因素的促进下，2014 年我国光纤宽带产业将有望迎来新的发展机遇。

在光纤光缆方面，除了规模建设 LTE 网络能够大幅催生基站光缆的需求之外，在宽带驻地网领域由于民资进入后，对具备更强竞争优势的 FTTH 的建设需求也会相应增加，带动 G652 和 G657 等光纤光缆需求的进一步增加。另一方面，LTE 新增用户以及 FTT*x* 用户普遍提速带来的使用流量快速增长势必将对城域以及骨干光缆网的架构、容量和安全可靠性提出新的要求。

在有源设备方面，LTE 网络大量 BBU 集中设置以及国家宽带战略中提出的“2020 年发达城市部分家庭用户可提供 1 吉比特每秒(Gbit/s)”等的需求对于下一代 PON 技术的发展可能带来一定的促进作用，随着标准的逐步完善，TWDM PON 技术将迎来新的发展机遇。对于 VDSL2 技术，运营商宽带投资规模的适度压缩也将给其近期发展带来一定的市场空间，但是基于国内已建庞大的 FTTH 网络规模以及宽带驻地网多运营商的竞争格局，其长远的应用范围会受到一定的影响。

宽带中国战略的实施将对我国宽带产业链发展产生巨大的促进作用，带动我国宽带产业发展壮大，提升产业竞争力和创新能力；同时，我国宽带产业支撑能力的增强也将降低产业创新和服务成本，进一步促进宽带发展。我们要抓住宽带中国战略实施的契机，大力推进我国宽带技术产业发展，力争建立具有全球竞争力的宽带产业体系，实现我国宽带产业由大到强的转变。

（作者：工业和信息化部电信研究院　胡海波）

宽带接入市场发展分析

一、宽带接入市场环境分析

（1）运营商加大投资规模，宽带网络接入能力明显提升

在国家大力推动宽带网络部署的大背景下，我国运营商也不断加大宽带网络的投资力度。在工信部等 8 部委于 2013 年 4 月份联合部署“宽带中国 2013 专项行动”之后，地方上的宽带建设、提速计划在全国各地遍地开花。“5 • 17”世界电信日之际，宽带运营商宽带提速的口号此起彼伏，中国电信率先在北京、广东等地宣布展开新一轮提速计划。

北京电信宣布启动新一轮宽带大提速，在已经实现光网覆盖的小区，带宽 2Mbit/s 以上包月及包年用户可以免费升级到 12Mbit/s 至 30Mbit/s 宽带。这是北京电信第三轮宽带提速行动，北京电信表示将对使用铜缆接入的老小区进行接入改造，同时，从 2013 年 6 月初起，针对光网家庭用户推出一系列“智慧家庭”套餐供用户选择。智慧家庭套餐围绕“高速宽带、多种云应用、高端智能机”为核心要素，为家庭用户提供丰富的智慧家庭应用与服务；江苏电信出台苏南引领示范计划、应用创新推广计划等 5 项计划，争取全年新增光纤到户覆盖家庭数超过 440 万，使用 4Mbit/s 及以上宽带接入产品的用户占比达八成；上海电信到 2013 年年底实现光网覆盖达到 780 万户，同时全市平均带宽提速到 32Mbit/s。据国内第三方测速机构蓝汛公司以及国外测速机构 NetIndex 近期发布的数据，上海已成为全国网速最快的大城市。

中国移动和中国联通也都纷纷展开宽带提速战略。中国移动 2013 年将正式推出“十百千”宽带发展战略目标，即提供接入带宽能力分别达到个人用户 10Mbit/s、家庭用户 100Mbit/s、集团用户 1000Mbit/s。中国联通也已启动了全国范围内的“三年宽带提速工程”，目前，北京、西安、山东等地的中国联通分公司已在部分市区推出 100Mbit/s 宽带接入服务。

（2）宽带新增用户仍保持高速增长，但增速整体放缓

宽带是国家经济社会发展的重要基础，是衡量一个国家竞争力的重要标准之一。工信部统计数据显示，到 2013 年 11 月，我国 2Mbit/s 以上、4Mbit/s 以上和 8Mbit/s 以上宽带接入用户占比分别达到 95.9%、77.4%和 21.1%，比 2012 年末分别提高 1.6、11.6 和 5.2 个百分点。FTTH/O(光纤到户/光纤到办公室)用户累计净增 1843.1 万户，用户总量达 3881.2 万户，占宽带用户比重由 2012 年末的 11.6%提升至 20.6%。

然而，虽然我国宽带用户数量仍在继续增长，但已经呈现出增速减缓的现象。

工信部的数据显示，2013 年 1～11 月，基础电信企业互联网宽带接入用户净增 1822.1 万户，比 2012 年同期回落 5.9 个百分点。实际上，这并不是首次出现回落迹象。具体到运营商，2013 年前三季度，中国电信宽带用户达到 9804 万户，第三季度宽带用户增长为 222 万户，但是中国电信的季度宽带用户增长已经连续下降 6 个季度。

中国联通的情况也类似，2013 年前三季度，中国联通固网宽带业务累计净增用户 554.3 万户，而在 2012 年和 2011 年前三季度，该数字分别为 700 万和 731.3 万户，净增用户数持续在下滑。尤其是最近 5 个月，中国联通的宽带用户新增数量急剧下滑，已经从 2013 年 7 月的月新增 80.8 万户下滑至 2013 年 11 月的 22 万户。

这些数字意味着，宽带用户高增长时期已过，运营商依赖的人口红利增长模式已基本触顶，(城市地区)用户数趋向饱和。

（3）农村和城市的宽带发展水平差距正在日益缩小

工信部新近发布的《2013 年中国工业通信业运行报告》中显示，宽带业务呈现“提速未提价”特点，城乡宽带用户差距进一步缩小。2013 年 1～9 月，基础电信企业互联网宽带接入用户净增 1595.4 万户，用户总数达 1.86 亿户。“宽带中国”战略出台后，各基础电信企业继续加快宽带提速升级。4Mbit/s 以上宽带接入用户占宽带用户总数的比重达到 75.4%，分别比 2012 年末和 2013 年 6 月底提高 9.6 和 3.1 个百分点。每宽带用户创收能力并未随着宽带接入速率的提升而提高，2013 年 1～9 月，互联网宽带接入用户 ARPU 值（户月均收入贡献值）同比下降 1.2%，达到 58.2 元，宽带业务市场呈现“提速不提价”的特点， 2012～2013 年各季度互联网宽带用户 ARPU 值及 4Mbit/s 以上宽带用户占比如图 1 所示。农村地区宽带业务快速发展，城乡差距进一步缩小。2013 年 1～9 月，农村地区宽带接入用户达到 4645.7 万户，新增 596.9 万户，城市和农村宽带用户比例由去年同期的 3.31:1 缩小到 3:1。但是彼此之间的差距依然巨大，尤其是在光纤宽带用户方面。工信部的数据显示，2013 年前三季度，东、中、西部地区 FTTH/0 用户分别净增 845.3 万户、322.8 万户、312.8 万户，东部地区占新增用户占比超过一半，达到 57.1%。FTTH/0 用户占互联网宽带接入用户的比重情况差异明显，东部地区 FTTH/0 占比已达 23.1%，比中西部地区高 9.9 和 7.6 个百分点，原因在于农村和中西部地区投入大、维护成本高、产出少。

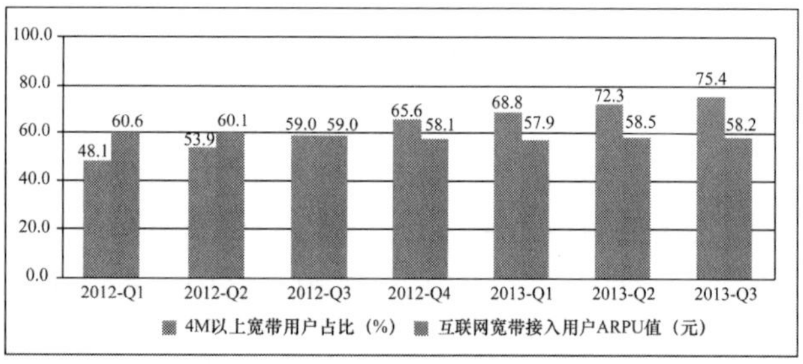

图 1 2012～2013 年各季度互联网宽带用户 ARPU 值及 4Mbit/s 以上宽带用户占比

（4）国内宽带用户体验和感知不断提升

“宽带中国”战略促进我国网络速率有了较大幅度的提升。蓝汛发布的《2013 年中国互联网感知数据报告》显示，2013 年中国平均网络速度为 3.45Mbit/s，相比 2012 年第四季度的 2.59Mbit/s 提高了 33.2%。其中，2013 年全国有 54.8%的地区网速在 3～4Mbit/s；38.7%的地区感知网速在 2～3Mbit/s；6.5%的地区感知网速超过 4Mbit/s。

据《中国宽带速率状况报告》显示，2013 年下半年，我国固定宽带互联网网络平均下载速率达到 3.53Mbit/s，与 2013 年上半年第一期报告的数据相比，中国宽带用户的平均下载速率和网络视频下载速率增长幅度较大，分别提升了 20.4%和 75%。三大运营商全国平均固定宽带接入速率符合度也达到了 105.8%。从各省的下载速率来看，上海领跑全国，速率超过 3Mbit/s 的省份则由 2013 年上半年的 6 个增加到 22 个。其中，上海、北京、江苏、福建和浙江居前五位，东部优势明显。可以看出，三大基础运营商宽带接入速率符合度较高，虽然报告中并没有公布二级、三级宽带运营商的数据，但宽带中国战略第一阶段在网速提升效果明显，凸显整个市场的良好运行。

二、宽带接入业务市场分析

（1）宽带接入业务收入在电信主营业务收入比重持续增加

2013 年，我国宽带接入业务收入继续增长，但增速比前几年有所减缓，主要由于基数大以及宽带服务资费降低。但整体业务增长贡献提升，在电信业务收入中的比重日益增加。2013 年 1～9 月，全国电信主营业务收入完成 8708.8 亿元，同比增长 8.6%。其中，固定通信业务收入 2197.6 亿元，同比增长 4.3%，比 2012 年同期提升 0.3 个百分点。互联网宽带接入业务收入 945.4 亿元，同比增长 8.6%，增长贡献达到 10.8%，在电信业务收入的比重达到 10.9%。

2013 年以来，各基础电信企业“去电信化”经营策略加速实施，通过调整业务结构、加快融合业务推广等方法，持续推动行业转型，包括互联网及数据业务等非话业务在电信行业收入增长中的贡献愈加突出。2013 年 1～9 月，非话音业务实现收入4637.8亿元，同比增长16.6%，对电信业务收入增长贡献由2012年同期的89%提升到95.7%。移动数据及互联网业务收入实现1395.7亿元，同比增长55.2%，对电信业务收入的增长贡献达到71.8%，比2012年同期提高23.6个百分点。2012～2013年各季度话音和非话音业务收入增长贡献如图2所示。

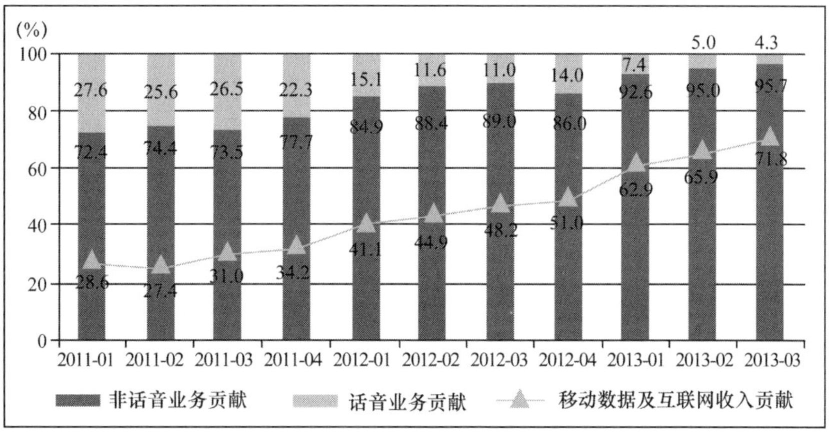

图2 2011～2013年各季度话音和非话音业务收入增长贡献

（2）高清视频、智能家居和网游等提供高带宽差异化感知

中国电信在宽带提速的同时，积极填充iTV、天翼视讯和E云存储等高带宽需求产品，不断丰富“天翼宽带”的品牌内容，积极拓展基于高带宽的在线影视、视频聊天和互动游戏等互联网应用产品，引导高带宽需求，为用户提供高带宽差异化感知，有效促进了宽带用户的增长和价值提升。上海电信计划把家庭打造成接入中心、媒体中心和控制中心，上海电信的高清IPTV节目清晰度较现有标清节目高4倍以上，内容涵盖11路高清直播频道、1路高清3D测试频道、48小时高清回看及高清电影、电视剧、纪实、娱乐、体育和少儿等丰富的高清点播内容。上海电信还联手土豆网、盛大集团、PPLive和激动网，共同发起成立“城市光网应用联盟”。上海电信为这些联盟成员提供专享的“应用管道”，额外的上下行带宽，从而为用户提供高速下载、高清影视、游戏和视频上传等增值应用。

中国联通积极推广“沃宽带”融合业务。2013年初，中国联通基于光纤宽带捆绑的“沃·家庭TV版”IPTV服务正式放号，为接入速率10Mbit/s以上的用户提供服务。“沃·家庭TV版”套餐内包含上网宽带与IPTV专网宽带服务以及电视服务（包括十路高清直播、百路电视频道、千部互动教育、万部卡拉OK、十万小时影视）和固话绑定2G服务（本地市话）。北京联通IPTV服务具备7倍于DVD画质的画面，并且可以实现7天电视直播回看、24小时大片点播、3D和蓝光影视、体感休闲游戏以及同步幼儿教育，还有超过百所三甲医院114在线挂号。

（3）宽带应用聚焦重点行业，拓展信息化应用

行业信息化是国民经济信息化的重要领域。面对行业信息化应用市场这一蕴藏丰富的“金矿”，中国电信充分发挥在ICT和政企服务团队方面的综合实力，以推进智慧城市建设为引领，聚焦智慧政府、智慧民生和智慧产业能三大领域，重点开发翼机通、电子政务、交通物流、数字校园和旺铺助手等信息化应用产品，并以帮助用户构建“数字企业”为抓手，在信息化解决方案中有机地融入宽带接入产品，有效带动了基础业务的规模化发展。同时，中国电信积极拓展云服务市场，成立云计算公司，集约运营全网云业务，完成了云主机、云存储等基础性产品上线运营，大力推广云计算在行业应用领域的拓展，不断提升行业信息化方案的解决能力。

中国联通以“智慧城市”建设为契机，努力打造行业应用孵化平台，提升行业应用产品开发及复制能力。同时借助技术业务优势，拓展行业应用规

模，向政府、金融、互联网和传媒等众多行业应用领域提供服务。

三、宽带接入市场存在的问题和挑战

一是宽带普及程度低。据工业和信息化部统计，到2013年年底，我国固定宽带网络已延伸到所有城市、乡镇和87.9%的行政村；固定宽带用户达到1.75亿户，人口普及率达到12.9%。虽然我国宽带人口普及率虽然超过全球平均8%的水平，但仅为发达国家25.6%普及率的一半左右，并且落后差距继续扩大。

二是宽带发展不协调，区域差距较大。我们通常看到的东、中、西部经济差距，在信息化发展方面体现为地区之间的“数字鸿沟”，在宽带发展上也不例外。中、西部宽带人口普及率分别落后东部6.7和7.3个百分点，农村宽带人口普及率仅为6.3%，比城市普及率落后12.6个百分点。

三是宽带网络速率低。我国近一半用户仍使用4Mbit/s以下宽带接入，远低于OECD国家18Mbit/s以上的上网速率。

四是宽带总体投入不足。当前，中国联通和中国电信分别在北方10个省区和南方21个省区的宽带市场上处于主导地位，但受固定电话业务持续萎缩的制约，两家投资宽带的资金能力有限。全球主要经济体纷纷动用国家资源，以超常规方式推进宽带发展：美国72亿美元的宽带投资支持已进入实施尾期；芬兰、韩国、瑞典等一些战略部署较早国家的阶段性目标已经实现；俄罗斯、印度和巴西等金砖国家动用政府资金资助宽带建设。因此，我国宽带发展面临着不进则退的尴尬局面。

五是宽带费用偏高。我国和其他国家相比，资费水平中等，但性价比还是偏低。中国互联网独立的第三方市场监测DCCI发布的《中国宽带用户调查》指出，中国内地固定宽带用户上网1Mbit/s带宽每月费用是越南的3倍、美国的4倍、韩国的29倍和中国香港的469倍。宽带资费本身就已经过高，如果随着速率提升再提价，消费者则会更加苦不堪言。

六是光纤入户的“最后100米难题”。从光纤覆盖到最终的光纤入户，正是运营商当前遇到的一个主要困难，也就是从小区门前到用户家中的“最后100米难题”。我国宽带运营体系层层叠加，除中国联通和中国电信等一级宽带运营商外，还有许多大大小小的二级、三级宽带运营商，甚至还有小区宽带运营商，小区物业成为横亘在运营商与终端用户之间的一道门槛。此外，各级运营商之间缺乏相应的质量监督。虽然多数网络供应商在推销产品时，号称独享4Mbit/s甚至10Mbit/s宽带，但实际上用户大多不是独享带宽，而是共享带宽。共享带宽的一个显著特点就是，当上网用户增多时，带宽是不稳定的，用户越多，分摊到每个人的实际使用网速就越慢。例如4Mbit/s宽带，理论上应有512kbit/s的网速，而实际上，4Mbit/s带宽下平均网速仅仅为232.7kbit/s，与名义带宽相差很大。

（作者：工业和信息化部电信研究院　胡海波）

SDN 技术进展和产业跟踪

SDN（Software Defined Networking，软件定义网络）是当前业界关注的热点，其基于软件定义的理念与传统网络技术有所差异，业界提出的软件定义数据中心、软件定义基础设施的概念和方法，将基础设施的资源通过虚拟化方式进行抽象，包括服务器、存储、网络等，并将资源变成一种 IT 服务，通过自动化的流程与软件方式提供给客户。SDN 技术的出现适应了网络 IT 化、设备软件化和硬件标准化的趋势。SDN 的设计理念是将网络的控制平面与数据转发平面进行分离，逻辑上集中的控制层面能够支持网络资源的灵活调度，灵活的开放接口能够支持网络能力的按需调用，并实现可编程化控制。通过这种方式，推动网络能力被便捷的调用，支持网络业务的创新。

一、SDN 概念定义

SDN 起源于学术界对创新型未来网络架构的研究，其核心思想最早由美国斯坦福大学的 Clean Slate 课题组提出，其目标是建立一种能够基于可编程软件控制的网络技术和架构，解决在基于封闭硬件设备构建的传统网络中存在的业务部署低效、业务适应缓慢等问题。SDN 充分体现了网络向业务开放的理念，与当前风头正劲的 OTT 厂商对下一代网络的要求不谋而合，于是学术界与产业界迅速形成合力，推动了 SDN 的快速发展。

SDN 的兴起引起了业界的普遍关注，其概念被不断地延伸和扩展，不同的参与者从各自的角度出发提出了很多不同的 SDN 定义。但是，其中获得业界最多认可的是由开放网络基金会（Open Networking Foundation，ONF）倡导的 SDN 架构，如图 1 所示。

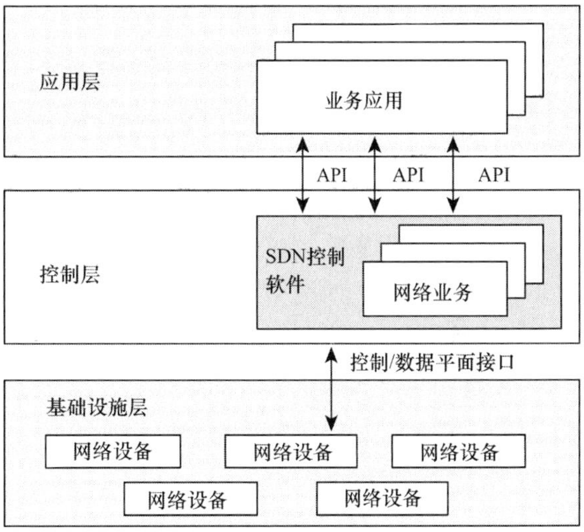

图 1　ONF 倡导的 SDN 架构

如图 1 所示，ONF 提出的 SDN 架构分为 3 层：最上层为应用层，包括多种多样的的业务和应用；中间的控制层负责处理数据平面资源的编排，维护网络拓扑、状态信息等；最底层的基础设施层负责数据处理、转发和状态收集。除了上述 3 个层次之外，控制层与基础设施层之间的接口和应用层与控制层之间的接口也是 SDN 架构中的两个重要组成部分。按照接口与控制层的位置关系，前者通常被称作南向接口，后者则被称作北向接口。其中，ONF 在南向接口上定义了开放的 OpenFlow 标准，而在北向接口上还没有做统一要求。

从上述由 ONF 定义的架构中可以看出，SDN 具有三大基本特征，具体的内容如下。

（1）集中控制。逻辑上集中的控制有助于获得网络资源的全局信息并进而根据业务需求进行资源的全局调配和优化，例如流量工程、负载均衡等；同时，集中控制还使得整个网络可在逻辑上被视作是一台设备而进行运行和维护，无需对物理设备进行现场配置，提升网络控制的便捷性。

（2）开放接口。通过开放的南向和北向接口，能够实现应用和网络的无缝集成，使得应用能够告知网络如何运行才能更好地满足其资源需求，例如业务的带宽、时延、计费对路由的影响等。另外，支持用户利用开放接口自行开发网络业务并调用资源，加快新业务的上线周期。

（3）网络虚拟化。通过南向接口的统一和开放，屏蔽了底层物理转发设备的差异，实现了底层网络对于上层应用的透明化。逻辑网络和物理网络分离后，逻辑网络可以根据业务需要进行配置、迁移，而不再受具体设备物理位置的限制，同时还可以为多租户共享网络资源等定制需求提供支持。

简而言之，SDN支持控制平面与转发平面的分离，使得对网络设备的集中、灵活控制成为可能。以OpenFlow为代表的南向接口的提出使得底层的转发设备可以被统一控制和管理，而其具体的物理实现将被透明化，实现了设备的虚拟化。多种多样的开放的软件编程接口，将推动网络能力被便捷地调用，支持网络业务的创新。

二、SDN实现方式

在这一轮SDN热潮的发端之时，以ONF倡导的以OpenFlow为基础的SDN解决方案引起了业界的极大关注。同时，随着SDN日益成为业界的热点，越来越多的SDN解决方案类型被提出和应用，并在不同的应用场景中拥有各自的优势。总体而言，当前主流的SDN实现方案主要包括专用接口、叠加网络、开放协议3种类型。

（1）基于专用接口的方案：该类方案的实现思路是以传统网络的实现机制和工作方式为基础，通过升级改造现有网络设备的操作系统，使之能够支持专用的可编程接口供网络管控系统调用，实现网络设备的统一配置管理和策略下发，改变原来对设备逐台登录配置的操作方式；同时，这些接口也可用于开发网络应用，实现网络设备的软件编程。其中，最典型的技术产品是思科的ONEPK（Open Network Environment Platform Kit）。

（2）基于叠加网络的方案：该类方案的实现思路是以现行的IP网络为基础，在其上建立叠加的逻辑网络用于屏蔽掉底层物理网络的差异，实现网络资源的虚拟化，使得多个逻辑上彼此隔离的网络分区以及多种异构的虚拟网络可以在同一共享网络基础设施上共存，支持网络资源的多租户共享并突破传统网络技术对租户网络的限制。其中，最典型的技术产品包括VMware NSX及其主导推出的VXLAN、微软支持的NVGRE、IBM的DOVE等。

（3）基于开放协议的方案：这是当前最流行的SDN实现方案，它引入了开放的网络协议标准，强调网络中控制与转发的分离，支持南向网络设备的集中控制，并提供丰富的北向应用编程接口，能够有效地降低网络架构复杂度，支持业务驱动的网络资源灵活调配。其中，最典型的技术成果是由ONF提出的基于OpenFlow南向控制协议的SDN架构。

上述的3类实现方案充分体现了SDN的“软件定义”理念：它们都可以支持逻辑上集中的网络控制系统，并且具有丰富灵活的软件接口供上层调用底层设备能力。同时，方案中转发层面设备的能力都被隐藏在软件接口之下，使得设备的物理差异被透明化。

但是需要注意的是，这3类实现方案的提出都拥有着深厚的背景，分别体现了不同的网络从业者对SDN的认知态度，特别是传统巨头之外的众多新生力量通过SDN找到了进入网络产业的突破口，使得网络产业出现了“异质竞争”的特征。其中，基于专用接口的方案是容易被传统的通信产业接受的模式，基于叠加网络的方案是IT产业擅长的模式，而基于开放协议的方案则是ICT的模式，它体现了通信技术与IT技术的融合。因此，不同的实现方案在当前获得了业界不同类型厂商的支持，它们的优缺点比较及其相应支持厂商的对比分析见表1。

表1 不同SDN实现方案的支持厂商分析

方案类型	方案优点	方案缺点	厂商类型
基于专用接口	能够依托网络设备厂商已有的产品体系，对现有的网络部署改动小，实施部署方便、快捷	接口与设备之间存在紧密耦合关系，开放性不足，存在着网络设备和能力被厂商锁定的风险	传统网络设备厂商

（续表）

方案类型	方案优点	方案缺点	厂商类型
基于叠加网络	利用隧道技术屏蔽底层物理网络的实现细节，通过集中管控实现网络资源的按需调度	应用效果受到底层网络质量的影响，增加了网络架构的复杂度，并降低了数据的处理性能	虚拟化技术厂商、IT设备厂商、软件厂商
基于开放协议	拥有充分的开放性，降低了网络设备领域的进入门槛，推动网络业务创新	方案有待成熟，不同标准化组织间存在激烈竞争，均希望掌握领域主导权	传统/新兴网络设备厂商、OTT厂商

如表1所示，不同背景的SDN参与者的加入使得原有的网络产业价值发生了流动，产业链上的每个角色都在寻求新形势下的保值和增值。其中，开放协议是具有革命精神的技术流派，它通过开放的系统架构和运作方式获得了较为广泛的支持，正在形成新的竞争力，力图打破传统的产业格局；专用接口是传统网络设备厂商为了在SDN时代继续保持其主导地位而做出的妥协，其根本在于从传统网络继承而来的技术和市场基础；而基于叠加网络的虚拟化是当前一项热门技术，通过屏蔽底层物理设备的差异实现网络资源的池化，能够很好地满足云计算数据中心内部和之间的虚拟机迁移等新兴业务场景的网络需求。

三、SDN产业现状

在业界的大力推动下，SDN产业正在快速的发展和成熟之中，在设备的软硬件支持、解决方案设计规划等方面都有了长足的进展，一些最近的产业进展见表2。

表2 SDN产业供应商进展简述

厂商角色	典型厂商	研发方向	主要产品	主要动作
传统网络设备厂商	Cisco	SDN架构、虚拟交换机、SDN控制器、NOS等	ONE（Open Network Environment）体系系列软、硬件产品；Insieme ACI（应用中心基础设施）产品	收购Cariden、BroadHop；入股成立Insieme Networks
	华为	SDN架构、虚拟交换机、SDN控制器、NOS等	SoftCom架构内软硬件产品；12700可编程敏捷交换机；FusionCloud云计算解决方案	提出POF（Protocol Oblivious Forwarding），参加所有SDN相关标准化组织
	Juniper	通用网络设备、开源解决方案	Contrail解决方案及OpenContrail开源系统；EX9200可编程核心交换机	发布开源的具有与商业化版本相同功能的OpenContrail
传统IT设备厂商	HP	兼容OpenFlow的通用交换机、SDN控制器、企业网络应用	3800系列交换机及HP Controller控制器；面向企业网络的SDN应用商店	面向企业网络需求发布SDN应用商店
	IBM	应用层路由交换、虚拟交换机、SDN控制器	PNC（Programmable Network Controller）；RackSwitch G8264	向OpenDaylight贡献DOVE；收购Blade
创业公司	Big Switch	通用硬件、SDN控制器软件	Big Tap、SDN控制器、Switch Light	发布和维护Floodlight、Indigo、OF Test等开源技术
软件厂商	VMware	云计算、硬件虚拟化、NOS	NSX虚拟化网络平台	收购Nicira；支持VXLAN技术
	微软	云计算、硬件虚拟化、NOS	支持NVGRE的网络虚拟化产品；基于Azure的VNET网络服务	以Azure为平台提供VNET混合云组网方案
芯片厂商	Intel	基于Intel架构的信号处理、数据包处理、控制平面处理、应用与服务以及开放平台	SeaCliff Trail网络系统及配套设备；基于WindRiver系统的SDN软件框架	收购WindRiver，研发开放的数据中心网络平台（ONP）实现SDN
	盛科	OpenFlow芯片、OpenFlow交换机	V350 OpenFlow交换平台	获得首届SDN Idol@ONS，产品支持OpenFlow 1.3和OF-config

如表2所示，SDN被视作网络未来的发展趋势，吸引了众多参与者，同时也深刻地改变了整个网络产业链，主要体现如下方面。

（1）传统的网络设备巨头面临巨大的挑战。SDN打破了网络通信设备的现有架构，其中，转发设备功能简单且同质化，成为低附加值竞争，缺少研发价值；而在控制平面，服务器加网络操作系统的架构成为主流，并且具有开源的趋势。

（2）传统IT厂商和新兴网络设备厂商获得发展空间。通过采用通用硬件设备加自研网络操作系统的模式，快速提供SDN解决方案，挤占传统网络设备厂商的市场空间；同时，直接面向云计算、大数据业务需求进行技术创新，掌握主动权。

（3）芯片厂商和软件厂商是创新技术的驱动者。在控制平面与转发平面分离的前提下，转发层设备芯片可以采用与传统网络设备路由转发ASIC不尽相同的思路；软件厂商以资源虚拟化与网络服务的契合点为突破口，提供NaaS（Network as a Service）服务解决方案。

在SDN的实际应用部署方面，OTT厂商具有相当积极的态度，它们是推动SDN发展的主要力量之一，最典型的案例就是Google利用OpenFlow技术在其全球12个数据中心之间实现了WAN流量优化。OTT厂商通过SDN满足互联网服务所需的传送需求，实现业务和网络的配合调度，支撑业务创新和部署。同时，OTT厂商利用SDN开展网络资源的组织和调度，增强了其对网络的控制力，进而降低其对传统运营商的依赖性。因此，对于拥有大规模传统网络的运营商而言，SDN是一把双刃剑，它既开启了网络IT化的进程，使得运营商能够更优化地实现资源调配，但是它也为IT和软件业打破电信业壁垒提供了突破口。因此，如何利用SDN的优势而避免加剧网络“管道化”将是运营商未来的重要工作内容之一。

四、SDN标准体系

SDN已经得到了业界的广泛关注和认可，而它作为一种新的网络技术和架构，推动其技术标准化则显得尤为重要。同时，不同行业、不同应用领域对SDN有着不同的需求，因而在SDN标准化中也有不同的理解。当前，除了在SDN标准领域具有主导地位的ONF之外，各相关标准化组织也都在积极开展与SDN相关的标准制定工作，例如IETF、ITU-T、ETSI NFV、CCSA等。

（一）ONF

ONF是SDN领域最负盛名也是最为活跃的标准化组织。ONF于2011年成立，致力于SDN及OpenFlow技术的标准化以及商业化，希望基于OpenFlow的SDN能够成为未来网络的新标准。ONF自成立之后，其发展非常迅速，当前已经拥有110余家成员单位。其中，董事会成员包括德国电信、NTT、Facebook、Google、微软、Verizon、雅虎、高盛等来自运营商、OTT厂商及软件公司的8家成员，而会员则全面覆盖了运营商、网络设备厂商、软件厂商、测试仪表厂商等诸多领域。

ONF先后成立了10余个工作组，其主要工作除了制定和完善用于SDN网络架构的控制层和转发层之间交互的OpenFlow交换机规范以及用于对SDN转发层设备实施管理与配置的OF-config协议之外，还在积极推动SDN北向接口的设计、传统网络向SDN网络的迁移等关键问题的研究和讨论。

作为ONF最主要的研究成果，当前最新的OpenFlow规范和OF-config协议分别是2013年10月15日发布的OpenFlow 1.4.0和2013年3月23日发布的OF-config 1.1.1。其中，OpenFlow是SDN网络中控制器与交换机的交互信息标准和接口标准，OF-config则用于在包含了OpenFlow交换机的网络环境中对其进行接口配置和管理，目前采用NETCONF协议进行传输。

（二）IETF

IETF是全球互联网最具权威的技术标准化组织，主要任务是负责互联网相关技术规范的研发和制定，是互联网技术标准领域的领导者，其工作更多的是由网络设备厂商主导。早在SDN提出之前，IETF就对很多与SDN存在相似性的方法和技术进行了探索和研究，例如IETF中设立的转发与控制分离工作组（ForCES），其目标就是定义一种架构和机制，用于在逻辑上分离的控制平面和转发平面之间交互信息。该工作组从2003年至今共发布了多篇 RFC 文稿，内容涉及需求、框架、协议、转发单元模型以及 MIB 等多个领域。

在 IETF 第 84 次和第 85 次会议期间，SDN 成为了最热门的话题，进而催生了 I2RS（Interface to the Routing System）研究组。与 ONF 主导的基于开放协议的 SDN 技术路线不同，I2RS 主张在现有的网络层协议基础上增加插件（plug-in），并在网络与应用层之间增加 SDN Orchestrator 进行能力开放的封装，而不是直接采用 OpenFlow 进行能力开放，其目的是尽量保留和重用现有的各种路由协议和 IP 网络技术。

（三）ITU-T

ITU-T 在 2012 年年中开始对 SDN 与电信网络结合的标准进行研究。其中，下一代网络（NGN）研究组 SG13 首先启动了 Y.FNsdn-fm 和 Y.FNsdn 两个项目的研究，分别对应电信网络 SDN 的需求和架构，并初步提出了在电信网络中实现 SDN 的网络架构。

当前，SG13 下设了 19 个课题（Question）进行研究，与 SDN 相关的课题组主要包括：Q14（未来网络课题组）负责 SDN 通用功能及功能实体的标准制订，并研究在未来网络中应用 SDN 的需求；Q2（NGN 演进的网络需求）和 Q3（NGN 演进的网络架构）课题组重点研究 SDN 在现有 NGN 中的应用场景和功能需求；Q6（QoS 研究课题组）、Q8（安全研究课题组）、Q9（移动性研究课题组）分别研究与 SDN 相关的 QoS、安全和移动性实现方案；Q17-19（云计算网络课题组）侧重研究云计算网络中 SDN 的应用场景和功能需求。2013 年 2 月，由中国电信等运营商主导的 Q2 课题组完成了智能型网络与 SDN 技术结合的 S-NICE（软件定义的智能型通信网络）标准研究立项工作，推动了 NGN 中 SDN 体系标准的制定，也为通信网络中如何引入 SDN 技术奠定了基础。

基于 SG13 的研究进展，SG11 也开始讨论 SDN 信令需求和框架的研究工作，并在 2013 年 2 月会议上启动了对 BNG、BAN、IPv6 过渡技术中引入 SDN 的信令需求的新标准研究。SG11 计划其通信网络 SDN 架构中的信令将与 ONF 制定的 OpenFlow 和 OF-config 协议兼容，并在此基础上基于通信网络的需求进行协议扩展或者定义不同层面的协议标准。

（四）NFV

NFV 是 2012 年 10 月由 AT&T、英国电信（BT）、德国电信、Orange 等 7 家运营商在欧洲电信标准协会（ETSI）发起成立了一个新的网络功能虚拟化标准工作组 NFV ISG（Network Functions Virtualisation）。其研究目标主要是希望通过广泛采用标准化的 IT 虚拟化技术，采用业界标准的大容量服务器、存储和交换机承载各种各样的网络软件功能，实现软件的灵活加载，实现在数据中心、网络节点和用户端等各个位置灵活的部署配置，从而加快网络部署和调整的速度，降低业务部署的复杂度，提高网络设备的统一化、通用化、适配性等，最终降低网络的 Capex 和 Opex。

在 ETSI NFV 的组织架构中，工作组主席、副主席、技术主管等职位主要由来自 Verizon、德国电信、英国电信等运营商的专家担任，可见其标准化的目标也是考虑运营商的需求。NFV 的研究和标准化进度分为两个阶段：第一个阶段为 2013 年，主要工作是定义针对部分网络的功能虚拟化标准，例如 IMS 和 EPC 核心网络；第二个阶段到 2014 年年底结束，将涵盖所有的核心网和接入网络中网元的功能虚拟化标准。当前，NFV 发布了两版白皮书对 NFV 的定义、应用场景、基本功能、发展优势以及与 SDN 等技术的关系等内容进行阐释。另外，在 2013 年 10 月，NFV 发布了包括 NFV 的 Use Cases、Architectural Framework、Terminology for Main Concepts、Virtualisation Requirements、Proofs of Concepts 在内的首批 5 份规范。

NFV 与 SDN 类似，也是强调了利用软件实现改造现有网络的理念，它们之间的差异主要在于：SDN 侧重于通过在网络中实现控制与转发的分离，降低网络的运维管理成本；而 NFV 更侧重于上层网络业务处理的软件化和虚拟化，以降低未来网络的创新成本。正因为如此，NFV 和 SDN 之间存在着极强的互补关系，其中，NFV 增加了网络功能部署的灵活性，SDN 则可进一步推动虚拟化网络功能部署的灵活性和便捷性。

（五）CCSA

CCSA 作为国内通信行业标准工作的主阵地，组织和协调国内相关单位大力开展了 SDN 相关的标准工作，为国内的 SDN 研究和应用提供指导和服务。

CCSA 的 IP 与多媒体通信技术工作委员会（TC1）在 2013 年初成立了“未来数据网络（FDN）”任务组（SWG3），重点研究基于 SDN 技术的未来数据网络的场景需求、架构和协议标准等内容。当前已经正式发布了 SDN 技术的研究报告，并正在制定未来数据网络 FDN 的场景需求、FDN 的架构、FDN 的接口协议等 3 项行业标准。

同时，CCSA 的网络与交换技术工作委员会（TC3）也开展了在 NGN 中的 SDN 技术引入需求和架构研究，TC3 成立了子工作组（SVN），开展软件定义智能管道和核心网络虚拟化的研究，与 ITU-T SG13 标准制定工作相呼应，立项并开始研究基于智能型网络的 SDN 技术标准（S-NICE），目前也已经开始对 S-NICE 的需求、架构及核心网虚拟化等标准进行研究。

五、SDN 的未来发展

全球技术研究和咨询公司 Gartner 将“软件定义一切（Software Defined Anything）”列为 2014 年的十大战略技术，而面向“软件定义”的 SDN 成为关注的焦点。SDN 最大的特点在于具有松耦合的控制平面与数据平面、支持集中化的网络状态控制、实现底层网络设施对上层应用的透明。正如 SDN 的名字所言，它具有灵活的软件编程能力，使得网络的自动化管理和控制能力获得了空前的提升，能够有效地解决当前网络系统所面临的资源规模扩展受限、组网灵活性差、难以快速满足云计算、大数据等新兴业务需求等问题。

在 SDN 的驱动下，新兴的网络设备厂商和 IT 厂商希望从中谋求产业重组，获得网络领域的发言权；传统的网络设备厂商则将 SDN 纳入其技术产品演进的一个环节，在自我完善的同时维系其原有的产业价值。在这种背景下，通信设备厂商和 IT 设备厂商在 SDN 领域共同发力，使其成为 ICT 融合的使能者。最终，在用户应用场景的驱动下，技术标准和商业模式的创新将为 OTT 厂商和运营商带来新的机遇与挑战。

最后，需要值得引起关注的是，虽然 SDN 正处于飞速发展的时期，但是它还存在很多问题有待解决，无论是跨域组网，还是控制器标准化成熟性在业界还没有达成共识。当前还缺少将其部署和应用于具有规模庞大、设备众多、协议复杂、控制分散等特殊性的运营商网络的成功案例。因此，运营商需要结合自身的网络特点，思考 SDN 的适用条件和应用场景。

（作者：中国电信股份有限公司北京研究院 赵慧玲　王峰）

100 Gbit/s 光网络的应用和展望

2013年是100 Gbit/s技术在中国蓬勃发展的一年，截至2013年11月，中国移动已经完成2次100 Gbit/s省际、省内干线的集采，100 Gbit/s线路模块数量接近1800块，全部采用基于电交叉连接OTN设备组网，中国联通完成长途传输网100 Gbit/s WDM系统实验网工程招标，11月中国电信也启动了100 Gbit/s干线招标。此外，中国教育和科研计算机网CERNET、阿里巴巴等部门和行业用户也正在启动100 Gbit/s应用。

100 Gbit/s应用在国内发展迅速，首先来源于业务量的持续增长。从业务驱动上来看，骨干网的带宽主要来自城域网业务汇聚，以及数据中心之间的交互。以视频业务为代表的宽带业务发展，以及LTE业务和全业务的发展，城域接入层带宽的增加将导致汇聚层和核心层的宽带需求增加，业务承载的压力最终会渗透到骨干网层面；同时为适应互联网、云计算等业务的发展，数据中心将众多服务器集中在一起，采用100 Gbit/s直连满足数据中心带宽需求。干线层面100 Gbit/s的专线业务也已经出现。根据预测，2013年至未来4年全球移动数据流量将增长13倍，到2017年，每月流量预估达到11.2EB。

其次，100 Gbit/s技术也正在由技术成熟期迈入应用成熟期。100 Gbit/s光传输技术是近年来伴随相干光通信和电域补偿技术发展而出现的革新性技术，相对于40 Gbit/s传输，100 Gbit/s标准、码型统一，技术上消除光纤固有的CD/PMD限制，降低了对于传输环境的要求，具有更长的生命周期。

一、100 Gbit/s 应用模式分析

随着100 Gbit/s时代的到来，其应用关注在两个方面：一方面是在不同场景下对传输距离的不同要求，如何在干线层面传输距离更远，如何在城域层面降低成本；二是如何有效实现100 Gbit/s业务的组网。

（一）100 Gbit/s 长距传输技术

传统10 Gbit/s/40 Gbit/s系统是噪声受限系统，而100 Gbit/s等高速传输系统的更多制约因素来自非线性干扰。为突破高速传输的限制，实现和10 Gbit/s相当的传输性能，100Gbit/s传输主要应用了PM-QPSK（偏振复用—正交相移键控）调制方式、相干接收、DSP电处理以及超强FEC（前向纠错）4种新技术，详见表1。

表1　100 Gbit/s 系统引用新技术

技术	PM-QPSK	相干接收	DSP 电处理	超强 FEC
原理	用偏振分束器将100Gbit/s信号分成x、y两个垂直的偏振方向，分别对其上的光信号进行QPSK调制	通过锁相等技术，跟发送端激光器输出的信号同频同相（相干），分离出x、y偏振方向的信号	DSP高速数字处理，去除色散、噪声、非线性等干扰因素，还原从发端发出的100Gbit/s信号	级联各种基本FEC编码算法获得更大的编码增益，有硬判决（HD）和软判决（SD）两种方式
效果	提升信号接收容限和抗非线性能力	提升信号接收容限	在电域补偿各类色散，提升色散容限	有效应对随机误码和突发误码，提升传输距离

中国北京、上海和广州三地之间的业务量相当大，京汉广、汉宁沪是两条重要的连通南北和东西的干线路由，北京—广州之间的距离将近3026km（光缆长度），武汉—上海之间的距离为1539km，若能省一个80波100 Gbit/s再生站，可节约数千万元。速率越高，可省的站越多，成本优势就越明显。因此，超长距无电中继传输存在应用需求。

长距传输能力主要取决于100 Gbit/s线路接口背靠背OSNR指标，经过中国移动实验室测试，早期的硬判背靠背指标为13dB，传输距离可以达到1200km以上，第一代软判的背靠背指标可以达到11.5dB，传输距离能够达到1600km。而根据最新的

测试结果，第二代软判指标已经小于11dB，传输距离超过2000km。

高速传送系统中滑码是影响系统性能的一个关键因素。由于100 Gbit/s系统目前都采用相位调制+相干检测，当发送器和接收器失去时间同步就会产生滑码。在理想状况下，一个四相位调制的波长中原来的信号点都应该在4个象限的范围内，这样相干接收侧可以方便地把信号检测出来。但相位的轴一旦发生偏转，就会产生滑码，与普通的误码相比，滑码会造成至少丢失一个OTN帧，并且其影响可能持续更多的OTN帧。激光器的相位噪声、频率错误和非线性效应都会使相位轴发生偏转，高速传送系统必须要能动态地跟踪相位轴的任何偏转，从而抑制滑码。

提升100 Gbit/s传输距离的另外一种方案是采用新型低噪声光放大器，例如拉曼放大器。拉曼放大器利用光纤自身对信号进行放大，信号在传输过程中的固有损耗可以在光纤内部进行补偿。拉曼增益与泵浦光波长和信号光波长之间的波长差值呈线性关系，在两个波长差值为100nm时，增益达到最有效值。采用拉曼放大的系统可以降低每通路光信号的入纤功率，降低100 Gbit/s系统的非线性损耗，使信号尽可能以线性模式传输。因此输出信号的光信噪比增大，从而保证在没有电再生中继设备的条件下，信号可以传输更远的距离后而能够被正常接收。目前拉曼放大器具备一些新的功能，例如支持断纤监测和回损检测功能以保障系统安全。

（二）100 Gbit/s城域传输技术

LTE对回传网络提出了更高的带宽需求，随着LTE网络的商用部署，城域核心层的带宽压力急剧上升。城域网带宽设计应保证每个基站具有达到峰值速率的能力。考虑到冗余带宽的保护，按照下面公式计算：城域核心带宽需求=单基站平均带宽需求×收敛比×基站数量×2，不同规模城市核心层的带宽估算见表2。

表2 LTE承载核心层带宽估算

场景	单基站平均带宽	收敛比	基站数量	城域核心带宽需求
大城市	80Mbit/s（假设基站类型都是S111）	50%	8000	640 Gbit/s
中等城市			5000	400 Gbit/s
小城市			3000	240 Gbit/s

通过以上分析，在LTE驱动下，城域核心需要单波100 Gbit/s系统来提供大的管道疏导。除了用于基站回传，还可以实现城域承载网高速连接，企业和ISP网络中数据中心之间互连。城域市场需求量大，传输距离较短（在200km以内），但对成本高度敏感。目前已有公司推出基于MultiPly方案的4×28Gbit/s ODB产品，把相邻4个波长绑在一起来创建100Gbit/s通道来连接路由器。MultiPhy在接收机中采用最大似然序列估计解码器（Maximum Likelihood Sequence Estimator，MLSE），与在传统直接检测接收机中使用的标准硬判决解码器（其判决基于接收到的单个符号）相比，MLSE解码器基于从通信信道中接收到的一系列符号产生最佳判决，该软判决机制减小了信道上产生的码间串扰的影响，补偿了长距光纤中光信号的畸变效应，明显改善了接收机的性能。但这种方案对于频谱资源的利用率较低。

目前，业界即将推出可插拔100 Gbit/s相干CFP和CFP2模块，除了具有较小尺寸和较低功耗之外，还可以内置Framing和OTN功能，这就可以把客户端CFP插槽当作长途接口来用，支持无需采用光放大器的80km长距传输，满足城域光纤网络的低成本和高频谱利用率的需求。

（三）100 Gbit/s业务组网

在100 Gbit/s时代，设备支线路速率差异增大，OTN电交叉具有相对重要性。在业务封装效率方面，除了直接把100Gbit/s以太网业务映射封装到线路接口，其他低速业务都可以按照ITU-T G.709标准定义的结构映射到100 Gbit/s线路信号中，多种业务都可混合在同一个100 Gbit/s中，100 Gbit/s带宽利用率可达到100%。

在生存能力方面，基于OTN电交叉连接设备可以提供SNCP保护和环网保护，还可以实现网状网恢复，可依据电层丰富的性能指标判决是否启动保护。此外，OTN设备业务侧和线路侧是松耦合关系，通过交叉连接可加快业务开通时间，有效抗线路侧故障。支线路分离技术又使得业务侧和线路侧技术独立发展，采用不同的芯片和模块，发挥各自最大的优势。

从技术实现上分析，传统的OTN解决方案，通常采用单交叉芯片的方式，实现 10Tbit 以内的交叉容量。但在实现大于 10Tbit 容量的 OTN 设备时，现有方案很难突破电信号处理瓶颈。通过采用多个 T bit 级别的交叉芯片负荷分担处理的新型交叉架构，包括采用 GMP 异步映射、同步并行交叉技术，OTN 交叉容量理论上可突破 100Tbit。国内外大部分厂商成功推出超过 10Tbit 容量的 OTN 设备，超 20Tbit 大容量 OTN 设备也已经经过实验室测试验证。

二、100 Gbit/s 现网应用考虑因素

由于 100Gbit/s 光网络传输业务颗粒大，相比传统波分系统，100Gbit/s OTN 设备是集大容量交叉连接和 100Gbit/s WDM 传输为一体的设备，其功能、光传输性能指标要求也更高，伴随而来的是系统风险更大，维护 100Gbit/s 系统的需要注意的事项也更多。

100Gbit/s 系统由于采用相干调制技术，可以忽略色散和 PMD 对系统的影响。但是与 10 Gbit/s、40 Gbit/s 系统比较，非线性效应凸显，出于抑制非线性的考虑，需要关注光纤的入纤功率。根据实际测试结果，入纤光功率和非线性 OSNR 代价的关系如图 1 所示，测试中使用 G.655 光纤，分别测试了在 $n\times25$dB 配置模型下，不同厂商各自软/硬判的 100 Gbit/s 传输系统，可以看出随着入纤光功率的增大，系统的非线性 OSNR 代价增大。当单波长入纤光功率为 4dBm 左右时，绝大部分厂商非线性 OSNR 代价可以控制在 2dB 以内。

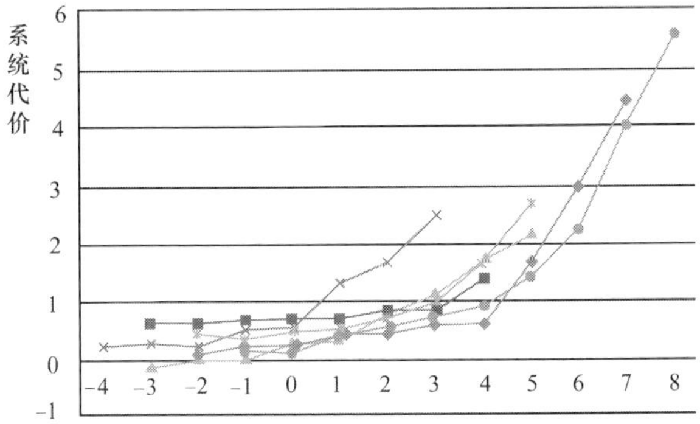

图 1 入纤功率和非线性 OSNR 代价的关系

在理想等跨距的场景下，对于 G.652 光纤和 G.655 光纤组成的传输系统，在无 DCM 配置的情况下，不同区段衰耗下的最大入纤光功率见表 3。

表 3 各类光纤、模型配置建议入纤光功率

跨段	G.652 光纤	G.655 光纤
$n\times22$dB	+4	+3
$n\times25$dB	+5	+4
单跨段	+7	+7

上表中 $n\times22$dB、$n\times25$dB、单跨段的入纤光功率逐渐升高，反映了随着跨段损耗的增加，系统传输跨段数逐渐减少，噪声累积也相应减少，系统非线性特性会逐渐减弱。

当光缆线路指标下降时，可能不会引起 100 Gbit/s 系统重要告警，但 FEC 纠错前误码率升高且有不可纠正帧，需参照实际纠前误码率指标进行监测，同时会伴随有 B1 或 SM BIP8 或 PM BIP8 误码，有不可用时间且在增加。日常维护时，纠前误码率可以参考行业标准 SD-FEC 小于 1×10^{-3}，HD-FEC 小于 7×10^{-5} 或 3×10^{-4}。

100 Gbit/s 传输系统受非线性效应的影响，一方面要限制入纤功率，另一方面 SPM、XPM、FWM 等引起功率漂移，需要进行功率均衡。在实验室测试、现网试点的过程中，各厂商均采用基于 WSS 的 ROADM 进行功率均衡。不同的光放噪声系数、增益平坦度以及非线性效应的控制程度使 ROADM 的应用位置有差异，基本上平均每 5 个跨段进行一次功率均衡。

三、100 Gbit/s 新技术发展方向

100 Gbit/s 技术在国内已经进入实用阶段，但必须解决一些实际问题，首先是系统功耗偏大，为了更好地推广 100 Gbit/s 产品的应用，需要在从 DSP 芯片、产品集成度等方面进行突破。

DSP 处理芯片作为 100 Gbit/s 系统的“心脏”和“大脑”，芯片由上亿门逻辑电路组成以实现 FFT、FEC、色散补偿和 PMD 补偿等功能。不断推陈出新的 DSP 处理芯片改善了系统性能：第一代 DSP 芯片采用 65nm CMOS 工艺，功耗 80～100W，只

能实现硬判决；现有DSP基本采用40nm工艺，功耗60～70W，可以实现性能更佳的软判决；下一代芯片将采用28nm，甚至16nm工艺，功耗可降至25～30W。在不断提高性能的同时，100 Gbit/s系统整体功耗也下降30%～40%。

采用光子集成技术（PIC）来提高设备整体集成度是目前最有效的手段，PIC技术以一组微小芯片实现包括激光器、发射机/接收机、波分复用/解复用器、放大器等多个器件的功能，具有高集成度、低成本的优势。使用Silicon photonics技术以硅为基础材料制作光子集成芯片，再加上现有成熟的CMOS半导体生产工艺，能够实现大规模生产，进一步降低成本。

光模块的体积和功耗也正在逐步下降，目前CFP模块体积为82mm×145mm×13.6mm，功耗为24W；由于CFP2移除了用于实现10路10 Gbit/s电信号转换为4路25 Gbit/s电信号的Gearbox芯片，体积降为41mm×107mm×12.4mm，传输距离规格为10km的CFP2实测功耗仅为5.85W。到了CFP4阶段，体积降为21mm×88mm×9.5mm，功耗降至4W左右。

如何提高网络资源的利用效率，100 Gbit/s时代带宽资源更宝贵，基于电交叉OTN设备可以充分发挥ASON的优势，采用适应需求、匹配的保护恢复机制，在应对多重故障的同时，对现有业务配置各自的保护或恢复方式，而不是全部采用单纯的1+1保护。ASON技术经过多年的发展已经成熟，中国移动已经在100 Gbit/s OTN骨干网建设中引入了ASON功能，同时正在研究PCE等集中控制技术，从全网视角为业务选取最佳工作、保护路径，实现光电联动，以及跨域之间的互联互通，做好向SDN技术演进的准备。

业务的发展对网络各个层面均提出100 Gbit/s传送需求：在干线，传输性能需进一步提升，软判应用更有前景；在城域，需发展低成本、高集成度100 Gbit/s技术：PIC、可插拔相干接收CFP/CFP2模块等技术都有应用前景。100 Gbit/s技术需进一步降低功耗提高系统能效，同时，100 Gbit/s网络应引入ASON功能，提升传送网资源利用的效率，基于电交叉大容量OTN设备是发挥ASON功能的最佳技术。

（作者：中国移动通信有限公司研究院　李允博　李晗　邹洪强　王磊　柳晟）

移动通信发展的现状特点和发展趋势

一、移动通信发展现状

（一）2G 没落，3G 崛起，4G 加快步伐

1. 2G 用户加速向 3G 用户转化

根据工信部发布的《2013 年 10 月份通信业经济运行情况》来看，2013 年 1～10 月，全国移动电话用户净增 1.04 亿户，总数达到 12.16 亿。其中，3G 移动电话用户净增 1.47 亿户，对移动电话用户的增长贡献达到 141.5%，比 2012 年同期净增 6261.1 万户。3G 用户总数达到 3.79 亿，在移动电话用户中渗透率达到 31.2%。在 TD 终端款数和出货量大幅提高的双重刺激下，TD 用户占比明显提高。2013 年 1～10 月，TD 用户累计净增突破 8700 万，总数达 1.76 亿，占 3G 移动电话用户比重达到 46.3%。2011～2013 年 2G 用户和 3G 用户净增比较如图 1 所示。

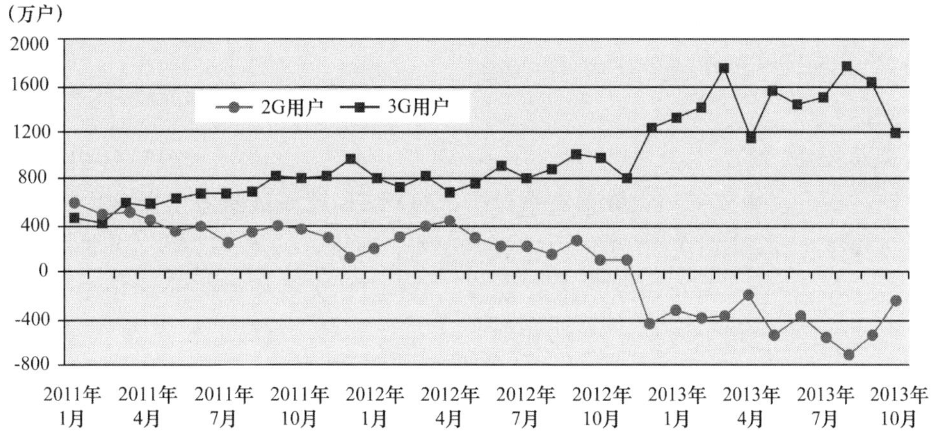

图 1　2011～2013 年 2G 用户和 3G 用户净增比较

2013 年 8 月 21 日，三大运营商 2013 年中期财报悉数出炉。3G 用户渗透率保持每月提升 1% 的发展态势，用户总数突破 3 亿，同时带动数据流量的迅猛增长。中国移动、中国联通 3G 用户数相继突破 1 亿。截至 2013 年 6 月 30 日，中国移动 3G 用户达 1.38 亿户，相比去年同期的 6708 万户，增长了 105.5%。中国联通 3G 用户达 1 亿户，同比增长 73.9%，占中国联通移动用户总数的 38.2%，而 3G 用户 ARPU 值也保持在 77.6 元的较高水平。中国电信 3G 用户达到 8733 万户，同比增长 26.5%，占移动用户总数的比例达 50%。工信部统计数据显示，截至 2013 年 7 月，2G 用户自 2012 年 12 月起已连续 8 个月负增长，在移动电话用户中的渗透率由 2012 年年末的 79.1%下降到 71.8%。

随着 2G 向 3G 加速迁移，中国电信、中国联通均不再扩容 2G 网络，连最依赖 2G 网络的中国移动也表示将严格控制 2G 网络的资源投入，不再进行规模扩容工作，相关投入主要用于网络优化。从全球来看，2G 网络已经逐渐退出历史舞台。目前，NTT、KDDI、软银、新西兰电信、韩国电信、AT&T 先后宣布关闭 2G 网络，甚至已有运营商停止 3G 网络的发展，而将资源全力投入 4G。

2. 移动语音业务下滑，终端地位提高

移动语音业务收入的下滑苗头已出现，终端在

运营中的地位越来越高，信息消费对运营商的业绩影响加深。2013年上半年，中国移动语音业务收入为1750.72亿元，相比2012年同期的1771.28亿元，历史性地下降1.2%。与此同时，短彩信业务收入继2011年首次下降后，2013年上半年继续下滑为209.79亿元，同比下降5.5%。此外，从全行业整体发展来看，目前电信行业收入增长的八成依靠数据业务拉动，语音业务的贡献率仅约6%，而且还在持续下降。

在传统业务纷纷步入下降通道之时，移动数据业务的势力则强劲扩张。2013年上半年，中国移动无线上网业务流量同比增长129%，业务收入同比增长62.2%，达474.03亿元，无线上网业务收入占通信服务收入比重达16.6%，创历史新高；中国电信3G手机上网流量同比增长近2倍，手机上网业务收入达到98亿元，增长近1倍；中国联通的移动数据流量同比增长131%，其中3G智能手机月户均数据流量达278MB。

3. 4G市场风起云涌

在2013年第三季度，中国移动完成了有史以来最大规模的设备集采工作，计划在2013年内完成20万个TD-LTE基站部署；在9月份启动了超过80万部的TD-LTE终端集采，包括上网卡、Mi-Fi和智能手机等。早在2013年2月，浙江移动发布数据：仅在杭州，目前TD-LTE用户超过8600户，日均流量已超过180MB/户，每日TD-LTE总流量已超过1500GB，相当于下载250多部高清电视剧；在温州，TD-LTE用户超过1400户，日均TD-LTE流量已突破200GB。在6月份的GTI亚洲峰会上，移动还公布了VoLTE路线图。9月29日，广东移动宣布启动4G-LTE正式体验预约，同步推出最低消费从每月138～338元不等类型的套餐；目前各地均开始预约4G用户。而中国电信也已经公布2013年将斥资100亿元建设4G试验网，在南京、广东、上海等地开始建4G实验网，并且开始了TDD/FDD融合网的4G网络测试。中国联通2013年的4G投资额度为50亿～100亿元。

（二）4G建设现状

1. 中国移动

2013年第三季度，中国移动公布了2013年4G网络工程（即中国移动4G网络一期工程）无线主设备招标结果。中国移动已经初步确定了各设备商的份额，如果以载频数计算，华为与中兴的份额都是26%，爱立信、上海贝尔以及诺西的份额都是11%，大唐为9%，普天、新邮通与烽火份额均为2%，如图2所示。

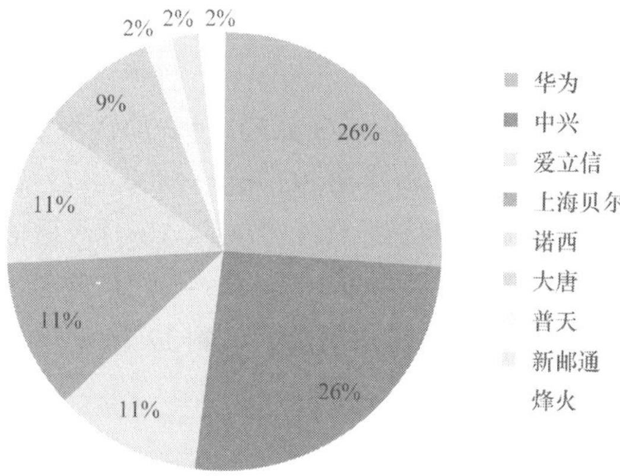

图2 中国移动各设备厂商份额

早在工信部2010年年底批复中国移动TD-LTE规模试验方案以来，中国移动便率先在上海、南京、杭州、广州、深圳和厦门6个城市建设TD-LTE大规模试验网。2012年11月，中国移动再次加快TD-LTE网络部署进程，计划扩大TD-LTE的建设范围，并新建第二批TD-LTE大规模试验网城市。中国移动全国共计划建设20.7万个TD-LTE基站，约55万个载频，覆盖全国344个城市。目前，中国移动4G网络一期工程已开始建设，预计2014年上半年基本完成建设任务。中国移动香港分公司已建成TDD+FDD双模网络，4G网络覆盖52个地区，覆盖率已提升至现有2G网络的90%，一期部署1500站，网络覆盖香港7条地铁线路，2013年下半年规划二期工程，进一步提升了网络容量。

中国移动发布了2014年TD-LTE终端发展规划，TD-LTE终端总需求量将达到5000万部，产品种类包括智能手机、平板电脑、Mi-Fi、数据卡、CPE及行业终端，其中TD-LTE手机需求量超过4000万部。2013年第四季度期间，中国移动启动了2013年第四季度TD-LTE终端招标，TD-LTE终端采购规模超过80万部，以智能手机为主、数据类终端为辅，并将追加7亿元用作TD-LTE终端营销补贴。2013年12月，中国移动正式推出全新的商务品牌“和”，涵盖旗下2G、3G和4G业务，未来的资费套餐都在这个品牌之下。另外根据相关报道显示，2013年中移动的业务还以3G为主，2014年将以3G、4G终端结合发展，2015年则要全力投入4G建设。

2. 中国电信

2013年10月后，中国电信首次LTE 4G主设备招标结果揭晓，涉及6万～7万个基站，FDD LTE和TD-LTE两种制式的设备各比例约为7:3。中国电信LTE招标采用的是邀标方式，有10家设备商入围，8家厂商最终获取份额。其中，中兴、华为和上海贝尔位列前三名，新邮通和大唐移动紧随其后，爱立信、NSN和烽火份额则相对较低。从份额分布来看，前三名占据了接近80%的份额，中兴和华为的份额更是超过了六成，而其余厂商的份额都在个位数。

2013年10月底，工信部批复同意了中国电信开展TD-LTE试验网建设及试商用的相关业务。与此同时，中国电信逐步展开了重点城市的TD-LTE试验网建设。中国电信已于11月8日完成了其4G试点城市中TD-LTE基站示范站的安装及开通调测，并打通了在试点城市的首个TD-LTE电话。按照中国电信的4G网络规划，大范围、广覆盖的4G网络采用FDD LTE制式，而市区内人口稠密地区采用TD-LTE制式。

3. 中国联通

继中国电信开始4G设备大规模招标后，中国联通也进行了大规模4G设备招标，规模为4万多个基站，TD-LTE和FDD LTE基站各占一部分。中国联通LTE基站首次集采工作计划采购LTE基站5.2万个，其中TD-LTE基站1万个，FDD-LTE基站3.4万个，FDD-LTE室内站8000个。

截至2013年10月31日，中国联通已启动试验网络建设计划，正在与LTE设备厂商开展TD-LTE/LTE FDD双模技术试验，明确要求参与投标的设备厂商必须具备TD-LTE/LTE FDD双模设备供应能力。中国联通已于2012年10月在杭州、武汉、深圳、长沙、保定和郑州6个城市开启了4G试验网建设，采用的都是FDD-LTE制式，直到2013年6月才开展融合组网测试。

二、移动通信发展特点及趋势

（一）牌照与频谱

2013年12月4日，工信部正式向三大运营商发放4G牌照，中国移动、中国电信和中国联通均获得TD-LTE牌照，宣告中国通信行业正式进入4G商用时代。在本次发放4G牌照的过程中，中国的LTE FDD牌照暂未发放。与此同时，工信部还取消了对中国移动经营固网业务的限制，中国移动上市公司主体获批经营固定通信业务。在此之前，中移动只能通过铁通发展固网业务。

4G网络的TD-LTE频谱情况见表1。从目前安排来看，中移动共获得130MHz的频谱资源，远高于中国电信和中国联通获得的频谱资源。这也与中移动作为TD-LTE主导运营商的地位相称。

表1 我国4G网络TD-LTE频谱规划

运营商	总频谱资源	频段
中国移动	130MHz	1800～1900MHz、2320～2370MHz、2575～2635MHz
中国电信	40MHz	2370～2390MHz、2635～2655 MHz
中国联通	40 MHz	2300～2320 MHz、2555～2575 MHz

（二）TDD/FDD走向融合

TD-LTE在全球飞速发展，从GSA发布的TDD商用网络的数据中可以看到，截至2013年10月17日，全球83个国家或地区LTE商用网络数达到222个，在23个TD-LTE商用网络中，11个网络在运营TDD的同时还在运营FDD，详见表2，应用的频段多为2.3GHz和2.6GHz。而在全球最大的两个TDD市场中，中国的TDD（中国移动及未定的其他移动运营商）和北美的Sprint，确定将会使用2.6GHz频段。由此可见，TDD和FDD双模式运营越来越普遍，全球相关网络部署、试验和研究工作正在进行。

表2 全球23个TD-LTE商用网络中11个将和FDD LTE同时运营

国家或地区	运营商	频率	组网模式
澳大利亚	NBN Co.	2.3GHz	TDD
澳大利亚	Optus	2.3GHz	TDD+FDD
巴西	On Telecomunicacoes	2.6GHz	TDD
巴西	Sky Brasil Services	2.6GHz	TDD
中国香港	China Mobile Hong Kong	2.3GHz	TDD+FDD
印度	Bharti Airtel	2.3GHz	TDD
日本	Softbank XFP/LTE TDD	2.6GHz	TDD
阿曼	Omantel	2.3GHz	TDD+FDD
波兰	Aero2	2.6GHz	TDD+FDD
俄罗斯	Megafon/Moscow	2.6GHz	TDD+FDD
俄罗斯	MTS/Moscow	2.6GHz	TDD+FDD
沙特阿拉伯	Mobily	2.6GHz	TDD
沙特阿拉伯	STC	2.3GHz	TDD+FDD
南非	Telkom Mobile(8ta)	2.3GHz	TDD
西班牙	COTA/Murcia4G	2.6GHz	TDD
斯里兰卡	Dialog Axiata	2.3GHz	TDD+FDD
瑞典	3 Sweden	2.6GHz	TDD+FDD
英国	UK Broadband	3.5GHz	TDD
加拿大	Sasktel	2.6 GHz	TDD + FDD
尼日利亚	Spectranet	2.3 GHz	TDD
俄罗斯	Vainakh Telecom	2.3 GHz	TDD
乌干达	MTN	2.6 GHz	TDD
美国	Sprint	2.6 GHz	TDD + FDD

TD-LTE与FDD-LTE在帧结构上的不同是导致两者存在其他差异的根源，这使得TD-LTE和FDD-LTE在同步信号、参考信号和信道设计方面需分别考虑。TD-LTE与FDD-LTE技术综合对比见表3。

表3 TD-LTE与FDD-LTE技术综合对比

技术体制	TD-LTE	FDD-LTE
相同的关键技术		
信道带宽灵活配置	1.4Mbit/s、3Mbit/s、5Mbit/s、10Mbit/s、15Mbit/s、20Mbit/s	1.4Mbit/s、3Mbit/s、5Mbit/s、10Mbit/s、15Mbit/s、20Mbit/s
帧长	10ms（半帧5ms，子帧1ms）	10ms（子帧1ms）
信道编码	卷积码，Turbo码	卷积码，Turbo码
调制方式	QPSK、16QAM、64QAM	QPSK、16QAM、64QAM
功率控制	开环结合闭环	开环结合闭环
MIMO多天线技术	支持	支持
技术体制	TD-LTE	FDD-LTE
技术差异		
双工方式	TDD	FDD
子帧上下行配比	无线帧中多种子帧上下行配置方式	无线帧全部上行或者下行配置
HARQ	个数与延时随上下行配置方式不同而不同	个数与延时固定
调度周期	随上下行配置方式不同而不同，最小1ms	1ms

LTE是基于3GPP发布的技术规范的全球标准，上行使用单载波FDMA，下行使用OFDMA，同时适用成对和非成对频谱的部署。LTE标准支持两种双工模式，FDD用于成对频谱，TDD用于非成对频谱。基于管理3G网络的经验，为了避免市场碎片化，领先的全球运营商从开始就推动LTE作为一个通用标准支持FDD和TDD两种模式，两种模式间只有非常小的必要差异。因此，两种模式之间共享的相似度超过90%。此外，LTE-FDD和TD-LTE融合组网目前已经得到了多家主流电信设备商的支持，包括华为、爱立信、阿朗、诺西和中兴。

（三）业界已经启动5G技术研究

2013年5月，韩国三星电子宣布率先在全球开发出首个基于5G核心技术的移动传输网络，并计划2020之前实现5G商用，该技术可在28GHz超高端频以1Gbit/s以上的速度传送数据，且最长传送距离可达2km。与韩国目前4G技术的传送速率相比，5G技术要快数百倍。早在2009年，华为就开始了5G的研究，还依托其在全球的研发优势与超过20所大学开展5G合作。2012年年底，欧盟启动了总投资2700万欧元的5G研究项目——“构建2020年信息社会的无线移动通信关键技术”（METIS），计划于2015年完成对5G发展愿景、需求及关键技术的研究。项目研究组由爱立信等通信设备商、运营商、欧洲部分学术机构等共9个成员构成。日本、韩国、英国也相继立项支持5G的研究与开发工作，并且成立了专门的推进组织。2015年世界无线电大会将为5G移动发展拟定业务需求和频谱资源需求。

在经历了2G跟随、3G突破，TD-LTE引领发展之后，中国也已经开始迎接移动通信领域新一轮的技术竞争，积极布局5G系统技术的研发工作。科技部与工信部、发改委一起共同发起成立了IMT-2020（5G）推进组，并正式启动了国家“863”计划“第五代移动通信系统研究开发一期”重大项目，投入1.6亿元，大致目标是在2020年前，对5G体系架构、无线组网、无线传输、新型天线与射频以及新频谱开发与利用等关键技术，完成性能评估和原型系统设计，并且进行技术试验与测试，实现业务速率10Gbit/s，将目前4G系统的频谱效率和功率效率提升10倍。

国家“863”计划5G移动通信研究项目的参与单位包括东南大学、清华大学、电子科技大学、北京交通大学、北京邮电大学、工信部电信研究院、电信科学技术研究院、国家无线电监测中心、上海无线通信研究中心、中国电子科技集团、华为公司、中兴通讯等55家通信企业、学术研究机构。在本次项目的参与单位中还首次吸纳了三星、诺西、爱立信、DoCoMo等数家国际知名企业作为研发的合作伙伴，希望通过这些国际力量的参与，在5G领域形成开放合作、权益分享的长效良性发展机制。

2013年10月29日，配合“863”重大项目和IMT-2020（5G）推进组关于5G技术和标准的研究，未来移动通信论坛联合欧盟METIS项目组和中国移动召开了为期两天以5G技术走向、国际研发进展为主要内容的“未来5G信息通信技术峰会”，国际上对5G合作研究比以往都更积极，此次会议还得到了日本YRP研究开发推进协会、韩国5G论坛和台湾新世代无线通讯研发联盟等区域性组织的支持。

（作者：中国移动通信集团设计院有限公司 徐晓燕 孟德香；中国移动通信集团公司 袁捷）

TD-SCDMA 产业年度进展回顾

回顾 2013 年，随着 TD-SCDMA 六期网络建设的进行，中国移动的 TD-SCDMA“精品网络”已初具规模；展望 2014 年，随着 TD-SCDMA 六期第二阶段网络建设的臻于完善，中国移动的 TD-SCDMA 大规模建设正在如火如荼地进行着。

一、面临挑战：提高 TD-SCDMA 网络能力

随着 TD-SCDMA 网络部署及终端逐步完善，TD-SCDMA 用户也在快速增长，截至 2013 年 2 月底,我国 TD-SCDMA 用户已突破 1 亿户，有半数以上 TD-SCDMA 用户使用智能手机。据统计，中国移动无线上网业务已成为中国移动收入增长的主要驱动力，其流量比 2012 年增长 187.6%。随着用户的快速增长、数据业务量的急剧增加，部分地区，如南京、杭州等地，已出现了小区拥塞的情况，严重影响网络质量和用户感知，目前亟需提高 TD-SCDMA 网络承载能力。

中国移动经过五期 TD-SCDMA 工程的建设，已基本实现对国内地级市、县级市及县城主城区的连续覆盖，市区部分区域的基站部署密度已接近 G 网基站的部署密度。随着 TD-SCDMA 进入六期建设，在完善覆盖的同时，需要不断增强网络的承载能力，以满足用户发展及业务量迅速增长的需求。

提升网络承载能力可以从以下几个方面实现：第一，网络扩容选取合适的基站，新建基站，加大基站的部署密度，实现网络的深度覆盖；第二，增加载频配置，并提供更大容量的网络配置；第三，可以在增加基站数量、载频配置的同时，引入新的技术，如信令信道帧分复用技术、小数据业务承载策略等，来有效的提升网络承载能力。

二、提高能力：扩大 TD-SCDMA 建设规模

2013 年，中国移动将 TD-SCDMA 六期网络建设分为两个阶段：第一阶段建设 6 万个左右的基站，共 32 万载频；第二阶段建设 6.7 万个左右的基站，两个阶段共计建 13 万个基站左右。TD-SCDMA 六期网络建设全部完成之后，中国移动将在重点省份、重点地市实现 TD-SCDMA 精品网覆盖。

因此，中国移动大力推进 3G 网络建设，如今 TD-SCDMA 基站已达 36.1 万个，网络利用率达到 25%，有效覆盖和业务承载能力显著提高，而 WLAN 接入点也已达到 410 万个，网络利用率不断提高，有效发挥了低成本流量承载优势。同时，中国移动 TD-SCDMA 六期二阶段扩容工程集中采购 FA 频段 TD-SCDMA 智能天线（N 型接口），拟购数量合计约 27 万面，与京信通信、三元达、国信通信和摩比天线 4 家厂商签订合同，仅在 TD-SCDMA 六期二阶段，中国移动新建基站数量就将超过 11 万个，这也是规模最大的一次 3G 网络建设。

随着 TD-SCDMA 规模的不断扩大，用户量的不断增加，也促进了移动互联网的发展。在移动互联网发展方面，中国移动将围绕“构筑智能管道，搭建开放平台，打造特色业务，展现友好界面”策略积极推动。此前其在位置服务、语音识别、移动支付、云服务等领域大力拓展，启动了 12585 位置服务全网商用，推出了智能语音门户“灵犀”，并推出了移动支付联合产品“手机钱包”。

三、智能普及：TD-SCDMA 成为市场主流

美国投资研究公司 Wedge Partners 一项渠道调

查显示：TD-SCDMA 终端已成为市场主流。单核 TD-SCDMA 智能手机的零售价降至 20 美元，进一步侵蚀了功能手机的市场。

TD-SCDMA 终端产业无论从产品款数、销量、价值，还是质量，各方面都取得了很大的进步。在产品价值方面，TD-SCDMA 大屏手机的兴起，为运营商的用户 ARPU 值、流量提升都带来了很大的促进，用户使用手机的时间大幅提升，TD-SCDMA 已经进入发展和质量双提升的快速增长阶段。

TD-SCDMA 手机销量的表现同样可观，2013 年上半年，手机销量超过了 6800 万部。仅 8 月份净增加 1160 万 TD-SCDMA 用户，好于增加 1000 万的预期。

（一）TD-SCDMA 终端厂商不断增加

继2012年中兴、海信、华为推出的支持TD-SCDMA的智能机之后，2013 年 8 月份，手机制造商宇龙酷派将为中国移动和中国联通发布全新 TD-SCDMA 以及 WCDMA 制式的安卓智能手机，这些手机均采用了 Marvell® ARMADA® 移动统一四核单芯片解决方案。全新的宇龙酷派智能手机包含 5.5 英寸全高清中高端明星产品酷派炫影 SII 8750，经济实惠的 5 英寸高清的酷派炫影 S+以及 4.5 英寸普及型智能手机酷派 7269，基于 Marvell ARMADA 移动统一 3G 及 LTE 平台，内置 ARMADA Mobile PXA1088 四核单芯片解决方案，均可提供高性价比与高性能的计算能力，以及业界领先的图形处理能力和游戏功能。

高集成度、高能效的 PXA1088 片上系统（SoC）结合采用了已验证的 3G 手机调制解调器的四核 ARM Cortex-A7 应用处理器，支持增强型高速分组接入技术（HSPA+）、时分双工增强高速分组接入技术（TD-HSPA+）以及增强型数据速率 GSM 演进技术（EDGE），同时配备有 Marvell 尖端 Avastar® 88W8787 双波段无线解决方案，以及 Marvell L1000 GPS 混合定位处理器。

2013 年，高通合作伙伴峰会在深圳举行，高通公司宣布其骁龙™200 系列处理器新增 6 款双核及四核处理器，从而增强了高通入门级产品阵容。新增的骁龙 200 处理器采用 28 纳米制程工艺制造，支持 HSPA+（数据传输速率最高达 21Mbit/s）和 TD-SCDMA。

HTC 608t 将搭载果冻豆系统，配备四核处理器以及 800 万像素主摄像头，同时 TENAA 的入网认证信息也显示这款手机将支持中国移动的 TD-SCDMA、GSM 网络以及 Wi-Fi 连接。

同时苹果公司将一改 iPhone 5 及之前几代 iPhone 机型都不支持 TD-SCDMA 协议的做法，iPhone 5C 将采用与中国移动 TD-SCDMA 3G 网络兼容的高通芯片。

（二）调整 TD-SCDMA 终端补贴

随着TD-SCDMA智能终端的大量增长，“大屏”和“多核”在普通消费者心目中，已经成为时髦的代名词，中国移动也开始筹划如何进一步提高 TD-SCDMA 终端的“档次”。2013 年下半年，补贴的重点将逐渐转向双核和四核智能手机，而对单核智能手机的贴补力度将会下降。

从中国移动的集采类型中就能看到端倪。在 2013 年第二季度手机集采工作中，中国移动明确提出了对于 5 英寸四核手机的需求，本次拟采购总量约为 100 万部，其中单款预期采购量约为 50 万部。

而在 2012 年 12 月份进行的集采中，中国移动一共采购了 470 万部智能机，从 3.5 英寸单核到 4.5 英寸四核不等，其中 3.5 英寸和 4.5 英寸的单核手机占到了 240 万部。中国移动的策略调整，也将在一定程度上影响TD-SCDMA 芯片厂商的产业格局。

纵观 2013 年产业发展，TD-SCDMA 技术体制已经圆满完成了“三分天下有其一”的既定目标，并且在逐渐在成为市场主流，规模也在不断的扩大，对于打造一个“精品网络”，TD-SCDMA 产业在2014 年将迎来更大的挑战。

（作者：中国移动通信集团设计院有限公司 赵培；中国移动通信集团公司 袁捷）

我国及国际 TD-LTE 产业发展分析

2013 年 11 月 19 日，在世界电信展上，中国公布了 TD-LTE 频谱划分结果。2013 年 12 月 4 日，工信部正式向三大运营商发放 TD-LTE 牌照，中国正式进入 TD-LTE 商用元年。

中国 TD-LTE 牌照的发放将为中国乃至全球移动互联网市场的发展带来深远的影响。同时，随着中国三大运营商都获得 TD-LTE 牌照，TD-LTE 阵营的实力将得到极大的增强，产业将进一步成熟。

一、TD-LTE 技术标准发展回顾

（一）中国主导 TD-LTE 国际技术标准快速向前发展

2003 年，国际标准化组织 3GPP、全球认证论坛 GCF 等 TD-LTE 国际组织先后召开会议，就 TD-LTE 关键技术、LTE TDD/FDD 融合组网、干扰共存、终端性能与认证等内容展开讨论，中国发挥了主导作用，在新一轮国际技术标准发展浪潮中占据了有利的地位。

中国移动主导的“LTE TDD/FDD 融合组网增强”项目在 3GPP 成功立项，中国移动在项目中担任联合报告人。根据全球频谱分布情况，围绕更高效的 TDD/FDD 融合组网目标，研究并标准化 TDD 和 FDD 之间更灵活的载波融合与负载均衡增强方案，以提升用户的数据传输速率和移动性体验。

“2.6GHz 频段内非连续载波聚合”项目于近期在 3GPP 成功结项，标志着 TD-LTE-Advanced 技术标准的进一步完善，为后续该频段的容量提升和灵活布网奠定了坚实的基础，将有利于发挥中国 2.6GHz 全 TDD 频段规划的优势。

在 3GPP RAN#58 次全会上，华为成功获得 Small Cell Enhancement，即 LTE-Hi（LTE Hotspot/indoor）物理层研究课题的报告人职位，标志着中国企业对 3GPP 核心标准的又一重要贡献。

由中国移动牵头的 3300～3400MHz 频段共存研究已在中国通信标准化协会（China Communications Standards Association，CCSA）成功立项，旨在研究该频段内 IMT 系统与已有系统的干扰共存问题。

全球认证论坛（Global Certification Forum，GCF）是由全球主流运营商和终端、芯片厂商共同成立的组织，同时邀请测试仪表厂商和测试机构作为观察员参与讨论，在 2013 年 6 月 GCF SG 第 55 次会议上，中国移动作为中国运营商代表成为 GCF 董事会成员。

R9 特性终端测试逐步成为全球认证论坛（Global Certification Forum，GCF）的工作重点，在 2012 年 10 月 GCF 会议上，中国移动主导成立了针对 TD-LTE R9 特性的终端认证工作项目，覆盖 Band38（2.6GHz）、Band39（1.9GHz）以及 Band40（2.3GHz）等 TDD 主流频段。

支持 TD-LTE 的多模多频段终端方案在 GCF SG 第 55 次会议上获得通过，并得到了国际运营商和终端厂商的广泛认同，对 TD-LTE 终端测试标准和测试仪表产业的发展起到了引领作用。

（二）国内行业标准通过审查，两岸成立 TD-LTE 专家技术委员会

中国标准化协会积极推动国内 TD-LTE 产业发展，审查通过 6 项 LTE 系列行业标准，同时访台落实两岸 TD-LTE 共通标准制定和实验室建设工作。

中国通信标准化协会无线通信技术工作委员会 TD-SCDMA&WCDMA 工作组（TC5WG9）重点对 LTE 系列行业标准进行了征求意见和审查。目前，已讨论并通过了“TD-LTE/TD-SCDMA/GSM(GPRS) 多模单待终端设备技术要求”等 8 项 TD-LTE 多模终端系列行业标准的征求意见稿。另外，还对 38

项行业标准送审稿进行了审查，46 项 LTE 系列行业标准草案送审稿全部通过审查。这一系列行业标准的制定，既能满足国内 TD-LTE 产业发展的需求，为运营商部署 LTE 网络提供参考，又能为企业进行 LTE 设备的研发和生产提供必要的技术指导和研发依据，对整个 TD-LTE 产业继续健康快速的向前发展具有重大意义。

同时，应台湾华聚基金会邀请，中国通信标准化协会（CCSA）赴台湾进行交流访问，召开了"TD-LTE/4G 技术交流座谈会"，成立了两岸 TD-LTE 共通标准制定和试验室建设专家技术委员会，讨论了 TD-LTE 共通标准的制定工作和试验室建设的初步方案。这些工作对于促进两岸 TD-LTE 标准的融合与共通，推动两岸产业的合作与发展具有重要意义。

二、TD-LTE 国际市场发展回顾

（一）TD-LTE 商用网络增至 23 个

据 GSA 统计，截至 11 月，全球范围内已有 18 个国家共开通了 23 个 TD-LTE 商用网络服务，除此之外，还有 40 余个商用网在计划部署中。运营商分别有波兰 Aero2、沙特 Mobily、STC、巴西 SKY TV、日本 Softbank、澳大利亚 NBN、印度 Bharti Airtel、瑞典 Hi3G、英国 UK Broadband、阿曼 Omantel、俄罗斯 MTS、Megafon、斯里兰卡 Dialog Axiata、巴西 On 电信、西班牙 COTA、南非 Telkom Mobile / 8ta、澳大利亚 Optus、北美洲的美国 Sprint、加拿大 Sasktel、非洲的乌干达 MTN、尼日尼亚 Spectranet 和欧洲的俄罗斯 Vainakh Telecom。

从用户规模看，截至 10 月底，全球 TD-LTE 用户已突破 464 万，主要分布于中东、日本区域。其中沙特 Mobily TD-LTE 用户已超过 200 万，日本软银 TD-LTE 用户已超过 208 万。

（二）GTI 总体进展

截至 2013 年 10 月底，由中国引领的 TD-LTE 全球发展合作平台 TD-LTE 全球发展倡议（GTI）已拥有 71 家运营商成员和 62 家厂商合作伙伴。

（三）主要国家和运营商的发展回顾

TD-LTE 国际主要发展国家和运营商有日本软银、美国 Sprint、瑞典 Hi3G 等。

1. 日本软银

日本软银（Softbank Mobile，以下简称软银）是软银集团于 2006 年收购 Vodafone KK 后成立的子公司，是日本第三大移动运营商，也是目前全球 TD-LTE 网络规模最大的运营商。2012 年 2 月 24 日，软银在东京、名古屋和大阪三大城市率先启动 TD-LTE 商用网络。在网络部署方面，软银的发展策略是通过 TD-LTE 构筑"宽"管道。在建设 TD-LTE 网络时，软银基于"低成本建网，快速投入使用"的原则，采用与现有的 PHS 共站址建设 TD-LTE 基站，通过升级 PHS 基站已有的极化天线为支持 2.6GHz 和 1.9GHz 的双频天线实现共天馈。

在终端方面，软银商用初期以 MiFi 为主为用户提供高速数据业务（日本企业 Seiko、华为海思、中兴三家提供终端）。同时，软银也高度重视智能终端的推出，并于 2012 年第 4 季度在全球首发 6 款三模多频段 TD-LTE 智能手机（TD-LTE/WCDMA/GSM），目前均已上市。

2013 年 8 月底，软银在东京最繁华商业区（银座区域）的 0.32 平方公里面积内，建设了 9 个 3.5GHz TDD LTE-A 基站，这是全球首个 3.5GHz TDD LTE-A 试验网。该试验网采用了华为提供的载波聚合、MIMO、协作多点传输技术（CoMP）以及云基站（Cloud BB）等技术，在 30km/h 的移动速度下实现了外场峰值最大 770Mbit/s、平均超过 500Mbit/s 的吞吐量，再次验证了 TD-LTE 技术在 3.5GHz 频段上建设高速数据网络的可行性和稳定性。

2. 美国 Sprint

Sprint 是美国第三大运营商。2013 年 7 月 19 日，Sprint（收购 Clearwire）正式在 2.6GHz（Band41）上启动 TD-LTE 商用网络服务。

Sprint 将 TD-LTE 作为分流城区数据流量的"热点"LTE 网络，计划在全国部署 3.8 万个 TD-LTE 宏蜂窝基站，由于 2.6GHz 高频段固有的传播性能弱，Sprint 还计划在 3.8 万个宏基站的基础上再部署 Small Cell 基站等设施作为补充。

在终端方面，Sprint 的发展策略是加快部署 LTE FDD 来弥补 TD-LTE 的终端短缺问题。Sprint 从 2013

年开始停止销售 WiMAX 设备，而 TD-LTE 终端水平和价格还难以达到 LTE FDD 同期水平。因此，Sprint 正在加快部署 LTE FDD 来代替 WiMAX，这也是 Sprint 在建设和推广 TD-LTE 的过程中面临的主要问题。因此，要实现 Sprint 向 TD-LTE 的演进，需要推动 TD-LTE 产业链的进一步完善和成熟，加快 TD-LTE 终端发展。

3. 瑞典 Hi3G

瑞典 Hi3G 成立于 2001 年，是瑞典第四大运营商。2011 年 12 月，Hi3G 在瑞典的斯德哥尔摩、哥德堡和马尔默正式商用全球第一个 LTE TDD/FDD 融合网络，令业界瞩目。Hi3G 计划建设 3991 个 LTE FDD 基站和 2741 个 TD-LTE 基站，目前已建设 2000 个 LTE FDD 基站和 1500 个 TD-LTE 基站。

4. 非洲

非洲已拥有 3 张 TD-LTE 商用网络。4 月，南非 Telkom Mobile/8ta 在 2.3GHz（Band 40）频段启动了非洲第一张 TD-LTE 商用网络服务。

乌干达 MTN 在首都坎帕拉启动 TD-LTE 商用网络服务，网络运营在 2.6GHz（Band38）频段，其他城市将陆续覆盖，目前仅通过数据卡（合 397 元）为用户提供上网服务。

8 月，尼日利亚 WiMAX 运营商 Spectranet 在 2.3GHz(Band 40)频段启动 TD-LTE 商用网络服务，目前已覆盖拉各斯，后续将覆盖首都阿布贾和尼日利亚的其他州。目前通过 CPE（合 381 元）、MiFi（合 763 元）、数据卡（合 190 元）三类终端为用户提供上网服务。

三、中国 TD-LTE 产业发展回顾

（一）语音解决方案回顾

中国移动明确将 VoLTE 作为 LTE 语音主要解决方案，努力实现 TDD VoLTE 与 FDD VoLTE 国际标准和产业的同步发展。当终端移动到没有 TD-LTE 覆盖时，则采用切换至 GSM 的方案实现语音业务连续性，切换方案主要采用 3GPP 的增强的单待语音呼叫连续性（Enhanced Single Radio Voice Call Continuity，eSRVCC）功能；同时，将兼顾 CSFB，双待机则作为一终端形态长期存在。

在 6 月上海的 GTI 亚洲大会上，中国移动正式对外发布了《面向 VoLTE 的 TD-LTE 技术白皮书》，白皮书主要针对 2013～2014 年面向 VoLTE 的 TD-LTE 网络发展技术要求，涵盖网络建设、终端、业务、用户发展等方面，旨在高效推进 TD-LTE 产业端到端设备研发。

同时，在广东，中国移动打通了全球第一个支持 TD-LTE 与现有 GSM 网络切换的 VoLTE 电话，标志着中国主导的 TD-LTE 技术在语音解决方案上取得了新突破。此次通话的网络环境完全按照商用环境要求搭建，包括无线网、核心网支持 VoLTE 的特性，QoS 保障等重要功能，标志着具备切换功能的 TD-LTE VoLTE 技术方案的可行性、网络侧设备的支持性、产业的成熟度均取得重大进展，进一步提振了产业界对 TD-LTE 商用的信心，为后续 VoLTE 加速推进奠定了坚实基础。

10 月 15 日，中国移动“VoLTE 新技术外场试验”正式启动，旨在解决商用成熟中的关键技术问题，促进 TD-LTE VoLTE 端到端产业的成熟，为 2014 年下半年实现全网 VoLTE 商用部署创造条件。

（二）用户体验进程回顾

在“5·17”世界电信日前后，中国移动在北京、天津、上海等 13 个城市开展扩大规模 4G 体验活动，面向广大用户推出多项基于 TD-LTE 技术的业务体验，包括高清视频点播、在线对战游戏、高清即摄即传、网真会议系统、家庭媒体网关等。

（三）产品发展回顾

1. 全球已推出 222 款 TD-LTE 终端

据全球移动供应商协会（GSA）统计，截至 8 月 27 日，全球 47 家厂商共推出了 222 款 TD-LTE 终端，包括 61 款数据卡、104 款 MiFi/CPE、5 款平板电脑以及 23 款智能手机等，TD-LTE 终端数量在过去 12 个月里增加 3 倍。

2. 苹果公司首次发布支持 TD-LTE 和 TD-SCDMA 的智能手机

9 月 11 日，苹果公司发布 iPhone5s 和 iPhone 5c，两款手机共有 8 个型号，根据不同型号共支持 17 个频段（band 1、2、3、4、5、7、8、13、17、18、19、20、25、26、38、39、40）。其中 A1516（5c）/A1518（5s）支持 TD-LTE/TD-SCDMA/GSM 制式，

A1529（5c）/A1530（5s）支持 TD-LTE/TD-SCDMA/WCDMA/GSM 制式，A1526（5c）/A1528（5s）支持 WCDMA/GSM 制式，A1532（5c）/A1533（5s）支持 cdma2000 和 CDMA 1X 制式，这是苹果手机首次对国内三大运营商的网络制式提供全面支持，也是首次发布支持 TD-LTE 的终端和支持 TD-SCDMA 的终端。

3. 8 款 TD-LTE 手机获得国内首批 4G 进网试用批文

8 月 30 日，工信部发放了国内首批 4G 手机进网试用批文，共有 8 款手机获得批文，除了苹果公司的 iphone 5c-A1516、iphone 5c-A1529、iphone 5s-A1518 和 iphone 5s-A1530 4 款以外，还有华为 HUAWEI D2-6070、索尼 M35t、三星 GT-N7108D 和中兴 U9815，这 4 款均支持 TD-LTE/LTE FDD/TD-SCDMA/ GSM 模式。由于国内 4G 尚未发布牌照，因此，所有支持 TD-LTE 的终端获得的都是“进网试用批文”而非“入网许可证”，这表明 TD-LTE 终端在 4G 牌照发放后才能正式上市。

四、TD-LTE 市场进展与趋势分析

（一）TD-LTE 产业将加速成熟

随着中国 4G 牌照的正式发放，中国三大运营商正式加入到 TD-LTE 阵营，将给产业带来极大的信心，从而推动中国乃至全球 TD-LTE 产业的加速向前发展。IDC 认为，2014 年无论是网络覆盖范围还是用户数，TD-LTE 产业都将迎来快速发展，同时迅速缩小与 LTE-FDD 的差距。

（二）TD-LTE 终端将由小众市场成长为重要市场

随着全球用户规模最大的移动通信市场——中国正式推出 TD-LTE 业务，全球 TD-LTE 终端市场的发展进程也将加速。届时，TD-LTE 手机将成为中国 4G 手机市场中的重要组成部分，出货量的占比也将迅速增大。同时，随着产业的不断成熟，越来越多的终端厂商推出更加实惠的手机终端产品，TD-LTE 手机的平均售价也将持续下降。

（三）3G 时代的均衡态势将被重新打破

受制于技术原因，中国移动的 3G 业务发展速度明显不如 2G 时代，从而给其他两家运营商提供了追赶的机会。从三家运营商最新公布的 3G 用户数来看，差距已经明显缩小，形成了一定的均势。

然而，随着 4G 正式商用，这种态势将被重新打破。从三家运营商最新 4G 业务发展规划来看，中国移动是最为积极的。早在 2013 年 6 月，中国移动就启动了规模超过 200 亿元的首期 4G 主设备规模招标。到 2013 年 11 月，中国移动已经在全国超过 100 个城市规模建设 TD-LTE 试验网，预计 2013 年年底前 4G 基站部署将超过 20 万个。

（四）未来中国 TD-LTE 发展的展望

从上述分析可见，接下来的 2014 年将是 TD-LTE 发展更为迅速的一年。随着中国移动 TD-LTE 网络的建设和友好用户的发放，预计中国电信等其他运营商也会加快发展 4G 的步伐。2013 年 12 月 27～28 日召开的工信部工作会议已明确提出 2014 年中国 4G 用户要超过 3000 万。中国移动在扩大规模试验基础上已可向北京、上海、广州、深圳等 16 个城市提供 4G 服务，2014 年将建成超过 50 万个 4G 基站，预计将有超过 340 个城市可享受到 4G 服务，中国移动并决心建成世界上最大的 4G 网络。全球多家运营商合作的市场规模，也会进一步推动 TD-LTE 的发展。随着 VoLTE 的成熟商用，也会进一步提升 4G 网络的竞争力。

（作者：中国移动通信集团设计院有限公司 董江波、孟德香；中国移动通信集团公司 袁捷）

4G对电信运营格局的影响和分析

1. 运营商格局如何变

目前，中国移动在广东建成最大规模的4G网络，在广州和深圳地区4G网络基本覆盖了全部主城区，有“万事俱备，只欠牌照”的势头。与此前杭州等城市的4G体验仅限上网卡不同，广东移动率先提供4G智能手机终端供用户体验。随着终端的丰富，中国移动对4G网络的推进速度在加快。但是由于4G产业链尚未成熟，中国联通和中国电信继续深化3G发展，所以预计在将来很长一段时间内3G还是主流。

2. 终端与应用成驱动力

4G时代，流量和应用经营将会愈演愈烈。尽管手机还是通话的主体，但是运营商的销售策略和盈利策略将转到流量和应用上去。运营商的策略仍是以终端拉动放号，以应用拉动流量。但这个终端除了手机终端外，WLAN终端也是发展的重要方面。中国移动2013年4G（TD-LTE）终端的采购计划总数为124万部，其中90%为Mi-Fi和CPE。而此次针对暑期的中国移动4G终端采购计划则显示，中国移动计划采购数据类TD-LTE终端16万部，其中Mi-Fi约3万部，CPE约10万部，TD-LTE手机约1万部。

为了避免沦为渠道，三大运营商纷纷建立起移动互联网基地；为了提高基地竞争力，运营商正在加速基地的公司化。目前，中国移动已在全国建成主营无线音乐、手机视频、位置服务、电子商务、手机阅读、游戏等应用的九大业务基地，这些基地为4G发展奠定了基础，4G也将推进这些基地深度发展。

3. 资费相对于3G将不会有大变化

中国移动3G向4G网络的平滑演进技术，使4G建网成本下降，也使单个基站的建设时间大大缩短。成本的下降，为4G低价提供了物质基础。同时，尽管中国移动率先布局了TD-LTE，但面临竞争对手的压力也很大。中国移动想要全面争取新增用户，LTE资费将很难比3G高很多。而且，从国外经验来看，运营商发展4G应从低价入手。

作为4G发展领先者，美国各大电信运营商早在2010年就开始从低资费入手，推行初期的4G上网服务。Verizon与AT&T都推出过低于3G资费的4G上网套餐，通过定价策略促使尽可能多的用户转移到自家的4G网络。Sprint和T-Mobile于2012年同时推出了不限流量的4G套餐，预示着4G价格战远未终止，反而日趋白热化，估计在4G网络规模建设基本完成前，资费仍是主要的竞争手段。

4. 多频多模手机是主流

尽管目前多频多模手机技术尚未成熟，多种声音说过早支持多频多模成本过高，但是中国移动已经坚定地开始走多模多频的策略道路。事实上，在4G发展初期，使用4G的客户很大比例将是中国移动的高端客户，中国移动需要考虑高端客户的体验，才能争取高端客户。TD-LTE全球漫游测试需要支持主流3G制式的终端，一个主流的移动通信市场必须是以手机类终端普及为标志，支持语音通话成为现阶段TD-LTE手机的前提条件，多模多频的数据卡和手机终端是TD-LTE漫游全球必须解决的问题。

尽管目前多频多模手机并不能在一般的手机制造商中普及，但是实力强的手机厂商已经开始推出。在苹果公司的iPhone5之后，华硕发布的PadFone Infinity、HTC One等手机都可支持多个频段、多个网络。随着LTE网络建设规模的不断扩大，越来越多的芯片产品开始支持LTE制式并覆盖多个频段。在MWC2013上，英特尔也已展出了将于2013年下半年出货的全球首个多模多基带LTE解决方案，Marvell公司也发布了基于ARM Cortex A7的LTE版本四核多模平台。而中国移动也在MWC2013上展出了多款能够实现“五模十频”的终端产品。

（作者：赛立信研究集团　柯美君）

移动互联网发展趋势分析

互联网正在以我们难以想象的速度移动化着。在这种快速移动化的过程中，由于加入了位置、语音、体感等元素，移动互联网已经不再是传统互联网的简单延伸和有效补充，而是有着自身个性的一张网络，正在悄然无声地改变着我们的工作和生活，颠覆着互联网行业，也将传统行业推向了移动化转型的道路。

一、“大流量消费时代”即将开启

移动互联网时代，智能终端与互联网的高速发展带来巨大流量。随着智能手机、平板电脑、上网本以及无线上网卡等对数据业务流量需求较多的终端的发展，以及社交、电子商务、游戏和资讯等应用在移动终端的迅速普及，PC 互联网流量正在加快向移动互联网侧迁移。爱奇艺、大众点评、美丽说等多家互联网公司宣布，移动侧流量已超过 PC 侧。根据工信部发布的数据，2013 年前三季度，移动互联网接入流量累计完成 926762Tbit/s，同比增长 67.3%，增速比 2012 年同期提高 26.5 个百分点。月户均移动互联网接入流量突破 130Mbit/s，同比增长 43.4%。而根据电信运营商的数据，3G 用户的流量增长率普遍超过 100%，甚至达到 200%，3G 户均流量有望在 2013 年年底超过 200Mbit/s。

从全球来看，移动数据业务量同样以 100%的速率增长，数据正在取代语音成为运营商的主要收入。AT&T、Verizon、NTT 等国外领先的 4G 电信运营商都推出了流量分档、语音及短信赠送的套餐，并大力推进流量共享套餐。以 Verizon 为例，2011 年 4G 商用之初，为吸引用户层推出了不设下限流量套餐。2012 年下半年，Verizon 开始取消不限流量套餐，将数据流量作为稀缺资源，同时大力发展数据共享套餐——用户只签一份服务协议，多款无线终端同时享用这个协议内的数据流量，包括手机、平板电脑、笔记本电脑、USB 数据卡以及其他终端设备。AT&T 随后也跟进推出不限流量套餐并于 2013 年宣布取得了良好效果，约 75%预付费用户选择订阅更大的数据计划，25%以上的用户选择了 10 Gbit/s 以上的流量共享套餐计划，用户数据业务 APRU 值提升了 13.9%。NTT Docomo 2013 年起在 4G 网络开始提供不限语音和短信的套餐，同时计划从 2014 年开始全网提供低价语音套餐，每月 1000 日元（约合 65 元人民币）即可享用不限通话时长语音。

而对国内用户来说，电信运营商提供的基础套餐语音量已接近使用饱和，相反数据价格仍相对较高。随着电信运营商与互联网 OTT 业务的快速融合，用户对数据的需求将更加迫切，流量将逐步取代语音和短信成为电信运营商的主要竞争手段。中国电信早在 2010 年率先提出“流量经营”概念，2013 年更是将流量经营纳入新兴业务发展的范畴，未来移动经营将全面向以“流量”为核心的转型。2013 年中国电信推出了可单独订购流量的“积木套餐”和“飞 Young 纯流量套餐”，通过预装应用、手机辅导站、在线流量提醒和促销等多种方式，强化对用户的流量辅导和提升，并在几个 CCG 试点省份展开流量后向合作。中国联通则依托其全网统一的 CCG 优势，加大流量后向经营拓展，陆续联合互联网企业推出“随意看”“随意听”和“随意享”等系列定向流量套餐包。以流量合作为基础，中国联通也在尝试更加深度的合作模式。例如 2013 年 8 月，中国联通与腾讯合作发布了微信沃卡，不仅包含流量优惠，还将双方优势资源更深度地进行定制，并且通过用户投票优选的方式，把腾讯提供的用户特权与联通流量特权等多项功能进行集成，双方在产品、资费、渠道方面展开了深度的合作。

中国移动在 3G 发展中受限于 TD 制式终端产

业链薄弱等问题，在流量经营中未能取得先机，目前正在加大 4G 的流量拓展：计划通过下调流量资费、流量套餐结构、降低用户流量使用门槛、加大 4G 终端集采力度、加强和互联网企业的后向合作、加大“和”品牌宣传等方式在 4G 流量中取得突破。此外，中国移动还推出了 10 元一个月含 1GB 本地闲时流量等方案，尝试流量多样化资费。

随着电信运营商流量资费套餐逐步从百兆级向 G 字头提升，“大流量消费时代”也逐渐到来。流量高速增长的同时，电信运营商开始面临“增量不增收、管道低值化”的困扰，流量和收入的“剪刀差”日益明显。互联网公司和应用开发者也遭遇了类似的困境——虽然移动流量和用户高速增长，但是商业化路途依然遥远。目前，移动应用清晰可见的盈利模式仍然集中在手机游戏、广告等少量细分领域，移动端的收入与其快速增长的流量不成正比。大的互联网公司普遍利用 PC 端盈利支撑移动端规模拓展，而许多中小应用开发者则面临生存困境。因此，无论是电信运营商和互联网公司，还是应用开发者，都还需要积极推进产品和商业模式创新，进一步探索移动端流量变现的方式。我们有理由相信，“大流量消费时代”必将重塑移动互联网用户的无线互联的行为与习惯，给业界带来更多商业增值的空间。

二、移动电子商务及 O2O 应用进入爆发期

2013 年是移动电子商务大发展的一年，得益于高速增长的移动端用户量和手机支付流程的优化，移动购物的用户基数在迅速扩大，市场交易规模一直呈现大幅度增长的态势。根据 iResearch 艾瑞咨询的统计数据显示，2013 年第三季度，中国第三方移动支付市场交易规模达 2965.1 亿元，环比增长 152.6%；全年交易额突破一万亿元；移动购物市场交易规模 433.4 亿元，同比增长 141.9%，环比增长 15.5%，高于同期网络购物市场整体增速。

位居市场前三的仍然是淘宝、京东和腾讯电商，显示出领先互联网厂商大力拓展移动端的决心。由于移动端购物市场有较强的马太效应，已经占据相当市场份额的各传统电商更容易扩大市场份额。其中，支付宝凭借个人端的强大优势和基于支付宝客户端应用场景的快速拓展和深度挖掘，进一步扩大其在移动互联网支付市场的领先优势。另一方面，围绕移动电子商务周边价值链，一些具有特色的应用，例如条码扫描、比价软件、图片搜索购物等都获得了较高的使用率。其中，与 O2O 相结合的应用更是成为市场热点。

O2O 也称 Online To Offline 或者 Offline To Online，即将线下商务的机会与互联网结合在一起，让互联网成为线下交易的前台。这样线下服务就可以通过线上方式实现用户发展，突破位置限制；而线上的服务也可以突破商品种类等显示，通过和线下的结合获得更多的发展。O2O 的发展演进到移动互联网时代后，由于可以和位置等因素相结合，具备随时便携的特点，更是焕发了强大的创新力，是国内移动互联网领域目前正风生水起的创业热点之一。

2013 年，O2O 领域的发展重点主要是聚焦用户“衣食住行”，围绕本地生活服务进行发展。以大众点评为代表的本地信息生活搜索以及优惠券、团购等应用，可以说是国内 O2O 领域最成功的代表之一。另一个典型案例是 2013 年大热的微信，正在借助二维码扫描、优惠券等方式，连接线上用户和线下商家，向本地生活服务进军。在 8 月份腾讯推出的 5.0 版本中，微信开通了微信支付功能，可以绑定银行卡进行快捷支付。微信支付不仅支持微信内支付，还可以扫描二维码之后进行支付，未来微信支付在线下消费的过程当中也有较大的潜力，为其发展移动端电商及 O2O 奠定了基础。再以手机打车应用为例，市场上一度先后涌现出近百款打车应用。其中，嘀嘀打车和快的打车的用户注册量均超过 500 万，处于打车应用的第一梯队。2013 年更是市场加速增长期，用户注册数高速提升。到 2013 年年底，中国手机打车应用累计用户数将达 1800 万，2014 年将增至 3000 万。打车应用的成功正是在于切入传统出租车行业“打车难”的短板，通过预约打车这个细分领域，以平台模式解决了司机和乘客的交易撮合问题，形成新的应用机会。抛开汽车类应用目前已经过剩及政策监管等问题，就商业本质来说，其实给 O2O 创新一个非常大的想象空

间。未来，在生活服务的每个细分领域，比如私人教练、家政中介、修理服务等，都有可能借助移动互联网实时+位置的特点，形成新的线上线下一体化闭环服务。

医疗健康是下一个被看好的 O2O 应用：一方面，由于中国的医疗发展水平与国际相比相对滞后，随着人口老龄化以及环境污染带来的慢性病人群增长等情况，看病难、看病贵已经成为了一个社会问题，这恰恰为国内移动医疗发展提供了广阔的空间；另一方面，随着移动互联网的迅速发展和移动智能终端设备的普及，移动医疗的发展不仅可以加快健康信息的流动，还可以提供便利的健康服务，做到面向个人用户的全面健康管理。由于可以与人机交互、智能可穿戴设备等技术创新点相结合，远程健康管理、医疗康复等领域蕴含较多的机会。国内移动健康应用目前取得一定规模的还是以医疗信息工具类居多，而国外的创新领域则更为丰富，面向医生的 SNS 社区、人机交互、医疗康复等都已经是创业热点。

教育领域也存在较大的发展空间。目前，儿童教育可谓一枝独秀——App Store 教育类应用上，超过 80%的热卖应用的目标对象是儿童；由于市场空间大，目标客户付费意愿较高，有望成为继手机游戏之后的移动应用第二大类盈利产品。随着 80 后父母数码电子产品消费率的提升，仅婴幼儿早教市场需求，保守估计至少在 10000 亿元，2015 年可达到 20000 亿元规模。家长乐于为教育类应用付费，教育类 App 市场潜力至今仍未被完全释放，如何与线下早教相结合是值得探索的机会之一。此外，外语教育、职业教育等也存在不少创新机会。

三、开放和竞合成为关键词

融合、创新、开放、多元化成为移动互联网行业的整体发展方向。国内一线开放平台的竞争格局已日趋明显，各方的态度、架构也越来越清晰。每个平台都是一个生态系统:拥有大量用户，本身做底层平台，平台之上则是与用户进行互动的一个个“应用”，而这些应用来自众多企业与互联网公司乃至开发者，最后在服务用户的同时，由应用与平台一起共享收益。

目前，开放平台已成为移动互联网产业的发展契机，全球已涌现出数百个开放平台，几乎在每一个垂直细分领域均覆盖有 1～2 个较有影响力的开放平台，通过采取平台开放策略的领先者的发展也普遍领先于各细分行业原有的领头羊，比如，在社交平台领域，Facebook 通过开放策略超越曾经的社交老大 MySpace；在系统平台领域，谷歌 Android 系统免费开放后以 6 倍年增速度取代了诺基亚 Symbian 霸主地位。而在中国互联网领域中，百度、淘宝、腾讯、新浪（微博）、人人网、开心网、360 等也相继推出开放与兼容策略，开放平台潮流已深刻影响了整个互联网的发展，正成为其发展的主流。

随着移动互联网时代的到来，国内传统的互联网巨头们均已意识到移动互联网将是开放平台发展的制高点。移动互联网开放平台建设将成为未来互联网发展的重要机遇之一。作为国内互联网业界的领军企业，腾讯很早就意识到建设移动互联网开放平台的意义，其决策者也多次在重要会议和公开场合释放建设开放平台的决心。以腾讯开放平台为例，在成功打造微信后快速推出微信开放平台，然后完全按照移动互联网的体验和要求重构手机 QZone，进而尝试在移动互联网上开放 QQ IM 能力，腾讯后继还将面向产业链开放应用托管、LBS、支付等一系列服务，并计划未来将基于社交的精准营销广告系统推广到移动互联网，这一系列举措充分体现了腾讯在移动互联网领域的开放平台布局。

在移动互联网产业纵深发展的过程中，开放平台正逐渐由平台与平台之间的单纯竞争转向竞争与合并并存，这种趋势主要是由市场的开放性以及企业资源的有限性所决定的。通过产业链中相关竞争企业之间的合作，开放平台之间的用户资源、数据资源、服务资源及商业资源等才能得到最大化配置与利用，因而更有可能实现全面的合作共赢。继 2012 年 360 与新浪微博签订“互联共享”协议、百度与腾讯微博合作等案例后，2013 年互联网公司的竞合趋势更加明显。2013 年 4 月，阿里巴巴入股新浪微博，力求借助新浪微博移动端的流量进一步完善自身移动端布局，发展社会化电商。2013 年 5 月，阿里巴巴入股地图服务“领头羊”高德，以 2.94 亿美元投资换回约 28%的股份，成为高德的第一大股东，为后续加大移动端服务，以移动地图为载体构建 O2O 应用和电子商务提供了更大的想象空间。2013 年 7 月，百度宣布出资 19 亿美元收购 91 无线已发行的全部股本，进而增进自身在移动侧的拓展能力，被称为中国互联网史上最大的收购案。国内三大电信运营商也围绕自己的能力开放平台，以资源、管道能力、平台资源等方式加大和产业链的广泛合作。

四、展望 2014：拥抱 4G 移动互联网时代

移动互联网蕴含着巨大商机甚至是行业洗牌的机会，绝对不仅仅是游戏、广告、电子商务和O2O，全新的商业模式肯定会涌现出来。与此同时，由于各大互联网公司纷纷布局，将发展重心向移动领域倾斜，渠道营销推广成本增高，移动应用开发将面临更严峻的市场竞争。此外，由于大部分移动应用的商业模式不清晰，用户的黏性较差，容易被模仿，变现能力不强，互联网时代的“用户规模=盈利模式”的商业规则在移动互联网时代遭遇挑战。要想在激烈的市场竞争中赢得一席之地，就必须有精准的市场定位、良好的客户体验和差异化的商业模式。

展望 2014 年，预计三大电信运营商将在下半年正式全面发展 4G 用户。随着 4G 移动互联网时代的开启，移动网络速度和质量将得到大幅提升，运营商的主流套餐包含的流量将大幅提升，令市场进入流量宽裕时代。建议可重点关注以下创新领域和重点：

1. 高流量的视频类应用

从国外运营商 4G 发展的经营来看，4G 发展第一年的流量平均增长 105%。Verizon 数据表明，目前有 50%移动网络流量来自视频服务，预计到 2017 年这一比例将达 67%，PAD 等移动设备将成为增长动力。因此，预计随着 4G 的发展，视频应用将获得突破式增长机会。具体的创新方向包括针对个人客户的视频上传、社交、分享等业务；基于家庭客户的视频监控、智能家居、OTT 视频等业务。此外，视频类应用和行业解决方案的结合也将获得巨大的空间，例如针对车联网、客运与特种车辆车载行业的紧急救援、连接、诊断、安全和导航应用；针对消防、安保、银行、证券、公安、武警等行业的视频监控应用；针对媒体行业的 4G LTE 即摄即传、移动直播服务；针对移动办公行业的 4G 高清视频会议、远程办公等。

2. 多屏化、在线化、互动化

从用户数已经突破 4 亿、永远在线的微信（即时通信），到大流量的在线游戏和在线视频。越来越多的在线应用对开放平台的云存储资源、云计算能力调用、云部署和云安全提出了更高需求，要求开发平台除了业务能力开放之外，还要开放底层基础服务。未来，用户可以通过手机、平板、PC，将来甚至还会有电视和可穿戴设备等不同终端接入移动互联网，跨终端、跨平台的无缝切换将成为“刚需”。在多个屏之间实现风格、内容及交互的一致性体验，在毫无“割裂感”的状态下随意变换设备，已经成为互联网行业的发展趋势。谁赢得了“跨屏人”谁就抢占了“多屏时代”的先机，这句话对于整个移动互联网行业已是不争的事实。可以预见的是，决定市场胜负的已经不是 PC 端的事情，也不会单纯定位在移动端，多频融合和互动的跨屏媒体战略将决定未来最大的市场份额。

3. 传统行业的移动化变革

在智能手机快速发展的大环境中，移动应用商业中的普及程度越来越高，越来越多的商户主动要求把部分业务转移到移动应用上。具体方向既可以是与金融、医疗、教育和餐饮等传统行业业务流程的移动化，也可以是帮助企业提升管理效率、构建整合线下推广、媒体业务及线上社交网络策略的一站式营销和客户服务的应用。例如餐馆、医院、银行的点菜和等位系统，通过直接在客户端上触摸一下就完成这些流程式预订，不仅体验更好，也能节省商户更多的成本。又比如，结合企业内部的数据，帮助客户从各种各样的数据中挖掘有价值的用户行为信息，不仅可以促进用户产生效益，更可能使开发者挖掘出更多的商业模式。随着传统行业大举向移动端迈进时，移动流量变现路径也将逐步清晰。

（作者：中国电信股份有限公司上海研究院 谷海颖）

产业垂直整合成为移动互联网最突出的特征

随着移动互联网成为互联网应用的关键入口，免费开放式平台、“轻资金”和“轻工厂”的现代物流供应链、移动微电商和移动微媒体等移动互联网思维真正渗入各个传统行业，与行业内部资源流程深度整合，带动传统业务流程重构和商业模式创新。同时，应用生态的跟进也在加快，不管是应用种类、数量、下载量、使用量等各个方面均加倍递增，而网络整体流量也在以每年 100%～200%的增速增长。随着移动数据流量、智能终端、用户、应用程序的高速发展，产业垂直一体化整合成为移动互联网最突出的特征。

一、移动互联网产业阵营纷纷构建自有生态系统

移动互联网企业开始纷纷基于自有操作系统向移动互联网产业上下游环节不断延伸，以实现对产业链的垂直一体化整合，意图在打造产品最佳用户体验的同时，凭借不断扩张的掌控力为自身谋取更大的利益。国内方面，已形成阿里巴巴、腾讯、百度的“三国演义”。国内外各大生态系统之间已经在终端、电商、社交网络、位置服务、云计算等各个领域交火，相互之间展开竞争，如图 1 所示。金融服务领域，移动互联网将成为 2014 年在线金融服务的核心入口，智能终端取代 PC 成为电子商务领域最便捷的服务平台，以移动支付宝和微信支付为代表的第三方支付应用大范围普及，带动网络基金、保险、P2P 和众筹等线上金融服务的移动化转型。车载设备领域，移动设备将全面占领汽车中控平台，通过车况实时监控、行驶状态反馈等新型应用，将整车演变为移动的智能设备。家用电器领域，能够“抱着摇一摇”的微信电视将开启多屏互动的全新体验方式，支持扫码提示、远程控温和自动调温的智能冰箱以及更多类型的智能家电将全面改变传统家庭生活习惯。

所有移动互联网公司都在积极汇聚网络数据流量，通过大数据工具对海量数据进行挖掘，寻找有价值的数据关联信息，从而创造价值，获得现金流。目前移动互联网入口以及电子商务平台的争夺尤为激烈。移动互联网的竞争主要表现在智能终端、社交应用、操作系统 3 方面。具有实力的互联网公司争相构建支付平台、物流平台以及营销平台，从而打造完整的电子商务平台体系。

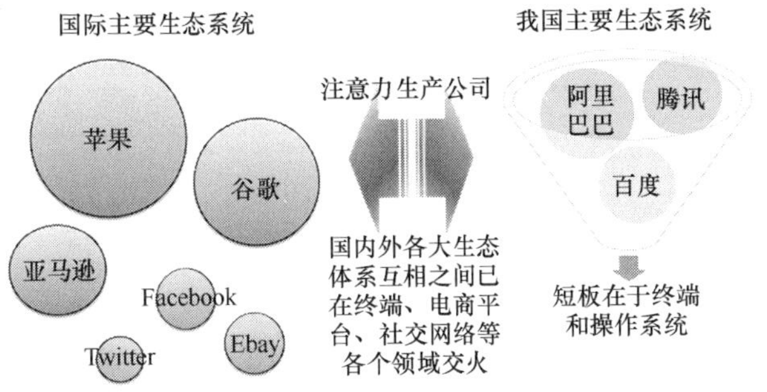

来源：通信信息研究所

图 1　生态体系的分布

为弥补自身短板，移动互联网巨头近两年动作频频。

阿里巴巴：收购高德地图，与新浪微博合作推出淘宝版微博，打造社交平台“来往”、阿里 OS、阿里云手机，打造物流平台。

亚马逊：收购华盛顿邮报，推出类似 PINTERETS 服务，进一步打造物流平台，收购 3D 地图服务公司 UpNext。

苹果：尝试推广自有 LBS 遭遇挫折，将 iPhone 打造为最活跃的社交设备。

谷歌：着力发展 Google+，试水电子商务，业务与亚马逊存在竞争，以 120 亿美元收购摩托罗拉。

腾讯：加快建设地图服务，完成对易迅的控股，资源对其电商平台倾斜。

一轮竞争下来，国外移动互联网公司中，谷歌

构建了相对完整的要素体系，建立了领先优势；国内移动互联网巨头方面，腾讯逐渐占得先机，阿里巴巴最大短板在于社交网络，百度动作较慢，暂处于竞争劣势。

二、产业垂直整合加速移动互联网产业阵营利润率的快速增长

全球三大移动智能终端操作系统平台加速归一化演进，以打造完美统一的用户体验与应用生态：苹果借力其垂直一体化模式，以 iOS 为基础领先实现了智能手机与平板电脑的统一；微软借力 Windows 8 系列的发布，更一举实现了 PC、平板电脑、手机三大移动智能终端平台体验/生态的高度一致；Android 系统则快速演进，继在 4.0 版本中成功消除手机与平板电脑边界后，不断统一 UI 界面，扩充 CTS 测试集，试图逐步构建跨最广泛终端形态的统一平台体验与兼容应用生态。统一的用户体验/应用生态极大地降低了移动智能终端操作系统在不同移动终端形态间的进入壁垒，空前广泛的统一移动智能终端操作系统市场竞争空间正逐步生成。

垂直一体化产业生态系统如图 2 所示。

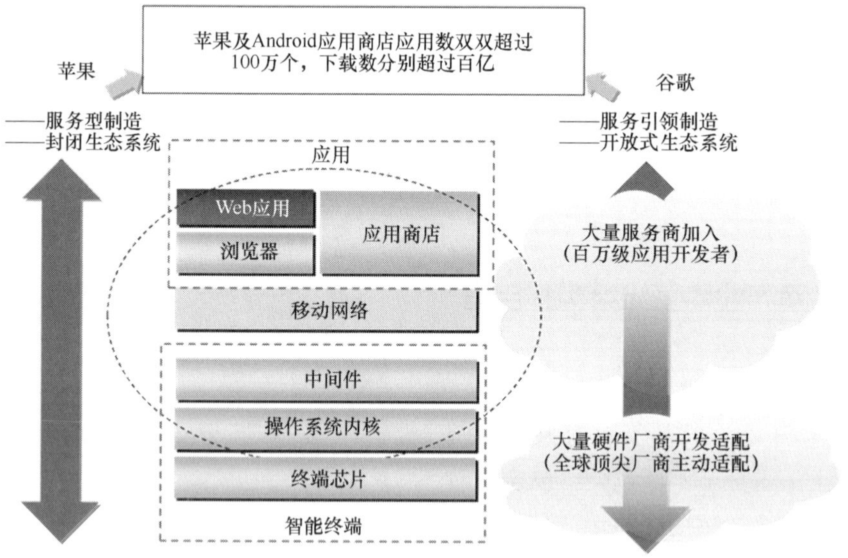

来源：电信研究院。

图 2 垂直一体化产业生态系统，以乘数效应实现产业撬动

大型移动互联网企业博弈实力超越电信运营商。移动互联网领军企业比肩电信运营业龙头，资本市场青睐互联网高成长性。从全球来看，谷歌、百度、腾讯等国内外领先移动互联网企业商业模式已较为成熟，广告和游戏已成为主要收入来源，这些企业的利润率和收入增长率均显著高于电信运营商，谷歌的利润额已与运营商中利润最高的中国移动相差无几。反观电信运营商，通过同业并购以扩大规模、降低成本，确保利润率与市场份额已成为近年来的通行做法。

移动互联网已经成为备受资本市场青睐的行业，高速成长中的部分移动互联网企业市值已比肩电信运营商。例如，谷歌市值与中国移动、AT&T 等规模最大的电信企业相近；Amazon 市值已接近 AT&T、Verizon 等主要运营商，市盈率超过 3000；国内企业中，腾讯市值超越中国联通，百度市值追近中国电信等。

三、移动互联网企业开始对现有 ICT 产业格局提出挑战

移动互联网企业一直保持较强的技术创新活力，创新范围也在不断扩展，呈现出从上层应用向下层基础设施延伸、从软件向硬件和网络推进的态势，对现有软件、IT 和网络设备的产业格局提出了挑战。

大型移动互联网企业引领自建基础设施潮流。近年来，国际上一些具备实力的互联网企业纷纷自建网络基础设施，建设内容不仅包括数据中心和骨干网，而且投资接入网络，无缝控制了产业链上下游。当前，CDN成为新的互联网骨干，革命性地改变流量分配格局，DiViCloud监测数据显示，全球CDN流量占比已达到40%。除Akaimai、Limelight、蓝汛等专业CDN公司外，谷歌、Netflix、新浪等大型移动互联网企业均自建CDN，分流骨干网络流量压力，有效增加了网络利用率，提高了用户使用感知。

越来越多的大型移动互联网企业获得网络对等地位。在全球大型移动互联网企业中，谷歌现已与Verizon、Sprint等167家运营商实现对等互联，Amazon与NTT、Telianet等138家运营商实现对等互联，Facebook与NTT、HE等101家运营商实现对等互联，其中不乏部分Tier1级的运营商。谷歌作为在对等互联网方面全球发展得最好的互联网企业，除仍需购买1～2家运营商的转接服务外，其他98.6%都是免费对等的连接关系，而对等流量占谷歌全部流量的比例也预计超过80%以上。这充分说明谷歌已经拥有一张规模庞大、高价值的网络，并即将跻身成为全球互联网网络的核心之一。

四、跨界融合主导移动互联网市场竞争方向

近几年，随着向传统生产生活领域的不断渗透，移动互联网经济逐渐扭转了以往的虚拟属性，实体属性更加显著。从增值业务结构来看，截至2013年9月，电子商务、网络广告、搜索、接入类业务、软件服务等生产性互联网服务收入占不联网业务收入的比重不断攀升，与2012年同期相比，增长了近10%。

移动互联网巨头生态圈向传统行业扩张，传统行业正在受到新一轮互联网浪潮的冲击。移动互联网巨头业务领域向金融、物流、零售及其他行业深化扩展，与其他行业的企业展开跨界竞争。传统行业企业认识到移动互联网浪潮势不可挡，开始走移动化和互联网化的道路，以移动互联网的思维和方式改造传统行业。

从移动应用市场来看，2013年，企业APP成为移动应用市场的重要增长点。在美国，百人以上规模的企业有半数以上拥有自己的App，90%以上的全球五百强企业在多个移动平台开放了企业App，越来越多的用户和投资者通过企业App了解企业近期发展情况。预计2014年，企业App和移动服务平台将成为国内企业宣传和运营的关键阵地，大批国内企业的办公环境和IT架构移动化转型步伐进一步加快，我国企业级移动解决方案市场规模将超过300亿元。从移动电子商务市场来看，淘宝网数据显示，国内通过移动平台进行交易的用户数量快速增长，在2013年“双11”活动中，淘宝移动客户端成交额为53.5亿元，是2012年（9.6亿元）的5.6倍，共成交3590万笔交易，占淘宝整体成交量的21%。同时，京东、易迅、苏宁和亚马逊等国内主流电商平台均通过专享优惠、随时推送和赠送流量等方式加大对移动客户端的推广力度。2014年，移动电子商务市场份额将占到整个产业的40%以上，迅速成为电子商务的关键渠道。同时，移动电子商务将带动O2O业务模式的快速成熟，快速打破线上、线下业务隔阂。

跨界融合成为市场竞争主旋律。近几年，互联网厂商做手机终端，设备商强化内容服务平台，传统厂商与信息企业结盟开启了国内移动互联网产业跨界融合的序幕。2014年，国内企业垂直整合一体化步伐将全面加快，跨界融合将成为国内移动市场竞争的主导方向。

（作者：工业和信息化部电信研究院　胡海波）

OTT 业务发展现状及国外电信运营商应对策略分析

一、OTT 业务概念及发展背景

OTT 是“Over The Top”的缩写，原意是篮球运动中“过顶传球”，指的是球旁路了运动员在他们头之上来回传送而达到目的地。随着互联网的快速发展，这一概念被逐渐引入到了通信服务领域，具体是指互联网企业利用通信运营商的网络直接向用户提供服务，并强调其服务与物理网络的无关性。

OTT 虽是新提出的一个概念，但实际上这种现象早已存在，最早的 OTT 业务是 20 世纪 90 年代中期出现在固网上的 VoIP，但当时并没有使用 OTT 一词而已。当前业界聚焦的 OTT，主要是指对电信、广电两个传统产业带来巨大冲击的 OTT 即时通信服务和 OTT TV 业务。

推动通信服务逐渐向 OTT 模式迁移的关键因素包括：一是移动互联网的快速发展；二是网络基础设施建设不断加快；三是互联网产业生态体系基本成熟。特别是随着技术的发展，尤其是近年来移动智能终端计算能力的显著增强，软件创新在通信中发挥的作用越来越突出，依托各类终端操作系统实现的软件应用成为直接面向终端用户的通信服务，各类 OTT 业务取得了快速发展。

OTT 的本质是价值转移，在 OTT 业务大发展的同时，传统电信、广电运营商的物理网络则逐渐下沉为基础的管道，失去了对终端用户的控制权。OTT 业务开始对包括电信、广电、金融在内的诸多传统行业经济组织形式的重大影响是一个渐进的过程，未来随着云计算等新技术的不断成熟，OTT 会进一步演变。

二、OTT 即时通信业务发展现状

（一）OTT 即时通信业务发展阶段及影响

OTT 即时通信业务发展初期主要依托互联网提供以文字、语音聊天为主的服务，但随着网络技术的发展和智能终端的快速普及，更多的创新元素不断渗透，逐步发展成集社交、娱乐、电子商务等功能为一体的综合信息服务平台，对电信服务产生实质性影响。它的发展阶段和影响如下：

（1）基础类 OTT 即时通信业务

指通过互联网，跨终端（PC 终端、智能手机、智能电视等）向公众用户提供文本、音视频、文件等多种媒体交互的即时通信服务，典型的代表为微软的 MSN 及腾讯的 QQ。在随后的发展中，基础类 OTT 即时通信业务向垂直网站（典型产品如淘宝的阿里旺旺）及企业客户市场（典型产品如腾讯的 RTX）进行了延伸，但总体延伸范围较专一，影响不大。

基础类 OTT 即时通信业务主要基于固定互联网提供服务，对电信市场影响相对较小，主要是分流了少量语音及短信业务量。

（2）跨网络类 OTT 即时通信业务

指能够实现互联网与电信网文本、语音等互通的“落地”即时通信服务。此类服务需要电信运营商的参与，典型代表为实现语音落地的 Skype。

跨网络类 OTT 即时通信业务直接降低了电信服务资费并进一步分流了电信业务量，但受限于各国监管环境的差异，此类服务在各国的影响程度也不尽相同。

（3）新型 OTT 即时通信业务

是指利用安装并运行在移动智能终端的应用软件，借助用户通信录和用户位置信息，通过移动互联网以消息（包括文字、图片）、文件、音视频形式向用户提供实时或准实时通信功能的信息服务。典型代表为国外的 WhatsApp、Line、KakaoTalk 及国内的微信。

新型 OTT 即时通信业务不仅仅影响电信业务量与资费，更从本质上对电信服务的基本模式产生了冲击，传统电信的语音、短信服务逐渐成为其综合服务的一部分，且资费基本为零；互联网服务模式对电信服务的基本模式开始产生实质性的替代作用，电信运营业的管道化趋势不断加深。

（二）典型 OTT 即时通信业务发展现状

截止到 2013 年 12 月，国内外 OTT 即时通信业务用户发展情况见表 1。

表 1　典型 OTT 即时通信业务发展现状

类别	典型业务	提供商	服务范围	注册用户数
国外 OTT IM	Facebook 信使	Facebook	全球范围	超过 2 亿
	WhatsApp	WhatsApp	全球范围	超过 3 亿
	iMessage	苹果公司	全球范围	超过 1.4 亿
	KaKaoTalk	韩国 KaKaoTalk 公司	全球范围	超过 1 亿
	LINE	日本 NHN	日本、俄罗斯、中东及东南亚地区	超过 2 亿
国内 OTT IM	微信	腾讯	主要集中在国内，但海外用户增长快速	接近 4 亿
	米聊	小米科技	国内	用户数 3000 万
	陌陌	陌陌科技	国内	超过 3000 万

（数据来源：通信信息研究所）

（三）OTT 即时通信业务发展特征及趋势

与传统电信业务不同，OTT 业务采取“小步快跑、快速迭代”的发展方式，以周为单位进行业务更新和创新，业务功能日益丰富，OTT 业务发展呈现出新的不同特点。

（1）OTT 即时通信业务通信能力不断增强

微信、Line 等 OTT 即时通信业务除传统的文本聊天功能外，已经可以实现语音短信、双向实时语音通话、群聊、视频交互、发送照片等通信服务，OTT 即时通信业务的通信能力不断增强。

（2）OTT 即时通信业务受众进一步延伸，增速较快

早期 OTT 即时通信业务受众群体主要为年轻网民和业内人员，但随着智能终端的不断普及和业务功能的不断完善，业务受众群体开始不断延伸。

一方面，OTT 即时通信业务用户规模迅猛增长，远超传统的互联网应用。微信用户每增加一亿所需的时间不断减少，分别为 14 个月、6 个月、4 个月；日本 Line 用户规模突破 1 亿所用时间为 19 个月，增速远超传统互联网应用 Twitter 和 Facebook，后两者分别用 49 个月和 54 个月突破 1 亿用户。

另一方面，OTT 即时通信业务用户的年龄分布、职业特征逐渐多元化，实际上 OTT 即时通信业务已经具备了较为广泛的群众基础。根据 CNNIC 调查数据，使用微信的人群中，19～30 岁用户占总用户的 54.32%，30～40 岁用户占据 31.49%。未来随着互联网培育起来的年轻网民不断进入社会主流，这一特征还将进一步增强。

（3）OTT 即时通信业务平台属性、媒体属性和产业属性开始显现

互联网生态体系逐渐成熟，其产业能力不断增强，拥有完善地提供支付、地图、LBS 等服务的能力，随着 OTT 即时通信业务功能的不断扩展，平台化成为其发展的重点，加之受众群体的不断壮大，其平台属性、媒体属性和产业属性开始显现。

例如微信已拥有超过 100 万个公众账号，众多政府部门、商业机构、媒体进驻微信公众平台提供信息传播、营销和客服服务。这些微信账号除媒体外，还有游戏、客服、问答、搜索、视频、支付功能，使得微信迅速成长为商业化的移动互联网综合门户平台。

（4）亚洲和欧美发展 OTT 即时通信业务的思路不同

以中、日、韩等国为代表亚洲 OTT 即时通信业务提供商，在发展 OTT 业务的过程中，注重平台化和社交化的发展。从单纯的通信服务，通过平台化运作，成为社区服务，通信服务只成为其综合服务

的一部分。

欧美发展 OTT 业务的思路与亚洲截然不同，以美国 WhatsApp 为代表的 OTT 即时通信业务提供商，注重通信功能作为其核心业务，不会将 WhatsApp 转化为平台，不会在业务上推广广告服务。

不同的发展思路对电信产业带来的影响也不同，欧美 OTT 即时通信业务更多强调对传统通信业务的替代，亚洲 OTT 即时通信业务则除对传统通信业务替代外，还在颠覆传统电信运营商的服务模式。

（5）创新活跃，更新速度快

OTT 即时通信业务已成为互联网创新最为活跃的领域之一，其功能日益丰富，并与大量创新元素深度耦合；除可实现文字、语音、视频交互外，还集成了社交、微博、搜索、游戏、位置服务、电子商务、多方通信及电子邮件等多种功能。

与基于网络提供的电信网语音业务不同，OTT 即时通信业务创新速度非常快，通常以周或月为单位进行产品的更新。业务提供商为迅速占领市场，首先发布最基础的业务功能来抢占用户，随后在短时间内不断进行产品升级和功能扩展来增加用户的黏性。

（6）主流 OTT 即时通信业务提供者开始实现盈利

传统电信业的收费模式是“前向收费”，也即向用户收费；大多数 OTT 即时通信业务的商业模式则是典型的互联网收费模式“后向收费”，即向合作商户收费，用户端免费。

市场上主流的 OTT 即时通信业务提供商前期经过“烧钱”后，通过平台化发展策略，建立了“游戏+增值业务+企业收费”商业模式，已经开始实现盈利。例如韩国 KakaoTalk 成立之后 4 年花费超过 5.4 亿美元，2009～2011 年 3 年的亏损逐年增加，从 2012 年推出游戏平台后，开始迅速实现盈利。2013 年上半年营收达到 3.11 亿美元，已经成为韩国游戏市场的领跑者。

三、OTT TV 业务发展现状

（一）OTT TV 业务的概念

OTT TV 是以互联网为传输介质，以电视一体机或机顶盒为输出终端，向全网范围内的用户提供音视频等多媒体内容及其他相关增值业务的服务。主要特点包括：一是与物理网络无关，主要借助互联网提供“内容和应用”；二是不受地理区域的限制提供扁平化的服务结构；三是主要由互联网企业及终端企业推动。

（二）OTT TV 业务发展现状

从用户规模来看，全球 OTT TV 已经进入到快速发展阶段。知名咨询公司 Informa 预测，2015 年通过 TV 看视频的人数在互联网用户中的渗透率，将从 2011 年的 2%上升为 14%，2015 年通过互联网电视看视频的人数将提高到 3.8 亿。

在国内市场，受限于广电体制及相关政策限制，OTT TV 发展受到一定的抑制，但刚性市场需求客观存在。2010 年，中国互联网电视市场规模超过 300 亿元人民币；2011 年年底，互联网电视一体机用户数量超过 IPTV 用户数量，加上机顶盒用户数约 300 万，用户总数超过 2000 万，预计到 2016 年用户将突破 1 亿。国内 OTT TV 市场潜力巨大，前景乐观。

（三）OTT TV 业务的发展模式

在全球范围内，OTT TV 产业不同环节的参与者均利用各自的优势谋求控制权，包括内容生产企业、网络提供商、家电终端企业和互联网公司等。新的产业不再以“网络”作为产业的组织核心，发展重心向“内容”和“终端”转移，产业发展格局产生了重大的变化。OTT TV 在全球呈现出了不同的发展模式：

模式一：内容和应用企业主导的垂直发展模式。该模式的主要代表是 Netflix，核心竞争力是丰富的内容和应用带来的体验革新，多采取免费模式；发展趋势是具有内容和应用优势，用户增长迅速，对传统通信业务和电视业务均产生了替代；主要问题是服务体验对网络基础设施的依赖较大，尚未形成产业合作模式。

模式二：终端企业主导的构建生态发展模式。该模式的主要代表是谷歌、苹果和三星等，核心竞争力是完善的应用生态系统；发展态势是以操作系统和应用商店为“抓手”，通过在不同类型终端设备上的适配，推动 OTT 服务延伸并形成多屏互动；主要问题是在电视终端发展上，面临内容环节和监管政策的制约。

模式三：以网络运营商为主导的业务嫁接发展模式。该模式的主要代表是欧洲的广电运营企业。核心竞争力是网络基础设施；发展态势是面向存量市场，增加用户黏性；主要问题是对用户最有吸引力的内容和应用生态没有掌控权，在OTT模式下网络管道能力较弱，没有体现网络价值。

（四）国内互联网OTT TV创新发展，成为三网融合发展的新动力

国内参与OTT TV市场运营的企业主要分为以下几类：一是广电牌照商，该类企业借助政策优势，积极整合上下游资源，通过台网联动加强与互联网企业的合作，掌握OTT TV机顶盒技术，推出机顶盒产品，开展OTT TV业务运营，如上海百视通推出“小红”和华数推出“彩虹”盒子；二是互联网企业，国内互联网企业机制灵活、创新能力强，拥有最适合OTT TV发展的互联网基因，与牌照商合作，共同推广OTT TV终端产品；三是家电厂商，家电厂商基于产品更新换代的诉求，积极进入到OTT TV市场中，依靠其对电视终端的控制及完善的销售渠道等优势，主导OTT TV一体机的发展；四是设备制造商，同洲电子、TP-Link等家庭网络设备制造商发布OTT TV终端产品。

2013年，互联网企业扎堆进入OTT TV终端市场，更加吸引眼球：2013年3月，乐视发布新一代互联网机顶盒C1S；同一天，小米发布高清互联网机顶盒产品“小米盒子”；5月，乐视联合推出两款智能电视产品；PPTV推出智能机顶盒产品“PP Box”。互联网企业积极进入到OTT TV终端市场中，将带来新一轮的发展热潮和更为激烈的市场竞争。

互联网企业在OTT TV终端市场取得了较大的成功。乐视智能电视产品发布之初，在2013年1～4月，国内60寸以上智能电视月均销量3.2万台的背景下，乐视超级电视创造了49min销售1万台的记录。小米、小红等OTT TV终端产品同样也取得了较好的销售成绩，得到了市场的认可。

互联网厂商积极进入到OTT TV市场的原因主要有两点：一是国内OTT TV市场规模庞大，发展机遇广阔；二是OTT TV终端与运营深度融合，有助于推广产品，捆绑用户。如小米和乐视推出的机顶盒产品，用户除观看电视节目外，还可以使用视频点播、在线网络购物和在线游戏等服务。在这一服务的过程中，互联网企业通过构建“平台+内容+终端+应用”的生态系统，通过付费点播、广告业务、收入分成等多种方式，实现营收。

此外，互联网企业提供OTT TV产品具有较强的创新能力，在商业模式上取得了较大的革新。例如乐视等多家互联网企业在发展OTT TV终端上采取新的商业模式——众筹模式。在注重加强产业链上下游企业夏普、高通、富士康、CNTV未来电视等的合作的基础上，采用CP2C销售模式，去渠道化，通过预售获知产品需求量，根据供货周期安排产能，有效降低成本。互联网企业OTT TV创新发展模式一方面精确控制产业链，另一方面避免了传统硬件生产和销售带来的巨大成本浪费，加速对传统电视产业的替代效应，引领国内OTT TV的发展。

从中国三网融合发展的情况来看，当前国内三网融合试点工作仍纠结在广电、电信业务双向准入上，实际效果不尽如人意。国内网络视频与广电、电信的媒体属性尚处在割裂发展的阶段，对中国三网融合的进程、内容创新、宽带网络的建设和提速工作形成不了更为有效的需求支撑。

以互联网OTT发展模式创新为代表的产业力量正成为三网融合发展的主要驱动因素，互联网的创新能力必将进一步推动OTT TV市场的繁荣，促进三网融合大发展。

四、OTT业务发展对电信业的影响分析

（一）OTT业务促使产业价值开始转化

从全球的情况来看，互联网企业依托OTT发展模式，突破原有产业边界，实现了向上下游产业环节的延伸。

- 向内容制作领域延伸。以Youtube为典型代表的互联网企业，为了能吸引用户，开展面向电视屏幕的业务运营，专门进行持续性投资创建自有频道，通过原创和正版内容弥补自身内容短板。
- 向虚拟运营领域延伸。以Netflix、Hulu为代表的流媒体服务企业，通过直接面向用户的OTT

前向模式提供正版视频服务，吸引用户快速增长。

- 向基础设施建设领域延伸。谷歌作为目前国际互联网巨头之一，向更加基础的宽带网络建设领域延伸。谷歌 2012 年 7 月在堪萨斯城推出了超高速宽带服务 Google Fiber，从而成为该地区的互联网服务供应商和有线电视提供商。

- 向终端制造业延伸。在 OTT TV 领域，以谷歌、苹果为代表的互联网企业纷纷推出自有品牌的电视一体机或机顶盒，参与互联网电视的竞争。而以三星、LG、松下等为代表的传统电视厂商也纷纷开发智能电视和联网电视，利用移动互联网的方式建立在电视机上的内容和应用生态。

互联网企业 OTT 发展模式促使产业价值开始转化。从 2012 年全年电信业和互联网业发展水平的对比来看：一是利润水平，互联网企业的利润率和收入增长率显著高于电信运营商，前者依靠广告和游戏作为其收入的主要来源，而后者主要通过同业并购以扩大规模，降低成本，确保利润率和市场份额；二是企业市值，高速成长中的部分互联网企业市值已比肩电信运营商的市值。如 Amazon 市盈率超过 3000，市值已接近 AT&T、Verizon 等主要电信运营商；谷歌市值与中国移动、AT&T 等规模最大的电信企业相近；腾讯市值超越中国联通，百度市值追近中国电信等。

（二）OTT 业务快速发展压缩电信运营商转型空间

全球基础电信业面临的主要矛盾有消费者日益增长的信息通信服务需要与电信运营商相对落后的生产力之间的矛盾和以互联网 OTT 为主流的生产力发展与电信运营商相对落后的生产关系之间的矛盾。基于此，电信运营商开始艰难的转型，转型的核心是找到新形势下企业在业务创新和产业链分工中的新位置，确定新的发展方向和实现路径。

OTT 业务的快速发展，实质上反映出了电信运营商被管道化这一趋势，迫使电信运营商被动跟随，降低运营商的网络价值，也给电信运营商的转型造成了极大的压力，压缩了电信运营商转型的空间。

（三）短信、语音等传统业务受到较大的冲击

OTT 即时通信提供商推出的语音、短信业务以低廉的成本占据了电信运营商巨大的网络资源，并获取丰厚的利润。首当其冲的就是对电信运营商的现金流业务“短信”和“语音”造成巨大的冲击，电信运营商的短信、语音业务停滞不前，甚至大幅下滑，基础服务收入被严重吞噬，同时也使用户被绑定在 OTT 的业务中，使服务创造的价值被转移，用户对运营商的黏度大大降低。

（四）数据业务量增长快速，但与收入不匹配

根据思科的研究报告，2012～2016 年全球月均无线数据流量年均复合增长率将达到 78%，随着智能终端的进一步普及和户均流量的继续增长，给现有的移动网络带来了巨大的扩容压力。

OTT 业务的发展一方面显著提升移动数据流量的增长，移动数据流量收入成为拉动电信业务收入增长的绝对主导力量。但另一方面，数据流量增长与收入增长不匹配的趋势不断加剧。

五、国外电信运营商应对 OTT 业务策略分析

从全球来看，电信运营商自身也在积极探索 OTT 业务带来的机遇和挑战。各国的电信运营商根据本国的监管力度和市场竞争状况，主要采取限制、鼓励、合作和竞争 4 种不同的应对态度。尽管各国电信运营商对待 OTT 的态度不尽相同，但是都在积极探索新的盈利模式和开发新的收入来源。

（1）限制策略分析

为了保护自身的传统业务，部分电信运营商对 OTT 业务提供商采取完全抵制的态度。

阻断 OTT 业务和收取额外费用是最直接的做法。早期，欧洲的电信运营商普遍采取阻断 Skype 和收取额外费用的做法。法国第四大电信公司、第二大宽带服务商 Free 允许其旗下 500 多万互联网用户屏蔽网络广告。另外，国外运营商还以安全的理由开始拒绝某些与自己业务存在竞争关系的 OTT 业务。例如，Verizon 宣布对谷歌钱包业务进行屏蔽，Verizon 称，阻断谷歌钱包并不是因为该业务与自己的 iSiS 竞争，而是因为安全功能的整合出现障碍。

（2）合作策略分析

合作策略是指电信运营商与 OTT 业务提供商合作共同推出 OTT 服务。OTT 业务提供商和电信

运营商可以利用各自的优势，OTT 业务提供商可以帮助运营商弥补服务短板，电信运营商可以帮助 OTT 业务提供商扩大用户群。

合作已经成为运营商应对 OTT 的主要策略之一，国外多个电信运营商已经开始与 OTT 服务提供商展开合作。

- 德国电信与在线音乐提供商 Spotify 合作，让用户可以在套餐中选择无限量的音乐下载服务；
- Telefonica 与 Google、Facebook、微软以及 RIM 合作开展电信运营商计费业务，用户能够使用其移动积分在 OTT 商店购买应用以及其他虚拟商品；
- 印度 Reliance 跟 WhatsApp 推出每月 0.3 美元套餐包，无限使用 WhatsApp；
- Facebook 于 2013 年 2 月宣布与全球 18 家运营商合作，将让部分国家的用户以微小或者零数据流量发送 Facebook 信息；
- 广东移动采取流量补贴的形式，与腾讯公司合作推出微信沃卡；
- 日本 NTT Docomo 与 Line 合作推出定制版 Line 应用为老年版手机提供特别版 Line。

（3）资费策略分析

资费策略主要有两种模式：一种是为应对 OTT 业务资费低廉特点，电信运营商被迫降低短信、语音等服务的资费，或电信运营商上调移动数据资费或削减移动数据业务的补贴；另一种是直接向 OTT 企业进行收费。

- 欧洲运营商向 Skype 这样的 VoIP 业务收取额外费用，一般为每月 10～15 欧元；
- 2013 年 2 月，谷歌公司与法国电信达成协议将补偿法国电信的网络建设费用；
- 北美电信运营商取消不限量数据套餐，如 AT&T 取消新用户 30 美元不限量套餐，Verizon 停止向新入网用户提供 29.99 美元不限量套餐；
- 荷兰三大电信运营商调高移动数据流量资费。

（4）竞争策略分析

竞争策略是指电信运营商通过网络提供更多增值服务，替代一部分 OTT 的功能。因为电信运营商在这方面本身并不具备优势，独立开发或者收购 OTT 业务提供商是风险最大的。目前较为流行的方式是电信运营商之间结成同盟，联合运营应用软件服务，如 GSM 协会联合多家电信运营商推出了类似微信的 Joyn 服务品牌。

另外，一些实力强劲的电信运营商积极开发自己的 OTT 业务。法国电信 Orange 公司 2012 年 11 月底推出一款名为“Libon”的免费即时通信应用。该应用内置了大量移动业务，包括高清 VoIP 通话、文字短信及可视语音邮件。

（5）4 种不同应对策略小结

小结 4 类策略不难看出，在应对 OTT 业务冲击的不同阶段，电信运营业实际经历了从被动应对到主动调整的转变，但真正有效的手段较少。这一方面说明产业融合是大势所趋，另一方面说明电信运营业只有在产业变革中真正通过创新实现有效的转型才能应对互联网的冲击。

从 4 类策略的实施效果来看，阻断策略只是权宜之计，已不适应当前形势，破坏网络中立原则，易受到监管机构及消费者的抵制；资费策略不适用当前的发展情况；合作策略和竞争策略符合客观规律，但本质仍是被动跟随，缺乏初始创新能力，目前实际效果并不明显。

（作者：工业和信息化部电信研究院　苏文豪）

移动互联网环境下电信网络建设转型分析

移动互联网的快速发展已经在商业模式、服务模式和运营模式等方面重构了当前的商业社会，而在这个变革之中，运营商作为原先处于产业链核心地位的角色也因为产业和新兴技术的发展逐步被去中心化，面对互联网 OTT 模式等强烈挑战，以及移动互联网产品对原有运营商传统增值业务产生的正面冲击，运营商在近段时间内纷纷提出了战略转型，其中中国电信的“一去二化”战略围绕去电信化、市场化和差异化明确了企业在互联网竞争下的总体策略。

一、移动互联网发展对电信网络带来的冲击和挑战

（一）数据流量激增、每比特收益持续下降

全球移动数据流量的增长情况与20世纪末全球互联网情况类似。摩根斯坦利公司认为，移动互联网的发展会追随桌面互联网市场的时间进度和发展模式。

从流量角度审视这一预测，可以发现近年来，全球移动数据流量的增长情况与 20 世纪末全球互联网情况非常类似，在用户飞速发展的同时，数据流量也以每年超过 100%的增长率提升。

根据 Cisco 公司的预测，移动数据流量将在2010～2015 年增长 26 倍，保持 92%的年复合增长率，在 2015 年达到 75 ExaByte。

2010 年，移动数据流量占总 IP 流量的 1%，预计到 2015 年其所占比重将达到 8%。

未来，面向个人的业务流量需求具有更大的增长空间。根据 Cisco 公司的预测，2015 年，个人用户使用的移动数据流量将达到 59ExaByte，是企业用户使用流量的 3.7 倍。

Informa 公司预测，全球无线/移动宽带接入业务的收入从 2009～2014 年仅增长 1.93 倍，远远无法与数据流量 2009～2014 年间 22 倍的增速相比。收入与数据流量之间的“剪刀差”日益加大，运营商网络建设投入和每比特收益正在快速地失去平衡。

（二）OTT 对传统增值业务造成正面冲击

中国移动董事长奚国华表示，运营商一方面面临相互间的同质化竞争，另一方面互联网业务的异质替代作用凸显，运营商与互联网企业之间的竞争将比传统通信领域的竞争更激烈、更严峻。

目前，微信等 OTT 业务对中国移动的短信、彩信、语音通话等业务的冲击都很大。2011 年，全球短信服务的收入同比减少了 139 亿美元，中国移动的短信服务收入出现了历史上首次下滑，2011 年 11 月，美国用户的平均发短信量也第一次出现衰落趋势。短信业务日渐下降只是运营商传统业务被冲击的一个缩影。移动互联网时代整个产业链的价值被拉长，运营商的利润被分流。

而反观移动互联网的业务发展，截至 2013 年 1 月，日均用户覆盖过百万的移动互联网应用有 59 项业务，日均覆盖用户超千万的已经达到 14 项，详见表 1。且从业务特点上看，日均覆盖用户排名靠前的业务基本对运营商传统增值业务都将会产生直接影响和正面冲击。

（三）开放体系迫使运营商网络结构转型

移动互联网对于应用的爆发式增长，以及其开放的特性，通过吸引开发者形成应用的汇聚已经是各个互联网公司和运营商的共识。

当前，无论是腾讯、百度、阿里巴巴等互联网巨头，还是人人网、京东、盛大等中坚力量，甚至中国电信、中国联通、中国移动等运营商，都纷纷宣布开放。随着各大企业在不断加码开放平台上之争，开放已成为当下中国互联网发展的新动力。

目前，各大开放平台汇集的开发者都不在少数。淘宝开放平台上 2012 年第三方服务商已达 49 万家，工具类应用 8 000 多个；百度开放平台上已汇聚了超过 25 万家的开发者；腾讯开放平台上，截至 2013 年 4 月，共有注册应用 40 万，有 4 万款已经上线，

其中26款应用曾经达到月流水1 000万元的规模。

表1 日均用户覆盖超过百万的移动互联网应用

序号	App	日均覆盖人数（万人）	增长率	序号	App	日均覆盖人数（万人）	增长率
1	QQ	7 811.07	42.7%	26	奇艺视频	598.59	54.3%
2	微信	6 770.55	61.8%	27	我查查	587.98	36.9%
3	UC手机浏览器	5 409.69	19.2%	28	搜狐新闻	562.95	78.9%
4	新浪微博	3 348.26	28.0%	29	优酷	553.46	56.6%
5	360手机卫士	3 166.02	22.1%	30	QQ通讯录	550.31	44.5%
6	QQ手机浏览器	2 393.97	97.5%	31	百度地图	549.40	27.3%
7	淘宝	2 325.58	81.3%	32	网易新闻	537.28	0.0%
8	QQ空间	1 916.92	42.7%	33	中华万年历	530.76	27.0%
9	支付宝	1 777.90	90.2%	34	91手机助手	500.40	1.0%
10	墨迹天气	1 735.68	31.2%	35	陌陌	494.44	58.2%
11	腾讯手机管家	1 325.88	75.5%	36	来电通	455.40	-3.6%
12	手机人人网	1 085.98	59.8%	37	有你短信	449.34	14.4%
13	360省电王	1 083.79	16.7%	38	安卓优化大师	441.68	14.5%
14	360手机助手	1 032.99	122.8%	39	触宝拨号	439.64	28.1%
15	金山电池医生	986.06	35.6%	40	安卓市场	431.51	26.0%
16	华为桌面	861.94	36.2%	41	掌阅书城	422.96	–2.6%
17	酷狗音乐	832.52	116.8%	42	欧朋浏览器	396.38	27.7%
18	PPS影音	819.40	49.4%	43	水果忍者	382.25	–26.8%
19	QQ音乐	724.08	74.6%	44	随手记	381.63	27.5%
20	天天动听	713.52	–2.2%	45	QQ游戏	371.89	–1.8%
21	PPTV网络电视	712.14	55.5%	46	京东商城	362.74	11.3%
22	搜狗手机输入法	702.12	–11.7%	47	360安全通讯录	361.48	–22.4%
23	新浪天气通	691.54	56.3%	48	正点闹钟	333.17	–8.1%
24	飞信	690.17	–6.5%	49	会说话的汤姆猫-outfit7	277.05	–10.4%
25	豌豆荚	655.89	33.8%	50	米聊	241.13	–20.2%

而中国移动针对移动互联网提出了OMP的架构，支持多维度、多类别、多形式的能力开放，包含基础资源、电信、移动业务、互联网等能力。其Web/终端应用“统一开发工具”提供了简单友好的开发环境，方便开发者获取资源和能力。OMP的应用运行引擎是一个基于云计算PaaS的应用托管环境，该平台打造了首个“工具商店”商业模式，提供以工具为核心的“能力开放、应用开发、应用托管”的一站式服务。

中国联通WO+体系的四大开放平台，包括“WO+全媒体开放平台”“WO+智能通信开放平台”“WO+分享传播开放平台”和“WO+社交生活开放平台”。

中国电信天翼开放平台由中国电信自主研发，全部网络资源、存储资源和计算能力均由“翼云”云计算平台提供，是中国电信首个使用云计算技术构建的互联网服务平台。该开放平台将不同产品基地和专业公司提供的开放能力，全部集成到天翼开放平台，并陆续向合作伙伴开放。

（四）数据分析和应用能力成为未来发展的关键

随着移动互联网的快速发展，以及云计算等技术的不断成熟，基于数据的深度挖掘和关联分析，并基于此进行针对性营销已经成为当前的一个热门的领域，其价值和作用正在不断显现。

根据相关调研机构IDC发布的全球季度手机跟踪数据检测，中国智能手机用户的月均数据网络流量已经接近100MB，数据的快速增长为大数据的分析挖掘提供了基础，而这些数据均在运营商网络中沉淀或留有痕迹，更为重要的是移动终端一般具有更精确的身份标识，数据的分析和提取也因此更具有商业价值。

目前，已经有不少的公司包括友盟、CNZZ 等均在早期就参与到数据分析挖掘中，而百度移动统计等则为开发者提供全面的应用数据统计分析服务。目前的移动互联网领域，仍然是以位置的精确营销为主体，但是未来随着大数据分析的不断深入，针对用户个性化定制应用服务和营销方式将成为发展的趋势。

二、面对移动互联网电信网络短板分析

在移动互联网的环境下，数据流量的爆发式增长无疑是运营商作为管道提供者必须要面对的问题，以中国移动为例，在2012年中国移动的数据流量增长了 187%，这个增长速度远远高于其他任何业务的增速。

另外，移动互联网应用的不断丰富，以及运营商花园围墙式的业务应用逐步被替代，运营商不得不需要考虑从移动互联网应用中获得更多的收益或参与其中，而这就要求运营商的上层业务应用网络和管理系统需要面向移动互联网进行改变，以适应 OTT 等移动互联网业务的需要，从中体现其价值。

而就目前的运营商网络来看，在接入层面网络对于流量的甄别和可视性不足，整体的流量监控、流量优化、网元协同等管控手段需加强。另外，已有的 PCC 的部署，包括正在进行的 EPC 的网络建设都还需要进一步加强其策略配置的灵活性和分析的深度，并配合已有的包括 IT 等数据资源强化对用户行为的深入分析和个性化、差异化的服务能力提供。

而在平台层面，目前三大运营商几乎都基于 Parlay 架构，通过定制化的方式构建了包括 SDA 和 SDP 等结构体系。

但是，这些体系的建立一方面是没有在长期的建设中得到有效的坚持，导致各个省份能力差异巨大；另一方面，原有的横向架构更多的是从面对 SP 接入管控的角度进行设计，属于一种较为封闭和单一的管理模式。这种模式相对于目前移动互联网灵活、开放的特性来说有着极大的不适应性，因此运营商在现有架构的基础上必须要进行大刀阔斧的升级改造，从移动互联网需求出发，通过开放自身平台能力和资源才能更好的参与到移动互联网竞争中，体现其自身价值。

三、电信网络发展转型建议

（一）传统业务面向移动互联网的调整思路

OTT 流量分类细化如图 1 所示。

不难看出，随着 OTT 业务的丰富，目前 OTT 已经对运营商传统的短信、彩信和视频业务产生了直接的影响。因此，这些传统的业务受到的影响具体如何，未来如何发展，调整成为一个应当关注的问题。

1. 短信调整思路

短信作为运营商典型的增值业务，传统短信服务的用户数接近饱和，即时通信服务用户数依然快速增长。用户日均短信使用次数占比呈逐步降低的趋势，相反即时通信服务则逐步上升，用户使用习惯正逐渐从传统短信业务向 OTT 业务转移。然而，SP 短信业务随着移动物联网的发展，电商、银行等行业短信业务依然持续增长，并占有很大的比重。通过，短信系统下发的 WAP PUSH 业务依然有一定的占有量，存在发展潜力。

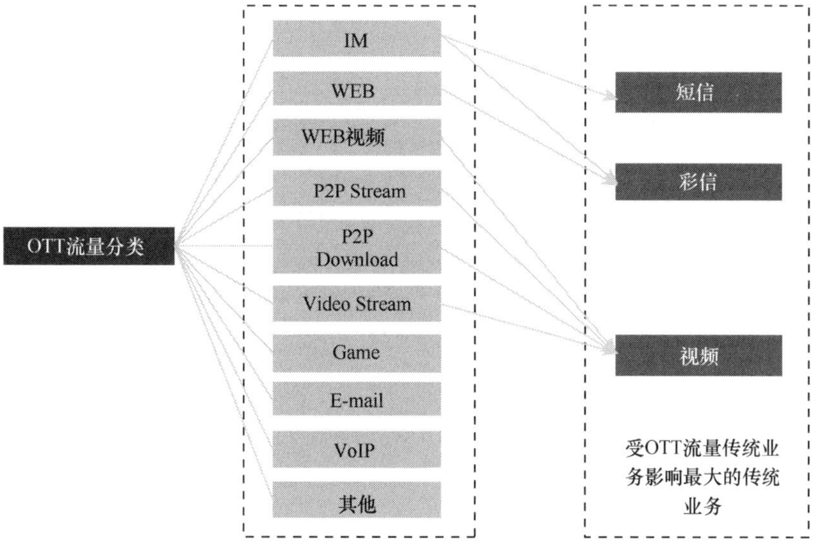

图 1 OTT 流量分类细化

在系统建设上，短信这类有明显节假日变化的平台，日常业务量均相比节假日小很多，但是系统建设却需要按照节假日业务量进行设计，因此，这类系统更加适合于通过云计算方式进行承载，通过云计算灵活调配资源的特性在保证节假日业务使用的同时，降低平台建设成本。

2. 彩信调整思路

相对于短信业务的发展，彩信业务由于其业务构成主要由SP群发彩信构成，该类业务应用受OTT业务冲击较小，主要只在节假日时业务量会有一定程度的变化。因此，从彩信数据分析情况来看，彩信业务模型主要是针对节假日系数进行调整。

另外，彩信业务在实际使用中已经很少有用户使用，针对该业务一方面应考虑后续通过虚拟运营转售等手段将能力开放给其他互联网公司，通过外部的公司来进行业务上的应用创新，另一方面通过内部云化迁移改造降低平台的运行和维护成本。

3. ITV 发展思路

虽然目前 OTT-TV 业务并未对 IPTV 业务在规模上产生完全替代性的冲击，但是其影响和趋势是可以预见的，因此，从 IPTV 的发展情况来看，将 OTT 定位为 IPTV 的有益补充，通过引入 OTT CP 促进多家内容商博弈和竞争。OTT 不作为单独的产品进行推广，初期以对现有 IPTV 高清内容 VBR 改造为主，避免产品的左右互搏，由运营商掌握 OTT 业务的鉴权认证等核心功能，OTT 内容通过注入 IPTV CDN 提供服务。具体来说，就是建设 OTT TV 内容管理系统，通过 CP 注入的方式，将 OTT 内容注入 IPTV 平台内容库，OTT 提供 VBR 编码的准高清内容为主，通过IPTV CDN 网络进行流媒体服务分发。

（二）综合管理能力提升建议

1. 现有管理支撑能力的不足

通过对 OTT 业务和行业应用的分析我们不难发现，移动互联网的 OTT 业务模式下业务的发展更多地采用了前向、后向的多种服务模式，业务的快速迭代和系统轻量级和松耦合的建设模式是互联网系统建设常用的方式。另外，计费手段的多样化和灵活性，以及一套大平台的集约化运营模式是当前微信、来往等互联网应用的一大特征。

通过对比分析可以看出，当前 OTT 业务等对管理支撑需求的要求主要包括以下几个方面：

第一，要具备灵活的业务管理能力，能够灵活的配置业务管理流程以适应业务的变化需求。

第二，具备业务的快速发布能力和集约化管理的模式，系统之间应具备松耦合的特性，方便系统功能的调整和升级部署。

第三，具备灵活的计费支撑，能够提供多种方式的计费手段，快速便捷地实现用户对产品的订购。

第四，能够具备一点接入，快速加载和发布的能力。

而现有电信管理支撑能力针对上述的需求存在以下不足。

第一，流程固化、紧耦合的情况尚未完全改变。

移动互联网环境需要一个灵活、高效的管理流程，而现有综合管理平台的管理体系功能和流程固化，内部模块之间的耦合度仍然较高，管理灵活性不足。

第二，集约化程度不高。相对于目前互联网公司一级管理运营的模式，当前的集团+省两级的二级运营模式，在“一点接入、一点使用、一点计费”的能力上都相对较弱，管理复杂度和成本较高。

第三，难以适应多业务多模式的管理。面对游戏、视频等以内容为主体的业务应用，以及第三方互联网应用，现有综合管理平台以产品为纬度，订购鉴权为核心的管理计费模式显得过于死板，难以快速有效地形成对这类应用的管理接入和服务支撑。

第四，管理能力尚未实现对外的开放。现有的管理能力，包括产品发布、鉴权、代扣费等目前只在业务网内部针对自有业务提供服务，面对移动互联网及其第三方合作伙伴，尚未真正实现这些能力的封装和对外服务支撑。

2. 管理支撑能力提升策略

面向移动互联网 OTT，以“集约、灵活、开放、快速”4 个方面为抓手，构建管理高效、流程便捷的管理支撑体系。

集约：对准 OTT 集约运营管理模式，逐步实现管理平台的集约，初期实现省向全国的数据集约、后续配合全国平台实现功能的集约，提升 OTT 业务一点接入的管理支撑水平。

灵活：对内借鉴互联网平台设计经验，持续推进系统轻量级、服务化的改造，针对 IT、自有业务、互联网业务设计差异化、分层次的产品发布和管理机制。对外进一步降低管理体系与 IT 系统的相关性，更多地从服务互联网应用的角度出发提升系统的灵活性，通过与支付系统的集成，面向网内、网外的用户提供更加便捷的计费手段，适应互联网环境下的支付需求。

开放：依托 PaaS 平台，通过 API 化封装等方式实现管理能力对外的开放，简化管理流程，提升管理效率。

快速：简化产品的发布流程，轻管控，重服务；通过产品标准化、层次化等手段，实现产品快速加载和发布。

（三）智能管道建设策略和建议

作为电信运营商整体的战略发展思路，网络建设需积极跟进和落实智能管道转型，以现网能力为基础，以业务需求和客户体验为导向，通过引入下一代光网络、LTE、云计算等网络新技术，以及融合策略控制、统一认证等智能管理新技术，分阶段分重点提升管道智能化水平，打造具有融合、创新合作的智能管道，总体架构如图 2 所示。

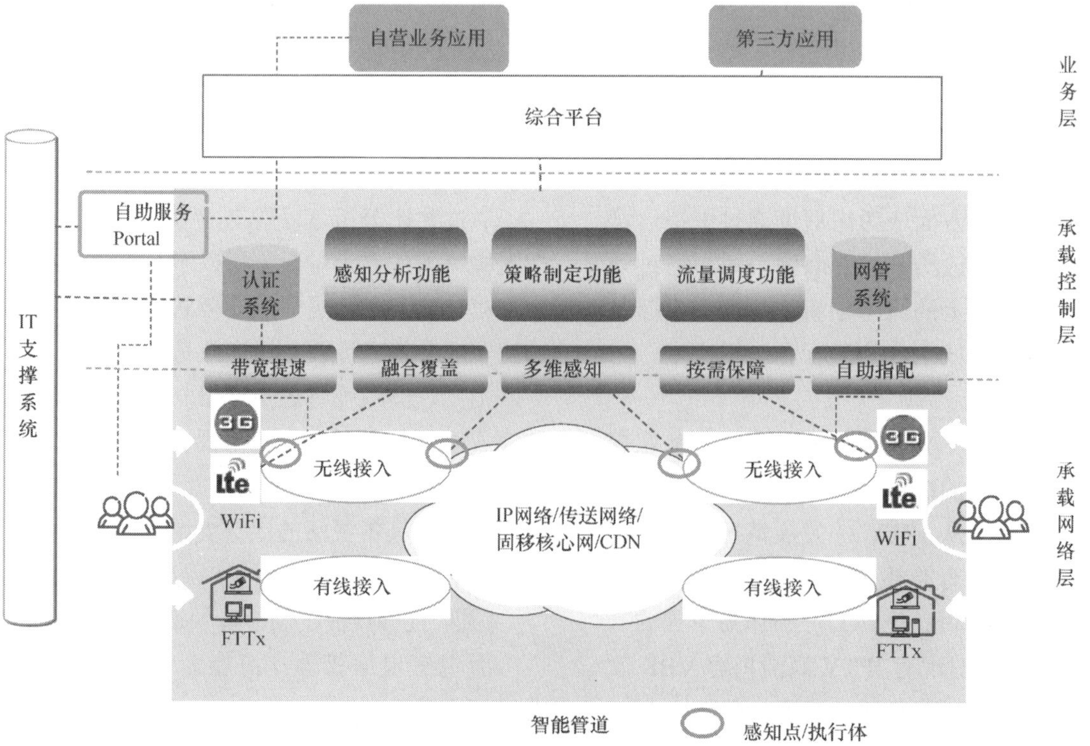

图 2　智能管道总体架构

智能管道在架构上分为承载控制层和承载网络层，即在现有网络的基础上，实现承载和控制的有机分离。承载控制层在原有认证系统、网络管理系统等的基础上，构建统一认证系统和融合策略控制系统，提升感知分析、策略制定、流量调度和自助指配等能力，承载控制层与综合平台交互，上传网络状态等多维信息，并承接上层应用对承载资源的需求；承载网络层在现有网络的基础上，基于带宽提速和融合覆盖实现管道的更大更强，通过提升多维感知、按需保障等能力，完善网络智能化基础，并与承载控制层、IT 支撑系统、终端等配合最终达到服务的高效提供和资源的智能管控。

从智能管道的发展情况来看，电信运营商均已在网络中部署了相关能力，使网络从传统的“盲管道”转变成能够感知流量细节的“智能管道”。在网络部署中，针对智能管道的部署主要关注以下几个主要策略：

① 网络调控手段：作为缓解网络忙时压力的有力调控手段，智能管道可以通过网络中的设置，对大流量应用或大流量用户进行一定的调控（如 P2P 业务的忙时限流），从而减轻网络压力，缓解资源紧张的局面，优化用户体验。

② 业务保障手段：针对一些自营或重点业务，网络侧通过 QoS 级别等手段进行一定的资源倾斜保证，从而提升业务体验，有助于业务发展，带来直观的分成收益。

③ 内容计费：将网络感知和计费相结合，丰富计费手段，改变单一的流量/时长计费套餐，引入内容提供商，实现按内容的计费，如联通在做的搜狐视频无限流量包、易信与电信合作的易信免流量策略。

④ 用户自主体验：通过网络智能化调度流程的打通和体系的逐步建立，将部分网络能力直接开放给用户，加强用户自主体验的能力，如电信在部分地区试点的天翼一键加速业务。

⑤ 数据分析及市场针对性营销：通过网络侧的精细分析，获取业务的精细数据，结合用户习惯开展更具针对性的营销及业务推广。

（四）构建适应于运营商特征的信息共享模式

1. 运营商信息使用面临的挑战

（1）用户的各种数据分散存放

虽然目前运营商在网络结构上基本形成了比较完备的体系架构，但是在数据层面，网络中的终端信息、用户信息（用户状态、业务订购等）、实时信令数据等分散在各个业务平台，无法实时关联共享。

1）套餐信息：账户状态、套餐类型、当前使用流量等。

2）终端信息：终端型号、终端厂商、软件版本等。

3）信令数据：用户通话信令\位置更新信令\上网浏览\短信\彩信等。

这些信息的分散导致在业务推广和使用过程中，无法针对用户的基本特征和用户行为提供以用户为中心的差异化服务。

同时，对于一些终端推送类业务和定位类业务，业务平台缺乏用户的终端信息和状态信息，导致下发的信息无法在终端进行适配，出现定位成功率下降的情况。而这些无效业务信息的下发一方面加大了底层网络的负担，另一方面也降低了用户的使用体验，而且容易引起用户的投诉，对业务品牌的建立带来极大的负面影响。

（2）流程接口多、开发周期长

相对于 SP 统一通过综合网关接入业务网络实现能力调用的情况，当前运营商内部自营业务和自有平台对于信息的获取和接入并没有类似综合网关的综合接入网元进行统一的汇聚和共享，仍然采用“点对点、网状网”的模式进行系统互通和数据调用。

这种模式导致业务系统需要通过不同的接口方式和相关的系统进行对接调用所需的数据，加剧了业务系统开发的复杂度，延长了接口开发的周期，对业务上线速度带来直接的影响。同时这种模式也进一步加剧了对端系统的开发和改造工作量，强化了系统间的复杂度和耦合度，对后续相关网元的运维和业务割接带来极大的难度。

（3）缺乏有效的信息开放方式

从信息对外开放的角度来说，目前以大数据发展为背景的各类基于数据的分析挖掘和业务应用正在成为各大互联网公司、电商的关注热点。对于已拥有亿级用户群的电信运营商不仅需要将这些沉淀在自身网络中的大量数据转化成为有价值的信息支撑其业务发展，更重要的是借助合作伙伴、SI 的力量来丰富业务应用。

然而，按照目前运营商网络安全管控和用户信息安全的要求，缺乏针对用户通信行为的分析，同时也缺乏一套管控体系和安全手段向合作伙伴进行信息开放。

2. 构建合理的信息共享模式

目前信息共享体系的建设主要有两种方式。

（1）方式一：利用 IT 系统中的数据仓库实现对信息的汇聚和分析挖掘，如图 3 所示。

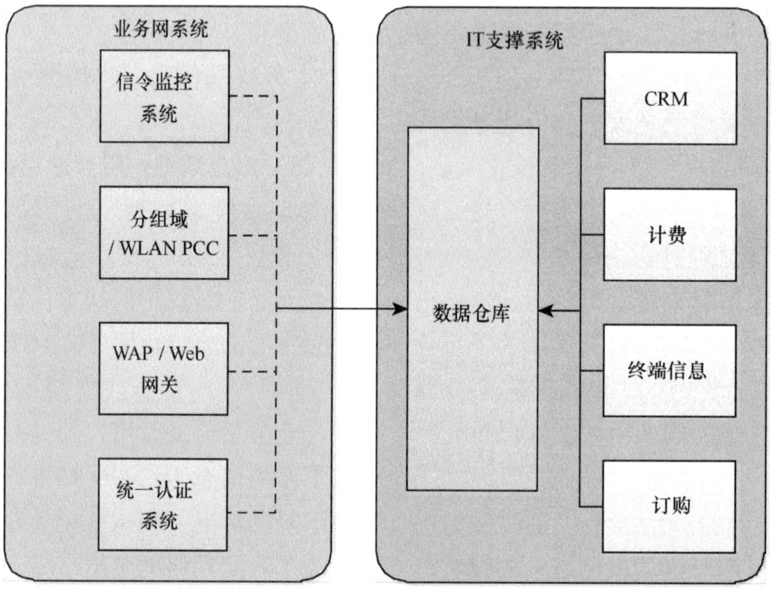

图 3　信息共享模式一

在现有数据仓库已经汇聚了 CRM、计费、终端信息、增值业务订购关系数据的基础上，进一步将业务网络中的信令监控系统、WAP/Web 网关等系统的信息采集汇聚到数据仓库中进行汇聚和分析挖掘，充分利用现有 IT 数据仓库大数据分析挖掘的能力。

（2）方式二：“新建信息汇聚分析系统+数据仓库”协同构建信息共享体系，如图 4 所示。

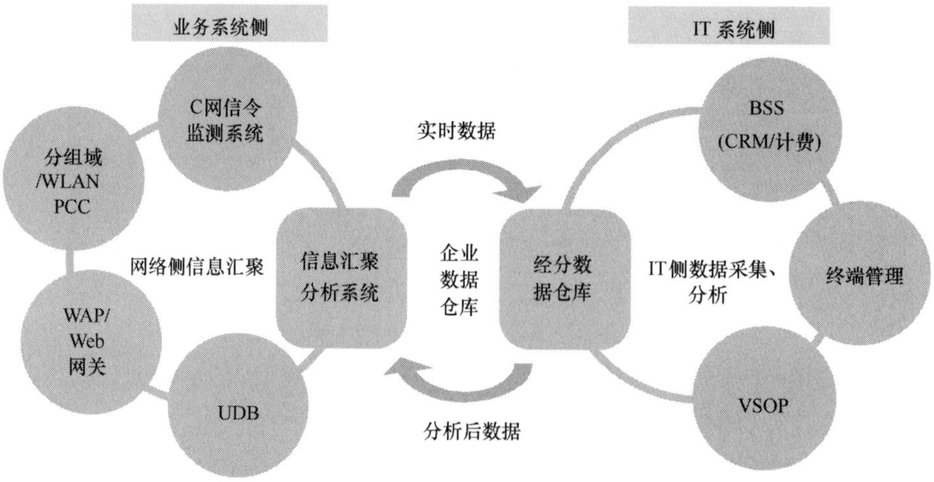

图 4　信息共享模式二

信息汇聚分析系统主要侧重在网络侧数据的获取，负责从信令监测系统、分组域 PCC、WLAN 策略控制系统、WAP/Web 网关上获取实时信令信息和用户行为信息。

IT 数据仓库则侧重对 CRM、终端管理和其他 IT 系统中获取非实时的用户定购信息、用户基础信息和用户终端信息等，并进行数据的分析和挖掘。

信息汇聚分析系统能可通过接口将实时数据传递到数据仓库中完善数据仓库的数据构成；另一方面，数据仓库充分发挥其数据挖掘的特长，将这些实时和非实时数据挖掘分析的结果，根据一定的规则和安全控制要求同步给信息汇聚分析系统。两者的相互补充完整地构成运营商的企业数据仓库。在这个过程中，数据挖掘的大部分工作都将可以通过数据仓库实现，信息汇聚分析系统则是根据业务运营需要围绕用户进行二次挖掘。

对于这两种方式的优缺点对比分析见表2。

表2 信息共享模式对比分析

建设方式	优势	劣势
方式一：数据仓库	1. 目前已经汇聚了CRM、计费、用户终端等多种类型的信息 2. 已经具备了较强的数据分析和挖掘能力	1. 数据仓库中的数据由于主要面向经营分析和决策，数据的实时性不够，缺乏包括信令在内的实时消息内容 2. 目前IT分析数据主要面向企业内部使用，尚未形成相应的对外开放规范和体系
方式二：信息汇聚分析系统+数据仓库	1. 界面和定位清晰，IT数据仓库新增对接网元数量少 2. 基于信息汇聚和分析的深度运营由信息汇聚分析系统负责完成，避免了IT数据仓库和业务的强相关 3. 充分利用IT数据仓库的分析挖掘能力和已有分析成果	在网络中需要新建1套信息汇聚分析系统，需增加相应的运维人员

结合运营商的实际网络架构和特点，建议通过方式二来构建信息共享模式，在充分发挥数据仓库大数据分析挖掘能力的同时，满足快数据综合使用查询和开放的需求。

移动互联网对于电信运营商的影响是多方面的，本章只是从移动互联网环境下的网络建设结合具体运营商的发展情况提出了相应的建议和发展思路。然而，由于地域的差异以及具体人群使用习惯的不同，在相应的网络发展方面仍存需要结合当地实际情况进行分析研究，本文所提出的部分建议可作为实际工作中的参考。

移动互联网当前仍然处于快速发展的阶段，未来可能出现更多的变化，因此对于移动互联网环境下运营商网络建设的研究还需要持续深入地进行下去。

（作者：华信邮电咨询设计研究院有限公司 王东明 燕晓颖）

移动芯片产业发展分析

2013年，移动互联网的蓬勃兴起进一步驱动全球芯片产业增长和变革，芯片产业的新格局正在显现。芯片制程工艺创新难度加大，导致芯片产业格局日趋集中。目前，我国移动芯片产业初步实现了首次跨越式发展，从曾经的“无芯”到“有芯”，未来可能进一步发展到“强芯”。我国移动芯片产业正在进入前所未有的战略机遇期，有望在未来5～10年带动我国半导体产业乃至整个信息通信产业的转型升级。

一、移动互联网驱动全球芯片产业深刻变革

（一）移动互联网正式成为推动全球芯片市场的主导力量

在处理器芯片方面：根据ARM公司的统计，2012年，手机处理器芯片出货量超过50亿片，是同期PC、存储、服务器等芯片总量的5倍！另据IC insights的数据，2012年手机处理器市场销售额超过600亿美元，占处理器市场总量的24%，与PC芯片基本持平。由于自2000年以来手机处理器增长率平均比PC芯片高10%，预计到2014年，手机处理器市场将在绝对数量上也超过PC处理器。在存储器方面，主要用于手机的Flash增长率明显高于主要用于PC的DRAM，在2012年，由于PC销量的较大下滑，Flash超越DRAM成为最大的存储器产品；在特殊工艺芯片方面，2012年移动终端MEMS占据全部MEMS市场的首位，达到21.6%，而Juniper公司预计2011～2016年移动终端MEMS市场年均增速超过22%,将是全球半导体市场中为数不多的亮点。

（二）移动互联网牵引全球芯片产业格局发生深刻调整

根据IC Insights的数据，2012年全球排名最大的TOP 15半导体供应商中，在衰退中逆势上扬只有4家企业，均为移动芯片业务上取得较好业绩的企业（高通/34%、博通/9%、Global Foundries/31%、台积电/18%），以芯片代工龙头台积电为例，其总收入中移动芯片占比接近50%，对整体增长的贡献率则超过100%。根据IC Insights对2013年的数据预测，联发科、高通、台积电等企业在移动终端芯片的拉动下，分别获得34%，30%和17%的高增长。与此相反，以传统PC芯片为主的英特尔将延续负增长率。2010年，高通市值还仅为英特尔的一半左右,2013年8月12日，根据标准普尔500(S&P 500)排行榜,高通的市值已经正式超越芯片霸主Intel，成为美国第29大企业。类似地，TI、ST等被迫放弃移动芯片的传统芯片巨头在2013年也均为负增长。此外，日本芯片产业同样错过了移动芯片发展的大机遇，进入全球半导体TOP20的日本企业将由2012年的4家进一步下降为2013年的3家（东芝、瑞萨和索尼），整体产业规模被韩国所超过。

（三）移动互联网还将软硬结合的计算架构竞争引向深入，产业主导者在不断博弈的过程中易主

英国ARM公司崛起成为芯片产业的隐性领导者：2013年，75%以上的互联网接入设备是采用了ARM架构处理器的智能终端设备，90%以上的智能终端采用了ARM架构的移动芯片。谷歌取代微软成为操作系统的新领导者，根据Strategy Analytics的数据，2013年第3季度，谷歌的Android全球市场份额占比已超过80%。全球信息产业传统的WinTel（Windows+Intel）模式已经让位于移动互联网的AA（Android-ARM）模式。支撑WinTel模式的是以计算性能见长的复杂指令集计算架构（X86），支撑AA模式的是以计算性能与功耗最佳平衡为特征的精简指令集架构(ARM、MIPS等)，显然，移动互联网的兴起使更关注功耗表现的精简

指令集占据了发展先机。

（四）基于开放合作模式的移动芯片颠覆了传统主流商业模式

传统上，纵向整合模式（IDM 模式）一直是全球半导体产业的主导商业模式，英特尔作为其中的典型代表，在自身体系内封闭完成基础架构、设计、制造、封测等大部分环节。与英特尔不同，主导移动芯片的 ARM 公司采取以授权为主的开放商业模式，这一模式显著降低了其他厂商进入移动芯片的技术门槛，在这种开放式模式下，不仅传统功能手机的芯片设计厂商如高通、MTK、展讯有机会继续在智能手机的飞速发展中获益，也使整机厂商如苹果、三星、华为有机会掌控上游关键元器件生产，但无论是哪一种情况，这对于技术积累相对薄弱的中国本土芯片厂商而言，都是一种前所未有的历史机遇，从而造就了 ARM 开放模式强大的生命力。其次，移动芯片开放的产业体系也使全球半导体产业原有的芯片代工合作大为增强，2008 年～2012 年，以移动芯片为主要发展驱动力，代工（F-F）模式中的 Fabless 年均增长率为 16%，Foundry 年均增长率为 11.9%，同期 IDM 模式增长率仅为 1.2%。移动芯片的开放合作模式还使得中国本土芯片厂商有机会借助外部优质制造资源在市场上获得生存空间。最后，由于移动芯片功能和先进制程工艺的复杂度同时发生极大增长，从基础架构到设计、制造之间更加需要产业链之间的紧密协同，如 ARM、台积电和高通在产品研发过程已经实现深度合作，ARM、三星和苹果也曾经有过深度合作，这在形式上看是对传统 IDM 模式的回归，事实上却是对传统主流商业模式和产业结构的否定和超越。在移动芯片开放商业模式的冲击上，英特尔在 2013 年已争取到移动芯片的代工订单。

二、移动芯片领域创新空前活跃，新的市场机会涌现

（一）移动芯片的通用功能向一体化方向发展

移动芯片目前已经成为通用芯片，通信基带芯片（包括射频）和处理器芯片已经成为移动芯片的基本配置，两者高度捆绑，对基带（包含多模多频）和处理器芯片的高度集成能力体现出移动芯片厂商的基础实力，高通、MTK 等厂商因此也成为赢家。2013 年 9 月，苹果推出 64 位移动处理器芯片，预示着未来苹果的移动处理器芯片将成为统一 iPod、iPhone、iPad、Mac，甚至 iTV 和苹果服务器的一体化通用平台，并且与其原生 64 位 iOS 软件系统共同构成苹果公司的应用开发环境。可以预见，基于苹果系统开发的 APP 将会移植性更好，推出速度更快，开发成本更低，性能更易优化。

（二）移动芯片的特色功能沿专业化方向演进

智能终端中的特色芯片主要用于保证某些特色应用的效果并节省主处理器的能耗，如苹果新推出的 M7 运动协作处理器，摩托罗拉 X 内置的独立自然语音处理器和关联计算处理器，在高端智能手机中为手机游戏而普遍采用的独立图形处理器（GPU）。此外，专用于智能终端的 CMOS 图像传感器、指纹识别传感器、MEMS 麦克风、加速度仪、陀螺仪、指纹识别等外围芯片，均形成具有专业特色的细分发展方向。移动芯片的专业化发展为国内企业实施聚焦战略提供了市场机遇，例如，专注于 CMOS 图像传感器的格科微已占据了 200 万像素以下手机摄像头 25%的全球市场份额，专注于 MEMS 麦克风的瑞声科技排名全球第二，另一家国内企业歌尔声学则排名全球第四，专注于串行 Flash 存储的兆易创新在全球排名第三。

（三）移动芯片上的核心数量竞争将逐步趋于理性

由于摩尔定律正在变得越来越昂贵，硬件的比拼客观上更容易通过软件优化来实现，由此产生了基于处理器核心数的竞争：移动芯片处理器核心数量从双核迅速升级为四核，再从四核迅速升级到伪八核乃至真八核，核心数量的增加既带来了更加灵活的计算资源配置，同时也带来更加复杂的计算管理成本，并且为上层 OS 和应用带来负面影响——这使得在核心数量达到某个最佳值以后，通过软件优化获得的芯片性能功耗优势同时亦会被软件自身剧增的管理复杂度所抵消，这一规律预示着移动芯片上的核心数量竞争终将会停止。

（四）可穿戴设备在芯片驱动下加快发展

可穿戴设备作为新的蓝海市场，加快了培育成熟的步伐。2012年，谷歌发布Google Glass；2013年，三星发布Galaxy Gear，高通发布Toq手表；2014年，苹果将发布iWatch。向移动领域转型中诸多不顺的芯片霸主英特尔正在可穿戴设备领域着力布局，抓住第二波移动芯片机遇的意图非常清晰:2013年9月，英特尔发布专门用于可穿戴设备和物联网的夸克（Quark）处理器，其尺寸仅为凌动（Atom）处理器的1/5，而功耗仅为1/10。2014年1月，英特尔再次发布专为可穿戴设备设计的新芯片Edison，使用Edison芯片的智能设备包括智能耳机、智能耳塞、智能水杯、无线充电碗、智能婴儿监控衣及智能3D打印机等。2013年11月，联发科双核心芯片MT6572获Omate智能手表应用，成功打进可穿戴设备市场。在芯片厂商的竞争驱动下，可穿戴设备正在加速走向成熟。

（五）汽车物联网将有望带来芯片市场新突破

当前，汽车物联网（车联网）技术正在使汽车成为普通消费者使用的最大移动智能终端设备。在国际标准化组织ITU/ISO的支持下，欧、美、亚许多国家启动车联网研发和试点项目，如智能交通处理、先进安全、跟踪信息、提高定位精度、移动位置服务、先进桥路收费、按次/行为付费保险系统，涵盖了车联网终端电子产品的主要功能和服务，离不开多种多样的芯片产品,包括：车载网络芯片如采集汽车状态信息并指挥外围设备执行诊断的CAN控制器；传感器芯片，如加速度计、陀螺仪等；车内通信芯片，如蓝牙、红外等；音视频处理芯片，用于语音识别和声控交互界面以及基于影像的主动安全信息；卫星定位芯片，同时支持GPS、GNSS、Galileo、北斗等多定位标准和多卫星系统；车与环境的通信芯片(3G/4G手机、Wi-Fi、802.11p、电子标签RFID)。2013年上半年，TI、ST、瑞萨多个传统芯片巨头在放弃手机芯片后，都转向汽车芯片领域。目前，车联网市场呈现传统车企、电信运营商、电信设备制造商、芯片厂商、软件与信息服务厂商百舸争流的局面，商业模式也正在探索和形成的过程中。

三、芯片制造创新困难驱动投资更加集中

（一）芯片制程工艺周期悄然变长，对芯片制造的投资更趋集中

根据三星、台积电等公司的历年年报，芯片制程工艺升级周期越来越长，由18个月已经延长到36个月，甚至更长，目前仅剩英特尔在独立支持摩尔定律的延续。在竞争白热化的智能手机领域，移动芯片厂商期待更快速地采取先进工艺制程获得性能、成本、能耗综合优势，因此形成了移动芯片制程工艺在摩尔定律减速背景下反而不断加速升级的现象。不幸的是，芯片厂的建置成本随工艺节点的等比缩微加速增加，根据业界的估计，32nm工厂的建置成本约70亿美元，22nm工厂的建置成本，则上升到100亿美元，16nm工厂的建置成本将上升到150亿美元。除了英特尔、三星和台积电外，全球其他芯片厂目前都没有公布继续升级制程工艺的投资计划。根据Gartner的估计，以上3家企业在2013年资本支出之和占到全球整个半导体产业资本支出总和的55%，芯片产业的代工制造资源在未来高度集中的格局不可避免。

（二）高额投资也推动全球半导体产业链呈现纵向合作、横向集中的格局

高额投资带来了先进芯片制造工艺的资源稀缺性，为抢占先进工艺的制造产能，苹果和三星、高通和台积电均建立过战略合作关系。而为了降低高额投资，传统主要芯片厂商（TI、ST、AMD等）纷纷由IDM模式转型为Fabless或Fablite模式，相反英特尔则开始尝试向代工模式转型，向市场提供其过剩产能，由此，基于差异优势形成新的上下游相互需求关系正在形成新的产业合作格局。巨额投资压力还传导到产业上游环节，引发设备制造产业更趋集中：为了维持半导体设备厂商能够继续投资下一代光刻设备，英特尔、三星、台积电共同资助荷兰ASML（2012年全球半导体设备商排名第二）对下一代芯片制造技术（以18英寸设备为主）的研发；同样，为了分摊高额研发投资，2013年9月，美国应用材料公司（2012年全球半导体设备商排名第一）与日本东京电子公司（2012年全球

半导体设备商全球排名第三）宣布对等合并。

四、我国移动芯片产业的发展机遇和基础

（一）从市场空间来看，随着智能终端市场的持续增长，移动互联网对集成电路产业带动将进一步凸显

根据Gartner的预测，5年后智能终端出货在计算设备中将超过80%，移动芯片出货量将超过80亿片，市场规模将超过1000亿美元。从产业趋势来看，由开放模式形成的低端破坏创新还将延续对现有商业模式的颠覆，仍然构成国内移动芯片产业的未来5～10年的产业发展机遇。移动芯片正在ARM开放的商业模式下向可穿戴设备、物联网、服务器芯片等领域延伸，启动了移动芯片由标准化转向（细分市场）定制化的转变，仍然存在具有巨大的发展空间。在国内4G牌照发放之后，国内TD产业发展大为提速，根据中国移动的计划，2014年销售TD-LTE手机将超过1亿部，而在TD-LTE的芯片方面，国内企业在商用水平已经接近国际第一阵营，面临的市场机会十分诱人。

（二）从产业转移来看，传统巨头纷纷放弃移动芯片市场，中国本土企业已成不可忽视的新兴力量

2012年底，美国TI宣布退出移动芯片领域；2013年初，日本瑞萨欲出售其移动芯片公司，3月，欧洲（专注于移动芯片的）意法-爱立信公司宣告解散。与之相反，国内本土芯片企业在移动芯片市场、技术上获得了显著突破：芯片设计企业展讯的基频IC市场收入自2007年增加370%以上，并2012年首次入围全球十大手机芯片供应商，2013年，展讯成为首个营收突破10亿美元的国内芯片设计企业。在芯片制造领域，在本土移动芯片设计企业带动下，中芯国际2013年上半年中国市场销售收入增长率高达60.6%，占其总营收比例达到前所未有的40.9%，截止到2013年第三季度，中芯国际连续6个季度实现持续赢利，处于历史上从未有过的良好经营状态。华为海思与苹果、高通、三星同样成为全球少数获得ARM架构授权资格（64位）的企业，具备对AP进行深度定制开发的潜力，联芯等企业有力支持我国TD-LTE的研发和产业化，全志、瑞芯微等企业在平板电脑芯片领域崭露头角。

（三）从产业政策来看，未来国家还将会给予芯片产业前所未有的扶持力度

2013年爆发的国际网络信息安全事件引发我国对集成电路等信息安全基础设施的高度关注。2013年9月，国务院副总理马凯在深圳、杭州、上海调研时强调，加快推动中国集成电路产业发展是中央做出的战略决策。2013年11月，工信部发布公告将成立北京市集成电路产业发展股权投资基金，总规模为300亿元。根据一些媒体的预估，我国未来将持续投入4000亿元以上用于发展集成电路产业。2014年，专项资金及后续政策将会陆续出台，我国集成电路行业有望在移动互联网发展的机遇期获得空前力度的政策支持。

（四）国内移动芯片企业的进步是国内产业政策和产业能力长期积累的必然结果

首先，国家大力支持自主TD产业在国内市场开辟出一片难得的蓝海，展讯、联芯、锐迪科等已经实现TD-S/GSM芯片的商用，实现我国在通信芯片上零的突破。2013年前三季度，我国手机基带芯片出货量高达4.37亿片，国产化率3年实现翻番，占比超过23%，同期应用处理芯片出货量达到3.18亿片，国产化率达到25%。其次，ARM开放的商业模式释放出国内芯片产业的巨大潜力。ARM提供的应用处理器参考设计为国内企业完成TD基带和应用处理器集成型单芯片提供了基础。在ARM内核授权的基础上，国内企业进一步实现多核、高工艺等设计技术突破，华为海思和联芯已经商用四核处理器芯片。第三，国内芯片企业在多轮淘汰之后，存活下的企业多数都具备有市场上的快速反应能力、生产上的严控成本能力、研发上的迅速学习改善能力。

（五）国内移动芯片产业面向未来发展中也存在的不少挑战

一是国内企业实力仍然弱小。例如展讯、海思和联芯在2012年营收之和约为高通的1/10，展讯

在 2012 年的人数不足高通的 1/15，中芯国际 2012 年营收不足台积电的 1/10，资本开支仅占韩国三星的 1/24、研发投入不足英特尔的 1/50。二是利润率偏低。由于国内企业专注于高性价比的细分市场，在市场上常采取“Me too”的跟随策略，产品同质化问题严重，形成国内设计和制造龙头企业的利润率均不及国外对手的一半。三是技术积累不足。由于长期的技术封锁，国内企业严重缺乏在 IP 核的开发和积累，在设计和制造技术上均落后全球主流工艺 1～3 年以上，在应用上无法完全满足国内产业（如 TD-LTE 五模十频）的发展需求。四是国内芯片产业链内部脱节。国内整机企业的高端芯片仍然主要依赖进口，国内设计企业主要代工合作伙伴首选仍然为台积电，国内制造企业主要代工客户仍然为美国高通。

五、我国移动芯片产业的展望

4G 将为我国移动芯片产业带来跨越式发展。2014 年将是 4G 迅速实现大规模商用的一年，4G 智能手机将迅速实现量升价降，国内芯片厂商有望在这一过程中获得进一步发展壮大。由中国移动力推的 TD-LTE 无疑将会是 4G 智能手机中的最大一块市场，国内芯片厂商已经经过 3G/TD-SCDMA 阶段的技术积累，相比传统芯片霸主反而具有一定的先发优势。

国家对集成电路扶持政策即将出台。经过调研，有关集成电路的产业政策有很大可能在 2014 年制定并发布，其推动力度将可能是前所未有的，其中有可能涉及产业发展的巨额专项资金、大力度的重组并购方案、在重大科研项目进行重点配置、涉及集成电路的财政税收政策等。

竞争天平正向国内厂商倾斜。国家发改委价格司已经启动对高通公司的反垄断调查，其中涉及反垄断和知识产权等问题，这一调查无疑将在 2014 年得以持续。由于中国在全球智能手机产业链中举足轻重的地位，全球重要的芯片厂商必然要考虑严格遵守中国的法律法规，与国内芯片厂商开展公平合理的竞争与合作。

（中国移动通信集团公司　贾晓辉；工业和信息化部电信研究院　周兰　李文宇）

多重关键技术推动智能终端快速发展

一、智能操作系统呈现融合趋势

操作系统作为兼容不同硬件差异、为众多应用提供统一开发接口的系统软件，具有承上启下的关键作用。目前主流的智能操作系统主要有谷歌的 Android、苹果的 iOS、微软的 Windows Phone 以及三星 Bada 等。如 Android、Windows Phone 以及 iOS 操作系统，已经普遍支持多任务处理，可以同时支持智能手机和平板设备，以及支持 NFC/RFID/HTML5 等多项能力。

未来，智能手机将朝着融合不同硬件和为用户提供整合应用的方向发展。融合不同硬件设备，即未来智能操作系统将从现在的适用于手机和平板设备，逐步渗透到电视机、照相机、洗衣机、空调等家用电器设备。不同的硬件设备共用相同的智能操作系统，可以让开发者有更广阔的开发空间，在智能家庭和智能生活的思路下，将不同的硬件设备整合到同一个软件平台下，为用户提供无缝的服务。

智能操作系统未来的另一大特点就是通过后台的支撑服务器，向智能手机用户提供整合服务。受限于智能手机的运算能力和续航能力，目前智能操作系统更多的是将大数据运算和内容服务迁移到后台服务器进行，而未来用户只需通过手中的智能终端将需求发出，智能手机操作系统即可做出响应。

二、智能人机交互技术逐步成熟

人机交互技术是当今移动终端技术体系中发展最为初级也最有潜力的技术。近年来各种新技术的应用，传统的交互手段得到大大加强，人机环境更趋和谐。 以鼠标和键盘为代表的 GUI 技术不再是主导,利用人的多种感觉和动作通道(如语音、手写、姿势、视线、表情等输入) 的方式与计算机环境进行交互,将大大提高人机交互的自然性和高效性。为了更有效地在人机之间传递信息，一些新型的交互技术和设备逐步成熟，如动作识别、表情识别、手势识别、虚拟现实技术以及触摸式显示屏、3D 显示器、视网膜显示器和仿生隐形眼镜等人机之间的传感设备。这些新的交互技术在手机上的使用发展了手机交互的带宽，突破了人与手机交互的基本障碍，构造了更和谐的人机环境。

其中 Siri 技术作为语音识别技术的代表，主要通过人工智能和云计算技术实现高智能化的人机交互，支持用户通过语音实现与移动终端的交互，成为继键盘输入、触屏输入之后的第三代革命性技术。未来多模态交互技术力将逐步实现人体手势、语音、表情及其他模态的整合输入，更高效、更兼容、更自然地实现人机交互的目的。

目前，越来越多的行业已经将人机交互技术作为未来产品的一个核心功能，不管是智能电视、个人医疗护理，还是虚拟教学等领域。未来，很可能所有的应用都会附带人机交互功能。

三、智能终端硬件变革加速用户体验提升

1. 处理器功能不断强大

作为承载智能操作系统运算的硬件设备，应用处理器的运算能力将直接影响智能操作系统的运行情况和用户体验。2013 年，4 核处理器因其良好的移动运算能力，以及强大的多边形输出能力和渲染能力，已成为智能手机旗舰机型的标准配置。未来，智能手机的应用处理器将采用更高工艺。从 65nm 到现在 4 核的 28nm，更高的制造工艺，可以进一步降低功耗，在保证计算能力的同时，最大限度地提升智能终端的续航能力。与此同时，为了进一步保障运算效果，未来移动平台应用处理器将更加倚

重协处理器和多核控制，使处理器资源得到更合理的应用。

2. 显示效果更精细

作为用户直观的输入输出窗口，手机屏幕显示效果的好坏将直接影响用户体验。如今，在智能手机显示屏领域，AMOLED 因其自发光、广视角、低功耗的特性，迅速进入到移动设备屏幕市场。随着屏幕技术的不断深入，Super AMOLED 技术也开始商用。相比传统的 AMOLED 屏幕，Super AMOLED 摒弃了之前触控感应层加显示层的架构设计，在减小屏幕整体厚度的基础上，让屏幕触控更为操控、更为灵敏。

此外，较之于 Super AMOLED 技术，Super AMOLED Plus 技术可以让屏幕的色彩饱和度、细腻度、对比度更好；而 Super AMOLED HD 技术则在保证屏幕高饱和度、高对比度的基础上进一步提升了屏幕分辨率，以满足高分辨率屏幕的需求。未来，AMOLED 3D 技术以及柔性屏技术将为智能手机提供更为丰富的用户体验。

3. 实用的新电池技术

相比于功能手机，智能手机的运算能力更强，屏幕更大，且往往有着较长的网络应用时间。在这样的背景下，智能手机更加注重续航能力，对新电池技术的需求更加强烈。

锂电池是我们熟悉的产品，目前其技术主要朝着增加容量和提高电能转换效率的方向发展。随着光伏技术的不断发展，太阳能电池的转换效率也不断提高，已初步具备商用水平。在充电技术方面，早期的无线充电板只能将电子设备置于充电板之上，为单一或是多个充电设备进行充电。而随着无线充电技术的发展，非接触式无线充电技术可以将电子设备和充电器彻底分离，真正做到“无线充电”。

四、智能终端系统软件云端发展

智能终端系统软件领域当前最重要的变化是区别于传统原生（native）操作系统的 Web 操作系统大量出现。以谷歌 Chrome OS、阿里云 OS、盛大云OS为代表，Web操作系统采用“系统内核+Web引擎+云服务”的技术架构，终端侧运行 Web 应用，大量运算发生在云端。具有较低的应用开发、升级、维护成本，对开发者有较强的吸引力，在全球移动应用全体开发者中，Web 应用开发意向快速上升，仅次于 iOS 与 Android 原生位列第三。同时，Web 打开了网站向应用转换的大门，以较低成本即可将全球高达 2.55 亿个网站转换成平台应用，有望促成全球应用生态的新一轮大爆发。

五、2014 年智能终端领域将发生重大的变化

以智能操作系统、智能人机交互技术、手机屏幕显示技术、应用处理器技术以及电池、充电等技术为代表的多项智能终端关键技术取得了快速的发展，使得智能终端拥有更长的使用时间、更宽广的移动互联网使用体验、更炫丽的多媒体体验、更逼真和流畅的 3D 游戏体验，并能够以更为人性化的人际交互方式同时处理更多的任务。将来，智能终端将越来越深入地进入人们的日常生活中，而它的发展又给整个通信及互联网产业的融合带来了深远的影响。在各种关键技术的快速发展下，2014 年的智能终端领域将发生重大的变化，以往以智能手机和平板电脑为焦点的智能终端正在被新的热点所代替，这些热点包括：智能电视、智能手表、智能手环、智能眼镜、智能路由器、智能汽车等等。此外，随着近年来智能终端的兴起以及移动互联网未来的巨大应用前景，终端领域竞争趋于白热化，一方面进入者不断增多，厂商属性趋于复杂化，另一方面终端厂商的布局开始从硬件向软件、平台方向迁移，厂商业务趋于多元化。而这种变化将随着移动互联网的发展进一步细分、深化，产业环境趋于成熟。随着运营商、SP 服务商、通信厂商、软件厂商、移动终端厂商纷纷进入该领域，基于移动互联网的智能终端，基于终端的云计算应用平台、操作系统，基于应用平台的基本业务和增值业务，基于终端、平台、应用的入口引导都将成为企业获取营收的重要方向。因此，未来终端厂商将基于整个移动互联网产业向跨行业、跨平台的垂直方向发展。

（作者：工业和信息化部电信研究院　胡海波）

国内市场智能手机品牌用户满意度分析

据统计，2012年国内生产智能手机的厂商近400家，行业竞争异常激烈。工业和信息化部电信研究院的相关课题组构建了智能手机用户满意度测评模型，通过计算机辅助电话访问系统（CATI）的调查方式，共计完成成功样本2479份，重点覆盖市场占有率位居前列的9个手机品牌。经过分析，得出了以下结论，以期能为国内手机厂商改进用户体验、持续长远发展提供参考。

一、不同品牌智能手机的用户满意度差距明显

调查发现，目前中国智能手机在用户体验、感知方面与用户预期存在差距，用户满意度水平整体偏低，不同品牌之间差异较大。

数据显示，中国智能手机总体满意度指数为69.6分，与平板电视和基础电信业务等产品、业务的用户满意度相比处于较低水平。这与用户预期有关，但也说明了智能手机在用户感知方面仍然存在较大的提升空间。

同时，研究还发现，不同品牌的智能手机用户满意度差距明显，具体表现在两方面：一是行业差距大。在这些品牌中，用户满意度指数最高为78.9分，最低为61.2分，行业最大差距高达17.7分。二是品牌差异大。同档次的国外品牌用户满意度普遍高于国产品牌，而国外品牌和国产品牌两大阵营内部也有较大差异：国外品牌中，苹果、三星强势崛起，用户认可度高，而诺基亚和摩托罗拉等昔日的手机“帝国”表现相对弱势，用户满意度甚至低于行业总体水平；国产品牌中，华为、联想等品牌的手机在用户感知和认可度方面逐渐崭露头角，领先于中兴、酷派等品牌。各品牌智能手机满意度指数对比如图1所示。

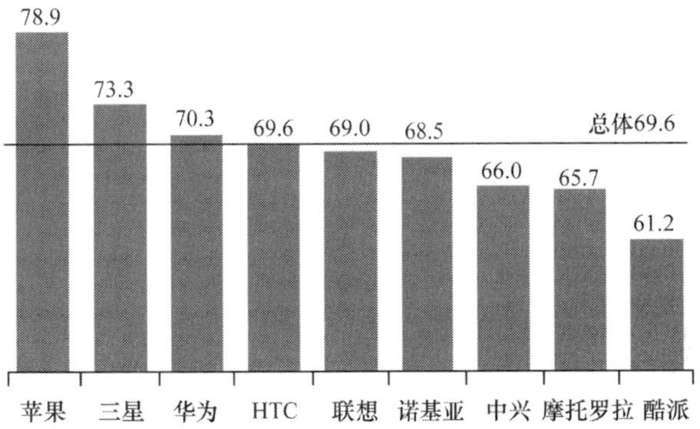

图1　各品牌智能手机满意度指数对比

二、品牌形象和感知质量是国产品牌的短板

经满意度模型测算发现，在直接和间接影响智能手机用户满意度的各项要素中，对用户满意度影响程度最大的为感知质量，其次为品牌形象，再次为价值感知。从数据来看，国产品牌在感知质量和品牌形象方面与国外主流品牌存在差距，是短板所在；而相对而言，国产品牌在性价比方面更具优势，用户认可度较高。

在品牌形象方面，国产品牌与国外品牌差距非常明显。从调查数据来看，中华酷联的品牌评价均低于行业总体水平，这四者中品牌形象最好的华为与国外品牌形象最好的苹果，用户评价相差超过15分。进一步分析发现，构成品牌形象的各项指标中，国产手机在品牌知名度方面的劣势最明显，较大程度影响了国产品牌的整体满意度水平，其中酷派的知名度评价仅为56.2分，远低于调研的其他品牌。而在国内，中华酷联尚属于知名品牌，与苹果、三星等品牌仍存在如此差距，对于国内其他品牌来讲，提升品牌形象更是当务之急。各品牌智能手机品牌形象评价对比如图2所示。

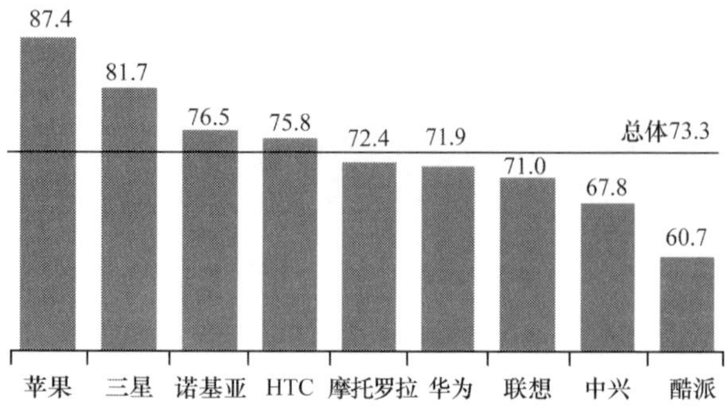

图 2 各品牌智能手机品牌形象评价对比

在感知质量方面，国产品牌与国外品牌亦存在较大差距。数据显示，中华酷联中得分最高的联想手机与国外品牌阵营中得分最高的苹果手机差距超过 10 分。各品牌智能手机感知质量评价对比如图 3 所示。

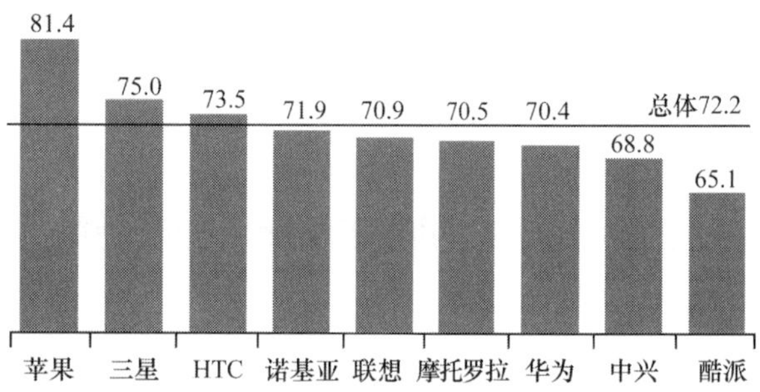

图 3 各品牌智能手机感知质量评价对比

进一步量化分析构成感知质量的外观工艺、硬件配置、功能设计、操作易用性、性能可靠性和服务支持等细分指标发现，性能可靠性和硬件配置两方面是除品牌知名度外形成各品牌间满意度差距的最主要原因，是国产品牌最为突出的短板，用户改进需求强烈。数据显示，分别有 41.5%和 42.5%的中华酷联用户希望改进手机的硬件配置和性能可靠性，高于国外手机用户要求 10.9%和 5.3%；其中，电池待机时间是所有手机用户意见的集中体现。另外，服务支持是行业的普遍短板。苹果和三星手机的问题尤为突出，有 27.8%的苹果用户和 20.4%的三星用户对服务支持表示不满，问题提及率明显高于其他品牌，意见主要集中在售后服务方式、服务年限，售后网点分布和客服人员态度等方面。

在价值感知方面，国产品牌手机具有一定优势。调查显示，华为、联想等国产品牌在性价比方面领先于国外品牌，高于行业总体水平 4.44 和 2.99 分，具有一定优势。这与国产品牌手机重点定位中低端有关，产品主要集中在 2000 元以下，依靠价格获取竞争优势；虽然 2013 年中华酷联陆续推出 Nubia Z5、P6、大观 4 等高价手机，开展高端化战略，但从目前的市场表现来看，受固有品牌认知的影响，用户更易接受其中低端的产品，高端产品尚未形成足够的市场规模；国内厂商仍主要在中低端掘金。这就导致了目前国内手机行业的利润困境，若想长远发展，势必需要突破现有局面。

三、培育品牌形象，提升质量感知，强化价值优势是国产手机长远发展之道

（1）培育品牌形象，深耕手机品牌经营

研究发现，品牌形象是影响国产品牌手机满意度水平的主要原因，同时也是制约国产品牌高端化转型的关键所在。因此，建议各国产手机厂商当务之急是强化品牌意识，深耕品牌经营：向上，要明确品牌战略，制定可行的手机品牌经营策略，打造中高端形象；向下，结合不同的用户群体和城乡区域等特点，创新营销手段，宣传品牌理念，提高用户对手机品牌的认可程度，提升整体的品牌形象。

（2）提升质量感知，改进性能可靠性和硬件配置

手机质量是影响用户满意度的最直接因素，生产实践中需要以此为根本，稳扎稳打，提升用户满意度的整体水平：一方面，从用户出发，深入研究、把握用户需求，加大研发创新投入，开发生产符合用户行为习惯的手机产品，重点改进性能、稳定性、电池续航等方面的用户体验；另一方面，加强生产管理和供应链管理，持续突破系统平台、应用服务、硬件和制造工艺等核心技术能力，提高产品的质量和品质。

（3）强化价值优势，提高质量维护手机的性价比

目前，智能手机仍处于价值为王的时代，性价比是制胜的关键。但这不代表国产厂商需要继续依靠低价来进行竞争，而是可以通过提升品牌和质量，扩大产品溢价空间，使国产手机在提高价格的前提下，能够同步提高性价比。

（作者：工业和信息化部电信研究院　李红霞　任淼）

全球实施宽带战略发展分析

宽带正在推动着新一轮信息化发展浪潮，在全球仍未走出经济低迷的情况下，众多国家纷纷将发展宽带作为战略优先选择，加速推进。目前全球已经有146个国家实施了宽带战略或行动计划。2013年8月1日，中国国务院发布了“宽带中国”战略及实施方案，部署了未来8年宽带发展目标及路径，这意味着“发展宽带”在中国已经从部门行动上升为国家战略，宽带首次成为了国家战略性公共基础设施，迎来了新一轮的快速发展。

一、宽带作用日益突出，优先发展

宽带在推动社会经济发展、提升国家长期竞争力方面的作用日益突出，主要表现在以下几个具体方面。

（1）宽带带动经济增长。宽带使得各行各业的生产、业务流程更加高效，大幅度提升了生产效率，并且使企业可以通过呼叫中心、服务外包等方式最大化地利用劳动力、原材料等资源。众多研究表明，宽带比其他ICT技术更能促进经济社会的发展，并且对发展中国家的作用更为显著。仅在提升生产率方面，宽带平均每年帮助制造业提高5%、服务业提高10%、信息产业提高20%的生产率。

（2）宽带带来电子商务、金融中介、应用商店等新兴业态，创造更多新的就业机会。仅苹果的应用商店就为美国提供了50万个就业岗位，在中国，阿里巴巴、淘宝两家电子商务公司直接、间接代工所创造的就业机会就超过千万个。

（3）宽带还有其他重要贡献：宽带有助于减少温室气体的排放；基于宽带网络所进行的电子政务、远程教育、远程医疗大大延伸了政府服务与优质教育、医疗资源；宽带把分布在世界各地的研究资源进行协同，缩短了产品研发周期，加速了创新等。

（4）宽带已经成为众多国家战略优先发展领域。欧盟把宽带发展作为“欧盟2020战略”的重要组成部分；美国把宽带作为重建美国、赢得未来的关键；韩国连续几届政府都把宽带作为优先事项。日本首相直接领导IT战略本部，每年对宽带政策优先事项进行审查。联合国已呼吁将宽带列入全球“可持续发展目标（SDG）”，希望通过宽带的应用与服务创新促进经济增长、社会发展和环境保护。

二、宽带战略遍及全球，影响重大

越来越多的国家认识到政策引领的重要性，制定宽带计划的国家数量明显增长，目前，全球已经有146个国家制定了宽带战略或计划。尽管这些宽带战略的形式、内容和目标不一，但它们都有一个共同的聚焦点，即发挥宽带在支撑国家竞争力上的重要作用。主要国家宽带计划发展目标见表1。

这些宽带战略都把扩大宽带网络的覆盖范围和提升宽带应用作为发展目标。ITU最新研究表明：全球146个国家的宽带战略或计划中88%都提及了宽带基础设施部署目标，其中包括普遍服务。2/3的战略提及公共服务的提供和宽带业务的采用。越来越多的宽带战略中包含了多部门目标，例如，86%的战略提及教育，80%的战略提到了电子政务、公民参与和就业，这反映了人们希望使用宽带网络获取信息和政府服务、创立企业和获得工作机会的愿望。75%的战略涉及解决健康和医疗保健问题。60%的战略提到建立公私伙伴关系、进行技术转让和创新；1/3的战略提到了环境可持续发展、减缓贫困和解决性别歧视问题。可以看出，对许多其他行业来说，宽带作为跨领域平台的重要性更见明显。

表 1 主要国家宽带计划发展目标

国家或组织	宽带计划发展目标
美国	2020 年，至少有 1 亿的家庭以可承受的价格接入下行大于 100Mbit/s，上行大于 50Mbit/s 的宽带服务。美国的每个社区（包括学校、医院、政府等机构）都享有至少 1Gbit/s 的宽带服务
欧盟	2020 年，欧盟全部宽带接入速率不低于 30Mbit/s，50%的家庭接入速率超过 100Mbit/s.
英国	2015 年，保证英国人可享有至少 2Mbit/s 的基本宽带网络。2017 年，固定超高速宽带服务覆盖 95%的地区，2018 年，固定和移动超宽带服务（包括 4G）覆盖英国 99%的地区
法国	2012 年，400 万家庭 FTTH 接入，全法国以可以接受的价格获得宽带的普遍服务。2020 年，70%的家庭覆盖 100Mbit/s
德国	2014 年，实现 50Mbit/s 接入速率覆盖 75%的目标
日本	2015 年，100%家庭实现 100Mbit/s
韩国	2013 年，100Mbit/s 连接 1450 万家庭
印度	2014 年，63 个大城市家庭的固定宽带下载速率达 10Mbit/s，352 个中小城市家庭的固定宽带下载速率达 4Mbit/s，城镇和农村地区的宽带下载速率达 2Mbit/s
ITU	ITU 提议“Goal 20-20 by 2020”，即 2020 年以每月 20 美元的价格 20Mbit/s 的宽带速率（下行）全球 100%可用

ITU 的研究表明：国家宽带战略的存在能够导致固定宽带普及率与移动宽带普及率明显提高。拥有国家宽带计划的这些国家的固定宽带普及率，较没有宽带计划的国家平均高出 8.7%，移动宽带普及率高出 18.6%。研究认为，在去除较高人均收入、市场集中度和城市化等因素的潜在影响后，平均而言，国家宽带战略的采纳可使固定宽带普及率提高 2.5%，移动宽带普及率提高 7.4%。

三、政府承担重要角色，大力支持

为了打造包含“供给”和“需求”双方面的宽带生态系统，各国政府在宽带发展中正在承担越来越重要的角色。最近以来，很多国家政府在宽带方面的支持力度有所加大，主要表现在以下几个方面。

（1）进一步提升宽带优先级，对宽带寄予更大厚望。2012 年 12 月，欧盟委员会对实施了两年的 ICT 战略性纲领“欧洲数字议程”进行了重新评估，欧委会认为高速网络是数字经济的基础，没有宽带，云计算、电子保健、智慧城市等将难以发展，欧洲需要“唤醒”高速宽带网络。欧盟对数字议程的优先领域进行了调整，将扩大宽带服务作为 ICT 领域今后两年最优先的工作，以期宽带能够为欧洲经济复苏与发展带来更大的动力。

（2）给予更多资金支持和税收激励。宽带建设得到了更多公共资金的支持。美国 2012 年 7 月正式发放用于宽带普遍服务的连接美国基金，同年 10 月，FCC 首次发放了用于移动宽带的移动基金。欧盟加大对宽带的国家援助，2012 年宽带国家援助资金达 65 亿欧元，是 2011 年的 3 倍。2012 年 12 月，欧盟出台新的指导方针，允许各成员国政府使用公共基金开展网速为 100Mbit/s 的城区超高速宽带网络建设，而之前的政府资金主要用于推动乡村地区实现最后一英里的宽带覆盖。

（3）释放更多的频谱资源，加速无线宽带发展。各国政府都在尽力为无线宽带业务分配更多的频谱资源，释放低频数字红利频谱是一项全球通用的做法，巴西虽然 2015 年前后才能完成模数转换，但也在 2013 年下半年发放数字红利频段给移动宽带。继美国国防部门2012年5月同意把自己的频谱向宽带移动通信业务开放后，英国国防部也已把近 200MHz 带宽的频谱释放，使运营商有机会得到更多的频率来开展 4G 业务

（4）方便宽带网络部署，减少建设成本。美国总统奥巴马 2012 年 6 月签署行政命令，要求所有政府机构使用相同的程序对宽带光纤建设项目进行审批；并要求在道路建设中采取“一次性挖掘”方式预留通信管线。仅这两项就可使运营商在美国联邦

政府土地上进行宽带建设的成本降低90%，并且大大提高效率。2013年3月，欧委会提议新的宽带规则，简化和去除宽带建设中的地方性繁文缛节，加快高速宽带网络部署。内容包括：简化天线杆和天线安装的审批，当地需要在6个月内做出同意或拒绝的决定，否则默认为同意，并且所有建设审批只需通过“单点”申请；在公平合理的条款和条件下，确保对现有基础设施的接入开放，包括现有管道、人孔、交接箱、管孔、天线杆、天线塔和其他配套等；所有的新建筑都必须预装高速宽带，通信缆线可以与自来水、电力、煤气设施同时安装。

（5）推动宽带应用，加大宽带影响力。政府通过培育应用、业务和数字内容，提高全民数字技能来推进宽带应用，加大宽带对社会经济发展的影响力。美国在加大对学校、图书馆宽带项目E-Rate支持力度后，于2013年1月宣布新建每年高达4亿美元的医疗连接基金，通过推动宽带网络的发展来促进现代远程医学发展。宽带远程医疗网络将连接城市医疗中心和乡村诊所。2012年6月，美国国家科学基金会还出资4 000万美金支持一个名为“点亮美国”的宽带应用开发项目，目标是在全美25个城市开发至少60种先进的下一代创新应用，这些应用涉及医疗、教育、清洁能源、先进制造、交通、安全等战略领域。欧委会也于2012年12月宣布将加快电子身份和电子签名、公共服务移动化、电子司法、电子健康档案和Europeana文化平台的发展，尤其是公共服务跨境互操作性的实现。

四、宽带战略实施效果显现，未来可期

在宽带战略的引导、激励和示范下，全球宽带发展突飞猛进，特别是以光纤接入和LTE为代表的新一代通信技术高，LTE成为有史以来发展最快的无线技术，光纤接入也已成为固定宽带市场中最大的增长点。

部分宽带计划执行良好的发达国家和地区，其宽带建设阶段性发展目标已经提前实现，如瑞典2015年40%的家庭和企业至少接入到100Mbit/s的目标已经提前实现；美国已经有1.01亿家庭具有了下行50Mbit/s的接入能力，提前两年完成宽带计划中2015年的部分中期目标。英国已经开始调高宽带阶段性发展目标。

宽带战略至关重要，我们相信，随着中国宽带战略的推出，各项政策将进一步落实，示范工程将逐步启动，中国的宽带发展也会迎来加速发展的新局面。

（作者：工业和信息化部电信研究院　杨然）

新一代信息技术发展篇

云计算产业分析和电信运营商发展对策

一、云计算产业分析

（一）云计算产业的基本情况

2012 年被业界奉为云计算落地元年，2013 年云计算产业已初露峥嵘。云计算为 ICT 产业带来重整机会，产业各界纷纷发力，新兴公司不断涌现，技术体系和产业链更加完整，商用化进程提速明显。

云计算内涵不断深化，外延不断扩展，“大数据、软件定义、开源、云互联”成为新的行业热点。作为云计算的有机组成部分，“大数据”有“未来的新石油”之美称，数据密集型分析被推崇为科学的第四范式，大数据将成为企业乃至国家层面的战略资产；“软件定义”是云计算深入发展的自然产物，标志着 ICT 产业链进入“用户定义市场”的时代，体现了开放性、灵活性、自主性与核心价值，从而全面重塑互联网基础设施乃至产业格局；“开源”与云计算的开放性一脉相承，也为云计算的实施提供了多样性选择，开源项目遍地开花，开源云市场正在进入全面繁荣期；“云互联”直面用户需求，解决了云的互通和竖井问题，实现了 IT 应用的混合交付和“没有围墙”的云数据中心，“互联商务”将衍生出更多的商业价值。

云计算产业的功能角色逐渐简化明晰，云使能者、云提供者、云代理、云承载、云消费者共同构成完整的云产业链条；与此同时，ICT 产业在云计算的催化下呈现出跨界融合与竞争的大趋势，产业链传统角色的分化、渗透、融合、转换日益明显，产业格局正在酝酿巨变：互联网公司通过 OTT 的方式直接威胁到运营商的生存，并在原来业务基础上向大数据提供者挺进；IT 软硬件厂商与 CT 设备制造商通过收购、合作、自我革新等多种方式迅速完善自身产业布局，互相渗透，并跨界转型为涵盖云计算使能者和云服务提供者的综合性 ICT 厂商，从而蚕食传统电信运营商的领地；运营商也纷纷通过类似方式向 ICT 综合服务提供商转型，并与互联网公司在云计算服务领域展开正面竞争。对全球电信运营商而言，云计算既是战略转型的必由之路，也意味着巨大的挑战。目前，少数巨头已形成全球化服务能力，并事实上主导云计算技术和服务的发展方向；国内 ICT 市场政策加大开放力度，IDC/ISP 业务牌照资质放开，国际云服务商也正在寻求多种方式破冰国内市场。

云计算使 IT 投资从以 CAPEX 为主转变为以 OPEX 为主，使企业资产从以实物资产为主转变为实物资产、数据资产并重，加速了价值从硬件到软件和服务的转移，也带来了 ICT 商业模式的突破性变革：传统的“结构化数据附着于结构化流程”将转变为“非结构化数据驱动非结构化流程”，产消关系中的产方将逐渐丧失主导地位，并从过去非实时响应预设的结构化数据和流程，转变为（准）实时响应可自定义的非结构化数据和流程，形成以消费者为中心、多方参与、网状协同、合作共赢的商业逻辑。

互联网与云计算的结合，解决了信息“配送”和信息服务两大关键问题，云计算作为 ICT 产业通用基础设施的地位日益显现，引导传统 ICT 产业向云平台迁移复制和向社会化服务转型，一方面推动平台、服务和数据大集中，另一方面使得日常生活网络化，线下生活线上留痕。

在中国，“信息消费”和“宽带中国”都已经成为国家战略；而作为国家“十二五”规划重点扶植的战略新兴产业之一，云计算旨在构建通用、融合、创新、开放的下一代信息基础设施。宽带网络的完美“配送”能力，与云计算创新服务能力的结合，构成了完整的信息消费环境，必将促进信息产业的大发展。

（二）关于云计算产业的几个基本判断

（1）云计算将成为社会的信息基础设施；作

为云计算的有机组成部分，大数据成为企业乃至国家层面的战略资产；安全成为云计算的首选集成对象。

（2）云计算领域的绝大多数创新都源于运营；而创新背后的那些全球领先的涉云公司，其初始成功基本都不是因为云。

（3）网络化、平台化、开放化、服务化、数据化、软件化和硬件商品化成为趋势，导致社会分工的进一步细化、集中，ICT产业链的价值转移、角色转换，商业运作逻辑转变为用户定义、网状协同、合作共赢；一方面网络变得更加重要，另一方面传统运营商对网络的控制力在下降，但上述产业链变化也为传统运营商孕育了新的机会。

（4）云计算运营模式是典型的互联网模式，"顶层设计、整体竞争、自主研发、集成创新"成为运营企业的必备核心能力，运营商应根据自己的实际情况采取多种手段获得所需能力。

二、电信运营商发展对策

经过前期炒作高峰，云计算已进入相对理性的探索和实践阶段，但离成熟的规模运营还有相当距离，在较长的时间内市场上也不会有完全契合各种业务需求、"拿来即用"的完整的商用解决方案。这要求云计算运营商有很高的个性化研发创新和集成创新能力。

如前所述，云计算领域的绝大多数创新都源于运营；而创新背后的那些全球领先的涉云公司，其初始成功基本都不是因为云。传统电信运营商也是运营型企业，实践"云计算"天然需要"去电信化"的思维和土壤，秉承互联网创新模式：（1）抛弃不符合时代要求的、过分的、不必要的累赘和禁锢，提供"按需"云服务，恰如其分地超越用户预期；（2）抛弃传统电信业务的属地化、封闭化、垄断性和业务单一性，基于运营商自身优势打造基于云计算的统一开放平台，吸引用户，聚合产业链；（3）秉承互联网开放精神，根植于运营进行研发创新，这些创新或者是基于明确需求与合理性价比的原创；或者是深度干涉后的介入创新；或者是基于系统级深刻理解的集成创新和二次创新；当需求不明确、规模也不大时，有选择的"拿来主义"也不失为一个好的选择。

运营商须顺应大势，把握住云计算为自身带来的向新型ICT运营商转型的绝佳契机，"网、云互动"，实现创新突破，推动战略转型。具体建议如下。

（一）借力开源构建自主研发能力

由于传统通信业务的标准化、管道化特性及运营资金和资质的高门槛，电信运营商是不需要具备类似于互联网公司或IT公司那样的自主研发能力的。但云计算时代ICT产业融合竞争的新形势，使得运营商必须重新审视自主研发的必要性，开源云计算则为运营商构建自主研发能力提供了良好的契机和手段。

开源的开放性切合了云计算对异构、可移植、可互操作等方面的需求，二者可谓"一拍即合"：从计算到存储，再到网络、管理平台等各个组件；从虚拟化到分布式系统，再到应用软件等各个层次，云计算的开源实现无处不在，甚至每个组件都有多个开源版本。这些开源软件为云计算的实施提供了除商业化软件之外的另一种选择。

得益于社区的贡献，开源云计算产业链支持度高，入门容易，初始启动成本较低，但运维、人工等后期成本较高。运营商若想在规模运营中最大化释放自身价值并获得商业成功，应着力提升自主研发和集成创新能力，有选择、有重点地实现开源部署，构建体现核心竞争力的平台和产品。

（二）打造具有差异化核心竞争力的开放平台

相比于互联网公司和IT公司，运营商有着自己独特的优势：无可比拟的网络和基础设施资源；富有特色的庞大的数据资产；下沉到乡村级的立体的渠道；数量可观的用户群；长期累积的品牌口碑……要将上述优势转化为现实的竞争力，技术上就是要打造一个具有差异化核心竞争力的开放平台。

可依托并发挥在网络、基础设施、数据、渠道等方面的能力优势，以融合IaaS/PaaS/SaaS的云计算技术服务于开放平台建设。首先，聚焦优势能力，建设互联网化的能力云平台；其次，在能力云平台的基础上整合基础设施和基础软件资源，构建支撑应用托管运行的通用云服务平台；最后，在通用平台之上进一步打造全面支撑移动互联网应用和行业应用的综合应用服务平台，集成云应用部署与运营技术，聚合运营商和第三方能力，提供面向应用的需求发现、开发测试、部署运营与商业变现的全流程服务，形成能力/应用/数据聚合与开放的生态环境。

开放平台服务多边客户，改变了传统业务仅面向单边客户的格局，将创造新的平台经济效益。基于云计算技术，开放平台逐步实现技术标准化、接口轻量化、服务多边化和管控灵活化。在移动互联网时代，应用开发呈现小、快、灵的特点，引入HTML5 技术，可实现应用多屏适配和在线升级，缩短应用交付周期。

（三）从战略高度认识数据资产

除了人所共知的网络和基础设施，运营商还有一类尚待发掘的资产——数据。

与一般互联网公司数据的垂直闭环特性不同的是，电信运营商的数据水平覆盖更广，类型更为丰富，既包含设备相关的网络运营数据如 Netflow 数据和设备日志数据，也包含跟用户相关的如用户账号数据和上网日志数据，还包含隐藏在这些数据中的用户行为数据、业务数据甚至内容数据、社交数据。运营商应充分利用这些数据提升决策水平，发挥自身的数据竞争优势；同时积极尝试新的商业模式，利用大数据技术构建统一数据平台，实现多种数据的整合、处理与交换能力，在隐私合规的基础上提供电信数据开放服务，并帮助外部客户利用电信数据平台实现快速数据开放，发挥数据即资产的价值。

未来伴随着物联网、智慧生活等应用的普及，大数据问题将更为凸显，海量数据的存储、访问将成为一个基础共性需求。运营商应把握机遇在大数据产业链中积极寻求合理位置，利用大量个人客户、行业客户和行业解决方案的优势构建可信任的基础数据平台，汇聚新兴数据，提供灵活的存储、访问乃至交易能力，并进一步提供挖掘分析服务，致力成为未来大数据平台服务提供商。

（四）准备应对“软件定义”带来的基础设施实现方式的巨变

传统电话网络是一个全封闭的网络，运营商对它有绝对的控制力；IP 网络是业务和承载分离的网络，运营商对承载仍然有相当的控制力；“软件定义”的网络则进一步使承载中的控制功能、转发功能相分离，负责转发的硬件设备越来越通用化、标准化和低值化，网络的价值在向负责控制的软件转移，这使得传统上不重视软件价值、也没有核心开发能力的运营商，遭遇了继网络 IP 化后的又一次严重挑战，而这次挑战直指运营商的命脉——网络和基础设施。

“软件定义”突出体现了软硬件解耦、开放性和灵活性，其本质是用户（含最终用户和中间用户，后者如互联网公司和运营商）的意志通过软件自定义实现，整个产业进入用户定义市场的阶段。这种理念上的改变，必然导致基础设施架构和实现方式的改变以及服务提供方式的改变。软件定义正在全面重塑互联网基础设施架构乃至产业格局。

对电信运营商而言，一方面作为云服务提供商，“软件定义”有助于快速、灵活实现智能化的云基础设施，更好地满足传统方式下难以实现的定制化、差异化的业务需求，从而最有效地交付云服务；另一方面作为庞大网络资产的拥有者，须警惕对网络控制力的下降，及控制器层面可能形成的新的垄断格局。应从全局角度加强顶层设计，提升自主研发能力，解决现有商业化产品无法“拿来即用”的迫切问题，并真正做到降低成本；与产业链不同角色进行有差别的合作，以对自身有利的节奏推进“软件定义”的进展。

在云计算领域，“软件定义”源于服务器虚拟化（可称之为“软件定义计算”，即 SDC），逐渐延伸到软件定义网络（SDN）和软件定义存储（SDS），最终就是“软件定义一切”（SDx）。其中，SDN 可作为具有运营商特色的“软件定义”的先导应用。

（五）利用云互联谋求更佳的产业位置

云业务的互联互通是云计算的天然需求，也是业界一直努力的方向。云互联旨在解决云的互通和竖井问题，实现 IT 应用的混合交付，并衍生出更多的业务价值。电信运营商作为云服务提供商，在提供云互联服务时，不仅可实现各种云的混合与互通，还可籍此构建强大的云生态系统。为了避免“被互联”的被动地位，应未雨绸缪，积极研发云互联技术和业务，并借此打造丰富多样的云生态系统，聚合产业力量，打通服务链条，加强产业渗透。

云互联是一系列技术和业务的集合，其商业模式重于技术架构，现有商业案例均非通用业务互联，而是基于特定场景、特定服务的互联。其中，混合云现有实现方式主要通过公有云提供商与私有云提供商之间的合作，或他们各自云平台的延伸，提供的是企业已有私有云与特定公有云的互通；云代理为用户提供对云服务的中介、聚合、集成、定制化等业务，需构建在特定云服务提供商之间的合作协议之上，远未达到通用的程度；云交易市场支持第三方云资源组成联邦云并实现云基础架构资源共享和互通，主要实现联邦云中限定的云服务提供商之间的云资源交易；云应用超市是面向 SaaS 的概念，提供 SaaS 应用统一交易平台及应用整合、定制化等增值业务。

（六）云 IDC 应在需求推动下走开放式集约化建设和运营道路

在基础软硬件方面，加速“去 IOE 化”进程，加快小型机等封闭系统的下线速度，提升基于 x86 平台的虚拟化比例，适时考虑 ARM 架构服务器的应用；规模运营环境中须慎用一体化系统，但特定场景下可按需考虑；借力产业链，以需求和规模为首要着眼点进行设备定制化研究和应用；在事务性不强、随机读写要求不高、数据量不大的场景有意识地扩大分布式存储和 IP 存储的使用范围，不断完善统一的云存储管理；合理评价虚拟化软件产品差异，明确应用场景，选择合适的产品，避免求全责备；以端到端业务承载为出发点，以面向用户和应用的网络资源调度为导向，在整体架构下根据业务需求和技术成熟度，统筹考虑网络虚拟化的引入；SDN 总体处于发展早期，产业链面临价值转移与重构，应未雨绸缪，采取乐见其成、借势借力、按需取用的策略；借力开源云管理平台实现云环境异构管理和规模化运营；根据客户需求，分场景选择合适的云计算部署模式和推进策略；安全是用户选择云计算服务的首要考虑因素，可在保障云计算安全的基础之上，提供弹性按需的云安全服务。

（七）从基于管道的垂直竞争走向基于平台的整体竞争

云计算领域的竞争，是基于价值洞见和企业整体目标的体系化竞争，追求的是全局最优而非局部最优。须顺应 ICT 产业融合、开放、合作的发展趋势，准确定位，从产业链、技术、运营等各个方面提升整体竞争能力。

在当前融合竞争的大环境下，企业之间的竞争往往不再是简单的个体之间的竞争，而是各个利益相关企业共同组成的生态系统之间的竞争。运营商应巧借外力，内外并举，构建一个合作共赢的云生态系统：对内提升自身能力，完善云计算产品线和服务体系，打造开放平台，聚合产业链，创新商业模式；对外应首先基于自身能力和开放平台构建一个“以我为主”的小生态圈，再通过合作、结盟、并购等多种可能方式参与到大生态圈，与产业各方进行有差别的合作，获取所需能力，加强产业渗透。

云计算技术体系庞杂，涉及面广，差异大，仍在不断演进和发展中；云计算是 IaaS、PaaS、SaaS 三个层次相互融合、协调运作的有机整体，而非技术点的简单堆砌；云计算运营采用的是互联网模式，不存在端到端、层到层的体系化标准，不同制式的技术多存在兼容性问题。应抛弃组件级产品选型或单点最佳的传统思路，从全局视野出发，以满足总体业务需求且可演进为目标，形成合适的整体解决方案。

云计算的成功离不开运营创新，这种创新体现在企业理念、组织架构、人才培养、执行能力等方面。应在企业上下推广普及云计算所秉持的互联网精神，真正做到“去电信化”；遵从互联网模式，构建“研究、开发、运营”融合迭代体系，真正做到基于平台的“敏捷开发，敏捷运营”；加强人才培养，改善人才结构，优化人才激励，提升企业综合“软实力”；在云计算整体解决方案的具体实施过程中，全流程各节点协调联动，提升整体执行效果。

（作者：中国电信广州研究院　樊勇兵　陈天　丁圣勇　杨新章）

云计算为数据中心带来的新特性及网络新技术

当前数据中心业务形态发展呈现的一个特征是传统数据中心业务产品和服务的商品化，无论是发展初期主要提供的机房场地出租、主机托管、网络资源线路维护等服务，还是后来提供的数据存储管理、安全管理、应用托管、出口带宽的网络选择等服务。具体特征是这些服务和产品的提供变得很容易，各服务提供商提供的产品和服务在服务质量、服务能力上差异小，市场竞争充分。而且随着大量新型数据中心的建设和投入使用，会有更多的数据中心服务商品化，尤其是在提供的网络应用和业务上，企业 IT 基础设施和 IT 资源产品标准化程度不断提高。云计算出现之后，云计算技术能将网络上分布的计算、存储、服务构件、网络软件等各种网络资源和互联网基础设施统筹起来，基于资源虚拟化的方式，为用户提供通过互联网访问可定制的 IT 资源共享池能力的按使用量付费模式（IT 资源包括网络、服务器、存储、应用、服务）。因此，云计算带来 IDC 业务提供模式的创新，改变了 IT 基础设施（硬件、平台、软件）的交付、管理和使用模式，进而带动 IDC 的产业转型。云计算数据中心交付模式和 IT 资源管理的变化如图 1 所示。

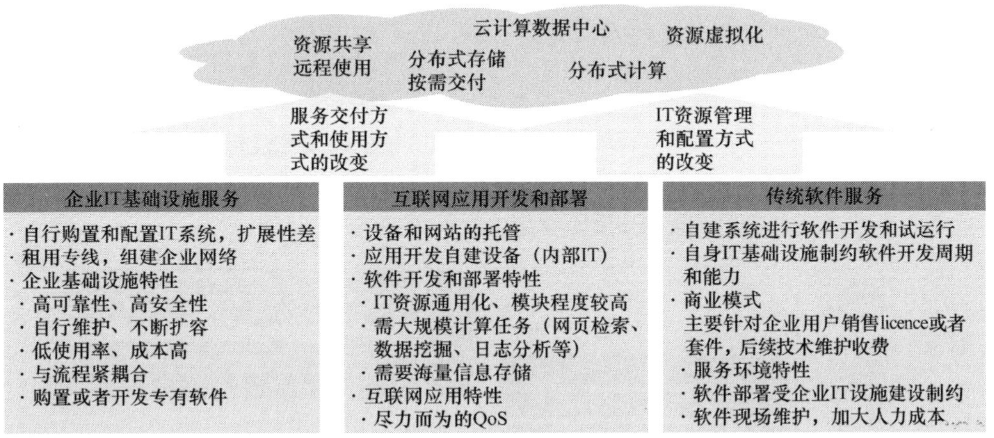

图 1　云计算数据中心交付模式和 IT 资源管理的变化

而随着大量绿色、节能的新型数据中心的建设和投入使用，传统数据中心的服务低值化趋势更加明显。为转移产品低值化和充分竞争带来的利润空间的压缩，数据中心经营者以成本最优方案提供服务（尽可能实现硬件基础设施的共享），同时开始寻找新的差异化服务，除了提以“按需支付”方式提供基础资源服务外，PaaS 和 SaaS 等新型“云”服务形态被认为是未来数据中心提供者的核心竞争力。

市场上很多 IDC 企业是按照 20 世纪 90 年代标准建设数据中心的，从传统 IDC 的业务和技术特征来看，业务模式、资源供应、投入成本、结构的可靠性、能耗和制冷系统等都不能满足扩展和升级的需要，企业因而面临高能耗和高运营成本问题。新一代云计算 IDC 在分层架构、服务模式、资源随需分配、自动化部署、投入产出比以及新的 IT 服务模式等方面都带来了新的变化，不仅可以满足运营商开拓新业务模式、高效低成本、动态弹性管理等方面的要求，还可以满足用户按需使用、快速获取业务能力、节约成本和提高灵活性等要求。

云计算数据中心对传统 IDC 业务和技术的影响如图 2 所示。

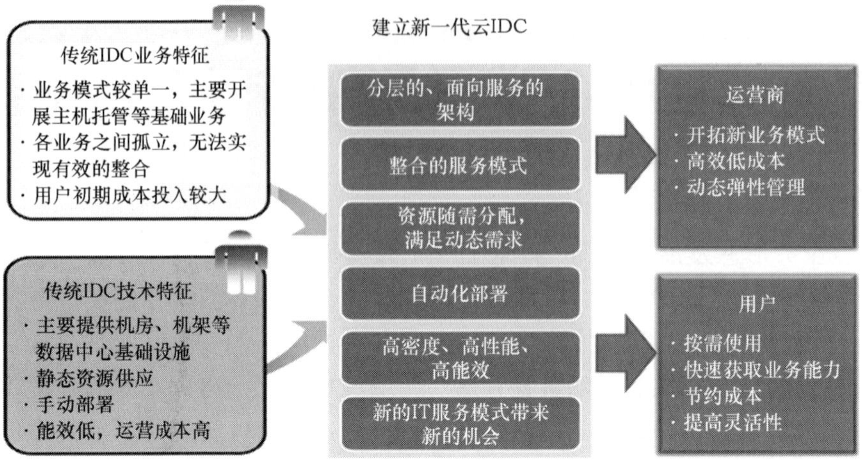

图 2 云计算数据中心对传统 IDC 业务和技术的影响

随着云计算数据中心的快速发展，从新技术的应用来看，云计算给数据中心产业带来的创新技术变化突出表现在以下几方面（如图 3 所示）。

- 设施管理和机电设备，典型的技术有基础设施管理技术、全网分层分级管理、统一的设备及资源管理等。
- 基础设施和 IT 设备的绿色节能技术，典型的技术有服务器和存储设备的节能技术、服务器定制化、UPS 电源、设备布局、高压直流、新型制冷、热管理节能减排技术等。
- 网络层，包括接入层、核心层以及存储交换网络的融合技术。
- 应用层，典型的技术如虚拟化技术等。

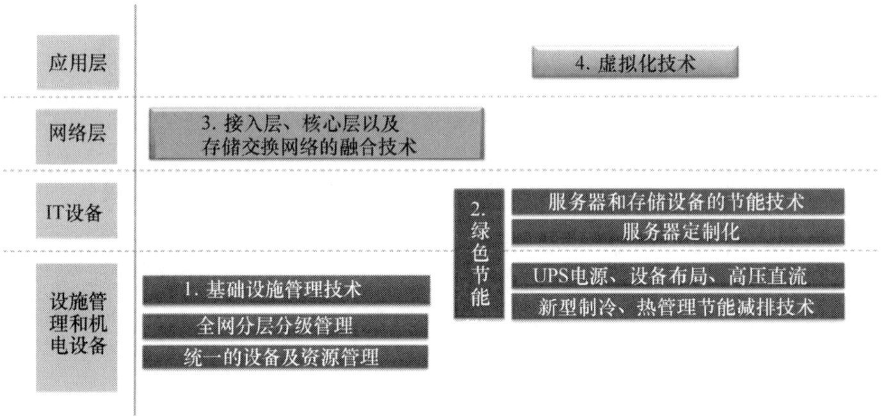

图 3 云计算给数据中心产业带来的创新技术变化

目前，IDC（互联网数据中心）正在向第三代业务演进，将以客户为中心、服务为导向，聚合内容资源的价值链运营，在高性能基础架构上提供各类随需应变的融合服务。尤其是云计算技术引入后，IDC 突破了原有的场地出租、线路带宽共享、主机托管维护、应用托管等服务，更注重数据的存储和计算能力的虚拟化、设备维护管理的综合化，并形成资源按需提供“业务+差异化增值业务+价值链运营”的模式。大型化、绿色节能、集中式管理、投入减少是该阶段的主要特征。在这种模式下，对整个数据中心的建设模式、组网方式、运维管理和产品开发等能力都提出了更高的要求。

1. 大型化

大型化数据中心可以有效降低单位计算能力的能耗，降低运营成本，据统计，拥有 50 000 台以上服务器的大型数据中心，其网络、存储及人员管理单位成本是 1000 台左右规模的中型数据中心的 1/7～1/5。因此，众多国际 IT 企业正在重点打造超大规模的数据中心，例如，Google 公司设在美国 Dalles 的数据中心，共放置了 135 个集装箱，每个集装箱能容纳 1160 台服务器，服务器总量达到 15 万台服务器；腾讯公司计划在天津建设总建筑面积为 9.33 万平方米的亚洲最大数据中心，预计服务器托管能力超过 10 万台；Facebook 等互联网巨头新建的数据中心也都已达到上万平米规模。

随着云计算的快速发展，云服务的推出也使许多中小企业用户关闭自己的小型数据中心或机房，转而向云计算服务提供商订购云计算服务。而这类云服务大多是安装在主机托管服务提供商所拥有的大型数据中心。企业的需求推动数据中心向大型化方向发展，目前国内很多新建机房规模已扩展到 1 万台服务器以上，相信很快就会出现 10 万台以上的超大型数据中心，整个数据中心内部就将构成一个巨大的网络和服务器集群，届时将要求更高性能的网络、更大的端口密度、更高效扁平的网络结构。

据 IDC 公司统计，2012 年中国的数据中心数量将以复合年增长率为 1.3%的增长速度达到 540 777 个左右。其中，中型数据中心（500 平米到 2000 平米）和大型企业级数据中心（2000 平米以上）的增长速度高于平均增长率。这类数据中心主要用于大型企业（如电信、金融等行业），还包括为中小企业用户提供服务的主机托管数据中心。

2. 绿色节能

IDC 的能耗水平已成为决定其服务成本和竞争力的关键因素，无论从社会效益还是经济效益来看，这都是衡量一个 IDC 建设水平的关键因素。能源支出约占数据中心运营费用的 1/3，是数据中心主要的成本支出。采用先进技术建设绿色数据中心，可以节约运维成本，同时提高数据中心容量。衡量能效的指标主要是“利用效率”（PUE，Power Usage Effectiveness），当前国外先进机房的 PUE 值可达到 1.5 左右甚至更低，Google 的数据中心宣称的最低 PUE 值达到了 1.02。

数据中心的能耗问题是数据中心管理者最关心的问题。处理的能耗是服务能耗的主要组成部分之一，大型的云计算数据中心有可能拥有数百、上万甚至更多的服务器，这些云计算平台中数量众多的基础资源构件对电力的消耗也是非常巨大的，这将直接影响数据中心的运营成本，而云计算平台的 PUE 是衡量数据中心的重要标志。因此，如何在云计算数据中心部署良好的、持续的电源供应系统备受用户关注。

Gartner 一项针对 CIO 的调查显示，70%的受访者认为，电力和制冷问题是其数据中心面临的最大问题。能源花费所占 IT 预算的比例已经从 8%激增到 48%。许多企业正承受着大量的能耗支出，不少企业已经不堪重负了。因此，节能减耗不仅仅是绿色数据中心的具体要求，同时也是企业未来降低 IT 维护成本的重要前提。对企业而言，基础设施的采购成本只是总体拥有成本（TCO）的一部分，而不是全部。简单追求低廉的采购投资，而放弃对后期设施维护的成本控制并不是明智之举。企业需要的是综合采购投资和后期的维护成本，使其总体达到最优化。云计算也为营造绿色数据中心带来了新的契机，云计算模式是将过去孤立、缺乏有机整合的数据中心资源进行整合，在满足多样海量业务需求的同时实现数据中心的更高利用率。随着云计算数据中心（CDC）向超大规模的趋势发展，打造绿色 CDC 已成为广泛共识。而打造绿色 CDC 本身就是实现成本节约的有效途径。

3. 集中式管理

云计算发展所带来的业务量、信息量及用户数量的快速膨胀，迫切需要规模化的数据中心来提供平台支持，并对所有资源进行集中式管理。因为云计算的核心就是数据中心，实现云计算的硬件设备主要是成千上万的工业标准服务器，通过这些服务器之间的协同工作，提高服务器的使用效率，并改变传统的 IT 交付方式，使客户可以按需、自助地使用 IT 资源。

IT 服务管理将成为一种标准化的工作，并借助 IT 技术实现集中的自动化管理，简化数据中心的维护管理工作，实现高效的 IT 服务管理。此外，云计算数据中心采用的资源集中式管理方式使得云计算平台存在单点失效问题。保存在数据中心的关键数据会因为突发事件（如地震、断电）、病毒入侵、黑客攻击等而丢失或泄露。据思科报告显示，目前与云计算相关的流量占数据中心总流量的 11%左右，预计到 2015 年，数据中心的年度总流量将增加 4 倍，达到 4.8 泽字节，与云计算相关的流量在总流量中的比例也将大大提高。

4. 投入减少

数据中心设备用于物理托管和服务器生命周期内的电力及冷却供给 CAPEX（资金、固定资产的投入）和 OPEX（运营成本）目前都大大超出了服务器本身的购买支出，有的甚至高达 4 倍之多。这种巨大的差距还将继续呈现扩大之势。此外，无论服务器是闲置状态还是 100%的满负荷运行，数据中心设备的基本建设费用和运营成本都没有太大变化。

数据中心臃肿运营的根源就在于高达 30%的服务器都处于闲置状态。从技术角度看，它们可以被更新的服务器所替代，但被淘汰的旧设备依然保留在原处。由于每台服务器上运行的应用软件多年来都沿袭着原有的体系架构，每年或每周的时间周期内服务器交易处理所积累的实际工作负载一直在低位徘徊。

考虑到成百上千台服务器的计算需要，在最新优化技术上进行投资能从根本上降低数据中心的计算成本，是一项很有优势的解决方案。虚拟化作为众多创新技术中的一种，能提高服务器的利用率。将服务器的利用率从 5%提升到 75%能让每个计算周期的原始成本降低为原先的 1/15。通过将 1～2 个数据中心的运行模式转移到在云上运行，用户可以因此节约维护的成本，这样设备的固定资产投入就能削减一半。另外，直列整合和高标准化的服务器也能达到最优化，从而将服务器的成本降低 20%～50%甚至更多。

把数据中心放在云上能利用免费的冷却系统和低廉的电力支出，从而数据中心设备的运营成本能降低 70%甚至更多。当然，让计算在云上完成会增加诸如带宽的成本。但较之能将服务器利用率提高 15 倍的巨大成效，这些额外的费用就显得微不足道了。通过减少数据中心设备固定资产支出，能让硬件支出节省至少一半，能耗成本减少 70%。

（作者：工业和信息化部电信研究院　胡海波）

大数据产业和市场分析

一、大数据时代的到来

大多数人可能不了解大数据技术是什么，但细心用户可能留意到一些变化。当用户观看某个视频时，会发现在旁边悄然提醒用户有哪些其他电影可看；当用户访问一个门户时，也会发现旁边的广告是最近搜索过的产品；当使用社交服务如 QQ 或微博时，总会时不时提醒久未联系的一个好友。对不敏感技术的人来说，大数据正悄然来临，对积极关注者，大数据正高调来临。

实际上，早在 2012 年，《纽约时报》就预言大数据即将到来，当下大数据更成为互联网最热的关键词之一，无论是工业界还是学术界，大家都在谈论大数据，声称研究大数据，并一致地赋予厚望。

尽管大数据的热度与其真实的影响不一定完全匹配，但客观上这种关注对大数据有正面的推动作用，尤其是在认知层面，让多数决策者们认识到数据的重要性和数据挖掘的重要性，从而在企业经营、市场营销、企业决策乃至政府管理方面更加注重科学性。

二、大数据的生产力

我们知道，绝大多数物理现象、人类活动都会记录在各种媒介中，而随着数字化的普及，这一切又都将转化为数据，人类从“卷宗”社会走向“数字”社会。如果将数据视为矿产资源，无疑我们已经拥有了异常丰富的矿产，并且在保持指数级的增长，能够有效挖掘这些矿产的能力无疑是人类重要的生产力，在诸多领域都有体现。

金融领域：在金融行业，数据建模一直是核心问题，比如用户信用建模、按揭违约建模等。在一些宏观问题上，也是依据一些假设进行预测分析，如预测宏观经济走势等。但做预测分析往往存在的一个问题是假设不一定正确，而传统技术又难以获得全面、准确的输入数据。大数据技术的出现，有可能在一定程度上解决类似问题，因为金融机构可能以较低的成本获取、处理海量数据，给各种模型更加合理的输入，从而制定出更为精准的预测分析。

计算机科学：大数据问题最早产生于互联网公司，他们为处理海量的非结构化网页数据而不得不采用各种新技术。随着这些技术的公开，大数据技术很快得到了广泛研究和应用。在计算机领域，大数据最直接的优势体现在能够用廉价的通用服务器集群存储巨量的数据，并且能够支持高速的并行运算，最后体现为大规模的数据分析能够在短时间内完成。现在大型的互联网服务如社交服务、视频服务、电子商务服务，几乎都在使用新的大数据技术解决基础设施问题和用户数据挖掘问题。

生命科学：据介绍，第一个人的基因组全世界做了 13 年，花费了近 30 亿美金；第一个黄种人的基因组，华大基因做了大半年，花费数千万；而今天，个人的基因组测序成本已经逼近了 1000 美金大关。目前整个生物组的大数据已经达到 10 的 60 次方的数量级，而人类现在只完成了 10 的 21 次方，如果没有大数据，整个生命科学的进步将寸步难行。

任何一个领域专家可能都可以轻松地找到证明大数据就是生产力的例子，然而大数据就是生产力背后的技术是什么呢？当然技术总是会随着时间的发展而变化。

硬件集群技术：大数据能成为生产力的一个很重要原因是找到了一种相对廉价的并能够大规模使用的基础硬件设施：计算和存储。通过使用大量的通用服务器来组建集群可以获得大规模的计算能力以及存储能力，从而大幅度降低了大数据应用成本。

分布式操作系统：这里的操作系统更多指的是分布式计算平台，如 Hadoop、Spark、Storm 等。与一般人理解可能不同的是，大数据整体上采用了一种简单的架构设计，这一点无论是在分布式文件系统还是分布式数据库以及缓存中都有体现，采用简单的设计保证系统能够快速开发出来并且易于使用和维护是保持大数据快速发展的动力。

分布式数据库：分布式数据库的核心技术反映在CAP（Consistency，Availability，Partition tolerance）定理中。CAP 定理理论上证明了任何数据库无法同时满足一致性、可用性、分区容忍性的要求。目前的分布式数据库正是放弃了传统数据库的一些特性，比如事务操作来实现超大规模的数据读写能力，将分布式数据库的核心定位为<Key，Value>的快速存取问题。目前主流的分布式数据库平台有 HBase、MongoDB 等。而传统数据库则强调严格的关系模型以及事务操作，对可用性、一致性要求很高，而分区容忍性较差，具体表现为实时性高、事务性强，但对非结构化的数据处理支持相对较弱，在容量的扩展性上也不如分布式数据库。

分布式计算：数据存储只是任何数据分析任务的一个基础要求，最后要能够挖掘数据中的规律，还需要运用机器学习等方法。传统技术很难在大规模数据上进行处理的一个重要原因就是算法很难并行化，缺少一个简单易用的计算平台支撑。大数据时代一个重要的进展就是出现了多种分布式计算平台，能够利用上万的 CPU 内核进行同时运算，将很多过去无法处理的求解问题实现。以最新的机器学习算法深度学习为例，一个复杂点的神经网络有上千万的参数，使用单台机器运算需要花费好几年才可能得到一个较好的结果，而使用大规模集群进行同时运算能够在一两周内即可完成。

三、大数据面临的挑战

第一，尽管大数据带来了前所未有的生产力，但是放眼很多未解决的问题，大数据的处理能力依然远远不够。仍然以机器学习为例，高维空间数据现在已经非常普遍，如一张普通图片有 100 万像素，意味着有 100 万的维度，如果想要对所有图片进行概率建模，以便弄清楚自然界的图片在哪些区域密集和稀疏，即便是每个维度划分两个区间，在不进行降维的情况下需要的样本数都远超现有的存储和处理能力。相对于诸多现实问题，目前大数据的“大”仍然相对较“小”。

第二，大量的科学问题仍然难以并行化。目前大数据算法擅长的仍然是数据驱动或消息驱动的计算模型，也就是所谓的无状态或松耦合计算模型。大量的算法仍然很难用大数据技术求解，比如高维函数的求极值问题，由于参数维度很高，解空间出现维度灾难，无法在有限的时间内遍历整个解空间。

第三，大数据在给人们带来便捷的同时，数据隐私问题日益凸显。最近很多互联网公司陆续曝出了用户数据泄露问题，在界定是否合法使用用户数据方面还没有清晰的法规。举例而言，当我们在电子商务网站搜索了某样产品后，登录到某个门户网站或社会化媒体时，发现类似商品的广告出现在了旁边，这意味着个人的访问记录已经悄然在服务提供商之间传播，而这样的传播是没有得到用户许可的。

第四，一个很容易被人忽略但却是现实中常常面临的一个非技术性问题就是基础的数据获取、汇聚问题。在很多行业、机构、企业有大量的数据，全局看一定是大数据问题。但一旦需要落地执行，会发现数据往往分散在各个系统中，数据的结构和存储形态多种多样，数据结构的定义以及获取方式也往往依赖于系统开发商，并不能简单地从运营人员那里获取。这些现实的问题导致大数据应用往往停在了起步阶段——数据收集阶段，尽管这不是一个复杂的技术问题。

第五，从科学角度来看，大数据亟待理论指导。大数据的发展之路是先实践后理论，大数据本身作为一门学科，其理论体系还没有形成，比如大数据问题的严格界定、大数据的范式、大数据的能力上限、理论上适合的求解问题等。

四、大数据的产业影响

尽管大数据面临诸多挑战，但是大数据未来巨大的发展空间是毋庸置疑的。目前来看，大数据的产业链还不太清晰，按照分工的不同，大数据产业可能会有以下一些参与角色。

（1）数据产生者

绝大多数个人或机构都或多或少具有这个角色，

而从规模角度看，那些大的服务提供商拥有更多数据（尽管这些数据直接来源于用户），如社交网站、电商网站以及网络运营商等，他们天然拥有海量的用户行为数据，他们往往是大数据产业链条的第一跳。

（2）大数据使能提供商

大数据使能提供商指提供大数据必要的处理工具或技术的厂商，如 MongDB，商业化 Hadoop 厂商等。这类厂商是大数据技术的关键贡献者，决定了大数据技术的走向。

（3）大数据基础设施提供商

这里大数据技术设施提供商指为大数据使用者提供必要的计算和存储资源的厂商，包括设备制造商、网络运营商等。由于大数据需要计算、存储及网络的一体化支持，往往由运营商将服务器、存储以及组网作为一个大数据整体基础设施提供给客户。

（4）大数据服务提供商

大数据服务提供商指利用各种基础设施和使能软件最终向用户直接提供服务的厂商，如直接向用户提供机器学习服务、数据处理服务，形态类似云计算，目前还较为少见。

（5）大数据解决方案/集成商

向客户提供大数据解决方案或集成服务，这类厂商拥有丰富的大数据技术和经验，熟知行业的解决方案，帮助需要大数据技术但不具备相应能力的客户使用好大数据。

目前大数据产业分工并不非常明确，普遍的情况是技术雄厚的企业基本全揽了不同角色，他们有直接的数据源，有强大的技术团队，熟知自身业务逻辑，将大数据技术应用到极致，一般企业难以望及，但不会将自身的技术积累转化为服务帮助其他有需要的企业来构建类似的系统。然而，就整个产业来看，这种一站式的全揽模式并不利于大数据的产业发展，并不能形成有效的社会分工，存在对相同问题进行重复研究，不能最大化利用资源效率等问题。而且客观上目前大量的企业也急需大数据技术但却不知如何切入，市场没有成熟的解决方案或直接可用的产品，而单纯研究大数据技术的公司目前规模还较小，对行业理解也不够深入，并不能形成良好的上下游关系。在这种情况下，我们建议：

（1）政府应当积极扶持新兴致力于大数据技术的企业，尤其是积极扶持致力于大数据使能技术开发的企业；

（2）企业应当正视大数据产业不成熟的现状，对服务的采购应考虑新兴企业，对新技术有包容性，通过紧密合作发挥大数据价值；

（3）大数据集成商应充分把握机遇，加强对行业的渗透理解，将技术与业务有机结合；

（4）研究机构加强与工业界的合作，大数据的研究离不开数据，研究机构往往缺乏数据或问题输入，加强与工业界的合作能够彼此进步。

随着大数据的发展，大数据的影响正逐步渗透到各个行业，这种影响甚至包括思维模式的影响，给整个社会带来了巨大商机。然而由于是新兴技术，大数据仍处在起步阶段，技术仍在不断变化和发展，商业模式也在不断创新，产业链条也不断在完善。这就要求大数据从业者具有更加敏锐、开放的心态，能够在不完善的产业环境中挖掘出新的机遇，并创造出多赢的商业模式。对于大型企业，应该积极尝试新的合作模式，改变传统完全自主开发或完全简单采购的模式，转而与下游企业进行联合开发或合作，发挥互补优势，从而推动整个产业的良好发展。

（作者：中国电信广州研究院　丁圣勇　樊勇兵）

物联网产业发展分析

一、物联网产业的模块化结构

物联网产业模块化结构是指通过对产品进行模块化设计，采取业务流程模块化的企业经营方式和服务网络模块化的组织方式，对物联网产业链进行解构和专业化分工，然后根据标准化的界面规则，集成和协同相关模块以提供物联网服务。物联网产业依据功能特征可以分为感知信息的感知模块、信息传输的网络模块和智能处理的应用模块三大价值模块，如图 1 所示。

感知模块利用 RFID、传感器、二维码等实现对物理世界的感知识别、信息采集和自动控制，并通过通信模块将物理实体连接到网络模块和应用模块。物联网产业的发展将对 RFID、传感器和通信模块等先进制造业具有直接带动效应，尤其是 RFID 的需求量最为广泛。根据英国市场调查公司 IDTechEx 的统计数据，2012 年全球 RFID 市场规模达到 76.7 亿美元，同比增长 17%。然而，与美国、欧盟、日韩等国家相比，中国感知模块的创新能力和制造技术仍有较大差距。例如，中国传感器产业核心技术和基础能力缺乏，中高档传感器产品几乎 100%从国外进口，90%的芯片依赖国外。

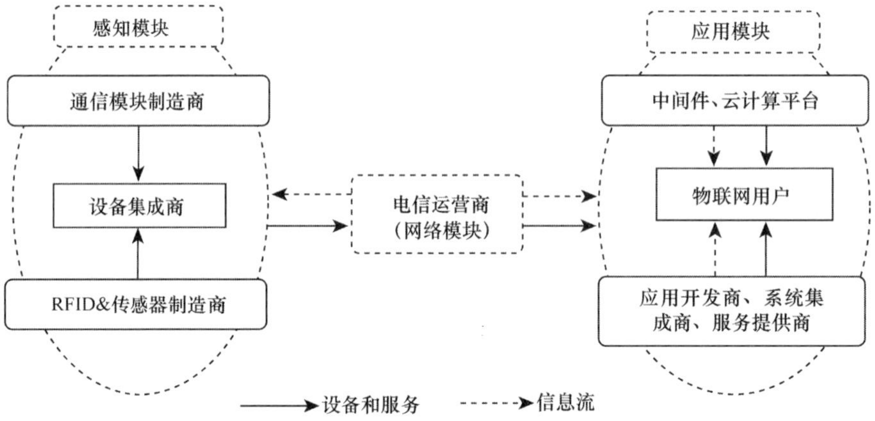

图 1　物联网产业模块化价值网络

网络模块通过电信网与互联网融合或行业专用通信网络，实现数据信息和控制信息的双向传递、路由和控制。由于拥有网络资源的电信运营商在物联网市场的导入期并没有重视此项业务，因此形成了许多通过租用电信运营商的网络资源来提供机器与机器间通信（M2M）业务的虚拟移动运营商，如美国的 Jasper Wireless 和英国的 Wyless 等。M2M 是物联网应用的初级形式，是以机器终端智能交互为核心、网络化的应用与服务。随着 M2M 以及物联网市场规模的日益扩大，虚拟移动运营商的作用将逐渐被电信运营商取代。

应用模块利用云计算、模糊识别等各种智能计算技术，对海量数据和信息进行分析和处理，由应用开发商、中间件开发商、系统集成商以及服务提供商协同向行业和大众用户提供物联网服务。应用开发商根据物联网用户需求提供专业化的解决方案。中间件是是网络各结点操作系统与应用系统之间的支撑软件。服务提供商主要为用户提供统一的终端设备许可、计费等服务，而系统集成商则是把感知模块、网络模块和应用模块集成为一个具有协同效应的整体模块价值群的关键环节。目前许多跨国公司已经具备了提供较为成熟的物联网应用解决方案的能力，如IBM的“智慧城市”系统、思科公司的“智能互联建筑”解决方案。中国尚未形成专业化和市场化的应用服务业，已有物联网应用大多是各行业或企业的内部化服务，需要进一步突破经济成本、信息安全和行业壁垒等一系列制约。

从上述分析可以看出，物联网产业自身具有模块化发展的基本属性：一是独立化特征，物联网产业的三大模块及其内部的产品和业务流程都是可以被分拆的，并且具有独立运行的功能特征，系统集成商的功能就在于将相对独立的产品和业务流程模块耦合为完整的用户解决方案；二是标准化特征，由于物联网产业属于信息产业集成创新而形成的新兴产业，其核心架构、各模块技术体系以及产品接口均有一定的技术标准和互联互通准则；三是网络化特征，物联网产业不仅具有需求方规模经济，而且应用开发商和用户还基于网络平台形成了正反馈的“交叉网络效应”，即应用开发商越多，用户从物联网服务中获得的收益越大，反之亦然。由此可见，物联网产业是一种“双边或多边平台式”的商业生态系统，电信运营商通过提供网络平台，将一系列独立的、标准的价值模块最大限度地连接起来，构造成为一个具有协同效应的模块化价值网络。这种商业生态系统的关键在于平台企业通过机制设计，有效激励多方群体之间互动，进而打造一个完善的、成长潜能强大的商业生态圈。

二、中国物联网产业的价值创新机理

经济租金理论认为，企业价值创新的目的在于寻求和获取经济租金，如异质性资源产生的李嘉图租金、进入壁垒产生的张伯伦租金、动态创新能力产生的熊彼特租金、企业间信任与合作产生的关系租金等。随着物联网产业模块化网络的发展，各个模块通过网络化的相互连结，在网络外部性和梅特卡夫法则的作用下，价值交换和价值创新的质量与数量呈几何级数增长。各个模块可以利用自身的异质性资源，以共同获取经济租金为原则，与其他模块进行互补性的耦合，实现资源的有效利用和价值最大化。需要强调的是，标准制定对于物联网产业价值创新具有重要的意义，它将各个模块的能力要素从产品或业务流程中释放出来，进而实现模块的重新组合和价值创新。物联网产业模块化的组织方式看似是适应日益增长的复杂技术发展的需要，实际上更为重要的是改变了企业之间的关系结构。为了应对全球化的竞争以及快速变化的市场，单个企业除了强化内部价值创新功能外，必须加入某个特定的商业生态系统，通过企业间知识和资源的交换与共享，实现单个企业独立运作所无法实现的价值创新，即形成一个具有协同效应的价值创新网络。由此可见，物联网产业模块化价值创新的机理就在于突破传统价值链的线性思维和价值分工的机械模式，使各个模块按照产业价值最优的原则相互耦合和动态互动，实现从价值链到价值网络的创新系统转变。与单个企业价值创新方式不同，物联网产业的价值创新机理具有以下三个特征：

（1）价值模块之间的耦合是价值创新的有效途径

Das 认为，在模块化产业网络中，价值模块之间的耦合实际上是模块之间的互动过程，也是彼此交换价值和共同创造价值的过程，这个过程作用于两个模块在价值网络中的联系路径。以奇虎360为例，其自身并不掌握杀毒技术，通过将国际上最先进的杀毒模块进行整合，以免费方式提供给消费者，然后通过向大规模的消费者群体提供多样化互联网服务而实现盈利，彻底改变了杀毒软件行业传统供求关系和交易模式。在物联网产业中，网络运营商通过网络平台为感知模块、应用模块和用户提供互动机制而盈利，系统集成商则通过集成众多技术产品模块和业务流程模块为用户提供系统解决方案而参与价值创新，并且物联网产业的效率在很大程度上依赖于系统集成水平。

（2）用户市场的网络效应是价值创新的关键环节

网络化和数字化的发展，使用户市场从相对稳定的“大众”裂变为离散且快速变化的“碎片”。传统企业通过细分市场制造差异化，依靠大规模生产和统一供应从制造环节实现价值创新的模式，已经不足以填补碎片化市场的投入。而在模块化产业网络中，通过模块化的整合和集成可以实现对碎片化的用户市场进行互联和交互，从而能够有效利用用户市场的网络效应实现“杠杆式增长”。在物联网产业中，以下三个趋势体现了产业参与主体对用户市场潜在需求和网络效应的有效管理：一是电信运营商注重提供物联网数据增值服务，以范围经济效应提高企业的单位用户平均收入，即ARPU值；二是电信运营商通过互联互通增强跨国服务能力，如2012年美国电信运营商Sprint和法国电信运营商Orange进行合作，Orange为Sprint在美国之外的市场提供物联网服务，Sprint物联网服务范围扩展至全球180个国家；三是应用开发商更强调与用户原有的ERP、CRM等企业信息管理系统无缝整合，以降低用户系统的转换成本，提高用户的业务运营效率。

（3）从纵向竞争转向网络协同是价值创新的组织方式

Porter提出的“竞争力模型”认为，产业链相关环节通过竞争、对立和议价的市场交易方式连接，形成了垂直整合式的价值创新体系。波特的“企业在价值链上定位”理论是线性的、静态的，企业价值创新战略思维关注的是在固定的经济馅饼中得到最大可能的份额。在模块化产业网络中，企业价值创新的组织形式是平行的、分布式的，其战略重心在于通过“模块整合或集成”方式进行角色与关系的重塑，以对用户的选择、合作优先权以及产业网络的调整做出快速反应。模块化产业网络的竞争力在于营造了一个相互依存且具有多样性的商业生态系统，实现了价值创新的组织方式从“点”到“线”以及“网”的协同效应。在物联网产业中，随着电信运营商在物联网应用市场的逐步渗透，将不可避免地遇到行业用户的专业技术壁垒。在这种趋势下，采用提供网络通用设备、平台、接口和终端的形式，由各领域的专业企业开发并提供应用服务，将是电信运营商进一步实现价值创新的必然选择。

三、中国物联网产业的价值创新策略

依据物联网产业模块化层次结构和产业特征，可以将其模块化价值创新分为三个层面：一是基于产品模块化的架构创新。架构创新是在物联网产品组件和核心设计保持不变的基础上，对产品的结构设计和零部件组合方式进行重新建构，不仅可以满足用户的多样化需求，而且还创造出了新的满足用户需求的价值。二是基于业务流程模块化的商业模式创新。商业模式创新则是对物联网产业的信息感知与识别、网络传输、信息分析与处理、用户应用解决方案等业务流程进行分解和重塑，不仅促使了价值网络与产业快速发展相适应，而且为企业、用户和社会创造了新的价值。三是基于组织模块化的集群创新。集群创新是以开放式创新为基础，将外部创新资源（公共机构、研究机构、金融机构等）纳入价值网络，通过模块化分解将业务外包，或对价值模块进行有效整合与协同创新，形成开放式的创新型物联网产业集群。

（1）基于产品模块化的架构创新

受制于信息产业长期的基础性瓶颈，中国物联网企业在核心芯片、高端传感器、智能处理等关键技术和产品领域滞后。在产品模块化分工时代，架构创新为后发企业占据有利的产业生态位进而实现跨越式赶超提供了难得的机会。架构创新的实质是企业根据特定市场的需求特征形成自主的产品设计，然后以建构技术采用并整合发达国家核心元器件，自主设计并制造出一种全新的产品。

架构创新策略的关键取决于后发企业能否成为产品的系统设计和标准规则的制定者，并引导核心器件制造商跟随其创新的架构。如果后发企业不能走出不同于先行者的主导技术轨道，可能沦落为主导企业的“代工企业”或“组装加工基地”。为此，对中国物联网产业发展而言，一方面培育主导企业的架构创新能力，引导主导企业充分理解和挖掘国内市场需求，通过引入新的知识和技术，自主开发和设计出超越性的物联网产品或设备。另一方面，尽快制定涉及信息安全的物品编码标识及解析体系等关键资源标准、物联网架构标准和大规模应用急需的网关、模块界面以及业务平台等标准以及具有大规模应用前景、需要信息共享和互联互通领域的应用标准，以在更大范围内形成被广泛接受的事实标准。

架构创新策略需要有效规避专利技术，以替代性非专利技术突破主导企业的“专利壁垒”，避免陷入“专利陷阱”。以物联网产业的智能终端为例，尽管联发科在中国智能手机芯片市场的份额超过高通，但联发科每售出一颗 3G 芯片，高通则可以获取 6%的专利费。为此，中国在传感器、通信模块、通信芯片等物联网关键产品的架构创新过程中，不仅要通过“回避设计”等方式绕开“专利丛林”或通过交叉许可等方式低成本获取专利技术，而且需要积极跟踪产业技术发展趋势，开发外围技术和从属技术，掌握和拥有关键的互补性资产，避免出现“无利润地忙碌”的发展困境。

（2）基于业务流程模块化的商业模式创新

目前，全球物联网产业尚未形成成熟的商业模式和产业分工体系，系统集成商（如 IBM）、虚拟移动运营商（如 Wyless）和电信运营商（如 Orange）都处于向相关行业提供应用开发、系统集成、中间件等一整套解决方案的发展阶段。产业若想实现变革式增长，依靠的往往不是产品和技术创新，而是将新技术和与之相匹配的商业模式结合在一起。Johnson et al 将商业模式界定为“由用户价值主张、盈利模式、关键资源和关键流程四个要素构成，这四个要素相互作用时能够创造价值、传递价值和获取价值”。在物联网产业的业务流程模块化和标准化的背景下，企业只需要创新用户价值主张和盈利模式，然后将关键资源和流程有机地串联起来，使它们互相支持、共同作用，以有效的方式完成新价值的传递，便可实现商业模式的“创造性破坏”。

Osterwalder & Pigneur 提出了网络化背景下五种典型的商业模式：非绑定式、长尾式、双边或多边平台式、免费式和开放式。基于他们的分析框架，总结出近期涌现的物联网商业模式创新的雏形，详见表 1。随着物联网应用的全球化拓展，市场规模必将快速增长，商业模式也将从一体化的“闭环”转向专业化的“开环”，双边或多边平台式将是物联网产业的主流商业模式。在这种商业模式中，网络运营商将是聚集和创造价值的“平台”和价值网络的主导者，通过为应用开发商、用户、系统集成商、制造商等价值模块提供互动机制，尤其是将应用软件的创意源头与广大的用户市场直接互动，多样化的供给与多元化的需求匹配起来，进而实现价值创新。这种商业模式的核心理念在于平台企业通过为其他模块创造价值而实现价值攀升，突破了传统企业的单方价值增值模式。

随着双边或多边平台式商业模式的普遍应用，物联网将使产业之间的边界逐渐模糊，企业间的“覆盖”现象也越来越频繁。以物联网产业的智能终端制造商苹果公司为例，该公司以 App Store 为应用软件平台，开发出了一个比亚马逊公司 Kindle 电子书读者群更大的用户群体。苹果公司完全可以基于 App Store 和锁定的消费者群体，实现对电子书市场的覆盖。基于战略防御的考虑，近年来，亚马逊在拓宽收入来源，例如推出彩色电子阅读器 Kindle Fire，并开始在 Kindle 商城售卖音乐、视频、游戏、软件应用等产品，扩大用户群体规模。

表 1 物联网商业模式创新的四种类型

类型	运行模式	典型运营商
一体化式	系统集成商租用网络通道，采购设备，开发或购买应用软件，整合为系统解决方案提供给用户	IBM、思科、Wyless
非绑定式	应用开发商提供用户解决方案，电信运营商提供网络平台，系统集成商提供软硬件集成服务，服务商负责维护和运营	NTT、中国电信
双边或多边平台式	电信运营商仅提供网络平台，应用开发商基于网络平台为用户提供专业解决方案	AT&T、韩国 SK 电讯、中国移动
长尾式	电信运营商根据用户个性化需求量身定制物联网服务	沃达丰、Orange

（3）基于组织模块化的集群创新

目前，中国已经形成了一批物联网产业集群，如无锡国家传感网创新示范区、中关村物联网产业联盟等。物联网企业在空间上的“扎堆”并不必然引致集群创新，作为一种具有“网络范式”特征的创新组织形式，集群创新是指企业在竞争与合作机制的作用下，通过产业集群中的正式或非正式网络实现资源共享、相互学习以及获得企业自身尚不具备的互补性资产，从而提高创新能力和拓展创新空间。在物联网产业中，组织模块化所催生的竞合机制与模块整合模式将充分彰显集群创新的优越性，具有自组织特性的模块化企业可以通过全新的知识协同框架，提高其应对市场不确定和全球化创新竞争的能力。

集群创新的战略核心在于构筑创新平台，即建立为产业集群中企业实现创新和价值提升提供服务并具有一定程度公共性的组织。发达国家产业集群的创新网络通常是“纵横交错”型，而中国由于企业技术水平较低，集群内企业之间的创新互动并不频繁，而将创新平台作为集群创新的“知识源”，从而可以形成一种“中心卫星”型的创新网络。以无锡创新示范区为例，通过构建中小企业物联网产业创新服务平台，有效解决了中小企业创新资源不足的瓶颈，进而快速提升产业集群创新能力。

Porter 认为，竞争合作机制在集群创新中发挥了重要作用，产业集群的创新收益部分来自于不同机构的密切合作，如科研机构、中介服务机构等，另一部分是源于加入产业集群的竞争者。由此可见，竞合机制是集群创新得以持续的重要动力。根据中国 M2M 产业联盟的统计调查，有很多物联网企业是依靠政府财政补贴来维持运营的。这种产业集群发展状况一方面与物联网产业短期内难以实现低成本的应用普及和规模扩张有关，另一方面也暴露出集群创新动力不足、政府干预过度等问题。因此，随着物联网市场的快速增长，产业集群应以合理的竞合机制，实现从“政府输血型”向“创新驱动型”转变，这将是中国物联网产业内涵式发展的关键。

四、中国物联网产业发展的政策选择

物联网产业模块化的特征和发展趋势，对中国物联网企业的价值创新和跨越式发展具有双重效应：一方面，企业可以通过模块的可分性、独立供应商的出现和增长迅速且多层次的市场需求，有效地发挥本土市场优势，在集成创新领域或产品制造环节，获得良好的市场绩效以及竞争能力的提升；另一方面，跨国公司作为模块化组织网络的治理者和主导者，必然利用其掌控的核心技术和关键资源，对后发企业进行战略性控制和纵向压榨，阻碍其创新能力的提升。因此，中国物联网企业要充分利用模块化发展的价值创新优势，基于物联网产品、业务流程和组织模块化发展特征，建立架构创新、商业模式创新和集群创新的“三位一体”的创新策略，从而有效规避模块化发展的“低端锁定”陷阱。

物联网产业被视为继计算机和互联网产业之后的又一次信息化浪潮，已经成为国际新兴产业竞争的焦点和制高点，这也是中国在新兴产业领域具有相对比较优势的产业。模块化发展的物联网产业是一个有机整合的商业生态系统，其价值创新的机理在于实现了从价值链向价值网络的协同创新系统转变。物联网产业的价值创新系统需要产业政策的引导，但要避免政府过度干预导致产业发展的盲目性和低水平无序化。因此，物联网产业的政策选择应聚焦四个准则：一是鼓励关键技术研发与创新，避免物联网产业发展陷入“模块化陷阱”。相对于模块化的整合能力，中国企业普遍忽视长期性、基础性、前沿性的自主技术研发，过度依赖国外关键零组件进口。二是参与和主导产业标准制定，避免物联网产业发展陷入“专利陷阱”。产业标准是模块化分工下产业价值创新的通用规则，一旦丧失产业标准的“发言权”，不仅难以规避“专利陷阱”，更不利于产业的可持续发展。三是鼓励企业用户进行物联网服务示范应用，促进有效商业模式形成。通过补贴用户培育和扩大市场，以同边的网络效应和跨边的交叉网络效应促进物联网产业快速发展，避免了补贴厂商可能导致产能过剩的风险。四是引导模块化企业网络形成内生性的再整合或再集成机制，避免以行政主导形成“圈地规划”式的同构化竞争。

（作者：南京邮电大学　岳中刚）

智慧城市建设现状及面临主要问题

2013年8月，住建部公布了中国第二批智慧城市试点名单，确定北京经济技术开发区等103个城市（区、县、镇）为2013年度国家智慧城市试点。加上住房城乡建设部此前公布的首批90个国家智慧城市试点，目前国家智慧城市试点已达193个。智慧城市的建设已经从城市信息化的层面上升到了城市的整体规划建设高度。

随着城市化和信息化两大潮流的持续推进和融合，如何通过信息技术的广泛渗透和深化应用来助力城市经济发展，打造生态友好、集约高效的城市综合体，成为城市管理者迫切关注的重点。智慧城市在这样的背景下得到各国政府的日益重视，推广力度越来越大。发展至如今，智慧城市已是物联网、云计算、移动互联网等新一代信息技术应用与城市可持续发展需求相结合的产物，代表了当今世界城市发展的新理念和新模式，体现了工业化、信息化、城镇化和农业现代化的融合。

追溯这几年智慧城市的发展历程可以看出，推动智慧城市的形成有两种驱动力：一是以物联网、云计算、移动互联网为代表的新一代信息技术；二是知识社会环境下逐步孕育的开放的城市创新生态。前者是技术创新层面的技术因素，后者是社会创新层面的社会经济因素，两大基因，缺一不可。

全球的智慧城市建设实践中也明确体现出融合推进的方向，众多国家都朝着这样的方向开展了多种多样的新机制和新模式探索。

一、国际上的智慧城市发展状况

目前，全球有超过100个城市在进行智慧城市的试点、规划和建设，其中北美、欧洲和亚洲部分地区是智慧城市开展较为活跃的地区，美国、欧盟等传统的信息科技产业强国和日本、新加坡、韩国等亚洲经济实力较强的国家都积极地推出了各自的智慧城市战略并已经开展实施，中国、印度、墨西哥、马来西亚等发展中国家也纷纷出台了各自的智慧城市发展计划。全球的智慧城市建设呈现多元化、层次化特点。其中，海外的智慧城市发展根据实际推进方向可以分为三大类。

第一类是新加坡、韩国首尔等将“智慧”列入国家信息化战略，在具体城市的落实中有详细规划、全面涉及城市运营主要环节的城市。

韩国全国推广U-city战略，目前已覆盖22个城市。其中既有针对新都市进行全面改革，使整个市镇充满各种U化应用的全面智慧城市计划，例如仁川自由经济区的松岛新都；又有结合都市特色然后加入各项U化应用元素，以提升都市效能的智慧城市计划，例如首尔、济州岛等。其中智慧首尔涉及智慧基础设施、智慧政务、智慧生活、智慧经济四大领域。

新加坡智慧国2015战略与韩国类似，希望构建下一代全国信息通信基础设施，发展具有全球竞争力的信息通信行业，发展拥有信息通信技术的普通从业人员，并开拓主要经济领域、政府和社会的产业改造。

第二类是欧洲、日本以城市群作为主体，主要在新能源战略中推广“智慧”建设，侧重智能电网和新能源发展。

2010年欧盟提出了“欧洲2020”战略，确立了未来十年的发展方向，其中明确提出了到2020年要完成减少碳排放20%的目标。由于城市是碳排放的主要来源，因此欧盟的一些城市开始以节能减碳为主题发展智慧城市，例如荷兰阿姆斯特丹、西班牙巴塞罗那等。

荷兰阿姆斯特丹通过企业、政府合作，以项目的形式，借助新技术实施，在阿姆斯特丹进行能源节约的演示，核心目标是减少碳排放。如果小范围的演示被证明是高效、可持续的，就有可能扩大到国家甚至欧盟的层面进行推广。

阿姆斯特丹智慧城市目前拥有包括 IBM、飞利浦、思科、沃达丰等在内的 71 家合作伙伴（包括当地政府机构和组织），由政府和企业同时出资成立基金会来运营和管理。

日本横滨智慧城市以能源、建筑、交通运输领域为重点，通过引入新技术等方式降低碳排放，提出 4S 目标：Scalable（规模）、Speed（速度）、Sophistlcated（先进）、Satisfaction（满意）。在建设方面采用政府出资、企业参与方式，参与企业包括东芝、日产、夏普、东京电力等。

日本柏叶智慧学员城则是由未来设计中心（FDC）推动，目的是希望提高能源效率，实现资源节约，转换市民生活方式。规划中涉及能源、信息通信、水源、交通、废物处理等领域中的诸多最新技术。

第三类是美国城市群，没有国家或地方政府层面的相关战略，完全依靠市场推动。

美国主要依靠企业推动智慧社区的建设，只有个别城市制定了自己的智慧城市战略，例如智慧圣地亚哥，采取政企合作方式，参加者包括圣地亚哥政府、电力煤气公司、通用等，主要支持节能减排和可持续发展，目标是实现 33%的能源采取清洁能源，并帮助用户实现电力能耗管理，建立双向通信的智能电网。

由上所述，目前国外智慧城市建设仍是方兴未艾，已有较多案例，建设理念和实践上也呈现多样化发展，有各自的特色和侧重点。但中国智慧城市建设在借鉴国外经验时，也要注意三大区别：一是基础设施水平的区别。国外智慧城市发展较好的国家都已经完成了工业化和城市化建设，拥有便利的交通和信息通信基础设施，在能源布局、环境规划上也较为先进。二是各国的建设驱动力不同导致了智慧城市的侧重点不同。欧盟智慧城市建设关注节能减碳和生态环境，美国侧重信息技术的创新应用，日本关注能源效率提升和智能交通，韩国则注重带动经济增长和标准化模式推广，这都是由各国国情决定的。中国智慧城市的建设也应突出自身特色，结合当前经济结构调整和产业转型时期需要，走出有自身特色的智慧城市发展之路。三是体制不同决定了中国智慧城市建设的实现路径可能不同，国外发达国家市场体制强大而政府权力有限，所以发展智慧城市时多是在小城市或者大城市局部区域开展某几个有限行业和领域的应用试点，而中国政府管辖范围较大，在经济社会发展上的主导型和推动力较强，中国发展智慧城市可以进行整体的顶层设计，整合整个城市、所有行业和领域的资源，实现智慧城市建设的系统有序推进。

二、国内智慧城市发展状况

智慧城市提出之后也引起了我国政府的极大兴趣，自 2009 年开始，中国就陆续有多个国内城市推广智慧城市建设。2012 年 12 月，智慧城市正式列入中国城市发展规划，住建部正式公布了首批国家智慧城市试点名单，启动了国家智慧城市试点工作。首批国家智慧城市试点共 90 个，其中地级市 37 个，区（县）50 个，镇 3 个。2013 年 8 月，住建部公布第二批智慧城市试点名单，至此累计试点城市达到 193 个。与此同时，科技部又在 10 月份将 20 个城市纳入试点名单。工信部、国家发展改革委等相关部门也在推进相关工作，地方政府也对智慧城市的建设非常重视，不少城市都将智慧城市建设列入了国民经济“十二五”规划。国家信息中心信息化研究部副主任、中国智慧城市发展研究中心秘书长单志广表示，据不完全统计，全国已有 95%的副省级以上城市、76%的地级以上城市，总计约 230 多个城市提出或在建智慧城市，计划投资规模近万亿元。

从城市类型来看，除了北京、上海、广州、深圳等一线城市外，杭州、厦门、珠海等一些东部沿海地区的经济发达城市也纷纷开始了“智慧城市”的建设。另外，湖北、湖南、山东、辽宁、四川、河南、安徽等省则提出建设“智慧城市群”。例如，湖北省的“智慧城市群”涉及 17 个省内城市，广东省的“智慧城市群”涉及 21 个省内城市。目前众多已经开展试点的城市，可以根据发展模式和侧重点的不同分为全面发展型、特色引领型和稳妥跟进型三种类型，如图 1 所示。

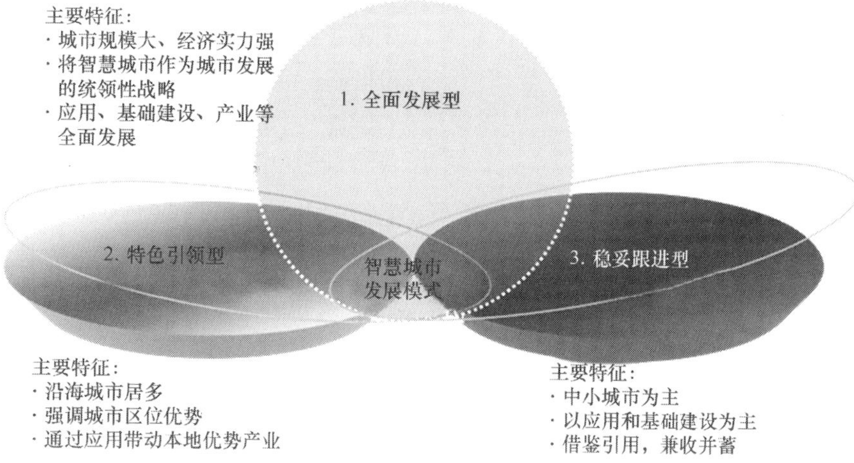

图 1 智慧城市类型

（1）全面发展型

1）主要特征

多集中于城市规模大、经济实力较强、信息化水平全国领先的一线城市，将智慧城市建设作为带动城市发展、促进城市转型升级的统领性发展战略，从信息产业发展、技术研发、智能应用、环境构建、信息基础设施建设和水电气等市政基础资源高效利用等多方面全面提升城市发展质量。

2）典型案例

• 上海

上海市 2011 年 8 月编制完成了《上海市推进“智慧城市”建设 2011～2013 年行动计划》，高度重视顶层规划，强调系统规划、整体推进、协同互通、共同建设。上海智慧城市将规划、建设、监管分离，非政府类项目按照市场原则推进。总体呈现以下特点。

强调制度先于建设。在建设之初上海首先制定“游戏规则”，新建小区将智慧城市的基础设施纳入规划之中，在什么地方建设无线基站、建设标准等都有明确要求；政府部门的信息化建设首先必须符合总体性规划要求，以防止出现新的信息“孤岛”等。

强调信息资源整合。上海通过多年的建设积累了较好的信息化资源，但这些资源相对分散、孤立，不能直接成为智慧城市建设的基础性资源，因此，上海的智慧城市建设实际上是两条路径同时推进的：一是运用新的技术手段整合已有的资源；二是建立基于云计算技术的资源体系，进行集成创新。

强调政府引导带动。成立上海市推进智慧城市建设领导小组，统筹全市智慧城市建设工作，同时成立智慧城市建设专家委员会，建立专家决策咨询机制；各相关部门按照职责分工，负责相关领域任务的细化和落实；各区县建立相应推进机制，按照全市部署，负责本区域智慧城市建设。

• 武汉

2011 年，武汉市投入 1000 万元，分两个阶段进行智慧城市的总体规划，并面向全球公开招标，开创了国内城市通过全球公开招标制定智慧城市总体规划的先河。第一阶段是概念规划，投入 100 万元；第二阶段是在概念规划得到认可的前提下，开展了总体规划以及 13 个子规划，整个规划历时超过一年。

在智慧城市规划推进的同时，武汉选择了一批项目进行示范建设。武汉把“增进民生福利、提升城市管理需求”作为示范项目选择的重要依据，示范领域包括：智慧医疗、智慧空间、智慧商贸、智慧菜篮等。武汉市计划投入 10 亿元，并引导企业和社会投资 150 亿元，打造光电子与新一代移动通信、智慧城市等十个重点领域的科技专项。为配合智慧城市建设，促进科研成果就地转化，职务专利转化为产业专利，武汉给出了配套政策，规定发明人最高可获得收益的 70%作为奖励，成为全国范围内的最高奖励标准。

（2）特色引领型

1）主要特征

多以东南沿海发达城市为主，强调城市某一方面的区位优势、资源优势或者人才优势，通过智慧城市建设拉动特色产业，以先发优势带来更多优质资源，形成良性循环。

2）典型案例

• 张家港

作为沿海和长江两大经济开发交汇处和新兴港口工业城，张家港将智慧港城作为发展目标，重点加速信息化与传统优势产业相融合，提出要建设具有现代化国际旅游城市特色、古代文化与现代文明交相辉映的智慧名城，从打造无线智慧网络、推进无线智慧民生应用、完善区镇布局 3 个方向来推动无线智慧城市建设，成为国内中小城市智慧化建设的典范。

为加快推进智慧城市信息化建设步伐，张家港在今年制定了《智慧港城建设工程行动计划》，3 年将投入 7 亿元，每年推进 10 个左右的信息化重点项目。2013 年投入 2.6 亿元，实施信息化重点项目 12 个。“智慧城管”综合信息系统是 2012 年度市政府信息化项目，一期工程已于 2012 年年底投入运行，二期工程着力完善智慧城管综合信息平台和停车诱导系统，于 2013 年年底前建成投运。“智慧港城”2013 年还建设了肉菜流通追溯系统和无线智慧港城、家庭信息化（云媒体电视）、智慧教学信息化等项目，其中有 90%以上的项目在 2013 年年底前完成并投入使用。

（3）稳妥跟进型

主要特征：多以中小型城市为主，将信息基础设施和应用的智慧化提升和建设作为智慧城市的重点任务，兼顾产业发展，力求抓住智慧城市发展契机，提升城市信息化发展水平。

三、目前面临的主要问题

中国智慧城市建设热潮已经掀起，但大多数城市对智慧城市建设缺乏明确的定位和目标，对如何开展智慧城市建设存在困惑，缺少科学合理的规划和措施，主要表现在以下方面。

第一，建设的目的不够明确，重概念轻需求。有一些城市盲目地模仿其他的城市，跟风建设，把智慧城市建设作为政绩工程和形象工程，贪大求全，没有关注当地经济社会发展的实际需求和城市特色，以及当前需要重点解决的城市问题。

第二，建设思路不清楚，重建设轻效果。很多的城市都把智慧城市仅仅定位在工程建设，甚至只是简单地将各委办局拟建的信息化项目打包，再贴上“智慧”标签进行包装，既没有明确主要的任务和实施路线图，也没有跨部门的共享和业务协同的信息机制和政策机制。

第三，建设模式不可持续，重技术轻制度。各地多着眼于对物联网、云计算等“高精尖”技术产业和应用的投资，对智慧城市建设的长期性、复杂性的认识不足。很多城市把智慧城市的建设往往都押宝押在政府的投资上，使得市场配置资源的基础性作用难以发挥，无法激发社会力量参与智慧城市建设的积极性和创造性，最终导致智慧城市建设难以持续的推进。

智慧城市是一个边建设、边运营、边探索的过程。随着城市逐步从以工业生产为主向知识、信息、智慧枢纽和集散地为主的方向转变，中心城市对知识密集、信息密集、创新密集的高新技术产业和高附加值的智慧产业的吸引力迅速增强。不少中心城市会逐步成为产品设计、研发、管控、营销、服务的聚集地，演进为信息与知识生产、使用和集散的中心。随着科技的发展带动城市的文明提升，智慧城市建设也将会普及到更多的国内城市。真正的智慧城市，会离我们越来越近！

（作者：工业和信息化部电信研究院　申玮）

互联网发展篇

国内互联网发展状况分析

一、概述

2013年，中国整体网民规模增进保持放缓的态势。截至2013年12月，我国网民规模达到6.18亿人，全年共计新增网民5358万人。互联网普及率为45.8%[1]，较2012年年底提升了3.7个百分点。

网络普及的不断提升，一方面在于2012年中国政府在信息化推进领域的一系列政策方针和基础网络设施建设成效逐步释放，宽带普及和移动网络建设等行动直接带动人们对互联网的使用；另一方面在于3G、移动设备的快速普及和无线应用的多样化极大地推动了手机网民的增加，促进了我国互联网的快速发展。并且，来自手机端应用的带动作用明显，基于位置的应用等一些属于手机上网的独特应用正在吸引越来越多的用户。2013年中国新增网民中使用手机上网的比例高达73.3%，高于其他设备的使用比例，这意味着手机依然是中国网民增长的主要驱动力。

互联网普及提升的同时，中国网民互联网应用状况依然保持着平稳的发展态势。即时通信作为第一大上网应用，网民规模继续上升；电子商务类应用继续保持快速发展；传统互联网应用的使用率继续走低。而手机端互联网应用更是成为了各类应用的发展亮点。

此外，在互联网接入方式上，2013年我国台式电脑上网网民比例继续下降，手机上网网民比例保持快速增长，已经形成庞大规模。截至2013年12月，我国手机网民规模达到5亿人，较2012年年底增加8009万人，网民中使用手机上网的人群占比由2012年年底的74.5%提升至81.0%。3G的快速普及和无线网络的覆盖为手机上网奠定了用户基础和网络基础，在促使更多用户便捷上网的同时，也提升了各项上网体验，尤其是对各类大流量数据应用的使用。各类与生活联系紧密的手机应用则提升了网民的使用动力，尤其基于真实生活需要的手机地图、购物、支付等应用满足了手机网民多元化生活的需求，同时增强了其对移动互联网的兴趣，提升了手机网民的使用黏性。

二、网络资源

（一）IP地址

由于全球IPv4地址数已于2011年2月分配完毕，因而自2011年开始我国IPv4地址总数基本维持不变，截至2013年12月，我国IPv4地址数量为3.30亿。

截至2013年12月，我国IPv6地址数量为16670块/32，较去年同期增长33.0%，位列世界第二位。当前，各大运营商都在大力推进IPv6产业链的成熟，积极开展试点和试商用，逐步扩大IPv6用户和网络规模。

IP地址作为一项重要的互联网基础资源，对我国互联网健康有序发展有着重要的影响。而伴随着中国网民的快速增长、移动互联网、物联网和云计算等新兴业务的广泛开展，互联网产业将对IP地址产生海量需求。在目前IPv4地址逐步耗尽的情况下，向IPv6的过渡和迁移是解决这个问题的唯一方案。

在IP地址管理层面，由于IPv4向IPv6过渡期间，仍然存在大量的IPv4地址需求，如何发挥现有IPv4地址资源的潜力，物尽其用，还要相关机构从政策、标准和技术上等多方面入手；而在IPv6部署初期对网络和业务的发展做出科学合理的规划至关重要，而能否综合考虑网络层次、路由协议、流量特征等诸多因素，建立完善IPv6地址资源部署策略是网络整体规划的关键环节，将直接影响到基础网络的运行效率和互联网管理效果。

1 普及率计算依据的人口总数来自《2012中国统计年鉴》。

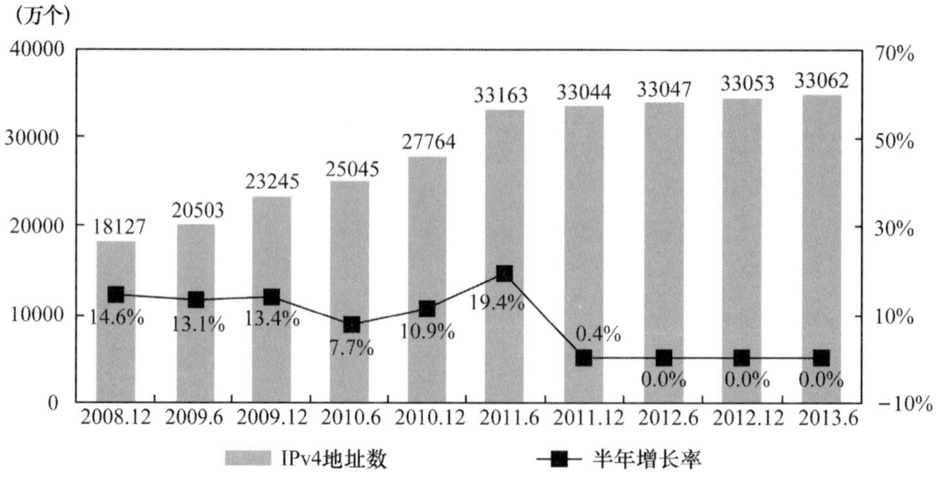

图 1　中国 IPv4 地址资源变化情况

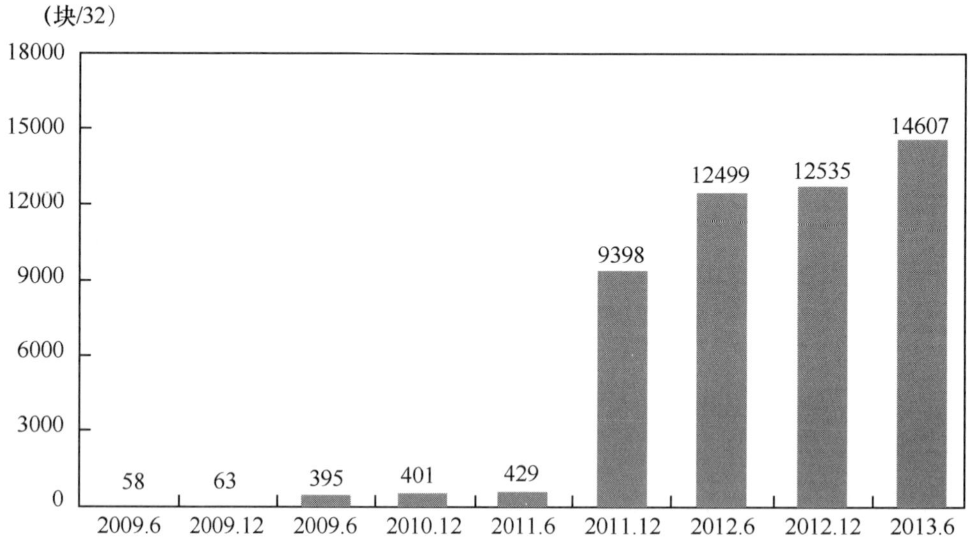

图 2　中国 IPv6 地址资源变化情况

（二）域名

在“.CN”域名增长带动下，中国域名总数增至 1844 万个，相比上年年底增速达 37.5%。

在中国国家顶级域名方面，截至 2013 年 12 月，中国.CN 域名总数为 1083 万，相比 2012 年同期增长了 44.2%，占中国域名总数比例为 58.7%。“中国”域名总数达到 27 万个，占我国域名总数比例为 1.5%。

表 1　中国分类域名数

	数量（个）	占域名总数比例
CN	7,808,360	53.1%
COM	5,606,607	38.2%
NET	694,570	4.7%
中国	273,384	1.9%
ORG	161,245	1.1%
INFO	127,654	0.9%
BIZ	22,606	0.2%
其他	343	0.0%
总和	14,694,769	100.0%

（三）网站

截至 2013 年 12 月，中国网站[2]数量为 320 万，全年增长 52 万个，增长率为 19.4%。我国网站数量延续 2012 年的发展趋势，继续稳步增长。

2 指域名注册者在中国境内的网站。

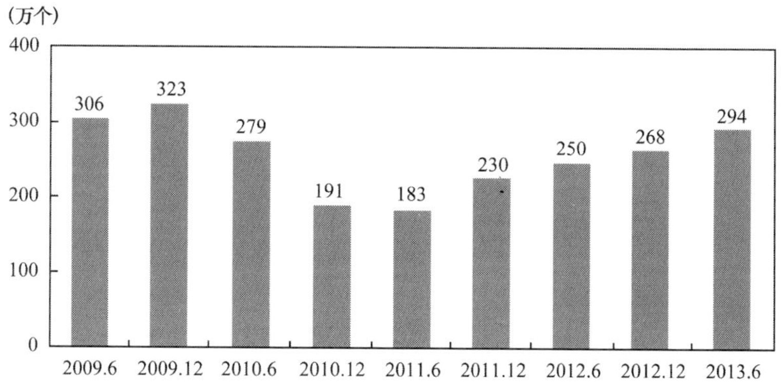

注：数据中不包含.EDU.CN 下网站。

图 3 中国网站数量变化情况

三、互联网应用状况分析

（一）作为媒体的互联网

互联网作为一个崭新的媒体平台，打破了现有媒体业、商业和个人信息消费领域的服务格局，已成为获取信息、发布信息、传递分享信息的最重要的平台。网络媒体逐渐成为一种影响力最大的主流媒体。

首先，中国微博活跃用户数经历了 2010～2011 年爆发式增长后，从 2012 年开始进入了一个相对平稳的增长期。2013 年，微博发展出现转折，用户规模和使用率均出现大幅下降。截至 2013 年 12 月，我国微博用户规模为 2.81 亿，较 2012 年年底减少 2783 万，下降 9.0%网民中微博使用率为 45.5%，比上年年底降低 9.2 个百分点。目前微博已经成为网民获取信息的重要途径之一，同时也是社会重要的信息传播渠道。微博的社交属性越来越弱，而媒体属性则越来越强。微博从满足人们弱关系的社交需求上逐渐演变成为大众化的舆论平台，越来越多机构及公众人物都通过微博来发布或传播信息。对于社会热点事件，微博不只是传播平台，而且成为了发布平台，时效性远超传统媒体。

其次，网络新闻作为网民的基础应用，使用率一直保持在较高水平。截至 2013 年 6 月底，网络新闻的网民规模达到 4.61 亿，较 2012 年 6 月增长了 6860 万人，年增长率为 17.5%；网民对网络新闻的使用率为 78.0%。2013 年网络新闻使用率增长主要得益于以下几个因素：首先，在移动互联网时代，碎片化时间阅读新闻成为网民的主要活动之一；其次，随着微博、微信等应用的兴起，网民接触新闻的渠道增多，例如，微博对主要新闻事件的快速传播，形成热点话题，并联动主流新闻媒体进行传播，极大促进网民对网络新闻的接触度；最后，各类新闻媒体纷纷发力移动互联网，制作了大量用户体验较好的新闻 App，极大提高了手机网民对网络新闻的阅读频率；并且，新闻类手机客户端的推送效果远高于传统 PC 客户端，使更多的手机网民被动阅读了大量新闻。

（二）作为娱乐的互联网

1. 网络视频

电视热播剧和热播综艺节目较多，带动了网络视频的点播。视频网站仍然通过购买热播剧来吸引用户点播，部分网站在购买热播剧上有所侧重，逐渐形成了自己的特色，有的网站偏向美剧或革命剧，有的网站重点购买大剧，以吸引不同的用户群。同时，为了减轻外购热播剧带来的成本压力，各网站加强了自制节目的投入，不少网站取得了一定成功，部分自制节目点播率较高。此外，一些网站还通过直播体育赛事或者大型活动来吸引用户，取得了一定成果。

公司战略层面上，视频行业的并购活动进入纵深阶段，视频行业加速合并与洗牌，竞争更加激烈。一些视频网站背靠互联网巨头，利用母公司财力雄厚的优势，并购其它视频网站，通过强强联合来拓展用户，实现资源共享，分摊热播剧购买成本。部分网站为了扩大用户覆盖范围，还与社交网站、微博等联合，提供视频分享资源，实现用户共通，力图在用户覆盖提升上实现双赢。视频网站为了增强竞争力，还纷纷进军硬件领域，推出机顶盒或智能电视，在控制播放入口的同时，通过出售硬件产品或内容盈利。

截至2013年12月，中国网络视频用户达4.28亿，较2012年年底增加了5637万人，增长率为15.2%。网络视频使用率为69.3%，与上年年底相比增加3.4个百分点。而手机端网络视频使用率涨幅较大，成为亮点，截至2013年12月，中国手机视频用户规模为2.47亿，与2012年年底相比增长了1.12亿人，增长率为83.8%，网民使用率为49.3%，相比2012年年底增长17.3个百分点。多方因素力促手机视频用户增加：首先，随着3G手机用户规模扩大、家庭Wi-Fi上网比例增加，通过手机在线看视频的网速限制已经得到初步解决；其次，手机硬件性能提升为手机视频播放创造了条件，配备双核或四核处理器的智能机在热销手机中已经普及，手机屏幕和分辨率都有较大提高；再次，手机视频客户端不断优化完善，带给用户的体验也更好，吸引部分视频用户从PC电脑向移动端转移；最后，社交网站和手机微博用户的视频分享，也带动了手机视频用户的增长。

2. 网络游戏

伴随着游戏行业发展时间的加长，用户规模增长逐步放缓。截至2013年12月，中国网络游戏网民规模达到3.38亿，网民使用率从2012年的59.5%降至54.7%。与上年相比，网络游戏用户规模增长仅为234万，增长空间有限。

游戏产品方面，正在从重游戏向轻游戏发展。需要花费大量时间以及大量金钱的MMORPG游戏用户正在流失，ACG以及更为轻度的手机游戏仍保持增长态势。

游戏多端化发展越来越明显。随着移动互联网的发展，游戏设备也在逐步丰富，除了PC以外，平板电脑、智能手机、甚至电视等，均可以成为游戏终端，并提供了新的玩法和体验，使得客户端网络游戏作为绝对主流的格局开始发生变化，多端并存的方式对客户端网络游戏造成了一定的挤压。客户端游戏存在时间较长，感兴趣的用户基本已经加入。而游戏整体新用户增长有限，因此其他终端设备其实都是在分食客户端游戏用户。

总之，随着游戏行业的成熟，MMOG游戏一支独大的状况将逐步改变。作为动漫产业的重要组成部分，中国游戏市场将呈现更为健康的发展趋势，即网络游戏与单机游戏协调发展，PC与其他终端设备游戏百花齐放。

（三）作为社交工具的互联网

社交关系的运用可以更好的增强用户对产品的使用黏性，这使社交元素价值受到了重视，无论是电子商务类应用，还是信息获取类应用，亦或是娱乐类应用都开始融入社交因素，体现了其社交性。而随着移动互联网的发展，人们的社交关系转入了手机端，手机随身性、实时性的特点可以更好的维系这种社交关系，因此手机端社交应用得到了快速的发展。

1. 即时通信

即时通信持续保持着互联网使用率第一。截至2013年12月，我国即时通信网民规模达5.32亿，比2012年年底增长了6440万，年增长率为13.8%。即时通信使用率持续攀升，已达到86.2%，较2012年年底增长了3.3个百分点。即时通信能够继续高位增长，首先，聊天是即时通信产品最基础的功能，更具有大众化的特点，为其奠定了庞大的用户基础。其次，随着即时通信产品功能不断的拓展，正在从聊天工具向综合平台转变。平台中除了基础的聊天功能外，购物、支付、游戏等服务的引入为即时通信产品搭建一个良好的生态圈。即时通信功能的不断创新，提升了用户体验，带来新用户，也增强了用户黏性。

而社交性与移动性的更好契合，使手机端即时通信成为手机端最常用的应用。截至2013年12月，我国手机即时通信网民数为4.31亿，较2012年年底增长了7864万，年增长率达22.3%。手机即时通信使用率为86.1%，较2012年年底提升了2.2个百分点。手机即时通信产品发展成为综合平台，融入了交流沟通、信息获取、商务交易、网络娱乐等各类互联网服务。对于企业来说，在这个平台上，利用社交元素，企业产品可以得到快速、广泛传播，营销作用巨大。对于手机即时通信产品来说，产品集交流沟通、信息获取、社交、游戏、电子商务、支付于一身，更是在手机即时通信产品中形成一个闭环生态，一切服务都可在其中完成，使其具有巨大的潜在商业价值。

2. 社交网站

社交网站为网民建立了一张强关系网，与自己的同事、同学等进行自我展示或者交流沟通，但随着弱关系社交模式的其他交流沟通类应用的兴起，原先频繁登录社交网站一部分用户，逐渐被分流到其它应用上。当前社交网站面临的压力除了行业内竞争对手外，更多的来自于替代应用，如微博、新型即时通讯工具等。截至 2013 年 12 月，我国社交网站用户规模达 278 亿，使用率为 45.0%，相比 2012 年年底降低 3.8 个百分点。

社交网站为迎接新挑战，不断优化内容，与其他类型的网站开展合作，拓展分享和转发范围，以达到双赢局面。但未来人们的社交形式会更加多元化，这意味着一成不变的单一社交形式很难满足个人的需求，如何在变化过程中保持用户黏性，将是社交网站今后的一个重要课题。

3. 微博

微博集娱乐、休闲、社交、营销于一身，满足了人们在碎片化时间里弱关系低强度的上网沟通需求，吸引了大批重度用户。但目前各种网络应用如雨后春笋般兴起，分流了部分微博流量。

微博的功能拓展将会是今后各企业的重点，开放平台是微博保持生命力的重要举措。经过几年的培育，微博已经积累了大量的用户，但随着其他社交工具或具有社交元素的应用的兴起，微博仅靠满足用户基本社交需求来留住用户会非常困难，微博的功能拓展势在必行。当前主要微博已经开发了游戏、扫描等功能，并与影音、资讯、地图、生活娱乐等捆绑在一起，微博未来的功能将会进一步拓展，主要微博企业都想把微博做成人们移动互联网生活的主要入口，虽然各微博侧重有所不同，但功能扩展将是不变的趋势。

4. 作为商务平台的互联网

2013 年电子商务类应用继续保持快速发展，尽管在手机端电子商务应用渗透率较低，但领域内各应用的使用率相较其他类应用涨幅更大。

（1）网络购物

截至 2013 年 12 月，我国网络购物用户规模达到 3.02 亿人，较上年增加 5987 万，增长率为 24.7%使用率从 42.9%提升至 48.9%。

网络购物网民增长的驱动力量主要来自以下四个方面：首先，网民数量的持续增长，网民购买力的提升，消费者线上消费习惯的养成，为网络购物奠定了良好的用户基础，成为促进网络购物市场繁荣的重要基础。其次，传统企业纷纷向电子商务的转型，拓展了网络购物的品类和渠道。线上产品的丰富、线上和线下的互动，提升了用户的购买体验。再次，网络促销的常态化，激发消费者的购买欲望。网购市场的激烈竞争导致电商之间频繁的价格战。店庆促销、节假日促销、特卖会、1 元秒杀等营销手段的使用频率越来越高，极大的刺激了消费者的购买欲望。最后，移动互联网的发展和智能手机的普及，促使移动支付、移动购物快速增长，手机端和 PC 端的应用互补，促进了网络购物市场的发展。

（2）网上支付

2013 年中国网上支付市场取得快速增长。截至 2013 年 12 月，我国使用网上支付的用户规模达到 2.60 亿，用户增长 3955 万，增长率为 17.9%，使用率提升至 42.1%。行业的发展源自于以下三方面：

首先，政策的引导。截至 2013 年年初，央行分 6 批颁发了 233 张支付牌照，并出台了《支付机构互联网支付业务管理办法》等一系列相关政策，有力的引导了互联网支付行业的发展。

其次，市场的支持。传统企业的电子商务化进程加速；涉及支付环节的网购、游戏、在线旅游预订等市场的活跃，以及用户对其他付款渠道不断增长的需求，推动了电子支付和移动支付网民规模的增长。

最后，基于牌照、商户、用户资源以及商业模式等层面的创新，开创了网上支付新业务模式——个人消费信贷。通过第三方支付可获得贷款的金额从 50 元到 1000 万元不等，特别是小额信贷业务，为个人消费信贷提供了融资渠道和支付便利，从而促进支付业务的发展。

（3）旅行预订

其他商务应用相比，我国旅行预订市场正处于快速成长期，网民规模增长空间较大。截至 2013 年 12 月，在网上预订过机票、酒店、火车票和旅行行程的网民规模达到 1.81 亿，年增长 6910 万人，增幅 61.9%，使用率提升至 29.3%。随着居民消费水平的提升和旅游意愿的增加，以及旅游产品价格的大幅下调，用户对各类旅行预订服务的使用率将大幅提升，在线旅游预订市场前景看好。

2013 年，移动互联网应用已经深入在线旅游预订市场，各大垂直旅游网站和 App 服务商抢滩登陆这一潜力市场。首先，各类旅游预订移动客户端整合了各种互联网信息，随时随地的提供查询、比较、预订等服务。其次，旅游预订移动客户端伴随用户整个旅游行程。包括预定前信息查询比较、预订过程中的在线支付、旅游过程中的图片信息分享、旅游后的游记分享等。再次，LBS 功能满足即刻需求。比如：用户来到某地搜索周边的酒店、美食、娱乐休闲场所等。未来，移动互联网和在线旅游的无缝对接能够大大刺激消费者的需求，推动在线旅游预订市场的发展。

四、企业互联网应用分析

中国中小企业越来越认识到了互联网为企业发展带来的巨大价值，并不断加大互联网的使用，利用互联网开拓市场。

（一）中小企业互联网应用基础条件与信息化管理

中小企业计算机、互联网普及率已达到较高水平，且在一定程度上实现了办公信息化。根据 CNNIC 中国企业互联网应用状况调查，93.1%的受访中小企业在办公中使用了计算机、83.2%在办公中使用了互联网。由于经济发展水平、产业结构不同，各地区企业间的计算机使用率存在一定差异。东部地区最高，其次为西部地区，中部地区计算机使用率最低，仅为 84.8%。与计算机使用率的差异状况类似，东部地区企业的互联网使用率最高，达 87.7%，中部地区企业则相对较低，仅为 70.5%。尽管在计算机的使用情况上，西部地区已经显著追赶上东部地区，二者相差不到 4 个百分点，但是两地企业仍在互联网使用率上存在一定差距。

全国范围内，已有 41.7%的企业建立了独立的企业网站。独立企业网站使用的域名以.com 为主，在受访企业中的使用率高达 71.7%；与之相比，.cn 的使用率较低，仅为 33.2%，根据中国互联网络信息中心 CNNIC 的统计，截至 2013 年 11 月，中国域名的数量超过 26.6 万，相比之下.cn 域名的数量接近 961.0 万，中文域名在企业中的推广力度仍然有待进一步加大。从地域来看，东部地区企业在建立独立网站和网店方面都是最为积极的，比例分别达到 46.8%和 21.5%。东北部地区企业建立独立网站的比例较高，但是开设网店的比例并不高。中部、西部地区建站比例均相对偏低。

电子商务平台为企业提供的服务，已经从单一的网店服务，向以电子商务平台服务为核心，金融、物流及其他信息技术服务为外围的电子商务生态圈发展；从以不变应万变的单一产品，逐渐发展为专业化服务、整合性服务，甚至提供全套的个性化解决方案，极大激励了企业在电子商务平台开展商务活动。根据 CNNIC 调查，全国范围内，已有 18.0%的企业利用电子商务平台建立了网店。

（二）中小企业的互联网应用

我国中小企业互联网应用根据 CNNIC 调查显示，普及率最高的互联网应用前三位分别为发送和接收电子邮件、网上银行与政府机构互动，比例分别为 85.6%、77.0%和 74.4%。中小企业互联网应用类别具体为以下 4 个方面：

沟通类：即利用互联网方式完成交流沟通的通用型互联网应用，主要包括发送和接收电子邮件。发送和接收电子邮件是企业互联网最基本的应用之一，同时为企业提供邮箱服务的内容和质量也在不断地丰富和提升。全国范围内，使用互联网的企业中，有 85.6%在过去一年利用互联网发送和接收电子邮件。

信息类：即利用互联网获取或者发布信息、进行交流沟通的互联网应用，包括发布信息或即时消息、了解商品或服务信息、从政府机构获取信息等。互联网极大地加速了信息流动的速度，扩大了信息传播的范围，为企业提供了及时而充足的市场信息。企业通过互联网，能够随时获取行业信息，了解竞争对手的情况，甚至主动挖掘商机。有 65%的受访企业利用互联网了解商品或服务信息。

商务服务类：即利用互联网辅助企业更好的进行商务活动，如网上银行、网络客户服务等。网上银行功能丰富，能够为企业提供各种财务、金融管理服务和工具。网上银行与企业电子商务相关业务相结合，提供完善的查询、收付款，甚至贷款服务，有助于企业在电子商务活动中更方便地进行财务管理和财务决策。有 77.0%的中小企业使用过网上银行。网络客服是与企业营销推广和电子商务紧密相关的一项互联网活动。企业的客服人员通过专业的网络客服工具或者其他渠道，与客户在线交流、解答客户疑问、引导客户购买，可以很好的帮助企业树立品牌形象、完善售后服务。有 51.5%的受访中小企业利用互联网提供客户服务。

内部支撑类：即利用互联网辅助企业内部管理、内部工作效率提升的相关互联网应用，包括与政府机构互动[3]、网络招聘、在线员工培训、使用协助企业运作的网上应用系统等。国家提出了加快推动重要政务应用发展，2013 年，有 74.4%的受访中小企业利用互联网与政府机构互动。随着政府职能从管理到服务的转变，电子政务将会成为服务企业的重要平台和工具。此外网络招聘也增长迅速，有 53.3%中小企业进行过网络招聘。网络招聘帮助企业节约了成本，并有助于企业对于人才需求的快速满足。

（三）中小企业电子商务及网络营销发展状况

电子商务：截至 2013 年 12 月底，在过去一年中开展过在线销售的中小企业比例为 23.5%，26.8%曾经开展过在线采购活动。我国企业电子商务使用率近年来表现平稳，在线采购和在线销售的比例均维持在 25%上下。在调研中发现，虽然企业主对电子商务的意识已有所增强，但网络营销推广实效性欠缺，网销渠道与传统渠道难以协同，电子商务人才缺失等仍然是企业主普遍担心的问题，在很大程度上制约了企业电子商务发展。进一步看，制造业、批发和零售业、信息传输、计算机服务和软件业的在线采购和在线销售比例远高于其他行业，房地产业、建筑业、交通运输业、服务业电子商务的重点在于网络消息获取和品牌及产品的宣传，采购和销售仍较大程度在线下进行。

网络营销：互联网营销门槛更低、投入较少，而且随着互联网营销技术的发展，逐步实现精准营销，使得投入更加可控、效果更加容易衡量，其使用率已经明显超过电视、户外广告、报纸杂志等传统推广渠道。互联网营渠道多种多样，不仅付费工具极其丰富，还有很多免费的互联网营销方式。这些使得互联网营销已经普遍成为各行各业推广渠道的必选，在帮助企业，尤其是小微企业开拓市场方面起到了重要的作用。截至 2013 年 12 月底，20.9%的中小企业在过去一年利用互联网开展营销推广活动。

中国互联网快速发展，普及率稳步提升，手机成为了新增网民的第一来源，成为我国网民增长的重要推动力。在网民规模增长方面，手机成为了我国农村主流的上网设备，带动着农村互联网发展，使互联网在农村人口中普及程度快速增长。

在互联网应用发展方面，各类与生活联系紧密的手机应用加大了网民的使用动力，尤其基于真实生活需要的手机地图、购物、支付等应用满足了手机网民多元化生活需要，同时增强了其对移动互联网的兴趣，提升了手机网民的使用黏性。社交元素促进着手机应用的发展，社交元素嵌入进各类应用形成群体效应，加深了用户黏性。未来，随着无线网络的发展，如网络娱乐等高流量服务的应用发展将会加快，而移动电子商务类高价值应用也将继续迅猛发展。

（作者：中国互联网络信息中心　孟蕊）

3 与政府机构互动，包括在政府网站中下载/索要表格、在线完成/填写表格、进行在线支付以及通过互联网向政府机构采购或出售。不包括向一般政府机构获取信息。

运营级下一代互联网分析与研究

一、全球各大运营商 IPv6 部署情况

目前，随着 IPv4 地址的分配殆尽，全球互联网技术变革和中国下一代互联网发展都已经进入关键时期。从全球的角度来看，当前 IPv6 也进入了一个快速发展的时期。

Verizon Wireless 是 IPv6 部署范围最为广泛的移动运营商，目前 IPv6 的渗透率已达到 30%以上。VZW 采用的策略是从 LTE 起全面引入 IPv6，这一方面是由于 LTE 中 IPv6 的标准较为成熟，并且为强制性要求，另一方面由于 LTE 新建网络的契机给 IPv6 的引入创造了良好的条件。为了引入 IPv6，VZW 从网络设备、终端要求、支撑系统等各个层面都进行了 IPv6 的严格要求和测试，并全程全网开启 IPv6 能力。

RCS & RDS 是罗马尼亚第二大固网业务运营商，且一直来高举新技术大旗突破市场。目前，其 IPv6 的部署率已跃居全球第一，达到 16.1%。由于罗马尼亚并不缺乏 IPv4 公有地址，因此 RCS & RDS 采用的是公网双栈方案，并尽可能延缓 CGN 的部署时间。

Free 是法国第二大固网运营商，其在 IPv6 的部署由于 6rd 的引入而一跃在 2011 年上升为全球第一，目前 IPv6 的渗透率也高达 17.21%。6rd 的技术是在 IPv4 的网络中通过部署 IPv6 终端而穿越 IPv4 的网络。Free 能够采用 6rd 迅速发展 IPv6 的原因一方面在于其能够较好地掌控用户的家庭网关，因此能够实现短时间内的全面升级，另一方面是因为 Free 还暂不缺少 IPv4 公有地址，因此不需要引入 NAT 转换设备。

KDDI 是日本第二大运营商，有全面的固网与移动网络业务。目前 KDDI 的 IPv6 网络部署渗透率也已达到 8.85%。KDDI 尽可能减少对用户的影响，家庭网关可以通过远程升级的方式支持 IPv6。KDDI 在 LTE、WiMAX 网络中也注重 IPv6 的发展，从终端到网络都全面引入 IPv6。为了解决 IPv4 地址紧缺的问题，引入 IPv6 能力的同时也考虑了 CGN 设备的部署。此外，KDDI 也积极开展 M2M 类业务，并且与多种智能终端、家电设备相结合，拓展 IPv6 的业务领域，推出各种物联网类应用，也更好地体现出 IPv6 的优势所在。

德国电信是德国最大的电信运营商，也是发展 IPv6 的积极尝试者。德国电信在向下一代互联网的演进中采取了较为激进的方式，计划新建一张全新的纯 IPv6 网络，采用高带宽、扁平化、软件化的思路来构建，将 IPv4 的业务作为下一代互联网的一项服务来看待。其采用的过渡技术为中国电信和清华大学联合推出的 LAFT6，可降低网络侧 CGN 部署的压力与成本；同时，采用 SDN 和虚拟化技术，可动态调整所需要的 NAT 转换成本。

在 10 个最流行的互联网网站中，目前有 5 个网站已经支持 IPv6，分别是谷歌、Facebook、YouTube、雅虎和维基百科。此外，SONY 等电子消费品厂商和微软等通信软件厂商也纷纷在其产品中内置对 IPv6 的支持，其中 SONY 还明确提出“索尼的所有产品都应基于 IPv6”且“如果可能，希望在 2015 年年底前尝试关闭局域网中的 IPv4 协议栈”。

中国电信很早就高度重视下一代互联网的发展，自 2001 年开始，积极开展包括 IPv6 技术在内的研发储备，密切跟踪国内外最新动态，积极参与国家层面的 CNGI 项目，利用大型项目进行应用示范，组织技术研究并制定标准，抓紧开展现网评估和现场试验。在参加国家 CNGI 项目方面，中国电信作为承建单位之一全程参与了国家 CNGI 项目一期的建设，建设规模及投资在电信运营商中均位居首位。同时，作为 CNGI 两届专家委成员单位，中国电信为 CNGI 国家战略规划研究报告建言献

策。中国电信认为下一代互联网是开放、安全、可扩展、覆盖全球、满足未来业务发展需求、以 IPv6 为核心的网络，该网络具备海量的 IP 地址、用户可溯源、能够提供高宽带的有线/无线接入和支撑物联网等新型应用规模发展能力，中国的互联网应该是与国家宽带中国战略相结合的可演进的下一代互联网架构。

二、创新性的现网过渡架构研究及实践

基于 IPv6 的下一代互联网是宽带互联网、3G、三网融合、大客户专网等业务的融合承载平台，其网络结构和实现技术将直接影响传统互联网业务的可持续发展和未来新业务的拓展。在中国电信的统一安排下，中国电信北京研究院对于下一代互联网按照“管、端、云”架构进行了深入系统的研究，结合我国运营商网络的具体情况制定了国家 CCSA 的《基于 IPv6 下一代互联网组网架构及技术要求》标准。该标准明确给出了基于 IPv6 的下一代互联网组网的参考架构，对网络的服务质量、可靠性、移动性、安全性以及关键业务承载能力提出了具体要求。下一代互联网架构应达到网络层次清晰化、网络结构扁平化、网络质量差异化、管理控制集中化等要求。从层次清晰化和结构扁平化角度来说，下一代互联网主要由接入网、城域网、骨干网 3 层架构组成；从质量差异化和管理集中化角度来说，下一代互联网应具备服务质量、网络可靠、移动和安全管理等能力。

下一代互联网是一个基础型、战略性、长期性的系统工程，同时具有前所未有的复杂性和艰巨性。在过去的十年间，中国电信累计投入固定资产和研发费用资金超过 10 亿元，专业人员超过 1200 人。目前，中国电信的下一代互联网试点网络已经形成对湖南、江苏、四川等省所涉及的骨干网、城域网和接入网的端到端覆盖，能提供当地 40 万用户的 IPv6 接入；形成了 40 余项专利、20 余项行业标准、50 余项国际标准/草案，整体研发水平处于全球领先地位。中国电信作为运营商的代表，承建了 CNGI 国际交换中心；参与了 CNGI 网络建设，并先后服务了上海世博会和深圳大运会、中国—东盟博览会等。中国电信已经形成了一整套“分区域、分阶段、分步骤”的网络部署、改造、业务开展的全流程方案。

中国电信通过对内稳步推进、对外积极合作两条主线的工作，在演进策略与技术研究、规范制定、现网设备评估、地址申请与挖潜、现网试点验证等方面取得了一定成果，为全面开展下一代互联网规模商用工作打下了基础。主要内容涵盖：研究演进策略，明确路线选择——以双栈技术为基础支持 IPv6 并通过部署 DS-Lite、NAT444 等过渡技术缓解地址压力，远期通过向 IPv6 演进最终解决地址问题，完善整网的 IPv6 能力。完善规范标准，提升设备能力——修订了 IP 网络设备、家庭网关等技术规范，将支持 IPv6 作为设备引用的关键项，提升了现网网络设备、终端的双栈支持能力；编制了 DS-Lite、NAT444 过渡技术的设备技术规范，推进厂商开发过渡技术网络侧网关设备。完成现网试点，打通业务流程——组织现场试验，选取湖南长沙、江苏无锡及四川成都的局部区域，针对地址消耗较大的有线宽带、无线宽带等业务进行了双栈及 DS-Lite、NAT444 过渡技术的网络和业务试验。通过升级改造网络及支撑系统，开展业务流程测试，实现了试点业务的端到端流程贯通。推动产业发展，加强地址工作——与工信部研究院、信息安全中心开展合作研究，并积极参与 CNGI 工作，推动国家战略及政策出台。与清华成立联合实验室，与新浪、腾讯等 CP/SP 合作开展应用迁移方案研究及论证。

在推动轻型双栈部署中，对原国际标准 RFC6333 进行了优化和扩展，采用两台集中式 AFTR 通告同一个 IPv6 地址的方式，实现基于任播地址的冗余和负载分担，即实现多台独立式 AFTR 设备组成 AFTR 云，终端针对 AFTR 云可自动实现网络发现、就近接入、冗余备份和流量均衡。这样业务的隧道剥离、地址转换、端口分配、日志发送以及状态维护等功能全部交由 AFTR 云处理和实现。在实际部署中，由于采用了云化的思路，可以将基于 AFTR 设备云来提供冗余和负载分担的应用进行深化，采用集中式 AFTR 为分布式 AFTR 进行备份，从而每台分布式 BRAS 设备只需配置一块

AFTR 板卡就可以实现高可用性，满足电信级要求。此备份方式为全球首次应用，这样可以显著降低城域网过渡技术部署成本，同时能节约网络设备的槽位资源。

对于运营商网络来说，仅是网络设备的升级是不够的，还要对已有的支撑系统进行升级，支持 IPv6 的业务属性。以轻型双栈技术为例，由于在原有的 IPv4 网络中引入了轻型双栈的宽带接入方式，因此用户的属性类别增多，在运营支撑系统方面进行了全球首次创新，新增新的用户属性，由 CRM 结合资源管理系统自动为用户设定，继而通过后台服务开通、业务激活、AAA 系统实现联动，智能判断用户属性，然后将用户属性对应的业务模板代码下发到 BRAS，由 BRAS 根据业务代码实现不同用户分配不同地址的策略，从而实现为不同用户属性提供不同的上网业务。

在经过了上述现网实践后，中国电信同步开展了 IPv6 相关技术的持续创新。从技术研发、现网实践和业务尝试等角度看，目前已经达到全球领先水平。

从网络长期演进的角度出发，中国电信积极探索了将智能管道与 IPv6 有机结合的方式，开展了智能型网络的研究和实践，提出了下一代高智能网络架构以 IPv6 为基础，增强网络在感知、开放、高效方面的智能性，支持海量用户和终端、移动性业务、多网协同应用的可运营和可管理架构演进思路。

高智能网络具备五大特性：泛在性、感知性、高效性、开放性和可演进。泛在性是实现下一代高智能网络的基础，要求网络具备 IPv6 的标识空间，支持 IPv4 与 IPv6 用户和业务的并存与互访，满足多样化的业务发展和多场景的用户接入；可感知是实现下一代高智能网络的核心，针对日益蓬勃发展的业务应用和用户的多样化行为特征，网络需具备全方位的感知能力，实现支持基于用户、应用、内容的智能化识别和分析，并在此基础上实现策略调度和路由选择。

高效性是实现下一代高智能网络的重要途径，能够实现针对用户和应用需求的按需保障能力，实现智能流量调控能力，缓解不可控流向流量对网络资源的不合理消耗，并通过增强资源动态调控和按需质量保障能力，提高网络的自适应性，提高内容分发的效率；开放性是下一代高智能网络的重点趋势，通过网络智能能力的开放，推动更多的机构和个人加入到与网络感知、流量调度等网络能力和其他业务引擎相关能力的应用开发行列中来，通过开放平台降低应用创新门槛，丰富应用种类和数量，从而满足个性化、多样化的用户需求；可演进是指基于现有网络架构和设备，采用叠加系统或功能升级等方式构建下一代高智能网络架构，从而逐步在现有网络中升级演进到目标架构。

高智能网络的架构分为业务平台层、承载控制层和承载层。业务平台层作为上层应用的统一支撑平台和接口，为传统互联网应用以及移动互联网、三网融合、云计算等新兴应用提供调用各种业务能力和网络资源能力的方式。业务平台层重点提供能力开放 API，支持互联网应用向 IPv6 迁移的互通网关，同时提升运营商业务和网络能力的适应性，以最简单的方式适应新型应用发展的需求。承载控制层向业务平台层提供满足业务需求并与承载网络能力匹配的管理控制能力，承载控制层的核心能力是实现基于感知的策略控制和资源调度，通过对承载网络各层面（终端、网络层、业务层）信息进行统计分析，针对不同的用户和应用需求，实现按需的网络资源配置和调用；能够基于底层路由虚拟化、路由开放等技术实现分层分域的网络适配，选择适合不同应用流量模型的路由、存储或计算资源，保障业务承载的质量并提升承载网络的传送效率。承载层满足各类用户终端有线、无线网络的无缝接入，支持终端的移动性管理和智能边缘控制，承载层基于网络云化的智能转发架构设计，采用具有路由虚拟化、路由能力开放的新型路由设备，具备基于内容感知的路由优化能力，并最终实现应用可感知、内容可区分、路由可优化的路由转发体系。

中国电信同期还密切跟踪业界最新技术和业务的发展动向，综合评估这些新技术的发展对下一代互联网架构和演进带来的影响，持续关注核心技术的研究和核心专利的申请。考虑到未来现网将会出现多种支持 IPv4 单栈、IPv6 单栈、IPv4IPv6 双栈的设备，以及 IPv4、IPv6 资源的非同步部署，运营商网络需要满足多种复杂过渡场景下的访问需求，这就要求过渡设备能够灵活应对多种转换需求（如 IPv4 到 IPv6、IPv6 到 IPv4、私网 IPv4 之间等）。基于 SDN 的 Openv6 统一过渡方式采用统一流表的方式，通过定义各层开放式的接口，可有效实现多种 IPv6 过渡场景的灵活加载与灵活选择、地址池的有效管理等，从而可以有效降低运营商在 IPv6 过渡的不同阶段的应用适应性。

Openv6 主要实现思路体现在如下几个方面。

（1）转发层面的一致性

转发层面实现对流表的一致性操作，主要的模块包括通用隧道模块、通用翻译模块，以及对流表的转换操作和处理。转发层面的设备无需识别具体的过渡技术，而只需接收控制面的具体请求来做相应的处理。当增加新的 IPv6 技术时，只需要在应用层面上安装 IPv6 技术即可。这样，网络设备不受影响，而且业务部署快。

（2）控制层面的灵活调控

控制面可提供北向接口 API，实现对 IPv6 过渡技术进行灵活的配置和选择，并支持对多种过渡技术在不同的转发设备中的下发与操作，可以收集转发面当前运行的状况并对此作出及时的调整，从而为快速创建 IPv6 相关的业务提供便利。

此外，控制面还应提供一定的开放性接口，为第三方调用或建立 IPv6 映射表项提供可能性。

（3）资源的统一调度

在 IPv6 过渡时期，控制层面应具备资源的统一调度能力，运营商可以一次性配置地址池资源，而由控制面来实现在多个不同的转发设备以及不同的过渡技术之间进行合理的分配和规划调度。控制层面能够收集当前的使用情况并作出有效的调整。

三、中国电信的 IPv6 标准化实践

IETF 是国际上 IPv6 的标准化主体，自 1994 年以来，IETF 已经完成了涉及 IPv6 的基本协议、地址结构、邻居发现机制、地址分配机制等技术的标准化工作，发布了 115 个相关 RFC，已经基本完成了对 DNS 扩展支持的 IPv6 的标准化工作，发布了 11 个相关 RFC。与 IPv4 路由协议对应，IETF 已完成了应用于 IPv6 网络中的路由 MPLS 协议标准的制定工作，发布了包括 RIP、OSPF、ISIS、BGP、MPLS、LDP、VPN 等路由 MPLS 协议，该类标准已经完善。

在 IPv6 过渡领域，目前的研究主要集中在 IPv6 协议的过渡技术隧道技术（Softwire 工作组）、翻译技术（behave 工作组）和运营部署考虑（v6ops）等，包括针对协议转换、地址翻译、隧道封装等技术方案。其中，IETF 已制定的主流过渡技术包括 RFC6334 的 DS-Lite 技术、RFC6146 的有状态 NAT64 技术、RFC6219 的 IVI 技术以及 RFC6147 的 DNS64 技术等。

但迄今为止，业界对已制定的 IPv6 过渡技术还存在较大的争议，对于 IPv6 实际演进中的运营部署要求也考虑得较少，还存在大量的可改进、可完善的空间，急需在较短的时间内结合运营商的实际部署需求加以补充和完善。

中国电信自 2001 年起在下一代互联网领域进行了持久探索和现网储备，历时十余年，聚焦 CNGI 试验网、技术研究、现网试验和应用示范工作。在大量的实践和研究基础上，中国电信与清华大学、工业与信息化部电信研究院、产业链各个合作单位等开展了紧密的合作研究，重点在下一代互联网的架构、政策和标准方面展开了研究，并联合进行国际 IETF 标准、国内行业标准的制定和推动，完成了 9 项行业标准、40 项国际标准/草案的科研成果，起到了重要的产业带动的作用。

（一）国际 IETF 标准化

在国际标准化方面，中国电信积极参与 IETF 的标准化工作，一方面积极推动自有知识产权技术的国际标准化，提升中国自有技术的国际影响力，同时也将大量现网实践的经验与业界分享，为 IPv6 整个产业链的发展提供借鉴。

在 IPv6 基础标准方面，目前的 IETF 已经就 IPv6 的基础协议进行了全面的定义，但在 IPv6 的用户认证、接入管理、安全领域等方面还有很多有待改进和完善的内容。在这个方面，中国电信重点研究了运营网络大规模配置协议、IPv4 option、Radius、PPPv6 等协议内容，在现网试验的基础上提出了基于 Radius 的扩展协议（RADIUS issues in IPv6 deployments）、PPPv6 的扩展协议（PPP IPv6

Control Protocol Extensions for Address and Prefix）等，这些标准对于 IPv6 基础协议的完善和有效方便的运营有着重要意义，目前已获得了各方的关注和认可。

在 IPv6 过渡方面，针对用户接入侧的宽带接入关键过渡技术，中国电信与清华大学联合研究并提出新型轻量级 IPv6 过渡技术（Lightweight 4over6），该技术与法国电信提出的 B4 Bypss 技术、Juniper 提出的SD-NAT等并列成为基于用户的IPv6过渡主流技术。目前在 IETF 的工作组中已经得到了各方的认可，这也是国有自主技术在 IETF 关键性领域获得的重大突破。

此外，中国电信也基于现网试验中的 CGN 试验成果、CP/SP迁移方案提出了IPv6过渡架构、CGN以及 ICP 业务迁移相关标准等内容，这些文稿对于地址匮乏下网络平滑过渡、业务应用的平滑过渡等都有重要的指导意义。

（二）国内行业标准

在国内行业标准方面，中国电信也积极参与到中国通信标准化协会（CCSA）标准的制定中，涵盖了下一代互联网架构制定、IPv6 基础性协议、IPv6 过渡技术、业务迁移技术到新型业务方面的各个层面。

在下一代互联网架构方面，研究了网络架构与传统互联网的差异以及对未来应用模式的适应性等内容，全面定义了向下一代互联网演进的组网架构和技术要求，为下一代互联网的演进提供重要指导，发布了《基于 IPv6 下一代互联网组网架构及技术要求》标准。

在 IPv6 基础接入协议标准方面，中国电信基于运营网络的 IPv6 实践与部署经验，发布了《宽带业务的 IPv6 地址和参数配置方式技术要求》标准。该标准为 IPv6 网络规模商用和部署时的 IPv6 地址、参数配置要求制定了规范化的指导条例，对于普及 IPv6 宽带用户，促进 BRAS 协议栈研发有重要意义。

在 IPv6 过渡方面，重点研究了国际主流的 IPv6 过渡技术 DS-Lite 和运营级 NAT，包括其在运营商网络中的部署及设备技术要求，完成了《轻型双栈（DS-Lite）技术要求》和《运营级 NAT 技术要求》标准。该系列标准全面定义了 IPv6 过渡技术的技术要求、设备实现以及规模部署时的运营考虑，对于 IPv4 网络向 IPv6 网络的平滑迁移具有重要意义。

在业务平台迁移方面，重点研究了 IPv4 和 IPv6 互通技术，针对 IPv6 业务迁移和内容迁移技术，制定了《CP/SP 的 IPv6 迁移技术要求》标准。该标准基于中国电信已实现部署的 Smart6 业务迁移平台，从多场景、多维度定义了面向 CP/SP 的业务迁移技术平台的技术与设备实现要求。该标准的出台和实施可大大促进 CP/SP 向 IPv6 的迁移，从而丰富 IPv6 的网络内容与业务。

此外，在 IPv6 支持新应用方面，中国电信还研究了基于 IPv6 的 IPTV 技术，形成了《用于 IPTV 的 DHCPv6 扩展技术要求》标准。

（三）企业标准化

结合国际和国内的标准化最新进展以及企业的发展需求，及时制定各项技术规范，以规范化设备的实现需求。

中国电信在企业规范中，一方面对全网的设备进行了统一的规范梳理和修订，从家庭网关设备、接入网设备、边缘业务路由器（BRAS、SR 等）、核心路由器等，都统一考虑了网络设备对 IPv6 的处理需求。针对 IPv6 的设备技术要求，对所有入网的设备进行了严格的测试验证，把控好设备的入网关。

此外，针对在 IPv6 网络接入环境中需引入的过渡技术需求，中国电信及时制定了关键过渡技术的设备技术规范，包括 DS-Lite、CGN、轻量级过渡技术、业务迁移技术 Smart6、用户溯源系统、日志管理系统等，这些技术规范的制定对于 IPv6 的过渡与演进都起到了积极的引导作用。

（作者：中国电信股份有限公司北京研究院 赵慧玲 孙琼 王爱俊 史凡 解冲锋）

增值电信业务发展分析

一、增值电信业务市场整体发展情况分析

（一）市场规模增长迅速

近年来，我国增值电信业务市场继续保持较快的发展势头，持证企业数量和从业人员持续增加，市场规模进一步扩大。截止到2012年年底，全国增值电信业务持证企业数量为26979家，比2011年新增2018家，如图1所示。

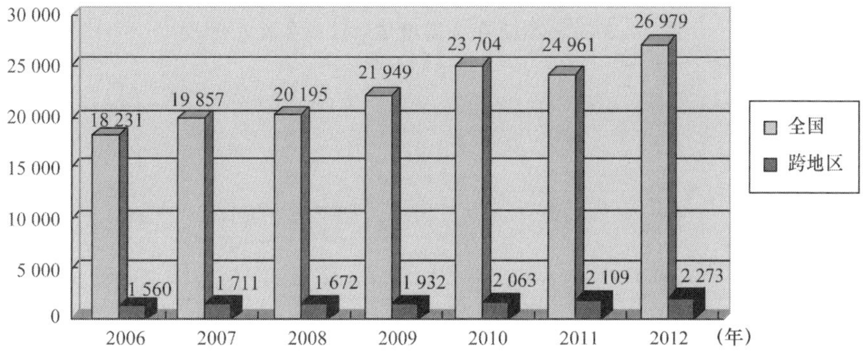

数据来源：工业和信息化部电信研究院

图1　2006～2012年全国增值电信业务持证企业数量

在全国26979家增值电信业务企业中，信息服务经营企业是最活跃的群体，占到总体经营企业数量的85%以上。此外，在经营增值电信业务的企业中，经营因特网接入服务业务企业和经营呼叫中心业务企业的数量分别占到4.6%和7.4%，而经营其他业务的企业不到总数的3%。

2012年，我国增值电信业务仍然显示出良好的增长势头，增值电信业务收入达到4428.9亿元人民币，同比增长16.7%，远高于当年度GDP的增速，其中，增值电信业务企业收入占到全国增值电信业务总收入的51.2%，成为引领电信业增长的主要动力。

在增值电信市场中，基于互联网的业务收入（包括互联网信息服务业务、因特网数据中心业务、因特网接入服务业务等）已全面超越非互联网业务收入成为主流。在不含基础电信业务收入的情况下，2012年基于互联网的增值业务收入规模达到1625.9亿元人民币，占到增值业务收入总和的71.7%，远远超过了传统电信增值业务的占比。

另一方面，全国增值业务企业的增值电信业务收入近几年保持持续增长，2012年，全国增值电信业务企业收入2267.1亿元人民币，较2011年增长34.8%，主要是受互联网信息服务收入大幅增加的影响；其中，2012年跨地区增值电信企业业务收入总体规模达到408.4亿元人民币，同比增长达到29.9%，如图2所示。

从行业就业方面来看，2012年全国增值电信企业从业人员约82.3万人，比2011年增加17.1%。其中，跨地区增值企业从业人员18.2万人，比2011年同期增长20.5%；省内增值企业从业人员64.1万人，比2011年同期从业人数增长16.1%，如图3所示。

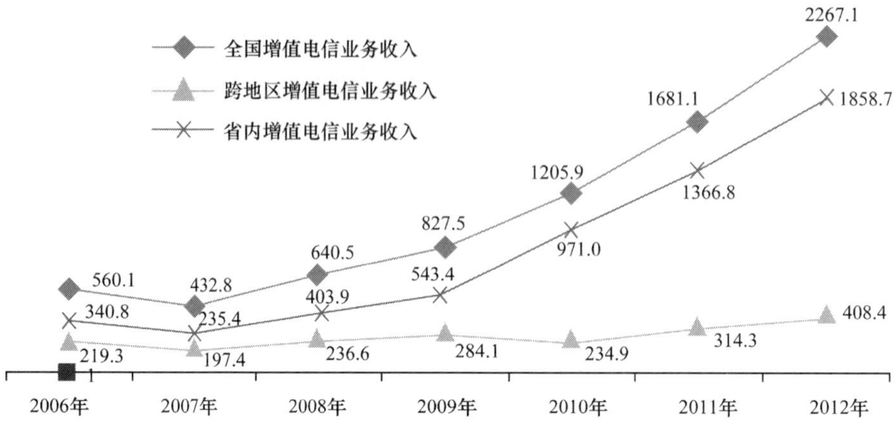

数据来源：工业和信息化部电信研究院。

图2 2006～2012年全国增值电信业务收入情况

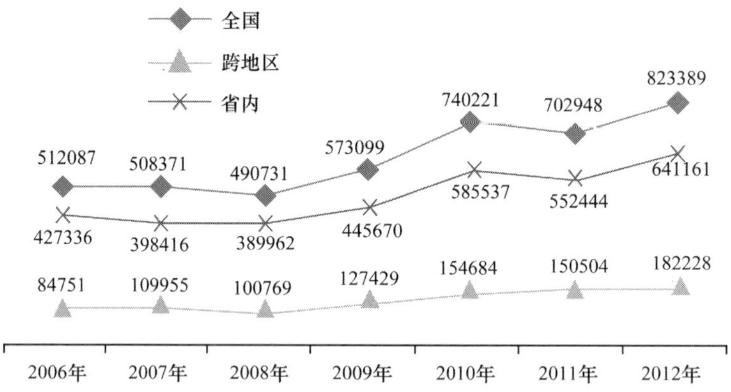

数据来源：工业和信息化部电信研究院。

图3 2006～2012年全国增值电信企业从业人员数

（二）市场特点

1. 增值电信业务发展呈现区域集中的特征

增值电信业务的市场需求受经济发展水平、技术替代、用户收入和消费观念等因素的影响比较明显。我国地域辽阔，沿海与内地地区经济发展不平衡，增值电信业务发展呈现出区域差异性，体现为经济发展地区指向性明显，无论是从用户分布、业务收入、投资规模还是经营企业的选址都向经济发达地区集中。另一方面，也与业务本身的地域性经营模式有关，经济发展水平差距以及相应支付能力和使用能力的差距，使以互联网等新兴增值业务应用发展的地域集中呈现持续扩大趋势。

从企业数量来看，北京、广东和上海三地集中了全国50%左右的增值电信业务经营者；而西部地区的增值电信业务经营者仅占全国的10%，如图4所示。从业务收入规模来看，北京、上海、广东、浙江和江苏5省市的省内增值电信业务总收入占到总收入的75%，其中2012年广东省、北京市省内增值电信业务收入均超过400亿元人民币，上海市增值电信业务收入超过200亿元人民币。这3个地区2012年增值电信业务收入总和超过1000亿元人民币，约占全国省内增值电信业务收入总和的65%。

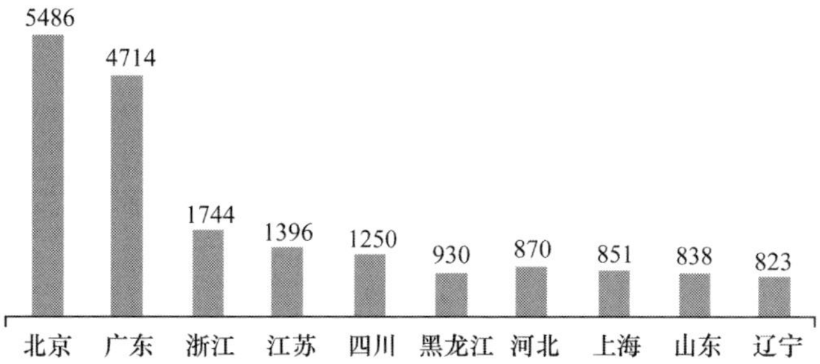

数据来源：工业和信息化部电信研究院。

图 4　全国持证企业数量排名前 10 的省份

2. 增值电信业务市场竞争复杂

增值电信业务市场的竞争复杂主要表现在：市场经营者数量众多，企业良莠不齐；增值电信市场竞争激烈，细分市场集中度高，部分龙头企业在细分市场形成了垄断地位；基础运营商参与竞争，企业实力差异巨大。

我国增值服务产业经过十几年的发展，目前已经产生出像腾讯、百度、阿里巴巴这样规模庞大、在业界具有号召力、对经济生活影响深远的大型企业；但另一方面增值电信业务市场进入门槛相对较低，企业进入踊跃，市场竞争比较充分。随着电信业务市场改革开放不断的深入，增值业务市场进入了前所未有的高速成长时期。2012 年，增值电信市场的企业进入趋于平稳，新增经营者超过 1000 家。

增值电信业务总体上是充分竞争的市场，但是增值电信业务种类较多，在不同的细分市场竞争格局存在较大区别。例如，信息服务业务在技术方面要求相对不高，企业的进入门槛相对较低，因此竞争最为激烈。而 VSAT 业务对技术、资金要求高，市场空间有限，近几年都没有新进入者，市场竞争格局相对稳定。

3. 增值电信业为传统产业转型升级带来新机遇

随着增值电信业的日益壮大，增值电信业务在传统经济领域的使用深度与广度也日益加深，增值电信业的生产性服务属性日益显现，正深刻改变着传统产业的生产方式和管理模式，大大推动了传统产业转型升级，促进传统产业朝着可持续发展的方向迈进。

增值电信业改造提升农业传统优势。增值电信业务显著增强了信息和知识要素在农业生产中的巨大作用。通过对农业全过程的信息获取和优化处理，并向农业生产者及时地传递价值信息，大大提升了农业的综合生产力和经营管理效率，形成了具有显著信息化特征的农业产业链，推动了农业现代化的发展。

增值电信业推动工业生产方式变革。通过将增值业务前端的网络信息平台与后端工业生产制造环节的有机结合，实现信息交互与网络协同，全面提升消费者信息整合服务能力，改造和整合工业产品的研发设计、生产控制、供应链管理和市场营销等若干环节，推动工业设计和制造从以产品为中心向以消费者为中心的模式转变，加快工业制造业大规模生产向柔性化、个性化的生产方向迈进。

增值电信业加速服务业的现代化进程。增值电信业务在商贸流通、金融行业的应用，大大促进了网上银行和网络零售等现代服务业的发展。增值电信业务在促进金融服务形态不断丰富的同时，也拓展了原有的服务范围，开辟了金融业务和商贸服务的新兴领域。例如：2013 年 6 月“余额宝”诞生之后，壮大速度十分惊人，不到 4 个月规模破 500 亿元人民币，5 个月破 1000 亿元人民币，注册用户超过 3000 万户；2013 年 8 月，腾讯旗下微信平台和财付通联手华夏基金推出对接华夏现金增利货币基金的“活期通”；2013 年 10 月，百度金融中心推出“百度理财 B”，售卖华夏现金增利货币基金，随后又推出“百赚”，主要投资于期限在 1 年以内的国债等产品。同时，还有更多的互联网企业在计划和研发互联网金融产品。此外，P2P 网贷等新兴网络金融服务模式开始兴起，出现了深证“红岭创投”、上海“你我贷”等网络融资平台，并刺激和带动了交通银行等传统商业银行向个人客户以及小微企业为主的网络信贷业务拓展。

4. 增值电信业务贡献更加突出

信息已经成为现代经济增长的基本要素之一，增值电信业务充分利用现代通信技术手段，在信息的传播和应用中作用越来越重要，增值电信业务市场对社会信息化贡献日益突出。

增值电信业务由于贴近人们生活、生产的需求，能够提供多样性、个性化的服务符合未来电信业务的发展方向。增值电信业务的发展大大增加了网络信息流量，提高了网络利用效率。通过增值电信运营商连接客户，不仅延伸了整个社会经济价值链的范围，而且将使电信产业链的运转更加顺畅，形式更加丰富，同时也大大提高电信产业链的整体价值和效用。

增值电信业务对社会的渗透力和应用价值也不断增强，各类增值电信业务能够提供信息查询、电子邮件、数据处理、网络接入、呼叫中心、远程教育、移动定位和数据处理等多种电信应用服务，覆盖到金融、教育、医疗、能源和交通等各行各业，以及人们出行、娱乐、休闲等日常生活的方方面面。

5. 增值电信业务服务内容日益丰富

单纯的语音服务已经不能满足用户对通信的需求，人们普遍希望能够得到多样化、综合化、智能化和个性化的服务，这种需求随着用户数的高速增长越来越强。增值电信业务与人们的生活、工作和娱乐结合得越来越紧密，各种满足用户需求的技术、业务、运营模式创新不断推出，应用领域进一步拓宽。

网络游戏、电子信箱、网络银行等也已经被广泛应用，而且越来越多的增值业务突破了电信行业的界限，扩展到其他行业：移动行业应用在公安、交通、金融、石油等领域全面启动；远程教育与培训、远程医疗等行业性应用成为 VSAT 等增值业务取得良好经营业绩的主要原因。

在电子商务领域，网购市场移动端的表现开始抢眼，企业纷纷布局移动电商新入口。2013 年“双十一”当天，手机淘宝的单日用户使用次数达到 1.27 亿次，成交金额达到 53.5 亿元人民币，与 2012 年“双十一”相比增长了 457.3%；据腾讯电商透露的数据，11 月 11 日全天，易迅微信卖场下单量突破 8 万单，占易迅全站订单总量的 13%；在京东“双十一”当天 680 万订单中，移动端订单量占比 15%，单日引入订单量达到 2012 年的 6.4 倍，交易额的绝对值增长优异。

6. 增值电信业务在社会信息化中的应用日益广泛

增值电信业务作为近年来新兴的业务，已经成为推动国民经济和社会信息化的生力军，在增加农村信息化程度、缩小数字鸿沟、提高企业信息化水平、普及电子政务、推进政府向服务型转变等方面，起到了越来越重要的作用。

增值电信业务促进电子政务的应用迅速铺开。例如，我国已经在一些地区尝试通过短信做灾害预警，将突发性灾害警报在第一时间传递到人民群众，以免贻误防灾减灾的最佳时机。110 联动报警系统、水文监测系统、气象数据监控等系统是帮助政府构建起对突发事件、重大自然灾害等的预警和应急处理能力。在海关口岸业务中，依托于电信运营商基础网络设施，组建了高速、安全、支持多种接入方式，具备认证、支付、信息计费等功能的电子口岸综合服务平台，提高了政府电子政务对公众服务的能力。国家质检总局落实国务院领导“对生产产品实行电子监管”的重要指示，组建了对企业产品实施电子监管的全国性网络系统——中国产品质量电子监管网。

增值电信业务积极服务农村信息化建设。一些业务操作简单、内容实用的增值服务，为农村用户的生产和生活带来了极大的便利。例如，增值企业、媒体、政府共同合作，为广大农民针对性地提供农业、气象、种植、养殖、购销和科技服务等方面的信息，对农民客户进行短信定制发送，取得了良好的社会效益。还有企业将农业信息搬迁到了 IVR 平台上，使没有短信操作经验的用户可以直接拨打 IVR 号码使用需要的业务。

增值业务在行业信息化中也发挥着越来越重要的作用。现在，几乎所有的银行都可以通过短信实时通知客户，其账务发生的所有重要变动，或者其他的面向客户端的业务推广。此外，增值电信业务也成为公共信息服务的重要手段。随着我国电信市场的日趋成熟和技术的不断发展，各类增值电信业务在远程教育、远程医疗、信息发布以及报纸传版等领域得到广泛应用。

二、主要增值业务发展情况分析

（一）移动网信息服务业务

1. 持证企业数量和分布情况

在全国 11114 家移动网信息服务业务企业中，跨地区移动网信息服务业务持证企业为 2081 家，省内持证企业中企业数量最多的省是广东省，持证企业已经达到 1949 家，远远多于其他省，与广东的社会经济发展和文化市场的繁荣密切相关。排名前 5 位的省市是广东、四川、北京、浙江和江苏，这 5 个地区持证企业数量远远多于其他省，这也与这些地区的社会经济发展和文化市场的繁荣密切相关，如图 5 所示。

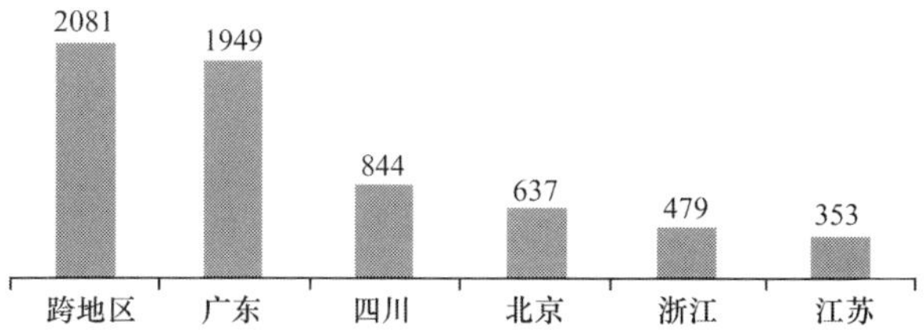

数据来源：工业和信息化部电信研究院。

图 5　移动网信息服务业务持证企业数量

2. 业务收入情况和盈利状态

2012 年全国移动网信息服务业务收入为 341.3 亿元人民币，成本 235.2 亿元人民币，行业整体为盈利状态。从企业的个体情况来看，2012 年开通业务的 6320 家移动网信息服务中有 3258 家为盈利企业，占企业总数的 51.6%，而亏损企业为 2277 家，如图 6 所示。

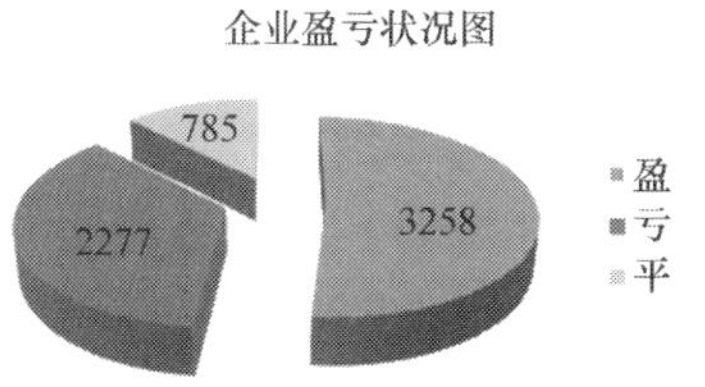

数据来源：工业和信息化部电信研究院。

图 6　移动网信息服务业务企业盈亏状况

在全国移动网信息服务业务收入的 341.3 亿元人民币中，跨地区移动网信息服务业务收入为 203.1 亿元人民币，占总体收入的 59.5%，省内业务收入 138.2 亿元人民币。从各地区的业务收入来看：广东省 2012 年移动网业务收入为 45.1 亿元人民币，占省内总收入的 32.6%；北京市 2012 年业务收入为 34.9 亿元人民币，占省内移动网信息服务业务全年总收入的 25.3%。以上两个地区的业务收入即占到了省内移动网信息服务业务总收入的 58%。

3. 业务发展趋势

在移动网信息服务的各项子业务收入中，短信业务仍高居榜首，以 216.5 亿元人民币成为主要的收入型业务，占移动网信息服务业务总收入的 63.4%。短信增值业务是顺应了短信业务发展的需要，是对点对点短信业务存在的不便和缺陷做到有力的补充和完善。经过连续几年的迅猛发展，短信业务已经成为移动数据业务中的主力军。WAP 等业务收入则出现了较大的降低，2012 年全国移动网信息服务业务 WAP 业务收入仅约 13.2 亿元人民币，主要是因为随着业务转型，此类业务的应用已经越来越少。所以，在全国移动网信息服务业务收入增长开始放缓的情况下，如何发掘除短信业务以外其他业务的潜力，以短信业务带动其他业务收入的增长，成为促进移动网信息服务业务继续全面发展是行业必须面对的一个课题。

（二）互联网信息服务业务

1. 持证企业数量、人员和分布情况

2012 年，全国互联网信息服务业务企业共有 18266 家，从事本业务的人员数达到 354710 人。在全国 18266 家互联网信息服务业务企业中，有 5018 家企业的注册地址在北京，占总企业数的 27.5%。注册地在广东、浙江、江苏的分别有 3666 家、1437 家和 1136 家，其余分布在其他城市，如图 7 所示由此可见其集中度也较高。

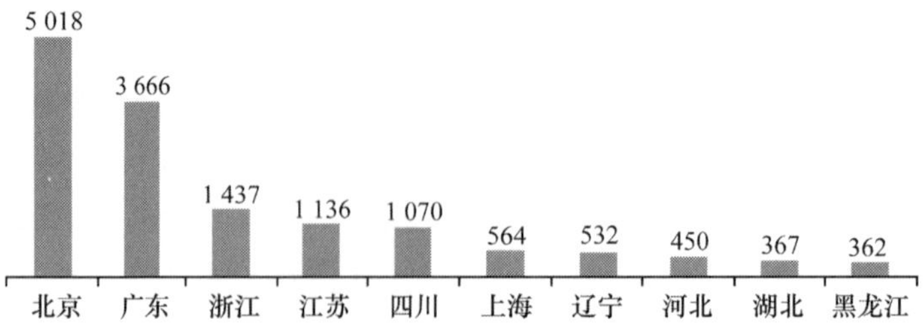

数据来源：工业和信息化部电信研究院。

图 7 互联网信息服务业务持证企业数量

2. 业务收入迅速增加，但集中度较高

在全国开通互联网信息服务业务的12858家企业中，2012年业务盈利的企业仅为4850家，亏损企业达到6406家，但行业整体处于盈利状态，说明该业务大部分的利润集中在小部分的企业中，如图8所示。

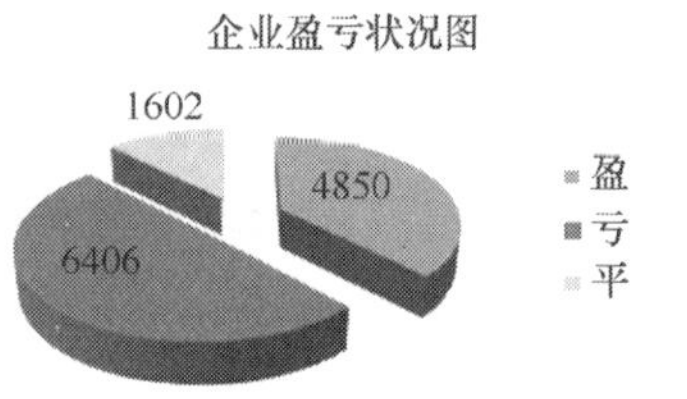

数据来源：工业和信息化部电信研究院。

图 8 互联网信息服务业务企业盈亏状况

2012年，全国互联网信息服务业务收入1240.6亿元人民币，其中省内互联网信息服务业务收入为1164.4亿元人民币，占总体收入的93.9%，跨地区业务收入仅为76.2亿元人民币。从各地区的业务收入来看：北京市2012年业务收入为423.6亿元人民币，占全国互联网信息服务业务全年总收入的34.1%；广东省2012年度业务收入355.4亿元人民币，占全国总收入的28.6%；上海市2012年业务收入203.7亿元人民币，占全国总收入的16.4%。仅北京、上海、广东3个地区的业务收入即占到了全国总收入的80%，可见全国互联网信息服务业务收入集中度很高。

（三）呼叫中心业务

1. 企业总数增长趋于平稳

2012年全国呼叫中心业务持证企业共有2011家，其中3家为基础电信企业，2008家为增值电信企业。在增值电信企业中，跨地区持证企业为325家，各省持证企业为1683家。

企业总数比2011年新增263家，增幅为11.5%，呈现较平稳趋势，跨地区企业数量和各省企业数量均较2011年有缓和增长。

2. 已建坐席数量增长明显

截至2012年年底，全国已建呼叫中心坐席约28.25万个，比2011年的23.82万个坐席增长了18.5%。其中基础电信企业坐席数为60074个，跨地区呼叫中心企业坐席数为66484个，各省呼叫中心坐席155955个。

3. 业务收入平稳增长，仅有半数已开通业务的企业实现盈利

2012年，跨地区呼叫中心业务持证企业和各省呼叫中心业务持证企业实现业务收入110.94亿元人民币，比2011年的78.8亿元人民币增长了40.7%，其中跨地区企业收入47.74亿元人民币，各省企业收入63.19亿元人民币。（以上数字未统计基础电信企业收入，因其呼叫中心业务多为自用，不产生收入）

从业务收入来看，2006～2012年，呼叫中心业务收入（不含基础电信企业）总体呈现快速增长趋势，其中2009年由于新增持证企业大量增加，总体业务收入实现高速增长，增幅达到98.5%，而2012年业务收入则延续了之前的快速增长态势。

从企业盈亏比例来看，呼叫中心业务持证企业的经营情况不容乐观。全国已开通业务的1406家增值企业中，2012年实现盈利的企业有698家，比例仅为49.6%；亏损企业数有500家，占比35.6%。企业经营不善有多重原因，多为业务开展初期投资过大、市场恶性竞争愈加明显、各种成本（软硬件设备、人力资源投入）居高不下等所致。

呼叫中心业务从业人员总数（不含基础电信企业）为184764人，人均劳产率为6万元人民币，比2011年的5.3万元有所提升。其中跨地区持证增值企业从业人员为63408人，各省持证企业从业人员为121356人。

（四）因特网数据中心（IDC）服务业务

1. 市场概况

2012年，因特网数据中心服务业务的企业数量比2011年小幅增加，近3年的企业数量保持平稳。跨省经营者（不含基础电信经营企业）业务总收入为33.0亿元人民币；省内经营者其业务总收入为33.1亿元人民币，跨地区和省内IDC业务收入比2011年都有较大的增长。

跨地区IDC业务经营企业截止到2012年年底共16家,开通业务14家，盈利12家。省内IDC业务经营企业截止到2012年年底，共279家，开通业务244家，盈利企业174家。从全国范围来看，整个行业处于盈利状态，大多数企业盈利。

2. 业务发展趋势

目前，IDC业务经营企业已较为成熟，特别是跨省经营者的经营规模较大，资金实力较为雄厚，但同基础运营商相比，专业IDC服务商在机房、带宽资源、技术实力和运营经验等各方面均不具备优势，只有通过提升服务水平才能在IDC市场上占据一席之地。

近年来，客户注意力从价格向IDC服务质量和品牌转移，大型IDC服务商注重树立品牌形象；中型公司开始重视质量和服务，与大公司展开合作；没有过硬质量和服务的小公司，则被市场淘汰或兼并重组，IDC企业市场集中度有很大提高。

3. 市场分布状况

目前，全国比较活跃的IDC公司主要集中在广东、辽宁、北京和上海等地。其中广东是全国省内IDC持证企业数最多的地区。

省内IDC经营主体收入的地域分布也基本对应主体情况。跨省IDC企业主要收入来源也来自以上经济发达地区。由于IDC业务投资大，在一定程度上限制了IDC企业业务的扩张。

未来几年，对于IDC服务商来说，政府、企业信息化及城镇、乡村信息化的推进成为推动行业发展的重要动力。同时，IDC行业与互联网行业融合的趋势也越来越明显，如IDC公司与软件公司合作进军电子商务行业等。IDC行业正在洗牌，规模较小、服务低劣的IDC商逐步被市场淘汰，大型服务商整合IDC市场已成为趋势。市场的选择更加偏重理性，逐步向技术力量雄厚、机房良好、服务体系上佳的大型服务商转移。

三、增值电信业务发展趋势

增值电信业务的发展潜力巨大。增值电信业与国民经济的良性互动关系已经建立，国民经济增长为增值电信业发展提供坚实的基础，增值电信业的发展又拉动国民经济增长。信息消费需求快速增长，移动互联网正在成为人们一种新的生活方式，增值电信业务将展现更大的发展潜力。

新技术革新催化各种增值电信业务的应用。宽带接入技术广泛应用为增值市场发展提供了良好条件，物联网、云计算等新一代信息技术的全面推广将为增值市场提供更壮观的市场前景，微信、微博技术的广泛应用直接引导人们生活模式的改变。

个性化的信息服务将是未来增值业务发展的重点。增值电信业务的市场需求受用户收入、文化和消费习惯的影响比较明显，不同的用户对增值电信业务的需求呈现较大的差异性。因此，在内容和经营模式上体现特色的增值电信业务需求增长较快，更具竞争优势。

产业转型促使基础电信与增值电信业务加速融合。电信运营商与互联网公司、终端制造商、内容开发商和设备生产商的联盟合作将进一步深化；电信业正在加快转型，网络融合、业务融合加速，原有业务界限日趋模糊，这将为增值业务快速发展的提供契机。

宏观政策和政府监管营造增值电信业务良好发展环境。国家促进信息消费、实施“宽带中国”战略、鼓励民间资本进一步进入电信业、开展移动通信转售等一系列战略和政策的发布和实施，以及对新兴业务的监管政策逐渐明朗，极大地促进增值电信业务发展，未来增值电信业务发展将迎来新一轮高潮。

（作者：工业和信息化部电信研究院　彭浩熹　刘在东　万杰）

互联网热点领域市场分析

互联网企业一般是指以互联网作为主要业务载体的企业，如提供搜索引擎、电子商务、网络游戏、在线视频等服务的企业。近年来，随着互联网影响的不断深化，互联网企业的范畴亦发生了重大变化，主要体现在移动互联网的兴起和传统行业的“互联网化”。

一、中国互联网企业发展概况

2013 年，中国互联网企业得到快速稳定发展。其中，以腾讯、阿里巴巴、百度为代表的互联网巨头公司继续高歌猛进，在全球互联网公司市值（估值）排名一路蹿升，已占据重要地位。大量中小型互联网企业涌现，它们往往锁定特定细分市场，具有高度敏捷性和较强的创新意识，进一步完善了互联网的产业链结构。此外值得一提的是银行、运营商、零售商等非传统意义的互联网企业正在积极进军互联网领域，呈现出高度动态的“百家争鸣”格局。

移动互联网和移动消费的兴起促进了中国互联网企业的快速发展。数据显示，2013 年第二季度中国移动互联网市场规模达到 241.9 亿元，同比增长 71.4%。2013 年第三季度移动购物在整体移动互联网的消费占比为 52.1%，而 2012 年第三季度的消费占比仅为 39.4%。2013 年 8 月，国务院发布了《关于促进信息消费扩大内需的若干意见》，将培育移动互联网等产业发展作为“稳增长，调结构，惠民生”重要手段。移动消费迅猛发展的主要原因有：一是智能手机普及率不断提升，消费者在手机上的碎片时间使用率和黏性明显上升；二是网络购物时利用移动端更加方便快捷；三是定位功能的发展使得商户和网站能以定位功能给消费者提供更及时的服务。

在业务范围方面，以 O2O（Online To Offline）零售业变革、网络金融、移动支付、手机游戏、在线视频和移动位置服务等热点领域吸聚了较多的资源，同时促进了互联网企业和传统企业的竞争和融合，成为 2013 年中国互联网发展的主旋律。下面将着重介绍在上述热点领域中国互联网企业的发展情况。

二、中国热点互联网领域企业发展情况

（一）O2O 电子商务

2013 年，移动互联网使 O2O 为代表的新型商业模式得以成熟，给传统零售商带来了新机遇。O2O 将线下商务的机会与互联网结合在了一起，让互联网成为线下交易的前台。近期，传统零售企业的转型创新愈演愈烈，通过推出线上网购平台、APP 软件、微信、来往公共账号与消费者互动，着手搭建完整的双线互动的销售与体验环节。其中，家电零售企业转型最坚决，积极投入价值链重塑，双线同价、全网比价，全面打通线上线下的价格、货品、数据和物流。

移动互联技术使得消费者随时随地可以查询和购买自己见到/想到的商品，购物行为呈现短暂性、碎片化和高频化的新趋势。消费者能够在几个屏幕（手机、电脑、平板、电视）和实体门店间游走转化，页面、店铺展示、视频、信息推送等均成为商家与消费者沟通的工具，电子商务的入口不再仅限于 PC 端，而是出现了多元化的趋势。

对实体店而言，可通过 O2O 模式将线上的消费者引导到线下的商店中去，让互联网成为产品展示、信息发布、支付交易的前台，零售商还可将线上网店与线下门店相结合，有效实现互联网落地，消费者在享受价格优惠的同时，又可以享受线下贴身的服务和更好的消费体验。在移动互联技术快速发展的背景下，零售商业经过过去几年的冲击，自身也

在探索积极跟进。实际上，线上线下都是好的渠道，如果有效利用移动互联网，打通渠道可以形成对实体店的有效互补，同时通过社交、本土化营销增强消费者的黏性。

O2O 模式对传统零售渠道的转型变革意义重大，体现在双线发展互动引流、价格体系再造、精准营销、提升消费者体验和运营效率等各个方面：

- 助力由单一渠道向“全渠道”的模式变革，实现线上线下业务的良性互动、客流共享，更好发挥门店自身在体验、服务上的差异化优势。
- 助力线上线下价格体系的统一和价值链再造，随着 O2O 模式的深入，商品价格体系将更加透明，消费者将不再顾忌线下价高而回流实体店。
- 应用大数据，打造个性化的推送、引导模式，提升消费者购物体验，推行精准营销，以更多差异化的商品来增加客户的黏性。
- 有利于打破传统物流瓶颈，通过对大数据积累和分析，指引订货和物流运转流程，提升运营效率。

（二）互联网金融

2013 年，在互联网消费，尤其是移动互联网消费的拉动作用下，中国互联网金融行业得到迅速发展。据统计，2013 年中国第一至第三季度线上第三方支付总额约 3.5 万亿元，已经接近 2012 年全年的支付总额。其中，移动第三方支付增长迅速，第一至三季度达到 4700 亿元，已经达到 2012 年全年移动第三方支付总额（约 1500 亿元）的 3 倍。其中，支付宝的市场份额达到约 46%，财付通的市场份额达到约 21%。

支付结算功能是银行类金融机构的核心业务，也是其客户获取低成本资金的重要来源。然而，过去几年第三方支付行业的迅速发展，特别是支付宝、财付通这类基于电商平台和社交网络的第三方支付企业，占据主要市场份额，并且实质性掌握了大量客户数据（截至 2013 年年底，支付宝的个人客户数已达到 8 亿，财付通的个人客户数已达到 2 亿），为销售金融产品乃至最终演化为银行奠定了基础。

第三方支付公司在积累了大量客户之后就具备了销售金融产品的实力，从而更充分利用备付金账户沉淀的资金。例如，2013 年 6 月推出的余额宝，本质上是货币市场基金，金额已突破了 1000 亿元。这一方面削弱了银行对销售渠道的控制力，另一方面改变了银行体系资金的边际成本。广泛的客户基础、T+0 的快捷支付方式、货币市场基金的利率水平，余额宝从技术上已经突破了利率管制，实现了活期存款的利率市场化，进一步丰富了中国的金融业务形态。

（三）OTT 业务

2013 年，随着智能手机的使用量增加，以智能手机应用商店为典型的 OTT 业务也越来越普及，种类越来越丰富。据 Niko Partners 报告，中国 2013 年智能机激活量达 5 亿部，相比 2012 年的 1 亿部翻了将近五倍，其中中国国内 Android 和 iOS 活跃设备量达到 3.7 亿部。而 OTT 业务种类也越来越多样，在 2013 年年初，苹果公司应用商店（App Store）的应用已经到达 60 万个，而安卓市场应用数量也已经突破 50 万个。

OTT 应用的迅速增长推动了移动互联网的发展，同时也对移动互联网产业链带来深远的影响。除了对终端以及网络发展的推动，对致力于 OTT 业务的互联网企业来说，必须要对 OTT 业务内容不断的推陈出新。一方面，内容由原来的图片和文字为主，将渐渐转向视频为主。另一方面，OTT 服务向个性化和定制化方向发展。例如，考虑到智能手机的私密性和便利性，用户愿意将更多的个人信息设置在手机上，包括各种账户的信息，个人喜好等，通过定制化的方式为用户提供更贴身的服务。

OTT 业务的迅猛发展，对 OTT 业务提供商是机遇也是挑战。作为 OTT 内容提供商，必须应对多方挑战，包括：如何大力提高内容质量和增强用户体验；如何迅速推出能够吸引眼球的 OTT 服务；如何增强视频处理经验以及提升移动网络利用能力等，只有应对好了这些困难与挑战，才能够把 OTT 业务运营做到最好。

（四）移动支付

作为互联网金融的重要增长点，移动支付正成为当前互联网企业战略布局的重要环节。目前全球支付市场快速发展，2012 年交易规模达 1715 亿美元，同比增长 61.9%。预计未来两年移动支付的市场规模年均增速在30%以上，包括远程支付和近场支付。远程支付仅仅是将网上银行和网上购物搬到手机上，参与者仍为银行、银联及第三方支付公司等，互联网支付格局并没有太大改变。

2013年上半年，中国第三方移动支付市场交易规模达1064.1亿元，环比增长64.7%。随着电子商务的强势崛起，未来的移动支付市场将更加庞大，阿里巴巴、腾讯等互联网巨头纷纷进入移动支付行业。

近场支付领域则主要是运营商的阵地。近场支付通过装有移动支付手机卡及具有NFC功能的手机在公共交通工具、超市等小额离线付费，简单快捷。截至2013年年底，中国移动共发行约200万张移动支付卡，预计2014年将发行1亿张，移动支付卡市场将迎来爆发性增长。因为可以像非接触式IC卡一样方便快捷的支付，近场支付可以通过公共交通及小额购物"刷"手机等日常应用迅速吸引客户群，并且有望通过近场支付延伸到远程支付，这样也给了运营商及相关硬件厂商进入移动支付的机会。

（五）网络游戏

当前中国网络游戏的主要增长点在手机游戏。2013年可以成为中国手游爆发之年。据Niko Partners报告，中国2013年智能机激活量达到5亿部，是2012年1亿部的5倍，其中中国国内Android和iOS活跃设备量达到3.7亿部。移动游戏已经成为中国游戏业增长最快的部分，并且从PC端游和页游领域夺取了市场份额。相比传统端游及页游，手游用3年的时间达到了其积累了10年左右的用户规模，发展速度远远快于传统互联网游戏。而手游清晰的盈利模式、成熟的商业化运作及非常强的变现能力和较短的开发周期、小规模低门槛、成本回收快均成为手游在移动互联浪潮中第一个成功的内在最重要的原因。

从整个游戏市场的横向对比来看，2012年，中国网络游戏市场规模为601.2亿元，而移动游戏市场规模仅为65.1亿元，2013年全年移动游戏市场规模将达到182亿美元。预计到2015年，手游的市场规模将超过500亿元，年复合增长率在100%以上。

从2013年开始，大量资本涌入手机游戏行业，其中不乏百度、微软、谷歌这样的互联网巨头公司，手机游戏行业掀起了并购狂潮。随着大量互联网巨头的涌入，门槛低、成功率极低的手游内容开发商的竞争越来越激烈，同时渠道成本急剧上升，而手游产品的生命周期却越来越短，快速出售或者被收购无疑是很多内容商的最佳选择。

目前手游行业产业链中主要有内容开发商、代理发行商和平台入口商3个部分。一般采用收入分成模式，根据平台商和内容商的强势程度不同，分成比例也略有不同。在安卓平台，由于平台入口商（以91、360、UC、豌豆荚等作为代表）较多，一般需要代理发行商这一角色，他们的分成模式大约为3∶3∶4（内容、代理、平台）。在整个产业链中，平台入口商的价值目前已经体现，集中度趋高，但未来仍需大量整合，包括安卓应用商店、超级APP（如微信）、手机浏览器、虚拟桌面、结合硬件和应用的入口（小米、运营商定制机等）和运营商渠道等。在代理发行商方面，在平台商规模优势彻底形成，巨头垄断市场份额形成之前，代理发行商有望依靠其发行能力、代理能力及整合多方位渠道的能力成为平台入口商"拉拢"合作的重要角色。内容开发商位于产业链最上端，目前中国的内容开发商已经达到几万家，规模不经济、产能产值不均匀、偶然性高、同质化竞争严重、成功率低等都是手游内容开发的显著特点。

（六）在线视频

根据CNNIC发布的第32次《中国互联网网络发展统计报告》显示：截至2013年6月底，中国在手机上在线收看或下载视频的网民数为1.60亿，一年新增量2500万人次，手机视频在手机网民中的使用率为34.4%。艾瑞咨询报告显示：2013年第二季度，中国在线视频市场规模达28.5亿，同比增长43.0%，环比增长30.6%。随着在线视频行业的不断整合，主流视频企业的市场份额将得到进一步提升。

目前，中国移动视频领域除了原有的一些互联网视频巨头，如百度视频、爱奇艺、搜狐视频以及优酷、土豆、风行、暴风影音等全面布局移动端外，更多的新兴移动互联网巨头也进入这一领域，如微信在近期推出了8秒短视频分享为主的移动视频产品“微视”、91无线和YY推出的以教育为主的移动教育视频平台等。

同传统视频行业一样，广告成为移动视频的重要盈利模式，2013年以来，移动视频行业快速发展的增长动力主要来自于广告主数量增加所驱动的广告收入增长。2013第二季度，中国在线视频广告市场规模为21.4亿元，同比增长49.0%，环比增长39.0%。在线视频行业的最主要收入来源依然是广告，其占比高达75.2%。其他收入来源包括游戏联运、电商等、版权分销和视频增值服务。

（七）移动位置服务

移动位置服务是移动互联网区别于传统互联网的最大特点，极具市场潜力。值得一提的是，中国自主的北斗产业将最先迎来发展机遇，根据国家规划，到2020年国内卫星导航产业规模将达到4000亿元，北斗占60%以上，重要领域占到80%，即2012～2020年年均复合增长率为65%以上。国家近期连出两文(《国家卫星导航产业中长期发展规划》、《促进信息消费——加快推进北斗卫星导航产业规模化发展》)加速推进产业发展：一是明确指出行业规模发展目标；二是强调在重点领域能源（包括电力）、金融、通信行业必须用北斗，大众消费（重点在汽车制造业（车载导航）和移动通信业（手机）、社会服务等领域采用北斗；三是指出将有政策和财政支持。

移动互联网与传统互联网最主要、最特殊的区别在于其具有可“移动”的特性，即在移动互联网上的信息交互不受空间限制，并且由于用户在接入移动互联网时已经具有自身的位置信息，且用户也可能凭兴趣随机获取周围相关事物的信息(而非互联网的主动式寻找信息的方式)。位置信息成为网络中重要的信息元素，所以提供与位置信息相关的移动位置服务应用是移动互联网最独特之处，也是未来最具有潜力的市场。移动位置服务包括监控看护服务、物流跟踪、智慧交通、信息查询与广告推送以及机械控制等。随着地基增强网的建设，北斗系统定位精度将从10米级提高至厘米级，移动位置服务将迎来爆发式发展。除此之外，地图产业将从二维发展为三维，三维地图可以完全真实反映实景信息，并由于其高度显示，将在地图导航、商业场所搜素及广告推送等方面创造新的市场，百度已推出三维街景应用，三维地图时代将来临。移动互联网还将颠覆传统的汽车产业，无人驾驶汽车有望在2030年广泛应用，不仅大幅降低驾驶疲劳减少车祸，还可与智慧交通结合，大幅提高城市交通质量。

三、未来中国互联网企业发展展望

由上述分析可见，2013年，中国互联网企业得到蓬勃发展，尤其是移动互联网对于传统行业的重塑作用得以充分体现。未来这种趋势将会持续下去，并在演进过程中更加深化其影响。未来几年，至少以下几个行业将会成为中国未来互联网企业拓展的方向：

- 制造业：将从开发商设计、封闭制造到用户和开发商互动，进而影响产品演进；3D打印技术的发展将可能与互联网紧密结合，形成全新的制造模式。
- 广告业：将从广告提供方“广播式“播放、用户被动获取演进为根据用户使用习惯实现精准投放，乃至利用移动终端的实时精准投放。
- 新闻业：将从媒体掌握新闻来源、用户单向被动获取信息演进为用户和新闻的交互。用户也成为“微”新闻来源，突发事件报道速度快于传统媒体。
- 出版业：纸质出版物，价格昂贵，保存、运输、销售成本高。数字化出版物传播迅速，成本低，“微”出版物更快传播，可实时更新内容。
- 教育：将从金字塔结构教育体系、小范围教学和实施通用性教育内容演进为教育受众群体的扁平化。尤其是当前国际上大规模在线公开课程（MOOC）的兴起将促进现有高等教育模式的转变；可进行数据分析提供定制化教育，教学将不受时间、地点限制；可实现碎片化学习等。

（作者：中国移动通信集团设计院有限公司 刘佳　孟德香；中国移动通信集团公司　袁捷）

电子商务发展分析与展望

一、市场总体规模

（一）电子商务市场迅猛增长，总体规模首超10万亿元

2013年全年，随着全球经济形势进一步回暖，在国内宏观经济环境趋稳的强力支持下，中国电子商务市场依然保持迅猛增长势头。2013年，中国电子商务市场整体交易规模达到10.66万亿元，同比增长33.03%。其中，2013年全年B2B电子商务市场交易额达到88166亿元，同比增长31.49%；2013年全年网络零售市场交易额达到18477亿元，同比增长40.94%。

对此，主管部门领导的评价是“电子商务从过去一种局部经济现象已经扩展为全局性的经济现象，从流通业扩展到了制造业，扩展到了服务业和金融业。所以它对经济的影响是全局性的，驱动性的，带领性的，根本性的。”

新一届政府着眼长期发展，积极推动稳增长、调结构政策的落地，有力地推动了B2B电子商务企业的模式创新与加速发展。2013年，全球经济呈现缓慢复苏态势，出口需求有所回升，国内经济利好政策相继推出，B2B企业以促进平台交易为发力重点，同时增加增值服务，在平台大数据等领域继续深化发展。从不同类型企业来看，大型企业B2B的利用水平持续提高，中小企业B2B则加大了服务拓展与升级力度，因此B2B电子商务市场的发展保持了良好的势头。

2013年，一系列扩大内需，促进消费的利好政策相继出台，激烈的市场竞争则推动了网络零售企业的能力提升、品类扩充与服务改善，为网络购物创造了更为舒适的环境。与此同时，消费者对网络购物的依赖度与认可度稳步提高，网络零售的活跃度进一步增强。2013年的“双十一”促销活动更是造就了一个网络购物节，阿里系网络零售平台创造了单天交易额350亿元的销售记录，与2012年191亿元的交易额相比接近翻番。

（二）网络购物用户规模持续扩张，移动端成为新增长点

2013年，网络购物成为使用率提升最快的主要互联网应用，用户规模持续增长。根据中国互联网络信息中心调查结果显示，2013年中国网络购物用户规模达 3.02亿人，较上年增加5987万，增长率为24.7%，使用率达到 48.9%，相比2012年增长 6.0个百分点。

网络购物的高速发展与支付、物流的完善以及整体环境的推动有密切关系整体应用环境的优化，如网络安全环境的改善，移动支付、比价搜索等应用发展，为网络购物创造更为便利的条件。作为业务提供者的电商企业，一方面积极扩充品类和单品数，在最大程度上满足消费者的需求，并从2012年的价格大战转向了2013年的服务竞赛，提升了消费者的体验；另一方面则是在巩固一二线城市的基础上逐渐向三四线城市延伸，推动了网购市场的扩大。

2013年，移动购物呈现爆发式增长，手机购物用户规模从上年5549万迅速增加到14440万，增加了1.6倍，使用率则从13.20%提升到了28.90%，同样增加了1倍以上。“双十一”期间，手机淘宝单日用户使用次数达到 1.27 亿次，成交金额达到 53.5亿元，较2012年大幅度增长457.3%；易迅的微信下单占全站订单总量的13%；京东当天680万订单中移动端订单量占比15%。

根据艾瑞的统计数据显示，2013年移动网络购物整体交易规模达到 1676.4 亿元，同比增幅高达165.4%，与用户规模增长保持同步。移动购物用户与交易规模的迅速增加主要得益于三个因素：一是无线/移动网络的大发展为移动购物创造了有利的

外部环境；二是智能终端的功能不断丰富完善与电商企业的大力推广增加了对用户的吸引力；三是线上线下融合使本地生活服务成为了移动购物的特色，开拓了蓝海市场。

（三）网络购物拉动消费，线上购物对线下替代效应明显替代

随着使用率和用户规模的持续增长，网络购物已成为普通民众的重要消费途径。根据网络购物用户及网络零售交易额计算得到网络购物的平均消费支出，2013 年达到 6120.4 元，比 2012 年高出 700 元，表明网络购物对消费具有积极作用。同时，将网络购物的平均消费支出与城镇居民人均消费支出、农村居民人均现金支出比较，可以发现网络购物的平均消费支出相当于城镇居民消费支出的约 1/3，相当于农村居民消费支出的 2/3，这表明主要网购人群的网络购物支出在其消费中已占据非常重要的位置。

网络零售市场规模占社会消费品零售总额的比例是衡量电商对消费促进作用的重要指标。2013 年，中国网络零售市场交易规模占到社会消费品零售总额的 7.9%，较去年（6.3%）增加 1.6 个百分点，由此可见线上购物对线下的替代作用十分明显。如扣除石油及制品、汽车等大宗消费（此类消费较少通过网络实现），网络零售在社会消费品零售总额中的占比已接近 10%，表明网络购物对日常消费的替代作用更为明显。

二、2013 年电子商务市场主要特点

（一）阿里系稳居领头羊地位，电商寡占市场格局趋于定型

根据多家监测机构的数据显示，阿里系电商平台在面向中小企业和面向消费者的电子商务领域中均占据领头位置是毋庸置疑的。B2B 方面，2013 年中国中小企业 B2B 电子商务市场营收规模达 210.2 亿元，其中，阿里巴巴占据 46.5%的份额，收入接近 100 亿元，却支持了上万亿元的交易规模，同样处于中小企业 B2B 的领先位置。网络零售方面，淘宝网在平台电商中一枝独秀，天猫则在 B2C 电商中占据半壁江山。淘宝和天猫 2012 年交易额已破 1 万亿元，2013 年交易额有望达到 1.4 万亿元，占据网络零售 75%以上的份额，其中淘宝交易额在集市类电商中占据 97%以上的份额。在网络零售方面，京东 2013 全年交易额突破 1000 亿元，增长速度在 40%左右，已进入第一集团行列，对天猫构成冲击；处于第二集团的包括：苏宁电商销售额达 218.9 亿元（含税），同比增长 43.86%；腾讯电商（主要是易迅）销售额约 138.5 亿元；亚马逊中国销售额约 119.8 亿元；1 号店销售额为 115.4 亿元；唯品会营收约 104.5 亿元；当当网为 63.25 亿元。

从上述数据可见，排名在前八位的企业销售额已接近 90%。电商平台的交易额门槛已经提升为百亿元。垂直领域、细分型电商企业为了获取更多流量通常要选择依附于大型平台谋求发展，挑战大平台的成功概率很低。例如当当已实行开放平台战略并入驻天猫，2013 年第四季度实现了盈利，终结了连续 11 个季度的亏损。企业和资本整合将成为新阶段的主要特点， 2014 年网络零售企业将进一步优胜劣汰，合作、并购将呈现加速态势。

（二）电商平台强化流量变现，渠道作用日益突出

大型电商平台无一例外都是流量的汇聚中心，因此，主要电商企业最大的收入来源已经转变为流量变现，而不仅仅是零售收入。流量变现的典型模式就是网络广告，如百度的搜索流量转化为广告收入。2013 年，网络广告市场规模约为 1100 亿元，同比增长 46.1%。其中，以电商为代表的垂直搜索广告增长明显，占比达 28.9%，超越搜索关键字广告，成为占比最大的网络广告形式和仅次于搜索引擎广告的重要媒体。电商广告主依赖网络营销进行曝光与导流，是垂直搜索广告增长的源动力；淘宝、京东、去哪儿等广告平台不断演进，为入驻平台商家提供了更多营销机会，推动了垂直搜索广告市场规模。

网络购物行业整体快速增长与淘宝广告营收相互促进，共同增长。根据艾瑞咨询的数据，2013 年淘宝广告收入达到 284.1 亿元，仅低于百度的 317.7 亿元，比 2012 年增长 65%，增速仅低于奇虎 360。2012 年第三季度，淘宝系的广告营销单季收入曾一度超过百度，以 63 亿元的营收规模成为网络

广告营销第一平台。随着电商业务的快速发展，淘宝广告收入有望在 2015 年前超过百度。

除广告收入外，电商企业还将自身流量导向游戏、社交、媒体等其他互联网业务，提高流量价值。与此同时，美丽说、微博等社区或媒体则将流量导向电商，提高自身变现能力。2013 年，随着移动互联网的发展和本地生活服务的兴起，电商企业积极寻求基于位置的流量，提高碎片化流量的价值，这也是阿里收购高德地图的重要目的。

电商平台所汇聚的巨大流量，正在吸引越来越多的产品和服务进入，电子商务的渠道作用日益突出。例如，截至 2013 年年底，中国保险行业从互联网渠道录得规模保费收入 291 亿元；其中产险 236.7 亿元，人身险 54.5 亿元，投保人数超过 5000 万元。2013 年爆发的互联网金融产品同样利用了电商及其相关业务（如支付等）的巨大流量，充分发挥了电商平台的渠道作用。获得这些流量后，电商平台还可以进行数据挖掘和分析，进一步形成基于大数据的增值产品，或者用于改善金融产品的设计，使其更适合于电商渠道。

（三）电商企业加大金融与物流投入，构建相对完整的商业生态

电子商务的发展创新始终是围绕信息流、资金流以及物流展开的。其中，资金流和物流作为提升电子商务整体生态环境的重要因素，在 2013 年有了令人瞩目的发展。

1．供应链金融

传统的供应链金融可以被认为是一种信用增级，即由电子商务企业基于其与上下游企业的业务关系，以自身的信用为担保，向银行为供应链中的企业进行信用增级，帮助其他企业获得银行贷款的一种服务。2013 年，电子商务企业开始尝试不依靠银行运营而通过发放小额贷款等形式开展供应链金融服务，并取得了不俗的成绩。

阿里巴巴高调成立阿里小贷金融事业群，基于对淘宝、天猫等阿里电商平台累积数据的分析，利用自有小贷公司和信托提供资金，向阿里电商平台上的中小微企业提供贷款。根据 2013 年阿里小贷公布的数据，其在没有线下抵押以及担保和信用增级的情况下，仅凭信用信息将不良贷款率控制在了 1% 左右。特别是小贷每笔贷款的审核成本平均仅有人民币 2 元左右，远低于银行的贷款成本。从 2010 年成立至今，阿里小贷累计服务的小微企业已经超过 60 万家，累计投放贷款超过 1400 亿元。普通的商业银行或小额贷款公司难以做到如此低成本、高效地进行信用贷款业务。

同为电商巨头的京东商城的金融业务在 2013 年也有了大幅度的增长。根据京东公布的数据，其 2013 年 11 月单月放贷额接近 5 亿元，复合增长率达到了 30%。随后 12 月京东正式推出了供应链金融品牌“京宝贝”，开展不依赖于银行的快速贷款服务，通过平台商家的数据和账户对接，实现 3 分钟快速放款。至 2014 年 1 月，“京宝贝”已累计放贷 10 亿元。

供应链金融在 2013 年的大发展是电子商务企业业务发展和数据积累的集中爆发，同时也是大数据信用分析创新的一个尝试。随着供应链金融的开展，电商企业对其生态系统的控制能力将进一步增强。同时，也将推动生态系统内部的信息和资金整合。

2．物流

物流一直被认为是制约电商发展的重要因素，也是 2013 年各大电商企业竞争的一个重点领域。2013 年的“双十一”购物节中，就出现了京东利用物流宣传狙击阿里的营销案例。随着电商从价格驱动逐步转向服务驱动，2013 年，用户转向品牌电商的比例增加，个人网店数量已从高峰时的 1600 多万下降到略高于 1000 万，提高电商的物流信息化水平已具备条件。为此，2013 年 5 月阿里、银泰、复星、富春、顺丰以及三通一达（申通、圆通、中通、韵达）、宅急送和汇通宣布联合成立了“菜鸟网络科技有限公司”，共同开展“中国智能物流骨干网”项目。这标志着物流领域的资源和信息整合即将开始。而与之相对应的，京东在 2013 年 5 月推出了“极速达”服务，实现在了北京、上海、广州、武汉、成都、沈阳一日多送，三小时送达的物流服务。除了高质量的物流服务外，京东还在第四届电商物流大会上宣布将开展开放物流平台计划，将物流系统，包括仓储中心在内向第三方商家开放。随后，2013 年 12 月阿里宣布将投资 12 亿元人民币，与海尔共建日日顺物流公司，主要瞄准大家电配送。

物流的发展是电商发展的必然阶段，作为电子商务服务中目前较为明显的短板，在电商生态系统的建设中具有十分重要的地位。2013 年的高调起步和多方关注不失为我国电商行业健康发展的一个例证。

（四）政策面看好，相关法律法规逐渐完善

2013 年 11 月 15 日，中国共产党十八届三中全会审议通过了《中共中央关于全面深化改革若干重大问题的决定》，《决定》中明确提出将放开商贸物流、电子商务等服务业领域外资准入限制，并要求推动与自贸区发展的电子商务等新议题谈判。十八届三中全会的决定对电子商务领域的利好大体上可以概括为“引进来，走出去”两个方面。开放电子商务领域外资准入限制意味这一直套在电商行业中的外资控股 50%的比例上限将逐渐取消。中国庞大的消费市场对外资而言具有巨大的吸引力，开放外资准入限制将进一步提高外资在我国电子商务领域的投资比例，促进我国电子商务市场的多元化竞争，推动电子商务行业健康发展。另一方面，《决定》中明确提出了将鼓励电子商务“走出去”，提高在国际市场中的影响力，推动区域贸易网络建设。此举将有利于减少国际贸易中间环节，充分发挥我国的制造业优势，有效地拉动中小企业发展，增加跨境电子商务交易规模，还将带动电子商务生态中的配套行业，例如支付、物流等的国际化发展。

在政策面表示出对电子商务领域的明确支持的同时，我国与之配套的相关立法也在逐渐完善。2013 年 10 月 25 日第十二届全国人民代表大会常务委员会第五次会议通过的《关于修改〈中华人民共和国消费者权益保护法〉的决定》首次将网络购物“七天无理由退货”写入法律，并将网络购物相关的个人信息保护、追溯责任等内容纳入，保障了消费者网络购物的基本权益。此举直接击中了网络购物流程虚拟化的痛点，为消费者排除后顾之忧，扩大网络购物规模，规范网络购物环境，提升我国电子商务发展水平提供了条件。修改后的《中华人民共和国消费者权益保护法》将于 2014 年 3 月 15 日起实施。

在更高级别的法律制定方面，2013 年 12 月 27 日全国人大财经委组织召开了第一次电子商务法起草组第一次全体大会，会议中不仅确定了电子商务法起草组正式成立并开始展开工作，还明确了电子商务法立法的指导思想、原则、框架设想和主要内容。同时，会议还为我国电子商务法立法提出了时间表，要求至 2014 年 12 月，进行专题调研和课题研究并完成研究报告，形成立法大纲。2015 年 1 月至 2016 年 6 月，开展并完成法律草案起草。这标志着我国电子商务法的立法工作正式开始，国家将从行业层面对电子商务立法，以推动电子商务的健康发展。

三、2014 年电子商务发展预测和展望

（一）市场规模预测

我国电子商务正处在从培育期到发展期的过渡时期，国家已经明确鼓励电子商务创新发展，将电子商务定位为战略性新兴产业的组成部分和现代服务业中最重要的产业之一。2014 年，信息消费和宽带中国战略将进一步落地，电子商务领域将持续扩大开放，流通体制改革将推动物流配送系统的建设，这一系列政策的实施将对电子商务市场的发展起到强劲的助推作用。

2014 年，中国电子商务将迎来新阶段的腾飞期，继续保持 30%以上的增长水平。预计中国电子商务市场整体交易规模将达到 14 万亿元，同比增长 31.33%。其中，B2B 电子商务市场交易额将达到 11.55 万亿元，同比增长 31.00%；网络零售市场交易额达到 2.45 万亿元，同比增长 32.60%。其中，移动网络购物整体交易规模达到 3200 亿元，同比翻番。网络零售交易额在社会消费品零售总额中的占比持续提高，2014 年可望达到 9.2%。用户规模方面，网络购物用户将达到 3.6 亿人，移动购物用户规模达到 2 亿人。

（二）电子商务发展展望

趋势一：电商竞争格局深度调整，移动入口作用显著提升

我国电子商务领域的发展已经逐渐告别了过去单一模式下的同质化竞争，开始向着多元化，深层次的价值竞争格局转变。例如，腾讯将采取入股

京东，实现易迅和京东的整合，从而转向更能发挥自身优势的流量导向和资源整合领域；京东掌舵人刘强东在2014年初明确表示将展开渠道下沉战略，在三、四线城市开辟新的战场。虽然短期内价格战仍将是电商竞争的主流形式，但以充分发挥各自优势为基础进行服务细分和资源整合将带来电子商务领域新一轮的创新浪潮。

随着移动互联网的深化发展，未来几年中，移动入口将对电商业务起到至关重要的作用。在业务占比增强的同时，移动网购入口也将呈现多样化的趋势。微信率先开启了在App和Web之外的IM网购入口，将社交化因素引入移动入口争夺中，阿里巴巴则推出“来往”正面迎战。随着阿里巴巴、苏宁、京东等电商企业获得移动转售业务牌照，移动网购入口与通信服务的结合将进一步深化，有力地支持移动电子商务的发展。

趋势二：网络购物环境进一步成熟，节日化促销渐成常态

根据CNNIC《2013年中国网络购物市场研究报告》，网购消费者总数中占主要比例的80后、90后消费者在选购商品时更看重网站的口碑和用户的评价。这充分反映了我国网络购物用户消费心理已经从最初的注重价格向注重购物环境和服务发生了转变。再考虑到电子商务服务立法的逐步落地，在监管和用户的双因素压力下，未来的网络购物价值导向将趋于理性，网络购物环境将进一步成熟。

与此同时，网络购物领域的竞争也将更为有序，电商的营销策略将更贴近用户。“双十一”网络购物节的成功将在未来引发节日促销的常态化，甚至不排除电商企业人为造节的可能性，从而将某类或者某些类产品的购买力集中进行引导和释放。充分发挥规模效应，在树立各自的节日营销品牌的同时，减少竞争的同质化将可能成为未来网络购物领域竞争的新方向。

趋势三：电商巨头加快推进垂直整合，供应链金融与物流成为竞争关键要素

垂直整合作为提高信息规模化优势，增强生态系统竞争力，强化服务质量的重要手段，将成为未来电商发展模式深化变革的重点。可以预见，未来的电商生态体系将通过供应链金融打通上下流供应商，在提高供应商对生态体系的依赖的同时，自成体系的金融和支付系统还将增强电商平台的运转效率；通过自建物流增强对网络购物整体环节的把握，在统一用户体验，增加用户粘性的同时提高信息的利用效率；通过开放平台融合全产业链资源，结合C2B理念采用用户导向的方式推动制造产业创新，进而形成独特的竞争优势。

（作者：工业和信息化部电信研究院　刘越）

移动支付发展现状与趋势

2013 年以来，我国移动支付市场开始进入快速发展期。一方面，央行正式发布了《中国金融移动支付系列技术标准》并建成了移动支付可信服务管理平台，困扰行业发展多年的标准不统一的难题得以破解，即将启动的全国移动金融综合运营创新试点也为行业的健康发展提供了有力保障；另一方面，金融机构、电信运营商、第三方支付机构等产业链各方纷纷加大投入力度，全面挺进移动支付市场，推动我国移动支付市场持续升温。未来 3 年将是中国移动支付产业发展的重要阶段，密切行业合作，加快业务创新，拓展应用场景，搭建移动支付生态系统，积极稳健，有序地推进产业化进程，将是推动我国移动支付产业发展的首要任务。

一、移动支付业务的概念和特点

移动支付是为客户提供的使用移动终端对所消费的商品或服务进行账务支付的服务，主要分为近场支付和远场支付两种。远场支付是指通过移动终端软件、短信、WAP 网站接入等几种方式实现远程在线的金融支付和交易服务；近场支付是指通过移动终端自身的射频通道或者安装在移动终端上的射频感应装置完成与 POS 机、自动售货机等金融支付终端设备之间的本地通信，实现现场小额支付的流程。在移动支付的两种应用场景中，远场支付业务发展时间较长，技术和业务模式比较成熟，近场支付业务由于终端支持的技术标准不统一，现场受理的环境比较复杂，发展速度滞后于远场支付业务。

相对于传统支付，移动支付具有多种特点。一是用户普及：手机普及率远远高于电脑，这预示着移动支付具有先天的客户群优势；二是网络定位：手机随人动的特性，加上位置传感器（GPS）等组件的协助，使得移动支付的定位服务相比于传统互联网支付更加精确；三是终端多样：除了苹果、三星、摩托罗拉等主要智能手机品牌，全球不同品牌、不同规格的手机成千上万，不同的手机对应不同的操作系统，不仅操作特色各有千秋，开发部署也形式各异；四是应用碎片：专业咨询机构调研显示，目前客户主要在出差路途、会议间隙和公交地铁中使用移动支付，这些等待时间属于人们日常生活中典型的“碎片化”场景。

二、移动支付业务的发展现状

2013 年我国移动支付年交易额达到 2560 亿元,市场增长率高达 86.9%，随着电子商务市场在二、三线城市兴起，近场支付有效覆盖用户不断扩大，预计在未来几年，我国移动支付市场将保持一个较高的增长率，到 2015 年，市场规模更是达到 7310 亿元，如图 1 所示。

在政策和市场的强力驱动下，移动支付已逐步成为产业热点，市场蕴藏着巨大的商机和增长空间，目前，国内已逐步形成以商业银行、电信运营商和第三方支付机构为核心的移动支付服务格局。其中商业银行主打手机银行，功能范围最广，囊括了支付、交易、营销、客服等多个领域；电信运营商主推非接触式手机支付，通过近场支付为客户提供移动电子商务服务；而第三方支付机构则是将传统互联网的充值、缴费业务迁移到手机终端，缴费、手机充值是其最大的业务应用。目前，第三方支付厂商和运营商为用户提供的移动远场支付渠道有多种应用模式，用户可以通过短信、WAP、IVR、客户端、彩信、USSD 等多种通道进行远场支付，短信由于具有使用方便、无需安装的特点，仍然是移动远场支付中使用频率最高的通道，WAP、彩信、USSD 由于用户体验相对较差，已经较少使用。

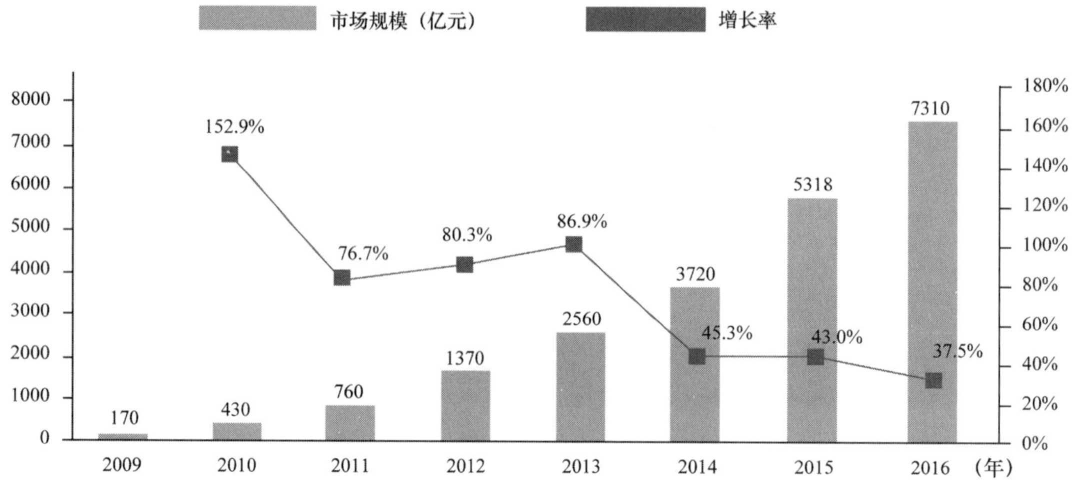

图 1　2009～2015 年中国手机支付市场规模预测

2013 年以来，我国移动支付应用环境和技术日益成熟，运营商和银行已经基本达成合作。

（1）技术标准正式发布，确定采用 13.56 MHz NFC 为标准并支持将安全模块存储在 SIM 卡中的 NFC-SWP 方案；13.56MHz 已经是实际的国际标准，技术成熟，商用经验丰富，且无需重新更换 POS 机等设备，工作量和成本较小。

（2）央行于 2013 年 7 月 6 日发放第七轮支付牌照，截至目前已总共向市场发放了 250 张支付机构牌照；在持有支付许可证的企业中，包括了“国字号”支付企业、众多实力超强的第三方支付企业、“银联系”支付企业、支付宝、财付通等大牌以及互联网巨头等旗下支付产品，产业格局复杂。

（3）中国移动各省的 NFC-Sim 卡采购陆续开展，采购与招标网显示湖南、甘肃、河北已出中标结果。

（4）运营商和银联进入实际操作阶段。2013 年 6 月中国移动与中国银联共同推出移动支付联合产品——手机钱包，首批 8 家商业银行都完成了与该系统的对接。此外，NFC 进入北京市政公交系统也是 NFC 商用迈出的重要一步。

（5）中国人民银行的移动支付可信服务管理平台（TSM）已经建成，届时运营商、银行等运营机构都要接入该平台并接受监督和检测认证。另外，2014 年我国将开展移动金融综合运营创新试点，而后进行商用推广。

当前智能手机取得了突飞猛进的发展，由于大屏智能机在手机用户中的渗透率不断提升，手机客户端方式登录将是未来主流之一，所占比例将不断提高。随着智能手机的普遍应用及 O2O 电子商务模式的兴起，移动支付开始渗透进人们生活的每一个细节，2012 年我国手机用户已突破 10 亿，是世界最大的移动市场，互联网数据中心（IDC）预测，至 2013 年年底中国智能手机用户数将超过 5 亿。手机将不再是简单的通信工具，而是成为一种重要的支付工具，手机用户可在任何时间，任何地点用手机办理消费、缴费和转账等业务。另外，新兴的社交平台依托庞大的客户群体积极介入移动支付领域，如腾讯微信 5.0 版本已经上线移动支付功能，新浪微博也正在大力研发微博钱包应用。

整体来看，我国移动支付进入行业快速发展期，支付标准得到进一步统一，产品从支付卡向 NFC 手机过渡，试点城市逐渐增多，产业链各方合作进一步紧密，运营商+终端厂商+商户+金融机构+IC 卡服务等产业模式逐渐形成，业务逐渐扩展到服装、物流、保险、IT、医疗等企业应用，受限于支付终端覆盖不足，第三方新型支付方案开始兴起，但用户对于近场支付的接受程度有待提高。

三、移动支付业务面临的挑战

中国移动支付市场所展现的发展潜力与前景令人兴奋，但由于受支付技术商用、基础受理环境建设、用户习惯培养以及产业链利益平衡等多重因素影响，中国移动支付产业仍处于发展的初级阶段，虽然各参与方积极布局，但大多数移动支付业务与产品仍处在试点阶段，没有形成健全的移动支付生态系统。

（一）经营模式多样，不能实现资源整合

我国移动支付市场存在多种参与主体，以商业银行为主导的经营模式，银行只使用移动运营商提供数据传输服务。消费者、商户和银行通过移动运营商提供的移动网络实现互联，用户直接通过银行账户或者在银行开立专用的小额支付账户进行移动支付；以移动运营商为主体的商业模式，为了减少与银行、银联等金融机构发生的业务联系、通常会直接将交易费用从用户话费中扣除，或者要求用户在运营商开立专门的移动支付账户；以支付机构为运营主体的商业模式，支付机构往往独立于移动运营商、银行和银联，他们利用移动支付的业务模式，将其本身的支付业务进行延伸。如支付宝手机支付，将一个支付宝账号和手机绑定，通过发送特定的短信指令来完成支付。在共同发展的过程中，各方都希望在支付产业链中占据主导地位，使自己的利益最大化。银行拥有大量终端设备，但不会提供给移动运营商使用，运营商拥有大量用户，但也不会提供给银行。各类资源无法有效整合，造成社会资源的浪费。同时，不同的经营模式衍生出不同的产业标准，直接造成产品的通用性和易用性较差，影响移动支付产品的推广。

（二）移动支付技术安全性仍显薄弱

移动支付作为新兴的支付方式。无论是移动支付的提供方还是客户都需要考虑支付过程中所涉及环节的安全性问题。近年来随着移动支付的发展，也暴露出越来越多的风险。对于提供移动支付服务的机构，需要不断完善安全管理，加强技术建设，在移动支付的任何一个环节都需要确保安全。对于消费者，目前还没有充分认识到自己所面临的风险，移动终端防病毒、防泄密等方面的保护远远不够，由于手机 PIN 码、个人信息泄露而引发的风险案例呈上升趋势，这是阻碍用户使用移动支付作为日常金融支付主要方式的重要因素。构建安全可信机制是未来推动移动支付产业良性发展的重点之一。

（三）商业模式不够明朗

移动支付是横跨通信业和金融业，需要多方主体共同参与的复杂产业链，金融机构、运营商、第三方支付商、移动支付平台、商家和终端厂商、解决方案提供商等多个利益主体共同参与，势必带来激烈的利益争夺。目前，由运营商或银联等金融机构发起的各种移动支付试点虽然较多,但还没有哪一个能成为市场的主导模式。每个主导移动支付试点的主体都会有一个主推的移动支付解决方案，如中国移动的全手机 NFC 系统方案、银联的 COM MOBI 方案、中国电信的 SIM PASS 方案等。这些解决方案之间缺少兼容性,限制了用户的使用范围，给用户带来了不便。

除了利益主体之间的互相封闭和互不兼容外，产业链的配套环节推进缓慢也是限制移动支付发展的因素之一。如何建立跨行业的产业链,有效地整合产业链推广、销售等各个环节的资源，实现共赢是移动支付产业发展的关键问题。目前产业链中的各利益相关方还需要寻找成熟的商业模式，有效平衡各方利益，汇聚多方资源,推动移动支付产业的发展。

（四）用户的消费习惯还需培育

作为新型的移动互联网金融类应用，移动支付在我国处于发展初级阶段，广大消费者和商户对移动支付的认知程度比较低，商户的参与热情不高导致终端受理环境规模较小，影响用户使用移动支付的意愿。移动支付产业链中的运营商和服务商对其的热情与最终用户和商家的滞后形成矛盾，这就需要作为运营主体的运营商、银行、第三方支付服务商在培养用户和线下商家的基础上，改善移动支付的用户体验和安全机制。

四、移动支付业务的未来发展趋势

未来 3 年移动支付有望逐步发展成为主流的支付手段，整个移动支付产业链将会有更多参与方加入其中，而竞合发展将成为移动支付产业链参与方的战略主题。

（一）共建移动支付生态系统是未来发展的基调

在开展移动支付业务过程中，金融机构、电信运营商、第三方支付机构、终端厂商、商户、社交平台等参与方，各自有自身的发展优势与不足，任何一方想要依靠自身力量整合整个产业都不可能，发展初期的移动支付市场需要一个协作共赢、开放

共享、界限明晰的产业联盟与生态环境。产业链各方将以开放的心态，紧密合作，积极构建集合远场支付、O2O 电子商务、近场支付于一体的多样化的支付方案，全面满足用户各类便捷化移动支付的需求，同时，合力探索商业模式、开拓应用范围、创新服务场景，增强对用户的使用吸引力，拉动客户量和交易量的增长，推动建立融合各方商业模式的移动支付生态系统。未来开放的移动支付生态系统在客户服务方面将包括四个维度的主体内容：一是银行业务，如传统手机银行业务，转账汇款、缴费等；二是支付业务，基于 OTA、NFC 等新兴技术应用的移动支付业务；三是社交媒体平台，如打折信息和代薪券的推送，通过社交媒体分享信息和感受；四是银行网点服务，用户在银行网点使用 Wi-Fi 和平板电脑等完成更多的移动业务。四个主体内容是相互作用和动态变化，而非线性和孤立的关系，衍生出的众多分支服务将随着业务和技术的发展，并按照生命周期规律不断地产生、壮大和消失。

（二）移动支付服务的应用成熟度将不断提高

移动支付服务的应用成熟度分为五个阶段：第一个阶段是完全被动，服务由客户主动发起，如账户余额查询等；第二个阶段是部分主动，开始专注客户的具体需求，如个人财务管理提醒，账单支付等；第三个阶段是情景感知，通过整合客户的位置和情景化需求提供细致的服务；第四个阶段是实时决策支持，可以实时地为用户行为提供决策支持；第五个阶段是预判客户需求，可以根据客户的信息和喜好预判客户的需求并帮助客户作出决定。目前，绝大部分移动支付应用场景的成熟程度还处在前三个阶段，未来随着各种新技术和新理念的应用，移动支付传统的封闭、功能叠加的发展模式将被打破，将由简单支付手段发展成为全面融合资金流与信息流服务管理于一体的具有智慧和富有生命两大特征的综合性平台：一方面，运用数据挖掘和分析能精准预测客户的需求趋势，按需为客户主动提供个性化的产品与服务，运用机器人等先进智能技术及时高效地响应客户的差异化、多元化需求；另一方面，移动支付将支持与客户生动自然地交互，如利用手机摄像头拍照功能，移动银行能“看懂”二维码、文字、图片等信息，利用语音识别能“听懂”和理解客户的语言。

（三）移动支付将逐步成为未来支付手段的主流

经历多年高增长的传统互联网支付市场已经悄然放缓交易规模，未来几年国内互联网支付增长速度将继续趋缓。反观移动支付市场，2012 年 12 月 14 日，中国金融移动支付系列技术标准正式统一和确立，从产品形态、业务模式、联网通用、安全保障等方面明确了移动支付相关技术要求，同时，移动互联网经济规模达 976.2 亿元，同比增长 148.3%，增速远远超过桌面互联网经济，另外，中国智能手机保有量达 3.2 亿台，同比增长 88.2%，渗透率达 28.7%。一系列积极因素将营造出产业链各方开放、合作、共赢的良好局面，推动我国移动支付集约化和规模化发展进程，并为业务拓展、产品创新和与国际市场接轨预留出广阔的空间。可以期待，未来三年移动支付将一枝独秀，逆势增长，一方面远程支付用户体验逐步提升，操作日趋便捷，可应用覆盖面越来越广，安全保障和灵活性得到进一步提高；另一方面近场支付越来越多地成为钱包的替代品，广泛地应用于小额支付、日常支付和便民支付等诸多领域。

（作者：工业和信息化部电信研究院　胡海波）

互联网金融概念本质与模式分析

2013年，在中国金融业大变革、互联网产业突飞猛进的大背景下，由互联网和金融业交叉产生的互联网金融风生水起，成为全民热议的话题。从余额宝的横空出世，到团购理财、P2P、众筹等的崛起，互联网金融正在以人们意想不到的步伐加快创新。面对互联网企业的凌厉攻势，传统金融机构也开始主动拥抱互联网，加快布局，使得整个行业焕发出了新的活力。在各方力量的作用下，金融操作更为灵活，工具进一步丰富，社会各界的金融投资消费理念也被不断刷新，互联网金融的内涵不断延伸，2013年成为了中国的“互联网金融元年”。

一、互联网金融的产生背景

互联网金融近年来得以快速发展，主要受到以下几个方面力量的推动。

（一）现有的金融体制亟待创新

从全球范围来看，金融业经过长时间的演变，已经从朴素的货币借贷逐步扩展为由多种要素组合而成又相互作用的庞大系统，包括货币资金的筹集、分配、融通、运用及管理等。在此过程中，金融行业的专业性和集中度日益提高，大型金融机构不断形成，导致金融权利逐渐集中。在我国，金融业是相对较为封闭的行业，市场处于相对集中的状态。

这种资源和权利的集中虽然有利于保持和加强金融业在全球竞争中的实力和地位，但是弊端也日益显现。首先，金融资源向优势行业和区域集中，导致低收入区域、弱势群体出现金融服务的可及性障碍。其次，人们的金融需求呈现多样化和复杂化的趋势，传统的金融边界和市场无法充分满足用户的需求。

互联网和金融相结合后，传统金融服务借助互联网技术可以大幅降低顾客的时间成本和费用成本，同时大幅降低实体店服务数量进而降低运营成本；另外，传统金融体系过于集中及庞大形成的低效率和覆盖盲区吸引民间机构尝试突破金融壁垒，由于没有严格监管，这些机构的决策更贴近市场，而且对用户需求的敏锐度高，机制和模式优于传统金融机构，解决了部分传统金融业由于运营成本、业务触角等导致的金融服务盲区问题，提升了传统金融机构的服务效率。

（二）普通用户的互联网金融消费习惯正在形成

近年来，我国互联网用户快速发展，尤其是随着移动智能设备的普及，移动互联网用户更是加速度发展，为互联网金融业务的普及奠定了基础。根据工信部的统计数据，截至2013年11月底，我国移动互联网用户总数达到8.04亿户，同比增长7.8%，在移动电话用户的渗透率达到65.7%。

随着互联网的发展，各种互联网应用也在不断繁荣和普及。其中，一些和金融、电子商务相关的业务应用，正在受到越来越多用户的欢迎。根据中国互联网络信息中心（CNNIC）发布的截至2013年6月的《中国互联网络发展状况统计报告》，在整体互联网应用中，电子商务类应用在手机端应用发展迅速，各应用的使用率涨幅较大，其中手机在线支付使用率的涨幅最大，相比2012年底增长了3.9个百分点，网民规模增长了43.0个百分点。此外，手机购物、手机网上银行、手机团购的使用率相比2012年年底分别增长了3.3%、2.7%和2.1%。

用户对金融、电子商务类互联网业务消费习惯的逐渐形成，消除了人们对互联网金融业务的陌生感，同时互联网环境的安全保障也在不断加强，为互联网金融业务的大范围推广扫除了一大障碍，而伴随着金融、电子商务类业务的发展，相应的生态系统不断壮大，为互联网金融的发展铺平了道路。

在种种力量的作用下，2013年互联网金融迅速走红。阿里巴巴、百度、搜狐、新浪、网易等均杀入了互联网金融阵营，而传统的银行业也积极拥抱互联网金融，以捍卫属于自己的阵地。

二、互联网金融的概念和本质

（一）互联网金融的概念

狭义来看，互联网金融指的是通过互联网来实现资金融通的方式方法；广义来看，任何具备互联网精神、涉及广义金融的互联网应用都可以称作互联网金融。

从狭义角度来看，互联网金融的优势在于通过互联网技术降低市场信息的不对称程度，促使资金供需双方直接交易，提高资源配置效率，方便人们进行支付，大大降低交易成本。从更深层次来看，互联网对于金融的改变，不在于技术本身，而是在于互联网思想对于传统金融模式的解构。

互联网是信息高速流动的网络，由于信息交换的便利、高效和低价，各种类型的资源纷纷在不同的计算机之间复制和传输，“共享”或者“分享”成为互联网与生俱来的思想。在互联网发展早期，由于人们存在匿名交流的习惯，“平等”的思想在早期互联网就得到充分展现，“平等”削弱了社会地位、等级文化造成的交流鸿沟，形成“民主”的氛围，进一步激发“自由”的风气。进入Web2.0时代后，互联网的分享、协作、民主、普惠、自由、平等精神获得了新的土壤，自媒体的出现提高了用户的参与感和表现欲，使得平等、自由、分享的精神进一步加强。互联网与金融结合后，上述互联网精神对传统的较为封闭的金融体制和思想形成了冲击。

因此从宏观角度来看，互联网金融不是简单的互联网技术的金融，而应是基于互联网思想的金融。互联网思潮作用于金融业，将使传统金融业具备透明度更强、参与度更高、协作性更好、中间成本更低等特点，而分享、协作、自由、平等、普惠、草根等也将成为互联网金融的显著特点。

（二）互联网金融的本质

互联网金融包括两大主体：一是新兴的互联网公司，二是传统的金融企业。2013年，由于概念上存在模糊性，人们为究竟是互联网金融还是金融互联网而经常进行争论。例如，马云认为：“未来的金融有大量的机会，一是金融互联网，金融行业走向互联网；第二个是互联网金融，纯粹的外行领导，其实很多行业的创新都是外行进来引发的。”马云甚至声称：“如果银行不改变，我们就改变银行。”

长期强大的银行系统自然不甘示弱，平安保险董事长兼CEO马明哲表示：“对金融业来讲，99%以上的金融机构都涉及到了金融互联网，金融机构长期以来将互联网作为一个工具来提升效率。”

两大阵营的对抗，体现了在互联网金融这一交叉领域，相关两大主体对金融创新话语权的争夺。事实上，互联网金融的本质仍是金融，未来很难从互联网金融中清晰地区分出哪些属于互联网，哪些属于金融。

对于金融机构而言，其优势在于垄断性的线下能力、专业的金融服务能力、强大的资本实力和雄厚的客户资源；互联网企业的优势则在于拥有创新基因，企业文化更符合互联网精神。因此长期来看，互联网和金融业都很难扩张至对方的绝对优势领域。

在话语权的争夺中，关于“金融脱媒”的观点非常盛行。2013年兴起的互联网金融业务P2P借贷和众筹融资，是一种需求直接对接的形式，脱离了金融机构，省却了传统的金融媒介，因此被誉为“金融脱媒”，许多学者和从业人员由此认为“金融脱媒”将是互联网金融的一个重要发展方向。

事实上，大范围的资金融通始终难以自发完成，金融业本身就扮演着广义或者狭义的媒介角色。P2P借贷和众筹融资不过是把这个媒介由金融机构转移至网络，两者都起到了对接需求的媒介作用，如果把这类平台与维护平台的运营方视为一体，那么他们仍是金融中介机构。所以，“金融脱媒”的实质并不在于“脱媒”，而在于信息不对称的消除和金融权力的觉醒。互联网金融的本质仍是金融，对接需求的媒介无论在传统金融体系下还是互联网金融体系下都始终存在。

三、互联网金融主要模式

结合互联网金融的最新发展，本报告对互联网金融进行归类，提取出了以下几种具有代表性的业务模式。

（一）移动支付

通过手机来实现随时随地的支付，一方面可增加支付的便利性，另一方面可为商家带来精准营销的能力。移动支付在我国发展多年，目前存在三大运营主体：金融机构、电信运营商、电商和互联网等第三方支付公司。

从距离角度划分，移动支付包括近场支付和远程支付。远程支付主要是通过移动互联网在线上进行交易支付；近场支付主要是在现场进行，并且在线下进行，不需要使用移动网络，而是使用 NFC、红外、蓝牙等，实现与 POS 的通信。

目前，远程支付在我国发展较好，银行联合运营商打造的电子银行、手机交水电煤气费用等业务，已经拥有了庞大的用户基础，第三方公司如淘宝推出的支付宝手机版，也是远程支付的一种业务。相对蓬勃发展的远程支付而言，我国近场支付进展缓慢。截至 2013 年 11 月，我国移动远程支付的金额占比为 95%，移动近场支付金额占比为 5%。

不过近场支付近年来已经成为运营商、金融机构、第三方支付公司的共同发力点。2012 年 13.46MHz 标准的确立，结束了旷日持久的移动近场支付标准之争，为近场支付的发展奠定了基础；2013 年三大电信运营商将近场支付的具体技术聚焦在了国际流行的 NFC-SWP 上，可以充分借鉴利用国际上 NFC 的成熟发展经验，从而加速推进 NFC 近场支付。

（二）P2P 网贷

P2P 网贷（Peer-to-Peer，即“人人贷”）是指个人通过网络平台相互借贷，贷款方在 P2P 平台上发布贷款需求，投资人则通过网站将资金借给贷款方。P2P 网贷源于英国 Zopa（2005 年 3 月），中国首家 P2P 网贷网站是成立于 2007 年 8 月的拍拍贷。

P2P 网贷主要提供小额贷款，是传统银行无暇顾及的角落，却与广大个体和中小企业的生活、经营息息相关。互联网广泛应用之前，小额贷款只局限于民间的熟人圈子，信息透明度差、安全隐患高、操作极其不规范，因此用户很少选择。而通过 P2P 网贷平台，投资者和借款人均可以全面参与借贷事务。这种行为主体和参与方式的变化，凸显了互联网金融的意义。

目前，P2P 网贷领域出现了几种运营模式。一种是纯线上模式，典型的平台有拍拍贷、合力贷等，其特点是资金借贷活动都通过线上进行，不结合线下的审核。通常这些企业审核借款人资质的措施包括视频认证、查看银行流水账单、身份认证等。第二种是线上线下结合的模式，此类模式以翼龙贷为代表。借款人在线上提交借款申请后，平台通过所在城市的代理商采取入户调查的方式审核借款人的资信、还款能力等情况。

国内 P2P 网贷平台数量近年来迅速增长，迄今已达到 2000 余家，比较活跃的有几百家。中国电子商务研究中心对其中的 280 家 P2P 网贷平台进行了监测，数据显示，2013 年 11 月，这 280 家 P2P 网贷平台成交额达到 96.07 亿元。

（三）众筹融资

众筹，即大众筹资或群众筹资，是指用团购、预购的形式，向网友募集项目资金的模式。众筹利用互联网和 SNS 传播的特性，让创业企业、艺术家或个人对公众展示他们的创意及项目，争取大家的关注和支持，进而获得所需要的资金援助。众筹平台的运作模式基本如下：需要资金的个人或团队将项目策划交给众筹平台，经过相关审核后，便可以在平台的网站上建立页面，向公众介绍项目情况。

众筹的代表是 2009 年 4 月成立的美国 Kickstarter 公司，该公司通过网上平台为设计、音乐、电影、游戏等领域的创意项目融资。不过 Kickstarter 上的项目良莠不齐，成功率也未必令人满意，但投资者对于创新的支持和宽容态度则形成了良好文化。

在国内，最早成立的众筹公司是点名时间，该网站 2011 年 7 月上线，是目前国内发展最大、最成熟的众筹网络平台。据其公开的数据，上线不到两年就已经接到了 7000 多个提案，有近 700 个项目成功上线。互联网知识型社群试水者罗振宇是自媒体视频脱口秀《罗辑思维》的主讲人，其 2013 年 8 月 9 日在平台上销售 5000 个 200 元/人的两年有效期会员账号，账号在 6 小时内一售而空，也称得上众筹模式的成功案例之一。此外，国内还出现了还有天使汇、创投圈、大家投、众筹网、淘梦网、追梦网等众筹平台。

需要指出的是，众筹模式从商业和资金流动的角度来看其实是一种团购形式，和非法集资有本质上的区别。所有的项目不能够以股权或者资金作为回报，项目发起人更不能向支持者许诺任何资金上的收益，必须是以实物、服务或者媒体内容等形式作为回报，对一个项目的支持属于购买行为，而不是投资行为。

可以预期，众筹作为一种重要的小微创新支撑平台，可部分取代传统的风险投资渠道。一旦众筹平台兼具批量融资与孵化的功能，为创意者提供从资金到培训等一站式的创业服务，那么必将对传统的分先投资方式形成较大冲击。而专业风险投资机构要么入驻现有众筹平台，要么自行搭建类似平台。

（四）数据审贷

数据审贷指依靠充足的用户信用及商务活动数据，建立用户信用/风险模型，依托该模型自动或半自动地确定是否可以向申请人发放贷款。它的实质是数据分析和数据挖掘技术在审贷过程中的应用。银行业也用类似的技术进行信用卡审核和信用卡欺诈识别。

阿里小贷是数据审贷的一个典型案例。阿里小贷主要通过旗下两家小额贷款公司——浙江阿里巴巴小额贷款股份有限公司和重庆阿里巴巴小额贷款股份有限公司进行量化放贷。阿里小贷的成功，主要原因在于交易数据相对完整、客户需求零散和支付宝扣款及存货处理等风险控制措施完善。依托自身在阿里体系内的巨大客户数据优势，将交易数据、客户评价度数据、货运数据、口碑评价、认证信息等结合外部数据进行量化处理，设定风险控制参数，建立中小企业贷款的数据库模型，放弃单体分析，通过标准批量筛选，用大数定律控制违约风险。

由于多数信贷操作完全依赖系统，而非人工完成，因此阿里小贷的效率更高，成本更低。据报道，阿里巴巴创新金融单笔小微信贷操作成本为2.3元，而银行的单笔信贷操作成本一般都在2000元上下。阿里巴巴的不良贷款率也远远低于银行同业水平。

（五）互联网理财产品

这类产品包括余额宝、百发、网易理财等，一般互联网公司都与基金公司合作，推出的产品利率普遍高于银行的同档次理财产品，对用户具有较大的吸引力。

余额宝是阿里巴巴联手天弘基金推出的一项余额增值服务，通过余额宝，用户不仅能够得到较高的收益，还能随时消费支付和转出，无任何手续费。用户在支付宝网站内就可以直接购买基金等理财产品，获得相对较高的收益，同时余额宝内的资金还能随时用于网上购物、支付宝转账等支付功能。

在互联网金融领域，余额宝犹如一匹黑马，其卓越的市场表现成为2013年互联网金融市场的最大亮点。据统计，截至2013年12月31日，余额宝的客户数已经达到4303万人，规模为1853亿元；2013年第四季度，余额宝规模从第三季度末的557亿元增长至1853亿元，其对应的增利宝货币基金成为国内最大基金。上线以来，余额宝累计申购金额4294亿元，累计申购1.4亿笔；成立以来累计赎回金额2443亿元，累计赎回2.5亿笔；余额宝累计为用户带来17.9亿元的收益，自6月13日上线以来，余额宝日每万份收益一直保持在1.15元以上。

看到余额宝的成功，众多互联网公司纷纷跟进。2013年6月，百度联手华夏基金推出了“百发”，创下了4小时募集10亿元的纪录，为了争取市场份额，百度承诺8%的收益率，远远超过货币基金；此后，搜狐与国华人寿和弘康人寿合作推出“抢钱节”，收益率比余额宝高，品种比“百发”多；网易理财有些姗姗来迟，于12月底开售“添金计划”，宣布1分钱起购，再次拉低理财门槛，并高调赠送高到5%的活动补贴；此外，新浪、腾讯等互联网旧富也不甘落后，纷纷表示会跟进。

互联网理财产品一片热闹的景象背后，隐忧也不容忽视。为了争取用户，互联网公司承诺的收益率一家高于一家，为了实现承诺的收益率，互联网公司甚至做起了赔本的生意，这种赔本模式必然不会是长久之计。

（六）信息化金融机构

所谓信息化金融机构，是指通过采用信息技术，对传统运营流程进行改造或重构，实现经营、管理全面电子化的银行、证券和保险等金融机构。金融信息化是金融业发展趋势之一，而信息化金融机构则是金融创新的产物。从金融整个行业来看，

北京联通两会通信保障各项工作相继启动

2月19日24时，随着广东电视台两辆加长的集装箱设备车辆驶入北京联通长途电话局大院，2014年全国“两会”地方台演播室保障任务正式开始。针对该地区的特点和重要性，北京联通维护中心正式启用了有力保障全国“两会”通信生产和支撑市场服务的新举措，行政事务部、图像中心、动力中心等部门密切配合，负责组织驻局武警、保安、网信物业和地方电视台人员共同做好属地全国“两会”通信保障和楼宇安全生产工作。

“两会”召开期间，广东台、深圳台、南方台等地方台在该地区设立演播室。维护中心在总结全国“两会”通信保障经验的基础上，进一步完善了属地单位全国“两会”通信保障的安全内容，特别要求外来相关省市电视台租借我公司演播室，派驻人员进入长话大楼等楼宇工作，必须签订“全国两会通信保障安全协议书”。

北京联通机动局制定编写了两会通信应急保障预案、两会代表驻地移动基站保障专项预案，建立机动局两会保障项目信息沟通制度，对VSAT机房、配电室机房以及所有车载及便携式应急通信设备开展了全面清网排障和预检预修工作，全面检查应急通信设备运行状态及车体状况，对发现的问题及故障及时处理清除，着重针对参与两会应急支撑通信任务的移动基站车、卫星通信车、车载发电机、海事卫星电话等设备消除遗留障碍，对在外支撑撤回的基站车存在问题及时处理，杜绝死角。

目前，经过选拔培训过的机动局60余名保障员工全部投入到所承担的多个代表驻地的移网应急车支撑工作中。每个保障驻地，从现场勘查、开通流程发起到工单全部制作完成，每一个环节都以小时计算，每一个专业中心没有任何的拖沓和迟延，从而确保应急车的开通及时。

据悉，在此之前北京联通交通安全督导检查工作领导小组会同西城安委会领导及信发阳光修理厂技术人员前往机动局，对“两会”驻地通信保障车辆司机的选拔、培训工作落实情况及通信保障车辆维护、记录工作落实情况、对车辆机件的安全性、车辆卫生、灭火器、三角牌及随车工具等情况、对与会保障车辆发动机运行情况、机件的有效性等方面进行了全面检查。

全国“两会”的新闻中心，是各路媒体记者聚焦的重点，也是保障工作的重中之重。根据酒店安排，此次新闻中心现场环境搭建只有一天时间，且网络服务室位置调整，各个会议室的布线均需重新铺设，可谓时间紧、任务重。八区分公司各部门通力配合，重视服务细节，为给大会工作人员和媒体记者提供满意的服务，12小时内将现场环境全部搭建完毕，并对应急通讯车的安装调试、网络服务室内双百兆互联网专线的上联和电路备份、现场营业服务和销售资源的准备、各房间内工作组及媒体电话和ADSL的安装情况逐一落实，现场对提供的电脑终端网速和多媒体公话进行使用测试。对联通通信机房、楼内外移动基站进行了检查。

两会期间，北京联通各单位部门将认真抓好落实，加强属地日常巡视检查和安全自查，特别针对消防、安防、车辆等设施的检查维护，同时确保两会期间的通信畅通和网络信息安全，一定圆满完成2014年全国“两会”通信保障这项政治任务。

中国联通贵州省分公司

开创跨越式发展格局，助力“智慧贵州”建设

2013年，中国联通贵州省分公司紧紧围绕集团公司战略指引，扎实推进党的群众路线教育实践活动开展，深化实施“双轮驱动、聚焦增长、加速赶超”发展规划，凝心聚力，攻坚克难，坚定不移推进规模效益突破、全力以赴实现又好又快发展，推动公司持续保持高速增长的良好态势，实现主营业务收入增幅连续两年高于30%，省内行业市场份额提升值位居全集团前列，并提前一年实现“三年翻番”的战略发展目标，在联通全系统、省内同行业中奋勇争当了加速发展、推动跨越的排头兵，有力开创了“加速赶超、跨越发展”的新格局，为推进全省行业发展进步、加快全省经济社会信息化发展进程做出了积极地贡献。

2013年12月16日中国联通

（贵安）云计算基地开工仪式

2013年11月16日“宽带贵州 信息消费”

——移动互联网时代信息化应用研讨会

以适应全省经济社会信息化发展和公司业务经营高速发展需求为目标，贵州联通近年来全面加快信息通信基础设施建设步伐，网络承载能力和运行质量实现稳步提升，对全省经济社会信息化发展的支撑保障能力显著提高，为加速全省信息化发展进程、推进建设“智慧贵州”发挥了重要的作用。2013年12月16日，中国联通（贵安）云计算基地在贵州贵安新区电子信息产业园大数据产业基地核心区启动建设，作为中国联通西南地区云计算平台核心节点和全国三大云计算资源池之一，以打造“世界一流的云计算基地”为目标，投入运营后将建立集中高效、性能优质、快速响应、绿色节能和专业化、现代化的运营管理模式，为贵州及西南各省提供优质的云计算和大数据服务，并辐射周边地区和南亚国家，同时将有力推进贵州智慧城市建设，发挥中国联通移动宽带领先优势，在智慧政府、智慧教育、智慧医疗、智慧交通等领域加大研发投入、开发配套应用，支持贵州“政务云、工业云、旅游云、交通云、低碳云”等“五朵云”的建设，加快推进贵州信息化与工业化融合，推动贵州信息化水平迈向世界先进行列。

2014年是4G发展元年，贵州联通将深入贯彻党的十八届三中全会精神，在集团公司“移动宽带领先与一体化创新”战略指引下，坚持“双轮驱动、量质并重、加速赶超”，加速创新变革、加快转型发展，充分发挥在网络、技术和应用上的优势，全面提升服务地方经济社会发展的能力，推动全省信息化与工业化深度融合，为推进全省经济社会实现更好更快的发展发挥更为重要的作用。

北京市邮政公司

北京市邮政公司是中国邮政集团公司所属的国有大型邮政通信企业，是全国重要的邮政通信枢纽和邮件进出转口局、国际邮件交换局、报刊发行局，是首都城市基础设施的重要组成部分。下辖4个城区邮电局、10个郊区（县）邮政局、10个专业局（公司）。现有职工25136人，邮政局所765个，邮政信筒信箱5973个，报刊亭2208个，农村村邮站3966个，投递网点269个，邮运专用车2140辆，各类邮路1342条，各类投递道段3663条，投递里程总长6.93万公里。服务面积1.64万平方公里，服务人口2069.3万，与138个国家和地区的244个城市建立了通邮关系。

2013年建成投产的北京综合邮件处理中心，是目前世界领先、亚洲位居前列的综合邮件处理集散中心，建设面积15.6万平方米。配备技术先进的信函分拣机、包件分拣机以及扁平件分拣机等其他大型分拣设备14台套和辅助传输设备600余台套，平均每天处理各类邮件约1206万件，处理省际总包3216万袋，占邮政全网处理量的15.87%。

北京市邮政公司主要经办信函、包裹、汇兑、报刊、集邮等邮务类业务，并代理邮政金融、速递物流、保险业务。在做好全国两会、重大政治活动邮政特殊服务的基础上，认真履行邮政普遍服务义务，加快邮政转型发展。近几年，适应社会发展变化和市场竞争需要，北京邮政不断拓展服务领域，先后设立了天安门邮局、太空邮局、大清邮局、爱情邮局等一批文化内涵丰富的主题邮局，推出了神舟系列邮品和爱心包裹、母亲包裹等社会公益服务项目，受到社会各界的广泛好评。

北京市邮政公司认真贯彻党的十八届三中全会精神，积极落实集团公司建设世界一流邮政企业的工作部署，深化改革，转型发展，着力打造首都邮政综合服务平台，做好“一刻钟便民服务圈”和“最后一公里”的服务工作；着力推进网点优化和网点转型，展示首都邮政服务形象，提高邮政网点经济效益；着力实施流程优化，提高邮件传递时限，确保“4、6、8”时限达标；着力深化体制机制改革，强化邮区与行政区的协调发展，为提升首都邮政服务水平，建设与首都经济发展相适应的现代化邮政企业做出新的更大的贡献。

爱心邮局献爱心

北京综合邮件处理中心自动化处理系统上线运行

太空邮局局长杨利伟接受央视专访

安徽省邮政公司

安徽省邮政公司自2007年2月8日挂牌成立以来，在中国邮政集团公司的坚强领导下，经过全体干部员工的辛勤奋斗，业务规模和运营质效显著提升，企业凝聚力和员工自豪感显著增强，品牌形象和社会地位显著提高。2013年，在中国邮政集团公司考核中，从二类省晋升为一类省，并在2012年经营绩效考核中荣列A档第1名。连续荣获五届“安徽省文明单位”称号、三届“安徽省文明行业”称号，及“全国五一劳动奖状”、“全国模范劳动关系和谐企业”，并受到省里的通报表彰。6名同志被授予“全国劳动模范”、“全国五一劳动奖章”,32名同志被授予“安徽省劳动模范”、“安徽省五一劳动奖章”。

安徽省邮政公司严格践行“用户至上，员工至亲”企业行为规范，深化机制创新，推进了企业务实、创新、转型与和谐发展。积极承担中邮（安徽）农产品电子商务平台建设，力争打造“立足安徽、辐射全国、走向世界”的国内一流农产品电子商务平台。在推进传统邮政业务创新发展的同时，相继开办了幸福邮局、爱情邮局、祈福邮局、红军邮局等主题文化邮局，聘请著名科学家杨振宁、九华山佛教协会会长释慧庆等知名人士担任名誉局长。创新推广特训营、客户尊享会、报刊芜湖模式等，丰富了服务客户的方式方法。将邮票文化与“徽州木雕”相结合，制作国内首套《金铜佛造像》徽雕红木邮票，把国家级非物质文化遗产搬上“国家名片”。

作为国家基本公共服务体系的重要组成部分，安徽省邮政公司忠实履行普遍服务和特殊服务，发挥“资金流、实物流和信息流”三流合一优势，主动服务经济、服务民生、服务“三农”。充分挖掘邮政书信文化和邮票、邮资门票等资源，发挥在地方形象宣传、旅游开发、企业产品促销等方面的独特作用。有效整合邮政资源和社会资源，大力推进便民服务站和村邮站建设，提供“邮政业务+代收代缴代售”服务，为百姓搭建综合性服务平台。构建“农资消费品下乡，农产品进城”双向流通渠道，打造名优土特产销售服务平台，建设让农民节支、放心、增收的农资分销配送渠道。

安徽省邮政公司坚持以人为本理念，切实将“用户至上，员工至亲”企业行为规范贯穿工作全过程。全面推进“亲情服务、温馨邮政—从微笑做起”活动，给顾客提供贴心、温心、舒心的邮政服务。大力推进“和谐职工小家”和“城市投递员之家”建设，持续开展为员工办实事活动、“爱心帮扶十关爱”活动，构建和谐、亲情、温情的大家庭，切实增强员工的归属感和企业凝聚力。热心社会公益事业，创建166条“爱心邮路”，帮扶170名孤寡老人、残疾人和留守儿童，受到社会普遍关注和高度评价。

2013年3月12日，安徽省和中国邮政集团公司在北京签署战略合作协议，双方在服务“三农”、农产品电子商务、文化、旅游、服务中小企业、城乡便民服务、邮政基础设施建设等领域全面加强合作

2013年1月30日，相关领导到安徽省合肥市邮政局调研 慰问一线员工

2013年5月13日，诺贝尔奖获得者、著名物理学家杨振宁教授受聘出任幸福邮局名誉局长，中国邮政集团公司李国华总经理向其颁发聘书

安徽邮政开展提升协作能力、增强团队精神为主旨的拓展训练

安徽邮政有效整合企业资源和社会资源，打造“邮政业务办理+代收代缴代售”的便民服务站，方便了百姓生活，并在一定程度上缓解缴费难、就业难等民生问题

2014年3月5日，中国邮政集团公司刘明光副总经理莅临安徽调研中邮农产品电子商务平台建设情况

江苏省邮电规划设计院有限责任公司

公司总部位于博爱之都南京，始建于1963年，系致力于通信、建筑和信息化以及节能环保咨询、设计、研究与实施的国家级重点高新技术企业，综合实力持续位居全国同行业前列。

企业资质：拥有通信工程设计、通信工程勘查、通信工程咨询、建筑工程设计、建筑工程咨询、建筑智能化工程设计与施工、涉及国家秘密的计算机信息系统集成（咨询）、安防工程、通信信息网络系统集成、通信建设项目招标代理等十多项甲级（壹级）资质证书；获建设项目环境影响评价、计算机信息系统集成、建筑装饰装修工程设计和施工等资质（资格）证书；取得中华人民共和国对外承包工程、安全生产许可、江苏省项目管理企业、清洁生产审核咨询服务机构等证书。

人力资源：现有从业员工中博士、硕士学历占60%、本科学历占38%。拥有一大批教授级高工、高级工程师、行业有影响的技术专家；拥有一大批国家注册咨询工程师、国家一级注册建造师、国家一级注册建筑师、国家一级注册结构工程师、国家一级注册电气师、国家一级注册设备师、注册环评工程师、计算机信息系统高级项目经理、江苏省注册咨询专家等。

市场分布：国内市场业务覆盖29个省（市）、自治区，服务对象包括各级政府部门、行业与企业客户。海外市场业务覆盖欧洲、南美洲、非洲、东南亚等区域，主持或参与10多个国家通信信息网络工程咨询、勘察设计与工程实施。公司设有13个专业设计院、8个分公司（含海外分公司）、7个研发机构、100多个外地办事处。

企业管理：1998年，在全国通信设计行业中率先通过ISO-9001国际质量管理体系认证，2006年在全国同行业中率先通过质量、环境、职业健康安全“三标一体”认证。公司大力推进科学化、规范化管理，被评为“管理体系认证优秀组织”。设计质量合格率始终保持100%，优良率95%以上。

研发创新：在全国同行业中率先设立国家级博士后科研工作站、省级博士后创新实践基地。关注行业发展趋势，探索技术前沿：对新一代移动通信、下一代互联网、三网融合、物联网、云计算、高端软件等新一代信息技术持续开展技术研究；对智慧城市、FTTX、IP城域网等现网技术与应用深入探索；网络优化与测试方面有效拓展。近五年获18项软件著作权、39项专利；完成前瞻性软课题研究283项，其中获奖20余项；发表论文500多篇、出版图书6部、翻译图书8部。项目获奖：近7年来，获各类优秀设计、优秀咨询成果奖500多项。

客户服务：在首问负责制、本地化服务、响应速度、信息保密、关怀客户等方面形成比较优势。近五年完成科技创新210项，为国家和客户节约投资20多亿元，其中仅江苏移动铁塔瘦身1项就节约支出约1.2亿元。

企业荣誉：获全国文明单位、全国先进工程勘察设计企业、全国用户满意工程创建先进单位、全国先进通信设计企业、江苏省文明单位标兵、江苏省五一劳动奖状先进集体、江苏省用户服务满意明星企业、江苏省工程勘察设计行业诚信单位、江苏省通信行业诚信建设企业、江苏省重合同守信用企业、江苏省模范职工之家等40多项省级以上集体荣誉称号；连续14年被评为江苏省文明单位、连续12年被评为江苏省AAA级信誉单位、连续9年被评为江苏省质量管理优秀企业；获国家级青年文明号1个、省级青年文明号1个。

未来的营销，不需要太多的渠道，
只要让你的产品进入消费者的手机，
就是最好的营销
市场营销
获利时代
移动互联网的新商业模式
刘伟毅 张 文◎著
盛世新管理书架
SS New Management Bookshelf
获利时代
移动互联网的新商业模式
深度剖析移动互联网产业链
全面解读国际领先商业模式
抓住赚钱的最佳机会 成就自己的商业帝国
搜索关键词 微信 微博 二维码 余额宝 APP 云电视 免费
人民邮电出版社
POSTS & TELECOM PRESS
获利时代
移动互联网的新商业模式
作 者：刘伟毅 张 文
出版社：人民邮电出版社
定 价：42元
·移动互联网时代不是神马浮云
·而是实实在在的蓝海与红海
·是握紧手就可以抓住的利益
·是打开口袋就是掉进的金币
聪明企业建立商业堡垒的最佳实际方法
影响并改变企业的最实用的新商业模式
人民邮电出版社
POSTS & TELECOM PRESS

立足信息通信行业
提供全方位综合服务
信息产业风云变幻，北京信通传媒有限责任公司（简称信通传
www.bjxintong.com.cn）愿携旗下多种媒体和服务平台，与您同行，共赢未
下辖：通信世界、电信科学、电信技术、通信学报、互联网天地、新风范、
通信世界网、通信图书、通信标准、会展服务、培训服务……
信通传
China InfoCom Media

银行的信息化建设一直处于业内领先水平，不仅具有国际领先的金融信息技术平台，建成了由自助银行、电话银行、手机银行和网上银行构成的电子银行立体服务体系，而且以信息化的大手笔——数据集中工程在业内独领风骚。其除了基于互联网的创新金融服务之外，还形成了“门户”，“网银、金融产品超市、电商”的一拖三的金融电商创新服务模式。

四、互联网金融需要加强监管

展望 2014 年，方兴未艾的互联网金融仍将是互联网和金融领域的热门话题，围绕互联网金融话语权的争夺还将继续，即便在一个阵营内部，各个竞争主体之间的争夺也将愈演愈烈。可以预期 2014 年将会有更多、收益水平更高的理财产品问世。

目前百花齐放的互联网金融领域，在 2014 年或将出现百舸争流、百团大战的热闹景象，这将会与当年团购网站的火爆较为类似。当年的团购网站为了拼抢市场而舍弃了基本的利益，以致出现了良莠不齐的现象，致使多数资质差、实力弱的小公司被迫出局。2014 年的互联网金融产业或将迎来同样的洗牌过程。

面对现阶段互联网金融发展过程中出现的种种问题和风险隐患，监管部门则需要对这一新兴行业及时进行规范自律，加强监管。

首先，互联网金融行业要成立自律组织，对行业进行规范管理。考虑到当前互联网金融创新发展首先是在经济和金融比较发达地区如北京、上海、深圳等地率先开展起来的，这些地区的互联网金融机构比较多，可以考虑在这些发展地区先行成立区划性互联网金融行业协会，然后联合各地协会成立全国性的互联网金融行业协会，成为在民政部注册的全国正式社团组织。

其次，涉及互联网金融的相关部门要尽快联合成立互联网金融监管机构，制定出相关的管理办法，对互联网金融业务进行完善的监管，以便控制和防范该行业发展中可能产生的行业风险和系统性金融风险。考虑到央行规范和监管第三方支付机构的经验，可考虑由央行牵头，银监会、证监会、保监会、财政部、国务院法制办、工信部等部门参与联合组建一家国务院下属的全国互联网金融监督管理委员会，全面负责全国互联网金融行业或系统的监管。

（作者：北京信通传媒有限责任公司　舒文琼）

网络与信息安全篇

通信网络与信息安全形势与发展展望

一、2013年网络与信息安全总体形势

2013年，全球网络与信息安全形势严峻而复杂。从国际情况来看，美国在全球网络空间继续处于领跑地位，“棱镜门”事件曝光了美、英国家的监控体系，使得国际社会围绕网络空间的争夺公开化、显性化，世界各国纷纷调整网络空间战略部署，网络空间格局面临重大变革。从国内情况来看，各类网络攻击、网站篡改、网络钓鱼等网络安全事件频发，我国基础网络、重要信息系统、工业控制系统存在巨大安全隐患，移动互联网安全问题突出，亟待从根本上提高安全保障能力和水平。

（一）全球网络空间战略部署加快

放眼世界，各国都在大力加强网络空间战略的的署。截至目前，已有40多个国家颁布了网络空间国家安全战略，仅美国就颁布了40多份与网络安全有关的文件。美国还在白宫设立“网络办公室”，并任命首席网络官，直接对总统负责。2014年2月，美国总统奥巴马又宣布启动美国《网络安全框架》。2014年年初，德国与法国探讨建立欧洲独立互联网，拟从战略层面绕开美国以强化数据安全。欧盟三大领导机构明确计划在2014年年底通过欧洲数据保护改革方案。日本2013年6月出台了《网络安全战略》草案，明确提出“网络安全立国”。印度2013年5月出台了《国家网络安全策略》，目标是“安全可信的计算机环境”。我国分别于2014年1月、2月成立了国家安全委员会以及中央网络安全和信息化建设领导小组，标志着我国网络空间管理工作将得到中央层面的集中统一领导，具有里程碑意义。

（二）我国网络安全形势不容乐观

2013年，为遏制黑客地下产业链蔓延、净化网络环境、保护用户和企业切身利益与财产安全，工业和信息化部开展了防范治理黑客地下产业链专项行动，我国感染病毒主机、挂马网站数量有所减少，互联网公共治理取得了一定的成效，但互联网尤其是移动互联网安全形势不容乐观。一是移动互联网恶意程序快速繁衍和扩散。2013年，我国移动互联网网民规模达6.85亿，比2012年增长18.35%。随着移动互联网的普及、手机用户数量的稳步增长，我国新增智能设备数量跃居世界首位，应用程序商店下载量快速增长。同时，移动互联网恶意程序数量也急剧增长，数据显示，2013年移动互联网恶意程序数量超过70万个，呈现爆炸式增长，其中Android恶意程序的数量占全部移动恶意程序超过90%。这些恶意程序一般存在包括恶意扣费、信息窃取、远程控制和资费消耗等行为。二是恶意网络攻击行为严重。2013年，互联网用户通过网络开展的经济活动持续增多，在线销售和支付总额增长迅速，窃取经济利益成为黑客实施网络攻击的主要目标之一。除骗取用户的经济利益外，一些钓鱼页面还会套取用户的个人身份、地址和电话等信息，导致用户个人信息泄露。三是后门、漏洞成为网络与信息安全的最大威胁之一。当前黑客更倾向于通过隐蔽的危害和更大的后门程序或漏洞，取得相关系统的控制权，从而获得经济利益和窃取信息。2013年，被篡改域名、植入后门的网站以及被仿冒的网站数量较2012年出现大幅度增长，其中被篡改网站大幅度增加252%。

（三）我国信息安全面临严峻挑战

当前，我国信息安全管理模式已初步成型，互联网接入服务信息安全管理开始起步，技术要求、管理制度逐步建立。但我国信息安全面临严峻挑战。一是针对业务及应用的信息安全管理模式尚未建立。一方面，微信等构建的即时消息、媒体发布平台缺乏信息监管，微博构建的便捷信息广播方式造成消息缺乏监管。另一方面，CDN（内容分发网络）

技术加快了网络访问速度，也造成了信息监管的困难；SDN（软件定义网络）等新技术的引入也给信息安全监管带来了新的挑战。二是信息安全对抗压力越来越大。境内外敌对势力日益重视通过互联网开展破坏活动，频繁制造事端，破坏我国和谐稳定。特别是，美欧等西方国家打着“信息自由流动”的旗号，综合利用外交、经济和法律等手段，加大对我互联网管理政策和措施的攻击力度。三是维护国家安全和社会稳定的任务艰巨繁重。当前，我国正处于全面建设小康社会的关键时期和加快转变经济发展方式的攻坚时期，随着我国经济转轨和社会转型的深入推进，国内社会矛盾多发，并通过网络发酵、放大并向现实社会扩散，网络自身突出的组织动员能力，极大地增加了应急处置工作压力。四是新技术新业务也给信息安全管理工作带来严峻挑战。移动互联网的终端移动性、业务融合创新性、应用服务个性化等特征，使得信息发布和获取更加便捷，导致信息源头多元化、信息传播裂变化和信息获取多样化，网络、系统、业务和终端的安全问题相互交织，对信息安全工作带来了严峻的挑战。

二、2013年网络与信息安全热点分析

（一）“棱镜门”事件曝光美国监控内幕

2013年6月，美国中情局前雇员斯诺登爆料，美国国家安全局和联邦调查局于2007年开始实施的代号为“棱镜”的秘密监听项目，美国情报机构一直在包括微软、雅虎、谷歌、苹果等在内的9家网际网路巨头中挖掘数据、搜集情报，从音频、视频、图片、邮件、文档以及连接信息中分析个人的联系方式与行动。此外，斯诺登以及“匿名者”组织解密的信息显示，在过去的近15年中，美国国家安全局旗下的“定制入口行动办公室”一直从事侵入中国境内计算机和通信系统的网络攻击，借此获取有关中国的有价值情报。“棱镜门”事件显示了美国入侵包括我国在内的其他国家网络的行为到了肆无忌惮的地步。

（二）我国关键信息基础设施安全状况堪忧

“棱镜门”事件曝出美国已侵入我国短信系统，大量敏感信息被获取，电信网等核心路由器有可能被美国控制，我关键基础设施安全形势严峻。2013年8月25日，国家域名解析服务器遭受DDoS攻击，这是我国国家域名解析节点遭受到有史以来规模最大的拒绝服务攻击，导致国家域名解析异常，国内节点网络链路拥塞，服务器性能下降。“8.25”事件显示我国关键域名系统不堪一击。2013年下半年以来，D-link、Tenda、Cisco等主流网络设备生产厂商的多款路由器先后被曝存在后门或漏洞，极路由等智能无线接入设备也被曝存在“翻墙”等安全风险。这些漏洞或后门一旦被恶意攻击者利用，将直接危害使用该产品的用户信息安全，造成个人信息泄漏，严重地影响网络的稳定运行，对国家安全和社会稳定构成严重威胁，需引起足够重视并采取必要的措施。

（三）我国用户个人信息保护问题突出

我国互联网个人信息泄露情况非常严峻，泄露事件频繁发生。2013年，在互联网上公开售卖的中国网站用户信息数据库达500个以上，其中确为真实信息的数据近亿条。2013年2月，中国人寿的合作网站“众宜风险管理” 80万份保单信息泄露。2013年10月，多家连锁酒店的客人入住信息因为系统漏洞导致2000万条酒店开房信息泄露，黑客更是利用这些泄露数据获取利益。2013年11月，央视曝光使用QQ账号登录搜狗浏览器，可查看数千用户的邮箱、余额宝等用户个人账户信息。这些事件的发生给普通民众造成了较大的困扰和安全风险，凸显出我国用户个人信息保护的突出问题，提升安全防护能力迫在眉睫。

（四）伪基站防范和治理任重道远

2013年，我国多地陆续出现多起不法分子利用“伪基站”发送诈骗、广告推销等垃圾短信的行为。根据“12321网络不良与垃圾信息举报受理中心”的统计，我国手机用户平均每周收到的垃圾短信息数量达11.9条，占全部短信息的比例为24.9%，伪基站就是制造这类垃圾短信的重要祸源之一。“伪基站”利用2G网络对用户的“单向鉴权”漏洞，模拟2G无线移动通信基站和部分核心网的功能，通过发射大功率无线信号，强迫用户终端脱离运营商网络并接入其虚拟的网络，窃取用户手机号码、IMSI和所处位置等信息，向用户发送大量垃圾短信。伪基站所引发的社会问题直接影响每位手机用

户的生活和工作，对国家通信秩序、人民群众生命财产安全和社会稳定造成了严重威胁，其防范和治理将是一个长期的过程，需要着眼建立长效的机制。

三、2014年网络与信息安全展望

（一）国际社会网络空间合作对话意愿将增强

“棱镜门”事件引起国际社会强烈谴责和关联反应，德国、巴西等世界主要国家及欧盟、金砖国家等组织谴责美国监听行为，要求美国做出解释并停止监控，而美国态度并没有明显软化。2014年1月17日，美国总统奥巴马宣布，拟对美国网络监控作一定程度的调整，但坚称不会从根本上改变美国情报监控的现状，并就网络监听参与更多国际合作，力争制定新的国际公约约束各国政府的监听行为。美国的监听行为及其事后的态度使得各国认识到在加强自身网络空间部署的同时，网络空间对话和合作显得尤为重要。因此，安全议题将成为今后一段时期网络空间规则制定的重点，国际规则进程也将加速。2014年，各国将利用WSIS+10、巴西互联网峰会、ICANN高官会等一系列重要会议开展网络与信息安全问题开展务实对话，议题将包括网络空间国际规则、打击网络犯罪、互联网资源合理分配和隐私保护等。

（二）我国网络与信息安全工作将上升到国家战略

2013年11月12日，党的十八届三中全会通过的《中共中央关于全面深化改革若干重大问题的决定》提出“坚持积极利用、科学发展、依法管理、确保安全的方针，加大依法管理网络力度，加快完善互联网管理领导体制，确保国家网络和信息安全。”2014年2月27日，中央网络安全和信息化领导小组宣告成立并召开了第一次会议。由此可以看出，我国网络与信息安全管理工作将得到中央层面的统一领导，管理体制将进一步理顺，管理机构的运行将更加高效。国家高层对网络与信息安全将越来越重视，将会从战略、规划、标准、法律法规、政策等方面加强顶层设计，从组织机构、关键基础设施安全、技术产业发展、攻防能力建设、国际交流和人才培养等方面着手，不断增强安全保障的能力。

（三）移动安全形势严峻

移动化趋势推动BYOD设备在企业中的普及，这也将推动移动安全市场的发展。而随着3G网络的普及以及2013年末4G牌照的发放，移动端对互联网的介入将更加深入，私自联网、消耗流量等恶意行为的危害性也将更加突出。同时，互联网技术正向云端化和移动化方向发展，数据存储在云端，将加剧移动设备和移动网络的安全隐患。另外，从用户角度来看，用户对APP（第三方应用程序）的需求呈现多样化与细分化的趋势，2014年APP数量将继续保持快速增长，恶意软件的数量也将随之增加，风险广告将会带来新一轮的肆虐。而智能机用户也呈现逐渐年轻化的趋势，年轻人群对于ROOT和越狱的需求较大，因此专业从事该类软件制作的公司将增多，也将为移动安全带来新的挑战。未来在行业诸多挑战下，移动安全环境的维护仍需政府、开发者和安全厂商等各界的共同维护。

（四）新兴技术领域安全威胁呈现新特点

随着新技术新业务的快速发展，其带来的网络与信息安全新问题也将不断出现并呈现出新的趋势：

（1）信息操纵将扩展到大数据领域

未来，政府和企业将通过大量数据分析来进行精细化运作、制定决策等。随着大数据分析的广泛运用，攻击者将找到避开统计分析和异常检测的方法。信息操纵将成为攻击者的主要攻击策略。通过利用各种“污染信息”的方法，网络攻击高手能篡改分析平台中的威胁模型，让其将异常行为判定为正常行为，或者攻击者能通过发起很多假攻击，制造假警报并浪费人工分析师的时间。

（2）物联网设备将成为新的互联网安全威胁。

未来五年，将会有大量设备连接到家庭及商业网络，我们日常生活中的几乎一切常用工具，都能够成为互联网的一部分，物联网对人们的生产生活产生了前所未有的影响。但是，用户的信息安全和个人隐私也备受威胁。曾经仅限于个人计算机与移动设备领域的木马、蠕虫和远程控制，现在已经蔓延到智能家电或家庭安全系统领域。即便是一些无需使用IP地址的设备也同样存在风险，设备收集用户的信息并同步至互联网服务器中，极有可能遭到黑客的攻击或破坏。同时，物联网给了专业黑客和恶意软件开发者非法获取知识产权、监视及破坏的能力，甚至可能影响一些基础设施的安全，如电网、石油、核电站和铁路系统等。而在当前物联网标准不统一的情况下，对所有设备进行安全分析和风险评估是十分困难的。

（3）黑客利用云计算技术对云安全构成威胁将成为常态

随着信息技术朝着移动和分布式系统的逐渐演变，云计算给人们带来更多便利的同时也在催发新的安全威胁和挑战。云服务的广泛应用，使得网络犯罪者或黑客更加便捷地绕过许多公司设置的数字防御系统。一些高水平的网络犯罪者还创建了自己的云服务，比如有人试图入侵某系统，可以注册并迅速租用一个僵尸网络或购买其他非法服务。在这样的背景下，企业面临着由无所不在的云服务带来的众多威胁。

（五）互联网金融等融合业务带来的安全风险将成为社会关注的焦点

随着信息化的深入发展，网络已经渗透到人们生活的各个角落、社会各个领域，产业融合将成为趋势。互联网金融即是这种融合的产物，互联网金融包含一切依托互联网开展的金融活动，包括网络银行(无网点银行)、网络证券投资平台、网络支付、网络保险、网络投融资、网络金融资讯及其他外延服务等。主要表现形式为网络银行、金融理财产品网络销售、第三方电子支付、网络保险销售以及网络小额信贷等。2013 年年末至今，互联网金融风生云起，余额宝、活期宝等产品和嘀嘀打车、快的打车等应用蓬勃发展。李克强总理在 2014 年政府工作报告中指出要促进互联网金融健康发展，互联网金融发展前景一片光明。2014 年，移动交易与支付领域的风险将成为安全领域关注的热点，网络金融平台自身存在的网络安全隐患及私自联网、消耗流量等恶意行为的危害性将更加突出，对个人信息保护、资金安全也将造成更加严重的威胁。

（作者：工业和信息化部电信研究院网络与信息安全领域团队）

网络与信息安全标准及应用情况

一、通信行业标准组织及体系情况

（一）我国通信行业标准组织

我国通信技术领域的标准化活动由中国通信标准化协会（China Communications Standards Association，CCSA）来组织开展。CCSA 成立于 2002 年 12 月 28 日，是顺应通信业蓬勃发展需求而建立的非营利性法人社会团体。CCSA 采用单位会员制，会员包括基础运营企业、增值服务商、制造企业、研究单位、大学等会员单位，共同讨论完成标准的研究制定工作。

如图 1 所示，CCSA 下设 10 个技术工作委员会。其中，TC8“网络与信息安全技术工作委员会”是网络与信息安全标准工作的牵头技术委员会，专门开展面向公众服务的电信网和互联网相关安全标准的研究和制定工作，也包括特殊通信领域的安全标准。随着信息通信技术的发展和网络的融合演进，TC8 在下一代网络、三网融合、云计算等领域的安全标准研究和制定方面也开展了大量工作。除 TC8 外，其他 TC 也开展与各自领域相关的网络与信息安全标准的研究制定工作，但相关安全标准应有 TC8 参与和审核。通常各相关 TC 和 TC8 采取联络函、联合会议的工作方式进行相关标准的审议事项。

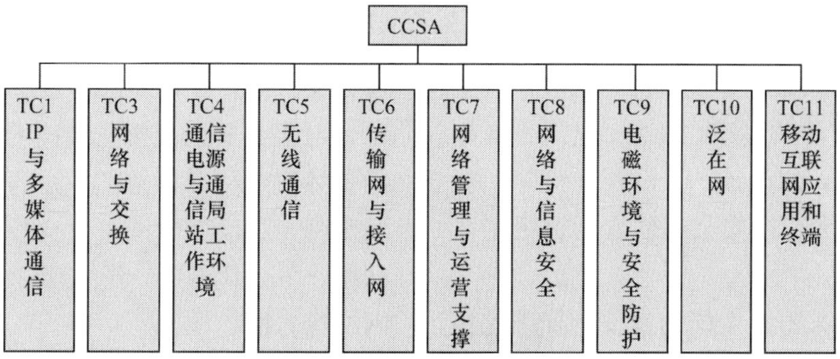

图 1　CCSA 技术工作委员会

TC8 下设有 4 个工作组，具体如下。

WG1 有线网络与信息安全：研究电信网、互联网、传输网、接入网等在内的有线网络相关安全标准，包括 IPv6、下一代网络、三网融合相关安全标准。

WG2 无线网络与信息安全：研究无线网络接入、核心网、业务等安全标准，包括移动互联网相关安全标准。

WG3 安全管理：研究网络安全管理相关的标准，例如安全服务能力评定、网络安全事件交换格式、网络安全运行管理框架等。

WG4 安全基础设施：研究安全基础设施相关的标准，如概念、术语、方法等。为适应形势的发展，WG4 在 2011 年年底成立了“云计算安全”子组，研究云计算安全相关的技术和标准，在 2013 年年底成立了“网域空间身份管理”子组，研究电子身份管理相关的技术和标准。

此外，为促进某项特定工作的开展，CCSA 也会通过设置“特设任务组”的方式来组织相关标准的研究制定工作，目前包括“通信设备节能与综合利用”、“应急通信”、“电信基础设施共建共享”和“电信网安全防护”等。其中，电信网安全防护标准特设组专门组织开展通信网络安全防护标准的研究制定，后文将对相关标准做详细介绍。

（二）与其他相关标准组织的关系

通信行业网络与信息安全标准制定过程中，要与国际标准组织机构进行广泛合作交流，一方面跟踪相关国际标准，确保与国际同步；另一方面推动国内相关标准的国际化，同时也要处理好与安全领域国标的衔接。

从国际标准情况来看，目前与通信行业密切相关的国际组织包括 ITU-T、3GPP/3GPP2、IETF、ISO/IEC 等。ITU-T 是国际电信联盟的通信标准组织，其研究组 SG17 牵头安全标准研究制定，在通信网络安全体系架构、安全管理、网络安全、垃圾邮件处理、电信业务安全、云计算、身份管理、远程生物认证等方面开展了大量工作，我国一直在持续跟踪并积极参与和主导有关国际标准的制定。3GPP/3GPP2 是集中于 3G 技术规范的国际标准组织，设置了相应的任务组进行系统安全和隐私方面的标准工作。IETF 作为致力于互联网相关技术和规范研究的国际组织，安全方面的工作相对集中在授权认证、密钥管理、加密协议等方面。国际标准化组织（ISO）和国际电工委员会（IEC）联合成立的信息技术委员会 JTC1 设置了 SC27 从事信息技术安全相关技术和方法的标准化工作，包括管理指南类、技术规范类、评估认证、身份管理与隐私保护等，其 27000 系列标准在安全评估方面有很重要的影响。

从国家标准情况来看，全国信息安全标准化技术委员会 TC260 是专门开展信息安全国家标准研究制定工作的组织。如图 2 所示，TC260 下设了 7 个工作组，其中 WG6 通信安全标准工作组专门研究通信领域安全相关标准，具体工作由 CCSA 承担，是通信行业安全标准成为国家标准的重要通道。

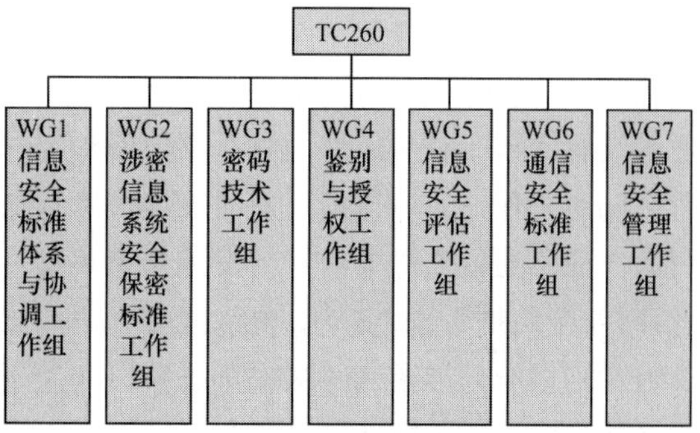

图 2 TC260 工作组架构

（三）网络与信息安全标准体系

构建网络与信息安全标准体系的目的是明确网络与信息安全标准的范围和对象，指导标准工作方向，并为企业开展标准应用提供快速指引。构建网络与信息安全标准体系要遵循以下 3 个原则。

全面性：标准体系应能满足通信行业网络与信息安全标准工作需求，涵盖安全相关的各个方面。

规范性：标准体系的构建应符合标准化工作的原则，确保相关工作能通过标准化来规范开展。

可扩展性：标准体系应是开放的，能够随着通信业务和技术发展的需求，不断扩展和完善。

如图 3 所示，综合考虑标准研究对象和标准规范的内容，通信行业网络与信息安全标准体系可划分为业务与应用类安全、网络类安全、终端类安全、基础类安全和管理类安全五大类。

业务与应用类安全：指安全技术应用于信息通信业务的具体安全标准，包括 IDC/ISP 业务、云计算业务、即时通信业务、社交网络业务、CDN 业务、移动互联网应用商店业务、电信网业务、互联网/移动互联网业务、泛在/物联网业务、三网融合业务等方面。

网络类安全：指安全技术应用于信息通信网络的具体安全标准，包括固定通信网、移动通信网、互联网、移动互联网、软交换网、传送网、云计算网络、下一代网络、泛在/物联网、三网融合、未来网络等方面。

终端类安全：指安全技术应用于信息通信终端的具体安全标准，包括固定终端、移动终端、融合终端、智能卡等方面。

基础类安全：指网络与信息安全领域内的基础性标准，包括术语定义、协议语言、域名系统、身份管理（IDM）、PKI 安全基础设施、密码算法、数字证书与数字签名等方面。

管理类安全：指对信息通信技术安全性进行管理的标准规范，不仅涉及管理技术，更多的是管理制度和办法方面的要求。标准涵盖的内容比较广泛，包括安全防护、日志留存和溯源、灾难备份、应急响应、风险评估、安全指南、安全服务资质、内容监管、用户信息保护、违法信息监测处置、信息安全评估等方面的内容。

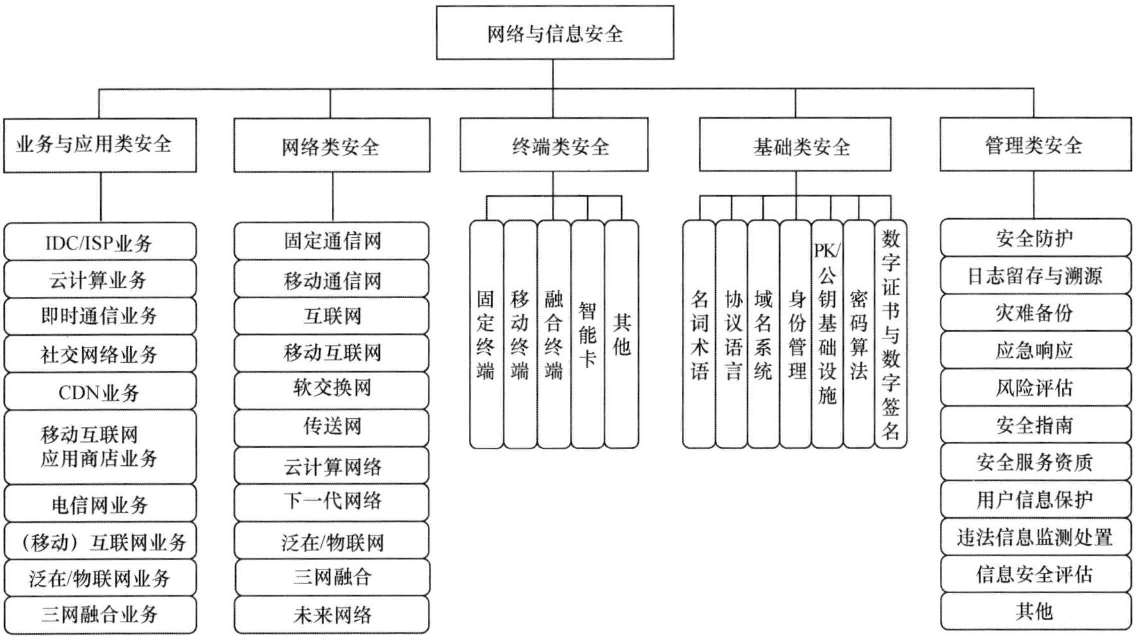

图 3　通信行业网络与信息安全标准体系

二、网络与信息安全标准及应用情况

目前，通信领域已发布 188 项网络与信息安全标准，其中 25 项国标，163 项行标。正在研究制定中的各类安全标准有 104 项。为充分说明相关标准对通信领域安全工作的规范作用，我们将从以下几大类分别介绍。

（一）通信网络安全防护系列标准

2006 年，为落实国家信息安全保障的安全等级保护、风险评估以及灾难备份与恢复 3 项工作，工业和信息化部提出了将 3 项工作结合形成通信网络安全防护工作体系的思路，并同步启动了标准研究制定工作。

目前，安全防护系列标准已发布 50 项，在研的有 10 项。相关标准包括以下 3 类。

总体指导性标准：包括《电信网和互联网安全防护管理指南》、《电信网和互联网安全等级保护实施指南》、《电信网和互联网安全风险评估实施指南》和《电信网和互联网灾难备份及恢复实施指南》4 项标准。管理指南提出了安全防护工作的目的和原则，确立了安全防护体系，明确了主要工作内容。实施指南分别针对安全等级保护、风险评估、灾难备份及恢复 3 项工作的原则、实施过程和方法等进行了描述。

各专业网络标准：针对各专业网络提出相应的安全防护要求以及具体的检测要求，形成配套标准。目前已发布 42 项，涵盖固定通信网、移动通信网、互联网、消息网、智能网、接入网、传送网、IP 承载网、支撑网、域名系统、网上营业厅、WAP 网关系统、信息服务业务系统、即时消息业务系统、移动互联网应用商店、互联网内容分发网络、互联网数据中心等 21 个专业，并正在研究制定移动互联网联网应用、公众无线局域网的安全防护标准。

公共标准：已发布 4 项，即物理环境安全和管理安全的防护标准；正在研究制定网络设备、安全设备、操作系统、数据库、中间件、Web 应用系统安全防护基线配置要求 6 项标准。

安全防护工作从 2007 年开始试点，2008 年全面实施。工业和信息化部、各省通信管理局依据标准每年组织对基础和增值企业进行网络单元的检查评测和检查评估。各基础企业依据标准进行网络单元定级备案、符合性自评测和风险自评估。增值企业依据标准进行网络单元定级备案、年检、符合性评测和风险自评估。安全防护工作有效地提升了通信网络的安全防护水平。

（二）IDC/ISP 信息安全管理系统系列标准

该系列标准于 2010 年启动研究，包括《IDC/ISP 信息安全管理系统技术要求》、《IDC/ISP 信息安全管理系统接口规范》和《IDC/ISP 信息安全管理系统及接口测试方法》3 项标准，明确了企业侧 IDC/ISP 业务信息安全管理系统的功能要求和性能指标，规范了企业侧系统与行业主管部门平台间数据接口要求，确定了对系统实施规范化评测的方法和要求，并在试点验证后于 2012 年年底正式发布为通信行业标准。

2012 年 12 月 1 日，IDC 和 ISP 业务重新开放申请，拟经营 IDC 和 ISP 业务的电信企业，向电信主管部门申请办理业务经营许可前，应按相关标准要求制定用于业务信息安全管理的技术手段，并通过统一评测，以确保业务开放和管理过程的可管可控。

自标准发布应用以来，一方面规范并有效指导了有关 IDC/ISP 信息安全管理设备/系统的设计、开发、部署和应用；另一方面支撑了工业和信息化部及各省通信管理局开展 IDC/ISP 增值业务经营许可申请、年检等环节的信息安全技术审查工作。此外，为进一步加强基础电信企业信息安全责任落实，配合做好网络信息安全监管要求，工业和信息化部将 IDC/ISP 业务信息安全管理工作纳入省级基础电信企业责任考核体系，要求企业 IDC/ISP 业务配套建设信息安全管理系统，明确了分 3 年完成全国 IDC/ISP 业务全覆盖的目标。

（三）日志留存系列标准

为细化落实 292 号令关于日志工作的要求，规范基础运营企业互联网访问日志留存工作，工信部 2010 年启动了相关标准的研究制定。该系列标准通过日志留存技术要求规范了日志留存内容、查询方式和查询流程，以及日志留存系统的性能指标和安全保密等要求，并配套了相应的测试方法规范对日志留存技术要求的测试实现环境和相应的测试例。

目前，该系列标准涉及互联网服务提供商、互联网数据中心、互联网信息服务提供商，已完成《互联网访问日志留存技术要求 第 1 部分：互联网服务提供商——有线》和《互联网访问日志留存技术要求 第 2 部分：互联网服务提供商——无线》2 项标准的报批稿，正在进行以上 2 项标准的配套测试标准和《互联网访问日志留存技术要求 第 3 部分：互联网数据中心》的研究制定工作，下一步计划启动《互联网访问日志留存测试方法 第 3 部分：互联网数据中心》、互联网信息服务提供商的日志留存技术要求以及测试方法的标准。

2010 年，基础电信企业根据相关标准启动建设了移动上网日志留存系统，目前该项工作已纳入省级基础电信企业责任考核体系中。

（四）绿色上网系列标准

为有效遏制各类违法、有害信息内容在互联网中传播，净化和营造健康的互联网网络环境，在工信部的指导下，2006 年，CCSA 组织启动本系列标准的研究制定工作。

目前，该系列标准共有 8 项，其中：《基于 PC 终端的互联网内容过滤软件技术要求》和《基于 PC 终端的互联网内容过滤软件测试方法》为国标；《WAP 网关内容过滤技术要求》、《宽带网络接入服务器内容过滤技术要求》和《局域网网关型互联网内容过滤产品技术要求》，以及其配套的测试方法标准为通信行业行标。

该系列标准规范了相关产品实现内容过滤的功能要求、性能要求及产品自身的其他管理及安全要求。标准一经发布就应用于基础电信企业网络与信息安全系统建设，推进了互联网违法信息整治工作，有效净化了网络环境，提高了信息安全管理水平。

（五）移动互联网安全标准

根据通信行业标准工作的实际情况，CCSA 组织构建了移动互联网安全标准体系，把移动互联网安全标准划分为四大部分，包括网络、终端、依托网络和终端提供的业务应用安全三大部分，以及涉及认证、身份管理等基础和支撑类的安全标准。

目前，已完成的行标主要集中在移动互联网网络安全防护、恶意代码描述、垃圾和不良消息过滤、移动终端安全要求等方面；正在研究制定中的标准相对集中于移动互联网恶意程序治理、应用商店和智能终端安全等方面。其中，《移动终端信息安全技术》、《移动终端信息安全测试方法》、《移动智能终端安全能力技术要求》和《移动智能终端安全能力测试方法》已发布并应用于移动终端的入网安全测试中；《移动终端开放平台及应用程序安全框架》、《数字移动终端内置信息服务技术要求和测试方法》、《移动通信智能终端操作系统安全技术要求》已应用于对 Android、Windows Phone 等智能终端操作系统和内置服务的测试评估中；垃圾短信治理的相关标准也已经在相关工作中应用，恶意程序治理的相关标准将进一步支撑移动互联网恶意程序治理的相关工作。

（六）设备安全标准

设备安全标准是通信行业安全领域最早启动的相关标准，目前已发布 21 项，涉及路由器、IPv6 设备、具有路由功能的以太网交换机、以太网交换机、接入网设备、宽带网络接入服务器、软交换设备等各个方面，一直应用于相关设备的入网安全检测中。

（七）灾备系列标准

灾备系列标准共计划 10 项，范围涵盖 IP 存储网络、第三方灾备系统、通信虚拟磁带库、通信存储介质等。目前已发布包括《IP 存储网络安全技术要求》、《IP 存储网络安全测试方法》、《第三方灾备数据交换技术要求》、《灾备数据一致性测试方法》、《通信虚拟磁带库（VTL）安全技术要求》和《通信存储介质（SSD）加密安全技术要求》在内的 6 项标准，《灾备系统性能测试方法》、《持续系统保护/持续数据保护（CSP/CDP）灾备技术要求》、《通信虚拟磁带库（VTL）安全测试方法》和《通信存储介质（SSD）加密安全测试方法》正在研究制定中。相关标准已应用于华为等企业的 VTL、SSD 产品生产和测试中。

（八）云计算安全、个人信息保护、SDN 安全等系列标准

为适应通信信息技术的发展，满足网络与信息安全需求，通信行业积极跟踪技术发展，并开展相关安全标准研究和制定工作。

云计算安全：通过对云服务各个层次安全、各种应用场景进行分析，对相关技术和实现进行标准化，进一步有效地规范云服务的安全使用和部署。2014 年 1 月，ITU-T 正式发布了国际标准 X.1601《云计算安全框架》，国内也正在开展包括云安全术语、云安全体系架构、可信云计算技术、云用户安全监控、云内容安全监控、数据安全与隐私保护、云审计、云身份认证与访问控制、云计算主机漏洞扫描与管理、云安全风险评估、虚拟运行环境监控等方面的标准研究工作。

个人信息保护：互联网应用个人信息保护已成为全社会关注的问题。2012 年年底《人大常委会关于加强网络信息保护决定》出台后，工信部第 24 号令《电信和互联网用户个人信息保护规定》进一步明确了通信行业个人信息保护的相关要求。目前，个人信息保护相关标准方面已发布 1 项国标——《信息安全技术公共及商用服务信息系统个人信息保护指南》，以及移动用户个人信息管理业务的总体技术要求、系统设备和终端的技术要求及测试方法共 5 项行标，后续将针对互联网信息服务、移动互联网应用软件、云计算等进一步制定相关的个人信息保护标准。

SDN 网络安全：目前 SDN 技术的发展还处在规划和探索阶段，对于 SDN 网络相关安全研究也刚刚起步。在 SDN 架构下，在网络中直接串行防火墙、IPS 的传统方式不再适合解决网络安全问题，如何防护和应对 SDN 网络环境的安全威胁和挑战依然是一个重要的研究方向。后续 SDN 安全标准规划重点方向包括：SDN 网络安全防护框架需求、SDN 控制安全标准和技术测试方法、SDN 应用安全和技术测试方法、SDN 物理网络安全和技术测试方法、SDN 芯片安全和技术测试方法、SDN 管理安全和技术测试方法、SDN 第三方开放安全和技术测试方法以及 SDN 安全策略架构等，以支撑和引导 SDN 网络产业链的健康发展、公平竞争，以推动 SDN 网络技术和产业的快速发展。

（作者：工业和信息化部电信研究院　田慧蓉）

互联网安全软件市场分析

一、互联网安全软件市场综述

目前，国内互联网安全厂商提供的安全服务主要包括终端安全服务、企业安全服务、网站安全服务和服务器安全服务等，而终端安全服务又主要包括 PC 安全服务和手机安全服务。

PC 安全服务市场的发展最早，也最为成熟。2009 年以前，个人电脑安全软件的主要形式是收费杀毒软件；而 2009 年以后，个人电脑的安全服务就开启了全面免费化进程。目前，电脑的安全软件普及率已经达到 99%以上，同时，99%以上的中国网民至少会使用一款国产的免费安全软件，而使用国外安全软件的用户比例不足 4%。从国际方面来看，中国的互联网安全企业也正在走出去，中国的安全市场已经从产品流入转向了大规模的产品输出。

手机安全服务市场的起步也较早，但直到最近一两年，竞争才开始变得非常激烈。360 在继续领跑的同时，腾讯手机管家也占有相当程度的市场份额。移动安全市场承袭了 PC 安全市场的免费模式，主流手机安全软件都是完全免费的。随着智能手机用户数的不断增长，各种移动安全产品都有较快的发展和用户增长。

企业安全市场的情况要复杂得多，仍然处在国内、国外品牌同台竞技，免费模式不断向收费模式发起挑战的阶段。目前，国外安全厂商在某些特定的领域中仍然占有相当程度的市场份额。此外，随着 BYOD（Bring Your Own Device）时代的到来，企业安全服务已经从传统的、简单的 PC 管理，向移动集群管理、未知威胁检测、APT 攻击防御和大数据分析检测等纵深层面发展。

网站安全服务虽然也已经存在多年，但从服务数量和服务范围上看，与其他安全领域的市场相比，仍然处于起步阶段。尽管在网站安全领域，如 360 等企业也在坚持提供免费的安全服务，但使用网站安全服务的网站数量仍不足网站总数的一半。特别值得关注的是，中国网站的安全性仍然处在极差的水平，近三分之一的网站存在高危漏洞，近三分之一的网站被植入后门。网络黑客每天都在对网站发动着各种各样的漏洞攻击和流量攻击。

二、个人电脑安全市场

由于免费安全模式的普及，我国个人电脑的安全软件普及率已经超过 99%。个人电脑安全市场的主要竞争者是 360、金山和腾讯。从 2013 年的用户覆盖率来看，360 安全卫士为 92.2%，360 杀毒为 78.0%，而金山毒霸和腾讯电脑管家则分别为 24.6% 和 22.9%。除了这三家企业之外，其他企业的安全产品用户覆盖率均不足 15%，与上述三家企业的安全产品差距较大。图 1 给出了排名前十的安全软件详细的用户覆盖率情况（数据来自艾瑞统计）。

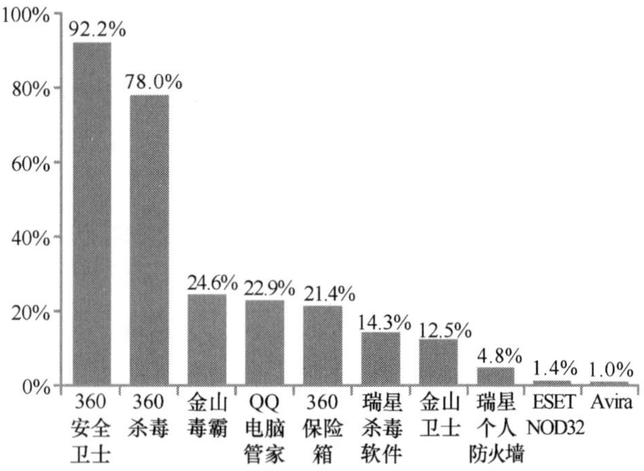

注：同一用户可能使用多个安全防护软件。

图 1　2013 年安全防护软件覆盖人数比例对比

从技术层面来看，云安全服务、主动防御技术和黑白名单技术的结合成为现代安全技术的突出特点。现如今，国内安全公司每天截获的新增恶意程序样本数量都在500万个以上，传统的基于本地病毒特征库和特征码的识别方法已经很难应对海量爆发的恶意程序实现有效的防御。而云安全服务，将恶意程序的特征库和数字指纹存储在容量和计算能力强大的服务器上，不仅可以有效地全网同步鉴别海量恶意程序，而且无需更新本地电脑的病毒库。此外，基于恶意程序行为鉴定的主动防御技术，也使得各种未知的新型木马和新型攻击得以被发现和拦截。黑白名单技术，特别是海量白名单技术，使得安全软件在恶意程序识别率和易用性之间实现了更好的平衡。

从服务内容上看，安全软件的含义已经不再是简单地查杀病毒和防御木马入侵，还包括钓鱼网站的识别与拦截，以及不断丰富各种泛安全服务。

尽管恶意程序的数量持续增长性地海量爆发，但随着安全软件的普及和第三方打补丁机制的普及，普通用户已经很少接触病毒。根据360互联网安全中心的一项统计显示，如果把90天内至少遇到一次恶意程序攻击的用户定义为风险人群，把每周至少遇到一次恶意程序攻击的用户定义为高危人群，那么互联网用户的风险人群比例约为20.9%，高危人群比例则约为0.64%。而这个数据只是发现遭到攻击的数据统计，木马病毒真正感染用户电脑的实际上还要小于0.64%。

相比之下，钓鱼网站的快速增长则更值得警惕。根据360互联网安全中心的统计，2013年共截获新增钓鱼网站220.1万个，拦截钓鱼网站访问84.0亿次。由于钓鱼网站属于恶意信息，通常并不具备恶意代码的特征，因此识别和拦截的难度要比恶意程序更高。多数钓鱼网站在被安全软件拦截后会在几个小时内迅速消失，换一个域名之后重新上线。事实上，钓鱼网站与安全软件展开的是一场竞速大战。

同样是由于个人电脑安全形式的全面向好和稳定，电脑的“健康”问题受到越来越多的重视。包括电脑体检、垃圾清理、优化加速等功能在内的泛安全服务已经深入人心，并成为安全软件竞争的重要阵地，其在竞争层面的重要性甚至已经超过了安全软件对传统木马病毒的防御能力。

除了上述领域之外，网络安全环境管理也成为新型服务领域。很多国产安全软件都退出了自己的Wi-Fi检测服务，以确定上网的无线网络环境是否安全。根据360互联网安全中心的统计显示，国内尽管有99.2%的用户会给家用无线路由器设置Wi-Fi密码，但设置路由器管理账号和密码的比例不足1.4%，98.6%的家用路由处于弱密码保护状态，极易遭到黑客攻击。此外，全国已经至少有4%～5%的家用路由器遭到了CSRF等攻击，路由器的DNS等配置遭到恶意篡改。被篡改后的路由器将完全处于黑客的监控之下，云安全服务也将被禁止。

三、智能手机安全市场

中国互联网络信息中心（CNNIC）发布的数据显示：截至2013年12月底，中国手机网民规模已达5.0亿，同比增长19.0%。手机安全市场用户规模约为3.90亿（艾媒统计数据），手机安全软件普及率约为78%。由于目前仍然比较流行的苹果产品坚持拒绝向中国安全厂商开放通信接口，因而使得安全软件无法发挥拦截垃圾短信和骚扰电话这两项重要的安全服务，导致手机安全软件在苹果产品上成为基本无用的垃圾。这是导致手机安全软件普及率大大低于个人电脑安全软件普及率的重要原因。

目前智能手机安全市场的主要竞争者是360和腾讯。360的用户覆盖率约为71.7%，而腾讯手机管家的用户覆盖率约为33.4%。其他手机安全产品的用户覆盖率均不足10%。图2给出了移动安全市场用户量排名前几位的安全产品的用户覆盖率的详细统计（综合艾瑞统计数据、艾媒统计数据分析）。统计显示，人们使用手机安全软件的首要原因并不是查杀木马病毒，而是清理内存、清理进程和清理垃圾。其次是垃圾短信和骚扰电话的拦截，再次才是手机病毒的查杀。图3给出了用户认为手机安全软件最重要功能的统计结果（艾媒数据）。

根据360互联网安全中心的统计，2013年共截获新增安卓手机恶意程序67.1万个，较2012年增长了4.4倍。安卓用户感染恶意程序9747万人次，较2012年全年的5175万人次增长了88.3%，平均每天恶意程序感染量达到了26.7万人次。

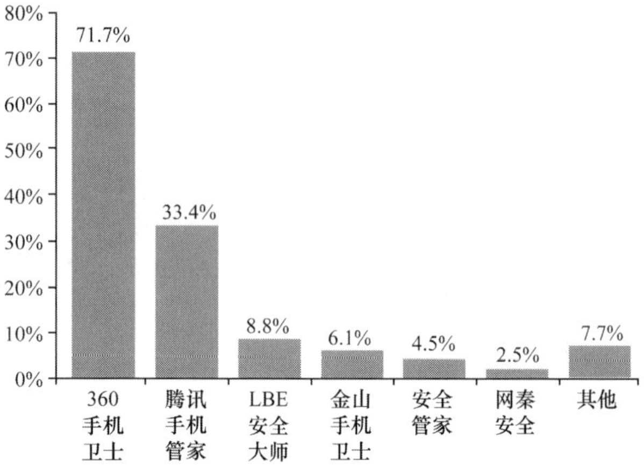

注：同一手机用户可能使用多个手机安全客户端。

图 2　2013 年中国手机安全活跃用户分布

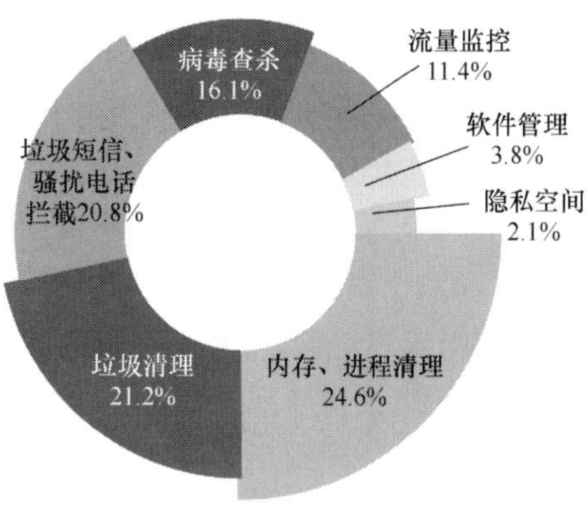

图 3　手机安全用户认为手机安全软件最重要的功能

相比于恶意程序，垃圾短信和骚扰电话的侵扰更加明显。根据 360 互联网安全中心的统计，2013 年共收到用户标记的各类骚扰电话号码约 4.22 亿个（去重），平均每天被用户标记的活跃骚扰电话号码数量约为 230 多万个。共收到用户举报垃圾短信总量约为 4.46 亿条，360 手机卫士全年共为用户拦截各类手机垃圾短信 971 亿条。而根据工信部早前发布的数据显示，2013 年全国发送垃圾短信的总量约为 2229 亿条。

新技术的应用也对手机安全服务产生了很大的影响。

2013 年年底被 360 截获的“不死木马”，通过预装方式入侵手机引导区，使得安全软件通过常规的手法根本无法清除这个木马，只要手机重启，木马就会被重新释放。这也是全球发现的首个感染手机引导区的木马。

而伪基站技术在 2013 年下半年的泛滥成灾也给垃圾短信的治理和防护工作提出了新的考验。由于伪基站可以伪装成任何号码，包括官方客服号码给用户发送任何短信，因此极具迷惑性和欺骗性。

件对新型木马攻击手段的防护和对伪基站等新兴技术方法的识别，将成为手机安全软件技术竞争的重要方面。

四、企业安全市场

企业安全市场的竞争形势最为复杂，目前仍处于国内、国外品牌同台竞争，收费服务和免服务并存的局面。

就在几年前，企业级安全服务还停留在企业向安全厂商批量购买个人电脑安全服务的阶段。而现如今，集中式安全管理、私有云、BYOD 解决方案、未知威胁检测和 APT（高级持续性威胁，Advanced Persistent Threat）攻击防御已成为企业级安全服务的重要研究和发展方向。

集中式安全管理主要是指企业可以通过集中的网管端，监控网络内部每一台电脑的安全性，实现统一体检、统一打补丁和集体防御策略，避免因个别电脑安全性的不足造成企业机密信息的泄漏。不过目前在中国，还有相当一部分的企业仅为员工配置了免费的个人版安全软件，相当数量的企业甚至是让员工自己安装和配置安全软件，这对企业信息的保护构成了威胁。

私有云则是指企业内部使用的云安全服务系统。由于公网上的云安全服务规则可能与企业内网规则存在冲突，而且企业自身也存在定制管理需求，因此，除了为企业提供公共的云安全服务外，私有云的安全服务也正在快速推广和发展。

BYOD 是指员工可能会使用自己的电子设备接入公司内部网络，或收发公司内部邮件及内部信息，从而产生不可控的安全威胁。目前 BYOD 的问题主要集中在智能手机的管理和控制方面。BYOD 是目前企业安全研究最热门的领域，已经有很多安全厂商提出了各自不同的解决方案。

未知威胁检测和 APT 攻击防御则是更为前沿的企业安全服务。出于对企业或机构信息价值的渴望，攻击者往往会综合使用黑客技术和社会工程学等多种方式，对企业或机构展开长时间、隐秘的、方法未知的攻击。目前，业内对于未知威胁检测和 APT 攻击防御并没有统一的方法和策略，主流的防御方案包括大数据分析、系统沙箱和快速补救等几个类别。

五、网站安全市场

在各类安全服务中，网站安全服务的普及程度是最低的。国内网站主要受到两种类型的安全威胁，一个是网站漏洞攻击，一个是流量攻击。而针对这两种不同的攻击，安全服务也分为网站安全检测和网站安全云服务两个方面。

根据 360 互联网安全中心的检测数据显示，国内 65.5%的网站存在已知的安全漏洞，29.2%存在已知高危安全漏洞，如图 4 所示。利用高危漏洞，黑客可以轻易地入侵网站，篡改网站内容和实现拖库。这不仅对网站，也对网站用户的信息安全造成了严重的威胁。

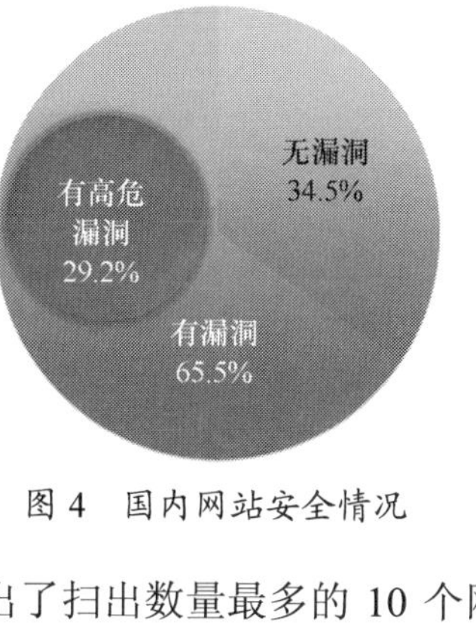

图 4　国内网站安全情况

图 5 给出了扫出数量最多的 10 个网站安全漏洞的比例分布。

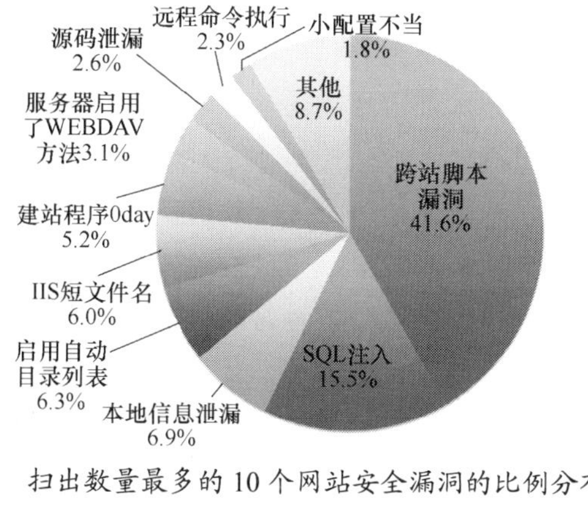

图 5　扫出数量最多的 10 个网站安全漏洞的比例分布

目前国内大约有 150 万个左右网站正在或者曾经使用过网站安全检测服务。根据 CNNIC 发布的相关数据，国内注册网站大约有 320 万家。依此推算，接受过网站安全检测服务的网站数量尚不及总量的一半。在提供网站安全检测服务的厂商中，360 网站安全检测占有超过 70%的市场份额，20%左右的份额由安全联盟覆盖，剩下的小厂商覆盖大约 10%的市场份额，如图 6 所示。目前，360 网站安全检测和安全联盟的网站安全检测服务都是免费的，其他服务商中有部分会向网站主收费。

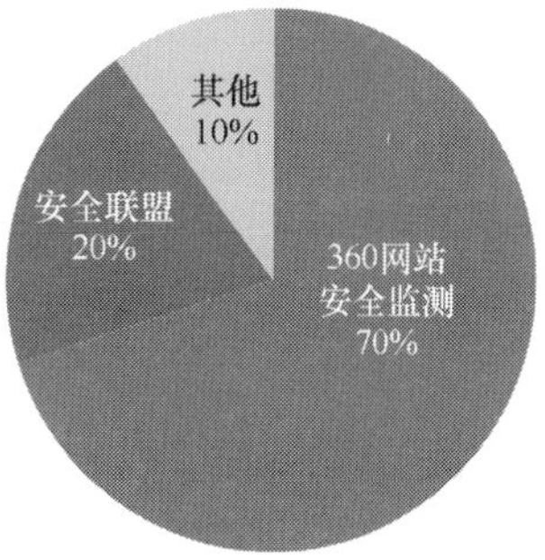

图 6　国内网站安全检测服务市场占比情况

防范黑客攻击是网站安全云服务的重要内容。目前，针对网站的攻击规模非常之大。2013 年全年，仅 360 网站卫士就拦截了各类网站漏洞攻击 1.21 亿次，拦截各类 CC 攻击 43.2 亿次。此外，DDoS 攻击也在安全云服务的范围之内。

网站安全云服务的提供商主要有 4 个组成部分，其中，360 网站卫士占比 41%，国外同类展品占比 27%，安全宝和百度加速乐各占比 16%。而在国内的几家提供网站安全云服务的安全厂商中，只有 360 网站卫士向网站用户提供完全免费的服务，安全宝和百度加速乐都是主营收费业务，如图 7 所示。

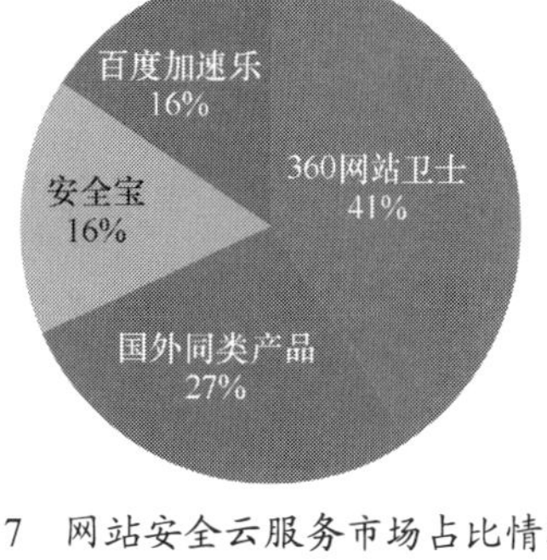

图 7　网站安全云服务市场占比情况

（作者：北京奇虎科技有限公司）

下一代防火墙的现状及未来展望

一、下一代防火墙定义

何为下一代防火墙？国际著名的咨询机构Gartner认为，下一代防火墙至少应具备以下特征。

- 线速的处理性能

下一代防火墙需要不影响网络运行的情况下进行嵌入式配置，也就是说，下一代防火墙需要具备线速的网络处理性能，从而可以实现无缝地部署至现有的用户网络中。

- 高度融合IPS能力

所谓高度融合IPS能力，并不是简单地将IPS功能模块加入到下一代防火墙产品中去，而是要通过一体化引擎、一体化安全策略框架等技术实现IPS策略与传统安全策略的融合，从而最大化地保证系统运行效率。

- 应用可视与身份鉴别的能力

下一代防火墙要具备极强的应用可视能力，用户身份鉴别能力，以及将应用识别及身份鉴别与安全策略整合的能力，这样才真正做到辨别“谁在什么地方访问了什么应用”。

- 传统防火墙功能

既然是要替代传统的防火墙产品，那么下一代防火墙应当具备传统状态监测防火墙所应当具备的全部功能，其中包括包过滤、NAT、状态监测、VPN等功能。

二、区分下一代防火墙与UTM

为了帮助大家更好地区分下一代防火墙与UTM（统一威胁管理）的异同点，笔者从产品架构、应用场景、技术及市场趋势等3个方面来对它们进行区分。

- 产品架构

目前主流的UTM产品由于在单一设备上集成了大多数安全功能，导致性能成为一个主要瓶颈。主要原因是UTM仅仅是把多种安全引擎叠加在一起，而不是从底层进行重新架构设计，这样做的结果就是数据流会在每个安全引擎分别执行解码、状态复原等操作，从而导致大量消耗系统资源，所以当UTM启动全部功能时，系统性能大幅度降低也不足为奇了。

而下一代防火墙在设计之初便意识到了这种问题，普遍采用一体化引擎的软件架构。这种一体化引擎架构可以保证在数据流经过系统时，一次性地完成策略查找，应用程序识别/解码以及内容扫描（病毒，间谍程序，入侵防御）等工作，同时结合先进的硬件平台，从而实现最高的处理性能及最小的延迟。

- 应用场景

UTM集成了防火墙、VPN、IPS、防病毒、防垃圾邮件、广域网加速、上网行为管理等众多安全功能，具备安全功能全面、管理成本较低的优点，同时由于其开启多种功能特性后系统性能急剧下降的问题，因此UTM更适合于对产品性价比比较敏感的中小企业用户使用。

而相对于UTM，下一代防火墙更具优势，下一代防火墙在强调功能融合的同时又强调一体化引擎的理念，从而保证了开启全部功能后性能仍然保持较高水平，因此下一代防火墙更适合运用于对性能要求苛刻的大型企业和机构的网络。

- 技术及市场趋势

不可否认，无论下一代防火墙还是UTM，它们共同体现的产品趋势为安全功能高度集成化，即将多种安全功能高效集成至高性能安全硬件中，实现在网关处对安全威胁的综合防御的效果。因此无论从功能及市场定位上，下一代防火墙与UTM最终将逐渐趋同，最终的结果便是彼此功能走向融合，市场也逐步统一。

三、下一代防火墙的技术发展趋势

随着云计算大潮的袭来，国内云计算与虚拟化技术已经由单纯的理论研究逐步走向实践，新的虚拟化和云计算产品将被更多的企业用户所采用，各种网络应用模式及架构将越来越复杂。因此，对于下一代防火墙来说将来面临更多新的安全需求，主要体现在以下几个方面。

- 虚拟化安全成为一个亟待解决的问题

随着虚拟化技术的不断发展，以及新一代数据中心的逐渐转型，必然要求下一代防火墙需要具备虚拟化防护的能力，比如如何让防火墙能够与服务器虚拟层沟通，进而能够针对每一台虚拟机器的流量做扫描与阻挡，而不会将之视为单一的实件服务器；如何让其硬件资源，能够依照不同功能负载量的状况动态分配，从而能够满足云端的需求等。

- 新应用模式下的攻击手段及技术将更加复杂及隐蔽

面对不断出现的新的攻击方式及漏洞情况，下一代防火墙需要持续且快速得更新其攻击特征库及不断改进对攻击的防范能力。

- 基于云安全模式的 Web 信誉评级将成为新的需求热点

随着云计算应用的不断普及，用户在享受互联网便利服务的同时，也将受到大量诸如虚假信息、欺诈行为、垃圾邮件、钓鱼网站、恶意代码网站等威胁。因此下一代防火墙需要对对互联网资源（域名、IP 地址、URL 等）进行威胁分析和信誉评级，将含有恶意代码的网站列入 Web 信誉库，以阻止对挂马网站的访问请求，实现对终端用户的安全保护。

- 大量数据中心的新建及扩容将会带来巨大的成本压力

新一代数据中心的建设必然会涉及到网络的不断升级扩容及资源的不断增加，而购买了传统防火墙产品以后，软硬件无法进行对应的升级及扩充，这样必然会导致资源的大量浪费及用户采购成本的大量增加，而下一代防火墙需要更加弹性的软硬件架构来降低用户的采购及升级换代成本。

总之，纵观网络安全的发展史我们发现，任何一次 IT 信息技术的变革，必然会给安全产品带来新的需求及产品方向。下一代防火墙的诞生的时候正是处于云计算、Web2.0 等 IT 新技术革新的时代，我们有理由相信只要能够准确把握用户需求，不断地进行技术创新，下一代防火墙必然能够在未来走得更远。

任何一个新的产品从诞生到成熟必然会经历一个过程，同样下一代防火墙作为一个革新性的产品也将会面临技术和市场等多方面的挑战。

从技术角度来看，下一代防火墙强调一体化引擎和安全功能融合的技术理念无疑是领先的，然而领先的技术理念能否转化为具有核心竞争力的产品，从而真正满足用户的安全需求，还需要接受时间的检验。

从市场的角度来看，下一代防火墙定位于传统防火墙、UTM、IPS 等网关类产品的替代者，在其进入市场后必然会受到后者的前后夹击，如何找准自己的定位，并且在传统网关市场这一红海中成功杀出重围将会是下一代防火墙要面临的首要问题。

（作者：北京神州绿盟信息安全科技股份有限公司　段继平）

网络支付风险及安全防护分析

一、网络支付的概念

通常网络支付是指电子交易的当事人，包括消费者、厂商和金融机构，使用安全电子支付手段通过网络进行的货币支付或资金流转。主要包括有电子货币类、电子信用卡类、电子支票类。一般是通过网络交易来完成的，因此可以将其看作网络交易的一部分。

网络交易系统是指发生在公众互联网络中企业之间（Business to Business，简称 B2B）、企业和消费者之间（Business to Consumer，简称 B2C）以及个人与个人之间（Consumer to Consumer，简称 C2C）通过网络通信手段缔结交易的平台。网络交易系统主要包括以下几个模块。

——用户账户管理模块主要包括用户注册、认证、权限等子模块，主要是实现用户的注册、登录认证以及用户权限鉴别及管理。

——业务处理模块主要包括商品发布、检索、订单管理、广告管理等子模块，主要实现商品发布、商品及店铺等信息的检索、用户交易订单的管理（加入购物车、创建订单、取消订单等）以及系统中广告信息的管理功能。

——业务安全管理模块主要包括恶意代码监控和过滤模块，主要实现对用户上传数据、系统发布数据中的恶意代码进行扫描，及时有效地发现恶意代码并能对其进行过滤，确保上传数据安全。

——系统安全管理模块主要包括设备配置管理和设备运行状态监控，主要实现对网络交易系统中网络、安全、主机设备的安全配置管理及日常运行状态监控，及时有效地发现系统运行异常，确保系统运行稳定。

——支付接口模块要实现网络交易系统与第三方合作支付系统的数据通信，以完成在线支付功能。

二、网络支付的基本功能

网络支付具有以下基本功能。

（1）认证交易双方、防止支付欺诈。能够使用数字签名和数字证书等实现对网上商务各方的认证，以防止支付欺诈，对参与网上贸易的各方身份的有效性进行认证，通过认证机构或注册机构向参与各方发放数字证书，以证实其身份的合法性。

（2）加密信息流。可以采用单密钥体制或双密钥体制进行信息的加密和解密，可以采用数字信封、数字签名等技术加强数据传输的保密性与完整性，防止未被授权的第三者获取信息的真正含义。

（3）数字摘要算法确认支付电子信息的真伪。为了保护数据不被未授权者建立、嵌入、删除、篡改、重放等，完整无缺地到达接收者一方，可以采用数据杂凑技术。

（4）保证交易行为和业务的不可抵赖性。当网上交易双方出现纠纷，特别是有关支付结算的纠纷时，系统能够保证对相关行为或业务的不可否认性。网络支付系统必须在交易的过程中生成或提供足够充分的证据来迅速辨别纠纷中的是非，可以用数字签名等技术来实现。

（5）处理网络贸易业务的多边支付问题。支付结算牵涉客户、商家和银行等多方，传送的购货信息与支付指令信息还必须连接在一起，因为商家只有确认了某些支付信息后才会继续交易，银行也只有确认支付才会提供支付。为了保证安全，商家不能读取客户的支付指令，银行不能读取商家的购货信息，这种多边支付的关系能够借用系统提供的诸如双重数字签名等技术来实现。

（6）提高支付效率。网络支付的手续和过程并不复杂，支付效率很高。

三、网络支付的特点

与传统的支付方式相比，网络支付具有以下特征。

（1）网络支付是采用先进的技术通过数字流转来完成信息传输的，其各种支付方式都是采用数字化的方式进行款项支付的；传统的支付方式则是通过现金的流转、票据的转让及银行的汇兑等物理实体是流转来完成款项支付的。

（2）网络支付的工作环境是基于一个开放的系统平台（即因特网）之中；传统支付则是在较为封闭的系统中运作。

（3）网络支付使用的是最先进的通信手段，如因特网、Extranet，而传统支付使用的则是传统的通信媒介。网络支付对软、硬件设施的要求很高，一般要求有联网的微机、相关的软件及其他一些配套设施，而传统支付则没有这么高的要求。

（4）网络支付具有方便、快捷、高效、经济的优势。用户只要拥有一台上网的PC，便可足不出户，在很短的时间内完成整个支付过程。支付费用仅相当于传统支付的几十分之一，甚至几百分之一。网络支付可以完全突破时间和空间的限制，可以满足24／7（每周7天，每天24小时）的工作模式，其效率之高是传统支付望尘莫及的。

四、网络交易的风险分析

网络交易系统中的重要资产至少应包括网络交易关键业务系统及操作维护终端及网络交易系统关键数据。其中网络交易关键业务系统及操作维护终端主要指用户账户管理模块、业务处理模块、业务安全管理模块、系统安全管理模块、支付接口模块等涉及的服务器、数据库、中间件和操作维护终端等。网络交易系统关键数据主要指如用户身份认证、权限及个人隐私信息、用户发布的商品信息、订单信息、系统发布的广告信息、网络交易系统中配置及管理认证信息（各业务系统、各服务器、各网络设备及安全设备配置及管理认证信息）、支付接口的配置及认证管理信息等。

网络交易系统中的重要资产至少应包括设备硬件、设备软件、重要数据，提供的应用、文档和人员等。

网络交易系统在用户账户管理、业务处理、业务安全管理、系统安全管理、支付接口等模块的功能实现、部署、配置、管理等环节上均可能引入安全脆弱点。网络交易系统面临来自公众互联网和内部网络的各种安全威胁，包括黑客发起DDoS攻击服务器，通过网络渗透手段篡改、重定向网站内容，上传、传播恶意代码，不法分子窃取信息（如系统配置信息，用户敏感信息等），内部人员操作失误等。

网络交易系统可能存在的安全脆弱性被利用后会产生很大的安全风险，例如：用户账户管理模块控制不严格，可产生认证绕过、越权操作等安全隐患；业务处理模块安全措施不到位，可产生敏感数据泄露、恶意代码上传及传播、虚假交易等安全隐患；业务安全管理模块安全功能不到位，可产生用户请求被劫持或重定向、商品及交易数据被篡改等安全风险；系统安全管理模块安全功能不到位，攻击者可能从外网渗透进内网系统，配置审计、保护措施不到位，信息可能被窃取或者被篡改；支付接口模块安全措施不到位，可产生支付数据被劫持或被篡改等安全隐患。由于涉及金融交易，因此这些安全隐患会对网络交易系统的业务运行、用户利益构成严重安全威胁。

网络交易系统安全威胁可分为技术威胁、环境威胁和人为威胁。环境威胁包括自然界不可抗的威胁和其他物理威胁。根据威胁的动机，人为威胁又可分为恶意和非恶意两种。

五、网络交易安全防护

网络交易系统安全防护内容具体包括5个方面。第一，业务及应用安全，主要是指业务及应用安全指向用户提供的相关业务及应用在实现技术、逻辑、管理和控制等方面的安全要求，主要包括业务逻辑安全、Web安全、对外能力开放接口安全、客户端安全、用户信息安全防护等；第二，网络安全，主要是指网络安全指网络交易系统在网络结构安全、入侵防范、安全审计等方面的安全要求；第三，设备及软件系统安全，主要是指设备及软件系统安全指网络交易系统的网络及安全设备、操作系统、数据库、中间件在身份鉴别、访问控制、安全审计、入侵防范、资源控制等方面的安全要求；第四，物理环境安全主要是指物理安全指网络交易系统所处的物理环境在机房位置、电力供应、防火、防水、防静电、温湿度控制等方面的安全要求；第五，管理安全，主要是指管理安全指人员和技术支持能力、运行维护管理能力、灾难恢复预案等方面的安全要求。

（作者：工业和信息化部电信研究院　许子先）

云计算环境下防火墙技术发展现状及趋势

安全问题是阻碍云计算产业发展的关键问题，从云计算诞生至今，一直是云计算行业研究和发展的重中之重。业界针对云计算平台和应用安全提出了各种解决方案，其中，防火墙技术作为解决传统安全问题的重要防护手段，成为业界发展和研究的重点。然而为适应云计算环境特性，云计算环境下防火墙技术正呈现出不同的发展态势。

一、云计算环境对防火墙技术的特殊要求

云计算作为一种以互联网为中心，将各种资源以服务方式动态、弹性提供，用户可按需获取的全新服务模式，为企业和个人用户带来了革命性的ICT体验，但也对安全防护提出了全新的要求。

（一）云计算技术的虚拟化特性要求防火墙的防护颗粒细化到物理机内部

云计算技术的实现基础，简而言之，就是IT基础设施的虚拟化。通过虚拟化，云计算基础设施的物理边界模糊了。资源调度的最小单位不再以物理边界进行划分，而是以在硬件层之上逻辑分割出的虚拟服务器边界进行划分。因此，云计算资源之间的通信，不仅包含跨物理边界的纵向流量，也包含跨虚拟边界的横向流量。对于传统构建在网络边界的防火墙来说，同一宿主服务器内部的横向流量是他们的防护盲点。云计算环境下的防火墙需要解决虚拟机之间横向流量的可视问题，实现虚拟机间网络通信的安全监控与处置。

（二）云计算资源的动态迁移要求防火墙具备全局动态管理的特性

在云计算环境中，资源动态迁移是实现云计算弹性扩展和高可用性的关键技术特征。然而，正是由于这一特征，要求防火墙具备更加精密的控制机制。首先，防火墙需要及时感知到虚拟机的迁移；然后将与迁移虚拟机相关的安全控制策略随之一同迁移；迁移后，安全控制策略要在虚拟机进入运行状态前启用。迁移过程中对安全控制策略进行的调整也仍然需要能够同步更新。这就要求防火墙具备智能化的全局管理能力。

（三）云计算安全防护机制必须对用户透明

云计算的运行机制对用户是透明的，即资源的分配、迁移、共享、回收过程，都不需要用户深度参与。同样地，云计算安全防护机制对用户也应当是透明的。租用云计算服务的用户，只需负责配置整体或各安全域的安全控制策略，无需关心被保护虚拟资源的生命周期，无需注意安全控制策略如何在各个被保护虚拟资源上实现，更无需了解每个虚拟资源，为每个虚拟资源配置安全控制策略。

云计算环境所有这些虚拟化、动态化、透明化的特性，都为防火墙技术提出了更高要求，要求防火墙具备细粒度的防护能力、迁移状态的云资源全局防护管理能力及多租户的透明管理能力。

二、云计算环境下防火墙技术的发展现状

云计算实践之初，云计算环境下存在着各种防火墙产品，随着云计算进入实质应用阶段，更适用于云计算环境的新兴虚拟安全产品也逐渐由理论研究转入落地实践。从实现形式来说，这些用于云计算环境安全防护的防火墙产品基于传统防火墙理念开发，采用虚拟化技术设计，多为软件形式。

（一）云计算环境下防火墙技术的演变

虚拟防火墙是最先应用于云计算环境的防火墙产品之一。虚拟防火墙是在同一防火墙硬件上虚拟出多台逻辑防火墙，最初设计的目的是简化防火墙部署方案，解决部署大量防火墙占用机架空间多、维护成本高、网络管理复杂的问题。随后，虚拟防火墙逐渐软件化，转化为以虚拟机形式与用户所租用的虚拟化资源一起散布在云计算物理服务器上的

分布式形态。虚拟防火墙设备与虚拟防火墙软件都工作在网关模式，即将每个租户所辖的所有虚拟服务器都视为一个虚拟子网，为每个租户配备专用的轻量级安全网关，子网之间的通信流量通过三层交换至虚拟安全网关处检测处理。虽然这类产品在某些租户比较单一的云计算环境得到了应用，但由于管辖不到同一租户子网内虚拟服务器之间和同一服务器上属于不同租户子网的虚拟服务器之间的二层通信流量，无法满足云计算环境横向流量的安全防护要求。因此，这种虚拟防火墙产品仅是云计算初级阶段的过渡方案，还不是真正意义上的云计算防火墙。

随着技术的进一步演变，新一代云计算防火墙应运而生。这类防火墙也采用分布式形态，由散布在云计算物理服务器上的分布式防火墙虚拟组件组成，但与虚拟防火墙不同的是，它具备在虚拟服务器的细粒度上实施安全防护的能力。目前这类防火墙的主流产品已经能够以虚拟服务器为单位设置安全策略，实现对虚拟服务器之间通信流量的监测与控制。

（二）云计算环境下防火墙的发展方向

作为一种新兴的安全技术手段，云计算防火墙在业界尚没有统一标准，因此呈现出各种各样的产品特性。目前云计算防火墙产品的发展主要有网络模式和虚拟化模式两个方向。

1. 网络模式

网络设备制造商和安全设备制造商的云计算防火墙产品，多是基于现有的成熟网络或安全设备开发的，将硬件产品软件化、虚拟化，通过网络技术，将流量牵引到云计算防火墙进行检测与处置。

比较有代表性的是思科的“nexus 1000v 系列分布式交换机+VSG+ASA 系列防火墙”的组合解决方案。nexus 1000v 系列交换机是云计算平台的网络解决方案，采用 vPath 交换机制来实现分布式交换。vPath 即“虚拟服务数据路径”，提供 2～7 层网络服务所需要的可编程的抽象转发平面，能够以叠加隧道的方式将流量转发至 VSG 和 ASA 系列防火墙进行安全检测。nexus 系列交换机通过定义端口组将被保护虚拟机划分为不同的域，每个域对应一个租户，域内使用相同的安全策略。VSG 能够以预定义的安全策略对同一域内虚拟机之间的通信流量进行安全防护。而 ASA 系列防火墙用作对租户间边界进行防护，像虚拟防火墙一样工作在网关模式。

2. 虚拟化模式

虚拟化模式的防火墙产品主要由安全设备制造商和应用安全服务提供商支持。这类防火墙产品采用与虚拟化软件紧密耦合的思路，深度结合虚拟化软件，在虚拟化软件供应商开放的安全扩展接口基础上来开发，在虚拟化层实现产品功能。

一些主流虚拟化软件提供商，通过向第三方安全合作伙伴有限开放 API 来扩展云计算平台的安全功能，如 VMware，先后公开 vmSafe 和安全套件 vShield 的 API。利用 API，安全厂商能将自己的安全产品与虚拟化软件耦合，在云计算平台的 hypervisor 层上进行安全监控。虚拟化软件提供商开放的安全扩展接口包括：CPU、内存、磁盘及虚拟磁盘格式文件检测 API，网络数据包转发及检测、阻断 API 等。各 API 对每个厂商的开放程度不一样，不同厂商的虚拟化模式防火墙产品与虚拟化软件的耦合度也不一样。依据与虚拟化软件的耦合度，虚拟化模式防火墙可区分为“松耦合”与“紧耦合”虚拟化模式防火墙。

“松耦合”虚拟化模式防火墙只调用网络数据包转发类别的 API，通过在虚拟化层中实现的代理转发数据包，将流量牵引到虚拟服务器状态的防火墙进行检测与处置。此类数据包转发机制较为简单，不像网络模式防火墙，可通过分布式交换技术，实现流量跨物理服务器牵引。因此，这类防火墙管理范围跨不出物理服务器的边界，部署必须以物理机为单位。

“紧耦合”虚拟化模式防火墙，则更深层次地与虚拟化软件的安全框架相结合，直接调用虚拟化软件商提供的安全机制，将防火墙的安全防护功能执行模块轻薄化，嵌入到 Hypervisor 层中。

（三）云计算环境下防火墙能力的对比

上述网络模式和 Hypervisor 模式的云计算防火墙实现原理不同，产品形态不同，功性能特性也存在很大差异。下面将对这两种模式的云计算防火墙产品从细粒度的防护能力、迁移状态的云资源全局防护管理能力及多租户的透明管理能力等几个方面进行比较。

1. 细粒度防护能力

在防护能力方面，无论是网络模式还是虚拟化模式，防火墙产品都能够实现数据包过滤功能。

对于网络模式防火墙，思科主导的“nexus 1000v系列分布式交换机+VSG+ASA系列防火墙”的组合解决方案有一个完整的防护体系。但VSG防护能力有限，对虚拟机之间横向流量的数据包检测只支持到三层，而ASA系列防火墙不管辖租户内网中的横向流量。所以该解决方案的防护能力并不完善。

虚拟化模式防火墙对细粒度防护能力的支持要优于网络模式防火墙。松耦合的虚拟化模式防火墙主体安全功能是独立实现的，不依赖虚拟化软件提供商开放的安全扩展功能API，因此能够继承传统防火墙成熟的功能体系，实现所有7层的状态检测，支持比较全面的威胁防御种类。而紧耦合的虚拟化模式防火墙因为安全功能执行模块在虚拟化层实现，支持的威胁防御手段和系统类别受到虚拟化软件提供商所开放的API限制，检测的威胁事件类别远不如松耦合的虚拟化模式防火墙全面。

在防护性能方面，紧耦合虚拟化模式防火墙因为安全功能执行模块集成在基础设施底层，与松耦合虚拟化模式防火墙相比，减少了数据流量转发的开销；并且工作在虚拟化层，可以调集整台服务器的计算能力，能够最大程度地优化性能。而松耦合虚拟化模式防火墙的数据流量转发在服务器内部实现，不用通过复杂网络机制在服务器之间调度；并且防火墙管理范围较小，较之网络模式防火墙，性能表现略佳。

2. 迁移状态的云资源全局防护管理能力

网络模式和虚拟化模式防火墙对云计算资源动态迁移的支持，都基本能够做到协同无缝切换，且策略完整准确跟随，但支持技术与能力存在一些差异。

网络模式防火墙的各分布式组件是独立部署的，不需要同受其保护的资源处于相同物理服务器上。云计算资源动态迁移的影响只限于虚拟资源网络适配器在分布式交换机上的端口位置发生变化，分布式交换机只需调整交换路径即能适应。由于分布式交换机是全局性的，复杂的交换机制对防火墙透明，如果分布式交换机能较好地支持云计算资源的动态迁移，网络模式防火墙就能较好地支持。资源迁移期间，防火墙的防护可以是不间断的。

虚拟化模式防火墙由于与虚拟化软件密切耦合，更易感于云计算资源迁移的影响。当虚拟资源发生迁移时，对其进行保护的防火墙分布式组件也需要随之迁移。这存在两种情况：一是资源新迁移的物理服务器尚未部署虚拟化模式防火墙分布式组件，此时情况较为简单，防火墙分布式组件及配置在组件中的控制策略与资源采用同样的机制一起迁移即可，只需要注意防火墙必须先于资源启动运行，以保证迁移过程安全；另一种情况是资源迁移到的物理服务器已经部署了虚拟化模式防火墙分布式组件，这时就需要有与虚拟化管理平台联动的防火墙统一管理系统全局管理安全控制策略。虚拟资源迁移时，防火墙管理系统需识别与其相关的安全策略及迁移源、目的物理服务器，并将位于两者之上的防火墙分布式组件的安全策略进行更新。因为重新组合的安全策略可能会出现冲突，安全策略的更新可能会导致防火墙安全控制短暂中断，虚拟化模式防火墙的动态迁移机制的实现如果考虑不周，可能会存在安全隐患。

3. 多租户透明管理能力

对于多租户透明管理的支持，目前网络模式和虚拟化模式防火墙的实现都尚不完善。

网络模式防火墙安全策略应用范围的调整需要在分布式交换机上进行配置，意味着安全管理与网络管理不能完全独立，因此无法向租户屏蔽虚拟资源的网络属性，这种管理权限的交叉重叠可能会引入权限滥用、误用等安全问题。

而虚拟化模式防火墙由于分布式组件的保护范围与其相应安全策略实际所辖范围并不一致，分布式组件与虚拟资源的对应关系也必须向租户显性化。

云实践中，多租户透明管理能力不足，已经成为云计算防火墙应用普及的最大障碍。

4. 兼容能力

此外，由于网络模式和虚拟化模式防火墙都需要和虚拟化软件相联系，或多或少都存在兼容问题。

目前主流虚拟化软件提供商均已经陆续开放 API，广泛与第三方厂商开展合作。大部分虚拟化模式防火墙已经能够提供对部分主流虚拟化软件的支持。思科新一代分布式虚拟交换机产品 nexus1010 可以支持 VMware、Hyper-V 等多虚拟平台的异构环境，其主导的网络模式的异构虚拟平台支持能力也在逐步改善。

三、云计算环境下防火墙技术的发展趋势

目前应用于云计算环境的防火墙正处于过热期，大量全新形态的防火墙产品不断涌现。虽然这些云计算防火墙实现形式多种多样，功能特性差异显著，但都是基于传统防火墙理念和安全技术原理，共同的发展目标都是实现云平台上通信流量的可视化管理。

未来云计算防火墙的发展趋势将呈现以下三大特征。

从产品视角来看，云计算平台横向流量的可管可控，是云计算防火墙应具备的基本产品功能。

横向流量安全是云计算环境的特有问题。同一台宿主机上的不同虚拟机在宿主服务器内部实现流量通信，不通过外部网络交换。其彼此间的安全威胁是传统网络防火墙的防护盲点。目前云计算防火墙的研究重点在于解决云计算平台横向流量监控问题，大部分产品已具备相应的防护能力，性能也在不断提升。物理服务器内部对虚拟资源细粒度的防护功能正在进一步完善。

从产业视角来看，产业链条上的多厂商参与和多产品技术融合将成为云计算防火墙发展的主流趋势。

目前主流的云计算防火墙，无论是网络模式还是虚拟化模式，都不再是独立纯粹的安全产品。网络模式防火墙，需要虚拟交换层的配合；而虚拟化模式防火墙，则也需通过扩展接口与虚拟化软件耦合。由于云计算技术的复杂性，产业链条不同环节厂商参与实现安全方案，已成为一种趋势。

从用户体验视角来看，防护机制更隐蔽、更安全、更符合云租户使用习惯将成为云计算防火墙发展的必然趋势。

目前云计算防火墙在多租户支持方面尚存在许多缺陷。这有多方面的原因：防火墙工作层级的不确定，实际防护范围与目标防护范围的不协调都造成防火墙工作机制无法完全对用户透明。由于用户在使用防火墙过程中需要了解虚拟资源的网络属性等本应对其屏蔽的技术细节，违背了“最小授权”安全原则，因此为云计算平台的安全管理带来了隐患；同时，技术显性化，也使得使用云计算防火墙的用户需要具备较高的计算机技能，用户的 ICT 体验将大打折扣。

云计算防火墙以全新的产品形态来适应云计算环境的特点，将现有成熟的安全技术及机制延伸进云计算安全应用和管理，成为目前业界最为重要的云计算安全解决方案之一。随着云计算技术的发展，虚拟化程度的提高，云计算防火墙将进一步成熟，满足云环境中的虚拟化及因虚拟化产生的新安全需求，加速与提升云计算防火墙的应用范围与安全落地。

（作者：中国电信广州研究院　樊宁　沈军　金华敏）

云服务安全分析及监管策略

云计算（Cloud Computing）是一种通过网络统一组织和灵活调用各种ICT资源，实现大规模计算的信息处理方式。目前，国内外云计算服务还面临较多的安全问题。2012年，三大云服务商——亚马逊、微软、谷歌均出现至少两次以上的大规模服务中断事故。同年，苹果的iCloud服务发生大大小小共17次故障。由于用户规模较小，国内的云服务尚未出现大规模的安全事故，但还是存在一些问题，例如，2012年8月6日，盛大云主机发生磁盘损坏，造成部分用户数据丢失。

一、中国云服务安全问题分析

现阶段，中国云服务到底面临哪些安全问题呢？通过对国内主要云服务商的调查，中国云服务面临下述七大安全问题。其中，虚拟化安全、共享环境下的数据安全、云平台应用程序安全等属于云服务模式下面临的新问题，海量用户的身份认证与访问控制、云服务运维和管理、内容合规性审查等体现了传统问题的一些新特点，而可用性与兼容性则属于传统的安全问题范围。

（一）虚拟化的引入给云服务带来了新风险

虚拟化带来的新风险主要表现在虚拟机被滥用、虚拟机逃逸、多租户间隔离失效、虚拟机的安全策略迁移等。其中，虚拟机逃逸是指原来虚拟机和宿主机由隔离的状态变成联通状态，这将影响到Hypervisor（虚拟机监管层）上的所有虚拟机。虚拟机的安全策略迁移也是比较棘手的问题，为保证虚拟机的安全需要安全策略随虚拟机的迁移而自动快速建立起来，否则将导致出现安全空窗期，存在较大的安全隐患。

（二）共享环境下的数据安全是用户最担心的问题

云服务模式下，用户非常担心托管于服务商处的数据是否会被泄露、篡改或丢失。用户数据面临的人为威胁主要来源于服务商、黑客、相邻恶意租户以及后续租户。服务商天然具有对存储于其设备上的用户数据的优先访问权，如何防范服务商内部人员（如系统管理员）对用户数据的非法访问和泄露是一个重要的问题。传输中的数据容易遭到黑客或恶意相邻租户的截获或篡改。后续租户可能恢复未经彻底删除的退租用户的数据。用户数据面临的客观威胁主要是软硬件故障、电力中断、自然灾害等各类客观因素造成的云服务中的数据丢失。数据跨境流动问题是云服务的一个特别的问题。云服务商可在全球范围内动态迁移虚拟机镜像和数据，这不仅涉及跨国司法问题，同时，国家的重要机密信息还可能因此泄露而对国家安全造成威胁。

（三）云平台应用程序安全涉及每一类云服务

不管是SaaS、PaaS还是IaaS都存在应用程序安全问题，主要包括三类。第一类是恶意程序审查。在PaaS服务中，服务商需要审查用户上传的应用程序是否为恶意程序，否则，可能影响云平台的运行或造成其他不良影响。在IaaS服务中，服务商云平台上也容易被放置恶意攻击程序。第二类是应用程序接口安全。PaaS服务商需要提供各种接口供开发者调用，因此，不可避免会存在不安全的接口，也就容易被恶意用户所利用。第三类是代码安全与测试。在PaaS服务中，应用程序本身的代码存在各种漏洞。SaaS服务商所提供的在线软件类应用程序也必须经过严格的代码安全审查与测试才能上线运营。

（四）海量用户的身份认证与访问控制是一大难题

在云服务模式下，用户身份认证与访问控制面临新挑战：海量用户的身份认证与授权、访问权限的合理划分以及账号、密码和密钥管理。云计算主要通过互联网对外提供服务，支持的用户数可能少则10万人，多则100万人、1000万人，甚至上亿人。如何应对海量用户不断变化的业务和用户身份，需要云服务商对用户身份认证和接入管理实现完全自动化。在密钥管理方面，云服务商可能拥有用户用于加解密的密钥，这将导致数据的泄露。

（五）云服务运维和管理措施尚未跟上

当前，云服务安全运维效率低下，首先，特权用户如管理员的过失行为，可能造成服务中断等严重后果；其次，云服务的运维层级发生了变化。原来基于物理主机的监控不再有效，尚无法有效监控虚拟主机是否已经出现问题。同时，中国云服务还处于发展初期，云服务商在管理上的漏洞较多，对运维人员缺少针对性管理，缺少专门的机构、岗位和管理制度等。

（六）可用性与兼容性仍需重点关注

云计算基于开放的互联网提供服务，面临众多未知的安全风险，云服务不可用的原因主要包括：DDoS 攻击和僵尸网络、Web 服务攻击、软硬件故障、电力中断和自然灾害等。由于云服务商对应用程序开发有较多限制，如开发语言、开发规范等，这给 PaaS 服务中应用程序的迁移带来了兼容性方面的安全问题。

（七）内容合规性审查变得更加困难

在云服务中，信息与其发布载体动态绑定（可以支持公网 IP 地址、域名与云节点的动态绑定），使得对有害内容的定位和封堵变得异常困难。同时，境外云计算服务节点通常提供共享访问的 SSL（Secure Sockets Layer 安全套接层）加密通道，除了证书发行商名字、IP、端口信息外，无法检测任何内容，这使得传统的内容过滤无从下手。

二、云服务安全监管策略

除了依靠技术手段，政府部门更应着力推进监管政策及法律法规的制定与实施以实现云服务安全监管。监管政策和法律法规作为上层建筑，从宏观层面影响着所有具体业务。有效的监管环境也有利于建立用户与云服务商的信任关系，提升用户信心。而中国在云安全方面尚未正式出台针对性的监管政策和法律法规。因此，为促进中国云服务健康发展，政府应从以下几个方面着手。

首先，从国家层面加强云服务网络数据安全、个人隐私保护、知识产权保护、数据跨境流动等方面的法律法规建设。在中国出台的第一部针对网络信息保护的法律——《全国人大常委会关于加强网络信息保护的决定》的框架下，根据云服务的特点制定个人隐私保护、数据跨境流动等方面的法律法规或先行制定相应的部门规章，以保障中国云服务健康有序的发展和保护用户的合法权益。针对云服务数据跨境流动问题，国外已有一些法规如欧盟《数据保护指令》适用于云服务。中国应尽快出台相关规定，改变中国在国际上的被动地位。

其次，完善云服务安全事前准入、事中监测和事后处罚与退出机制。新版《电信业务分类目录》已公开征求意见，其中将云计算作为互联网资源协作服务业务与在线数据处理与交易处理业务纳入电信业务监管范围。除了准入政策，也应对云服务商的日常安全运营进行监督管理，对出现问题的云服务商有相应的响应机制、责任认定、处罚和退出机制。

最后，应推动政府及重要行业对于采购 IT 服务的法律法规的修订，对政府及重要行业采购云服务作出规定。例如，规定政府、金融、医疗卫生、军事国防等拥有私人或敏感信息的单位只能使用国内云服务商的服务，且必须将数据存储在本国境内等。

（作者：工业和信息化部电信研究院　陈其云）

通信网络安全服务市场管理概况分析

随着通信网络的发展和用户规模的不断扩大，针对业务应用的网络恶意行为甚至网络犯罪现象日益突出，面对网络安全问题日益突出的现象，通信运营企业越来越多地与提供网络安全服务的第三方机构进行专业安全合作。而因为网络安全服务必然涉及业务系统的核心单元，第三方介入的同时势必会带来新的安全风险。与此同时，通信运营企业在选择通信网络安全服务时缺乏统一的规范和标准，缺乏甄别第三方网络安全服务能力的客观依据。因此，加强对网络安全服务机构的专业技术水平、服务能力和信用程度的规范和管理，对通信网络安全保障工作具有重要意义。

一、通信网络安全服务市场管理现状

近年来，保障通信网络安全一直是政府通信行业监管的重要工作。2007 年，工业和信息化部对电信行业安全服务机构的管理出台了相关规定，工信部电[2007]555 号文《关于进一步开展电信网络安全防护工作的实施意见》中对安全服务机构的选择和安全服务机构的义务都做了要求，对电信运营企业选择安全服务机构进行电信网络的安全评测和风险评估做出了 6 个方面的约束；2010 年年初，工业和信息化部颁布实施的工信部第 11 号令《通信网络安全防护管理办法》中明确指出，通信网络运行单位可以委托专业机构开展通信网络安全评测、评估、监测等工作。工业和信息化部应当根据通信网络安全防护工作的需要，加强对前款规定的受托机构的安全评测、评估、监测能力指导。

在近两年工信部组织的全国通信网络安全防护检查工作中，通信运营企业多次反映在开展安全防护工作中如何选择安全服务，一些省市的运营企业迫切需要指导。通过每年的检查也发现，第三方安全服务公司的安全服务质量参差不齐，人员安全素质差别大，一些网络单元在经过第三方安全服务公司的安全加固后，仍然存在明显的安全隐患，甚至是一些简单、低级的高危安全漏洞。

为贯彻工信部第 11 号令的文件精神，更好地推动通信网络安全防护工作的开展，政府主管部门一方面加强政策标准的制订，另一方面积极引导行业准入管理，充分发挥行业组织开展行业自律工作，协助政府加强对通信网络安全服务行业的指导，将通信网络安全管理工作向安全服务领域进行延伸。

二、当前通信网络安全服务市场存在的问题及建议

当前通信网络安全服务市场存在以下几个主要问题。

（一）缺乏规范化的运行机制

电信网络规模庞大，业务/应用种类繁多，众多电信运营企业和 SP/CP 会涉及大量的安全问题，因此需要专业的安全服务机构提供安全服务。现阶段电信运营企业和 SP/CP 在选择安全服务机构的时候主要是根据社会认知度和价格两个因素来判断，但安全服务是一个极端敏感的工作，这种缺乏客观依据的选择很可能无法达到既定的目标甚至造成严重的后果。同时，政府主管部门对安全服务行业的整体情况也缺乏了解，不能做到切实掌握行业的发展动态。因此，具有专业化、公平化等特性的行业中介组织可以促进安全服务行业更加规范化地运行。一方面，通过中介组织能够建立一个业内的衡量标准，这样电信运营企业和 SP/CP 就能够依据行业的推荐来选择安全服务机构，确保安全服务机构具有足够的客观性和相应的服务能力，不但能够促进安全防护工作的进一步落实，而且还能确保安全服务的深入开展。另一方面，中介组织可以对安全服务行业进行整体的把握，实时了解安全服务行业的整体情况，通过行政监管和自律监管的双重作用，提

高安全服务行业水平，加快自律管理体系的建设。

（二）现有的手段对安全服务机构的约束力不够

安全服务机构对电信运营企业和 SP/CP 进行安全服务的时候会涉及各专业网络的网络拓扑和设备实际部署情况、网络和设备的脆弱性等核心商业秘密。现阶段对安全服务机构的管理只能依靠商业合同和道德底线，这种单纯的法律和道德层面的约束无法实现对安全服务机构的有效管理，也从侧面表明了安全服务行业还并不十分完善和成熟。通过中介组织对安全服务机构进行通信行业内服务资格评定，建立更加完善的行业自律管理体制，从而确保安全服务机构的安全性和可靠性，以便更好地向电信运营企业和 SP/CP 提供完善的安全等级保护、风险评估、灾难备份等安全服务，构建更加安全的网络环境。

（三）新的运营模式下，安全服务机构的社会认知度不够

随着 3G 时代的到来，传统的运营模式已经不能满足广大用户的需要，取而代之的是以服务为首，以客户感知为本的经营理念，电信运营企业和 SP/CP 也已经把关注用户信息安全和网络安全提升到战略发展的高度，这些安全需求都应当通过专业的安全服务机构来提供。当前安全服务包括：病毒防护服务、流量清洗服务、攻击防护服务、系统加固服务、风险评估服务等。安全服务市场的发展在很大程度上取决于网络用户等社会各界的认知程度，同时与服务质量和安全服务市场本身是否规范密切相关，一旦安全服务行业不能规范化开展，那么安全服务行业将很难继续良性地发展并且会造成通信产业链的失衡。从这个意义上来说，安全服务行业需要一个中介组织来更好地培育安全服务市场，提高全社会对安全服务的认知。以行业自律方式开展通信网络安全服务能力评定（以下简称“评定”）工作正是为了进一步规范通信行业网络安全服务，提高通信网络安全防护水平。

三、通信网络安全服务能力评定工作要点

（一）评定工作目的

通信网络的发展越来越快，企业越来越多地开展专业安全合作，借助外力提升安全服务能力，因而催生了众多提供专业安全服务的第三方机构。目前，我国网络安全服务市场上各类第三方安全服务提供商鱼龙混杂，实力参差不齐，不乏滥竽充数者，容易引发新的安全风险。为了规范通信网络安全第三方服务市场的健康运行，需要对这些服务提供商提供服务的质量进行评估和分类。因此，网络安全服务机构的专业技术水平和信用程度对安全保障工作至关重要，对提高通信网络安全服务质量、确保服务过程的安全可控性具有重要意义。评定工作正是通过对提供安全服务的第三方机构进行审核考察，以达到进一步规范通信行业网络安全服务，协助政府加强对通信网络安全服务行业的指导的目的。

（二）评定工作指向

通信网络安全服务能力评定是指对通信网络安全服务提供商从事通信网络安全服务综合能力的评定，直接反映了通信网络安全服务提供商的服务资格、水平和能力。通信网络安全服务具备两种类型：风险评估，安全设计与集成。

风险评估是指运用科学的方法和手段，系统地分析通信网络及相关系统所面临的威胁及其存在的脆弱性，评估安全事件可能造成的危害程度，并提出有针对性的防护对策和安全措施，防范和化解通信网络及相关系统的安全风险，将风险控制在可接受的水平。风险评估中各要素的关系，如图 1 所示。

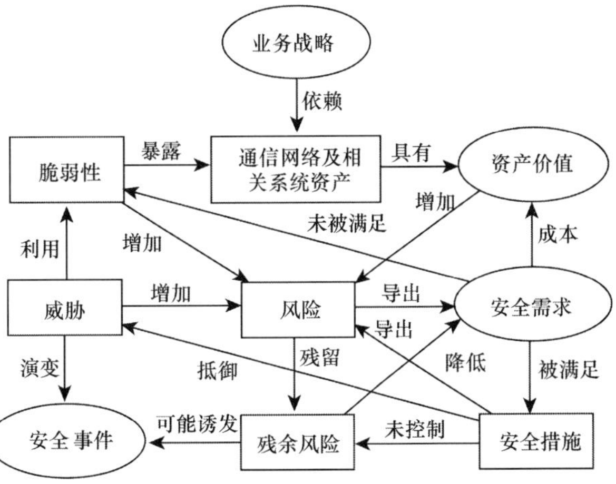

图 1　通信网络及相关系统风险要素的关系示意

安全设计与集成是指对所服务的通信网络的安全框架进行设计，形成安全建设规划，并对计

划实施的安全策略进行细化，在安全解决方案的基础上，实施安全产品集成、安全软件定制开发、安全加固与整改或其他的安全技术的咨询服务。安全设计与集成应贯穿安全实施的完整过程，如图2所示。

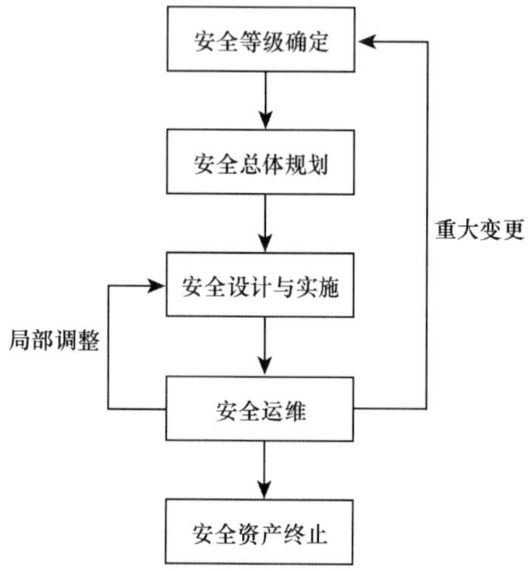

图2　安全实施基本过程示意

通信网络安全服务能力等级的评判原则是依据《通信网络安全服务能力评定管理办法》（以下简称"《办法》"）。该《办法》中的《电信网和互联网第三方安全服务能力评定准则》（YD/T 2669-2013）正式上升为行标，并成为"电信网和互联网安全防护体系"系列标准之一。《评定准则》从组织与管理、人员构成与素质、项目管理、质量保证、技术能力、设备设置与环境等方面对通信网络安全服务能力提出了具体的要求。

《评定准则》要求中分别针对每一类服务提供商分为通用性要求和不同服务类型区别要求，通用性要求是指所有的通信网络安全服务提供商都必须要达到的安全能力要求；不同服务类型区别要求是指对不同类型的通信网络安全服务提供商提出了不同的能力要求。每类安全服务（风险评估和安全设计与集成）均提出了三级能力要求，由高到低依次是一级、二级、三级能力。高等级能力的要求涵盖了低等级能力要求的所有方面。

四、通信网络安全服务能力评定工作应用效果

评定工作的开展确立了通信行业安全服务的统一标准和规范，为通信网络安全服务市场的规范有序运行提供了有力支持，进一步协助政府主管部门加强对通信行业网络安全服务的监督和指导力度。同时，通过评定工作能够有效掌握国内通信网络安全服务行业数据，提供分析研究通信行业产业发展的数据基础，有利于行业主管部门进一步把握安全服务产业总体情况。

评定工作对通信网络安全服务能力有着统一标准和客观要求，评定结果具备科学性和客观性，可作为通信运营企业选择安全服务的依据，为其自身网络安全奠定基础。通信网络安全服务提供商对照《电信网和互联网第三方安全服务能力评定准则》的要求，能够发现自身服务能力的不足及所存在的问题，有效提高其通信网络安全服务能力水平。

评定工作是一项针对通信网络安全问题的基础性工作，也是一项非常有意义的工作。评定工作经过一年多的试行于2013年正式启动，面对通信网络安全服务工作中的种种问题，今后仍然需要通过持续研究与不断实践检验来完善。

（作者：中国通信企业协会通信网络安全专业委员会　李晶晶　陆苹）

通信设备制造及建设运维篇

通信设备制造业发展分析

一、宏观经济环境分析

全球经济发展形势继续向好，全面复苏仍面临挑战。

2013 年以来，全球经济逐步走出低谷，继续保持缓步增长，发展形势继续向好，但不确定因素依然突出，国际金融危机深层次影响仍未消除，世界经济全面复苏仍然面临严峻挑战。美国等发达国家的经济复苏成为重要推动力量，但其结构性问题远未解决；新兴市场国家的经济增长速度普遍放缓，面临较大下行压力。

目前我国通信设备制造业生产的对外依存度比较高。2013 年 1~9 月通信设备制造业出口交货值占工业销售产值的比重为 48.02%，远远高于全国规模以上工业总体出口交货值占销售产值的比重，可见，通信设备制造业受世界经济形势影响程度较大。从 2013 年以来的数据不难看出，世界经济不景气正在影响通信设备制造业的出口情况，其对外依存度较 2012 年同期有一定程度的下降，如表 1 所示。

表 1　2012 年 9 月~2013 年 9 月通信设备制造业务对外依存度

日期	出口交货值（亿元）	工业销售产值（亿元）	对外依存度
2012 年 1～9 月	4811	9462	50.85%
2012 年 1～10 月	5426	10646	50.96%
2012 年 1～11 月	6293	12100	52.01%
2012 年 1～12 月	7115	13718	51.87%
2013 年 1～2 月	1103	2131	51.76%
2013 年 1～3 月	1707	3360	50.80%
2013 年 1～4 月	2262	4530	49.93%
2013 年 1～5 月	2995	5920	50.59%
2013 年 1～6 月	3652	—	—
2013 年 1～7 月	4244	8779	48.34%
2013 年 1～8 月	4902	10160	48.25%
2013 年 1～9 月	5691	11852	48.02%

注：对外依存度=出口交货值/工业销售产值。

2013 年 1～9 月，通信设备行业出口保持较快增长，但由于全球经济依旧较为低迷，复苏缓慢，通信设备制造业出口交货值同比增速低于销售产值增速，与去年同期相比有小幅下降。1～9 月，通信设备制造业出口交货值为 5690.59 亿元，同比增长 18.83%，增速比去年同期回落 0.38 个百分点，比 2013 年同期销售产值增速低 5.47 个百分点，如图 1 所示。

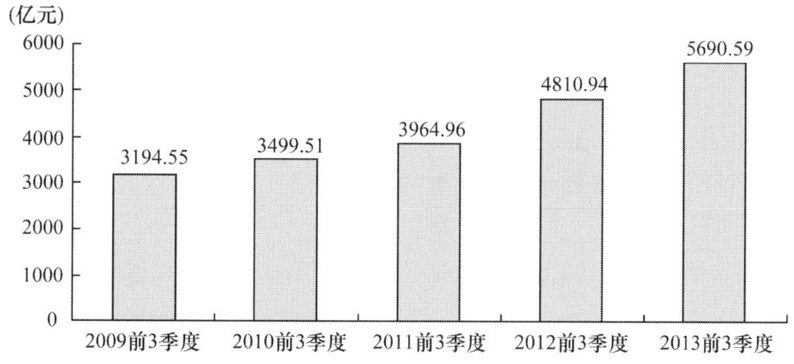

图 1　2009~2013 年前 3 季度通信设备制造业出口交货值对比

从全球总体宏观环境来看，通信设备制造业各项产、销指标均保持较快增长，但由于国际经济依然存在较大不确定性，形势复杂，通信设备行业海外需求恢复缓慢，出口增速继续小幅下降。

促进信息消费，扩大内需，我国通信设备市场

迎来新一轮利好

2013 年以来，通信设备行业相关政策表现主要有两个方面：第一，为了促进信息消费的快速升级，拉动内需，国务院于 8 月 14 日印发了《国务院关于促进信息消费扩大内需的若干意见》，提出了信息消费规模快速增长，信息基础设施显著改善，信息消费市场健康活跃的三大目标，将为通信设备行业带来新一轮的增长机会；第二，国家发改委 10 月 8 日发布了《国家发展改革委办公厅关于组织实施 2013 年移动互联网及第四代移动通信（TD-LTE）产业化专项的通知》，将重点支持移动智能终端新型应用系统研发及产业化等八大专项，《通知》的发布预示着我国 4G 商用即将开始，将为设备制造商及产业链上的其他公司带来实质性利好。从中国移动 2013 年 TD-LTE 无线主设备招标结果来看，该项招标共涉及 20.7 万个基站，55 万个载扇，投资额超过 200 亿元。随着运营商 4G 建设步伐的逐步加快，运营商将投入上千亿元进行 4G 通信基础建设，这将给包括移动基站、天线、网络优化等设备商在内的上下游厂商产生积极的影响，而终端行业也有望迎来爆发式增长。

二、我国通信设备制造业发展现状分析

1．我国通信业收入实现较快增长，电信固定资产投资增速降幅收窄

通信设备产品需求结构和数量变化趋势与通信行业发展趋势以及电信运营商固定资产投资走势密切相关。

2013 年前 3 季度，我国电信能力建设受市场需求引导继续稳步推进，全国光缆线路长度净增 173.74 万公里，达到 1654.31 万公里。其中，长途光缆线路长度净增 2.85 万公里，达到 89.69 万公里。固定长途电话交换机容量比 2012 年年末减少 156.9 万路端，缩减至 1452 万路端。局用交换机容量（含接入网设备容量）比 2012 年年末减少 1740.1 万门，降至 42166.4 万门，其中，接入网设备容量减少 358.1 万门，降至 23043.9 万门。移动电话交换机容量净增 11513.9 万户，达到 194383.7 万户。互联网宽带接入端口净增 8649.9 万个，达到 35484.4 万个，如表 2 所示。

表 2　2013 年前 3 季度通信业主要通信能力

指标名称	单位	3 季度末到达	比2012年年末新增	比2012年年末增长
光缆线路长度	公里	16543077	1737370	10.50%
其中：长途光缆线路长度	公里	896938	28495	3.18%
固定长途电话交换机容量	万路端	1452	–156.9	–10.81%
局用交换机容量	万门	42166.4	–1740.1	–4.13%
其中：接入网设备容量	万门	23043.9	–358.1	–1.55%
移动电话交换机容量	万户	194383.7	11513.9	5.92%
互联网宽带接入端口	万个	35485.4	8649.9	24.38%

在经历了 2009 年投资高峰、2010 年投资调整和 2011～2012 年的恢复增长后，电信固定资产投资在 2013 年出现下滑，但从趋势上看，降幅正在逐月收窄。2013 年前 3 季度，电信固定资产投资累计完成 2077.5 亿元，同比下降 7.8%，比 2012 年同期投资规模减少 175.5 亿元，降幅较 2012 年有所收窄，而 2012 年同期是正增长。

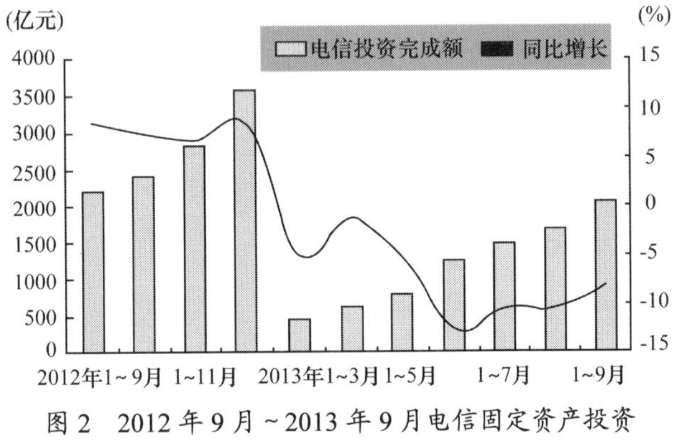

图 2　2012 年 9 月 ~2013 年 9 月电信固定资产投资完成额及同比增长率变动趋势

2．通信设备制造业运营情况平稳

2013 年前 3 季度，通信设备、计算机及其他电子设备制造业整体运行平稳，未来发展趋势乐观向好。前 3 季度，通信设备制造业投资继续保持较快增长，但增幅较上半年略有回落。行业产销增速同比继续保持较快增长，其中行业增加值较 2012 年同期增长 11.1%，工业销售产值增速较 2012 年同期提高 6.4 个百分点。前 3 季度通信设

备制造业出口继续保持较快增长，但增速较 2012 年同期有小幅回落。价格方面，前 3 季度通信设备出厂价格指数总体呈小幅下行走势，出口价格小幅波动。

2013 年前 3 季度，通信设备制造业固定资产投资继续保持快速增长，1-9 月通信制造业 500 万元以上项目固定资产投资完成额达到 636.2 亿元，同比增长 33.3%。比去年同期全国固定资产投资（不含农户）增长速度高 13.1 个百分点，比 2012 年同期略高 0.6 个百分点。2013 年以来，电信业固定资产投资增速一直处于负增长状态，但通信设备制造业并未受此影响，固定资产投资增速始终保持较高水平，显示出行业良好的发展趋势，如表 3 和图 3 所示。

表 3　2012 年 9 月～2013 年 9 月通信设备制造业各月累计固定资产投资完成情况

日期	投资完成额（亿元）	同比增长（%）
2012 年 1～9 月	477.4	32.7
2012 年 1～10 月	530.2	30.3
2012 年 1～11 月	590.0	29.9
2012 年 1～12 月	654.4	21.0
2013 年 1～2 月	56.0	46.0
2013 年 1～3 月	133.0	43.2
2013 年 1～4 月	201.0	40.1
2013 年 1～5 月	292.4	46.3
2013 年 1～6 月	394.4	46.0
2013 年 1～7 月	465.8	42.5
2013 年 1～8 月	551.5	42.5
2013 年 1～9 月	636.2	33.3

注：上表仅统计 500 万元以上的投资项目。

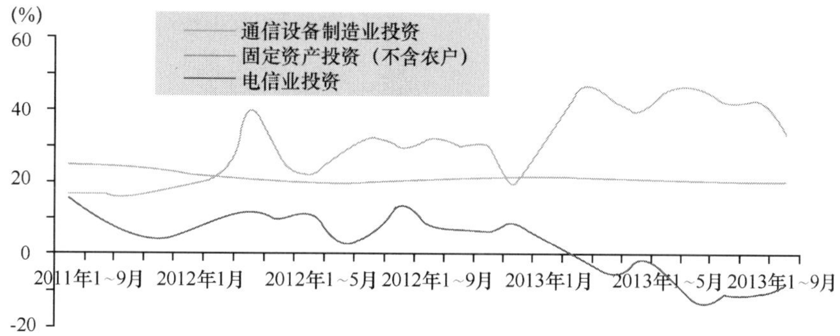

图 3　2011 年 9 月～2013 年 9 月通信设备制造业、电信业全国各月累计固定资产投资同比增速比较

2013 年前 3 季度，全国规模以上工业增加值同比增长 9.6%（扣除价格因素的实际增长率），通信设备、计算机其他电子设备制造业增长 11.1%，高于工业总体增速 1.5 个百分点，增速较 2013 年上半年略降 0.3 个百分点，较 2012 年同期下降 0.2 个百分点，但总体来看仍保持平稳较快的增长速度，如图 4 所示。

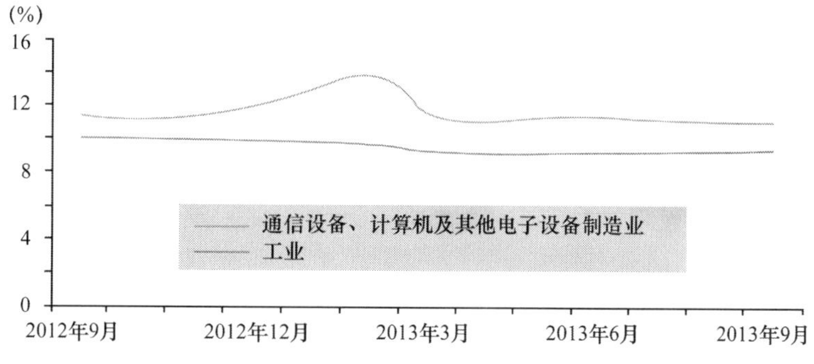

图 4　2012 年 9 月～2013 年 9 月通信设备、计算机及其他电子设备制造业累计增加值同比增长趋势

通信设备制造业产品销售对海外市场依存度比较大，行业的出口交货值占销售产值的比重 50% 以上，2013 年 1～9 月，通信设备制造业出口交货值累计达到 5690.59 亿元，比上年同期增长 18.83%，增速比上半年放缓 4.75 个百分点，比 2012 年同期略低 0.38 个百分点。

2013 年以来，通信设备、计算机及其他电子设备制造业出口交货值增长率总体有所回落，但通信设备制造业增长率保持了较快的增长步伐。2013 年 1～9 月，通信设备制造业出口交货值同比增速比通信设备、计算机及其他电子设备制造业出口交货值的增速高 12.29 个百分点。通信设备制造业出口交货值占通信设备、计算机及其他电子设备制造业出口交货值的比重为 17.71%，比 2013 年上半年增速提高 0.23 个百分点，比 2012 年同期提高 1.59 个百分点。由于海外需求不振，前 3 季度通信设备外需比重继续下降，1～9 月通信设备制造业出口交货值占销售产值比重为 48.02%，比 2012 年同期低 2.83 个百分点，且远低于国际金融危机前的水平（2008 年出口交货值占销售产值比重达 59.06%），如表 4 和图 5 所示。

表 4　2012 年 9 月～2013 年 9 月通信设备制造业出口交货值实现情况

日期	出口交货值（万元）	累计同比%
2012 年 1～9 月	48 109 412	19.21
2012 年 1～10 月	54 247 730	17.52
2012 年 1～11 月	62 932 134	20.04
2012 年 1～12 月	71 152 623	19.05
2013 年 1～2 月	11 029 996	19.29
2013 年 1～3 月	17 067 162	21.33
2013 年 1～4 月	22 619 452	19.37
2013 年 1～5 月	29 954 421	24.91
2013 年 1～6 月	36 518 177	23.58
2013 年 1～7 月	42 438 977	20.49
2013 年 1～8 月	49 019 031	18.46
2013 年 1～9 月	56 905 855	18.83

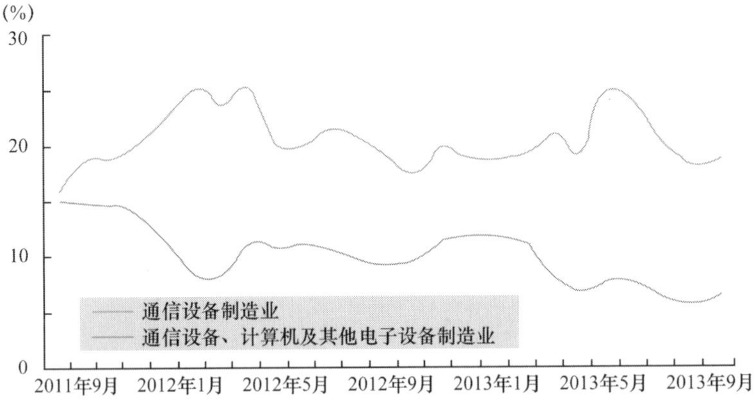

图 5　2011 年 9 月～2013 年 9 月通信设备制造业累计出口交货值同比增长趋势

2013 年以来，通信设备、计算机及其他电子设备制造业价格指数总体呈现出稳重小幅下行走势。2013 年 9 月，通信设备、计算机及其他电子设备制造业工业生产者出厂价格指数（2012 年同月=100）为 96.9，比 2012 年年末和 2012 年同期均低 1.3 点，比 2013 年 9 月全国工业生产者出厂价格指数低 1.8 点。

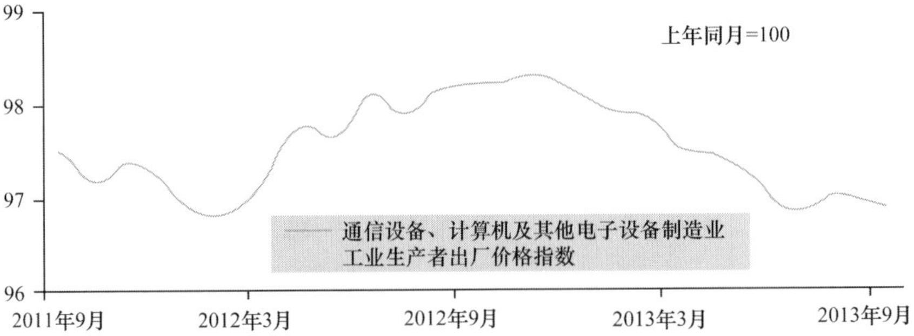

图 6　2011 年 9 月～2013 年 9 月通信设备、计算机及其他电子设备制造业价格指数变化趋势

三、我国通信设备制造业未来发展趋势分析

从经济效益来看，前 3 季度通信设备制造业赢利能力指标表现较好，收入与利润双双实现较快增长，各主要利润率较 2012 年同期均有不同程度提升。偿债能力指标优于 2012 年同期，资产负债率和产权比率均有所降低，利息保障倍数明显上升，亏

损面缩小，企业亏损程度也有所减轻。营运能力方面，通信设备制造业企业应收款回收速度比 2012 年同期有所加快，产成品库存继续增加，但资金占用率低于上年同期。前 3 季度，通信设备制造业资产、主营业务收入以及所有者权益均实现快速增长，为行业未来扩张奠定了坚实的基础。在国家促进信息消费，推动宽带网络，4G 网络建设等利好的带动下，行业成长能力依然良好。

截至 2013 年 9 月月底，通信设备制造业企业数量达到 1342 家，按企业所有制性质来看，集体企业和股份合作制企业数量少，资产和主营业务收入占比低，如表 5 所示。

表 5　2013 年 9 月通信设备制造业企业及类型分布情况

	企业单位数（个）	资产合计（千元）	主营业务收入（千元）	企业单位数占比	资产占比	主营业务收入占比
全部	1 342	1 109 477 502	1 138 431 949	100.00%	100.00%	100.00%
按所有制：						
国有企业	41	69 485 889	27 223 087	3.06%	6.26%	2.39%
集体企业	0	345 609	88 439	0.00%	0.03%	0.01%
股份合作制企业	10	635 476	1 362 546	0.75%	0.06%	0.12%
股份制企业	75	172 371 753	85 959 501	5.59%	15.54%	7.55%
私营企业	462	61 135 903	73 574 910	34.43%	5.51%	6.46%
外商和港澳台投资企业	456	478 934 006	680 401 759	33.98%	43.17%	59.77%
其他	295	326 568 866	269 821 707	21.98%	29.43%	23.70%

从总体上来看，2013 年前 3 季度，通信设备制造业赢利能力指标表现较好，收入与利润均实现较快增长，各主要利润率较 2012 年同期均有不同程度提升。

2013 年 1-9 月，通信设备制造业收入累计达到 11384.32 亿元，比 2012 年同期增长 21.63%，同期利润总额达到 471.01 亿元，比 2012 年同期增长 37%，按所有制来看，股份制企业表现较差，收入负增长，利润下滑较为明显；国有企业尽管收入实现小幅增长，但利润出现了两位数下滑；私营企业、外商和港澳台投资企业、其他类型企业均实现收入与利润双增长。其中，私营企业收入增长最快，增速达到 51.59%，其他类型企业利润增速最高，为 90.93%。

2013 年 1-9 月，通信设备制造业亏损企业为 352 个，比 2012 年同期亏损企业数量增加 22 个，占行业企业总数的比重为 26.23%，比 2012 年同期低 0.34 个百分点。按所有制来看，私营企业亏损面较低，为 18.40%，外商和港澳台投资企业亏损面较大，达到 35.31%，显著高于行业总体水平，如表 6 所示。

表 6　2013 年、2012 年同期通信设备制造业不同类型亏损企业亏损额比较

	亏损企业亏损总额（千元）			亏损企业平均亏损额（千元）		
	2013 年 1～9 月	2012 年 1～9 月	同比增长	2013 年 1～9 月	2012 年 1～9 月	上升/下降
全部	5 237 794	4 998 566	8.57%	14 880.10	15 147.17	–267.07%
按所有制：						
国有企业	233 040	75 135	291.48%	29 130.00	6 830.45	22 299.55%
股份制企业	229 705	118 731	61.25%	13 512.06	8 480.79	5 031.27%
私营企业	282 339	204 374	26.07%	3 321.64	3 193.34	128.29%
外商和港澳台投资企业	3 907 843	3 919 512	0.11%	24 272.32	22 656.14	1 616.18%

展望 2013 年 4 季度及 2014 年，世界经济仍处于复苏轨道之上，但基础不稳，速度不均，且存在较多不确定性。我国通信设备出口未来仍面临较大压力，后期通信设备制造业外需比重仍有可能进一步下降。从国内市场来看，工业和信息化部目前已经发布了 4G 牌照，未来一段时间，4G 网络投资将成为引领我国经济转型的排头兵，通信设备厂商也将因此受益。随着我国“信息消费”战略的推进以及移动互联网时代的全面到来，智能终端产业链面临着新的发展机遇。而移动终端设备仍是短期增长的助力，将继续保持迅猛增长的态势，但随着行业逐渐成熟，增速或将有所放缓。

（作者：工业和信息化部电信研究院　胡海波）

通信测试产业市场现状及前景分析

一、通信测试产业市场现状

通信测试产业是测试测量市场的重要组成部分，它又可细分为有线通信测试和无线通信测试。根据相关数据，全球通信测量市场销售额 2011 年 111 亿美元（有线类 36 亿美元），2012 年 128 亿美元（有线类 35 亿美元）。其中，中国通信测量市场大概占全球份额的 20%～30%，2011 年达到 29.3 亿美元（有线类 6.8 亿美元），2012 年由于全球经济不稳定因素，与 2011 年相比增幅有所放缓，在 35 亿美元左右（有线类 7 亿美元）。2013 年通信测量市场持续低迷，相比 2012 年出现了大概 10%左右的回调。2014 年，随着 4G 牌照的发放及新兴技术诸如云计算、SDN 对产业的刺激，中国通信测量市场将逐步回暖，有望达到 40 亿～50 亿美元（有线类 9 亿美元）。

通常说来，通信测试市场按照发展前景可以分为传统市场、增长市场和新兴市场。

传统市场是指传统的数据路由交换及局域网市场，以及现有的 2G、3G 网络及终端测试市场，这部分市场占据仪表企业 50%的市场份额，但是由于其市场饱和度已经达到相当水平，所以基本保持原有容量，很难有大幅增长，预测年增幅在 3%左右。

增长市场是指随着新技术，如数据中心、移动互联网以及无线 4G 技术的出现而快速增加对测试和研发的投入，以及大家越来越对性能、可靠性以及安全测试的重视带来的新的增长点，其年增速大概在 10%～30%。

新兴市场是指随着互联网的发展，在网络上出现了成千上万的各种应用，对应用的用户体验和安全保障测试将是未来仪表市场发展的蓝海，其年增速将保持在 80%左右。

综合通信产业的发展以及现状，通信测试特别是数据通信测试发展有几大非常明显的要求：

（1）高速率（10GE-40GE-100GE）

移动互联网时代，融合网络同时承载语音、视频、数据和其他业务，所以网络带宽大大增加，核心骨干网的带宽更是达到 100Gbit/s。

（2）大规模（上百个 GE、10GE、40GE 和 100GE）

设备的端口密度非常高，出现了 48 或更高的 GE 接口卡和 24 或更高的 10GE/40GE 接口卡。对设备/网络架构的整体压力测试，达到几百个 GE/10GE/40GE。

与此相对应，网络测试仪测试卡的一个发展趋势是更高的端口密度，包括千兆、万兆、40GE 乃至 100GE 测试卡的密度。这是进行高负荷综合系统测试的需要。同时随着设备性能和功能增加，测试人员也在增加，高密度测试端口也是多用户测试的需要。

（3）多用户

随着设备性能和功能的发展，设备厂商的测试团队也增多，往往一个项目的测试组有几十人，他们在测试中有不同的分工。这就要求测试仪表能够支持多用户特点。包括：单端口或者端口组（2 个端口，一收一发）具有独立的 CPU，保证用户可以以单端口或者端口组为单位进行占用/释放；板卡要支持热插拔，插拔一块板卡，不影响别的板卡的使用；能够以整机框或者单块板卡或者以单端口/端口组（2 个端口）为单位进行重启。重启的最小粒度是单端口/端口组，这样一个用户在使用中重启自己使用的端口，不影响别人的使用。

（4）分布式体系架构

多用户的特点要求测试仪表提供分布式体系架构，不能存在性能瓶颈。机框有机框级别 CPU，测试卡有测试卡级别 CPU，在端口或者端口组上有端口级别的 CPU，用户控制终端的控制 session 直接建立到端口的 CPU，避免出现性能瓶颈。背板系统从传统低效的PCI总线架构向以太网交换架构进化，满足大数据量交换和处理。仪表上的操作系统是以嵌入式实时系统为主流，Windows 系统已经不能满足安全和性能的需要。

（5）多核技术动态调配

为了满足测试仪表高性能的需要，测试板卡采用高性能的多核技术，在多核技术下，单位时间内系统可以完成更多的任务，端口不同核之间的资源可以根据需要动态调配，满足现在测试高性能、高速、实时、全方位统计的需要。

（6）L2-L7 综合测试平台

现在的网络是一个融合的网络，在一个网络上同时承载数据、语音、视频和其他类型业务。在测试过程中，我们除了测试传统的L2-L3 性能、功能和协议测试，还需要通过真实应用层流量来验证网络或者网络设备承载真实业务的能力。对于网络上的应用层设备，如防火墙等，除了进行应用层测试以外，也要对其L2-L3 转发性能进行测试。网路上还存在大量网络攻击，还要对设备进行防攻击测试。而且现在很多L2-L3 设备，如路由器、交换机等，同时兼备L4-L7 的防火墙、应用层检测等功能。所有这些都要求L2-L7 的综合测试仪表，即在测试仪表一个硬件平台上，同时支持L2-L7 测试，而且要求测试软件单一化，在一个或者 2 个软件中完成所有L2-L7 的测试功能，这就有利于系统集成测试和真实性测试。

（7）测试真实性（多协议/多拓扑叠加）

现在网络环境越来越多元化，也越来越复杂，承载的业务越来越多，经常会出现通过实验室测试的产品在现网中出现问题，也就是通常所说的工程故障。如何尽量减少工程故障，必须要求实验室的测试更接近真实网络环境，所以对测试仪表也提出很多真实性方面的要求：

- 高性能。每端口能并发产生和分析成千上万条独立的测试流，支持电信级的测试业务量，产生的测试流量能够仿真现实设备的调度后流量模型，比如经过绝对优先级调度，经过 WRR 调度等的流量模型，流量帧长要仿真显示网路中的混合帧长模型或者几种混合帧长模型的叠加。
- 能够进行真实的融合网络拓扑结构仿真，比如仿真 ALP（Application Level Protocol，应用层协议）over PPPoX、ALP over DHCP、ALP over 路由、接入层协议 over 路由/MPLS、IGMP/L2TP/DHCP/PPPoX over PWE3 and VPLS、Ethernet OAM over 路由/MPLS、ALP over GRE 等。这些都是真实网络拓扑中的场景，要进行全面的性能和协议测试。
- 网络中有很多异常事件，比如 Link 不稳定、邻居路由器重启、路由振荡等事件，这些事件都会导致被测设备大量计算，可能导致被测设备异常。所以要求仪表能够仿真网络中的异常事件，并能对这些事件进行调度，进行 7×24 小时测试。
- 要求仪表能够仿真 7×24 小时带宽比例关系动态变化的真实应用层混合业务模型。

（8）全方位多元化测试统计

传统的网络业务以数据业务为主，所以过去关心的统计量主要是 RFC2544 定义的指标，如吞吐量、丢包、时延等。但现在网络上有很多实时交互式业务，如语音和视频业务，这就产生了一些新的关键统计量，如抖动（Jitter）、时延分布和变化、顺序（in sequence）/乱序（out of sequence）/重复帧（Duplicate）等。城域以太网论坛（MEF 10）对这些新的指标做了全面的定义。所以要求测试仪表能提供上述传统的新的统计量的实时统计，而且要为每端口上万条流都提供独立的统计量，这样才能进行全面的性能分析。

（9）测试自动化

现在被测设备或者网络的功能越来越复杂，性能越来越高，这对测试配置来说，也是越来越复杂。为了提高生产率，要求测试仪表能够让测试人员在短时间内完成复杂的测试配置并完成测试。

（10）关注安全与应用体验

随着人们对网络和移动设备的需求越来越大，也就越来越关注网络安全，因此未来的测试也将更加注重安全和用户应用体验。

二、通信测试产业前景分析以及主要驱动力

高速以太网、SDN/NFV、网络安全、网络应用、4G/LTE 测试将是通信测试市场的关键驱动，我们下

面将分别说明。

（一）高速以太网测试

1. 高速以太网测试市场的现状及存在的问题

高速以太网测试市场的驱动来自于数据中心和运营商网络两大领域。

在数据中心方面，大型数据中心和云平台部署推动服务器产业、数据中心交换机产业和虚拟化产业快速发展。目前服务器的典型网卡配置是10Gbit/s 以太网网卡。TOR （Top of Rack） 交换机的典型配置是 4×40Gbit/s+48×10Gbit/s。数据中心核心互联以 40Gbit/s 以太网接口为主。市场上数据中心核心交换机单槽位密度普遍是 48 口 10Gbit/s 或者 24 口 40Gbit/s。

在运营商网络方面，核心路由器平台从100Gbit/s 向 200Gbit/s 平台发展。一些主流厂商先后发布 400Gbit/s 路由器平台。在 400Gbit/s 路由器平台上，单槽位支持 48 口 10Gbit/s、12 口 40Gbit/s 或者 4 口 100Gbit/s。中国移动跳过 40Gbit/s 建设全球规模最大的 100Gbit/s 传输网络。在运营商网络领域，100Gbit/s 是未来的发展主流。

2013 年，在通信市场的驱动下，10Gbit/s 以太网测试端口需求旺盛，40Gbit/s 和 100Gbit/s 以太网测试端口的需求略显滞后，尤其是 100Gbit/s 测试端口。目前，高速以太网测试面临的挑战包括：

• 10Gbit/s 测试产品的端口密度。 目前核心交换机和路由器上单槽位的 10Gbit/s 密度通常为 48 端口。市场主流测试产品的高端 10Gbit/s 测试端口密度通常为每槽位 8～16 口。更高密度的 10Gbit/s 测试产品能够有效降低测试的成本，但是在器件布局、功耗和散热等方面需要有突破。

• 40Gbit/s 测试产品的端口密度和技术趋势。市场主流测试产品 40Gbit/s 测试端口密度通常为每卡 4 口。测试高密度的核心交换机和路由器，需要提高 40Gbit/s 测试板卡的密度，才能降低测试成本。从趋势上说，运营商网络可能会跳过 40Gbit/s，直接进入 100Gbit/s 时代。数据中心和企业网络预计 3 年之内核心互联以 40Gbit/s 为主，随着流量增长，逐部进入 40Gbit/s 和 100Gbit/s 并存或以 100Gbit/s 为主的时代。这种市场趋势的预测，影响了 40Gbit/s 测试设备大规模投资。

• 100Gbit/s 端口以 CFP 接口为主，体积大，单槽端口密度低，功耗高，成本居高不下，影响 100Gbit/s 部署的进度。对应的 100Gbit/s 测试产品以 CFP 接口为主，单槽密度通常为 2 端口，成本高，尤其光模块成本高。测试端口的投资基本和 100Gbit/s 网络产品部署进程相符。100Gbit/s 测试市场的突破，需要新的 100Gbit/s 接口标准的成熟和相应光模块跟进。

2. 仪表市场市场前景及技术趋势分析

2014～2016 年高速以太网测试市场出货量预测见表 1。

表 1　2014~2016 年高速以太网测试市场出货量预测

	2014 年	2015 年	2016 年
10Gbit/s 以太网测试端口	5200	5900	6500
40Gbit/s 以太网测试端口	600	690	700
100Gbit/s 以太网测试端口	210	530	850

（1）支持更高的 10Gbit/s 测试端口密度的相关技术

路由器和交换机产品单槽位 10Gbit/s 端口密度的持续提高，要求测试仪表支持更高密度的 10Gbit/s 端口，降低核心网络设备的测试成本。在 2013 年年底到 2014 年，支持 40Gbit/s breakout 的 10Gbit/s/40Gbit/s 双速率的测试端口会在市场出现并实现规模销售，1 个 40Gbit/s 接口通过一分四 breakout 光纤支持 4 个 10Gbit/s 测试端口，40Gbit/s QSFP+端口通过 1*MPO<->4*LC 光纤，和被测设备 4 个 10Gbit/s 端口连接，此技术能有效解决面板部署空间不足，提高 10Gbit/s 测试卡的端口密度，中高端 10Gbit/s 测试卡密度可以提高到 20 个以上。预计到 2015 年，支持 100Gbit/s CFP/CFP2 breakout 测试端口在市场出现，一个 100Gbit/s 端口通过一分十光纤，支持 10 个 10Gbit/s 测试端口。

（2）100Gbit/s 测试产品的演进方向

目前 100Gbit/s 的主流接口 CFP 成本高、功耗高、体积大、影响了 100Gbit/s 网络的部署。运营商网络有长距传输的要求，100Gbit/s 演进方向是 CFP->CFP2-> CFP4，预计 2014 年会部署 100Gbit/s CFP2 产品，2015 年 CFP4 100Gbit/s 会出现在市场。

在数据中心和企业网领域，站点间的长距传输主要部署 100Gbit/s，演进方向也是 CFP 到 CFP2 和 CFP4。随着数据中心流量的进一步增长，数据中心站点内部的核心互联在 2015 年以后，从 40Gbit/s 逐步过渡到 100Gbit/s，预计采用 QSFP28 100Gbit/s 接口。CFP2、CFP4 和 QSFP28 等接口大幅提高 100Gbit/s 端口密度，降低成本和功耗。从 2013 年年底到 2014 年，测试市场推出 CFP2 或者 CFP4 测试卡，单槽位密度可以提高到 4 个或以上 100Gbit/s 测试端口。

（3）高速以太网协议仿真性能

得益于 CPU 性能升级，2014～2015 年高速以太网测试仪表单端口的协议仿真性能在现有基础上提高一倍，高性能 40Gbit/s 应用层测试仪表会出现在市场上，随着应用的丰富，高速以太网上应用层测试需求会增加。

（4）测试结果数据挖掘

高速以太网系统都是高密度、大容量系统，承载的业务复杂度超过以往系统。此类系统测试，流量模型和协议叠加更加复杂，测试结果数据量大。高速以太网测试工具会推出数据挖掘功能，提高问题定位效率，用户可自定义更有效的测试结果分析系统，在现有的数据上，挖掘设备深层次问题。

（二）SDN/NFV 测试

1. SDN/NFV 发展现状和问题

近年来，SDN（软件可定义网络）在各个领域的应用，从数据中心到接入网络，到安全到传输网络成了业界关注的焦点。在数据中心、云计算等各种热门话题中，SDN 尤其引人注目。

SDN 的主要思想是分离控制层面和转发层面，控制集中化，并且使用软件可定义接口使网络可以程序化。目前 ONF 已经推出 Openflow 1.3.2 版本，核准了 Openflow 1.4 版本，另外，Openflow 1.5 版本也接近完成。ONF 已经发展了超过 100 个成员，设立了 3 个认证测试实验室，包括 2013 年授权在中国的第一个认证测试实验室。

与 SDN 不同，NFV（网络功能虚拟化）是由多家国际运营商创建的，依托于欧洲电信标准协会（ETSI）的工作组。NFV 目前拥有 60 多家会员（Member）和接近 100 家参与公司（Participant），涵盖几乎所有 IT 和电信领域的顶级运营商、设备制造商和 IT 厂商。NFV 在 2013 年 10 月发布了第一个规范，包括架构/场景/需求等。运营商网络的设备呈指数级的增长，越来越多各种类型的硬件设备不断增加。当开展一个新的网络业务时，往往提出多样化的需求，寻找适合空间和电力去容纳这些设备变得越来越困难。能耗的增加，资本投资的挑战，以及设计、集成和运行这些日益复杂的基于硬件的平台所需要的技术，这些技术挑战复合在一起，NFV 则希望解决这些问题。

SDN 和 NFV 有很强的互补性，但是并不相互依赖（反之亦然），网络功能虚拟化可以不依赖 SDN 部署。有些厂商的观点是 NFV 不需要 SDN，NFV 可以借助于 NV（网络虚拟化）来完成业务部署和实施，理论上来说在某些场景下，如果 NFV 和 NV 做得非常好，是有可能实现的。另外还有些只关注 SDN 或 Openflow 协议，而不关心 NFV，某些网络建设是可能采用这种方式的。对于大多数场景来说，两个概念和解决方案可以融合，并且有很大的潜力来形成更大的价值。

目前，SDN 的现状是很多设备厂商的交换机设备已经支持 Openflow，但是缺少好的网络操作系统和网络应用软件系统（运行在 controller），缺少好的应用进行部署实验，还远未达到全网部署阶段，是 SDN 面临的问题。高校/科研机构和企业都在进行 Openflow 控制器软件和算法的开发和研究，寻找合适的实验应用场景。在这个阶段，测试是 SDN 发展非常重要的助推器，是 SDN 产业不断完善，应用不断推广所必须的工具。

SDN/Openflow 面临的挑战如下。

（1）成熟度

目前商用化的标准版本是 1.0 和 1.3，1.0 可以在传统设备上略微调整以支持，而 1.3 的完全支持则对设备提出了很高的挑战。正如在运营商主导的前瞻性测试和 ONF 近期由思博伦举办的 Plugfest 以及中国的一些大型 SDN 互通性测试中发现，大部分控制器和交换机都比较好地支持了 1.0，包括拓扑发现等，不同厂商产品互联也大部分可以较好地实现，但由于 1.3 增加了多流表支持的特性，以及组表（group）和 meter 表等，不同产品支持的程度不相同，而且部分产品仅能和有限的其他产品互通，甚至有的产品仅能和自己的产品互通。从这点来看，如果某些场景完全可以适用 Openflow 1.0，那么可以较好地选择相应的解决方案；如果使用 Openflow 1.3，那么还需要有更长的时间等待产品和方案的完善。

（2）扩展性

主要体现在现有的控制器和交换机是否能扩展支持客户的未来需求，包括流表的下发方式—反应模式可能导致会话首包时延过长，流表的有限的宽度和长度—TCAM 实现价格较高，而且很难作为大容量流表的方案。还有，控制层面的扩展也还处于初级阶段，目前对于 SDN 东西向接口的研究还刚刚起步，大部分机构和厂商还没有涉及这个研究领域。如果东西向接口没有定义，SDN 对对网络架构创新的影响力就十分有限。

（3）杀手级应用

对新技术而言，杀手级应用是其高速发展很重要的推动力。对于移动互联网、物联网乃至 IPv6 都是一样的，对于 SDN/Openflow 来说也是如此。目前除了高校以及机构所做的一些前瞻性研究之外，以及各大厂商和新兴公司踊跃地引导和追赶潮流外，真正可能产生杀手级应用的一个是运营商，另外一个是互联网企业。下一个增长爆发点可能就来自于这两个市场看到了杀手级应用的曙光。

（4）性能

传统 ASIC+TCAM 方式无法完全满足 Openflow 的需求，不具有灵活的可编程性，不适合 Openflow 的处理机制，对于多级流表可能完全无能为力。性能是很重要的，可能需要引入 SRAM 或者其他的解决方案来实现，目前来看还没有合适的产品可以解决这些问题。

当然，除了这些问题外，SDN/Openflow 还有许许多多的层面需要解决方案，如安全性的需求在 2013 年得到了更多的重视。

NFV 面临的挑战：NFV 在 2013 年得到了更多的关注，这个工作组对于电信技术领域的影响巨大，但他们还需要在较短的时间里制定规范。运营商希望通过 NFV 得到真正的运营和经济优势，理论上的可行和实际应用的可行或许是个难以逾越的鸿沟。如果 NFV 技术无法让业务部署、实施、管理等工作变得更轻松，或许 NFV 会仅仅存在较短的时间。

2. SDN/NFV 预测和展望

虽然 SDN/NFV 还有许多问题需要面对和解决，但毋庸置疑的是，在 2014 年他们会继续成为热点话题和主流技术。在 2013 年发生的 SDN 领域的并购案例也预示了未来将是高速发展的阶段。

除了数据中心，在多个领域如接入网、EPC、核心网等多个领域也开始有了一些实验和尝试。除 SDN 北向接口的自定义、控制器的定制、虚拟光网络之外，更多的场景必然会在 2014 年出现，相信 SDN 和 NFV 深层次的结合也将会在未来得到更多的研究和讨论。

此外，也需要产业链的多个层面的大力推动，包括从设备商的方案推动，从芯片商的技术推动，从先驱客户（运营商和互联网企业）的需求推动，以及标准协会或论坛的标准推动，来促成更多的真实场景，同时在未来把这些成功案例复制到更多的用户，推动整个行业攀上一个新的台阶。

（三）网络安全测试

1. 网络安全测试现状及存在的问题

首先，网络已经成为全球经济中最重要的基础设施，与此同时，网络安全威胁也是一个全球问题。随着云计算、大数据、BYOD、社交化等技术的发展，安全问题更加突出，黑客攻击越来越复杂和有针对性，催生了许多的新兴安全威胁。

比如反病毒机构 AV-Test 平均每天可以收集 20 万至 25 万个新的恶意程序样本。这些恶意程序利用 Windows Shortcut（快捷方式）、PDF、Java、Flash、HTML 和微软 Office 文件对用户构成了威胁。类似的威胁每天都在发生。

应对这些安全威胁，需要我们防患于未然提前对设备进行安全评估，尽可能找到可能被利用的漏洞，及时堵住漏洞。但是如何找到漏洞，查看是否已经修补漏洞，对于目前的测试和评估方案都面临一些挑战：已知漏洞评估挑战；协议/应用层面漏洞评估挑战；恶意软件测试挑战；新攻击生成能力挑战；统一的攻击测试方案。

2. 网络安全测试市场前景及技术趋势分析

如何评估网络安全防护具备其应用的能力，从测试前景来看，有如下两个趋势：

（1）安全测试不是传统边界安全设备的专利

大部分网络设备都存在安全问题，都需要进行测试，不会仅仅从设备名称来决定是否进行安全测试，而是几乎所有接入网络的设备都需要进行安全评估。

（2）安全测试方案要更多地关注被测设备本身对于攻击的处理能力

与以往发送攻击来验证是否有相应防护识别和防护相比，很多网络设备需要验证对于特定协议流程、特定应用异常是否有保护的处理能力，比如从系统资源利用、进程状态等方面自动上报可能的攻击状况，测试方案需要根据这些数据和信息来判定这些攻击除了是否有效以及是否多个攻击是否有累积效应。

从技术来讲，网络安全测试方案需要完善以下3个方面。

（1）网络攻击手法需要支持下一代网络技术

比如现在的攻击类型很多是基于 IPv4 进行测试的，但是随着智能终端消费的极大增长，以及现有 IPv4 资源的枯竭，再多的过渡技术也仅仅是过渡，IPv6 会加快部署和应用，网络安全攻击测试应该支持基于 IPv6 的攻击能力。

（2）网络攻击测试方案需要具备快速发现网络协议或者最新应用实现漏洞的能力

传统的应用可能已经经过时间的历练相对安全，但是最新应用或者协议实现可能存在更多的风险，那么测试方案需要具备快速实现网络新应用或者新实现的漏洞评估能力，包括模糊性测试或者负面测试。

（3）网络攻击测试需要具备与被测对象内部实现的交互能力

大部分的网络攻击测试是针对被测对象的黑盒测试，无从知晓被测对象内部可能的细节，但是需要测试方案能够对被评估对象的协议事件记录、异常消息输出以及测试中资源变化情况，甚至能够对相应实现的服务进行可能的操作，更多的交互能力能够提供更有效的安全问题定位能力，提高发现问题和解决问题的效率。

（四）网络应用测试

1. 网络应用测试现状及存在的问题

互联网应用的急速发展超出我们的预料，移动互联网的发展又让各种应用甚至超级应用（及其延展应用）不断进行新陈代谢，让人目不暇接，而又欲罢不能。我们欣喜自己置身于这个应用爆炸的时代，同时我们也烦恼于如何把这些爱不释手的应用及其特征通过简单快捷的方式表现出来，使得我们的网络设备能够快速地跟踪、识别或者有鉴别的分类和控制；因为我们终将要对这些应用进行某种形式的作为，使网络更有秩序，网络资源利用更合理，网络行为更加安全健康。

简言之，如何把这些网络应用搬到实验室进行测试还面临一些挑战：

（1）应用数量测试挑战

我们能用 10 种应用来仿真现网进行测试吗？你在 5 年之前或许可以，但是现在不行。没准你一上网就会打开超过 10 个应用，只用这 10 个来概括现网应用的状况，显然是万万不行的。用 150 个可以吗？实话说也不行，你的 150 个是最新的应用吗？不是，那请尽量用最新的应用。因此既要关注数量，又要关注流行度和应用自身发展的情况。

（2）应用场景测试挑战

我们可能非常容易地就可以把某种应用随意仿真了，但是需要考虑一个问题，你仿真了足够多的场景吗？如果一种应用有即时消息交互、文件传输、视频会议、语音等各种场景，作为测试方案，最好这些场景都能够体现，因为不同的场景由于其对网络资源利用的要求不一样，一种场景无法代替另外一种场景，即使是同一个应用也必须要关注所有场景的测试。

（3）应用模型测试挑战

所谓的应用爆炸，不是无规则的爆炸，而是在当下或者一定时间内，各种应用之间的行为模式或者比例关系是有统计规律的，把握这种规律，把这种规律数据化并应用到测试中就是我们的模型测试。应用模型有实效性和地域性，不可能测试仪表通过一个或者两个模型就可以覆盖到，需要灵活而快捷的模型构造模式进行构建达到测试目的，另外各种应用或者新应用都会随时在这个模型中体现，如何快速地加入这个模型中并快速地体现新的应用关系也是模型测试的挑战。

- 应用测试真实性挑战

除了现网的测试，还有实验室的仿真测试，而且后者经常会用来评估将要进行部署的网络设备，因此实验室的应用测试需要更关注应用测试是否紧贴实际，从承载协议到应用本身协议是否真实地反映了这个协议或者承载网络的特征。简单地为了模拟应用过程而不顾承载或者协议本身的真实性仿真对于测试也是一个极大的遗憾，甚至会遗漏最明显和基础的问题。

2. 网络应用测试市场前景及技术趋势分析

网络应用测试目前已经不局限于传统的应用层处理设备，包括传统上认为仅仅进行转发的路由交换设备也增加了对于应用感知的增值业务模块，很多设备被冠以“新一代”或者“下一代”往往是由于增加了对内容感知或者更为智能的应用识别和行为管理的模块。因此，应用测试市场不局限于某一款应用解析设备，而是囊括所有的与应用相关的设备，甚至是应用转发的设备、应用终端和应用存储等。

网络应用测试市场需求巨大，前景广阔，为应用测试提供商提出了更高的技术要求：

（1）高性能的用户行为仿真

网络应用种类繁多是基于超大规模的用户群体，以及不同群体的各色喜好推动了各种超级应用的快速发展。测试方案应该能够提供上规模用户的应用行为仿真，根据测试目标的设计，可以灵活地扩展用户的规模，可以定制不同用户群的不同行为模式，尽可能贴近现网用户规模和应用模式分布。高性能体现在用户数量、用户行为的复杂度、用户流量和用户行为变化上。

（2）建立自己的APP Store

测试前需要做大量的工作对网络应用进行分析，基于这些分析对这些应用进行仿真并对相关设备进行测试，这是最基本的工作过程。但是分析以后如何把这些应用有效快速的仿真用于测试？仅仅提供某一版本支持多少是无法满足要求的，应该有更先进的方式，那就是仪表有自己的APP Store，有专门的团队来打理这个Store，帮助客户做好前期最棘手的工作。

（3）灵活的应用行为控制

应用的仿真需要测试方案提供灵活的应用控制能力，比如应用流量、应用行为过程的控制以及被测设备对应用特定过程的处理能力的评估等，需要指出的是应用行为的灵活控制不能牺牲应用仿真的真实性。对于应用行为的控制可以通过界面提供灵活的配置，提供更为详细的测试结果，比如基于每一应用的测试结果、关于某一应用某一部分被测设备处理的时延结果等。

（4）可定制的应用模型构建能力

网络应用的测试不是一个或者多个应用的简单混合，需要根据测试方提供的模型进行更为复杂的构建，测试方案应该提供可定制的应用模型构造方案，这个方案不是简单地提供几个过时的模型，而是提供给测试方一个能够快速地根据自己的测试需求构建自己的模型。模型中的每一种应用要么是Native协议实现，要么通过应用Store下载，要么测试方案提供一种快速应用仿真生成工具，不能把测试方局限在某一版本或者某一阶段。

（五）4G/LTE测试

1. LTE测试市场的现状及存在的问题

随着用户日益增长的移动互联网需求和LTE技术的逐渐成熟，越来越多的运营商开始部署商用的LTE网络。根据GSA 2013年3月19日发布的数据，全球已经有67个国家部署了156张4G商用网络。我国也早已开始了LTE网络的部署，第一大运营商中国移动正在试商用TDD-LTE服务。

目前LTE测试市场的现状和带来的挑战如下：

（1）高吞吐量要求

基于LTE技术的手机下行带宽普遍达到100Mbit/s，对于LTE核心网中的SGW/PGW设备的数据转发能力提出了很高的要求。所以现在业界的SGW/PGW设备均采用新的路由器平台，以提高数据吞吐量。业界主流的设备厂商如中兴、华为的相关设备普遍达到了100Gbit/s以上甚至1Tbit/s的吞吐量。

（2）多网协同与融合

随着LTE网络建设的不断推进，2G/3G/4G/Wi-Fi四网协同日益重要，不同网络对客户需求的承载能力不同，因此必须结合不同的业务应用场景和网络覆盖能力，做到网络和业务的平衡发展。如何使多种网络共存并形成互补关系，同时保证用户在不同网络间切换时的用户体验，对运营商是一个很大的挑战。

（3）手机应用日益复杂

随着智能手机的日益普及，各种 OTT、P2P 的互联网应用也呈爆炸性增长。网络上的流量种类越来越多，手机的行为模式也越来越复杂，对运营商有效监控流量、合理分配带宽、稳定处理信令、预防网络瘫痪提出了很高的要求。

2. LTE 测试市场前景及技术趋势分析

LTE 技术极大地提高了手机带宽，降低了时延，为大量的互联网应用在手机上得到普及提供了必要的条件。智能移动终端将会大量普及，给用户带来全新的用户体验的同时，给运营商和网络测试市场带来了以上提到的诸多挑战，可以预见，以后的 LTE 测试市场将会有如下的发展趋势。

（1）高端口密度及多核技术动态调配

空口技术的改进提高了每用户的带宽，因而对核心网设备也大幅提高了带宽要求。以后的 SGW/PGW 等核心设备，将都会增加 40Gbit/s/100bit/s 端口。相关的测试仪表也会跟进采用 40Gbit/s/100Gbit/s 的端口，以满足上千 Gbit/s 的吞吐量测试的需要。同时，为了满足高性能的要求，测试仪表将会采用多核技术，在进行多种网络协议和应用层协议叠加的大吞吐量数据测试时，基于多核技术的动态调配可以最大发挥测试仪表的性能，并且满足高速实时全方位统计的需要。

（2）Any-G 移动漫游

在 LTE 网络的部署发展阶段，将会呈现多网共存的局面。因此，运营商能否提供“Any-G（2G/3G/4G 等）”的移动漫游，将会决定着用户的实际体验。在 4G VoLTE 语音业务尚未能提供的时候，使用 CS Fallback 等方案来让用户切换到 3G 网络进行语音通信。在移动网络有带宽压力的时候，提供 Wi-Fi 网络作为数据上网的有效补充。在 4G 网络没有信号的时候，可以允许用户无缝切换到 2G/3G 网络。这些业务能否被有效提供，对于运营商提高用户满意度，顺利从传统网络过渡到 4G 网络至关重要。同时也对测试仪表提出了很高的要求，仪表必须能够同时仿真 2G/3G/4G/Wi-Fi 各种网络，并验证用户在不同网络间漫游切换时的业务稳定性和用户体验。

（3）“内容感知”的网络部署和测试

由于智能终端上的各种应用的飞速增长，运营商将会基于 DPI、内容计费等技术部署“内容感知”的网络，有效监控各种流量，合理分配带宽。要求测试仪表能够真实仿真海量的移动互联网应用层协议，搭建多种协议/拓扑/信令叠加的流量模型，验证运营商“内容感知”网络的有效性。同时能够仿真智能手机终端的真实行为模型，并产生大量负荷，模拟现实网络上“信令风暴”等情况，验证运营商网络防止瘫痪，保证业务稳定提供的能力。

（作者：思博伦通信　张小东　罗竑旻　赵隽琪　王海生　华忠　唐君）

国产智能手机市场分析

2013 年是中国手机市场“换代”年，智能手机大规模取代功能手机。本年度中国手机销量 4.1 亿部，比去年增长 40.3%。其中智能手机销量 3.6 亿部，比去年增长 94.1%。智能手机销量占全部手机市场销量的比例达到 86.9%，成为中国手机市场发展的绝对主流。2013 年中国智能手机销量情况见表 1。

表 1　2013 年中国智能手机销量

	1 月	2 月	3 月	4 月	5 月	6 月	7 月	8 月	9 月	10 月	11 月	12 月	合计
手机总销量（万部）	3 255	3 224	3 363	3 270	3 329	3 410	3 432	3 558	3 577	3 737	3 420	3 626	41 201
智能手机销量（万部）	2 653	2 703	2 697	2 655	2 830	2 890	3 013	3 200	3 282	3 252	3 167	3 443	35 785
智能手机占比	81.5%	83.8%	80.2%	81.2%	85.0%	84.8%	87.8%	89.9%	91.8%	87.0%	92.6%	95.0%	86.9%

（数据来源：综合 GFK、中怡康等数据）

一、中国智能手机市场发展特点

2013 年的中国智能手机市场，根据销量情况可以划分为四个阵营：三星、联想、华为、酷派、中兴、苹果、天语、步步高、OPPO 和金立 10 个品牌，销量在 1 千万部以上，形成智能手机市场第一阵营，共销售智能手机 2.7 亿部；小米、海信、HTC、诺基亚，销量在 500～1 000 万部，加上销量 400 多万部的 Koobee，形成第二阵营，共销售智能手机 0.4 亿部；康佳、奥克斯、摩托罗拉、TCL 等销量在 100～300 万部的十多个品牌，组成第三阵营，共销售智能手机约 0.3 亿部；另外销量不到 100 万部的三百多个品牌，组成第四阵营，共销售智能手机约 0.3 亿部。2013 年中国手机市场主要品牌智能机销量情况见表 2。

表 2　2013 年中国手机市场主要品牌智能机销量

三星	联想	酷派	华为	中兴	苹果	天语	步步高	OPPO	金立	小米	海信	HTC	诺基亚
6 650	4 400	3 750	3 350	2 120	1 620	1 490	1 250	1 200	1 090	980	850	790	560

（数据来源：综合 GFK、中怡康等数据）

中国智能手机市场的销量情况与整体国际市场相比，并不完全相同。根据美国信息技术咨询机构 Gartnet 发布的报告，2013 年（三季度）全球智能手机销量的前三甲分别为三星、苹果、联想，其市场份额分别为 32.1%、12.1%和 5.1%。LG 与华为的市场占有率分别为 4.8%与 4.7%，位列第四位与第五位。

2013 年的中国智能手机市场有四个主要特点：一是品牌集中度仍然非常高；二是国产智能手机市场份额稳步提升；三是部分主要国产品牌的销量迅速增长；四是主要国产品牌形成制式“偏好”。

（1）品牌集中度仍然非常高，大者恒大，销量高的大品牌和众多中小品牌的差距进一步拉大，中小品牌生存艰难。2013 年，中国手机市场第一阵营的智能手机销量，占中国整体智能手机销量的 75.2%。其余三百多个中小品牌，总共销售了 0.9 亿部智能手机。其中，年销量不到 100 万部的手机品牌占比超过 95%，年销量不到 10 万部的手机品牌占比超过 80%。销量高的大品牌，其生产规模大而平均单机成本相对较低，主导着市场价格。相反，众多中小品牌因产量和销量小，原材料采购单价相对较高，但在销售价格上却不得不跟随大品牌甚至要比大品牌更低，因此平均单机利润低，生存更加艰难。

(2)国产智能手机市场份额稳步提升，形成“围剿”三星、苹果之势。随着诺基亚、摩托罗拉在中国市场的销量持续下滑，两大品牌所留下的大量市场份额，以及快速增长的功能手机换智能手机的换机市场，绝大部分被国产品牌占领。2013 年，国产智能手机销售 2.6 亿部，占中国智能手机销量的 74.1%；中国智能手机销量排名前十位的品牌中，除销量一直领先的三星和销量排名第六的苹果之外，其余八个品牌均为国产品牌。其中，国外品牌三星和苹果，合计销量 8 270 万，比去年增加 3 580 万；国产八个品牌合计销量 18 650 万，比去年增加 7 080 万。诺基亚跌入第二阵营，摩托罗拉跌入第三阵营，LG、黑莓、夏普等国外品牌逐渐淡出中国手机市场，以联想、酷派为代表的国产品牌形成“围剿”三星、苹果之势。

(3)抓住 3G 市场契机，部分主要国产品牌的销量迅速增长，品牌影响力进一步扩大。2012 年，3G 手机和智能手机高度融合（2012 年 12 月，智能手机中 3G 手机占比超过 97%，3G 手机中智能手机占比超过 93%），部分主要国产品牌手机厂商抓住 3G 市场契机，在 2013 年实现智能手机销量迅速增长。如天语、步步高和 OPPO，其智能手机销量均比去年增长一倍以上。另外，联想、华为、中兴、金立以及海信、小米、Koobee 等主要国产品牌的销量也大幅度增长。

(4)受运营商政策驱动，主要国产品牌形成制式“偏好”。3G 市场主要受运营商驱动，而智能手机和 3G 手机高度融合，其生产与销售情况主要与运营商政策联系密切，并受到生产厂商和运营商之间关系的影响，国产品牌尤其如此，主要国产品牌都有各自运营商 3G 制式“偏好”。第一阵营的八大国产品牌中，联想、酷派、中兴、天语、步步高、OPPO 六个品牌以生产 TD-SCDMA 制式的 3G 智能手机为主，其中联想、中兴、天语、步步高、OPPO 生产销售的 TD-SCDMA 手机占其全部智能手机的一半以上，步步高和 OPPO 不生产 EVDO 制式手机；只有华为同时以生产 TD-SCDMA 和 EVDO 制式手机为主。此外，其他销量较大的国产品牌中，海信以生产 EVDO 制式手机为主，小米以生产 WCDMA 制式手机为主，HTC 以生产 TD-SCDMA 和 WCDMA 制式手机为主。2013 年中国手机市场各制式主要品牌智能机销量情况见表 3。

表 3　2013 年中国手机市场各制式主要品牌智能机销量

制式	TD-SCDMA		WCDMA		EVDO	
销量排名	品牌	销量（万部）	品牌	销量（万部）	品牌	销量（万部）
1	联想	2 398	三星	2 793	三星	1 690
2	三星	2 165	联想	1 576	华为	1 320
3	酷派	1 820	苹果	1 229	酷派	991
4	中兴	1 330	酷派	938	中兴	495
5	华为	1 288	华为	746	海信	468
6	天语	966	金立	710	联想	417
7	步步高	798	小米	666	苹果	392
8	OPPO	796	诺基亚	460	HTC	168
9	HTC	338	步步高	452	广信	134
10	金立	310	OPPO	405	天语	123

（数据来源：综合 GFK、中国移动、中国联通终端销售报表等数据）

二、中国智能手机市场发展分析

2013年，推动中国智能手机市场快速发展的主要因素如下：一是移动互联网业务和应用带动用户需求；二是智能手机生产成本降低，平均单机价格下降；三是运营商政策刺激用户购买和使用；四是国产品牌为抢夺市场份额而开展的营销活动。

（1）移动互联网业务和应用带动用户需求，推动用户购买智能手机。即时通信、手机游戏、移动电子商务、移动支付、移动广告等移动互联网业务，在商业模式、平台运营等领域加大创新力度，给用户带来更好使用体验；社交、生活、学习等各种智能手机软件和应用大量涌现，不断满足智能手机用户的个性化需求，推动媒体、金融、服务等典型行业的发展变革。快速发展的移动互联网业务和应用，带动了智能手机用户增长，把智能手机打造成一个多功能的应用平台，成为多行业、多种技术融合的载体。另一方面，快速增长的智能手机用户，又带动了移动互联网业务和应用的普及。以微信业务为例，今年1月，微信用户达到3亿，5月份达到4亿，8月份发布微信5.0版本时，其用户数已达到5亿；微信5.0版本把微信整合成即时通信、手机游戏和移动电子商务的综合平台业务，更加吸引用户，仅两个月时间就让微信用户又增长了1亿，达到6亿。微信巨大的用户群，让它成为移动互联网的主要入口之一，很多用户选择智能手机，主要目的是使用微信业务。

（2）智能手机生产成本降低，平均单机价格下降，“千元大屏四核”普及。智能手机生产成本主要是硬件成本。一部制造成本在100美元以上的中高端智能手机，其硬件中NAND闪存、屏幕和处理器（CPU）三块成本之和，占一部智能手机总成本的70%左右，其余部分如基带芯片、射频芯片、电源管理芯片、GPS芯片等，也占有较高成本比例。而低端智能手机往往采用ROM和RAM封装在一起的闪存，以及价格较低的触摸屏、摄像头等硬件，把成本压缩在60美元以下。总体来看，随着芯片、屏幕、摄像头等产业链主要供应商的生产规模扩大，生产技术更加成熟，智能手机的生产成本在降低，性价比迅速提高，“千元大屏四核”成为主流。1月份，中国市场上1000元以下的智能手机销量占全部智能手机销量的50%，其中700～1000元的智能机销量占全部智能手机销量的22%；12月份，1000元以下的智能手机销量占比达到60%，其中700元以下的智能机销量占比达到35%。2013年第四季度中国手机市场智能机销量按价格段分布情况见表4。

表4 2013年第四季度中国手机市场智能机销量按价格段分布

价格	400元以下	400～700元	700～1000元	1000～2000元	2000～3000元	3000元以上
销量占比	12.2%	22.9%	24.2%	21.7%	9.1%	9.9%

（数据来源：综合GFK、中怡康等数据）

（3）运营商政策刺激用户购买和使用，是推动智能手机销售的关键因素，尤其是中国移动在TD-SCDMA手机上发力，极大地提升了智能手机销量。进入3G时代之后，中国手机市场的发展，在很大程度上被运营商政策所主导。“千元大屏”逐年升级，正是由运营商一手主导。运营商推动智能手机销售的政策，主要有两类。一类是大规模集中采购、定制手机，捆绑合约进行销售，用“机卡捆绑”政策大幅度降低用户使用成本，如三家运营商广泛宣传的“零元购”；一类是直接补贴生产厂商，加大对销售渠道的激励，集中主要成本，通过对生产和销售两个环节的激励来提升手机销量，这是中国移动销售TD-SCDMA手机的主要策略。中国移动的策略带动本年度销售TD-SCDMA智能手机1.5亿部，比去年增长了1.1亿部。

（4）国产品牌为抢夺市场份额，一方面加大新产品推出力度，另一方面开展各种营销活动。2013年中国市场共推出智能手机1 200多款，其中国产品牌机型1 100多款，比去年增长200多款。国产品牌厂商除了长期与运营商、渠道商合作开展路演、炒店等活动之外，还开展了其他各具特色的营销活动。如中国市场上国产手机品牌的销量冠军联想，本年度作为“中国好声音”节目第二季的独家手机赞助商，十分成功地展开了娱乐营销攻势；销量仅次于联想的酷派，则开办了自有电商网站“酷派商城”，开展“O2O”营销；利用互联网开展营销的小米，本年度内在其官方网站和其他电商网站共开展“抢购”活动近20次。

三、国产手机品牌竞争优劣势分析

当今手机产品严重同质化，主要国产品牌在外观、材质、操作系统等方面与国外品牌没有差距，部分机型的性价比甚至超过部分国外品牌，深受消费者欢迎。总体来看，主要国产手机品牌在以下几个方面具有竞争优势：一是销售渠道优势，二是产品优势，三是运营商关系优势，四是营销优势。

（1）与国外品牌手机相比，主要国产品牌手机占有明显的销售渠道优势。国外品牌如三星，主要依靠代理商渠道层层分销，苹果主要依靠运营商渠道销售，这两大品牌的销售渠道相对较少，且对渠道的控制力弱。而主要国产品牌手机的销售渠道则丰富得多，除了普遍利用代理商渠道、运营商渠道外，还建立了控制力更强的省、市级销售渠道，甚至建立了网点众多的零售渠道。如联想、天语和金立，都能够直接管理其地市一级的销售渠道，而海信、康佳、TCL等传统家电厂商，则很方便地利用其众多的家电零售网点销售其品牌手机。

（2）主要国产品牌手机在产品上的优势，主要表现在两个方面：一是产品推出节奏快，一款新品推出后，3个月左右就推出其换代产品，持续吸引用户眼球；而三星的主要产品如GALAXY的S和Note系列，一年推出一款，苹果手机也是一年更新一次。二是局部有创新优势，即在某些使用功能上，有更贴近中国用户的“微创新”。如金立、OPPO、步步高等手机具有更实用的语音导航、语音搜股票、语音拨号、语音发短信等功能，这些功能上的创新赢得了某些客户群的用户。

（3）与国外品牌相比，主要国产手机品牌与运营商的关系更紧密。运营商政策是推动智能手机销售的关键因素，在激烈的市场竞争中，能够从运营商得到终端补贴或者能与运营商合约捆绑销售的手机，不仅能大幅度提升销量，降低生产风险，而且能给生产厂商带来更高的利润率，因此，主要品牌手机厂商都极力争取和各级运营商处好关系，通过集团、省、地市级运营商，把自己生产的手机变成运营商的“补贴机”或“合约机”。主要国产品牌手机厂商之所以形成制式“偏好”，其根本原因是和运营商关系的偏好。而三星和苹果等国外品牌厂商，由于基本上不介入销售，就不太注重和运营商的关系，主要靠产品性能和品牌号召力来吸引客户。

（4）主要国产品牌手机在营销上的优势，主要表现在两个方面：一是长期在节假日开展各种营销活动，二是持续不断地打价格战。主要国产手机品牌厂商对销售渠道的掌控能力，以及和运营商的紧密关系，都转化为营销上的优势。

国产品牌手机的劣势，主要体现在以下几个方面：一是国产手机品牌企业的创新能力有待提高，仅靠“微创新”不能改变大局面；二是低端品牌形象并没有改变，绝大部分国产品牌手机仍然是靠低价来获取市场份额，与国外品牌的价格区隔仍然非常明显；三是品牌号召力不够，多数情况下是靠数款明星产品打天下，没能有效培育用户的品牌忠诚度；四是产品生命周期短，一款产品一般只有3～6个月的生命期，最好的产品，其畅销期也就在3个月左右，其后的销量会急速下滑，快速退出市场；五是产品利润率与三星、苹果存在较大差距，主要国产品牌手机定价普遍在2 000元以下，其利润率远远不能和主要产品价格在4 000元以上的三星、苹果手机相比。

四、主要品牌、产品的用户关注度分析

根据ZOL（中关村在线）发布的中国智能手机市场品牌关注度数据，2013年年底，中国智能手机市场上最受用户关注的品牌是三星，其次是苹果，国产品牌联想排在第三，其后依次是诺基亚、华为、HTC、索尼、LG、酷派、魅族、OPPO、中兴、Vivo、摩托罗拉、小米。关注度排名前十五的品牌中，国外品牌六个，国产品牌九个。与年初相比，国外品牌中，三星、苹果、LG的品牌关注度进一步提高，诺基亚、索尼、摩托罗拉品牌关注度下降；国产主要品牌中，华为、酷派、魅族、Vivo的品牌关注度进一步提高，联想、HTC、中兴、OPPO、小米的

品牌关注度下降。

从产品关注度来看，2013年年底，中国智能手机市场上最受用户关注的是苹果iPhone5S（16G），在所有产品中关注率4.2%；其次是三星Galaxy Note3（16G），关注率3.2%；第三是三星Galaxy S4（16G），关注率2.7%。在最受关注的前十五名产品中，苹果有四款产品，三星有三款，诺基亚二款，索尼和LG各一款，国外品牌产品共占据十一款。由此可见国产品牌手机产品和国外品牌相比，在用户关注度方面还有较大差距。

五、中国市场智能手机发展方向

（1）硬件方面。5英寸及以上大中屏幕成主流。智能手机将持续提升屏幕、内存、CPU处理器、摄像头等主要硬件的性能。屏幕方面，4K分辨率的曲面柔性屏幕代表一两年内的发展方向，5英寸及以上大中屏幕迅速成为主流。移动互联网业务的迅速普及，4G网速的大幅提升，会带动移动视频、图片分享、在线游戏等业务快速增长。目前照片已成为用户分享最多的个人内容，视频类应用已成为增长最快的移动互联网应用之一，这些业务和应用推动手机屏幕向大尺寸方向发展。而手机屏幕会在方便观看与方便掌握及操作之间找到平衡，目前来看，这个平衡点就是5英寸。

（2）功能方面。多制式甚至全制式智能手机代表发展方向。在中国3G智能手机发展过程中，双模手机从2012年下半年开始占据市场主流，TD-SCDMA/GSM、WCDMA/GSM和EVDO/GSM三种制式的双模手机，更好地满足了用户需求。2012年上半年，小米推出电信版3G智能手机，用户通过刷机，可选择使用电信3G或联通3G网络，开创了双3G网络手机的先河，这一特点作为小米手机的独特卖点，受到电信和联通换机不换号用户的普遍欢迎，成就了小米手机可以不依靠运营商合约政策、以网上销售为主的销售模式。同样支持EVDO和WCDMA双3G网络的手机还有HTC c620d和中兴N5，但HTC c620d在国内未开放WCDMA上网功能。

中国移动推出的4G智能手机，从一开始就定位于“五模”，即一款TD-LTE制式的4G手机，要同时支持两种4G网络（TDD-LTE和FDD-LTE）、两种3G网络（TD-SCDMA、WCDMA）和一种2G网络（GSM），其中FDD-LTE和WCDMA网络功能主要用于国际漫游，未在国内开放。TD-LTE的“五模”，实际上是多制式手机制造思路的延伸，按照这种思路发展下去，能够同时支持多种2G、3G、4G网络的多制式甚至全制式智能手机将获得更多发展机会，代表中国手机市场的发展方向。

（3）自身演进方面。手机进入第四个发展阶段，同人类进化一样，手机也有一个演进过程。根据媒体进化理论，结合手机发展情况，国内手机专家提出手机演进的五个阶段，并把3G智能手机定位于第三个阶段——多应用的智能终端；而即将到来的第四个发展阶段称为智能的电子控制终端，将由4G智能手机开启。

4G手机及其带来的第四个发展阶段，有两个明显特征，一是手机成为几乎任何电子产品及物品的“控制器”，甚至是多功能的应用平台；二是几乎任何电子产品甚至物品，如手表、项链、闹钟等，只要加载一个较小空间的手机物理环境，都可以成为“手机”。这时，“手机”的概念被泛化。一个极端，4G智能手机成了任何物品的“控制器”；另一个极端，简易的手机又成为几乎所有物品的“附属品”。这时，“手机”无处不在。

六、国产智能手机市场展望

2013年在中国手机市场兴起的智能手机大“换代”，将持续2～3年时间，今、明两年，中国手机市场上的智能手机销量会持续增长，国产智能手机将进一步发挥渠道、产品等方面优势，形成“围剿”三星、苹果等国外品牌之势。而国外品牌中的三星、苹果，尽管创新乏力之势已现，三星要保住在中国智能手机市场上18%～20%的销量份额已非常艰难，但这两大品牌仍然会有较大的销量增长；其他国外品牌如诺基亚、摩托罗拉等，销量和市场份额将进一步萎缩，直至退出与国产品牌竞争。

纵观中国智能手机市场，会有以下主要因素影响市场格局。

（1）4G 市场启动，3G 智能手机向 4G 智能手机过渡，将会给国产智能手机品牌提供更大的市场空间。2013 年 10 月，中国移动率先推出 4 款 4G 手机，三星、SONY、中兴和酷派各 1 款。12 月，三家运营商同时获得 TD-LTE 制式 4G 业务经营许可。因为三家运营商的 4G 网络均处于建设时期，离正式商用还需要一段时间，4G 手机产业链也处在起步阶段，2014 年中国市场上的 4G 手机，机型种类不会很多。据国际调查机构 IDC 预测，2014 年中国的 4G 智能手机销量在 1.2 亿部左右，约占全部智能手机销量的 27%。目前中国市场上已出现的 TD-LTE 制式 4G 手机，绝大部分使用高通或 Marvell 的 MSM、MDM 芯片，但主要国产手机品牌，如华为和中兴，在 4G 手机芯片的研究上，已具备一定优势，华为研发的 4G 海思芯片已量产并投入使用，中兴也将推出自主研发的 4G 芯片。国产手机品牌使用自主研发芯片，可以创造核心竞争优势，给中国智能手机市场带来三大变化：一是大幅度降低 4G 智能手机生产成本，为国产智能手机品牌赢得更大的市场空间；二是可以在较短时间内就推出“千元大屏”4G 智能手机，引领 4G 智能手机发展主流方向；三是可以让主要国产手机品牌借机突破苹果、三星统领的高端智能手机市场，改变国产手机品牌低端形象。

（2）中国移动的 TD 终端发展策略，会对中国智能手机市场格局产生较大影响。2013 年，中国移动已率先推出 TD-LTE 制式 4G 手机，并提出了 2014 年销售 1 亿部 4G 手机的目标。2014 年，中国移动与苹果合作，推出 TD-LTE 制式 4G 苹果手机，中国移动 TD 终端发展策略，将会从重点关注 3G 终端转向 3G、4G 终端兼顾，从重点关注中低端智能手机向关注中高端演进。中国移动的终端销售策略，会从四个方面影响中国智能手机市场格局：一是会迅速带动 4G 智能手机销量，加速 3G 智能手机向 4G 智能手机过渡；二是改变 3G 智能手机市场上，三家运营商基本三分天下的格局，变成中国移动占据 4G 智能手机市场先发优势，在一个阶段内主导中国 4G 智能手机市场；三是将增加苹果手机在中国市场的销量和市场份额，让苹果手机获得更好发展，增加国产智能手机品牌“围剿”国外品牌的难度；四是将导致国产智能手机行业重新洗牌，大部分以生产低端 3G 智能手机为主的中小国产手机品牌厂家，会加快退出市场的步伐。

（3）多制式甚至全制式智能手机会开辟手机市场另一种销售路径。多制式到全制式的 4G 智能手机，并不会改变 4G 手机销售主要依靠运营商补贴的路径，但会带来一种新路径——手机独立销售。这条路径对手机业的发展至关重要，当前中国手机用户数量和号码数量已基本饱和，但用户换机市场会越来越大。敢于尝试的手机品牌厂商，成功之后将在手机销售市场开辟一条全新的道路，同时也会快速占领中国手机市场份额的制高点。

当前来看，要生产方便多家运营商用户使用的多制式甚至全制式智能手机，至少还需要一个必要条件，就是一款手机要支持双卡甚至多卡，同时还要支持中国的 2G、3G、4G 等多制式网络。目前双卡双待手机已非常普及，4G 手机理论上也支持 2G、3G、4G 等多制式网络，但把双卡和支持多制式网络两项功能结合起来的 4G 手机还没有。其中有两个关键因素：一是手机产业链上多模基带芯片规模化量产，还需要时间；二是 4G 智能手机的发展路径，首先要依赖运营商补贴。只有敢于摆脱运营商补贴路径依赖的手机品牌厂商，才有可能抢占市场先机。

（作者：中国电信集团公司　李祖鹏）

智能制造发展趋势及我国应对策略

一、产业变革催生智能制造等新的生产理念

（一）什么是智能制造

智能制造是通过各种工业传感器和控制技术使机器设备与互联网紧密结合，通过物联网、大数据等技术实现对设备的灵活管理和更加智能的控制，产生更先进的设备和更完善的服务，实现制造的数字化，网络化和智能化，智能制造体系架构如图 1 所示。

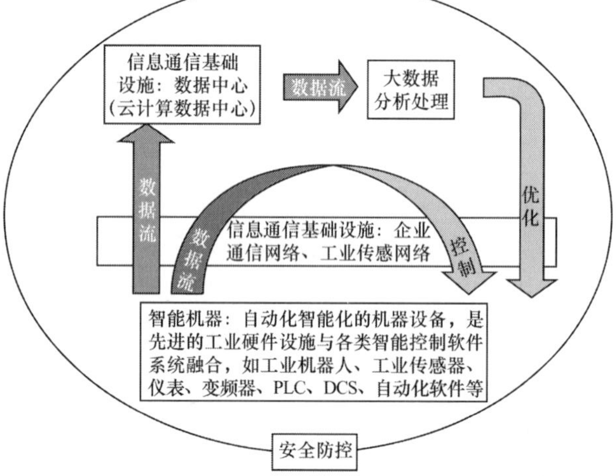

图 1　智能制造体系架构

智能机器是智能制造的根本。智能机器是实现智能制造的第一步，与传统的工业设备区别：一是通过在工控设备中加入传感及识别装置，从而自主获得机器运行数据，并且确定本地数据的保留程度；二是通过先进工业控制等软件技术能够进行性能自诊断和故障自修复，实现机器的智能化。

信息通信基础设施是实现智能制造的重要基础。与一般的商业互联网相比，工业通信网络在实时性、可靠性、兼容性和安全性方面要求更严格，随着物联网技术的应用，更多的机器设备以无线接入方式接入网络，商业互联网和工业以太网进一步集成，网络交换机等基础设施的性能成为设备互联和数据交互的重要保证。

高级数据分析处理是智能制造应用创新的关键。“大数据”软件工具和分析技术的进步对传统的制造模式产生的变革：一方面，通过数据共享促进智能协作，生产方式更加智能；另一方面，这些关于操作和性能的历史记录数据使生产者能更好地了解工厂设备关键部件的状态并做出实时判断处理，或者成为工业资产优化战略决策的一部分。

安全防控是发展智能制造面临的重要挑战。随着智能制造的发展，传统工业控制的专有性和封闭性被打破，加剧了安全隐患，例如更多的传感器和控制的引入更容易引发信息泄露或远程非法控制；通用有线/无线网络技术的引入更容易导致网络受到入侵等。

（二）智能制造的两个相关概念

在此轮制造业变革中，发达国家和领先企业纷纷提出与智能制造相关的概念和计划，德国的工业 4.0 和通用电器（GE）的工业互联网是目前主流的两个智能制造概念，其核心均是通过工业和信息化融合的深化应用实现制造的数字化、智能化和网络化，但在产业体系和技术构成上两个概念没有显著差别，只是由于产生背景不同，侧重点略有差异。

工业 4.0 是由德国国家层面主导，立足于本国制造业的提升。关注传统工业控制领域的智能化提升，同时结合供应链的优化达到生产过程的智能化，因此，工业 4.0 偏重于工业本身的发展，即智能化的“制造业”。

工业互联网则是由 GE 集团提出，立足于企业本身丰富的运营经验和数据分析处理能力，从每个工业应用场景出发，一是强调挖掘互联网潜力实现更多机器设备的智能化交互，二是充分应用数据传输、数据分析技术从而实现决策的优化。因此，工业互联网更偏重 ICT 解决方案的完善和整合，即制造业的“智能化”。

二、智能制造的诞生背景与产业变革影响

（一）新一轮信息技术革命与传统制造业转型升级共同催生智能制造

新一轮信息技术革命是智能制造产生的主要诱因：一方面，传感器和物联网标识技术的成熟，加之IPv6 商用为大范围监控工业机器运行情况创造了条件，并由此收集到海量工业生产数据；另一方面，云计算、大数据技术使海量数据的处理与智能分析成为可能，基于完整工业生产数据分析实现的生产过程优化逐步得到广泛应用。以新一代信息技术革命牵引传统制造业变革升级的基础性技术工具已经具备。

传统制造模式接近增长瓶颈进一步驱动了智能制造的发展。但近几年来，伴随技术红利的刺激作用逐渐消退，全球制造产业再次陷入增长低谷，发达国家劳动生产率增长停滞再次回到较低水平，通过创新制造模式为产业注入新增长动力已经迫在眉睫。与此同时，制造业增长低迷与金融危机对传统工业控制设备企业造成巨大冲击，西门子、GE 等企业在全球经济中地位下滑。以信息技术创新改造传统产品服务模式，重新构建新的竞争优势与增长动力正在成为这些企业的共识。

（二）智能制造引发生产模式与产业格局的重大变革

智能制造推进生产方式的变革：首先，通过传感和人机交互技术，机器设备能够通过软件系统自我学习和维护，分析和判断自身行为；其次，智能制造改善监控与管理方式，设备和产品可以在任何时候被定位和识别；再次，智能制造是集中式控制向分散式控制的模式转变，可以实现生产高度灵活和个性化。

智能制造促进生产效率的提高：其一，智能制造能够显著提高工业生产效率，基于海量生产数据分析，智能制造将对整个生产流程进行重新规划，减少低效环节，实现生产资源的最优利用，并同时不断优化生产装备与工控设备设计；其二，智能制造还能大幅降低生产能耗，例如控制暂时没有生产任务的生产线休眠以节省能源消耗等。

智能制造影响和改变传统制造产业格局：一方面，围绕电气设备与信息技术企业形成更加开放的产业生态体系，信息技术企业将通过合作、第三方服务等多种形式参与并影响设备制造等产业发展，谷歌、亚马逊等互联网企业在技术渗透的同时甚至可能将互联网创新与商业模式引入制造领域；另一方面，传统电气企业加快智能化与服务化转型，积极迎接 ICT 技术的融合渗透。

三、智能制造成为产业发展的新趋势

（一）发达国家政府力促制造业的智能化发展

国际金融危机以来，美国、德国等世界主要发达国家积极支持制造业的智能化发展，力图依靠科技创新重构在全球制造领域的核心竞争优势。

美国 2011 年以来先后推出《先进制造伙伴计划》（AMP）、《先进制造业国家战略计划》、《国家制造业创新网络》等多项智能制造推进政策，并在 2013 年创新预算中将先进制造业拨款增加了 19% 达到 22 亿美元，并斥资 1000 万美元开发美国首个开放的智能制造技术平台。 德国将“工业 4.0”作为《高技术战略 2020》十大项目之一，并投入高达 2 亿欧元。英国、韩国、日本等也先后推出“未来制造业转型”、《IT 融合发展战略》、“活力 ICT 日本”等项目，核心都是利用云计算、传感器、大数据、社会化媒体等信息技术改造提升制造产业。

（二）领先企业积极布局占据智能制造技术创新主导权

目前，全球已形成少数跨国公司规模生产和瓜分市场的局面，西门子、ABB、GE、罗克韦尔等传统电气企业成为智能制造发展的重要领跑者。同时，IBM、Oracle、HP、Cisco 等领先 IT 企业通过智能制造相关信息化解决方案，谋求发展主动权。

以行业应用切入智能制造市场，例如 GE 在医疗、运输、航空、能源等传统优势项目上部署大数据商业应用，西门子则向新的电网软件业发力，通过智能化电表的数据以及电网的运营数据分析停电事故、电力供应与需求、天气状态和节能项目等。

加强机器设备、工业通信网络等传统工业产品与信息技术的融合。企业推动自身技术研发与创新，

强化在传统制造领域的固有优势，例如 ABB 在电力设备中融入新型电子式互感器、传感技术和预防性维修的智能组件，可以提供更精确的状态信息并减少维护成本；西门子、GE 和 Cisco 继续完善工业以太网等工业通信网络产品的集成性和可靠性。

通过收购、合作等方式提升大数据技术水平。无论是传统电气企业还是软硬件厂商，都充分意识到了大数据等软件服务对于智能制造的重要意义，并积极拓展这一新兴市场。GE 先后与埃森哲、Pivotal、亚马逊等企业合作，提升大数据分析和服务能力；罗克韦尔、思科和 Panduit 合作推出工业数据中心；西门子通过收购 eMeter 与 Teradata 合作等方式将大数据应用整合至现有产品中。

通过参与标准制定占据主动权，如罗克韦尔、思科和西门子均参与了本国智能制造相关标准框架的建设工作。

（三）工业智能化应用逐渐丰富

产品覆盖领域不断扩大。智能制造不仅被广泛地应用于工业生产、经营和管理的各个领域，也被用于制造业相关或重叠的领域中，如物流、医疗、能源管理等。截至目前，GE 已推出 24 种工业互联网产品，涵盖石油天然气平台监测管理、铁路机车效率分析、医院管理系统、提升风电机组电力输出、电力公司配电系统优化、医疗云影像技术等领域。

应用深度扩展，软、硬件与分析工具充分结合。企业在提供传统的软硬件产品及服务基础上，注重大数据的应用。IBM 早些年便已经转型成为软件服务公司，商业智能和大数据已经成为企业重点发展领域；西门子既卖 CT 机，也做供乡村医生参考的病例库，同时联手电力公司提供大数据工具；霍尼韦尔在给楼宇设备装上了智能监测系统的同时，也在整合数据采集和自动识别产品线。

（四）应用价值逐渐显现

尽管工业 4.0、工业互联网等智能制造的应用刚刚起步，但从一些应用的案例当中已经能看到生产力的大幅提高：大众汽车通过部署西门子解决方案，降低生产线上机器人的能耗高达 50%；海航通过使用 GE 的数据分析系统，在 2012 年和 2011 年节省了 1.1%的燃油使用量，折合 2 亿多元，同时碳排放减少了 9.7 万吨。

四、我国智能制造产业发展现状与面临挑战

（一）我国智能制造产业发展现状

智能制造发展势头强劲。一是表现在制造业规模不断增长，2012 年制造业增加值更是增至 130 692 亿元人民币，在全球制造业占比约 20%，与美国相当。二是制造业的自动化水平不断提升，作为衡量一个国家自动化水平的标准，我国制造业机器人密度从 2008 年的 10 台/万人提升至 2011 年的 21 台/万人，复合增长率达到 28.1%。三是智能制造产业体系初具规模，已取得一些智能制造关键技术的研究成果，如机器人技术、感知技术、复杂制造系统、智能信息处理技术等；建设了物联网、机器人、云计算等新兴技术国家级研发基地；培养了一大批长期从事相关技术研究开发工作的高技术人才。

重点领域产品技术实力不断提升，产业基础较好的领域已经进入全球先进前列。在智能设备领域，以研扬、研华为代表的我国台湾企业占据工业计算机全球领先地位。在通信基础设施方面，自主研发的工业无线网络 WIA-PA 技术已经成为 IEC 正式国际标准等。

智能制造不断优化产业结构。一方面信息技术在工业生产研发设计、生产制造、经营管理等领域的深化应用促进了传统工业由产业链低端向高端升级，提升了产业附加值。同时，壮大了电子商务、物流等生产性服务业，催生了工业软件、汽车电子、物联网、云计算等新兴产业。

改革不断释放制度红利，国家对智能制造的扶持力度加大。“十二五”规划提出了减少对国外技术的依赖，并将高端装备制造业列为七大战略性新兴产业之一，先后发布了《智能制造装备产业“十二五”发展规划》、《智能制造科技发展“十二五”专项规划》，并设立《智能制造装备发展专项》，通过补贴、税收减免、增加研发投入等财政补贴，加快智能制造装备的创新发展和产业化进程。

（二）我国面临的挑战仍然严峻

核心技术自给率低，对外依存度高。构成智能制造装备或实现智能制造过程的重要基础技术和关键零部件主要依赖进口：95%的高端自动控制系统被国外产品占领；工业设备的核心 CPU 芯片基本需要

进口；工业用传感网络的 ISA100.11a 和 WirelessHart 等国际主流标准被美国霍尼韦尔、艾默生等企业控制。由于缺乏足够的技术积累和储备，我国企业难以形成定义产品的能力和可持续的竞争优势。

创新引领能力欠缺。根据美国 Batelle 研究院的调查，在汽车、航空航天、新材料、新能源、信息和通信技术等领域，美国、日本、德国仍保持着全球研发创新领导者的地位，并引领了云计算、传感器等新兴领域的发展方向。即使在我国创新能力相对较强的信息和通信技术领域，也仅有中兴、华为等少数企业拥有世界一流的研发创新能力，绝大多数企业处于跟随模仿阶段。

“工业化与信息化”融合程度低。主要表现在低端 CAD 软件和企业管理软件得到很好普及，但应用于各类复杂产品设计和工业制造过程的智能化高端软件产品缺失，特别是严重缺乏提高产品质量、实现节能减排、提高劳动生产率的智能化技术。同时，信息技术和相关软件产品与工业制造工艺技术融合不够。

产业壁垒日益严峻。领先企业抓住技术升级和产业变革契机，加紧跨界并购、构建产业生态体系、组建战略联盟等，通过优化重组优势要素将产业链各环节的单点优势扩大为产业生态的综合优势，占据竞争高地，构筑产业壁垒。然而我国缺乏能够单独打通完整产业链的超大型企业，整合国内乃至全球产业链的能力依然不足，零散、孤立的创新和竞争模式难以突破日益严峻的竞争壁垒和超越阻碍。

工业控制安全隐患威胁经济运行和国家安全。一方面，目前国内的工控系统较多考虑的是实时性和功能性，在安全性方面往往缺乏完整的设计；另一方面，关键系统主要由国外企业的产品运行增加了风险的不可控性，我国发展智能制造面临的安全隐患始终难以从根本上排除。

五、促进我国智能制造发展策略建议

（一）抓好关键领域的技术突破和创新，推动产业进步

首先，抓紧智能制造基础性瓶颈技术的突破发展。针对智能制造产业基础性瓶颈技术，将工业控制设备、精密仪表、工业计算机、工控软件等作为智能机器设备的重要环节重点推进。同时抓住物联网研发应用契机，结合国内庞大应用需求，加快核心元器件等技术产业的双突破。

其次，应把握新增长点，抓紧新兴领域产业化推广和产业链提升。云计算、大数据等产业格局尚未完全确定，存在较大创新空间，我国应依托巨大的国内市场和现有产业基础，抓住宝贵的窗口期实现创新突破。

同时，鼓励商业模式创新。我国传统制造企业正在从生产型企业向生产服务型企业转型的过程中，需要进一步鼓励商业模式创新以创造新的市场空间和新消费方式，工业企业也可通过与互联网厂商、通信服务商共同合作推广相应的增值服务。

（二）建立健全智能制造安全监管机制

建立智能制造安全监管专业机构，完善现有工业控制安全监管机制：第一，尽快完成正在制定的《工业控制系统信息安全》系列技术规范；第二，建立国内智能制造安全风险评估模型，并组织主要企业进行评估和认证；第三，建立智能制造报警信息发布机制，实时发布相关信息，做到信息能够及时发到相关企业；第四，建立智能工业设备安全平台，能通过互联网搜索我国联网的关键工业设备信息并提供安全风险分析和提示；第五，明确智能制造带来的效益和潜在风险，提醒国内地方政府和工业企业谨慎选择和采用智能制造技术，鼓励优先使用国内产品和解决方案。

（三）积极培育大企业集团

把推动大企业集团的发展作为实现制造强国和赶超发达国家的重要举措。一方面，通过对大企业集团发展的方向和重点实行强有力的指导，促进了企业的扩张和规模化。另一方面，有计划地指导企业合并和重组，形成规模经济，减少国内恶性竞争，打破目前零散、孤立的创新和竞争模式，优化整合竞争要素，打造产业整体优势。

（作者：工业和信息化部电信研究院　李铮　邬明罡）

浅析光电线缆行业面临的挑战与机遇

一、中国光电线缆行业发展现状及面对的挑战

光电线缆行业作为国民经济的基础产业和先导产业，随着中国经济迅速发展，在“十一五”期间取得了引人瞩目的成就，形成了从光纤预制棒到光缆产品完整的产业链，特别是行业的领军企业逐步形成了集光纤预制棒、光纤和光缆为一体的产业群体。同时，拥有综合竞争力的企业也初步产生，国际竞争力逐步显现。中国光纤光缆企业的生产和技术实力也迅速发展壮大，产品开发能力和技术创新能力进一步提高。但离光电线缆的制造强国还有较大的差距。其中，令人担忧的主要问题如下。

（一）产能过剩，供求比例严重失调

产能过剩是一个总量概念。认定产能过剩，需要在纵向对比产量增长过快、过猛的同时，还应同时分析在什么范围内、在多长的时间区间、相对于多大的有效需求。可以说，目前光纤光缆行业投资过热，导致产能扩张速度远远超过需求扩张的速度，预计中国的光纤产能近期有可能达到 2.2 亿～2.4 亿芯公里以上。由于信息产业发展与国民经济发展速度相适应，投资趋于合理、成熟，光纤光缆需求逐步趋于稳定，光纤光缆市场已处于需求高峰的平稳期，大约在 1.4 亿芯公里左右，产能过剩近 50%；光纤库存较大，约占目前产能的 1/10，而且尚有增长趋势。

产能过剩直接导致产品价格下跌，效益滑坡，也造成资源浪费，这在行业已有显现。一旦目前计划中的扩容和再上的光纤项目全部形成能力，将是什么状况可想而知。导致产能过剩的一个重要原因就是企业自主创新能力弱，使企业的竞争主要体现在资源投入和产出的数量扩张，以及价格的竞争上，使产能扩张难以抑制。

（二）自主创新能力亟待提升

企业重视程度不够和科研经费投入不足，行业创新能力较低，以企业为主体的技术创新意识和体系建立滞后于经济发展步伐，使得中国光电线缆生产制造领域缺乏自主创新，关键技术受制于人，以致新产品、新技术、新工艺的研制、开发还是跟在国外先进企业后面，只重“量”，而忽视了“质”的创新与提高，长此下去势必会拉大与国际同行业的差距，制约中国光电线缆生产制造向高端技术、高端品牌方向发展，难以实现光电线缆强国之梦。

（三）中低端产品供大于求，高技术产品比重过低

中国光电线缆产业结构存在的问题凸显在产业结构不合理：很多企业在中低端产品上做文章，价格就成了竞争的法宝，低端产品供大于求，高端产品基本依赖进口，大企业大而不强核心技术受制于人，小企业缺乏专精特新，市场结构不合理等因素都增加了产业不稳定性，产业布局有待进一步合理完善。

（四）产品质量有下滑趋向

近年来由于光电线缆产能过剩，市场竞争激烈，再加上运营商的集中采购往往以低价作为一个重要的“入围”条件，致使产品价格持续走低，厂商生产压力巨大。各厂商越来越将主要精力放在市场开拓、成本压缩上，有的光电线缆厂商为降低生产成本甚至不惜挑战产品质量的底线，这已经影响到中国国家通信网络的健康发展和通信安全。

二、光电线缆行业的市场发展机遇

中国光电线缆行业发展由小到大、由起步到逐渐成熟壮大，现在已经形成了全球最大的光电线缆产业群体。中国制棒、制纤、成缆技术已经基本成熟，光棒沉积等各项技术已基本掌握并在不断改进提高，我们已经基本走过了引进、消化吸收的过程，正在进入改进、创新的阶段，下一步最重要的就是

认真研究自身发展方向，重视研发资金的投入，加大自主创新力度，提升差异化竞争能力，在新的应用领域中掌握核心技术，从简单制造向产业链中高附加值产品延伸，把创新驱动和产业升级落实到企业盈利模式的转变上来。

随着社会经济的持续高速发展，中国光电线缆行业在国家宽带中国战略和培育发展战略性新兴产业的驱动下，将迎来良好的市场发展契机。其中，3G、4G 网络建设的快速推进，移动网络建设的重点将转向网络的优化覆盖，这必将对网络优化的高端线缆产品产生大量需求；宽带中国、信息消费战略的推进、“光纤到户”项目的发展、三网融合政策的促进，将会催生新一轮宽带投资热潮，将对光线缆产生持续增长性需求。近年来，国内运营商大规模集采 PON 设备，同时规模推广光进铜退，原有的 ADSL 基本都已转向 PON 网络，铜线网络也被大范围替换，基于 PON 的 FTT*x* 接入模式已经成为主导方案。然而在实际的网络改造中，尤其是老小区的网络改造，面临着难度大、成本高的难题。因此，基于现有网络实现宽带提速目标成为运营商的迫切需求，在部分铜线资源丰富的省份地区，VDSL2 技术被更多采用。在一些地区，电信运营商在 FTTH 上的建设热情不断放缓，光铜混合部署正逐步成为网络改造升级的主体方案，由此也为铜线网络带来新的发展契机；特高压输电线路和智能电网的建设也将带动光电线缆市场需求；铁路、高速铁路、城际铁路、城市轨道交通快速发展，对新建铁路数字信号电缆、轨道交通用电缆、漏泄电缆都会有大量的需求。但是也应看到，各种不利影响和积极变化此消彼长，短期问题与长期矛盾相互交织，国内因素与国际因素互相影响，这对中国光电线缆市场趋势带来一些不确定性的影响。总体来看，光电线缆行业面临着新的发展机遇，市场趋好。

三、光电线缆行业应对挑战、抢抓机遇的几点对策

（一）重视研发资金投入，加强科技人才队伍建设，提升企业自主创新能力

尽管目前光电线缆行业已具备较强的生产能力，但核心制棒、拉丝生产装备及其高端技术与国外企业相比仍有一定的差距。企业要从产品利润中拿出投资进行研发，以切实提高自主创新能力，提高产品技术含量和附加值，尽快增强产业核心竞争力。要大力引进与培养高层次科学研究和工程技术人员，促进交流与合作，提高光电线缆行业整体技术和工艺水平，逐步缩小与国际先进企业的差距，保障光纤光缆行业的可持续发展。

企业要通过大力提升自主创新能力和引进、消化、吸收、再创新，突破行业发展“瓶颈”，在关键制造设备上形成国产化生产能力。要通过整合行业科技创新资源，联合科研院所和高等学校的科技创新能力，加快建立以企业为主体、市场为导向、产学研用紧密结合的技术创新体系，突破一些关键技术，形成自己的知识产权，从源头上提高和增强光电线缆产业的核心竞争力。同时将专利技术与生产有机结合，提高专利成果转化率，实现产业链上下游协调发展，提高产业配套能力，形成一批世界领先的创新型企业，实现产业整体向高端市场的迁移。

（二）大力推进产业生态创新，营造竞合共赢的市场环境

光电线缆企业应树立起服务大行业的观念，不断提高综合服务能力，加强产业链上下游间的紧密合作，积极提供系统技术解决方案、配套产品及技术服务，不断拓展自己的发展空间，以营造企业间广泛合作、和谐共生、互动发展的良好业态环境。

中国的光电线缆行业已形成骨干企业为主，中小企业为辅，产品门类俱全，技术、工艺较为先进的、比较成熟的产业体系。因此，加强和促进行业内企业间广泛、长久、稳固的战略性合作就显得尤为必要，尤其是市场出现波动时更为重要。合作有利于企业、行业的合理布局,有利于各类企业的优势互补,有利于过剩产能的消化吸收,有利于行业有序、健康发展。企业既要在市场经济下激烈竞争，又要体现出竞争中的理性、规范性和合理性，杜绝非理性的恶性竞争行为，在光电线缆企业之间及用户之间建立起和谐的发展环境。

（三）优化调整产业结构，形成差异化竞争的良好市场发展格局，提升行业整体实力

当前行业正处在优化调整产业结构、转变发展

方式的关键时期，我们要努力通过优化调整产业结构，形成低、中、高档产品均衡的良性发展格局，形成从研究开发、生产制造、市场推广到运营服务的一条完整产业链，壮大行业规模。

实施差异化竞争战略是改变目前行业价格战弊端的重要举措。行业内企业要结合自身的特点，积极探索有特色、高附加值、符合市场需求的创新产品，从而形成企业的核心创新优势，同时不断完善创新商业模式和通过协作互赢加强产业链上下游间的协调合作，以形成差异化竞争的良好市场发展格局，提升行业整体实力。

（四）强化宏观管理体系建设，从政策监管层面控制产能过剩程度

积极抵制过度扩产、重复投资，避免造成资源巨大浪费，政策监管层面与行业协会给予调控，防止因光纤光缆产能过剩引发恶性竞争，损害产业健康发展。

希望行业内企业要审时度势，稳中求进，适度规模，适度发展，适时发展，不要再无限制的、不理性的扩容和再上光纤；棒、纤、缆一体化企业要与光缆企业建立长久稳固的合作关系，减低盲目扩容和再上光纤的主、客观因素。

（五）注重产品质量，加强产品自主品牌建设

质量是生产力水平的综合反映，是市场竞争力的集中表现，是行业、企业的信誉和生命。为保证行业健康稳步发展，提升行业的整体实力，必须把提高产品质量、培育自主品牌产品、增强产品竞争力作为发展重点方向。要不断健全、完善质量管理、监督体系；不断提高全员质量意识，严格遵守相关质量标准和规范；坚持质量至上、优质服务原则，把提高产品质量、提升服务水准和创新能力作为竞争主体。

知识产权、标准、商标是行业也是企业核心竞争力的“软实力”，目前，从行业整体状况来看，具有自主知识产权的品牌产品很少，原创性知识产权的品牌产品就更少，此种状况会导致国内企业在参与国际市场竞争中处于被动的地位。光电线缆企业要高度重视自主的知识产权、标准和商标，力争在本行业形成一批核心技术知识产权，以进入国际市场为目标，形成新的增长亮点。要加强产品自主品牌建设，加强技术创新、商业模式创新、企业文化创新、人力资源创新，努力提高劳动力素质。

（六）实施海外战略，打造世界级品牌企业

中国已经从光纤光缆制造大国逐步向制造强国迈进，光纤光缆国际化是必然的选择。目前，中国光电线缆产能高于国内市场需求的矛盾已突显，出现了持续的买方市场，市场竞争十分激烈。实际上，这种竞争存在于主导产品同质化、销售地域重合化、营销方式类同化、产品功能替代化的企业群体中。而世界上有40多个国家只有光缆厂而无光纤厂，海外的新兴市场将成为全球光纤市场需求增量的主力军，消化产能过剩最好的途径之一便是开拓海外市场。国内光电线缆企业应改变经营理念，尽快培育国际化经营的人才团队，推进国际化经营战略，提前布局海外市场，抓住机遇，走出国门，在世界范围开展与康宁、普瑞斯曼、德拉克等跨国企业的竞争，把行业重点产品打入国际市场，打造全球性的市场品牌，跻身国际化大企业行列。

目前中国光电线缆行业是一个全面开放、充分竞争的行业。由于市场发生变化，光电线缆企业之间发展极不平衡，有实业的骨干企业要想做大、做强、做专，就应抓住当前市场变化的机遇，利用合资、并购、重组、改制等资本运营方式，实施资本运营战略，优化企业资本结构，促进企业超常规快速发展。同时利用骨干企业品牌、规模和实力雄厚的优势，收购、兼并设备比较先进和具有技术特色的光电线缆企业，甚至可以在国际市场上收购竞争对手企业，以大大提高综合竞争能力，壮大规模和实力，打造成世界级的知名品牌企业，积极开拓国际市场，发展成为国际市场竞争中最有实力的国际品牌企业。

（作者：中国邮电器材集团公司　李亚东）

通信工程建设企业现状及发展分析

2013 年中国通信企业协会通信工程建设分会对设计、施工、监理、招标代理相关企业开展了信息调查工作。调查信息主要包括 2012 年度企业基本情况、人员情况和财务状况。本次调查以通信行业设计、施工、监理、招标代理、系统集成企业中规模较大型企业或资质等级基本上以甲级或一级为主的企业。通过对调查信息、数据的解读，可以了解通信建设行业中这些企业的现状、存在的问题以及发展前景。

一、通信工程建设企业现状分析

（一）通信设计企业

1. 从业人员数量及技术人员结构

本次抽查的 15 家甲级设计企业中，拥有 1 000 人以上规模的企业有 6 家，500 人以上规模的企业有 11 家，职工总人数为 15 903 人，大约占通信设计行业的从业人员总数的 80%，由此可知，通信设计企业专业人员数量比较庞大。

15 家企业技术人员结构的占比统计图 1 所示。

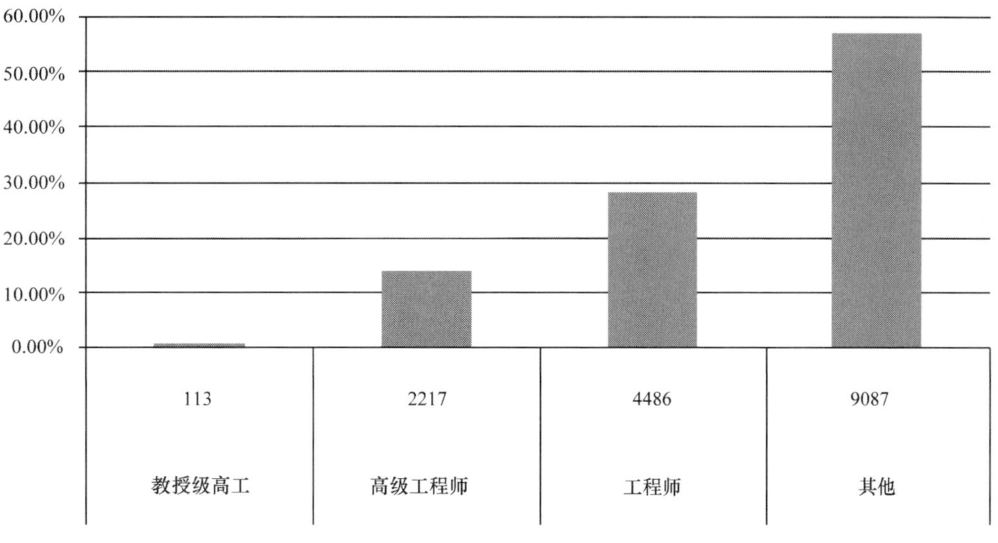

图 1　技术人员结构

图 1 中数据显示，15 家企业共拥有教授级高工 113 人，占总人数的 0.71%；高级工程师 2217 人，占总人数的 13.94%；工程师 4 486 人，占总人数的 28.21%，工程师以上的人员占总人数的 42.86%，说明通信设计企业属于知识密集型企业。

2. 营业收入及人均产值

15 家企业中，2011 年营业收入总计 819 601 万元，2012 年营业收入总计 955 141 万元，增长率为 16.5%。2012 年营业收入超过 10 亿的企业有 2 家。通信设计行业每年的营业收入总计在 100 亿～120 亿左右，人均产值达到 60 万元，生产效率在通信建设企业中是很高的。

3. 合同额

15 家企业 2011 年合同额总计为 860 891 万元，2012 年合同额总计为 1 044 338 万元，增长率为 21.3%。通信设计行业每年的合同额总计在 100 亿～130 亿元。

4. 利润状况

15家企业中，2011年利润额总计为131 042万元，2012年利润额总计为148 393万元，增长率为13.2%。设计企业人均利润率为9万元，该项指标处在全国设计行业的中上等水平，反映出通信设计行业的经济效益比较好。

（二）通信施工企业

1. 一级施工企业从业人员数量及技术人员结构

全国一级施工企业共有71家，从业人员总数约为7万人。其中高级工程师2 390人，工程师6 781人，助理工程师11 656人。

本次抽查的20家一级施工企业拥有员工18 029人，平均从业人数为1002人；高级工程师606人，平均高级工程师人数为34人；工程师1 719人，平均工程师人数为96人；助理工程师2 955人，平均助理工程师人数为164人。工程技术人员占比达到66%，说明全国一级施工企业人员素质较高，是一个拥有大批中、高级工程技术人员的知识相对密集型的企业，工程技术人员占比如图2所示。

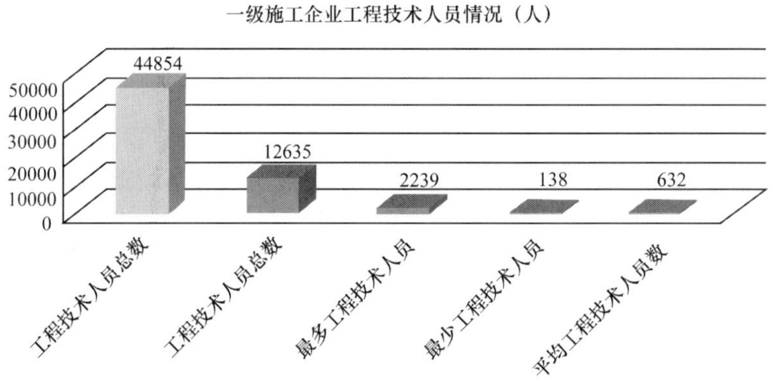

图2 工程技术人员结构

2. 人均劳动生产率、人均利润状况

20家企业营业收入总计955 141万元，人均产值估计在10万元左右，人均利润为1.5万元，施工企业生产效率在通信建设企业中是比较低的。

3. 合同额

全国71家一级施工企业共完成合同额516亿元，单个合同额仅有22.76万元。20家企业2012年度合同总数为63 924个，年平均完成合同个数为3 196个；合同额145.45亿元，年平均完成7.27亿元。由此可知，通信施工建设行业合同数量不少，合同额偏小；工程项目不少，工程规模偏小。

（三）通信监理企业

1. 企业平均人数及技术人员情况

本次调查了甲级监理企业29家（有效调查表26家），总人数14 795人，从业人员年末人数超过1 000人的有3家，占比为11.53%；从业人员年末人数500人以下的有14家，占比为53.84%；从业人员年末平均人数为569.03人，技术人员结构占比如图3所示。

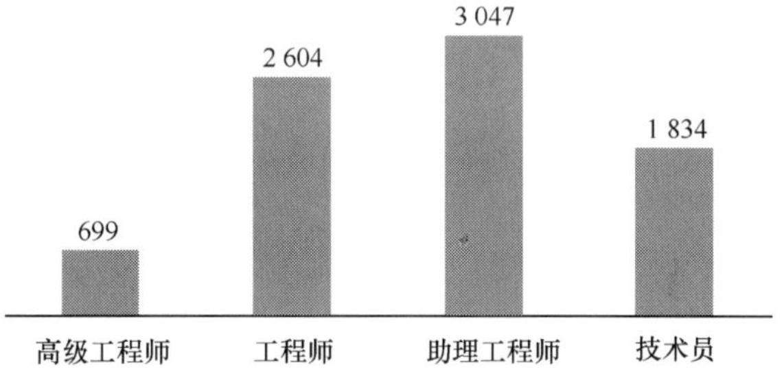

图3 工程技术人员结构

监理企业工程技术人员数量占从业人员年末平均人数的50%以上，数据表明通信行业监理企业属于技术含量高、专业服务特性强的企业。

2. 人均产值及人均利润

29家企业营业收入合计为289 511.55万元，从业人员年末人数为14 795人，人均产值为19.56万元。在29家企业当中，年营业收入超过1亿元的有9家，占比为31.03%；年营业收入不足5 000万元的有9家，占比为31.03%；平均年营业收入为

10 268.75 万元；利润总额合计为 29 995.57 万元，从业人员年末人数为 14 795 人，人均利润为 2.02 万元。

3. 合同额

29 家企业共完成合同总数 164 083 个。超过 5 000 个合同的有 6 家，占比为 20.68%；5 000 个以下的有 23 家，占比为 79.31%；其中完成合同数量不足 500 个的有 5 家，占比为 17.24%；平均完成合同数量为 5 658.03 个。合同总额 287 479.47 万元，平均每个合同只有 1.752 万元，表明工程项目数量多、规模小。

三大运营商监理合同份额大约占到 60%，比例如图 4 所示。

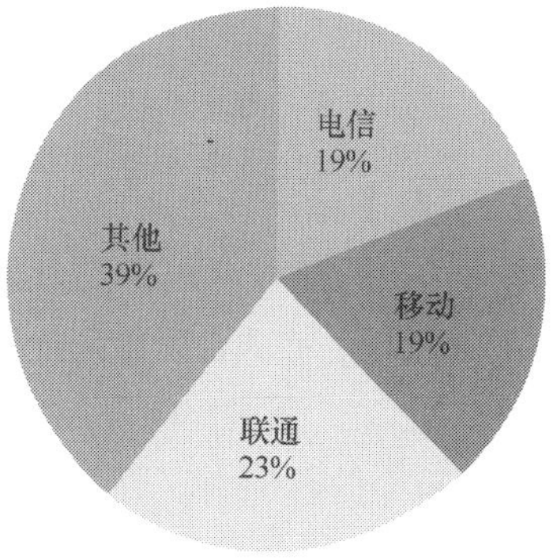

图 4 合同额

（四）通信招标代理企业

1. 从业人员年末人数情况

在 30 家调研的招标代理企业中，从业人员（从事招标代理业务人员）年末人数超过 50 人的有 7 家，占比 23.33%；从业人员年末人数 30 人以下的有 14 家，占比为 46.67%；从业人员年末人数在 10 人以下的有 3 家，占比为 10%。从业人员年末平均人数为 39.86 人。以上分析可以看出，70%以上企业招标代理业务从业人员年末人数都在 50 人以下，甚至有的企业从业人员在 10 人以下，反映了通信行业招标代理机构的规模相对都比较小。

2. 工程技术人员情况

在 30 家调研的招标代理企业中（30 家企业当中有 5 家企业此数据空白），工程技术人员人数占从业人员年平均数的 57.23%。其中的高级工程师与工程师的比例高达 40%，如图 5 所示。

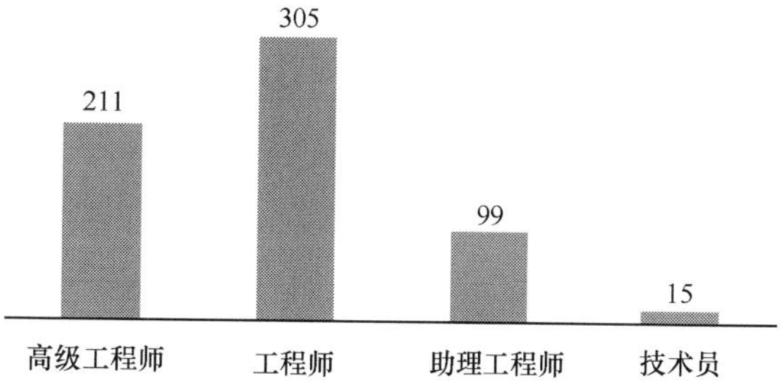

图 5 技术人员数量结构

3. 注册招标师情况

在 30 家调研的招标代理企业中（30 家企业当中有 11 家企业此数据空白），从业人员中没有注册招标师的企业占比达到 36.67%。根据《中央投资项目招标代理资格管理办法》（国家发改委 2012 年第 13 号令）关于招标师人数比例要求，绝大部分招标代理企业远未达到国家规定的注册招标师比例。通信行业招标代理机构企业严重缺乏专门从事招标代理业务的高级技术业务人才，这将严重制约企业向专业化、高效化服务业务的发展，招标师总人数和 30 家企业总人数情况如图 6 所示。

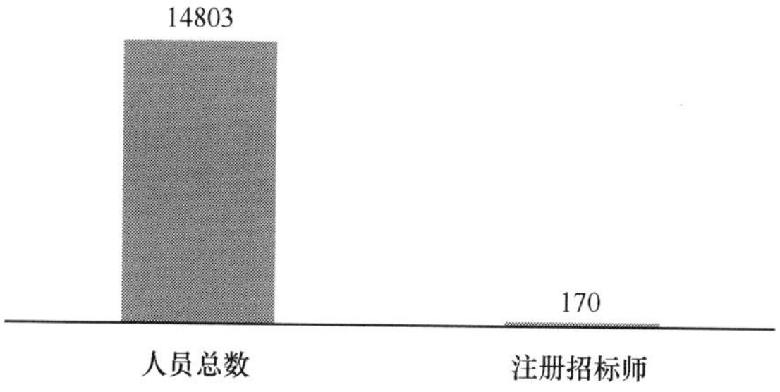

图 6 招标师总人数和 30 家企业总人数结构

4. 营业收入及合同额

在调研的 30 家招标代理企业中，平均招标营业收入为 1 234.53 万元，其中招标业务营业收入超过 1000 万元的有 8 家，在平均招标营业收入 1 234.53 万元以上的企业有 7 家。招标营业收入不足 100 万元的有 2 家。由此可见，通信行业招标代理企业中招标业务的承接能力以及份额分配相当不均匀，有能力的企业承接了相当大的市场份额，而部分实力较弱的企业仅占很少的市场份额甚至完全没有。

三大运营商及其他的招标代理业务合同额如图 7 所示。

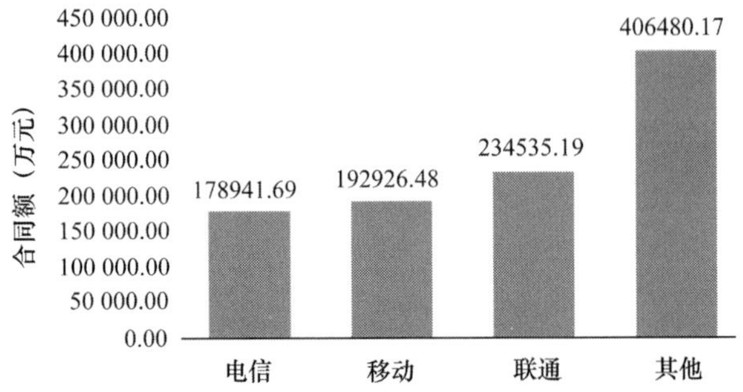

图 7　三大运营商及其他的招标代理业务合同额

5. 利润总额状况

在 30 家调研的招标代理企业中（30 家企业当中有 8 家企业此数据未能拆分，2 家数据空白），利润总额超过 1 000 万元的有 2 家，占比 10%；超过 100 万元的有 6 家，占比 30%；利润总额为负数的企业数为零。由此可见，通信行业招标代理企业的经济效益基本成良性状态，并无亏损企业。但是从部分企业提供的招标业务利润总额来看，招标业务在整个企业利润总额中的占比很低。

（五）通信系统集成企业

1. 营业收入情况

在 49 家具有通信信息网络系统集成甲级资质的企业中，年营业收入超过 10 亿元的有 6 家，所占比例为 12.24%；年营业收入介于 6 亿元和 10 亿元之间的有 10 家，所占比例为 20.41%；年营业收入不超过 6 亿元的有 33 家，所占比例为 67.35%；平均年营业收入为 53 824 万元，比例如图 8 所示。

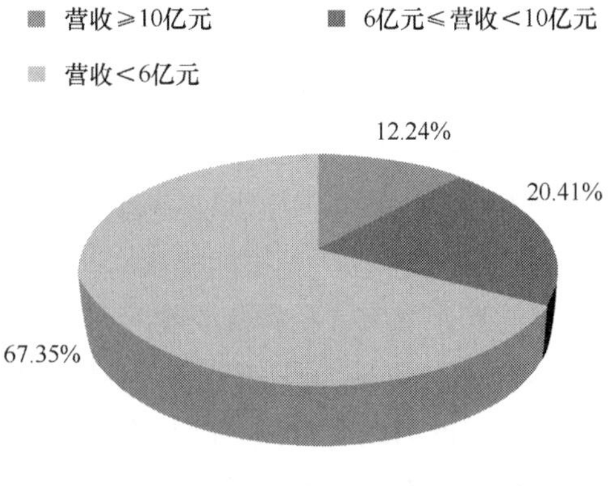

图 8　营业收入结构

2. 资产规模情况

在 49 家企业中，资产规模超过 10 亿元的有 6 家，所占比例为 12.24%；资产规模介于 5 亿元和 10 亿元之间的有 9 家，所占比例为 18.37%；资产规模不超过 5 亿元的有 34 家，所占比例为 69.39%；平均资产规模为 52 358 万元，比例如图 9 所示。

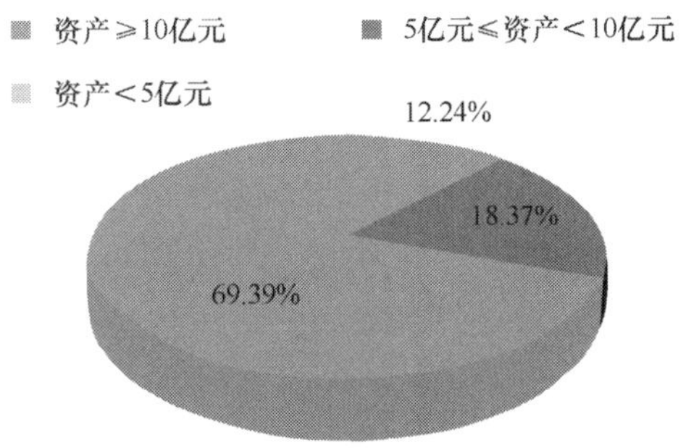

图 9　资产规模结构

3. 完成合同数量情况

在 49 家企业中，完成合同数量超过 3 000 个的有 6 家，所占比例为 12.24%；完成合同数量介于 1 000 个和 3 000 个之间的有 12 家，所占比例为 24.49%；完成合同数量不超过 1 000 个的有 31 家，所占比例为 63.27%；平均完成合同数为 1 376 个，比例如图 10 所示。

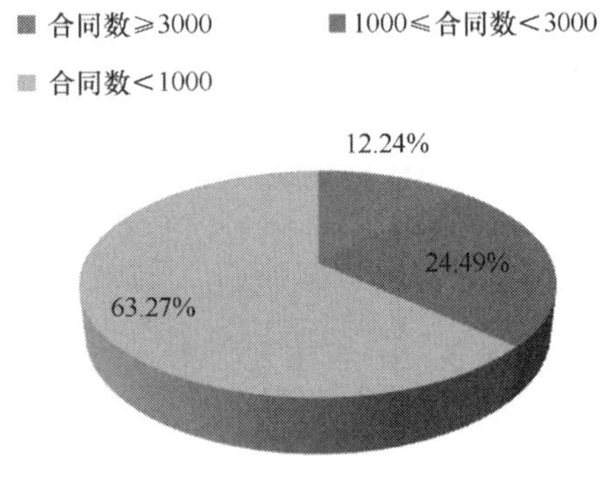

图 10　完成合同比例

4. 完成合同额情况

在 49 家企业中，完成合同额超过 10 亿元的有 7 家，所占比例为 14.29%；完成合同额介于 6 亿元和 10 亿元之间的有 10 家，所占比例为 20.41%；完成合同额不超过 5 亿元的有 32 家，所占比例为 65.31%；平均完成合同额为 6 2194 万元，比例如

图 11 所示。

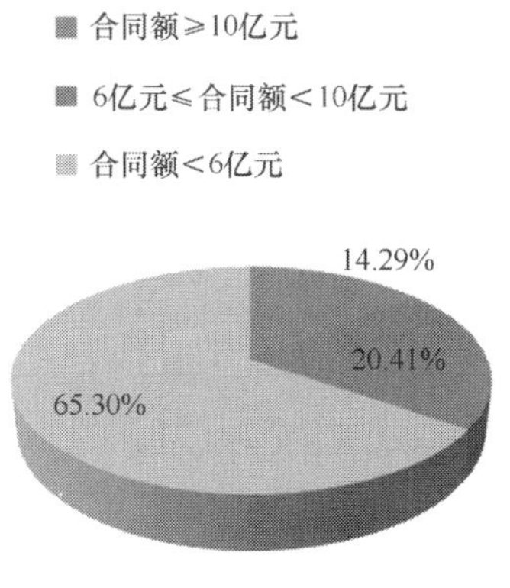

图 11　完成合同额比例

5. 工程技术人员情况

工程技术人员平均人数为 490 人；从业人员年末平均人数 915 人，工程技术人员平均人数占从业人员年末平均人数的 53.55%；其中，高级工程师、工程师、助理工程师主要集中在通信类；技术员占工程技术人员的 27.1%；施工员占工程技术人员的 40.52%。

6. 营业收入及利润情况

在 48 家具有通信信息网络系统集成资质的企业中，营业收入超过 10 亿元有 5 家，所占比例为 10.42%；营业收入介于 6 亿元和 10 亿元之间有 9 家，所占比例为 18.75%；营业收入不超过 6 亿元有 34 家，所占比例为 70.83%；营业收入共计为 2 440 648 万元，平均营业收入为 50 847 万元，比例如图 12 所示。

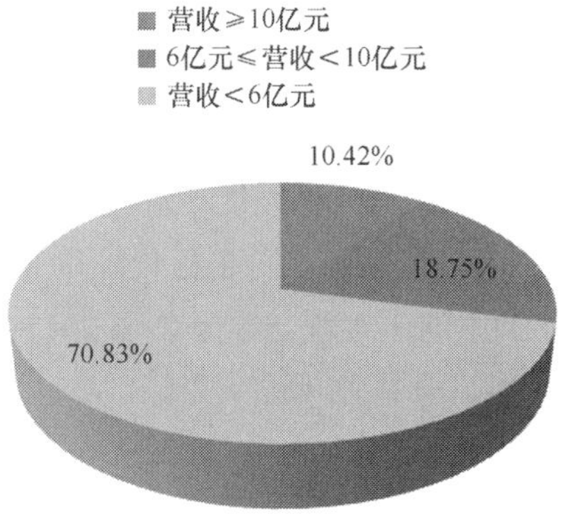

图 12　营业收入总计比例

通信信息网络系统集成资质的企业人均利润为 4.63 万元，处在行业内中等水平。

（六）现状浅析

根据本次调查数据，大体可以做出以下基本判断：

1．设计、施工、监理、招标代理、系统集成（甲级或一级）企业总体经营尚处于基本良好的状况，除施工企业中有两家企业利润为负数外，其余均为正值。盈利能力（人均利润）依次为：设计、系统集成、招标代理、监理、施工，分别为 9 万元、4.63 万元、4.49 万元、2 万元、1.5 万元。

2．通信建设市场，包括设计、施工、监理、招标代理、系统集成各类市场竞争激烈、充分。注意到施工企业人均产值相对比较高，但人均利润反而较低的情况，有理由相信施工市场竞争激烈是造成企业人均利润低的因素之一。

3．通信建设市场近年来工程项目虽然不算少但普遍规模变小。例如，施工企业年平均完成合同 3196 个，合同平均额只有 22.76 万元；再例如，系统集成企业年平均完成合同 1 376 个，平均额也只有 45.19 万元。项目规模偏小，通常使得工程管理成本上升，管理难度加大。

4．施工企业发展后劲不足，创新能力有待增强，存在一定经营风险，应引起有关方面重视。监理、招标代理企业资产规模较小，抗风险能力较低。

5．通信工程建设行业包括设计、施工、监理、招标代理、系统集成各类企业技术人员占比相对较高，说明这些企业都属于知识密集型企业。调查数据显示，监理工程师、初级监理人员的大量培训使得监理企业的人才储备有了很大提高。招标代理机构招标师的数量平均只有 9 人，且短时间内不可能迅速增加。因此，招标采购人员的培训急需尽快开展起来。设计企业除概预算人员资格外，没有设计行业的人员资格。为此，请部业务主管部门出面协调，尽快建立设计人员资格制度。施工、系统集成企业的注册建造师占比分别只有 4%和 2.3%，意味着这两类企业今后需要加强注册建造师的培训，尽快培养更多的注册建造师人才，以适应工程项目管理的需要。按照有关规定，大中型以上的工程项目经理，应由具有注册建造师资格的人员承担。

6．各级领导对工程质量、安全始终是十分关注的。本次企业信息调查，侧面反映出当企业利润微薄，员工待遇偏低时，难于留住有经验的一线施工人员。近年来一次死亡 3 人的事故每年都有发生，而安全事故发生与施工现场一线人员的素质密切相关。

二、通信工程建设企业发展分析

（一）市场前景展望

展望 2014 年，通信工程建设企业发展既有机遇又有挑战。机遇是：根据国家“十二五”规划信息化建设战略目标，通信建设市场三大运营商建设投资可望超过 3 000 亿元，工程建设项目令人期待。2013 年年底，工业与信息化部已经向三大运营商发放了 4G 牌照，随着“宽带中国”战略的实施，大量光纤到户、4G 等工程项目将全面开工建设，那些信誉好、实力强的企业有机会分得“一杯羹”。挑战是：企业“产能”相对过剩，市场竞争过于激烈。项目招投标依然停留在大打价格战，而不是比谁的技术含量、工程质量、安全和服务更好的局面上 。企业创新能力不足，负债相对较高，发展后劲不足，调结构、促转型的方向尚不明确或目标尚未落实。

（二）直面问题落实方案

1. 针对市场竞争环境适当提高准入门槛、严格管理

一个良好的建设市场，应当是一个既有公平竞争，秩序又良好的市场。通信工程建设市场也不例外，一方面要防止垄断，另一方面也要防止过度竞争。目前通信工程建设市场，设计、施工、监理、招标代理、系统集成等工程项目的招投标或业务承揽，均呈现过度竞争的局面。全国通信工程建设企业存在“产能过剩”的问题，众多企业能提供的建设能力，已经远大于市场的需求。据调查 2012 年年底全国通信行业经过认证的招标代理机构已达 63 家，到 2013 年年底已经达到 76 家，部分省份同时有数家招标代理机构。调研中发现，大多数的招标代理机构属于中小型企业。部分企业并未把招标代理业务作为企业的主营业务；部分企业未能提供有效的招标代理业绩，即虽然取得了资质但并没有真正开展业务。截至 2013 年年底，全国具有系统集成资质的企业 1 700 多家，其中甲级系统集成资质的企业达到 253 家，仅 2013 年 3、4 两个季度就新增 53 家。

过度竞争主要表现在投标报价上，根据调查中获得的信息，近两年施工项目投标报价、开标报价往往只有 6 折、5 折，且有逐年下降的趋势；更有甚者，招标代理机构的服务收费有些企业报价竟然只有 1～2 折。

为了营造良好的市场氛围，合理管控通信建设市场，一方面应建立公正、公开、公平、透明的有效退出机制，另一方面应适当提高企业资质准入门槛，双管齐下才可以起到改善市场竞争环境的作用，促使其成为竞争有序的建设市场。

2. 针对市场需求开展人员培训

在招标代理机构招标师严重不足的情况，为满足通信行业招标投标市场专业人员实际需求，通信工程建设分会在发展司领导支持下，与中国招标投标协会将在 2014 开展较大规模的通信建设行业招标采购人员培训，使那些已经从事招标工作但还没达到招标师考试年限的招标从业人员，获得正规的岗位培训，迅速提高他们的专业水平，从而保障通信建设招标项目的顺利开展。

3. 针对恶性竞争采取果断措施

某些企业为抢占市场，不惜采用恶性竞争的手段。以工程招投标为例，由于招标代理的无序竞争以及过分依赖招标人的情况，招标人形成了按收费高低作为选择工程招标代理机构的重要条件，能按国家规定收取代理服务费的项目少之又少。个别招标代理机构为承揽该项目的其他项目管理业务或以吃投标保证金为条件，或借机参与围标、串标，以极低的收费费率甚至“零收费”方式抢占招标代理市场。他们更多是把招标代理作为增强其服务功能的补充，在业务产业链中消化招标代理环节低价竞争的损失。而对专职的招标代理机构来说，越来越低的收入难以支撑企业的持续发展。长此以往，专职的招标代理机构将逐渐萎缩减少，更多的被其他兼职代理机构所取代，独立性不复存在。整体而言，招标代理收费费率的现状对招标代理事业的发展危害极大。为此，通信工程建设分会于 2013 年制定了企业资质、个人资格违规处罚办法，并于 2014 年开始实施。对那些违规企业采取警告整改、降低资质等级或撤销资质的措施，加强对通信建设企业的检查力度，加大对恶性竞争行为的惩罚力度，促进市场竞争环境的改善。

（**作者：中国通信企业协会通信工程建设分会**）

通信运维服务业发展分析

通信业的平稳增长为通信运维服务业的发展奠定了良好的基础，综合信息服务运营和融合类业务快速发展等行业热点，虚拟运营等新型业态的出现，宽带中国和信息消费国家战略的出台都为通信运维服务业的发展指明了方向并带来重大机遇。

通信运维服务是一个内涵相对宽泛的概念，对通信运维服务行业也很难做出严格的界定。本文中的通信运维服务行业特指服务于基础电信运营企业的网络维护服务和网络优化服务的相关行业企业。运维服务主要存在自维和代维两种业态。目前国内的第三方运维企业的服务内容也包括网络工程服务、IT 服务等传统服务以及数据中心和云计算等新型 ICT 服务，这些服务领域不在本文的分析范围内。

一、我国通信运维服务业总体情况

1. 基础运营企业的运维成本开支

三大电信基础运营企业 2013 年上半年资本开支执行明显慢于历史水平,且总额同比下降明显。三家企业上市公司上半年资本支出共计 1116.62 亿元,占其年初预算总额的 32.53%。上半年已执行资本开支的绝对额,相比 2012 年同期出现 14.49%的下降。三家资本开支完成度均低于去年同期水平,尤其中国移动及中国联通的执行进度明显慢于往年。

相比资本开支情况，中国移动、中国电信和中国联通三家基础运营企业 2013 年上半年运维成本开支则同比显著提高。三家企业网络运维成本开支上半年共计超过 1200 亿元，同比增加 6%左右。其中中国移动运维成本开支 740 亿元，同比增加 10%左右；中国电信运维成本开支 300 亿元，同比减少 15%左右；中国联通运维成本开支 200 亿元,同比增加 10%左右。

2. 通信运维服务市场的参与主体

目前运维服务市场的实业公司、第三方专业服务公司、网络优化公司等通信运维服务企业约有 3000 多家，其中网络优化服务企业 400 家左右。截至 2013 年 12 月月底，获得网络运维资质的企业（代维服务企业）超过 380 家，具备甲级资质的 70 家，其中具有网络运维双甲级资质（基站和线路）的企业有 21 家，甲级资质企业数量同比提升 10%。截至 2013 年 12 月底，我国通信运维服务从业人员约 50 万人，其中基础运营企业约 20 万人，代维企业从业人员有 40 万人以上。

3. 通信运维服务市场的发展规模

2013 年下半年因 4G 大规模建设拉动我国电信业资本开支的高速增长，基础运营企业运维外包比例进一步加大，因此国内通信运维服务市场本年度将继续保持较高的增长速度。

按照人均每年 18 万[1]的收入能力测算，2013 年运维服务市场规模达到约 700 亿元。预计到 2016 年我国通信运维服务市场规模将达到约 1600 亿元人民币，如图 1 所示。

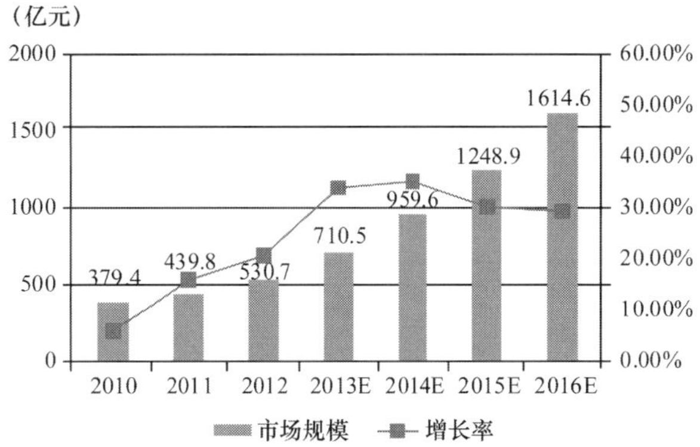

图 1　全国通信网络运维服务市场规模（数据来源：catr）

二、我国通信运维服务行业的最新发展态势

随着 4G 时代的真正到来，我国基础运营企业

1 源自2013年行业调研数据。

进入多网融合运营时期，维护的难度和要求都越来越高。为了实现对现网的维护和保障，进一步保障和提升客户感知，运营企业必须对网络进行更深入的挖掘，运营维护都需要做更多的工作。运营企业自身运维实力的提高客观上也对设备厂家和代维厂家提出了更高的要求。另一方面，以移动互联网为代表的通信网络开放、共享、即时的特征及其集中化、扁平化、一体化的业务要求，给传统运营企业封闭的、分散的、职能化的管理模式带来了巨大挑战，业务、服务、网络运维服务转型时期已全面来临。当前网络运维/运营体制的变革主要有以下三大驱动力。

1. 新技术和网络架构演进是推动运维体制变革重要的驱动力

网络技术的发展趋向大容量、扁平式、集中式组网，网管技术的不断发展使得集中式、综合式的网络监控管理替代了分散式管理。当前通信网络呈现全IP化特征，核心网设备部署由分散部署向集中部署转变，维护模式也向集中维护演进。光接入网全IP化，接入终端智能化，现场维护技能综合化要求进一步提升。移动网络用户规模进一步扩大，带来3G/4G网络深度优化需求，LTE高频点则带来网优能力挑战。云计算、大数据、OTT应用的大行其道，对网络运维服务提出了全新的要求。随着TDM技术向IP技术演进，运维集中化更适合技术的发展。而协同运维、融合运维和可视化运维是技术驱动下的必然结果。协同运维主要体现为2G/3G/4G/ WLAN多网协同运维、异构网络优化、电路域和分组域管理协同运维等。融合运维则体现为移动与固网的融合运维、电信网络与IT的融合运维。可视化运维体现为全IP的可视化运维和问题快速定位能力的建立。

2. ICT业务体系的发展演化推动数据业务和云业务的融合运营

以语音和短信业务为主的业务模式已经成为过去，独立的业务也难以继续存在。以数据为主的新的业务体系已经成为行业的共同选择。内容服务、FMC&ICT融合业务、行业信息化、云服务成为新电信业务体系的标签。国外运营商开始向业务运行中心转型，通过将原有网络运行中心（NOC）按业务导向的模式分步骤改造成业务运行中心（SOC），使客户响应变被动为主动，实现业务质量指标可监控，业务问题可以在客户投诉前主动解决，实现客户分级管理，为重要客户、集团客户提供高优先级的优质服务。以客户为中心的运维、端到端SLA保障和自动化运维是业务驱动下的必然结果。以客户为中心的运维主要体现在端到端保障服务质量以及良好的业务体验和用户体验。端到端SLA保障主要体现在运维服务可量化和运维服务全程可控。自动化运维则主要体现在虚拟化业务的维护、聚合业务的维护以及IDC的维护。

3. 企业因效益目标压力推进网络运维向价值运营转变

运营企业为保持自身竞争力，满足用户日益提高的业务和体验需求，需要不断地追加投资，推动网络与业务的演进，同时还要面对竞争加剧、语音收入增速放缓和OTT业务蚕食利润的挑战。国内运营企业过去几年收入增长放缓，OPEX占收入比重持续上升，实现收入和利润的持续增长不再像过去一样轻而易举。企业ARPU及利润率持续下滑，呼吁新资费方式、新商业模式、新业务类型。通过服务优化和服务外包降低运维成本已成为运营企业的普遍需求。但随着最终用户的期望和需求不断增长，以及OTT强势竞争，以网络为中心的运维管理已无法满足用户的需求。除了降成本外，运营商更加关注业务质量和用户体验的提升，更加关注收入增长和价值运营。

基于上述各种驱动力的影响，基础电信企业在改革自身运维体制的基础上，将大幅提高外包运维服务市场的准入门槛，专业运维服务企业需要作出重大改变来应对这一挑战。

4. 通过供应商管理实现外包服务向主流供应商聚焦的集中运维外包

当前各基础运营企业的运维外包服务在选择上都体现出集中化的趋势，由管理多个设备供应厂商和运维服务厂商逐步集中到主流的服务供应商。以华为、中兴、爱立信、诺基亚西门子等为代表的设备厂商已经转型成为主要的第三方服务供应商，成为通信运维服务外包行业的新崛起力量。中通服等专业的大型的跨区域开展业务的专业运维服务企业成为国内运维服务外包市场最中坚的力量。通过集中化运维外包管理，企业的运维成本、管理成本有20%～25%的下降，并提升了网络服务质量。

三、我国通信运维服务行业的机会与挑战

2013 年我国的通信市场称得上是政策最活跃的行业领域。从移动转售牌照和 4G 牌照的发放，到智慧城市建设高潮的到来，从信息消费和宽带中国战略的正式发布，到大数据产业的举国热议，都充分体现出行业的躁动和新生前的兴奋。而以微信和移动支付为代表的移动互联网产业更是将通信行业“融入”到金融、文化、媒体等其他行业中，引发了全民的“狂欢”。“棱镜门”事件则从另一个角度搅动了整个市场的神经，伴随国家网络安全与信息化领导小组的成立，通信安全和 ICT 安全产业将成为另一个最热领域。在这样的历史机遇和挑战面前，整个行业面临大的洗牌，运维服务业也将“水涨船高”。总的来说，运维服务业在 2014 年乃至未来几年将面临如下的机会与挑战。

1. 4G 时代的到来为行业的快速发展注入强大动力

3G 网络带给人们移动互联网享受后，以数据业务为核心的用户体验已经成为衡量网络性能优良的标准。网络运维从传统的以语音为中心变为以数据业务体验为核心。4G 网络时代，这一特征将会更加突出。另一方面，GSM/UMTS/LTE 多制式共存的网络不断增多，多制式、多层次的结构使得网络复杂度呈几何数级增长，网络的运维和优化面临极大的挑战。由于以中国移动为代表的基础运营企业在 4G 网络的建设力度上是空前的，而 4G 网络运维服务的要求又极高，这在给整个行业带来巨大业务机遇的前提下，对服务企业也提出了新的挑战。

2. 信息消费和宽带战略将给整个行业带来长期的向上增长空间

信息消费将对行业产生深刻影响。宽带基础设施建设和智慧城市建设是信息消费战略落实的两大抓手。智慧城市示范城市的建设如火如荼，宽带城市群示范城市的遴选工作也在积极开展。无论是较为传统的通信基础设施，还是智慧城市 ICT 基础设施，都给运维服务市场带来了相当可观的增量业务。但是，传统的运维服务模式已经难以满足这些基础设施维护服务要求，运维服务企业将普遍面临技术革新和管理变革的压力。

3. 虚拟运营服务市场的业务机会值得重点关注

从目前的合作规则看，我国开展移动虚拟运营将为内容提供商、终端供应商带来大量业务拓展契机，并给与软件、平台、集成、设备商的合作带来空间。市场发展初期，虚拟运营商的计费账务系统、业务分析系统、客服系统、安全系统等领域的技术服务和外包服务存在较明显的市场空间。将来随着通信和数据基础资源的逐渐建立，虚拟运营服务市场将进一步拓宽。作为一个战略新兴市场，这一领域值得行业重点关注。

4. 网络与信息安全领域的专业化服务业务极具吸引力

中央网络安全和信息化小组的成立是 2014 年 ICT 行业最大的事件之一。近年来，各类网络威胁造成的损害不断加大，带动了对信息安全产品和服务需求的持续增长。开年的党和国家发布的安全战略将大力推动我国信息安全产业的快速发展。在市场需求方面，政府、电信、银行、能源、军队等是信息安全企业关注的重点行业，证券、交通、教育、制造等新兴市场需求强劲。大型企业和中小型企业市场存在普遍的服务需求。这对运维服务企业来说，是一次难得的转型发展的重要机遇。

5. 行业自律将是规范通信运维服务市场的重要方式

运营企业和代维企业共同提升代维服务工作的规范化管理水平是实现我国代维服务工作做大、做强的基础。特别是当前具备国际先进管理理念的跨国巨头的逐渐渗透，势必进一步提升国内代维市场规范化管理的迫切要求。本届政府力推权力下放工作，更加强调发挥市场无形之手的作用，因此传统大政府的监管模式会有较大的调整。这就需要行业自律在规范行业方面发挥更大的作用。具体来说，行业协会等组织，要积极应对新的技术和业态，深入研究、制定和完善行业法规和标准规范，保护、扶持规范发展的有实力的企业，清理整顿行业的不端行为，为行业的发展提供健康的环境。

（作者：工业和信息化部电信研究院　徐志发）

专家视点篇

全面推进 LTE 的运营和发展

工业和信息化部通信发展司　闻库

刚刚过去的 2013 年，是新一届中国政府的开局之年。这一年，中国政府高度重视信息基础设施建设和信息通信产业发展，国务院先后发布了《关于促进信息消费扩大内需的若干意见》、《关于印发“宽带中国”战略及实施方案的通知》，进一步创造了推动行业健康持续发展的良好环境。统计数据表明，2013 年，中国实现电信业务收入 1.17 万亿元，同比增长 8.7%。电话用户总数达到 14.96 亿，电话普及率超过了 110 部/百人，其中 3G 移动电话用户数超过 4 亿。互联网网民数量达到 6.81 亿，其中手机网民增速飞快，网民中使用手机上网的人群占比已提升至 81%，达到 5 亿人；4Mbit/s 以上宽带接入用户占比达到 78.8%。

这其中需要着重强调的一点是，中国政府高度重视新一代移动通信产业发展。2013 年 12 月 4 日，根据中国电信、中国移动、中国联通的申请，工业和信息化部向三家运营商发放了 TD-LTE 运营牌照，拉开了 4G 在中国商用发展的大幕。目前，包括电信运营商、系统设备商、终端芯片商在内的产业链众多群体都在积极备战 4G，并在网络建设、市场营销、业务推广以及终端定制等各方面取得了不小的进展。中国移动发布了商业品牌、网络覆盖、终端销售、资费策略等方面的 4G 发展战略，并已经率先启动了大规模的 TD-LTE 商用服务；中国电信推出了全新的 4G 品牌“天翼 4G”，公布了首批 TD-LTE 商用终端采购计划，并正在开展 TD-LTE 网络建设；中国联通也确定了“沃 4G”标识，并启动了 4G 基站、终端招标工作。根据企业发展计划，2014 年中国 TD-LTE 终端销售总量将超过 1 亿部，4G 商用城市数量将会超过 300 个，4G 用户数将会超过 3 000 万，4G 网络建设将直接或间接拉动 5 000 亿元的产业投资，并将带动 5 000 亿元应用的产业发展。

众所周知，4G 宽带移动通信技术具有性能更好、成本更低、全球化水平更高的明显优势，是当前全球宽带移动通信领域统一的、最有效率的解决方案。近年来，全球 4G 产业取得了显著突破，商业化发展迅速。作为 4G 发展主流方向之一，TD-LTE 以其优异的技术性能成为许多国家和地区向新一代移动通信网发展演进的重要选择。我们相信在中国，伴随着网络、终端和业务的不断成熟和普及，4G 将对信息通信业的消费方式和应用模式产生一系列深远的影响，同时对于宽带中国、移动互联网、智慧城市等多项国家重点的战略项目，也将起到重要的推动作用。

与此同时，我们也清醒地注意到，当前 4G 的发展还面临着诸多挑战和问题，如商业模式问题、4G 话音问题、终端成熟问题、频谱资源和国际漫游问题、LTE-FDD/TD-LTE 融合发展问题，等等，这都需要全球产业链的协同推进和国际化规模商用的鼎力支持。

针对我国的 4G 发展，要注意以下五个方面：

一是加快“宽带中国”建设。要深入贯彻落实国家“宽带中国”战略，统筹有线和无线宽带发展。组织实施“宽带中国 2014 专项行动”，进一步加大光纤宽带网络建设力度，强化光纤到户国家标准的贯彻落实，积极推进下一代互联网发展。大力发展建设 TD-LTE 网络，加快拓展网络覆盖范围，优化网络运行质量，组织开展 LTEV6 工程。

二是提升各级企业的创新意识。随着 4G 网络速度的快速提升，基于互联网，尤其是移动互联网的应用创新会更加活跃和层出不穷，以 OTT 为代表的互联网对传统通信业的渗透将进一步加速。国内基础电信企业和互联网企业需要对 4G 时代有深刻的认知，及早开展 4G 业务的创新研究和有效探索，不断提升消费者感知和体验，逐步提高企业核心竞争力。

三是突破核心基础关键技术。移动通信技术的快速演进离不开长期的研发投入和早期的技术布局。当前，4G产业链各方应进一步加大技术研发投入，加快提升产业整体水平，尤其是要加快促进TD-LTE智能手机和芯片等关键产品尽快成熟，增强基站的深度覆盖能力，完善端到端技术解决方案。同时，需要加快推动VoLTE的研究和测试进程，继续完善CSFB和双待机等LTE话音解决方案，有效实施话音业务双向切换。

四是推动4G资费水平的降低。要深入贯彻领会“十八大”三中全会精神，进一步完善主要由市场决定价格的机制，推进电信等多领域的价格改革，推动资费水平的逐步降低。尤其要正确对待当前包括消费者在内的各界人士对4G资费的评论，加强宣传引导，推动电信企业逐步降低4G数据资费水平，优化业务资费体系，完善消费保障举措，既要让消费者用得好，还要让消费者用得起。

五是促进多种网络融合发展。目前，越来越多的国际运营商同时拥有TDD和FDD频率资源，TDD/FDD多模终端路线逐渐被国际上一些主要运营商的认同。随着频率资源日趋紧张，LTE FDD与TD-LTE融合组网将有利于满足数据业务快速增长的需求，可以更好地为用户服务，便于实现全球漫游，共享产业规模效益。因此，全球4G产业界要进一步完善TD-LTE与2G、3G、LTE FDD等网络共存和演进升级方案，特别是要满足各种制式网络向TD-LTE演进的发展需求，尽快打通相关技术路径。

向新一代传送网演进

中国电信集团公司　韦乐平
中国电信股份有限公司北京研究院　张成良

一、现有传送网的问题

近年来，以视频业务为代表的互联网业务蓬勃发展，移动互联网业务高速增长，云计算应用蓄势待发。按照中国电信的最新预测，尽管未来 5 年干线网流量的年增长率相对前一个 5 年有一定的回落，但是年增长率依然会高达 35%～40%。按照这样的增长趋势，预计到 2020 年，中国电信省际传送网最大截面的容量将超过 80Tbit/s，最大节点交换容量将超过 300Tbit/s。

面对互联网等业务的快速发展，现有传送网无论是链路、节点容量和功能均已不能满足需求，急需引入新的网络架构和组网技术。首先，现有光网络容量增速已经回落到每年 20%左右，无法赶上互联网流量的增速（40%）；其次，现有 WDM 光层是点到点大管道，没有实现联网，无法提供必要的业务生存性，主要靠上层 IP 层来完成业务的保护恢复，业务恢复时间太长，延时性能不可控，不能满足实时业务、高速专线业务以及 IDC 高速互联业务等高质量业务的要求；最后，纯粹的 WDM 管道也不能提供子波长级业务的灵活复用和调度，造成波长容量利用率很低。

在这样的大形势下，建设一张面向更高速率、更高可靠性、更低成本、更灵活、层次更清晰的新一代传送网是运营商的必然战略选择，所谓新一代传送网有 3 个基本特征是必备的，即超高速传输、透明联网和超低损光纤。本文将重点围绕上述 3 个基本特征对新一代传送网所涉及的技术发展趋势进行探讨。

二、透明联网 OTN/ROADM 技术的发展

所谓网络的透明性泛指网络对信号传输的比特透明、定时透明和延时透明。这种网络的透明性是运营商长期追求的理想，有利于兼容不同制式、不同格式和不同速率的信号，维持基础设施的长期稳定性，有助于新老系统的共存，既保护已有投资，又不妨碍新技术的引入。OTN 的出现和成熟提供了初步的透明联网能力，下一步的发展则是全光联网，即真正实现光层面的透明联网，完全消除电子设备引起的节点和链路瓶颈，两者相辅相成，共同构成未来的透明光传送网络，支撑电信网的长远可持续发展。

作为透明联网第一步的 OTN 技术是一个包括光层和电层在内的完整的光网络体系结构。从 OTN 设备呈现方式上看，既可以作为独立的交叉设备使用，也可以与 WDM 系统集成在一起使用。OTN 技术的发展包括两方面。一方面是向更大容量的设备形态发展，包括交叉容量的增加和接口速率的提升。目前 OTN 的交叉容量已经达到 10Tbit/s 以上，一定程度上可以满足端到端大颗粒业务交叉调度的需求。支持控制平面的 OTN 网络适合为高 QoS 业务和子波长业务提供端到端的承载和保护，不同交叉容量的 OTN 设备将在省际传送网、城域网核心层逐步全面替代已有的 SDH/MSTP 网络。OTN 另外一个重要发展方向是面向多业务承载平台的演进。已有 OTN 设备引入分组增强功能在 ODUk 刚性管道基础上增加了二层交换功能，管道利用率大幅提高，可以在城域 IP 网扁平化、OLT 上联 BRAS/SR、以太网专线等多种场景中提供差异化服务。

随着光器件技术的不断进步和成本的不断下降，可以动态实现任意波长上下路的灵活组网设备——可重构的光分插复用器（ROADM）开始受到业界的关注并在北美地区率先得到应用。从应用

上看，由于骨干网地理范围大，全光传输距离受限，因此，再生是ROADM组网中必须考虑的问题。全光再生技术在可预见的将来还难以成熟，对于长距离的光波长传输特别是省际光传送网，“先下路进行OEO再生然后上路”是ROADM完成业务再生的唯一选择。在组网策略上，结合OTN电交叉和ROADM光交叉能力的光电混合交叉设备是解决ROADM组网再生问题的最佳方案；也就是说，在网络的部分节点，通过融合OTN交叉和光波长交叉的混合交叉设备可以进行小颗粒带宽业务的处理。OTN电交叉的引入可以提供子波长业务汇聚、调度、保护等能力，进一步提高骨干传送网的业务提供能力。但是在某些省内网络和城域网，由于端到端光传输距离在1000千米左右，ROADM已经可以实现全光传输，采用多维度ROADM组网能够减少网络投资和运营成本。

三、超高速WDM技术的发展

随着100Gbit/s技术系统的大规模商用，人们的关注点转向超100Gbit/s WDM传输技术的开发。

目前最流行的单波400Gbit/s调制方案是双载波PM-16QAM-400Gbit/s信号首先分为2个光子载波传送，信号速率降低一半至200Gbit/s，再通过偏振复用进一步降低至100Gbit/s，最后通过16QAM调制降低为1/4，因此实际码元速率仅仅为25Gbit/s。400Gbit/s双载波PM-16QAM的实际波特率与目前100Gbit/s PM-QPSK一致，支持重用核心芯片。一般情况下，两个子载波的波道间隔为50GHz，因此通过100GHz频带传送400Gbit/s信号，频谱效率为4Gbit/s/Hz。若采用灵活格栅技术，每个子载波的带宽可望控制在37.5GHz左右，可以实现75GHz频带内传送400Gbit/s信号，频谱效率提高到5.3bit/s/Hz。

单波1Tbit/s光纤传输技术面临的技术难度更高，业界寻求通过超级通路方案来解决频谱效率与传输距离之间的平衡。超级通路技术的基本原理是在一个通道中包含若干个子载波，共同传输一路高速信号，但是每个子载波的速率可以降低，从而降低了实现难度。目前比较热门的两种技术是奈奎斯特WDM技术和正交频分复用（OFDM）技术。前者实现更简单。传输性能更好，因而更流行，其基本原理是发送端将单个子载波信号通过数字滤波或者光学滤波方式在频率内整形为近似矩形，因此在频域内的多个子载波可以无间隔的方式并行传输，进而提高频谱效率。简而言之，就是“频域压缩，时域正交”。采用光学滤波的奈奎斯特WDM系统实现难度较低，技术难点是对光域压缩造成的损耗需要在接收端进行补偿。

综上所述，400Gbit/s WDM传输技术路线相对清晰，双载波PM-16QAM可以部分重用目前100Gbit/s PM-QPSK调制技术的核心技术和关键芯片，有可能成为第一代单波400Gbit/s调制技术。但16QAM技术面临的最大挑战是调制格式复杂，其接收机背对背灵敏度比100Gbit/s WDM系统QPSK差6dB以上，目前现场试验传输距离基本在500～600km范围，难以实现1000km以上的传输。1Tbit/s WDM传输技术路线尚不明确，业界倾向于采用超级通路技术，奈奎斯特WDM和OFDM技术是目前最热门的两类候选技术方案。

四、新型光纤技术的发展

随着20世纪90年代初建设的“八纵八横”干线光缆逐渐进入20年的设计寿命期，我国即将进入新一轮光纤光缆建设期。光缆属于信息基础设施的基础，要考虑至少20年的技术发展和容量需求，因此需要有更远的前瞻性考虑。

超100Gbit/s等超高速WDM传输系统对非线性效应越来越敏感，入纤功率的控制将越来越严格，因此光纤段落损耗对系统传输距离的影响变得越来越重要。在此背景下，降低光纤衰耗系数重新成为光纤技术发展的主要趋势。目前低衰耗光纤技术在G.652光纤中主要有两种。

（一）采用常规G.652光纤工艺（芯区掺锗），通过改善预制棒纯度和拉丝过程洁净度，减少非本征衰耗，达到降低损耗的目的。这种技术通常称为低损耗（LL）光纤技术，厂商G.652 LL光纤的损耗系数是0.18～0.185dB/km，价格比常规光纤略贵，按照光缆价格计算，则几乎可以忽略。

（二）采用新型工艺的超低损耗（ULL）光纤，该技术借鉴海缆纯硅芯光纤工艺，芯区采用纯二氧化硅，最大限度地降低本征衰耗，包层通过重度掺氟降低折射率，达到所需的折射率分布。由于工艺复杂，目前只有康宁公司推出了 G.652 ULL 光纤商用产品，损耗系数大约是 0.17dB/km，价格大约是常规光纤的 3 倍，但是若与昂贵的高速转发器相比，则在不少超高速应用场景下是值得的。

根据 ITU-T 规定的光纤可用光谱宽度和香农极限理论，单模光纤的理论容量极限大约是 400Tbit/s（假设频谱效率是 10bit/s/Hz），进一步考虑到光纤放大器的可用带宽仅仅为光纤可用光谱宽度的 1/4 后，单模光纤的实际可用容量极限大约是 100Tbit/s。近 10 年来，由于缺乏像 20 世纪的 WDM 和光纤放大器那样的突破性技术，光通信技术的容量增长速度已经回落到每年 20%左右。按照这一发展速度，系统容量将在 2020 年左右达到香农极限。然而，从业务需求方来看，最近 10 年全球互联网的年流量增速在 40%左右，远快于系统容量的增长速度，预计在 2020 年前后，实际互联网流量需求将超越单纤系统容量的香农极限，到时出现容量危机，该如何解决？

要突破单纤系统容量的香农极限，主要靠空分复用（SDM）和模分复用（MDM）两种方法。

（一）模式复用：通过在同一光纤内同时传输若干个互相正交的模式的方式达到模式复用扩容的目的。这种方式的关键是模式数量要严格控制，还需要保证衰耗系数等传输性能，控制模间色散，降低 MIMO 算法复杂度。此类光纤通常称为少模光纤（FMF）。

（二）空间复用：通过将多个纤芯集成在同一光纤包层，使得同一根光纤可以同时支持多个芯区，不同的芯区可以传输不同信号，从而实现空间复用。此类光纤称为多芯光纤（MCF）。这种方式的关键是纤芯间距离要严格控制，防止芯间干扰和衰耗增加。

（三）上述两种技术结合在一起，可进一步提升容量，称为少模多芯光纤。

上述技术为光纤通信容量的突破提供了重要的技术途径，但是真正要实现商业化，还有很长的路要走，特别是必须要实现多个独立并行传输系统的集成，否则仅仅靠减少光缆的体积和成本并不具备实际经济意义。

移动通信转售业务对民资开放的市场分析和思考

工业和信息化部电信研究院　刘多

一、移动通信转售业务对民资开放的意义

移动通信转售业务对民资开放是《国务院关于鼓励和引导民间投资健康发展的若干意见》（国发〔2010〕13号）的实质性推进。工信部于2012年6月发布了《关于鼓励和引导民间资本进一步进入电信业的实施意见》，支持民间资本以参股方式进入基础电信运营市场，促进公平竞争，推动资源共享，提出移动转售业务、驻地网等允许民间资本进入电信业的八个领域；2013年5月17日，工信部正式发布《移动通信转售业务试点方案》；2013年12月26日向第一批通过审核的13家民营企业发放移动通信转售业务试点批文，为期两年、社会企盼的移动通信转售业务试点正式拉开序幕。

移动通信转售业务对民资开放是十八届三中全会精神的贯彻落实。《中共中央关于全面深化改革若干重大问题的决定》提出："要支持非公有制经济健康发展，坚持权利平等、机会平等、规则平等，废除对非公有制经济各种形式的不合理规定，消除各种隐性壁垒，制定非公有制企业进入特许经营领域具体办法"。信息通信业作为国民经济社会的重要组成部分，在改革开放全局中占有重要的地位，移动通信转售业务试点使民间资本进入基础电信业务领域，既是电信体制改革的阶段性深度推进，也是加快中国非公有制经济发展的重大举措。

移动通信转售业务对民资开放，在中国移动通信发展史上具有里程碑式的意义，对进一步推动信息通信业的繁荣发展，具有十分重要的现实作用和长远影响。中国基础电信市场主要由三家国有企业运营，向民间资本开放移动通信转售业务，将促进移动通信市场资本主体和经营主体的多元化。近些年来，民间资本实力不断增强，成为拉动国民经济增长的重要力量。移动通信转售业务是基础电信业务，比照增值业务管理，这有效降低了民间资本进入基础电信运营业的门槛，民营企业作为新兴力量进入基础电信市场，将进一步挖掘移动通信市场潜力、增强行业发展动力、激发应用创新活力，有利于移动通信领域的充分竞争，并倒逼现有基础电信运营企业进一步开展业务创新、促进流量经营管理、提升服务品质。

目前，中国已经进入移动互联网时代，移动数据成为基础电信业增长的第一引擎。移动智能终端快速普及，技术创新、应用创新、融合创新空前活跃，不断催生发展的新动力、新空间。在国家扩大信息消费政策和宽带战略实施、4G牌照发放的大背景下，中国基础网络演进升级步伐加快，信息需求不断扩大，移动通信转售业务发展具备良好的基础和条件，向民资开放恰逢其时。广大电信消费者将面临更多的选择，将享有更便捷、优惠和多样化的移动通信服务。非公有制经济在扩消费、稳增长、优结构、促创新、保就业、惠民生等方面有望发挥积极的作用和影响。

二、移动通信转售业务市场前景和预期

中国开展的移动通信转售业务是移动虚拟运营的形式之一，采用网运分离的运营模式。移动虚拟运营在国外已经发展十几年，由于区域市场成熟度、开放度的差异，全球移动虚拟运营分布不均，呈现明显的浪潮式发展特点。西欧、北美引领移动虚拟运营发展的第一波浪潮，是全球移动虚拟运营最为活跃的市场，移动虚拟运营收入占全球的85%左右，目前已经步入寻求新价值增长的成熟期。亚洲正领衔移动虚拟运营的第二波发展浪潮，近年来

步入发展快车道。中国开放移动通信转售业务，将有力推动这一进程。近十几年来西欧和美国等成熟市场移动虚拟运营用户发展规律表明，移动虚拟运营发展前两年处于起步期，用户市场渗透率从零起步到2%左右。经5～7年发展到成熟阶段，用户渗透率将维持在7%左右相对稳定的水平，有些国家突破了10%。英国目前大约有40家虚拟运营企业，占移动用户市场的12%。移动虚拟运营企业是市场中一支重要力量，定位于细分市场，属市场补缺者，不会改变基础运营企业市场主导者、领导者的地位和角色。

从中国移动通信增量市场来看，到2015年年底（试点截止时间），中国移动通信用户仍有年均超亿户的净增空间；从存量市场来看，移动通信市场不均衡，4G运营将进一步加剧存量市场的争夺，联通、电信积极性高；从增值市场来看，移动互联网业务蓬勃发展，增速迅猛。基于这3个要素，中国移动通信转售企业从理论上分析，应该具有良好的市场前景。当前，影响移动通信转售业务发展前景的核心因素之一是移动通信转售企业的数量和开放市场范围。目前，已经与中国电信签订合作协议的企业有16家，与中国联通签约的有14家，与中国移动达成合作意向的有17家，其中有重叠，有的企业可能和三家运营企业都签署合作协议。根据目前掌握情况和态势判断，2015年移动通信转售企业的数量将达到30家左右或者更多。从试点区域来看，中国电信向合作民企提供了90个本地网可供选择，中国联通开放全国300多个本地网可供选择，预计中国移动也将开放东部多个省份进行试点。工信部电信研究院测算，若行业市场竞争有序、生态竞合发展良好，预计到2015年年底，中国移动通信转售用户将接近5 000万户，占移动通信市场的3%左右。与国外移动虚拟运营发展初期相比，中国移动通信市场规模和潜力更大，民营企业和基础电信企业参与的积极性更高。2014年作为商用元年，期待移动通信转售业务稳健起步。

三、国际移动通信转售业务发展的启示

移动通信转售业务在中国还是一个新生事物，从国际经验来看，移动通信转售业务对民资开放，是一项用户受益、转售企业受益、基础运营企业受益、产业链整体受益的重大举措。国际上先行发展的经验对我们有三个方面的借鉴。

1. 针对特定细分市场推动业务融合与创新

国际移动虚拟运营企业针对特定细分市场开发特色产品取得显著效果。例如，Disney Mobile根据自有用户年轻化的特点，为青少年用户提供特色手机铃声、壁纸、游戏、亲子主题服务、Disney定制手机等娱乐类应用服务。从当前国内已获得移动通信转售业务试点批文的企业看，绝大部分企业均拥有各自特色资源，结合自有优势进行融合创新，与人们生活、生产相结合的特色增值应用更加丰富。

2. 合作共赢为基础运营企业创造新收入增长点

西欧运营企业2011年整体批发业务收入下降0.5%，但移动通信批发业务却逆势增长3.4%，其中主要运营企业Vodafone、FT-Orange、Telefonica、Deutsche Telekom等均都实现了不同程度增长。法国电信运营企业SFR得益与移动虚拟运营企业紧密合作，2011年更是实现了收入22%的高增长。Sprint在美国与其合作的MVNO共同制定特色业务计划及资费方案，按照3：7比例进行收入分成，网络资源使用效率提升而降低成本等，使基础运营企业受益。

3. 整合创新，深度促进产业链合作共赢

国际经验表明，虚拟运营企业在行业中处于某些细分市场的配合者位置，与基础运营企业以及产业链其他环节合作共赢是其主要发展模式。例如Virgin Mobile利用其在飞机、火车、软饮料、音乐、酒类、出版以及新婚服饰等领域的市场影响力，与电信运营企业、终端供应商、软件及内容提供商建立合作关系，根据市场需求提供具有Virgin品牌特色的产品及服务。移动通信转售业务可以为内容提供商和系统集成商等产业链环节带来更加广阔的发展空间。

四、促进中国移动通信转售业务发展的思考

移动转售企业进入基础电信业，使基础电信市

场的竞争博弈关系进一步多元化、复杂化。基础电信企业与合作的转售企业之间、基础电信企业与其他转售企业之间、转售企业之间，都存在竞合关系。基础电信市场由三家之间的三角简单竞合关系，转化成多家企业之间的网状复杂关系。十八届三中全会要求，建设统一开放、竞争有序的市场体系，是使市场在资源配置中起决定性作用的基础，要加快形成企业自主经营、公平竞争，消费者自由选择、自主消费的现代市场体系。在行业改革发展、国家改革开放的大形势下，为保障中国移动通信转售业务健康发展，提出3个方面的建议：

1．差异化创新是移动通信转售企业生存发展的根本

基础电信运营企业主要提供共性的产品和服务，移动通信转售企业沿袭现有业务模式难以持续发展，要针对特定的细分市场的个性化需求，强化自身在客户关系等方面的优势，通过技术与业务创新，在产品、渠道、价格、服务方面与基础电信企业有所隔，规避同质化，依靠创新创造生存发展的基础和空间。

2．生态发展竞合共赢是移动转售企业持续发展的前提

同互联网企业与基础电信企业之间的关系一样，良好的生态环境也是移动转售企业和基础电信企业共生共长的基础。转售企业和基础电信企业之间的合作性大于竞争性，发展初期，转售企业尚未建立起电信运营品牌和市场认可度，对合作的基础企业依赖较大，基础电信企业应支持转售企业发展壮大，构建新型市场主体的新生态。行业要鼓励、引导基础营企业以开放、合作的心态平等对待转售合作伙伴，随市场变化及时优化调整批发价格，互利共赢；支持移动通信转售企业业务创新和商业模式创新，繁荣市场，创造新的价值。通过构建有利于可持续发展的长效合作机制，形成产品协同、营销互动、发展互补的新局面。

3．多元主体的依法有效监管是行业健康发展的保障

规范电信市场秩序、维护用户和经营者的合法权益、保障网络和信息安全、促进电信业健康发展是行业监管的主要职能。移动通信转售企业进入电信市场，目前的电信监管体系和职能需进一步延伸和覆盖。在用户权益保护方面，要加强对转售企业提供长期服务能力的审查，落实用户个人信息保护的规定，督促转售企业处理好与用户的预付费返还、费用结算、争议解决等问题，完善市场退出机制；在日常监管工作中，要加强码号资源使用情况、转售试点运行情况的定期评估和监测；要逐步完善信息内容安全和应急处置机制；妥善处理基础电信企业和转售企业在业务合作方面的争议，建立起完善的企业申诉管理机制。结合移动通信转售业务试点运行中出现的新问题、新动向，要不断完善监管政策，适应并促进行业的持续健康发展。

对智能管道关键技术发展的思考

中国电信股份有限公司北京研究院　赵慧玲　张园　王茜

一、智能管道——运营商的必由之路

随着互联网应用的不断丰富，尤其是大带宽应用的发展，如 OTT 视频应用、云计算应用等，网络带宽呈现年均 50%以上的增长趋势，运营商需要投入大量的资金升级、扩容现有的网络。而互联网普遍服务，也要求网络资源的使用价格逐步降低，使得网络规模快速扩大的运营商的利润增长微乎其微，运营商也缺乏更多的利润增长点，造成业务量与收入之间的剪刀差日益扩大，而产业链的价值逐渐转移到提供互联网应用的内容提供商身上。

由此可以看出，一方面是运营商面临网络能力提升不提价的管道“低价值”压力，另一方面，互联网应用也在探索如何为用户提供差异化服务而获取更大的应用级收入。在此趋势中，运营商不能仅仅定位于一个单纯的“管道”，提供简单的接入服务，而是要充分发挥运营商网络的资源优势，与互联网应用合作提供具有更具优势的能力和服务，创新商业模式，在产业链中占据更为重要的位置，提升管道资源的价值。

中国电信王晓初董事长提出了中国电信“新三者”的转型思路，即要做“智能管道的主导者、综合平台的提供者、内容和应用的参与者”。智能管道一方面要“做宽管道”，支持移动互联网用户的快速和规模发展；另一方面要提升网络的智能性，能够使网络具备“用户可识别、业务可区分、流量可调控、网络可管理”的能力，实现资源可管、可控，按照用户和业务灵活进行资源调度，通过差异化的服务和运营，摆脱“哑管道”的命运。

Vodafone 推出了“Smart Network”的智能管道的发展策略，“Vodafone Smart Network”的目标是推进网络高效化、智能化，优化网络管理；Vodafone 在英国本土、德国、荷兰已推出根据移动用户（3G、LTE）的接入速度差异进行差异化定价；并且 Vodafon 在西班牙针对企业用户的移动数据业务提供差异化服务，当用户在流量限额内，任何服务包都可以享受最大接入速度；但用户的流量超出限额后，接入速度降为下行 128kbit/s，但在网络不拥塞时，接入速度不限制。

中国移动以构建智能管道为基础，大力开展流量经营，为客户提供快捷、方便、高效的上网体验，构造好用、易用的智能信息传送管道。中国移动提出了大力推进 GSM、TD-SCDMA、WLAN、TD-LTE 4 网的协同发展，为移动互联网用户提供更方便、更高效、更低成本的网络体验。

由此可见，智能管道已经成为运营商网络建设和发展的基本需求和必由之路。

二、智能管道的网络架构

智能管道是指在通信基础网络上构建一系列致力于网络资源优化和用户体验提升的网络服务系统，使之具备应用层优化和服务质量区分能力，建立针对用户、业务及流量进行分层管理和控制的机制，构建基于管道的增值业务，开放智能能力，与终端、业务共赢发展。智能管道的核心要素是网络智能（Network Intelligence），即在现有网络上引入智能策略控制层，使网络具备用户行为感知、动态资源分配和灵活分级服务等智能化特征。

智能管道的网络架构分为承载控制层和承载网络层，即在现有网络基础上，实现承载和控制的有机分离。承载控制层在原有认证系统、网络管理系统等基础上，构建统一认证系统和融合策略控制系统，提升感知分析、策略制定、流量调度和自助指配等能力。承载控制层与综合平台交互，上传网络状态等多维信息，并承接上层应用对承载资源的需求；承载网络层在现有网络的基础上，基于带宽提速和融合覆盖实现管道的更大、更强，通过提升多维感知、按需保障等能力，完善网络智能化基础，并与承载控制层、IT 支撑系统、终端等配合最终达到服务的高效提供和资源的智能管控。智能管道网络架构如图 1 所示。

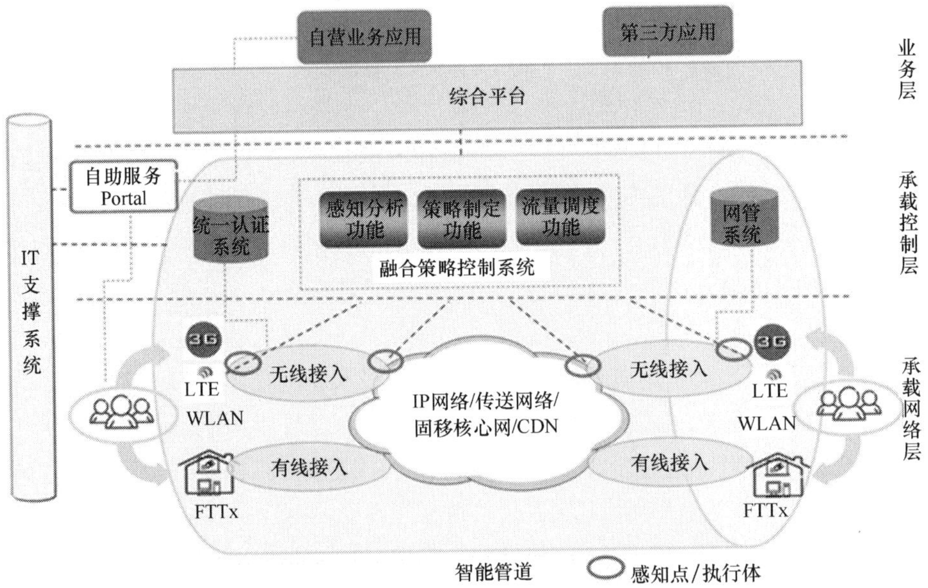

图 1 智能管道的网络架构

三、智能管道的关键技术

智能管道的核心技术包括“感知、控制和开放”3 个要素。

（一）智能感知能力

智能感知是指网络要实现基于业务、用户、位置多维度的感知，智能感知是实现管道智能化的基础，只有实现了多维度的感知，才能进一步实施基于业务、用户等多维度的控制和差异化的服务。

DPI 技术是实现对用户流量检测的关键技术。DPI 技术主要是分析 IP 报文中 4～7 层数据，并通过端口检测、特征分析、关联识别和行为特征检测等多种技术手段从实时网络流量中获取信息。它能更精细地识别网络中的各种应用，并为网络运营中的业务识别、业务控制和业务统计提供服务。通过 DPI，能够获取终端信息，识别用户，感知网络状态，区分不同的业务。

DPI 设备分为内置 DPI 功能与独立 DPI 系统/设备两类。目前，网络中已经开始部署 DPI 设备，提升业务识别与统计分析的能力。在固网中，目前主要采用独立的 DPI 系统，省内 DPI 系统大部分部署于省出口或城域出口，采用并接方式，主要功能包括全业务分析、P2P 监控、非法互联检测、广告推送等；骨干网 DPI 系统主要部署在国际和互联互通出口，采用串接方式，用于管理和控制国际出口和互联互通出口流量。在移动网中，开始在 PDSN 上升级支持 DPI 功能，对特定业务进行检测并进行流量管控；移动网中也已经在 PDSN 的 Pi 接口部署了外置 DPI。DPI 可以和策略控制系统配合进行进一步的策略控制，如对 P2P 等低价值业务的管控，对运营商自营业务的保障等。基于 DPI 的感知技术是实施智能管道的基础，目前已经在运营商的网络中广泛使用。

基于 DPI 感知基础上的统计分析系统也是智能管道的核心。统计分析系统可以从网关设备获取所有的镜像数据，从无线网管等设备获取网络的忙闲转态信息。统计分析系统可以对用户数据进行多维度的分析，从而获取用户的行为和喜好。对于运营商而言，这增强了网络的可视化能力，同时它还可以结合用户的喜好进行业务的提供，并能进一步将相关信息开放给第三方。

（二）策略控制能力

策略控制能力是智能管道的核心。3GPP 在 R7 版本中提出了 PCC 架构，用于实现 3GPP 无线分组网络业务数据传输 QoS 等策略和计费控制。基于 PCC 架构，其可以实现基于用户等级、时间、区域、累计流量、使用时长、业务类型、带宽等各个维度的策略控制。PCC 架构不仅可以用于对 3G 网络的策略管控，也可用于对 LTE/EPC 网络的策略控制。目前，国际上的很多 3G 和 4G 运营商都引入了 PCC 系统进行策略管控和流量经营。

策略控制系统可以根据应用服务器的需求和感知系统对业务流的感知实施基于业务的策略控制与计费。策略控制系统主要控制能力如下。

- 基于用户的签约数据为用户提供不同的 QoS 参数，实现区分用户的 QoS 策略控制。
- 基于用户累积使用情况的策略控制，使运营商能够基于用户在一段时间的使用量限制用户的 QoS。
- 基于业务的策略控制，限制 P2P 等低附加值、大量侵占网络资源业务的最大带宽，提高企业应用、流媒体等高附加值业务的承载级别。
- 基于用户位置信息或接入类型的策略控制，按照用户所处位置、接入类型进行 QoS 控制，如提高商务区和办公区某些用户的 QoS，降低繁忙小区某些用户的 QoS。
- 基于时间信息的 QoS 策略控制，如网络忙闲时给予用户不同的网络资源。

PCC 架构可以实现基于用户、业务、位置、时间等多维度的策略控制，因此 PCC 架构是运营商实现智能管道的核心技术。PCC 架构还可以实现和 DPI、感知分析系统的联动，实现基于业务、时间、位置的更精准的管控。

中国电信也积极进行感知和策略控制系统的技术实践，提出了移动网络基于业务的智能调度方案，根据网络的忙闲状态针对不同的业务进行差分服务：将有限的无线资源优先分配给视频、上网浏览等用户感知比较明显的业务，而下载等背景类的业务次优先级调度。基于中国电信制定的 CDMA 的 PCC 规范，指导设备厂家进行了相关的设备开发；进行了现网试点，有效缓解了忙时无线资源紧张的状况，提高了网络资源的利用率；同时有效改善了用户忙时的业务体验。在 CDMA 网络中引入基于 TDF（业务检测功能）的 PCC（策略控制和计费）方案，同时在 3GPP2 推动形成基于 TDF 的 PCC 架构的国际标准。

基于 PCC 架构，江苏、浙江等省公司开展了闲时流量包、智能提速等业务的试点，通过基于网络忙闲状态、用户使用的业务类型、用户的终端类型等多种维度来进行网络资源的智能调度和业务保障，提高用户对业务和网络的感知，提升用户自助服务的能力，为用户提供丰富的计费套餐，并进一步提高网络资源的利用率，从而更好地为广大用户服务。

（三）管道能力的开放

管道能力开放是指将网络的统计分析能力、策略控制等能力与终端和应用协同服务，创造最优化的用户使用体验，形成差异化、精细化的产品和服务的能力。

感知分析能力开放可以结合 DPI 等设备和统计分析系统，对用户行为进行画像，对内可以开展基于用户行为的精准营销；对外可以将网络忙闲状态、网络流量流向、用户的网络行为等分析数据提供给第三方应用，如与电商、广告服务商、门户网站合作，为其开展针对性服务提供支撑。

策略控制能力的开放是指将固定宽带或者移动网络的策略控制能力开放给终端或者应用，开放的能力包括按照业务或者用户进行 QoS 设定、修改、取消等。为运营商的自营业务或第三方服务可以提供差异化的服务（如第三方高清视频、高速网游等业务的保障）。用户也可以通过客户端和运营商的自助服务器进行交互，自行修改用户的级别（金、银、铜），通过提升用户等级来提升服务等级和速率，以获得更高速率的服务体验。智能管道的能力开放是将管道能力形成产品的技术手段，目前运营商都在探索通过能力开放向 OTT 业务提供差异化服务的后向收费的业务和产品模式。

中国电信福建公司在与互联网应用合作模式

上创新了宽带用户的“后向运营商业模式”，与讯雷合作推出了“天翼光速下载会员”服务，即：将中国电信的宽带网络能力开放给迅雷。“天翼光速下载会员”可以为中国电信的宽带用户提供针对迅雷应用的宽带接入提速业务，当用户使用需要高带宽的迅雷应用时，接入带宽可以按用户需求从 2Mbit/s 动态提升到 10Mbit/s，甚至更高，且新增的带宽只允许被迅雷使用而不能被其他应用使用。“天翼光速下载会员”延续了讯雷会员的收费模式，采用包月流量封顶的套餐收取（对于超过流量套餐的用户也有可选的流量包可以随时订购），由讯雷和电信按比例分成，具体见表 1。

表 1　天翼光速下载会员资费表

套餐类型	套餐价格	会员等级对应“天翼光速下载”流量					
		VIP1	VIP2	VIP3	VIP4	VIP5	VIP6
普通套餐	20 元/月	20GB	30GB	40GB	100GB	150GB	250GB
白金套餐	30 元/月	40GB	50GB	60GB	120GB	170GB	270GB

这种“后向运营商业模式”从根本上摒弃了电信化的思维模式，成功通过与互联网企业的联合创新实现了用户体验直观化、宽带价值内容化的转变。这种商业模式通过互联网应用进行用户的营销和客户服务，以互联网应用为切入点激发互联网用户的差异化需求，细分应用和用户市场，而运营商主要为合作伙伴提供额外的优质网络支持，面向合作伙伴客户直接推广，业务接受度高。而且，“天翼光速下载”服务与迅雷原有业务无缝融合，不产生额外操作流程，便于讯雷的现有会员用户选择和使用，用户的体验效果好，收费用户的转化率高。从 2012 年～2013 年 9 月，累计发展“天翼光速下载会员”付费用户 7.5 万户（指订购过用户，含离网用户数），累计提速用户 152.5 万户，月收入 83.2 万元，累计收入 660 万元。同时，这种运营模式也推动互联网用户接受“宽带按流量付费”的服务模式，对今后宽带网络开展流量经营的客户体验研究和商业模式设计具有参考价值。

为实现“后向运营商业模式”，福建电信与北京电信研究院合作，设计并实现了智能管道能力开放平台——“翼比特”，一方面“翼比特”平台为互联网应用提供了能力开放的通用 REST 接口，将互联网应用针对特定会员用户的提速需求或者差异化服务需求导入到运营商网络；另一方面“翼比特”平台与网络中的智能提速平台交互，将应用需求转换为网络能力的配置策略，通过智能提速平台去控制用户侧的网络设备，实时进行策略的启用和停止，由此实现网络资源按照应用需求实时调整的目标。由于福建电信与迅雷采用了代收费的合作模式，“翼比特”平台还需要与宽带用户的支付平台交互，通过支付平台收取互联网增值业务费用，再与讯雷进行收入分成结算。在此过程中，互联网应用业务平台（如讯雷）需要处理会员用户的订购操作、启动提速操作和停止提速操作等少数流程，与“翼比特”平台对接的难度和复杂度低，适用性好。

这种“后向运营商业模式”可适用于多种对网络质量和服务体验有明确需求的互联网应用：一是对接入带宽有更高需求的应用，如讯雷等下载类、互联网视频应用、云计算应用等；二是对业务互动性要求较高的应用，如即时通信、在线游戏、远程医疗、远程监控等；三是需要有竞争性优势的自营互联网应用，如天翼视讯、189 邮箱、天翼云存储等。

四、智能管道国际标准进展

智能管道相关技术的标准主要在 ITU-T、3GPP、BBF、IETF 等标准组织内制定，而 ITU-T 也正在进行智能管道的架构标准研究和制定工作。

（一）智能管道架构标准进展

ITU-T 2011 年启动了关于网络智能能力提升 NICE（Network Intelligence Capability Enhancement）需求和架构标准的制定工作，标准草案名称为 Y.NICE-reqts 和 Y.NICE-arch。其中，Y.NICE-reqts 定义了智能管道能力提升的主要能力需求，

Y.NICE-arch 提出了在下一代网络（NGN）架构基础上提升能力的网络分层架构和功能实现。

（二）多维感知技术标准进展

多维感知相关标准目前定义较少，主要在ITU-T 中制定 DPI（Deep Packet Inspection）相关标准，包括标准草案 Y.dpireq 和 Y.dpifr，以及在 3GPP R10 版本中增加的 TDF（Traffic Detection Function）技术实现要求，在 2013 年 2 月也启动了 Y.NICE awareness arch 的研究。

（三）策略控制技术标准进展

目前策略控制技术体系包括 3GPP 的 PCC（策略和计费控制）架构、ITU-T 的 RACF（资源接入控制）架构（与 TISPAN 的 RACS 架构类似），以及 BBF 的 BPCF（接入网策略控制）架构。目前业内比较公认的是 3GPP 的 PCC 架构，且由于固移网络融合的趋势以及 FMC 业务的发展，3GPP 和 BBF 达成协议，共同开发固、移融合（FMC）的策略控制系统，其中 BBF 从固定宽带网络的角度提出需求，而具体的协议标准则由 3GPP 负责开发。

（四）按需保障技术标准

有线宽带网络的按需保障相关标准主要在 IETF 及 IEEE 定义。其中，IETF 主要定义了 QoS 相关的参数体系，包括 Diffserv 和 RSVP 模型在内的质量保障机制以及 QoS 在 IP、MPLS、VPN 等不同网络环境中的实现。IEEE 主要定义了二层交换网络的流量优先级和 QoS 协议。无线网络的质量保障相关标准主要在 3GPP 及 3GPP2 定义。其中，3GPP 针对 UTMS 和 LTE 的 QoS 的架构、功能、分类及相关参数进行定义。

（五）网络协同技术标准

网络协同技术标准主要是由 3GPP 定义的关于 LTE、3G、WLAN 等多种无线接入网络互通和协同的相关技术方案，包括针对 3GPP 和非 3GPP 的不同接入方式下的 IP 流移动性要求，以及本地 IP 接入的 LIPA 技术和选择 IP 流量卸载（SIPTO）技术，不同接入网络的自动发现和切换技术等，也包括针对不同接入认证系统的统一认证和融合数据库等技术标准。

五、智能管道国内行业标准进展

目前中国通信标准化协会（CCSA）正在组织制定智能管道相关标准，包括：智能型通信网络总体框架和要求；智能型通信网络策略控制系统技术要求；智能型通信网络能力开放技术要求；基于 SDN 的智能型通信网络总体技术要求等，并逐步构建智能型通信网络的标准体系。

互联网的快速发展给运营商的网络带来了前所未有的冲击，网络流量快速增加，但业务收入的增加平缓，形成了流量和收入的“剪刀差”。面对互联网应用的冲击，运营商一方面要“做宽管道”，一方面要提升“网络智能型”。“感知、控制、开放”的智能管道能力将成为运营商网络能力提升的主要技术发展方向，感知是智能管道的基础，控制是智能管道的核心，开放是智能管道差异化服务的主要手段。后向运营商将成为运营商探索的新的商业模式之一。

信息消费有利于构建橄榄型社会

中国信息经济学会理事长　杨培芳

中共十八届三中全会决定首次提出："增加低收入者收入，扩大中等收入者比重，努力缩小城乡、区域、行业收入分配差距，逐步形成橄榄型分配格局"。而信息经济具有天然大众化属性，发展信息经济更有利于缩小城乡、区域和行业的收入差距，扩大中等收入者比重，使中国更快进入稳定发展的橄榄型社会。

一、贫穷的一个重要根源是信息闭塞

解决贫困问题有两种思路：一种是传统的解决思路，就是先鼓励富人创造财富，等富人足够富了之后，再通过二次分配或三次分配来反哺穷人；第二个思路就是利用信息通信直接提高穷人素质，让他们自己创造财富。美国诺奖得主舒尔茨认为，贫穷的主要根源不是土地贫瘠和产业落后，主要根源是由于教育落后和信息闭塞造成的劳动者素质低下。怎么样才能更快提高劳动者的素质？我们不能沿用传统经济学的办法，应该考虑一个后现代化新经济的办法，也就是通过信息化直接提高劳动者素质，让贫困人群自己去创造财富。有的学者提出了不同意见，他们说西部比较贫穷，温饱都没有解决，哪里有钱搞信息化，还是要按照传统办法。

2012 年我在山西考察，一个村庄办了一个网站，农民上网就可以知道全国的蔬菜行情，知道他应该种什么，不应该种什么。最后选择种胡萝卜，产品销到新加坡和日本，整个村子富起来了，他们说不是网络找到了我们农民，而是我们农民找到了网络。农民利用网络的能力和对网络重要性的认识程度是我们始料不及的，许多研究证明，解决信息闭塞的问题比教育落后问题更为急迫，因为通过教育提高劳动者素质是个百年工程，而解决信息闭塞问题至多需要十几年。

二、信息消费促进经济健康发展

我国经济如何继续保持稳定增长，这是一个非常现实的问题。由于收入差距的拉大，许多有钱人没有东西可买，许多想买东西的人又没钱。现在既需要转变生产架构，又需要转变收入结构，通过信息消费促进经济健康发展。

最近几十年，我国通信发展确实很快，网络规模已经是世界第一，网络装备水平也是世界一流，但是，综合信息化程度却很低，主要是宽带基础设施和各行业信息应用服务落后。如果说社会只存在物质、能量和信息者三种基本资源，那么，中国只有提高信息消费水平，才能有效降低物耗和能耗，走上节约、环保和可持续发展之路。

三、信息经济是天然大众经济

中国信息化发展已经出现两个失衡，一个是中东西部的区域失衡，一个是城乡失衡，数字鸿沟非常明显。主要是因为传统经济规则和商业模式阻碍了信息生产力的发展。

然而信息经济又具备摩尔定律、吉尔德定律、梅特卡夫定律，这些定律都表明信息经济的成本递减性、收益递增性和网络外部性，是天然适合服务大众的经济领域。我们必须变革现代企业的传统经营理念：一是经营目标要从利润最大化过渡到价值最大化；二是要从经营者主权过渡到消费者主权；三要从同质对抗性竞争发展到异质合作性竞争。

长期以来，中国只有营利企业和非营利事业两类经济实体，而对于基础性、公共性企业则按照一事一办的临时政策灵活处理。后来搞市场化改革，结果许多带有自然垄断性质的企业很快由成为高利润甚至暴利行业。

十八大三中全会决定首次明确，水、电、气、石油、交通、电信行业中自然垄断环节的价格不能完全放开，就是要把技术进步和网络外部性的好处尽快还给广大消费者。基础网络企业应该维持低利润经营模式，以更好发挥它的外部效益，支撑多元化的信息应用服务，以更高的服务质量、更低廉的价格刺激信息消费。

四、信息化是解决农民问题的重要切入点

中国经过35年改革，基本解决了13亿人的温饱问题，现在钢铁、水泥和房地产已经过剩甚至出现泡沫，今后最重要的一环是如何启动几亿农民的有效消费需求。

其实无论是农民自己还是城里的有钱人，大家都犯了一个同样的错误，就是“追求更多物质财富”。按照马斯洛的五级需求模型，农民和城里人一样，首先需要生存，其次就是需要信息，然后是体面和尊严，最后是追求自我实现。解决穷人问题有一条更好地道路，那就是将信息化作为解决三农问题的最重要切入点！不信吗？看一看中国有的地区农民每月40元不限时宽带上网（甚至带视频互动），使他们的信息域一下子跨越几千年，与世界城市同步！什么基础设施问题、公共卫生问题、孩子教育的问题、精细化生产、农副产品销售问题，都变得容易解决了。

因此可以说，缩小城乡信息差距是解决中国三农问题最重要的切入点，同时又是启动农民有效消费、化解经济危机的大计。问题是我们受传统思维模式羁绊，总认为无论在什么经济阶段，人们的主要任务都是解决“物质产品”的生产问题，似乎只有物质产品才有价值，而公共服务和生存环境都没有价值。

其实中国有些边远山区，既没有电，也不通公路，硬是靠人背驴驮，将通信卫星设备、风力或者太阳能发电设备架设起来，就可以在世界信息高速网中任意驰骋，试问有哪个传统产业能做到这一点！

五、服务“穷人”也会有利可图

工业经济把有钱人的腰包当作主要目标市场，因为赚富人的钱更容易。于是就有了专门为少数人建造的总统套房和高级轿车。随着技术进步和社会发展，这种高端市场策略在许多领域越来越遇到麻烦。因为物质资源总是有限的，人类不可能沿着物质生产的直线模式无限增长。另一方面，随着经济结构的转型，市场从短缺经济进入了全面过剩，经济萧条可能是未来社会长期的表现形式。当高端消费者的物质需求获得满足以后，社会生产力还要不要继续发展？朝哪个方向发展？这是有远见的经济学家和企业家都需要认真思考的问题。

在信息产业领域，从高端市场向大众市场的转变趋势更加明显。根据网络经济法则，网络的使用价值与用户的平方成正比。再根据信息流通规则，如果一个信息网络只有少数有钱人使用，可能没有什么信息流量。有差异才产生信息势能，在电信发展史上，已经有过不少采用高端市场战略而失败的教训。像可视电话、“铱星”系统和新加坡的CDMA，仅靠少量高端用户难以支撑一个必须覆盖全国甚至全球的网络，要么公司破产，要么把一个新建的网络全部拆除！

传统经济的基础资源是钢铁和能源，网络经济的基础资源是沙子（硅）和信息。厂商理论的一个重要依据是资源稀缺与可占有性，网络服务的重要理论依据是信息过剩和可共享性。成本构成与价值实现形式正在给传统理论带来严重的挑战。华为公司正是用高性能、低价格策略在全球电信市场取得了极大成功。

经济实践越来越证明，未来社会不是物欲无限膨胀的社会。因为人们的理性迟早会认识到，传统经济的病根主要在于金融资本盲目投资生产大量物质产品，反过来遭受资源耗尽、自然环境和人文环境双双恶化的严重报复。人类最终只能依靠信息生产力对物质资源的代替效应，以更低廉的社会成本提高全民科技、教育、生活质量和保障水平。

六、信息经济催生橄榄型社会

人们必须明白，社会顶端巨富阶层永远是极少数人，他们不具有社会表率作用，低端贫困阶层也应该是极少数人，人们自然不会以他们作表率。只

有中等收入者应该是多数人，是社会的中坚力量，也是持续、稳定、健康发展的关键。但是长期以来中国社会形成了一种褒富、悯贫的社会心理，使为数不多的中产者承受着过重的社会负担。整个社会心态和社会结构发生了严重扭曲，传统市场规则使许多发展中国家走向两极分化的 M 型社会。

诺奖大师布坎南指出，现代经济学在快速发展中已经迷失了救世的激情和公平的梦想。前美国总统顾问斯蒂格利茨则说，经过 200 多年发展的经济学核心——标准的竞争均衡模型并不能很好地反映市场经济，其中很多结论都是错误的。社会达尔文主义和凯恩斯主义都难以保证市场的长期活力，我们正在接近一种处于两者之间的哲学，它将为我们的时代指引方向。

信息生产力正在悄然改变着人们的生产方式、价值观念、哲学基础和思维边界，资源共享、公共理性、合作共赢将把人类推向以知识中产者为首的橄榄型社会。

按照劳伦斯曲线和基尼系数方法，中国基尼系数已逾 0.5，而欧洲、日本一些发达国家为 0.2～0.4。随着网络技术的普及，知识劳动阶层将扩充中产者队伍。因为多数知识劳动者在解决生存和安全以后，不会无限追求物质财富，他们有更多的非物质追求，成功者的标志不再以金钱为尺度，物质财富必然逐渐走向相对均衡。

现阶段的信息技术既张扬了公平，也放大邪恶，甚至可以利用信息不对称，追求一夜暴富、一曲成名。但是网络最大的社会功能就是使信息快速透明，而信息透明就意味人类将生活在一个低头不见抬头见的熟人社会或者地球村庄。在这样的社会环境中，只有真诚合作、平等交往者才能获得持续发展的机会。

"后电信时代"，运营商不必恐惧

国家发改委经济体制与管理研究所　史炜

当互联网公司基于娱乐、体验、搜索、社交、视频、即时通信、网络交易等一系列"量身订做"的业务，日新月异地涌入信息消费市场的时候，不仅传统的电信市场和信息服务架构被撕裂，而且传统电信运营商也被叶公好龙和海市蜃楼的心理与情景弄得百爪挠心。新的业务、新的商业模式、新的价值生成手段和新的市场划分，似乎群蚕分食电信运营商固有的奶酪。于是，电信运营商迫于压力和不甘屈尊，提出了"去电信化"的战略，试图以综合信息服务商的地位，迎接所谓的"后电信时代"。

一、"后电信时代"不是产业质变的概念

在经济学领域，有"后工业时代"的概念，主要是依据人均GDP的增长和水平，依据工业在GDP中的比重（工业化率）来预测和评估服务业时代来临的时间表以及服务贸易对货物贸易的替代。经济学所讲的"后工业时代"，实际所判断的是全社会产业结构的升级和变迁，其标志是产业的核心及核心支撑点发生了质的变化。

相比而言，作为一个产业，不论是当年内燃机替代蒸汽机，还是电力机组替代蒸汽机，都只能是动力工业的技术革命，并没有出现"后动力时代"这样的概念。可见，所谓"后电信时代"其实仅仅是被后进者和试图担当引领者臆想出来的，并不是一个产业整体质变的概念。

今天的电信业，或者称之为信息通信业，在产业核心层面，仍没有摆脱以往电信业的核心基础，只是传统电信业或信息通信业的产业链和服务链进行了延伸与拓展。包括互联网业，也完全是依赖于电信网络和管道升级实现的，不同的是，传统电信业新服务内容和产业链的延伸，是在电信运营商内部实现的（垂直延伸），而快速发展的互联网应用，是在电信运营商外部实现的，并融合其他商业业态和产业链（水平融合）。也正因为如此，互联网公司和电信运营商因业务、内容、服务方式及价值实现等的分离，使市场分工由单一的垄断经营向分业（市场切割）经营转变，电信运营商似乎已经沦为"管道"，而互联网公司似乎成为信息时代新业务的服务主体，所以，一些人顺理成章地把这种局面误认为"后电信时代"。

新时代是否来临不是今天的发展主题，中国信息产业的最紧迫主题是如何确定市场重新分工后，新发展环境下市场的内涵、特征和企业的发展定位。在此，笔者暂且使用"后电信时代"这个概念，以便于解释在新市场格局下电信业或信息通信业发展的新标志、新主体和新定位。

二、信息聚合是"后电信时代"的主要标志

"后电信时代"的标志，笔者认为《移动浪潮》一书中的描述非常形象，塞勒认为："在台式电脑时代，软件以固态存在；到了手提电脑时代，软件以液态存在；直至移动智能的到来，软件终于挣脱束缚成为无处不在的气态。"笔者换一个角度解释，可以陈述为：在PC时代，信息的传输靠的是土地，在互联网时代，信息的传输靠的是流动的水，在移动互联网时代，信息则是在空气中传输，并实现无阻力的畅通流动。

从产业发展的角度来看，传统电信业由于宽带传输速度的提高、覆盖范围的扩大，已为如今的信息服务进入千家万户，以及渗透到工商、金融各领域提供了充分条件。30多年前，托夫勒的《第三次浪潮》一书中所有畅想，今天都因网络技术的革命

式发展和信息技术颠覆式的飞跃而实现。

由此，所谓“后电信时代”，其最显著的标志可以描述为：

（1）无论是借助于固网平台还是依赖移动网络所形成的新业务及服务，将成为“后电信时代”最重要的标志，其形成的各种商业模式和业态，与以往的最大不同在于运营周期越来越短，其升级频率甚至可以超过IT和IC技术创新的速度。这是前所未有的。

（2）由传统电信业务中的语音电话、传真、电报等裂变的以海量空间为标志的“大数据”信息处理，使传统通信网络快速向智能网络与智能管道升级，由此，“后电信时代”成为移动互联网与大数据交互传输的时代。其中，基于移动互联网所形成的搜索、电子商务以及正在趋于商用的传感等业务，不仅改变了传统的通信产业业态和商业模式，更重要的是改变了社会交往与社会关系的固有模式，“后电信时代”是一个由传统信息通信方式裂变向社会关系交往形态渗透的革命。

（3）垂直一体化与水平融合是当前信息通信产业裂变的重要标志，也是新的商业模式和运营业态的重要支撑，同时也是价值实现的基础。与互联网公司不同，电信运营商依赖于传统的管道资源所构建的垂直一体化业务及服务体系，所受到的冲击是致命的，而互联网公司本身就是依赖水平融合完成的组合价值或互补价值的实现。可见，信息聚合是所谓“后电信时代”的主要标志。

（4）在“后电信时代”，信息通信产业的监管模式和政府行政管理都将快速趋于弱化，墨守成规的管控可能会成为阻碍信息通信业发展的障碍。

三、运营商切忌东施效颦

“后电信时代”单纯依赖PC、光纤、通信网络已很难形成高效的盈利模式，跨行业融合是形成市场价值的基础。而传统电信运营商在“后电信时代”并不是无路可走。运营商基于网络的智能化，具有强大的开发商企客户的优势，而在这方面，互联网和OTT几乎一直处于束手无策的境地。

事实证明，电信运营商极力进军OTT业务，不仅存在公司机制的缺陷，在市场营销、业务拓展、技术研发、专业人才队伍的储备和竞争手段上均存在诸多“先天不足”，一味地做自己难以为继的事情，可能事倍功半。

在石油、金融、航空、铁路、勘探等领域，如果国家能够尽快打破条块切割和部门利益，电信运营商完全可以在两化融合及信息化应用中，挖掘出全新的商业模式和新的利润增长点。

因此，国家相关的政策必须作出及时调整，要在政策上积极扶持、鼓励和推进民营企业、互联网公司和OTT企业的创新发展，对民营企业和国有企业予以同等待遇。通过修订和完善监管政策，尽快填补目前监管领域的空白，以有效监管和竞争，推进“后电信时代”产业的发展。

四、国家应加大对非盈利性业务的补贴

在“后电信时代”，要尽快将电信运营商的社会责任和经营责任区分考察，以此为运营商创建新的发展机制扫除体制障碍。同时，运营商也应重新进行功能定位。

一是政策性、基础性、普遍服务性的公共服务功能的定位。包括基础电信网的建设、维护、扩建和升级，特别是涉及通信与互联网的普遍服务，涉及城市公共服务平台、安全监控、教育、医疗、交通、应急系统、农村通信、农村信息化等。这部分经营，具有低盈利与优质服务并举的特征，要求电信运营商重点建好“管道”，必须满足高智能、高宽带、高流速、高覆盖的社会需求。对这类政策性的服务与功能定位，是不可能以“去电信化”来弱化的。因此，在“后电信时代”，国家不但应对电信运营商的政策性经营作出新的考评和定位，而且要加大对非盈利性（政策性亏损）业务的补贴，利用普遍服务基金和转移支付手段，稳定并提高电信运营商在社会公共服务领域的主导地位。

二是对竞争性的新业务、增值服务，电信运营商应通过合资、合作、参股、战略性投资、并购等方式，组建专业性的综合信息服务公司，建立直面市场、开放式竞争、创新性的运营体制，即经营性业务的发展，由市场竞争、技术竞争决定自身的发展目标和定位。

4G 牌照发放助力中国信息通信业发展的策略思考

工业和信息化部通信科技委专职常委
国家无线电频率规划专家咨询委员会主任
陈如明

对中国4G牌照发放及其业务发展立足于增强综合国力、促进自主创新、科学务实发展为总前提进行研究与思考。同时，牢记TDD与FDD从双工制式而言各有优势，TDD在碎片频谱资源有效利用、频谱聚合、频谱智能利用等方面有潜在优势，但TDD在优质频谱资源占有率、干扰保护处理及整体产业链成熟度等方面有弱点，只有两者优势互补协同融合发展才是明智之举。因此，为促使具TD基本元素的TDD有效壮大发展，在4G牌照设计方面给了TDD资源者就不能再给FDD资源的基本思想不可取，同时搞TDD/FDD-LTE/LTE-A协同融合发展才能做大、做强中国的TDD，乃至真正促进全球FDD/TDD-LTE/LTE-A的协同融合发展，使TD-LTE/LTE-A在全球可有效发展壮大。此外，在技术层面要充分重视与充分利用TDD比较优势，在多元异构系统/网络协同融合、ICICC（小区间干扰协同与抵消）、超高频谱利用效率（大于30～100bit/（s·Hz）信号设计与信号检测、OTT、O2O及RCS（富通信套件）与智能化资源优化利用等新技术领域切入，多作创新驱动，引领创新工作，推进相应先进网络建设与国际标准化工作。

一、执行国家创新驱动战略尤为重要

坚持走中国特色自主创新道路，提高原始创新、集成创新和引进消化吸收再创新能力，更加注重协同创新。着力构建以企业为主体、市场为导向、产学研相结合的技术创新体系，把全社会智慧和力量凝聚到创新发展上来。TD-SCDMA、TD-LTE/LTE-A、WAPI / TEPA、DTMB、祖冲之密码算法等均为中国自主创新贡献于国际标准的典型示例，尤其是TD-SCDMA及TD-LTE/LTE-A具有系统性核心技术创新特征，可构成丰富的产业链发展，有巨大创新空间与产业增值价值，尤为重要，而且为确保TD-LTE/LTE-A与先行者LTE/LTE-A-FDD协同融合同步捆绑发展，下一步从紧跟创新至引领创新，务实执行与推进创新驱动战略尤为重要。因此，要从3GPP Re1.11、12、13等级开始，使TD-LTE/LTE-A充分利用TDD比较优势，利用上述有优势实力的ICT新枝术，实施愈来愈多的引领创新，引领TDD比较优势与实力，确保TDD与FDD在全球协同、融合同步发展，真正做大做强。

二、必须确保 TDD-LTE/LTE-A 有效成功发展

TD-S与TD-L是在中国政府大力支持、产学研用有机协同努力下取得的重要系统性自主创新成果，来之不易，有丰富的产业发展与创新空间，并可有效助力中国由跟随、突破向引领式创新型国家转变，必须珍惜与全力以赴给予强有力的支持，以取得全球成功应用。目前，在中国移动及GTI（TD-LTE全球发展创议组织）积极努力的推进下，已营造了较好的TDD/FDD-LTE/LTE-A的同步融合发展的国际环境；但同时应注意到TDD属后来者，TD-X仍面临优质频谱资源占有率、市场有效驱动力与智能手机、干扰保护处理及整体产业链成熟度等方面的严峻挑战。姑且不谈用户数，TDD-LTE相对FDD-LTE网络数的比例在2012年5～10月就下降了约一半，极为可观，4G牌照迟后发放，此趋势还要加剧；决定终端用户体验成败

的宽带智能终端TD-LTE比FDD-LTE拉开的差距更大；而且，低端优质移动通信资源FDD占80%左右。截止至2013年12月5日，GSA的统计数据表明全球已有92个国家开通了244个LTE商用网络，其中TD-LTE商用网络仅在20个国家中开通25个，而TD-LTE与LTE-FDD融合的网络为12个。因此，如果缺乏智慧的处理，TD-X依然有被边缘化的危险，对此必须引起充分注意。应鼓励三家运营商同时认真搞TDD/FDD-LTE/LTE-A协同融合发展。

三、从频谱资源分配至网络规划建设重视TDD/LTE-LTE/LTE-A协同融合发展的战略重要性

（一）频谱资源及时支持宽带无线有效发展的策略

对已规划频段的有效使用，不只涉及政府频谱管理部门，还与技术创新驱动支持及网络优化策略与状况等诸多因素有关，需要相关部门有机协同与联手运作才行。

1. 既有使用频段

（a）1.8GHz频段

1.8GHz F频段（1880～1920MHz，40MHz，然因小灵通退网还没有完成，1900～1920 MHz实际尚无法用）应在政府部协调下以一定的合理方式快速结束未清频段，使这20MHz（1900～1920 MHz）频谱及早投入TD运用。

（b）2.3GHz频段

2.3GHz E频段（2320～2370 MHz，50MHz室内为主，原2300～2400MHz，100MHz，称C频段）因雷达干扰问题无法全频段运用，应采用同频干扰快速感知避让及采取5GHz频段RadioRAN规划时要求的动态信道分配（DCA）实施智能化频谱利用与管理技术。

（c）2.5GHz频段

2.5GHz D频段（2570～2620MHz，50MHz，作TD-LTE试验用，亦常称2.6GHz频段），此为全球TD-LTE使用较统一的频段，亦是全球WiMAX及TD-LTE较广泛使用的频段，容易实现国际漫游；整体2.5 GHzD频段为2500～2690MHz，190MHz带宽。其中2570～2620MHz（50MHz），如上所述，先作TD-LTE试验用，亦常称2.6GHz频段，容易实现国际漫游。目前，中国无线电管理部门已正式发布此2.5GHz（2500～2690MHz）全频段为TD-LTE/LTE-A应用，受到强力支持国际/国内TDD-LTE/LTE-FDD同步融合发展的好评！此亦为ITU-R C3及3GPP Band 41建议规范方案，而且按C3/Band41方案扩展2.5GHz频谱后亦可为中国多运营商共同使用的频段资源，在中国移动市场实施全面强有力的TDD/FDD-LTE/LTE-A同步捆绑融合发展，从而亦可不言而喻强有力支持与推进TD-LTE的国际化成功发展。初期商用阶段即可用此Band 38 2570～2620MHz频率与欧洲Band TD-LTE国家实施国际漫游，然后再扩展过渡至其大部分乃至全频段TD-LTE有效应用。

（d）TD-S及TD-L各别或协同使用1.8GHz及2.3GHz频段

1.8GHz及2.3GHz频段分配给3G TD-S运用，而现今又给TD-LTE规模试验运用，亦符合中国已采纳的国际IMT统一规划频谱规划使用的理念，可使TD-S及TD-L个别或协同使用1.8GHz及2.3GHz频段。

（e）对FDD-LTE使用，在1.8GHz及2.1GHz频段，尚有约60×2=120MHz频谱可能规划给FDD-LTE应用，原有900MHz及1800MHz 2G应用频段也可按IMT自然演进方式供FDD-LTE/LTE-A应用，因此中国FDD-LTE/LTE-A发展仍有较多数量的潜在较优质频谱资源优势。

2. 450～470MHz频段

总体来说频谱较有限，清频环境等亦较复杂，然覆盖、浸透能力很好，可考虑作TD-LTE系列化速率广域稀密度区域规划应用。

3. 700MHz频段

700MHz频段是移动通信的低端优质频谱，美国FCC率先拍卖用于FDD-LTE 4G应用，Verison以CDMA-EVDO-X为后盾，发展LTE-FDD非常成功，欧美诸多国家均积极筹划拍卖将700/800MHz优质频段用于LTE-FDD的发展，在中国乃至全球的TD-LTE运营商均十分期望获得

此优质 700MHz 频段部分优质频谱，以极其有效地务实推进 TD-LTE/LTE-A 的发展及国际标准化进展，从技术角度观察，对此数字压缩后的广播业务可节省下 100 多 MHz 带宽用于 4G 宽带视频多媒体业务应用已成为全球共识，对此，一方面积极从体制推进“三网融合”与“政企分开、台网分离”的现实操作思想，积极有序、科学合理规划被浪费的“白色频谱”与“红利频段”，实施成功有效的模数转换及提高此优质频段的频谱利用效率、效益与频谱占用率，并改革目前不利“内容为王”发展的“四级半”体制架构，适应“新媒体”“大媒体”“全媒体”乃至“个人媒体”的“内容为王”应用与监管的现实环境需要。另一方面，应加速智能化、智慧化频谱有效利用与管理的技术创新与规划使用，对此可考虑按 700MHz 频段上端#49 频道为依托，研发 CR 或准 CR 认知无线电及 DFM 动态频谱管理技术，双管齐下，智能、智慧运作，争取早日推进充分发挥 TDD 比较优势的 TD-LTE/LTE-A 在 700MHz 低端优质频段的推广应用战略目标。

4. 5 GHz 频段

中国政府在 TD-/LTE 与 FDD-LTE 和（R）WLAN 等 TDD/FDD 宽带无线发展给予了很大力度的频谱资源支持。对 5GHz 频段亦规划了 5150～5250、5250～5350 及 5470～5725MHz 共 455MHz 频谱供（R）WLAN 及其他相应宽带无线技术应用，并强调使用动态信道选择、自适应功率控制及自适应同频干扰抑制与避让等新技术，以提高同频干扰环境下的频谱使用效率。

5. 1.4GHz、3-5GHz 及 40-50GHz 频段和 60GHz 等其他频段

公网、专网与更高速率短距离接入的频率规划工作亦在积极结合国际趋势与国内需求规划中，并积极配合中国 4 G 执照发放及发放后商用需求进行相应务实有效的频率分配工作。

如上所述，12 月 4 日下午，工信部正式向中国移动、中国电信、中国联通发放了“LTE/第四代数字移动蜂窝通信业务（TD-LTE）经营许可牌照，向三大电信运营商分配了 TD-LTE 扩大规模试验频段：中国移动 1880～1900 MHz、2320～2370 MHz、2575～2635 MHz；中国联通 2300～2320 MHz、2555～2575 MHz；中国电信 2370～2390 MHz、2635～2655 MHz。这是三大运营商在 TD—LTE 扩大规模试验基础上向政府提出申请后按指定程序审批获得的频段。就此 4G 牌照发放，工信部相关负责人表示对 LTE-FDD 亦将根据企业申请，按相关法定程序，批准 LTE-FDD 网络技术试验，系统验证 LTE-FDD 和 TD-LTE 混合组网的发展模式，并在条件成熟后，发放 LTE-FDD 牌照，还将推动三家运营企业开展网络设施共建共享相关工作，鼓励和引导相关企业通过租建结合方式组建 4G 网络，避免重复建设和资源浪费。与此同时，还向中国移动正式发放了固网牌照，以加速推进宽带中国战略。结合此前三大运营商的 4G 设备招标中，中国移动采用 TDD 标准部署 4G 网络，而中国联通和中国电信则采用 TDD 与 FDD 混合组网的模式，其中，中国联通的 TDD 与 FDD 网络占比为 2∶8，而中国电信的这一比例为 3∶7。从这些情况综合观察，此次 4G 牌照发放策略是科学、合理与明智的，可确保 4G TD-LTE 的成功推进，并厚积薄发，保障 TE-LTE/LTE-FDD 后续成功有效地协同融合发展。

（二）网络规划建设重视 TDD/FDD-LTE/LTE-A 协同融合发展的战略重要性

无论从 NGI/NGN/FN/SDN 发展走势来看，均贯穿网络协同融合这一主线，以体现优势互补、综合优化资源有效利用这一基本理念，在新技术发展领域、体制/机制转型及商业模式演进等诸多领域亦均广泛贯彻协同融合这一基本思想，对此，LTE 的战略发展亦必然贯彻协同融合这一基本理念，全球标准化组织 3GPP 及 ITU 等亦均在推行这一理念。应该指出的是，4G 牌照发放后，相关运营商即使是因历史原委主要搞 FDD，亦应从积极支持中国 TD 核心自主创新元素的 TDD-LTE/LTE-A 成功发展角度出发真心实意地积极规划与建设 FDD/TDD-LTE/LTE-A 4G 融合网络，打好中国自身这-4G 融合仗，频谱资源管理部门亦应把控其规划需求及实际建设业绩而进行相关资源科学有序分配与必要的管理惩处。只有这样才能有利于中国及全球 TD/FDD-LTE/LTE-A 的有效协同融合发展。

四、4G 发展与 2G/3G 后向兼容及 5G 前向发展的有机协同融合

遵循 NGN/NGI/FN/SDN 前后向兼容协同融合发展的基本思想，亦必须强调 4G 发展与 2G/3G 后向兼容及 5G 前向发展的有机协同融合。一方面，初期的 4G 网络多半毕竟以热点方式与宽带 WLAN 一道增强宽带无线的应用体验需求实力，3G 网络正属发挥应用实力的阶段，而且不仅 TD-LTE 有国际化应用实力，深度融合的 GSM/TD-SCDMA 的成熟有效的全球覆盖与信价比实力对全球发展中国家与欠发达国家在一定时期内依然有增值现实吸引力，这亦为未来平滑演进至 4G/5G 奠定现实基础。有关 5G 发展问题，欧盟、ITU 及 3GPP 等从无线宽带发展的历史背景与商业利益出发较热衷推进，中国鉴于主动掌握核心技术创新先机及积极推进无线宽带/超宽带应用发展与宽带中国战略发展角度出发，亦积极支持 5G 的技术创新研发与商业模式探索。但从无线网络逐代演进、十年左右产生一代革命性技术驱动更新换代来看，尚未见到明显的成熟革命性 5G 技术迹象，但估计 2020 年时全球数据流量将增长 1000 倍左右，欧盟 METIS（构建 2020 年信息社会的无线移动通信领域关键技术）项目确定的明确目标为 5G 将比 4G 实现单位面积数据流量增长 1000 倍；在传输速率上，典型用户数据速率提升 10～100 倍。峰值速率可达 10Gbit/s 左右。峰值速率等速率因素增长固然要紧，但并非绝对重要，更要注意异构联网设备大规模增长情况下不同应用场景对网络需求的相应挑战及较好平均、边际吞吐均衡与更优良用户体验及商业模式改进；进而要努力的技术演进目标可锁定在异构网络深度有机融合；SDN 理念导向下的云 IDC 及集中控制与分布式控制的有效协同；零能耗及负能耗的有效绿色创新技术及能源互联网；超大规模（Massive）MiMO 多天线（128 至上千个分布式天线）增强，Small Cell（MicroCell、PicoCell、MetroCell、FemtoCell 及分布式无线电等有机优化组合）＋WLAN/WAPI-TEPA/WiFi＋LTE－Hi 等异构协同融合，TDD 与 FDD 的真正全双工（Full Duplex）融合，分布式高可信无中心自适应自组织网络，超高频谱利用效率（频谱利用率达 50～100bit/s·Hz 或更高）新技术诸如基于轨道角动量（OAM）的“旋转式”或“扭曲型”无线电波的无线传输及基于不平稳谱随机过程信号设计技术的超窄脉冲式 TPM（时相调制）及超窄带（UNB）技术，这些超高频谱效率的技术对碎片频谱的宽带无线应用有重大战略价值……鉴于 2G/3G/4G/5G 网络必然处于重叠演进应用模式，5G 发展的新技术与新商业应用模式一般均可稍加简化改进应用于 4G 等后向网络增强，并有利于向下一代 5G 演进。由此我们必须强调，4G 发展与 2G/3G 后向兼容及 5G 前向发展的有机协同融合！

五、健康产业链 / 产业生态环境建设与政府支持促进 4G TD-LTE/LTE-A 国际化发展 4G

对运营商而言，健康产业链/产业生态环境建设一定要建立在开放、包容、创新、融合、共赢、合作的基本思想上，绝对不再是锁控的思想。网络设备及手机终端的集采均要考虑合理价位，有利于以用户感受为中心建设健康的产业生态环境。同时，GTI 已拥有来自亚洲、欧洲、美洲、大洋洲等 71 家运营商成员及 62 家产业合作伙伴支持，已形成有相当规模的平台局面，因此，中国移动仍应与 GTI 一道积极推进此 TD-X 国际化，并按上述基本思想打造 TD-X 国际化发展的健康产业链/产业生态环境。

对 TD-X 的发展，特别是国际化，一方面要有政府政策的有效支持，另一方面亦应充分利用中国的巨大外汇储备，学习国外有益经验，建立一种海外产业发展基金，以符合国际法律规则运作的模式，对后来进入国际市场的 TD-X 国际化发展的设备制造与运营商进行力所能及的有效支持。

“四化同步”与新型工业化和城镇化发展分析

工业和信息化部电信研究院　何霞

2012年，党的“十八大”提出“坚持走中国特色新型工业化、信息化、城镇化、农业现代化道路（简称“四化”），推动信息化和工业化深度融合、工业化和城镇化良性互动、城镇化和农业现代化相互协调，促进工业化、信息化、城镇化、农业现代化同步发展”。如何落实“十八大”精神，推进“四化同步”发展是我们要深入探讨的问题。

一、新型工业化、信息化、城镇化、农业现代化的关系

到2011年年底，全国城镇人口已经达到6.91亿，城镇化率首次突破50%关口，达到了51.27%。这表明我们已经告别了以乡村型社会为主体的时代，进入到以城市型社会为主体的新时代。正是在此基础上，“十八大”提出了中国特色的“四化”目标，而且对于“四化”之间的关系也作了深刻准确的描述：“信息化和工业化深度融合“，这既是工业转型升级的重要手段，也是我国工业创新发展的必由之路；同时，“工业化和城镇化良性互动“，是现代经济社会发展的显著特征，新型工业化是新型城镇化的经济支撑，新型城镇化是新型工业化的空间依托，推动两者良性互动，既为工业化创造了条件，也是城镇化发展的内在规律。我们还看到，在信息技术的推动下，新农村建设和信息化相互融合，不断打造新型县域城镇化的发展模式。

“四化同步”的本质是“四化”互动，是一个完整的生态体系。就“四化”的关系来讲，工业化创造供给，城镇化创造需求，工业化、城镇化带动农业现代化，农业现代化为新型工业化、新型城镇化提供支撑和保障，而信息化将推进其他“三化”。因此，促进“四化”在互动中实现同步，在互动中实现协调，才能实现社会整体生产力的跨越式发展。

“四化同步”的提出主要是基于对“四化”的重要性、关联度和存在问题的科学分析作出的战略决策。“四化”相互关联、不可分割，统一于经济发展的过程中。我国已进入工业化中后期和城镇化的高速发展期，只有工业化和城镇化这两个“轮子”相互促进，协调发展，才能不断推动现代化的进程。同时，城镇化和农业现代化、信息化需要相互协调、相互依托、相互促进。仅仅依靠城镇化，忽视农业现代化和信息化的作用，很难从根本上改变农村的落后面貌，而且容易导致农业萎缩和引发“城市病”。进入新世纪以来，我国“四化”进入新的发展阶段，仍存在明显缺陷，主要表现在：信息化与工业化融合不够；工业化与城镇化互动不足；城镇化、工业化、信息化与农业现代化协调不力。因此，需要重点推动信息化与工业化深度融合以及信息化与城镇化的深度融合，推动工业化与城镇化、农业现代化良性互动与相互协调。

二、通过两化融合推动新型工业化的发展

随着移动互联网、云计算、物联网的出现，人们将利用信息传感网络和分布控制系统，直接为生产与生活提供全景式的服务，使信息网络技术成为当今时代创新最活跃、带动性最强、渗透性最广的领域，正在引领新一轮工业革命。新一代信息技术与制造技术的充分交互，使制造业自动化、数字化、网络化水平显著提高，智能制造日益成为生产方式变革的方向，正在加速构建新型工业生产体系。历史上我国错失了前几次工业革命的机遇，目前仍处于工业化进程中，没有时间也不可能再走西方发达

国家先工业化后信息化的老路。推进信息化和工业化深度融合，既是积极应对新一轮工业革命、打造工业竞争新优势的战略选择，也是当前破解工业转型升级难题、促进工业持续健康发展的现实需要。

以车联网为例，进入深入剖析信息化重组生产流程与创新服务业。车联网是我国战略性新兴产业中物联网和智能化汽车两大领域的重要交集，是信息化与工业化深度融合的典型应用。车联网覆盖行业较广，它通过使用先进的信息、通信和控制技术，将对多个传统产业的生产方式产生冲击，并将深刻地影响传统汽车制造业。车联网首先带来完善的车载系统并以此来提升汽车信息化水平及相关服务质量；再次从产业组织形式而言，汽车厂商将和产业链其他主体合作并拉长整体链条，提升汽车产品价值，带动汽车产业整体升级并推进两化融合进程，促进经济结构转型升级。车联网功能的实现和相关应用极大地提升了汽车品牌价值定位，为汽车产业寻找新的价值增长点和创新点提供了良好的机遇。同时，车联网的进一步发展将推动基于网络的智能汽车的出现，这将彻底改变汽车产品与产业组织形态，为扭转我国汽车产业创新中的不利局面带来重大机遇。除此之外，车联网发展还带来了电信运营业、交通管理行业、金融保险业及其他相关产业的升级和经营模式的转变。同时，车联网通过细粒度的感知实现全局性优化和控制，具备大幅度增加安全、效率和便利性的特性，将推动物联网、云计算、大数据等信息技术的创新、进步与应用，实现传统产业从单纯产品制造向产品和服务融合创新的转型，同时改变与汽车相关的人的生活方式与社会管理模式。目前，我国车联网发展存在巨大的战略发展机遇，迫切需要政府部门通过建立协调机制、出台相关政策、法规，以支持产业发展，并解决发展中存在的问题。

类似的产业还很多，我们必须抓住以信息网络技术为核心的新一轮工业革命的历史性机遇，以推进两化融合为切入点，发挥工业化、信息化在“四化”同步发展中的战略支撑作用。将推进企业两化融合管理体系作为重要抓手，制定企业两化融合的管理体系，搭建公共服务平台，降低中小微企业信息化应用门槛，引导企业信息化水平逐步提升；同时，将改造提升传统产业和培育发展新兴产业作为工作重点，加快重点领域装备智能化，推进生产过程和制造工艺智能化，推动智能制造生产模式集成应用。我们还要促进物联网、工业云、大数据等新技术和新应用驱动的新型生产性服务业的蓬勃发展，发展网络制造新型生产方式。

三、通过“一三融合”推动新型城镇化的发展

所谓“一三融合”是指通过第一产业——农业与电子商务生态服务业等第三产业相互渗透与融合，形成新的服务业态与产业体系，并以产业园为核心推动新型县城城镇化的发展。以遂昌县为例，它位于浙江省西南部，地处钱塘江、瓯江之源头，总人口23.1万，素有“九山半水半分田”山区县之称，是全国生态示范区、省级生态县。遂昌通过“网络+协会+公司+农户”的网络营销模式，发展农村电子商务。2012年5月，县政府与阿里巴巴集团签订了《遂昌县人民政府与阿里淘宝网战略合作项目——特色中国·遂昌馆运营合作协议》，并指定县网店协会为“遂昌馆”项目的运营商。遂昌电子商务平台不仅销售农产品，还在淘宝网上做遂昌旅游资源的推广与销售，使网店经营者、旅游景点从“单兵作战”实现“抱团作战”，形成“淘宝+协会+公司+农户”的发展模式。遂昌县政府和网店协会共同建设电子商务创业园，将种植基地、农户、农庄和配送仓储等都纳入到园区中，实行镇园合一，打造集生产制造、物流仓储、销售服务等于一体的现代化、生态型、综合型特色产业园区。引导网商集中入驻园区，形成以电子商务引领，主导产业集聚、配套功能齐备、经济社会效益显著、具有核心竞争力的新型农村电子商务发展基地，推动县域城镇化的发展。

又如高淳县，为了创建高淳地方特产的网络营销平台，打通高淳名优产品电销渠道，高淳县将淘宝网的“特色中国·高淳馆”作为发展电子商务公共平台的切入点，由区商务局牵头，多家龙头企业和部分网商参加，整合区域内固城湖螃蟹等特种水产品、生态农产品、精美手工艺品、旅游产品等资

源，统一质量标准、统一网络销售、统一物流发货，打造了一个包罗高淳“吃喝玩乐购”的区域性特产电子商务公共市场。“高淳馆”已于2013年8月13日在淘宝网上线，成为江苏省内首个上线的“淘宝特色馆”，让生态美丽的高淳走出江苏、走向全国，向全世界展现高淳独有的地方韵味。“高淳馆”将高淳特色农产品与休闲旅游推向全国及海外，这不仅带动生态农业及加工业、生态旅游业及特色产业的发展，也增加了农民的收入。同时，通过交易平台的发展带动物流、仓储等电子商务服务业的发展，并通过打造电子商务产业园区，进一步带动了新型县域城镇化的发展。

中国的新型城镇化，将不再是过去新建上千万人口的超大城市，而是要发展以省会为中心的次区域城市群，推进以县市为基础的县域就地城镇化，打破市区和郊区、城市与周边地区的行政壁垒和市场分割，让劳动力的居住地和工作地在更大范围内展开，让城区过于集中的人口向周边分散，彻底解决繁华城市被周边贫困的农村包围的情况。从遂昌、高淳等东部地区的电子商务服务业的发展模式来看，通过电子商务发展带动了物流、仓储、技术支撑等相关服务业的聚集发展，逐步形成区域就业与人口聚集，形成新型城镇化的雏形。农民本来是第一产业的从事者，但成为网商后，也就成为第三产业的从业者，使农民的角色和社会身份有了变化，形成了与传统通过第一、二产业发展带动人口聚集，形成了与传统城镇化完全不同的县域就地城镇化模式。

随着“一三融合”模式从遂昌到高淳，甚至向更多的地区蔓延，县域就地城镇化的样本浮现。通过“一三融合”逐步将分散化的农业生产资源整合成一种现代农业生产体系的力量，一种把农业生产与市场需求无限拉近的力量，并将引发生产资源的重新配置，带动产业结构的转型升级。

综上所述，“四化同步”是“十八大”作出的重大战略部署。推进“四化同步”，意味着要继续推进新型工业化、信息化，重点是大力推进两化深度融合，促进工业化质的提升；通过信息化与城镇化的融合，促进新型城镇化的发展。同时，要深刻把握“四化”的内在联系和客观规律，在发展理念、发展思路、发展举措上落实“四化同步”的要求，牢牢把握城镇化这一扩大内需的最大潜力，坚持以工业化创造供给、信息化引领提升，支撑带动新型城镇化和农业现代化，使工业化、信息化发展更多依靠城乡区域发展协调互动，实现社会生产力的跨越式发展。

移动宽带互联网将拉动信息消费

北京邮电大学　吕廷杰

一、面向信息消费而不是网络消费的“去电信化”

传统通信产业以传送语音信息为主，因此形成了网络即业务、业务即网络的网业不分的模式。这是一种铁路式的经营模式，谁修了路，路上的客货运就由谁来经营并获利，因此这是封闭的运营体系。然而，互联网出现以来，数据通信业务呈现出网业分离的公路运营模式，即：谁修的路，路上跑的谁家的车，车上拉的谁的货可以是互不相干的，因此才出现了 OTT 这种业务形态。

当 OTT 业务出现时，运营商们最早采用的应对措施是推出大量的“自有业务”，然而，这恰恰是电信思维“网业不分”的产物。这种做法，在一定程度上扼杀了社会各界利用互联网进行创新的积极性，同时也使得运营商错失向平台运营转型的机会。而后者才是整个产业的发展方向。但运营商这种做法也带有普遍性，因为近几年全球基础电信运营商都遭到了 OTT 服务商的强力冲击。目前，越来越多的运营商开始对“寄生”在其网络上的内容提供商产生不满。此前，韩国电信公司由于不堪网络压力已经明确表示将叫停三星等 OTT 服务商免费“寄生”网络的做法。美国 AT&T 公司也曾一度封杀掉苹果手机的 Facetime。

针对上述愈演愈烈的争执，能否找到一种双赢甚至多赢的商业策略是整个 IT 行业普遍关注的问题。电信行业的价格机制应该如何进行重构呢？为此，我们必须用互联网思维进行思考。用一个形象的比喻来说明：现在好比有一家叫腾讯的运输公司，拥有一辆叫微信的大巴，上面坐了 6 亿多人，车开到你的信息高速公路上了，请问应该如何收费？按照公路的运营模式，当然是向司机或其所在的腾讯公司收费，而不是敲着窗户向坐在车上的每一位乘客收过路费！

在拉斯维加斯举行的消费电子展上，美国电信运营商 AT&T 放出了一则重磅消息——将在 2014 年一季度推出由企业付费、消费者可免费使用的流量“800”类业务。据 AT&T 介绍，该业务的付费方主要面向的是 OTT 类服务商。据称，这一模式借鉴的是典型的互联网模式，即后向付费模式，通过免费业务吸引大量终端用户，并以其作为资本从企业处获取收益。AT&T 此举的意义在于不仅打破了同单个企业协商的零散合作模式，而且推出了常规的后向付费平台，这意味着 AT&T 真正将互联网思维引入到了数据业务领域。这一模式针对的主要对象就是 OTT 服务商，AT&T 希望 OTT 服务商能成为主要的“赞助方”，以便手机用户可放心使用流量。

事实上，笔者在 2012 年上半年就在一些专家咨询委的会议上提出过此类建议，与此同时，阿里巴巴也在 2012 年夏季积极与运营商沟通，希望当用户点击其旗下的淘宝和天猫网站时，运营商不再向用户收取流量费，而由阿里巴巴统一买单。无独有偶，天翼视讯也正在采用类似的模式向增值服务商收流量费，而不是消费者。这种做法有如客户到购物中心买东西不需要为基础设施付门票费一样，谁开店，谁付摊位费。以“定向流量”为例，消费者只需为自己所喜爱的数字内容（图文、音视频或游戏等）付费，而内容提供商将一定比例的收入用以支付运营商的流量费。这种商业逻辑不仅合理，而且一举解决了流量经营中的按需分配（客户识别与比特着色）的难题。此外，只要反向收费，犹如在公路上，就可以区别对待大车、小车、客车、货车。对于今后逐步出现的诸如视频 OTT、语音 OTT 等业务所带来的替代性矛盾也可通过差异化的流量定价策略而加以化解。

然而，要想真正实现上述转型，基础电信运营商的营销体系、计费与经分系统等都必须进行一次脱胎换骨的改变。这个过程不可能一蹴而就，然而，这却是传统运营商为了生存所必须面对的一次挑战。运营商打开后向付费通道无异于一个明确的表态，即在收入方面希望能从 OTT 服务商那里有所进账，同时希望充分利用自身庞大的用户基础，重新掌握移动价值链的枢纽位置。事实上，有此想法的并非只有 AT&T。此前，包括 Verizon 无线、T-Mobile 在内的美国移动运营商都表示过，考虑推出“800”类数据业务。目前看来，运营商的集体意向明显，如果此举成功，就意味着移动通信业将迎来一大变革，可以说这也是运营商在流量经营时代的一次机遇。

二、结构性的改革是推动信息消费的基础

目前社会上普遍流行一种观点，就是中国的通信行业是“垄断行业”，并武断地认为中国的电信市场因此缺乏竞争，甚至将其归咎为政府对市场准入的管制。笔者曾经不止一次地在许多公开或私下场合听到一些有社会影响力的专家学者以中国香港为例阐述此种观点，他们认为：香港都可以有 6 家移动运营商，为何中国大陆十几亿人口才有 3 家。然而，这些偏颇的观点不仅罔顾了政府正在推动民营资本进入电信行业的努力，而且也无视了运营商之间过渡竞争的事实。通过媒体关于运营商为抢滩校园市场，不惜大打出手的报道，其竞争激烈程度即可见一斑。而导致这种激烈竞争的原因就在于运营商的数量不是少了，而是多了。巨大的国土面积，需要上千万亿资金建设的网络才能覆盖，而大量的重复建设又导致了投资利用的低效率。

垄断是一个基本的经济学概念，在某种商品或服务的市场上，如果提供商品或服务的商家没有定价权，价格是由供求关系来决定的，我们则称其为竞争型市场，否则就是垄断型市场。而形成竞争型市场的前提是较小的市场壁垒。例如，如果在一个城市开餐馆或发廊挣钱多，于是很快就会涌现出大量的餐馆和发廊，使得该行业进入充分竞争状态。其原因就在于开餐馆或发廊的壁垒很小。显然，建设一个覆盖只有北京一个区大小的香港的移动网络的投资和建设覆盖 960 万平方公里国土面积的移动网络不是一个数量级的概念，这就是为何中国香港可以有 6 家运营商而中国大陆目前只有 3 家却依然多了的经济学原因。

由于通信行业具有自然垄断属性，为了规避投资上千万亿资金建设网络，一些市场开放的国家出现了两种状况：一是私企的“撇奶油”策略，只在大城市建网，把普遍服务的任务扔给国有控股公司去做；另一种是一些背景不明的公司以控制该国的通信基础设施为目的建网。为此，包括中国在内的一些国家提出，既然国家越大，基础电信也越不可能充分竞争，而这个产业又涉及国家安全与主权，那么就应该实行市场准入的监管。

目前，电信行业的现状，存在一个著名的经济学现象，即“大者恒大、赢者通吃”。这也是整个行业竞争不规范、市场不均衡所导致的必然结果。面对这样的问题，加之电信行业固有的自然垄断属性，该如何促进民营资本更多地进入呢？

对此，笔者认为，网运分离不失为一个值得探索的方向。即整合现有运营商的基站、管道乃至各种基础网络资源，组建一个由各现有运营商以股份制形式合资的基础网络公司，按照自来水、电力、煤气等社会基础设施提供者的模式进行运营。而在运营层面，则要向民营资本更广泛地开放，没有了网络资源高投资的负担，运营层面的竞争和民营资本的广泛进入将会激发出强大的创新力，从而提升服务质量并使得应用更加丰富多彩，从而真正拉动信息消费。这种做法有三个好处：一是避免了基础网络投资过大，以致其他运营企业无法进入该行业的自然垄断壁垒；二是基础网络依然控制在国家手里，能更好地保证网络安全和公民的信息安全；三是避免了运营商对基础设施的重复建设，从而减少资源浪费和恶性竞争。

构建以互联网监管为核心的监管体系

工信和信息化部电信研究院　何霞

一、ICT 革命意味着需要重新认识电信监管与制度体系

1. 信息通信技术的快速渗透对电信监管走向起到决定性作用

作为一种通用技术，信息通信技术除具有基础性、高渗透性和通用性的特征之外，还具有技术创新的快速、连续和系统性；持续提供更快、更好、更便宜的产品和服务。信息通信技术的贡献不但发生在领域内，而且还可以向非信息通信技术领域溢出，提高全社会的平均劳动生产率，进而提升整个国家经济的增长率。

我们看到，人类通信在不到一代人的时间里发生了翻天覆地的变化。我们正目睹着信息通信技术带给我们在社会、经济和文化方面巨大的、根本性的变化。推动变革的力量主要来自于电信与媒体的融合、网络连接的泛在性和互动性，以及互联网正在快速与各行各业融合与渗透，并推动经济发展与社会进步。在此之中，通信监管的角色已经发生了根本性变化，需要我们重新审视电信监管体系和法规制度。可以说，信息通信技术发展对电信监管走向起到决定性作用。

2. 信息通信技术带来的负面影响使我们必须重新认识电信监管

信息通信技术在带给我们每一个沟通与分享的同时，亦不可避免地可能带来负面的影响，如网络欺诈、网络犯罪等，不断带给政府、企业和个人对网络与信息安全的关注。我们对信息和通信技术越依赖，就意味着网络基础设施就越脆弱、越容易受到攻击。因此，在我们享受ICT 革命带来全社会巨大效用的同时，也带来负面恶性利用的可能性与危害，并带来防范与监管的巨大成本，也对电信监管带来巨大挑战，需要我们重新配置资源和构建新的框架，因为我们开始走向信息社会了，我们需要重新认识监管和创建制度。

3. 电信监管机构的作用已经上升到公共政策的神经中枢

随着云计算、物联网等新一代信息技术的发展，以及信息化渗透到各个领域，人们将利用信息传感网络和分布控制系统，直接为生产与生活提供全面服务，使人类社会进入以信息生产力为主要标志的新阶段。随着 ICT 技术融合性与泛在性的延伸、信息生产力的强大作用，网络成为经济、社会、国家安全的重要组成部分，这一切导致网络政策已经成为目前公共政策的核心，电信监管机构的作用已经上升到公共政策的神经中枢。由此带来的监管压力与挑战也随之增长，与日俱增。任何服务的中断、内容的问题或诈骗和网上争议等都易激发公众对运营商的不满，监管机构面临前所未有的挑战。可以说，信息社会将彻底改变电信监管原有的地位与作用。

二、全球电信监管的发展态势

1. 电信监管机构正在扩大其监管的职能

随着宽带与互联网的发展，电信监管正在扩大监管的领域与职能。其中，通信监管最重要的是增加了发展职能，即推动宽带网络基础设施发展政策和宽带无线频谱的规划。同时，在原有的电信监管基础上又增加了新的监管职能：过去，电信监管的目标是促进电信市场竞争与保护电话用户的权益，如今增加了网络环境下的用户权益保护、网络与信息安全和数字版权；过去电信监管的重点是基础电信运营商，而如今电信监管已涉及全产业链

的相关主体；过去电信资费侧重于语音与短信，如今宽带与数据业务的资费成为关注热点；过去电信普遍服务仅提供语音普遍接入，如今又增加了宽带普遍服务；一些电信监管机构还增加了环境保护的相关职能。

2. 电信监管逐步从事后监管走向以事后为主，事中事前为辅的监管

过去，电信监管机构更多的是依赖于竞争法规来纠正反竞争行为，实施事后监管，以促进创新性市场的形成；现在，一些监管机构需要考虑针对具体的市场监管问题，特别是宽带物理层的竞争问题，有目的地实施事先监管规则，以防止垄断和促进竞争。

3. 监管模式走向更灵活和平面化的组织形式

互联网的扩散性和泛在性导致网络犯罪行为超越了国界并对多个行业和部门构成影响，传统的监管方式和刑事处罚难以应对挑战，要求全球的利益攸关方协调一致应对网络安全和网络犯罪问题；同时，由于网络犯罪源于日新月异的技术，负责打击网络犯罪的部门需要保持足够的敏锐性以适应迅速的变化。因此，多国正在制定网络安全的法律和监管框架，并以利益攸关方参与为基础，建立打击网络犯罪生态系统和多主体的合作机制，监管机构从过去集中打击网络犯罪的监管模式走向更灵活和平面化的组织形式。

4. 电信监管正处在一个艰难的过渡期

电信监管机构由于承担构建全社会信息基础设施的发展职能与网络安全的国家利益而凸显其重要性，电信监管的作用与范围在增加，监管体制在融合，又由于互联网的复杂性，所以需要监管手段的多样性与监管机构间的协同性。

今天，已有的电信监管体制仍在维系，新的体制、机制与法律框架还没有形成，而不断涌现的新问题又需要加强管理，电信监管处在一个艰难的过渡期，责任更大，处境更难，需要更多的努力。

三、逐步建立以互联网为核心的监管体系

工信部作为电信与互联网的行业管理部门，长期以来，在监管能力远远不足的情况下承担着艰巨的电信与互联网的监管使命，为保障我国的网络与信息安全做出了巨大的贡献。面对越来越重要的互联网，越来越复杂的网络监管环境和问题，以及越来越严峻的网络与信息安全问题，监管机构需要转变思路与方式，将监管重心转向以互联网为核心的行业监管，只有这样才能顺应ICT技术的发展趋势，才能建立一个繁荣、公平与健康的网络市场，满足逐步建立在网络基础上的社会经济安全对监管的要求。为此，我们需要重新思考确定以互联网为核心的监管职能、监管机制与监管方式。

1. 明确电信监管机构的发展职能与监管职能

国务院出台的《“宽带中国”战略及实施方案》，首次在国家层面将宽带网络定位为“新时期我国经济社会发展的战略性公共基础设施”，也是我国互联网发展的重要基础设施，这就需要电信监管机构将固定宽带和无线宽带建设作为重要的发展职能，大力推动并且贯穿始终。除此之外，还需要围绕互联网重点实施监管职能，包括准入、网间结算、公平接入、共建共享、网络与信息安全等监管职能，以保障全社会网络的安全、全体消费者权益保护以及中小企业在网络发展的公平待遇。

2. 以互联网为核心的监管更需要强调合作与协同

长期以来，电信监管强调基于主管部门的垂直管理，这主要是由电信网垂直一体化的技术特征决定的。由于ICT是通用技术，正在快速渗透到各行各业，并与传统产业融合产生新的业务链条与衍生出新的市场，这要求行业监管机构强化与不同行业监管机构间的合作，包括教育、金融、卫生和环境等方面。同时，互联网管理相对于电信监管而言，需要放松事前监管，逐渐向事后监管过渡，其中互联网市场的不正当竞争监管与反垄断监管的作用也就越来越重要，这就要求行业监管部门需要加强与工商总局、发改委反垄断部门的日常沟通与合作。我们看到，互联网上越来越多的跨境业务以及出现的跨境犯罪，都需要我国监管机构加强与国外政府机构和国际组织的沟通与合作，因为互联网是没有国界的。

3. 互联网的复杂性需要依托社会组织与平台配合，快速提升监管能力

随着互联网技术与应用的多样性，造成了个人

与企业、企业与社会、平台与政府的边界模糊，带来了不确定性与复杂性，使得互联网管理面临着越来越多的复杂治理问题，尤其是线上的治理难题，如微博的治理、竞争行为的治理、网络视频的治理、APP store 的治理等。这些治理问题不仅量大、参与人数多、时效性高、跨地域、形态各异，而且很难用传统的准入许可、年检、抽查、吊销执照等治理方式达到良好的治理效果。如何在一个复杂的、高速运转的网络系统中利用多种巧妙的手段快速化解矛盾、防范风险、保证互联网的运行效率，考验着政府监管的智慧。

网络的不确定性与复杂性需要改变行业管理自上而下的自有体系，建立自上而下与自下而上有机结合的治理结构，处理好政府、市场与社会三者之间的稳定治理结构：一方面监管机构本身要提升监管能力，同时要发挥社会组织的活力，让社会组织在企业自律中发挥作用；我们还要重视几大互联网平台的配合作用，以及重视大数据的依托，以形成量化支撑下的政策精准化，多平台支撑下的监测手段高技术化，以及多样化的执法措施，这样才能面对日益复杂的监管环境与监管问题。

4. 高度重视并确保全社会的网络和信息安全

随着网络的快速发展，互联网与国家安全和个人安全已经密不可分。愈加凸显的网络与信息安全，严重影响到互联网各个领域的健康发展，为治理和规范提出了一个亟待解决的课题。行业监管机构需要全面提升监管能力，采取多种监管手段，形成从技术到业务、从网络到信息、从维护日常安全到打击犯罪的互联网管理的合力，确保国家网络和信息安全，这将是行业监管部门的长期、重要的工作。

终端进化与互联网未来展望

中国互联网络信息中心　陈建功

一、桌面互联网——基于关键词的服务

在桌面互联网诞生之初，曾经有一个很流行的观点：在互联网上，没有人知道你是一条狗。然而，真正上网之后却发现，根本不是那么一回事——原来你的一举一动都被网络偷偷地记录下来了。并且，互联网还会根据你的这些行为来分析你，进而影响你。

此时，互联网记录用户的行为，主要是通过cookie或其他浏览器插件、客户端等工具等实现的。互联网对人的分析和判断依靠的也主要是人们浏览的内容、搜索的关键词等，通过对关键词的分析，判断一个人的喜好、社会身份等，进而针对性地推送服务。

这种模式，我们不妨称其为“基于关键词的服务”。基于关键词的服务，使媒体对人的理解较传统时代，大大推进了一步。因为在传统媒体时代，我们对受众的理解，多是通过抽样调查，对人们属性、行为、偏好的理解，是片段的、模糊的、表象化的。而互联网则能够长期追踪记录电脑端的浏览行为。基于对此种数据的分析与理解，我们能够对消费者的价值取向、消费偏好等进行较为精准的把握。

然而，与此同时，由于电脑与人的关系并不是完全一一对应的，很多时候可能会是一个家庭共用一台电脑，因而，互联网对人的理解，虽然能够精准到具体某一台电脑，但并不能真正精准到具体的个体。也正是因为这个原因，一些企业的网络营销中闹出了许多笑话，例如向一个男士的邮箱推送卫生巾广告，只是因为这位男士的妻子用他的账户购买过一次裙子。

二、移动互联网&社交应用——基于位置和身份的服务

移动互联网的发展，使这种误会大大减少，因为作为移动上网终端的手机，是比较个体化的工具，很少出现共用的现象。因而互联网对人们的网络行为的把握也就更加精准，真正细到了个体的粒度。

与此同时，手机是随身携带的，而手机与基站的数据交互，以及手机对GPS的集成，使移动互联网具有另一个优于桌面互联网的特征——对个体位置的锁定。不管你在哪里，你所有的运动轨迹，都会被详细地记录下来。这就给了互联网服务商更多的分析的线索，同时也给了商家更多的接触你的机会。

除了物理的位置信息外，移动互联网还能够掌握用户的社会位置信息，这一点是随着移动社交应用的兴起而产生的——你的微博关注暴露了你的内容偏好；你的微信好友，则暴露了你的社交圈子。而这些恰恰锁定了你的社会身份。这时，互联网对人的锁定，进入到了时空定位和社会情境定位的双重锁定阶段，如图1所示。

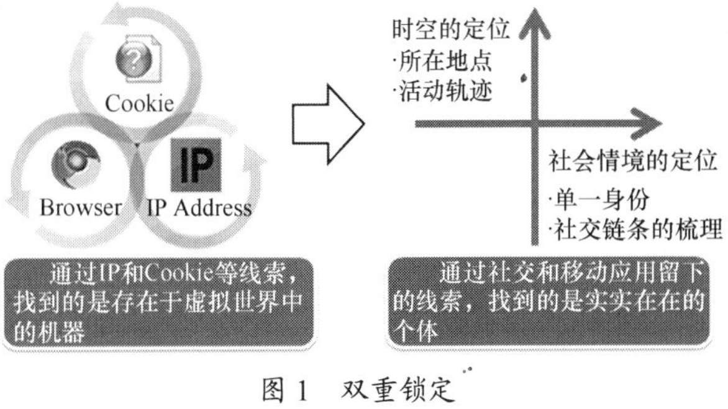

图1　双重锁定

此时，互联网不但知道你是不是一条狗，它甚至知道你从哪里来，要到哪里去，你的需求是什么，用什么样的卖点能够打动你，在什么时候、在哪里能够把这样的卖点最有效地传递给你。

三、可穿戴互联网——基于身体的服务

从2013年开始，互联网终端显现了一个非常明

显的趋势——可穿戴设备风声大起。先是Google glass在长期的市场期待之后终于在 4 月推出消费者探索版；之后各种智能手表、智能眼镜甚至智能服饰等的消息不断爆出，可穿戴互联网时代已经呼之欲出。

与手机相比，可穿戴设备的新特点，使人们对互联网有了新的想象空间，体现在以下几点。

首先，可穿戴设备是与身体直接接触的。这就在除了关键词、位置信息之外，给互联网提供了更多获取用户信息的机会。一个最为直接的应用就是：智能手表能够记录心跳、血压、脉搏与体表的温度，通过对这些数据的长期跟踪与分析，互联网就能够掌握用户的健康状况。

其次，可穿戴设备解放了双手，降低了应用门槛，使一些应用更加方便和可持续。比如智能眼镜上的摄像头，就像第三只眼一样，随时监控着你身边的环境，并将你身边的环境信息和其他信息进行整合分析，进而为你提供策略建议——比如，它能够自动记录你的饮食搭配，并结合你的身体状况，给出营养饮食建议，帮助你实现健康管理。

此时，互联网对人的理解，增加了一个新的维度——身体。而这一新的维度，也将产生新的商机。上面提到的健康管理当然是商机之一。但是，这一商机显然比较初级。基于全生命周期的健康咨询和顾问服务，可能会成为这一阶段的重要商业机会——通过整合个体的身体信息、生活方式、环境信息等，为用户提供扁鹊式的健康管理与顾问服务，将疾病消灭于腠理。

四、可穿戴互联网之后——人体与互联网的融合

说到这里，不得不说说可穿戴设备之后的形态。其实这一点已经有很多人谈到了——那就是人与机器的融合。这一点很多人认为不可想象，不可接受，实际上会遇到极大的应用阻力。笔者以为：其实未必，甚至是相反，人们很可能会趋之若鹜。

为什么呢？我们不妨看一下机器与人体的关系。工具解放了人的双手与大脑这样的论述我们就不必说了，直接分析内置于人体的机器，我们就会发现，其实这些机器并不为人所拒绝，甚至人们还要花高价求之而不得。比如假肢、血管支架、人工心脏。这都是患者的福音，完全无拒斥之感。

分析到这里，产生的一个问题是：目前这些内置于人体的机器，是专为病人使用的，没见过哪个健康人给自己换上一个人工心脏的。是的，目前的确是这样的。那么普通健康人会愿意给自己的身体装上机器吗？目前这个阶段，置于患者体内的机器只是帮助患者实现正常的或者接近正常的人体机能。所以此时，普通人不会给自己换上一副人造器官，也是不可想象的。

但是，我们换一个思路：如果有一个更高级的人造心脏能够在身体机能出现故障时，及时提醒患者，患者是不是会更愿意选择这样的人造心脏？我想任何一个理性的患者，在不存在费用制约的条件下，都会选择这样的人造心脏。那么更进一步，当这样的人造设备甚至能够帮助患者在各种竞争中战胜其对手时，作为竞争参与方的你，如果面临着处处败给一个“病人”的窘境，你将如何？当你从父母那里继承而来的身体处处败给有机器辅助的身体时，你是否会动心考虑给自己的身体也寻找一个辅助器官？

当然，这里谈的还只是人体与机器的融合。那么，人体为什么一定要与互联网融合呢？我们知道，机器要通过处理信息做出决策，再与外界进行互动。那么，要处理的信息如何输入？此时，无论是通过手写、键盘，还是眼睛的扫描，其信息的输入效率都将成为重大的瓶颈。而解决这一瓶颈，唯有直接连接开放的、超高速的社会化网络，实现大脑与信息的直接互联，同时调用分布于云端的大数据处理能力，进而给出当前问题的最优解决方案。

分析至此，基本上就清楚了人体与互联网融合的必要性：第一，竞争的需要——作为肉体的人必须借助智能设备的辅助才能提升自己的竞争力；第二，效率的需要——互联网（包括未来的物联网）本身就是一个开放平台，无数的终端就是无数的信息采集的触角，它在不断为决策提供新的信息源，只有两者融合，才能跟上决策所需信息的更新的速度；第三，计算能力的需要——内置于体内的设备，无论其计算能力多强大，面对庞大的不断更新的海量数据，其计算能力都显得远远不足，必须借用云端的海量计算能力。

五、可穿戴互联网之后的服务——基于情感的服务

综上所述，从最初的基于 Cookie 的对物理设备的理解，到基于社交网络和移动应用而实现的对个人的身份和位置的理解，再到基于可穿戴设备，甚至是植入体内的设备对人的身体状况的理解，互联网对人的认识，正在不断深化。那么，可穿戴互联网及其后的未来，会是一个什么样的阶段呢？这里笔者冒昧揣测——可能会是基于情感服务的互联网时代。之所以得出这一判断，是基于笔者对互联网之于人的关系的发展过程的逻辑推测。

互联网在发展过程中，不断尝试理解它的用户。起初，要求用户有意识的输入，然后根据用户的输入，尝试判断用户需求，然后提供给用户一个判断列表，由用户自己选择自己的所需。这等于是告诉用户：我对您的需求有几种判断，但是具体您的真实需求如何，我并不清楚，所以把这几种判断都呈现给您，请您选择。这就是基于关键词的服务。

随着移动互联网和社交应用的发展，互联网对人们的理解增加了新的线索。如果你的朋友圈都是 IT 精英，它不会给你推荐播种技巧；如果你午餐前夕在王府井搜索特色小吃，它不会给你推荐上海城隍庙的排骨年糕。随着背景线索的增加，它对用户需求的理解精度进一步提升，如图 2 所示。

然而，无论是基于关键词的服务，还是基于位置和身份的服务，还都是基于对外围信息的分析与理解。可穿戴设备与植入设备的发展，使互联网对人的理解进入到人的身体这一需求原发点。这一转变可能引发新一轮的产业变革，如前所述，这一变革可能最早从在线健康管理与顾问服务开始。

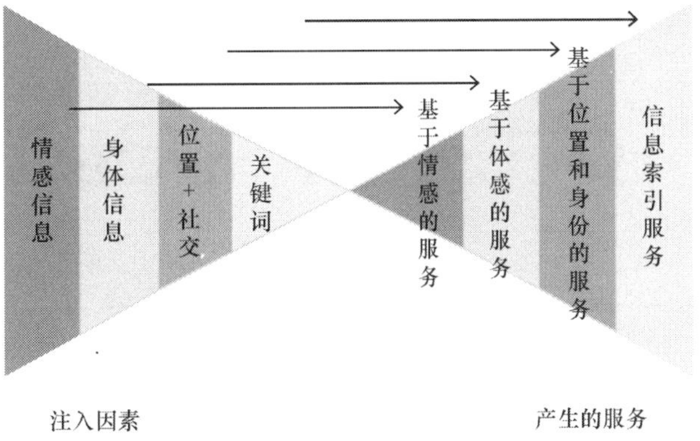

图 2　互联网注入因素与产生服务的精准性对应关系

基于身体的服务是互联网的一步大跨越，而基于情感的服务，则是在体感服务基础上进化。目前来看，基于语音的情感分析技术，具有与网络结合的先天优势，再加上已经比较成熟的情绪分析技术等，这些技术与大数据技术的结合，可能成为基于情感的网络服务大规模应用和发展的基础。当然，在可穿戴设备时代，基于情感的服务可能只是处在初级阶段，而在互联网与身体融合之后，才是基于情感的服务的高级阶段。

六、隐私泄露问题——互联网如影随形的魔鬼

网络数据的正向应用可能成为打击恐怖活动、维护社会稳定的基础，而它的反向应用，则可能成为侵害个人的凶器——这就是隐私泄露问题。

隐私泄露问题最大的风险不在于黑客偷了网民的银行卡密码，也不在于银行泄露了你的账号信息。这些都可以在现有的法律体系里找到解决方法。隐私泄露的最大风险在于非私密数据的集成与整合分析，进而使私密信息暴露在大庭广众之下。

OTT 来击下三大运营商“去电信化”的探索

赛立信通信研究部 曹先震

面对来自以微信为首的互联网应用的挑战，运营商赖以生存的语音、短信等传统业务不断下滑，运营商逐步沦为“管道化”的风险不断加剧， 如何调整和优化现有业务，发掘和培育新的业务和增长模式成为运营商进行战略调整的方向。

一、西班牙电信“去电信化”的探索

西班牙电信是欧洲第一、全球第五大电信运营商。在面对移动互联网高速发展的冲击之下，西班牙电信迅速反应，走出了一条将互联网基因和电信基因有机结合的道路。

1. 设立新部门发力数据业务

西班牙电信 2011 年 9 月设立了负责为集团寻找新增长点的创新业务单元 Telefonica Digital。数字部门的成立，使得原来分散在各地区、各分公司的创新活动有了统一管理，不但有利于整合各分公司的创新成果，更有利于集约资源并配合其全球化战略进行统一的规划和部署。据了解，Telefonica Digital 负责包括金融服务、M2M、电子医疗、广告、视频&媒体、安全和云计算在内的西班牙电信七大重点数字业务。

2. 联手合作伙伴进军 M2M 和物联网领域

2012 年 2 月，西班牙电信与泰利特结成全球性战略合作关系，为中小企业提供以往仅仅面向规模较大的企业的收费增值服务、客户支持、模块研发和全球网络连接服务。两家公司合作推出的新服务，可为 M2M 服务提供商以及应用开发商提供产品生命周期支持，帮助增强监控能力，降低固网和移动通信的费用，简化物流、运营和部署，帮助 M2M 企业更快在市场上推出自己的解决方案。

3. 开发“TU”产品迎接 OTT 挑战

2013 年 5 月份，Telefonica Digital 推出了一个服务于本部门所推出的创新通讯服务业务新品牌“TU”（“TU”，西班牙语的“你”）；同时推出了首个“TU”品牌的产品“TU Me”，该产品是一个兼具短信、通话、语音消息、照片分享、地理位置信息等多种功能、覆盖全球的免费移动 App。TU Me 是 Telefonica Digital 成立后正式推出的第一个产品，也是西班牙电信第一次面向全球用户推出的产品。据 Telefonica Digital 声称，TU Me 推出头两个月就在 111 个国家获得了超过 25 万的激活用户。

赛立信通信研究部认为，“去电信化”不是完全抛弃电信运营商现有的资源和运营模式，而西班牙电信所采用的策略便是将旗下所有创新业务进行资源整合运营，以此达到优劣互补的效果。

二、中国移动的反击与创新

1. 布局互联网基地

2009 年，中国移动集团开始布局四川成都无线音乐产品基地、浙江杭州阅读基地、上海视频基地、辽宁手机位置基地、江苏移动负责业务手机游戏、福建移动负责手机动漫、湖南移动打造移动电子商务基地以及广东移动负责的 MM 八大基地。

通过组建业务基地而形成聚合优势，中国移动旗下的互联网应用产品，如移动 MM、手机阅读、无线音乐、手机游戏等均取得了较大发展，用户数快速增长，数据业务收入逐渐成为中国移动增量收入的主要拉动力量，以广东省为例，截至 2013 年 5 月，数据业务累计收入占比约 30%，深圳、广州和珠海公司均超过 30%。

2. 重构飞信，反击微信

面对来自以微信为首的 IM 产品的冲击，中国移动不得不重新调整飞信业务的结构，将飞信重构，成为其移动互联网的主要平台+入口，以对抗微信。

首先，中国移动停止了对飞聊新版本产品的开发投入，投资6.38亿元对飞信、飞聊进行产品形态上的整合，使其成为融合的通信产品；其次，进一步增加飞信的业务功能，中国移动表示将为飞信手机版增添图片、信息、状态更新、视频通话等功能；最后，利用中国移动自身用户的规模优势，实现全网用户默认开通飞信，迅速提升用户量。

3. 拓展移动支付、云计算和大数据等新兴市场

依靠自身的网络、用户优势，中国移动开始试水移动支付市场，不久前，中国银联与中移动宣布正式推出基于 NFC-SIM 卡的移动支付平台业务——手机钱包，并完成 TSM 平台（远程发卡和应用管理平台）对接，实现了金融和通信两大行业在移动支付技术方面的兼容。通过 TSM 平台，用户可为中国移动 SIM 卡加载公交卡、社保卡、学生卡、门禁卡、电子票等诸多功能，利用手机终端实现各类应用。可以预见，移动支付将渗透到我们生活的各个角落。

除了试水移动支付领域，中国移动也在云计算和大数据方面积极开展尝试。依靠运营商在云计算领域具有独特的资源优势和品牌优势，中国移动在IaaS、PaaS、SaaS多个层面开展了云计算的研究；依靠拥有的海量、精确、多样化的大数据资源，中国移动正在构建汇聚网络、业务、终端和客户行为等多维度信息的数据分析平台，用以描绘用户在信息社会的信息基因，估算出用户的未来需求，为合作伙伴、企业客户带来更多创新价值，为实现“大数据、超细分、微营销”的营销服务转型提供有力支撑。

中国移动的“去电信化”转型从网络、平台、业务和终端4个方面入手，全面开展流量经营，以此缩小“量收剪刀差”，保持可持续增长。

三、中国电信探路娱乐营销

1. 以固移融合营销提升传统业务价值

传统的语音、短信业务收入正面临下滑的风险，为了维持收入和用户的规模增长，中国电信开始将移动、固话和宽带三大业务形态组合推广，推出多种融合产品，以此为用户提供个性化的全业务解决方案。

固移融合营销已经成为中国电信进行用户拓展的有利武器，虽然短时期内可能落入量收增长失衡的危险境地，但从长期看来，将自身资源进行协同互补，无疑更具市场竞争力。

2. “翼聊+中国好声音”主打娱乐营销

除了联合举办《中国好声音演唱会》之外，中国电信还借着《中国好声音》第二季开唱之际，将新产品“翼聊”植入好声音，当做现场的互动工具，用户参与“中国好声音”翼聊公众账号的互动话题，不仅不需要任何通信资费，还有机会赢取5000元天翼飞 Young 纯流量大礼包和60M流量卡，以此借助中国好声音平台全面推广“翼聊”。

加大在娱乐营销上的合作和投入，中国电信又迈出了去电信化的重要一步，通过中国年轻人追捧的中国好声音节目以演唱会的形式将天翼飞 Young 的品牌文化和品牌内涵植入到年轻人心中，不仅能获得他们的认同感，而且还能影响他们的消费习惯。

3. 加大移动支付、云计算等新兴市场投入

2013年6月，中国电信与中国银行签署了移动支付战略协议，将推出电子钱包业务，规模投放 NFC-SIM 卡，大力发展移动支付业务；此外，中国电信 “天翼云计算”战略不断深入，计算虚拟化、存储虚拟化、虚拟桌面等技术在企业内部的 IT、办公桌面等领域规模应用得到明显提升；“宽带中国·光网城市”建设初现成效，“智慧城市”发展迅速……

正如中国电信董事长王晓初所描绘的转型思路：中国电信实施“去电信化”，即由电信（Telecom）向信息应用服务和互联网业务延伸，实现向两种规律（电信和传媒）、两个平台（流量经营平台和传媒平台）、两次销售（流量价值上的二次开发和销售）的新经营理念转变。

四、中国联通瞄向“开放式合作”

2011年，中国联通发布“WO+开放体系”战略，即基于3G向移动互联网产业界开放渠道能力、服务能力、智能管道和用户资源等多项资源，通过合

作共创移动互联网生态产业。而流量经营就成了联通掘金互联网产业的战略焦点。

首先，加速进行3G网络的建设。在三大运营商中，中国联通拥有全球速率最快、规模最大的3G网络，目前手机用户已全面支持HSPA+ 21Mbit/s上网功能。2013年5月起，广州、深圳等8个地市更将网络升级为HSPA+64QAM双载波，网速高达42Mbit/s，成为当前国内速率最快的3G商用网络，用户体验得到进一步加强。

其次，推出多种流量包吸引用户。目前，中国联通已经形成了3G用户主推3G省内流量包、3G随意玩及全国流量包；2G用户主推2G随意玩、2/3G融合省内包、3G速率月租产品的流量包体系，覆盖各阶层用户的需求。

此外，以“终端+应用”最大化的用户体验。目前，在中国联通的3G终端大家族中，几乎全部手机都是智能机，支持21Mbit/s极速网络的终端已有近百款；而且，随着中国联通沃商店应用平台的逐步推广，更多互联网应用得以聚集，用户需求得到满足，体验不断提升。

中国联通坚持以“流量经营”作为其应对互联网时代挑战的突破口，成效显著：中联通3G智能手机月户均流量已高达256M；流量收入也因流量的提升而高速增长，如中国联通广东分公司流量收入已是短信的5倍，很快将达到话务收入的水平。

五、“去电信化”的策略建议

电信业收入增长趋势已逐步放缓，而且各运营商之间的竞争更趋激烈，面对来自移动互联网企业的多方挑战，运营商之间既相互竞争，亦存在竞合，尽快摸索出一条行之有效的“去电信化”之路成为各家运营商战略转型的重点方向。

如何才能让运营商跳出“管道化”的思维定式，规避传统业务不断衰退所带来的收入风险？赛立信通信研究部认为，实施“去电信化”战略主要是寻找能替代传统业务收入下滑的新业务、探索新的商业模式扩大收入来源。

1. 传统业务优化升级

虽说运营商传统业务收入正面临下滑趋势，但目前仍是运营商的主要收入构成，完全摒弃为时尚早，可以通过管道智能化、降低运营成本、业务重构和细分市场等方式进一步发掘潜力，以此提升传统业务的效益，如中国电信的业务融合和融合计费，中国移动和中国联通大力开发商客和聚类市场，集团业务规模的不断提升等。

2. 寻找新的利润点

在移动互联网时代，流量经营成为各运营商争相挖掘的最大利润点，但“量收剪刀差”却未得到有效的解决，除此之外，移动支付、物联网、云计算和大数据等新兴市场，其未来收入的规模增长潜力巨大，运营商需抢占先机，依靠自身的网络管道、平台和终端等资源优势，加大投入力度，形成新的利润增长点。

3. 构建新的商业模式

运营商传统的运营模式是基于用户的前向收费，在面对移动互联网企业高举的“免费”大旗之下，自然显示出了其固有的劣势，通过引入后向收费模式，加强合作来延伸产业链的深度和宽度，不仅有利于运营商业务的拓展，其带来的后续收入也是非常可观的，如中国电信与中国好声音的跨界娱乐营销。

4. 向内容服务商转变

互联网的兴起让电信运营商的用户服务外延不断扩展，各类移动互联网应用层出不穷，如移动IM、爱音乐、移动MM、院线通、行讯通等，运营商开始由单一的电信服务、信息服务向多元化的娱乐内容服务渗透，为打造全方位的综合业务平台奠定了基础。

广电系统发展现状及应对策略

融合网|DWRH.NET 总编辑　吴纯勇

进入 2013 年，除了中国广电系统旗下的电视台、电台、地面数字电视、有线电视网络等行业继续进入台内、网络的数字化升级及改造之外，最具有标志性事件的就是新闻出版总署与广电总局两大部委的“二合一”。

2013 年 6 月 19 日，国务院总理李克强主持召开国务院常务会议，会议通过了国家新闻出版广电总局“三定”规定，据悉，国家新闻出版广电总局三定方案中将有办公厅、财务司、法规司、对外交流合作司等 8 个部门被合并，人员精简，减少职能交叉。

2013 年 7 月 11 日，《国务院办公厅关于印发国家新闻出版广电总局主要职责内设机构和人员编制规定的通知》正式发布，与此前大家普遍关注的要将新闻出版总署、广电总局和文化部合并共同组建“大文化部”的改革方案不同，此次文化部门整合仅涵盖了新闻出版总署和广电总局。

融合网|DWRH.net 认为，文化领域的机构改革最终目标仍是实现大文化制、统一管理。新闻出版总署和广电总局整合是大文化整合迈出的关键一步。

一、多部门合并早已过半

实际上，对于文化管理部门、新闻出版管理部门、广播电影电视管理部门及其他管理部门（比如版权局、打黄扫非办公室、体育局、文物局等）的“多合一”工作，在全国数百个地级市，多年以前早已先行展开。

根据融合网|DWRH.net 每年的实地走访与调研，截至 2013 年 11 月 1 日，全国共有 210 多家地级市、自治州、盟、地区、林区、开发区完成了文化局、新闻出版局、广电局等部门的整合，60%的地级市已经完成了上述部门的整合，甚至部分地区还将体育局、版权局、旅游局进行整合，整合的新部门多以“文化广电新闻出版局”对外挂牌。

2013 年上半年，国家新闻出版总署、国家广播电影电视总局两大部委的“二合一”则上升到了部委这个层面，我们可以看到，多年以来，国家不断出台相关政策，以扶助包括文化产业、信息消费等在内的各个领域的发展，比如，“十二五”规划就明确将文化产业发展为支柱性产业。近年来，国家出台了一系列优惠政策，扶持出版、影视等文化传媒企业做大做强。文化体制改革和主管部门职能转变，有利于减少政府对文化企业的行政干预，加快促进文化产业发展，提高文化产业增加值占 GDP 比重。

融合网|DWRH.net 认为，从目前情况来看，新闻出版与广电的整合，将使文化传媒产业的整合阻力减弱。拥有资金和融资优势的传媒集团有望通过跨行业、跨媒体重组迅速做大，多元化经营的大传媒集团有望诞生。

对于新闻出版总署与广电总局两大部委之间的整合，融合网|DWRH.net 认为，上述两大部委整合背后的逻辑，一方面是广电、新闻出版都担负着“舆论阵地”等作用，属性相似，合并的话有助于理顺内部关系，整合资源；另一方面可加快产业化步伐，就像近年来，广播电台并入电视台成为广播电视台，未来可能外延不断扩大，最终能够实现电视台、电台、报纸、期刊杂志、互联网等一体化传播体系。

二、有线行业模转数过半

融合网|DWRH.net 最新统计数据显示，截至

2013 年 11 月 1 日，中国有线数字电视用户总数已突破 1.5 亿大关，达到 1.7 亿～1.8 亿；中国有线数字付费电视用户总数突破 2000 万大关，达到 2200 万～2400 万。

由此可以看出，进入 2014 年，各地有线电视网络运营商的工作重点还将集中在诸如模拟转数字、单向变双向、网络整合等层面。

从目前三网融合产业链现状来看，融合网|DWRH.net 认为，首先有线网络行业应该产业化，包括产业体系、构建、商业模式、管理机构、运营商本身，还包括围绕有线网络行业的设备厂商等。

截至 2013 年，中国有线电视网络经过了整整十年的产业化、市场化发展道路，在“十年发展历程”这个重要节点，全国有线电视网络行业依然面临着以下很现实的诸多难题。

第一，广电系统的相关行业主管部门只注重对广播电影电视等内容层面的管理与监督，广电系统旗下相关产业的发展并不是其工作重点。

第二，中国有线电视网络行业的产业化之路需要有线行业自身去摸索，但作为各地尤其是以省为单位的有条件的有线电视网络运营商除了忙着模拟转数字、单向转双向等工作之外，近几年都忙着自己企业的上市工作，都想借助资本的力量去完成本区域的有线数字电视网络的各项工作（如数字化、收购等）。

第三，围绕有线电视网络现有的相关产业链，包括机顶盒厂商等，他们都不是围绕有线行业进行创新性的业务研发，而是从有线网运营商赚来的几桶金，去炒房地产，做影视，这自然而然让有线电视网络行业面对一个极为尴尬的局面。

目前，地方性质的有线电视网络运营商已有 7 家通过各种方式成功登录资本市场，他们分别是歌华有线、天威视讯、华数传媒、湖北广电、广电网络、电广传媒、吉视传媒，除此之外，包括江苏、广西等地的以省为单位的有线网络运营商仍在排队上市中。

对于这样一个发展现状，融合网|DWRH.net 认为，如果目前一些平台、有线用户规模较大的地方有线电视网络运营商，如广东、四川等省，若能深耕平台，在现有业务之外，留一部分带宽给互联网企业和电商，实现一些创新，三网融合会比较容易实现。

除此之外，一直被市场期待的三网融合“领头军”——中国广播电视网络公司虽然多次出现在国家所出台的不同政策中，每次都是提出要推动其加快组建，推进电信网和广播电视网基础设施共建共享。截至 2013 年 11 月，中国广播电视网络公司依然没有组建成功，这是一个很严峻的问题。2013～2015 年，中国三网融合要进入“总结推广试点经验，全面推进三网融合”的重要阶段，中国广播电视网络公司如果还不尽早建立，随着地方有线电视网络运营商的陆续成功上市，未来的有线电视网络整合工作难度将会更大。

三、广电产业布局比较单一

2013 年期间，中国广电系统旗下的相关机构/企业（如相关省市的广播电视/传媒集团、有线电视网络运营商等）尝试着进行产业布局，目前，产业化布局较好的广电系统企业有百视通、部分设备提供商等。但融合网|DWRH．NET 通过数年的观察与调研后发现，多达六七家服务于广电系统的设备提供商、平台方等是以各种形式“离开广电或者拉开与广电的距离”而进行产业化的，这其中，他们“离开广电”最主要的模式之一就是将自身服务于有线电视网络行业赚取来的第一桶金、第二桶金甚至更多桶金纷纷投资到了其他行业（如买地并开发房地产）。

如果单纯站在一个纯市场化的角度来看待这种现象，这纯属于一个企业的正常的市场行为，是无可非议的一件事情。但作为服务于 2 亿多有线用户的行业，如果连相应的企业都不会把赚取来的资金反哺给广电，长此以往，广电系统自身产业链所产生的资金就会被某些企业套光、套空。任何一个产业链都是需要这个链条中的各个环节都要共同出力壮大，单纯依靠有线电视网络运营商是不可能壮大起来的。

如果广电系统再不扭转这种困局，那么广电系统及其行业就会变成某些企业资金提供源，在一笔笔资金导入企业后，他们再把资金投放给其他领域，这在很大程度上会对传统广电领域的产业化发展极为不利。

为何三星、苹果、联想、乐视、小米等这样的企业会在短短数年之内就能迅速崛起，主要就是这些企业打造了一个良性的产业链，围绕着这个产业链，各方人士都愿意为其贡献自身各方面的力量（如资金、智慧、产品、创意等），如果单纯依靠三星、苹果、联想、乐视、小米自己的力量是根本不可能实现的。

广电系统要抓紧设计、构建一个良性的发展平台，这个平台可以包括技术、产品、业务等，但这是一个标准、开放的平台，要通过相应平台吸引各方资源（如企业、创业者、资金、产品、标准等）加入进来。

广电系统旗下的相关机构（如行业主管机构、有线电视网络运营商等）要快速构建一条以有线电视网络运营商为主导的行业产业链/平台等，在这条产业链/平台中，不仅仅要有中国有线电视网络运营商、传统的设备厂商，还要有内容提供商、服务提供商、调研机构、咨询机构、媒体、用户，甚至还要包括文化产业、娱乐产业、音乐产业、电商行业等。通过构建这样一个良性的产业链、平台，可以让各方人士、企业共同围绕着广电系统及其行业进行研发、业务创新等，进而实现“众人拾柴火焰高”的发展目标。

四、创新能力急需提升

随着全国广电系统数字化进程的加快，中国广电系统旗下软硬件市场（电视台电台的摄、录、采、编、播设备和有线电视网络的前端、机顶盒等设备）开始兴起，改变了之前由国外设备厂商一家独大的局面，部分国内企业逐步脱颖而出（如中兴、华为等）。

中国广电系统创新（如业务创新、技术创新、市场营销创新等）能力与互联网、IT、消费类电子等产业相比还相差甚远。上述种种创新能力也受到多种因素的影响，比如，相关技术标准不统一、产业环境不理想、行业布局不完善、用户贡献的APRU值较差等。

但作为一名普通的用户却并不关心上述这些不利的因素，他们只清楚——数十年历史的遥控器依然没有任何变化，家中的有线数字电视机顶盒又大又难看，看点播节目慢得如同蜗牛，有线数字电视平台界面启动时间太慢……

广电系统一直强调要让普通百姓由原来的“看电视”向“用电视”进行转变，但如果这些最为底层的问题得不到解决的话，那么一切都是空谈。

中国广电行业尤其是有线电视网络运营商真正走向市场化、产业化的时间仅仅为十年左右，在之前的数十年里面，有线电视基本上以公益属性发展。

“公益+产业”模式出现后，中国有线行业产业化开始进行布局，但其整合与业务创新能力还是较弱。大力发展公益事业与产业发展完全是两条路径，两者之间并不冲突，甚至于可以完全使这两者齐头共进。

中国广电系统完全可以围绕着自身的优势去打造相应的适合于普通大众的相关业务及其产品，依托于四通八达的有线电视网络和各地的广播电台、电视台等资源进行相应的业务层面的创新。

以老年人晚年生活为例，中国60岁以下老年人群已超过1亿，作为拥有一个四通八达的网络的行业，再加上十年前所特有的电视媒体人士的经验，中国广电行业能否为老人的晚年生活设计并提供适合于个性化的文化娱乐服务？除此之外，充分利用三网融合的政策，还可研发一个可以穿戴、可以随身携带的求救信息发射器，当老人在家中出现危险时，可以在第一时间通过相应的平台将求救信号发射给相应的联系人。

通过整合不同的行业资源，在各类优质资源共建共享的基础上，发挥广电系统自身的优势，通过集约化建设，为消费者提供内容更加丰富的信息内容和应用服务，促进社会经济的信息化，通过这样一种产业横向联合和联动才能进一步提升广电系统自身的“战斗力”。

中国铁路通信的沿革、现状与挑战

中国铁路通信信号集团　于天泽
北京铁路通信技术中心　程华
中国铁通集团有限公司　于佳亮

世界上自从铁路开始运营起，通信就是不可缺少的技术手段或基础设施之一。中国铁路通信伴随着近代历史的演进，伴随着铁路建设、运营和改革，逐步发展健壮。

一、中国铁路通信的沿革

如果以时间维度来划分，中国铁路通信大致经历了5个发展阶段：第一阶段（1876～1949年）、第二阶段（1949～1978年）、第三阶段（1978～2000年）和第四阶段（2000～2009年），第五阶段（2009年以后）。

（一）第一阶段

从1876年到1949年10月，是中国铁路和中国铁路通信从无到有艰难发展的阶段。历时70多年，经历了多次战乱，铁路通信逐步形成了电报、电话和调度电话3类主要业务，通信技术手段主要是架空明线、小容量载波机、脉冲调度选号器和无线电台等。

（二）第二阶段

中华人民共和国成立后，国家不断加快铁路建设步伐，同时铁路通信也得到快速发展。在1949～1978年这一历史阶段，全路性通信网络迅速形成，当时先进的模拟通信技术得到了广泛采用，部分通信技术甚至领先于公网（如全路长途自动拨号等），逐步健全了铁路通信技术专业门类，如载波、交换、电源、线路、广播、无线、专用、长途、地区、区段通信等。通信技术主要是采用电磁和机电方式，基础电子元器件主要由电子管向晶体管过渡。

（三）第三阶段

国家改革开放以后，我国的通信技术逐步向国际先进水平靠拢。随着电子技术、光通信技术和计算机技术的飞速发展，在1978～2000年这个阶段，铁路通信也在快速发展，逐步实现了模拟通信技术的数字化改造，光缆逐步取代了长途电缆，光传输通信系统和微波通信系统逐步取代了有线载波通信，数字程控交换机逐步取代了空分机电交换机，数据通信网初步建成，电子计算机越来越普及，铁路信息化的步伐在不断加快，铁路通信网络在规模、通信能力和技术水平等方面都逐步提升。特别是经过3年通信攻坚战，铁路通信有了长足发展，线路容量、通信总量、通道能力都已达到了一定水平，形成了体系完整、稳定可靠、功能齐全、覆盖全国主要经济区域、其规模在当年位居全国第二（仅次于当时的中国电信的通信网络）。

（四）第四阶段

在国家公众通信快速发展的环境下，铁道部借鉴国外经验，大力推行铁路通信改革，于2000年年底将铁路通信生产机构从运输体系剥离出来，成立了铁道通信信息有限公司，作为基础电信运营商，同时面向社会公众和铁路专网两大市场经营。为了适应这种转型的需要，铁路通信能力也得到了快速提升，网络规模得到了空前的跨越性发展。

2004年，国家决定将铁通公司从铁路体系剥离出来，更名为中国铁路通信集团公司，成为向铁路和社会提供通信服务的独立电信运营商。在铁道部和铁通公司的共同努力下，也伴随着铁路建设的高速发展，铁路通信再次进入新的快速发展阶段。

2008年，在国家电信行业改革和重组的环境下，铁通公司整体并入中国移动集团。

（五）第五阶段

2009年年底，国家和中国移动集团再次调整铁通公司：将铁路专用通信网络和维护人员划转到铁道部。在此期间，高速铁路、客运专线等铁路建设高速发展，同时带动铁路通信网路规模不断扩大，通信和信息技术也带动了铁路行业整体技术的迅猛发展，如行车指挥自动化、客货快运网络化、市场营销信息化、安全装备系统化，使铁路行业的面貌焕然一新。实践证明，铁路信息化是铁路行业发展的战略制高点和铁路现代化的重要标志，在铁路发展中处于十分重要的地位，无论是扩充运输能力，还是提升技术装备水平；无论是深化改革，还是加强管理，都离不开通信和信息化的支撑。

二、铁路通信的现状

（一）主要通信能力

经过多年的努力，我国铁路通信及信息化建设取得了一定的成绩。信息化基础设施初具规模，各种应用系统不同程度地投入运用，在运输组织、客货营销和经营管理中发挥了重要作用。

作为铁路信息化的基础条件，中国铁路通信网络已经覆盖全国铁路线路和地区，具备了较强的通信能力，基本适应了铁路运输通信业务的需求，为铁路运输、生产组织及公务联络通信发挥了重要的作用。特别是进入21世纪后，在铁道部、铁通公司和有关单位的共同努力下，使铁路通信设备状况发生了巨大的变化：大量新型、先进的光传输设备、区段接入网设备、IP网络设备、数字调度通信设备、调度命令传送设备、无线车次号设备、会议电视设备等普遍被采用；强大的骨干通信网络结构、充足的电路能力，不仅使铁路运输通信的业务需求得以保证，而且极大地提高了铁路通信网的安全性和自愈性；实现了主要线路光缆化、交换设备程控化、会议设备可视化、调度设备数字化、信息系统IP化、重要通道多路由，基本满足了铁路运输通信的需求，较大幅度地提高了铁路通信设备的可靠性和运用质量。

经过多年的努力，中国铁路通信网络（包括铁通的公网）已经覆盖全国所有的铁路线，覆盖300多个地市，覆盖所有铁路单位，根据专网划转时的数据，通信资源主要包括240 000 km光缆、4 180 000 km电缆、80 000 km无线信号覆盖。数千套高速宽带光传送系统、2 500万线程控自动交换机、400多台骨干路由器（承载全国IP业务的7%）、骨干带宽达622 Mbit/s的ATM网等，网络资产总价值达600多亿元人民币，可以为铁路运输提供集传输、交换、移动、数据、语音、视频、多媒体等全业务的电信级、专业化、集约化的网络服务。

（二）铁路通信网络的构成

铁路通信网络系统包括通信承载网、通信业务网和通信支撑网。

1. 通信承载网

通信承载网包括光传输网、IP网、通信线路等。通信承载网主要承载各类通信业务系统、铁路信号系统、信息化系统等。根据业务性质的不同，可归纳为以下三大类服务需求。

第一类，对实时性、安全性要求较高的服务。主要有固定通信业务系统、移动通信系统、信号系统和信息系统中对实时性、安全性要求较高的系统。这一类系统的业务交换功能目前主要由系统自身来完成，对外具有多种业务接口，要求保证高度可靠的实时传送。

第二类，基于TCP/IP协议、以计算机网络互联为主的、对实时性要求相对不高的业务。主要包括综合信息系统中不直接影响行车安全的各信息化子系统等。

第三类，基于流媒体的实时服务。主要集中在视频监控系统中。这一类系统的业务要求相对于前两类业务具有业务容量大、实时性高、时延和丢包敏感度高等特点。

2. 通信业务网

通信业务网包括固定通信业务网（调度通信、专用通信、站内通信系统、公务电话系统、信号监测系统、信息化应用系统等）、移动通信业务网（无线调度通信、公务移动通信）、应急通信系统等。

3. 通信支撑网

通信支撑网包括数字同步系统、信令系统以及通信网管系统等。

（三）铁路通信系统构成

目前，从铁路通信和信息化应用系统的角度分析，铁路通信可以按照三大类 20 多个子系统来划分，如图 1 所示。就技术层面而言，以语音、数据和流媒体 3 种形式为主，由自动电话系统、人工电话系统、电报系统、站场广播系统、客运广播系统、电视会议系统、电话会议系统、调度通信系统、视频监控系统、无线通信系统、应急通信系统、传输及接入系统、数据网系统、光（电）缆线路、电源系统、动力和环境监控系统以及铁路信息化、铁路信号电力等需要的通信服务系统，构成了庞大的铁路通信系统，可以从总体上反映 21 世纪初期铁路通信系统的现状。

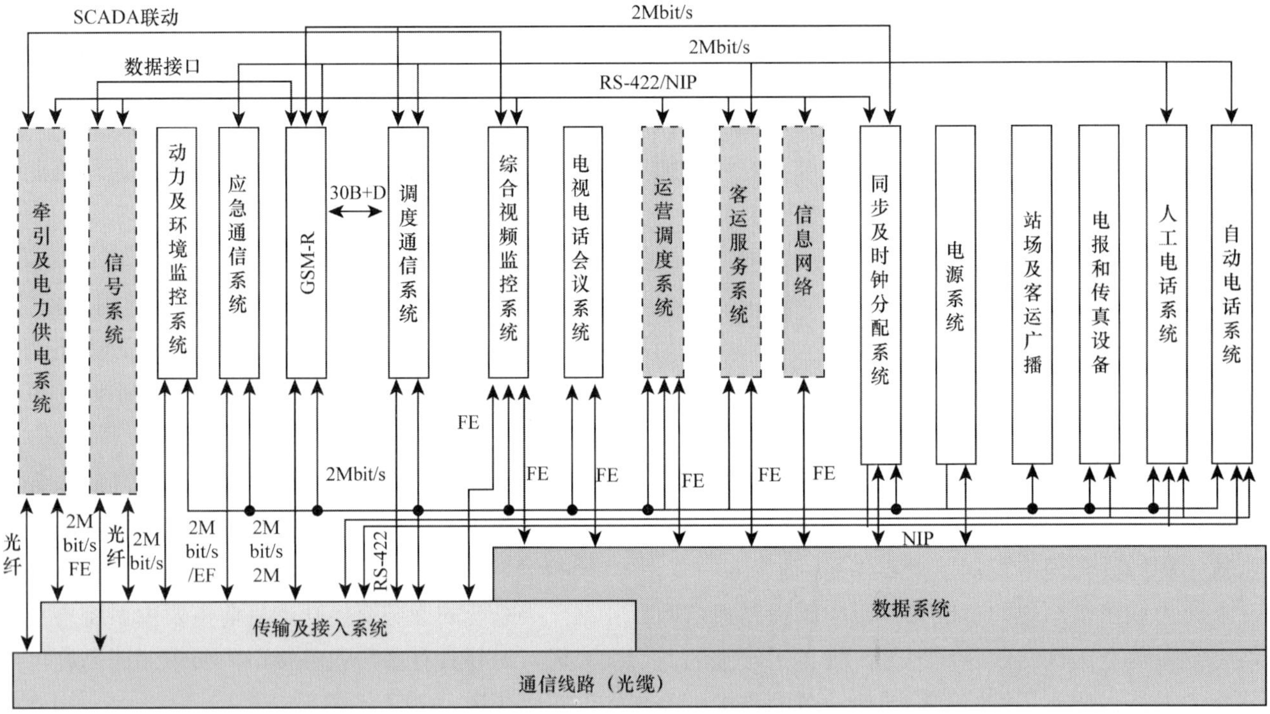

图 1 铁路通信系统构成示意

三. 铁路通信面临的挑战

铁道部撤销后，在铁路总公司的架构下，如何运作和发展铁路通信：继续保持通信体制的现状，还是重新成立新的“铁通”公司，是决策者难以回避的问题；铁路专网与公众电信运营商如何协同发展，特别是在资源共享、网络共建等方面是可以深度挖掘的大课题；通信技术的高速发展，以及铁路对通信需求的不断增加，致使铁路通信在取得巨大成绩的同时，管理体制、发展方式和网络规划设计理念等方面也面临一定的挑战。

（一）在设备制造和工程实践中，以往基本是依赖于公众通信技术和设备来建设铁路专用通信网，过多依赖和直接采用公众通信设备，有时导致在铁路通信范围的不完全适用或通信网过于复杂。

（二）受投资体系和建设管理方式的限制，通常是按照一条一条铁路线来建设铁路通信的各个系统，难以从网络整体、系统综合应用来研究、规划和组织专用产品的开发，在一定程度上导致系统众多、网络结构重叠、管理复杂，存在一定的弊端。尽管铁路通信“十二五”规划在一定程度上弥补了类似不足，但真正改观尚需时日。

（三）较多地按照铁路各应用系统的独立要求进行应用网络建设。例如既有的 20 多个通信子系统中，部分子系统之间存在功能重复、无法共享和利用率低的问题。多个重叠、分离的业务网和承载网，在数据业务逐渐成为主导的情况下，导致较高的建设成本和运行成本，导致复杂的业务提供方式；分散的、分离的多个网络系统，致使项目决策和投资预算安排的难度增加，在一定程度上也阻碍了网络和业务的融合。

（四）受专网属性和业务范围的限制，较多地强调铁路运输自身的通信需求，往往忽视了旅客和货主的通信需求，导致铁路旅客和货主的一些基本信息化需求难以满足。

（五）铁路通信目前的突出薄弱环节在于车地无线通信，多套低水平的无线系统并用情况大量存在，450 M 模拟电台、800 M 数传电台、无线集群系统、GSM-R 系统等，仅在铁路机车上有时就要安置多套电台设备和天线。即使这样，无线系统整体功能较差，铁路运输对于移动通信的需求仍然无法彻底解决，车地宽带移动通信目前还难以满足。尽管铁路方面已经作出极大的努力，但是受国家无线频谱规划、投资、与相关系统配套等条件的制约，特别是铁路通信覆盖全国大部分地区，需要技术制式相对统一，难以在短期内有较大突破。如果能与电信运营商合作，实现多方共赢，应该受到主管部门大力支持。

（六）支撑网有待强化提高，时间同步网急需健全。支撑网的时间和频率源，目前均主要取自 GPS 系统，从国家铁路的战略安全角度来看，存在较大风险，铁路主管部门已经对于增加北斗卫星作为频率基准源和时间源做出具体安排，但是该项工作的实际推进落后于计划。

中国铁路通信经历了 137 年的演进，已经具备了相当的规模和资源，在铁路运输发展和运营中起到了重要的作用。

目前，铁路信息化方面的突出问题主要有：信息化网络系统没有构成有机整体，不利于有限资源的充分整合，管理方式与管理体制需要改进或加强；移动通信的技术制式需要尽快重新优化选择，铁路无线通信和时间同步是目前突出的薄弱环节。

众所周知，解决多年遗留的问题，需要一定的时间，需要巨大的投入，更需要统一认识，特别是得到政府主管部门的支持。

综上所述，在国家铁路总公司的管理体制下，铁路通信建设和维护管理理念必将有新的变化，建议着重选择好无线技术制式，搞好网络结构优化，与电信运营商紧密合作，实现资源共享，为铁路运输和社会做出更大的贡献。

全球卫星通信产业发展现状与趋势

北京空间科技信息研究所　刘悦　朱贵伟

近年来，全球卫星产业维持稳定增长，超过全球经济平均增长水平，各产业链均呈现出强劲的发展态势。其中，卫星通信产业依旧是推动航天商业化发展的最大驱动力，带动了卫星制造、发射等相关产业链条的发展。

一、全球卫星通信产业发展概况

据美国卫星产业联盟统计，2012 年全球卫星产业总收入达到 1 895 亿美元，较上年的增长率为 7%，远超过 2.3%的全球平均经济增长速率。其中，卫星制造业收入 146 亿美元，较上年增长 23%；发射服务业收入 65 亿美元，较上年增长 35%；卫星服务业收入 1 135 亿美元，较上年增长 5%；地面设备制造业收入 548 亿美元，较上年增长 4%。同往年相比，卫星服务业和地面设备制造业所占的比重进一步上涨，占卫星产业总收入的 89%。

（一）卫星服务业

卫星服务业的收入基本上全都来自于卫星通信，包括消费者业务、固定业务和移动业务，而遥感业务占卫星服务业总收入的 1%。消费者业务包括面向个人的电视直播、音频广播和宽带接入等类型，总收入为 933 亿美元。其中，电视直播业务为 884 亿美元，依然是推动卫星通信产业乃至卫星产业发展的主要动力（占卫星服务业收入的 80%、消费者业务的 95%）。2012 年全球共计超过 1.6 亿卫星直播用户，主要收入来自于欧美地区；高清频道数量持续增长，全球超过 6 000 个，但是 60%以上来自于美洲地区。音频广播业务目前仅有北美一家公司开展开商业服务。自从天狼星和 XM 公司在 2008 年合并以后，其收入稳步增长，2012 年达到 34 亿美元，而总用户数也接近 2 400 万。宽带业务收入增长到 15 亿美元，用户数超过 100 万，但是受地域、市场和文化等多种因素的限制，该业务仅在北美地区开展得较为良好。

卫星固定业务保持平稳增长，2012 年总收入 164 亿美元。其中，转发器租用业务仍是主要收入来源，年增长率 3%；管理式服务收入较去年增幅回落，仍达到 7%。从产业格局上看，四大顶级卫星运营商依旧占产业主导地位，前四家公司的总收入占行业总收入的 65%以上，在中北美、欧洲和非洲等热点市场的转发器供给上占据绝对的主导地位。卫星固定业务运营商实现盈利的主要途径在于降低资本支出、增加在轨容量和应对市场变化的灵活性，这一点从运营商在轨卫星情况也可以看出来。图 1 所示为 2012 年卫星固定业务运营商 26 强收入及在轨卫星情况。

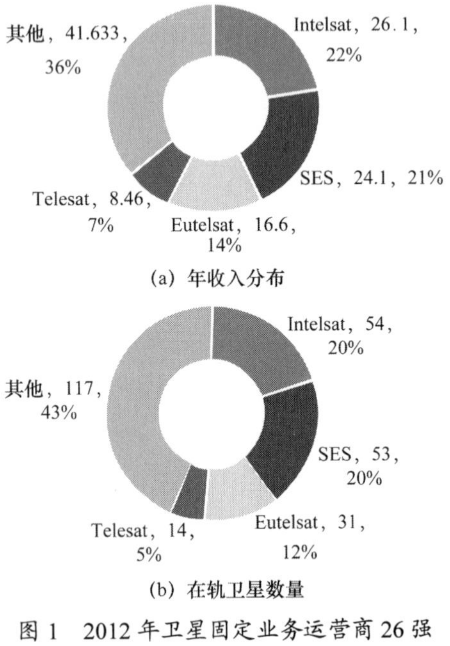

图 1　2012 年卫星固定业务运营商 26 强收入及在轨卫星情况

相较于前两大产业，卫星移动业务产业收入所占比重仍然非常小。2012 年话音业务收入与前几年持平，保持在7 000万美元；数据业务有小幅增长，从2011年的17亿美元增长到18亿美元。

（二）地面设备制造业

2012年全球卫星通信地面设备销售收入达到226亿美元，其中用户终端设备收入128亿美元，包括卫星电视和音频广播接收终端、宽带和移动卫星通信终端等；网络设备收入98亿美元，包括信关站、网络操作中心、卫星新闻采集设备、便携式天线和甚小孔径终端（VSAT）设备。

从在用终端的数量来看，各类终端在2012年均有所增长。在用户终端中，卫星电视和音频广播接收终端数量依然占在用终端总量的绝大部分，2012年的在用终端数量分别为1.602亿台和2 390万台。移动和宽带终端数量增长有限，分别为260万台和140万台。

（三）卫星制造业与发射服务业

2012年全球卫星制造业总收入为146亿美元（注：收入计入发射年份），较上年大幅增长了23%。与上年相比，虽然卫星的数量有所降低，但是收入大幅上升，这主要是由于高价格卫星数量的增多。2012年共计发射81颗卫星，其中商业通信卫星24颗、政府通信卫星16颗，约为全年发射卫星总数的一半。2012年全球卫星发射服务业总收入65亿美元，将上年大幅增长了35%。虽然发射次数有所降低，但是由于高价格卫星数量增多，卫星的质量也有所上涨，因而发射费用随之上涨。

2012年地球静止轨道商业通信卫星订单数量为18颗，其中美国占据了12颗、欧洲3颗、中国2颗、以色列1颗。2012年商业载荷发射服务订单25个，欧洲依然是主要的商业发射服务提供商，占据11个订单，美国位居第二，占据8个订单。

二、国内卫星通信产业现状

中国卫星通信的发展始于20世纪70年代初，自1972年美国总统尼克松和日本首相田中角荣先后访华，中国首次通过“国际通信卫星”进行通信，开启了中国卫星应用的先河。以1985年中国广播通信卫星公司成立为标志，中国卫星通信正式进入商业运营阶段。如今，经过40多年的发展，中国的通信卫星及卫星应用都得到了长足进步。

（一）通信卫星研制能力逐步升级

1970年4月，中国第一颗人造地球卫星东方红-1成功发射，奏响了中国人进军太空的序曲；1984年4月，中国第一颗地球静止轨道通信卫星——东方红-2成功发射，推动了卫星通信实用化发展道路；1997年5月，中国第一颗三轴稳定通信卫星——东方红-3成功入轨，拉开了卫星通信产业化发展序幕；2007年5月，中国第一颗整星出口卫星——尼日利亚通信卫星-1发射成功，标志着中国通信卫星商业化进程取得新突破；2008年10月，基于东方红-4卫星平台新一代大容量通信卫星——委内瑞拉卫星-1成功发射，加快了中国整星产品走向国际的脚步。截止目前，中国已累计发射近30颗通信卫星，占中国发射卫星总数的20%。

中国通信卫星的研制主要依托于中国空间技术研究院通信卫星事业部。通信卫星事业部是中国通信卫星研制的责任主体和业务总体单位，集卫星及其平台系统的研发、设计、集成、测试、在轨技术支持、系统工程管理于一体。自2008年7月成立以来，拥有了成熟的通信卫星产品体系，形成东方红-3（DFH-3）、4（DFH-4）卫星平台，并且向型谱化方向发展。履约交付了委内瑞拉、巴基斯坦、尼日利亚等多颗国际商业通信卫星，开创了中国整星出口的新时代。“中星”系列通信卫星相继成功在轨交付，一举扭转了中国通信卫星产品长期依赖进口、应用受制于人的被动局面。负责研制的天链-1三星组网成功，建成了中国第一代中继卫星系统，使中国成为全球第二个拥有全球覆盖中继能力的国家。

面对未来卫星通信应用的需求，目前中国正在进行东方红-3B卫星平台、东方红-4增强型卫星平台、东方红-5卫星平台的研制，并正在创新开发全电推进平台等小型静止轨道卫星平台，积极开展以全三维和虚拟装配的数字化研制，以及一体化的综合测试系统，进一步提升研制水平和效率。中国在2011年首次达到年度出厂、成功发射5颗通信卫星的规模，现已具备年出厂6颗以上大型通信卫星和10星并行研制的常态研制能力。

（二）卫星通信运营与业务开展情况

1. 中国通信卫星空间段资源初具规模

截至2013年12月，中国共有18颗商业通信卫星在轨运行。其中，中国卫星通信集团有限公司（以下简称：中国卫通）11 颗，亚太卫星控股有限公司（以下简称：亚太卫星）3 颗，亚洲卫星有限公司（以下简称：亚洲卫星）4 颗。中国卫通全面推进“东拓西扩”的国际化发展战略，波束覆盖包括亚洲、大洋洲、中东、部分欧洲、部分非洲等地区，亚太卫星作为中国航天科技集团公司控股的上市公司，近两年国际化进程加快，覆盖亚洲、欧洲、非洲和澳大利亚。亚洲卫星在轨的 4 颗卫星，波束覆盖为亚洲、大洋洲、中东、部分欧洲、部分非洲等地区。为了开展国际业务的需要，中国有关单位还租用了多颗国外通信卫星的转发器，包括部分国际通信卫星（Intelsat）、银河-3R 和热鸟-3 等通信卫星。

2. 以通信广播业务为主，向宽带、移动业务方向发展

目前，国内开展的卫星通信业务主要以固定业务为主，具体包括：公用通信国内业务、公用通信国际业务、专用通信国内业务、专用通信国际业务、广播电视传输国内业务和广播电视传输国际业务。中国卫通的转发器出租业务以电视广播为主，亚太卫星和亚洲卫星公司的业务从最初的广播电视业务为主，逐步发展为通信业务占主导地位。

2008 年 6 月中星九号的发射成功，标志着中国拥有了第一颗直播卫星。该星携带 18 路 36 MHz 和 4 路 54 MHz 的 Ku 频段转发器，具有向全国直播 150~200 套标准清晰度（SDTV）节目的能力。中星九号 22 路转发器中目前使用了 8 路，未来还有很大的可用空间。

中国目前尚无自建的国内卫星移动通信系统，现使用的都是国外系统，主要有国际移动卫星（Inmarsat）、亚洲蜂窝卫星（ACeS）、铱星（Iridium）和全球星（Globalstar）等系统。中国正在开展“国家双向宽带教育卫星系统”的论证工作，预计将会发展一颗 Ka 频段大容量宽带卫星，以满足中国远程教育对卫星容量的需求。

（三）中国卫星通信市场需求迫切

中国幅员辽阔，人口分布和经济发展极不均衡，通信卫星是确保国家政治稳定、政令畅通、重大政治、文化活动信息通畅的必备手段。卫星通信以其覆盖广、通信容量大、通信距离远、经济效益高等优点，特别适合中国这样的地域广阔、地形复杂、人口众多的国家。卫星通信是中国不可或缺的信息基础设施。但目前中国卫星移动通信都是租用国外卫星资源，包括国际移动卫星、铱星、全球星等。卫星数字广播也采用国外资源，主要是世广卫星系统。对于远程教育、远程医疗、应急救灾等至关重要的宽带多媒体卫星资源更是匮乏，远远无法满足教育部等用户需求。随着中国经济高速增长和全球化的不断深入，解决偏远地区和海外贸易的通信问题将对于中国的经济安全起到至关重要的作用。以上这些需求都将为中国通信卫星的可持续发展提供动力。

（四）重要政策发布支持产业未来发展

2007 年 11 月，国家发改委和国防科工局制定《关于促进卫星应用产业发展若干意见》，大力推进中国卫星应用产业的发展，提升卫星应用自主创新能力；2012 年 4 月，国家发改委和财政部联合发布《关于组织实施卫星及应用产业发展专项的通知》，重点支持 Ka 频段宽带多媒体通信卫星研制、S 频段卫星移动通信民用地面系统关键设备研制及运动平台卫星通信应用系统研发；2012 年 7 月，国务院发布关于印发《“十二五”国家战略性新兴产业发展规划》的通知，提出“以建设中国自主、安全可靠、长期连续稳定运行的空间基础设施及其信息应用服务体系为核心，加强航天运输系统、应用卫星系统、地面与应用天地一体化系统建设”，“启动由大容量宽带多媒体卫星、全球移动通信卫星、数据中继卫星等系统组成的空间信息高速公路建设”。

三、产业发展趋势

在良好的发展态势下，产业内部暗流涌动，卫星制造商、发射服务提供商和运营商均采取各种措施，在发展战略、技术选择方面下工夫，力争抢占未来卫星通信市场制高点。

1. 以降低成本提升消费比为目标，采用先进技术提升卫星制造与发射的竞争力

对卫星运营商来说，获取利润的途径除了增加收入以外，还需要降低资本支出。而卫星产业最大的支出就在于卫星的研制与发射。在卫星制造业，欧美运营商开始发展全电推进平台，大大降低了卫星发射质量，在支持更长寿命的同时，大幅降低了发射成本。美国波音公司在2012年3月推出了全球首款全电推进平台BSS-702SP，并获得了墨西哥卫星公司和亚洲广播卫星公司4颗卫星的订单，合同总价仅4亿美元。为应对这一挑战，欧空局在宣布通过公私合营的方式发展和验证全电推进技术，但较美国已晚了一步。

有趣的是，波音公司4颗全电推进平台卫星都将由美国太空探索公司（SpaceX）来发射，采用一箭双星的方式发射，4颗卫星的发射价格仅为1.3亿美元。这一组合非常适合中小型卫星运营商，迎合了市场的需求。SpaceX公司的法尔肯火箭（Falcon-9）采用火箭第一级重复使用的方式来降低火箭成本，目标是将发射价格从每磅10 000美元降低至1 000美元，远低于欧洲Arianespace公司的发射价格，比Delta-4重型火箭发射价格便宜近1/3。

2. 为应对激烈的产业竞争，卫星固定业务运营商采取规模化发展道路

卫星运营商分为批发型和纵向一体化两种类型，由于后者需要有纵向市场的背景，因此大部分卫星运营商、特别是卫星固定业务运营商均属于第一类。目前，卫星固定业务产业面临着竞争不断加剧、定价策略和市场需求不断变化等挑战。要想增加收入，就必须扩大规模、增加可用容量，开发多样化产品线，应对需求变化。目前，国际大型卫星固定业务运营商在发射卫星的同时，多采用产业重组和并购，扩大在轨卫星规模、增加可用转发器类型和数量。

从历史来看，Intelsat公司通过兼并扩大在轨卫星规模，SES公司也是通过收购来实现全球覆盖。现在这一趋势仍在继续：Arabsat公司在2012年并购了希腊的Hellas Sat公司，欧洲的Eutelsat公司先后于2012年和2013年收购了Sat-GE和Satmex公司，而新加坡的SingTel公司试图出售Optus的资产，引起了众多运营商的关注。

3. 宽带卫星普遍进入市场，以低带宽成本开拓市场

宽带卫星的出现，将固定业务、移动业务和广播业务的界限进一步模糊化。同时，容量增长带来单位带宽成本的下降，将进一步推动卫星通信市场的发展与深化。据欧洲咨询公司预测，2013～2016年间全球将发射33颗宽带通信卫星。届时，全球宽带卫星容量总量将达到1 400 Gbit/s，而到2022年宽带卫星服务的收入将增长至56亿美元。

这一巨大的市场吸引众多运营商参与竞争，而自2013年年底起，这些宽带卫星都将陆续进入市场，有可能会改变卫星通信市场的格局。Intelsat公司的EpicNG服务、Inmarsat公司的GX服务、O3b公司的中轨道星座都将陆续进入全球海事、航空、个人宽带接入、企业宽带批发等市场，卫星宽带通信时代已经来临。

附录 1
政策法规

国务院关于促进信息消费扩大内需的若干意见（摘要）

2013 年 8 月 8 日，国务院下发《关于促进信息消费扩大内需的若干意见》，摘要如下。

一、总体要求

（一）指导思想。以邓小平理论、“三个代表”重要思想、科学发展观为指导，以深化改革为动力，以科技创新为支撑，围绕挖掘消费潜力、增强供给能力、激发市场活力、改善消费环境，加强信息基础设施建设，加快信息产业优化升级，大力丰富信息消费内容，提高信息网络安全保障能力，建立促进信息消费持续稳定增长的长效机制，推动面向生产、生活和管理的信息消费快速健康增长，为经济平稳较快发展和民生改善发挥更大作用。

（二）基本原则。市场导向、改革发展。加快政府职能转变和管理创新，充分发挥市场作用，打破行业进入壁垒，促进信息资源开放共享和企业公平竞争，在竞争性领域坚持市场化运行，在社会管理和公共服务领域积极引入市场机制，增强信息消费发展的内生动力。

需求牵引、创新发展。引导企业立足内需市场，强化创新基础，提高创新层次，鼓励多元发展，加快关键核心信息技术和产品研发，鼓励业务模式创新，培育发展新型业态，提升信息产品、服务、内容的有效供给水平，挖掘和释放消费潜力。

完善环境、有序发展。建立和完善有利于扩大信息消费的政策环境，综合利用有线无线等技术适度超前部署宽带基础设施，运用信息平台改进公共服务，完善市场监管，规范产业发展秩序，加强个人信息保护和信息安全保障，建设安全诚信有序的信息消费市场环境。

（三）主要目标。信息消费规模快速增长。到 2015 年，信息消费规模超过 3.2 万亿元，年均增长 20%以上，带动相关行业新增产出超过 1.2 万亿元，其中基于互联网的新型信息消费规模达到 2.4 万亿元，年均增长 30%以上。基于电子商务、云计算等信息平台的消费快速增长，电子商务交易额超过 18 万亿元，网络零售交易额突破 3 万亿元。

信息基础设施显著改善。到 2015 年，适应经济社会发展需要的宽带、融合、安全、泛在的下一代信息基础设施初步建成，城市家庭宽带接入能力基本达到每秒 20 兆比特（Mbit/s），部分城市达到 100Mbit/s，农村家庭宽带接入能力达到 4Mbit/s，行政村通宽带比例达到 95%。智慧城市建设取得长足进展。

信息消费市场健康活跃。面向生产、生活和管理的信息产品和服务更加丰富，创新更加活跃，市场竞争秩序规范透明，消费环境安全可信，信息消费示范效应明显，居民信息消费的选择更加丰富，消费意愿进一步增强。企业信息化应用不断深化，公共服务信息需求有效拓展，各类信息消费的需求进一步释放。

二、加快信息基础设施演进升级

（四）完善宽带网络基础设施。发布实施“宽带中国”战略，加快宽带网络升级改造，推进光纤入户，统筹提高城乡宽带网络普及水平和接入能力。开展下一代互联网示范城市建设，推进下一代互联网规模化商用。推进下一代广播电视网规模建设。完善电信普遍服务补偿机制，加大支持力度，促进提供更广泛的电信普遍服务。持续推进电信基础设施共建共享，统筹互联网数据中心（IDC）等云计算基础设施布局。各级人民政府要将信息基础设施纳入城乡建设和土地利用规划，给予必要的政策资金支持。

（五）统筹推进移动通信发展。扩大第三代移动通信（3G）网络覆盖，优化网络结构，提升网络质量。根据企业申请情况和具备条件，推动于 2013 年内发放第四代移动通信（4G）牌照。加快推进中国主导的新一代移动通信技术时分双工模式移动通信长期演进技术（TD-LTE）网络建设和产业化发展。

（六）全面推进三网融合。加快电信和广电业务双向进入，在试点基础上于 2013 年下半年逐步向全国推广。推动中国广播电视网络公司加快组建，推进电信网和广播电视网基础设施共建共享。加快推动地面数字电视覆盖网建设和高清交互式电视网络设施建设，加快广播电视模数转换进程。鼓励发展交互式网络电视（IPTV）、手机电视、有线电视网宽带服务等融合性业务，带动产业链上下游企业协同发展，完善三网融合技术创新体系。

三、增强信息产品供给能力

（七）鼓励智能终端产品创新发展。面向移动互联网、云计算、大数据等热点，加快实施智能终端产业化工程，支持研发智能手机、智能电视等终端产品，促进终端与服务一体化发展。支持数字家庭智能终端研发及产业化，大力推进数字家庭示范应用和数字家庭产业基地建设。鼓励整机企业与芯片、器件、软件企业协作，研发各类新型信息消费电子产品。支持电信、广电运营单位和制造企业通过定制、集中采购等方式开展合作，带动智能终端产品竞争力提升，夯实信息消费的产业基础。

（八）增强电子基础产业创新能力。

（九）提升软件业支撑服务水平。

四、培育信息消费需求

（十）拓展新兴信息服务业态。发展移动互联网产业，鼓励企业设立移动应用开发创新基金，推进网络信息技术与服务模式融合创新。积极推动云计算服务商业化运营，支持云计算服务创新和商业模式创新。面向重点行业和重点民生领域，开展物联网重大应用示范，提升物联网公共服务能力。加快推动北斗导航核心技术研发和产业化，推动北斗导航与移动通信、地理信息、卫星遥感、移动互联网等融合发展，支持位置信息服务（LBS）市场拓展。完善北斗导航基础设施，推进北斗导航服务模式和产品创新，在重点区域和交通、减灾、电信、能源、金融等重点领域开展示范应用，逐步推进北斗导航和授时的规模化应用。大力发展地理信息产业，拓宽地理信息服务市场。

（十一）丰富信息消费内容。大力发展数字出版、互动新媒体、移动多媒体等新兴文化产业，促进动漫游戏、数字音乐、网络艺术品等数字文化内容的消费。加快建立技术先进、传输便捷、覆盖广泛的文化传播体系，提升文化产品多媒体、多终端制作传播能力。加强数字文化内容产品和服务开发，建立数字内容生产、转换、加工、投送平台，丰富信息消费内容产品供给。加强基于互联网的新兴媒体建设，实施网络文化信息内容建设工程，推动优秀文化产品网络传播，鼓励各类网络文化企业生产提供健康向上的信息内容。

（十二）拓宽电子商务发展空间。完善智能物流基础设施，支持农村、社区、学校的物流快递配送点建设。各级人民政府要出台仓储建设用地、配送车辆管理等方面的鼓励政策。大力发展移动支付等跨行业业务，完善互联网支付体系。加快推进电子商务示范城市建设，实施可信交易、网络电子发票等电子商务政策试点。支持网络零售平台做大做强，鼓励引导金融机构为中小网商提供小额贷款服务，推动中小企业普及应用电子商务。拓展移动电子商务应用，积极培育城市社区、农产品电子商务。建设跨境电子商务通关服务平台和外贸交易平台，实施与跨境电子商务相适应的监管措施，鼓励电子商务“走出去”。

五、提升公共服务信息化水平

（十三）促进公共信息资源共享和开发利用。

（十四）提升民生领域信息服务水平。

（十五）加快智慧城市建设。

六、加强信息消费环境建设

（十六）构建安全可信的信息消费环境基础。

（十七）提升信息安全保障能力。

（十八）加强个人信息保护。

（十九）规范信息消费市场秩序。

七、完善支持政策

（原文约 **6300** 字）

国务院关于印发“宽带中国”战略及实施方案的通知（摘要）

2013 年 8 月 1 日，国务院下发《“宽带中国”战略及实施方案》，摘要如下。

一、指导思想、基本原则和发展目标

（一）指导思想

以邓小平理论、“三个代表”重要思想、科学发展观为指导，围绕加快转变经济发展方式和全面建成小康社会的总体要求，将宽带网络作为国家战略性公共基础设施，加强顶层设计和规划引导，统筹关键核心技术研发、标准制定、信息安全和应急通信保障体系建设，促进网络建设、应用普及、服务创新和产业支撑的协同，综合利用有线、无线技术推动电信网、广播电视网和互联网融合发展，加快构建宽带、融合、安全、泛在的下一代国家信息基础设施，全面支撑经济发展和服务社会民生。

（二）基本原则

坚持政府引导与市场调节相结合。坚持市场配置资源的基础性作用，发挥政府战略引领作用，完善政策措施。系统研究解决网络建设、内容服务、应用创新、产业发展等环节体制机制问题，营造良好环境，促进市场公平竞争和资源有效利用。

坚持统筹规划与分步推进相结合。从战略性、全局性和系统性出发，适度超前，明确宽带发展的总体目标、路线图和时间表。遵循客观发展规律，因地制宜，统筹城乡和区域宽带协调发展，统筹军民宽带网络融合发展。

坚持网络建设与应用服务相结合。统筹有线、无线技术手段协同发展，协调推进宽带接入网、骨干网和国际出入口能力建设，形成适度超前的宽带网络发展格局。促进网络能力提升与应用服务创新相结合，深化宽带在各行业、各领域的集成应用，推动信息消费，培育新服务、新市场、新业态。

坚持网络升级与产业创新相结合。加强宽带网络发展与产业支撑能力建设的协同，加快建立以企业为主体、市场为导向、产学研用紧密结合的技术创新体系，促进国内外优势资源的整合利用，提升自主创新能力，实现产业链上下游协调发展，提高产业配套能力。

坚持宽带普及与保障安全相结合。强化安全意识，同步推进网络信息安全和应急通信保障能力建设，不断增强基础网络、核心系统、关键资源的安全掌控能力以及应急服务能力，实现网络安全可控、业务安全可管、应急保障可靠。

（三）发展目标

到 2015 年，初步建成适应经济社会发展需要的下一代国家信息基础设施。基本实现城市光纤到楼入户、农村宽带进乡入村，固定宽带家庭普及率达到 50%，第三代移动通信及其长期演进技术（3G/LTE）用户普及率达到 32.5%，行政村通宽带（有线或无线接入方式，下同）比例达到 95%，学校、图书馆、医院等公益机构基本实现宽带接入。城市和农村家庭宽带接入能力基本达到 20 兆比特每秒（Mbit/s）和 4Mbit/s，部分发达城市达到 100Mbit/s。宽带应用水平大幅提升，移动互联网广泛渗透。网络与信息安全保障能力明显增强。

到 2020 年，中国宽带网络基础设施发展水平与发达国家之间的差距大幅缩小，国民充分享受宽带带来的经济增长、服务便利和发展机遇。宽带网络全面覆盖城乡，固定宽带家庭普及率达到 70%，3G/LTE 用户普及率达到 85%，行政村通宽带比例超过 98%。城市和农村家庭宽带接入能力分别达到 50Mbit/s 和 12Mbit/s，发达城市部分家庭用户可达 1 吉比特每秒（Gbit/s）。宽带应用深度融入生产生活，移动互联网全面普及。技术创新和产业竞争力达到国际先进水平，形成较为健全的网络与信息安全保障体系。

二、技术路线和发展时间表

（一）技术路线

统筹接入网、城域网和骨干网建设，综合利用有线技术和无线技术，结合基于互联网协议第6版（IPv6）的下一代互联网规模商用部署要求，分阶段系统推进宽带网络发展。

按照高速接入、广泛覆盖、多种手段、因地制宜的思路，推进接入网建设。城市地区利用光纤到户、光纤到楼等技术方式进行接入网建设和改造，并结合3G/LTE与无线局域网技术，实现宽带网络无缝覆盖。农村地区因地制宜，灵活采取有线、无线等技术方式进行接入网建设。

按照高速传送、综合承载、智能感知、安全可控的思路，推进城域网建设。逐步推动高速传输、分组化传送和大容量路由交换技术在城域网应用，扩大城域网带宽，提高流量承载能力；推进网络智能化改造，提升城域网的多业务承载、感知和安全管控水平。

按照优化架构、提升容量、智能调度、高效可靠的思路，推进骨干网建设。优化骨干网络架构，完善国际网络布局，全面推广超高速波分复用系统和集群路由器技术，提升骨干网络容量和智能调度能力，保障网络高速高效和安全可靠运行。

（二）发展时间表

"宽带中国"发展目标与发展时间表

指标	单位	2013年	2015年	2020年
1．宽带用户规模				
固定宽带接入用户	亿户	2.1	2.7	4.0
其中：光纤到户（FTTH）用户	亿户	0.3	0.7	—
其中：城市宽带用户	亿户	1.6	2.0	—
农村宽带用户	亿户	0.5	0.7	—
3G/LTE用户	亿户	3.3	4.5	12
2．宽带普及水平				
固定宽带家庭普及率	%	40	50	70
其中：城市家庭普及率	%	55	65	—
农村家庭普及率	%	20	30	—
3G/LTE用户普及率	%	25	32.5	85
3．宽带网络能力				
城市宽带接入能力	Mbit/s	20（80%用户）	20	50
其中：发达城市	Mbit/s		100（部分城市）	1000（部分用户）
农村宽带接入能力	Mbit/s	4（85%用户）	4	12
大型企事业单位接入带宽	Mbit/s		大于100	大于1000
互联网国际出口带宽	Gbit/s	2500	6500	—
FTTH覆盖家庭	亿个	1.3	2.0	3.0
3G/LTE基站规模	万个	95	120	—
行政村通宽带比例	%	90	95	＞98
全国有线电视网络互联互通平台覆盖有线电视网络用户比例	%	60	80	＞95
4．宽带信息应用				
网民数量	亿人	7.0	8.5	11.0
其中：农村网民	亿人	1.8	2.0	—
互联网数据量（网页总字节）	太字节	7800	15000	
电子商务交易额	万亿元	10	18	—

三、重点任务

（一）推进区域宽带网络协调发展

东部地区。支持东部地区先行先试开展网络升级和应用创新。积极利用光纤和新一代移动通信技术、下一代广播电视网技术，全面提升宽带网络速度与性能，着力缩小与发达国家差距；加快部署基于 IPv6 的下一代互联网；鼓励东部地区结合本地经济社会发展需要，积极开展区域试点示范，创新宽带应用服务，培育发展新业务、新业态。

中西部地区。给予政策倾斜，支持中西部地区宽带网络建设，增加光缆路由，提升骨干网络容量，扩大接入网络覆盖范围，与东部地区同步部署应用新一代移动通信技术、下一代广播电视网技术和下一代互联网。加快中西部地区信息内容和网站的建设，推进具有民族特色的信息资源开发和宽带应用服务。创造有利环境，引导大型云计算数据中心落户中西部条件适宜的地区。

农村地区。将宽带纳入电信普遍服务范围，重点解决宽带村村通问题。因地制宜采用光纤、铜线、同轴电缆、3G/LTE、微波、卫星等多种技术手段加快宽带网络从乡镇向行政村、自然村延伸。在人口较为密集的农村地区，积极推动光纤等有线方式到村。在人口较为稀少、分散的农村地区，灵活采用各类无线技术实现宽带网络覆盖。加快研发和推广适合农民需求的低成本智能终端。加强各类涉农信息资源的深度开发，完善农村信息化业务平台和服务中心，提高综合网络信息服务水平。

专栏 1 “宽带乡村”工程

根据农村经济发展水平和地理自然条件，灵活选择接入技术，分类分阶段推进宽带网络向行政村和有条件的自然村延伸。较发达地区在完成行政村通宽带的基础上推进光纤到行政村、宽带到自然村；欠发达地区重点解决行政村宽带覆盖。对建设成本过高的边远地区、山区以及海岛等，可以采用移动、卫星等无线宽带技术解决信息孤岛问题；对幅员宽广、居住分散的牧区，推进无线宽带覆盖；对新规划建设的成片新农村、农牧民安居工程，积极推进光纤到楼和光纤到户建设。

（二）加快宽带网络优化升级

骨干网。加快互联网骨干节点升级，推进下一代广播电视网宽带骨干网建设，提升网络流量疏通能力，全面支持 IPv6。优化互联网骨干网间互联架构，扩容网间带宽，保障连接性能。增加国际海陆缆通达方向，完善国际业务节点布局，提升国际互联带宽和流量转接能力。升级国家骨干传输网，提升业务承载能力，增强网络安全可靠性。

接入网和城域网。积极利用各类社会资本，统筹有线、无线技术加快宽带接入网建设。以多种方式推进光纤向用户端延伸，加快下一代广播电视网宽带接入网络的建设，逐步建成以光纤为主、同轴电缆和双绞线等接入资源有效利用的固定宽带接入网络。加大无线宽带网络建设力度，扩大 3G 网络覆盖范围，提高覆盖质量，协调推进 TD-LTE 商用发展，加快无线局域网重要公共区域热点覆盖，加快推进地面广播电视数字化进程。推进城域网优化和扩容。加快接入网、城域网 IPv6 升级改造。规划用地红线内的通信管道等通信设施与住宅区、住宅建筑同步建设，并预先铺设入户光纤，预留设备间，所需投资纳入相应建设项目概算。探索宽带基础设施共建共享的合作新模式。

应用基础设施。统筹互联网数据中心建设，利用云计算和绿色节能技术进行升级改造，提高能效和集约化水平。扩大内容分发网络容量和覆盖范围，提升服务能力和安全管理水平。增加网站接入带宽，优化空间布局，实现互联网信息源高速接入。同步推动政府、学校、企事业单位外网网站系统及商业网站系统的 IPv6 升级改造。

专栏 2 宽带网络优化提速

工程光纤城市建设。支持城市新建区域以光纤到户方式为主部署宽带网络，已建区域采用多种方式加快“光进铜退”改造，推进政府、学校、医疗卫生、科技园区、商务楼宇、宾馆酒店等单位的光纤宽带接入部署，提高接入速率。

无线宽带网络建设。支持城市地区以 3G/LTE 网络为主，辅以无线局域网建设无线宽带城市，持续扩大农村地区无线宽带网络的覆盖范围，加大高速公路、高速铁路的无线网络优化力度。

下一代广播电视宽带网建设。采用超高速智能光纤和同轴光缆传输技术建设下一代广播电视宽带网，通过光纤到小区、光纤到自然村、光纤到楼等方式，结合同轴电缆入户，充分利用广播电视网海量下行带宽、室内多信息点分布的优势，满足不同用户对弹性接入带宽的需要，加快实现宽带网络优化提速，促进宽带普及。

互联网骨干网优化。推进网络结构扁平化，扩展骨干链路带宽，提升承载能力。优化骨干网间直联点布局，探索交换中心发展模式，加强对网间互联质量和交换中心的监测，保障骨干网间互联质量，提高互联网服务提供商的接入速度。

骨干传输网优化。适度超前建设超高速大容量光传输系统，持续提升骨干传输网络容量。适时引入和推广智能光传输网技术，提高资源调度的智能化水平。增加西部地区光缆路由密度，推进光缆网向格状网演进，提高国家干线网络安全性能。

（三）提高宽带网络应用水平

经济发展。不断创新宽带应用模式，培育新市场新业态，加快电子商务、现代物流、网络金融等现代服务业发展，壮大云计算、物联网、移动互联网、智能终端等新一代信息技术产业。行业专用通信要充分利用公众网络资源，满足宽带化发展需求，逐步减少专用通信网数量。

社会民生。着力深化宽带网络在教育、医疗、就业、社保等民生领域的应用。

文化建设。提升宽带网络对文化事业和文化创意产业的支撑能力，促进宽带网络和文化发展融合，发展数字文化产业等新型文化业态，增强文化传播能力，提高公共文化服务效能和文化产业规模化、集约化水平，推动文化大发展大繁荣。

国防建设。依托公众网络增强军用网络设施的安全可靠、应急响应和动态恢复能力。利用关键技术研发成果，提升军用网络的技术水平和能力。

应用普及。大力推进信息技术在教育教学中的应用，设立农村公共宽带互联网服务中心，开展宽带上网及应用技能培训。面向中小企业开展宽带应用技能培训及电子商务、网上营销等指导，鼓励企业利用宽带开展业务和商业模式创新。研发推广特殊人群专用信息终端和应用工具。

专栏3　中小企业宽带应用示范工程

支持中小企业宽带上网，推动企业将互联网融入其生产经营流程。支持建设面向中小企业的第三方电子商务平台，鼓励开展在线销售、采购、客户关系管理等活动。

专栏4　贫困学校和特殊教育机构宽带应用示范工程

支持灵活选用不同宽带接入技术，因地制宜为农村地区（尤其是贫困地区和少数民族地区）中小学和残疾人特殊教育机构建设宽带网络设施，开发简便易用的上网终端，丰富特色应用，加大信息助教、助残和扶贫力度，缩小数字鸿沟。

专栏5　数字文化宽带应用示范工程

建设可智能适配不同宽带接入网络和终端的广播影视、文化馆、图书馆、博物馆等数字文化内容平台，提高数字文化内容平台的宽带联网和互联互通水平，结合宽带网络能力提升创新数字文化服务业态，丰富各类数字文化应用，开发数字文化应用智能终端，开展各类数字文化宽带应用示范，促进宽带网络和文化发展融合，增强文化传播能力。

（四）促进宽带网络产业链不断完善

关键技术研发。推进实施新一代宽带无线移动通信网、下一代互联网等专项和863计划、科技支撑计划等。加强更高速光纤宽带接入、超高速大容量光传输、超大容量路由交换、数字家庭、大规模资源管理调度和数据处理、新一代万维网（Web）、新型人机交互、绿色节能、量子通信等领域关键技术研发，着力突破宽带网络关键核心技术，加速形成自主知识产权。进一步完善宽带网络标准体系，积极参与相关国际标准和规范的研究制定。

重大产品产业化。在光通信、新一代移动通信、下一代互联网、下一代广播电视网、移动互联网、云计算、数字家庭等重点领域，加大对关键设备核心芯片、高端光电子器件、操作系统等高端产品研发及产业化的支持力度。支持宽带网络核心设备研制、产业化及示范应用，着力突破产业瓶颈，提升自主发展能力。鼓励组建重点领域技术产业联盟，完善产业链上下游协作，推动产业协同创新。

智能终端研制。充分发挥无线和有线宽带网络能力，面向教育、医疗卫生、交通、家居、节能环保、公共安全等重点领域，积极发展物美价廉的移动终端、互联网电视、平板电脑等多种形态的上网终端产品。推动移动互联网操作系统、核心芯片、关键器件等的研发创新。加快 3G、TD－LTE 及其他技术制式的多模智能终端研发与推广应用。

支撑平台建设。充分整合现有资源，在宽带网络相关技术领域，推动国家工程中心、实验室等产业创新能力平台建设。研究制定宽带网络发展评测指标体系，构建覆盖全国的宽带网络信息测试与采集系统，实现宽带网络性能常态化监测。

专栏 6 宽带核心设备研制产业化工程

光纤宽带接入核心设备研制与示范。突破大容量、高带宽、长距离的新一代光纤接入网关键技术，研制光接入网设备核心器件芯片，推动智能光分配网络和海量数据管理系统的成熟与产业化，开发测试平台，开展示范应用。

骨干光传输和路由交换设备研制和试点。研制下一代光网络体系架构、超高速波分复用传输和智能组网、分组光传送网、高精度时间同步、超大容量路由交换等核心设备，突破相关核心芯片和高端光电器件技术，实现产业化。完善相关国际国内标准，开展技术试验和试点应用。

宽带接入智能终端研发和产业化。面向智能手机、智能电视、智能机顶盒、平板电脑等多类型终端和数字家庭网关，组织开展自主操作系统和配套应用的规模商用。突破智能终端处理器芯片、新一代 Web、多模态人机交互、多模智能终端和多屏智能切换等关键技术。

专栏 7 “宽带中国”地图建设工程

建立宽带发展监测体系和评价指标体系，建设覆盖全国的宽带发展测评系统，实现对网络覆盖、接入带宽、用户规模、主要网站接入速率等信息的动态监测，建立宽带发展状况报告和宽带地图发布机制。

（五）增强宽带网络安全保障能力

四、政策措施

（原文约 11200 字）

国务院关于推进物联网有序健康发展的指导意见（摘要）

2013年2月5日，国务院下发《关于推进物联网有序健康发展的指导意见》，摘要如下。

一、指导思想、基本原则和发展目标

（一）指导思想。以邓小平理论、“三个代表”重要思想、科学发展观为指导，加强统筹规划，围绕经济社会发展的实际需求，以市场为导向，以企业为主体，以突破关键技术为核心，以推动需求应用为抓手，以培育产业为重点，以保障安全为前提，营造发展环境，创新服务模式，强化标准规范，合理规划布局，加强资源共享，深化军民融合，打造具有国际竞争力的物联网产业体系，有序推进物联网持续健康发展，为促进经济社会可持续发展作出积极贡献。

（二）基本原则。统筹协调。准确把握物联网发展的全局性和战略性问题，加强科学规划，统筹推进物联网应用、技术、产业、标准的协调发展。加强部门、行业、地方间的协作协同。统筹好经济发展与国防建设。

创新发展。强化创新基础，提高创新层次，加快推进关键技术研发及产业化，实现产业集聚发展，培育壮大骨干企业。拓宽发展思路，创新商业模式，发展新兴服务业。强化创新能力建设，完善公共服务平台，建立以企业为主体、产学研用相结合的技术创新体系。

需求牵引。从促进经济社会发展和维护国家安全的重大需求出发，统筹部署、循序渐进，以重大示范应用为先导，带动物联网关键技术突破和产业规模化发展。在竞争性领域，坚持应用推广的市场化。在社会管理和公共服务领域，积极引入市场机制，增强物联网发展的内生性动力。

有序推进。根据实际需求、产业基础和信息化条件，突出区域特色，有重点、有步骤地推进物联网持续健康发展。加强资源整合协同，提高资源利用效率，避免重复建设。

安全可控。强化安全意识，注重信息系统安全管理和数据保护。加强物联网重大应用和系统的安全测评、风险评估和安全防护工作，保障物联网重大基础设施、重要业务系统和重点领域应用的安全可控。

（三）发展目标。总体目标。实现物联网在经济社会各领域的广泛应用，掌握物联网关键核心技术，基本形成安全可控、具有国际竞争力的物联网产业体系，成为推动经济社会智能化和可持续发展的重要力量。

近期目标。到2015年，实现物联网在经济社会重要领域的规模示范应用，突破一批核心技术，初步形成物联网产业体系，安全保障能力明显提高。

——协同创新。物联网技术研发水平和创新能力显著提高，感知领域突破核心技术瓶颈，明显缩小与发达国家的差距，网络通信领域与国际先进水平保持同步，信息处理领域的关键技术初步达到国际先进水平。实现技术创新、管理创新和商业模式创新的协同发展。创新资源和要素得到有效汇聚和深度合作。

——示范应用。在工业、农业、节能环保、商贸流通、交通能源、公共安全、社会事业、城市管理、安全生产、国防建设等领域实现物联网试点示范应用，部分领域的规模化应用水平显著提升，培育一批物联网应用服务优势企业。

——产业体系。发展壮大一批骨干企业，培育一批“专、精、特、新”的创新型中小企业，形成一批各具特色的产业集群，打造较完善的物联网产业链，物联网产业体系初步形成。

——标准体系。制定一批物联网发展所急需的基础共性标准、关键技术标准和重点应用标准，初步形成满足物联网规模应用和产业化需求的标准体系。

——安全保障。完善安全等级保护制度，建立健全物联网安全测评、风险评估、安全防范、应急处置等机制，增强物联网基础设施、重大系统、重要信息等的安全保障能力，形成系统安全可用、数据安全可信的物联网应用系统。

二、主要任务

（一）加快技术研发，突破产业瓶颈。以掌握原理实现突破性技术创新为目标，把握技术发展方向，围绕应用和产业急需，明确发展重点，加强低成本、低功耗、高精度、高可靠、智能化传感器的研发与产业化，着力突破物联网核心芯片、软件、仪器仪表等基础共性技术，加快传感器网络、智能终端、大数据处理、智能分析、服务集成等关键技术研发创新，推进物联网与新一代移动通信、云计算、下一代互联网、卫星通信等技术的融合发展。充分利用和整合现有创新资源，形成一批物联网技术研发实验室、工程中心、企业技术中心，促进应用单位与相关技术、产品和服务提供商的合作，加强协同攻关，突破产业发展瓶颈。

（二）推动应用示范，促进经济发展。对工业、农业、商贸流通、节能环保、安全生产等重要领域和交通、能源、水利等重要基础设施，围绕生产制造、商贸流通、物流配送和经营管理流程，推动物联网技术的集成应用，抓好一批效果突出、带动性强、关联度高的典型应用示范工程。积极利用物联网技术改造传统产业，推进精细化管理和科学决策，提升生产和运行效率，推进节能减排，保障安全生产，创新发展模式，促进产业升级。

（三）改善社会管理，提升公共服务。在公共安全、社会保障、医疗卫生、城市管理、民生服务等领域，围绕管理模式和服务模式创新，实施物联网典型应用示范工程，构建更加便捷高效和安全可靠的智能化社会管理和公共服务体系。发挥物联网技术优势，促进社会管理和公共服务信息化，扩展和延伸服务范围，提升管理和服务水平，提高人民生活质量。

（四）突出区域特色，科学有序发展。引导和督促地方根据自身条件合理确定物联网发展定位，结合科研能力、应用基础、产业园区等特点和优势，科学谋划，因地制宜，有序推进物联网发展，信息化和信息产业基础较好的地区要强化物联网技术研发、产业化及示范应用，信息化和信息产业基础较弱的地区侧重推广成熟的物联网应用。加快推进无锡国家传感网创新示范区建设。应用物联网等新一代信息技术建设智慧城市，要加强统筹、注重效果、突出特色。

（五）加强总体设计，完善标准体系。强化统筹协作，依托跨部门、跨行业的标准化协作机制，协调推进物联网标准体系建设。按照急用先立、共性先立原则，加快编码标识、接口、数据、信息安全等基础共性标准、关键技术标准和重点应用标准的研究制定。推动军民融合标准化工作，开展军民通用标准研制。鼓励和支持国内机构积极参与国际标准化工作，提升自主技术标准的国际话语权。

（六）壮大核心产业，提高支撑能力。加快物联网关键核心产业发展，提升感知识别制造产业发展水平，构建完善的物联网通信网络制造及服务产业链，发展物联网应用及软件等相关产业。大力培育具有国际竞争力的物联网骨干企业，积极发展创新型中小企业，建设特色产业基地和产业园区，不断完善产业公共服务体系，形成具有较强竞争力的物联网产业集群。强化产业培育与应用示范的结合，鼓励和支持设备制造、软件开发、服务集成等企业及科研单位参与应用示范工程建设。

（七）创新商业模式，培育新兴业态。积极探索物联网产业链上下游协作共赢的新型商业模式。大力支持企业发展有利于扩大市场需求的物联网专业服务和增值服务，推进应用服务的市场化，带动服务外包产业发展，培育新兴服务产业。鼓励和支持电信运营、信息服务、系统集成等企业参与物联网应用示范工程的运营和推广。

（八）加强防护管理，保障信息安全。提高物联网信息安全管理与数据保护水平，加强信息安全技术的研发，推进信息安全保障体系建设，建立健全监督、检查和安全评估机制，有效保障物联网信息采集、传输、处理、应用等各环节的安全可控。涉及国家公共安全和基础设施的重要物联网应用，其系统解决方案、核心设备以及运营服务必须立足于安全可控。

（九）强化资源整合，促进协同共享。充分利用现有公共通信和网络基础设施开展物联网应用。促进信息系统间的互联互通、资源共享和业务协同，避免形成新的信息孤岛。重视信息资源的智能分析和综合利用，避免重数据采集、轻数据处理和综合应用。加强对物联网建设项目的投资效益分析和风险评估，避免重复建设和不合理投资。

三、保障措施

（原文约 4700 字）

工业和信息化部印发信息化发展规划（摘要）

2013 年 9 月 29 日，工业和信息化部印发《信息化发展规划》，并发出通知，要求各地区有关单位、通信管理局、中央企业认真贯彻落实。

《信息化发展规划》摘要如下。

一、指导思想、基本原则和发展目标

到 2015 年，信息化和工业化深度融合取得显著进展，经济社会各领域信息化水平显著提升，信息化发展水平指数达到 0.79。

1．下一代国家信息基础设施初步建成。因地制宜，统筹城乡和区域宽带协调发展。到 2015 年，固定互联网宽带接入用户超过 2.7 亿户，其中光纤入户超过 7000 万户，城市和农村家庭宽带接入能力基本达到 20 兆比特每秒（Mbit/s）和 4Mbit/s，部分发达城市达到 100Mbit/s，有条件的地区实现光纤到村。互联网国际出口带宽达到 6500 吉比特每秒（Gbit/s）。3G 网络基本覆盖城乡，用户数超过 4.5 亿，LTE 实现规模商用。互联网网民超过 8.5 亿人。基于互联网协议第 6 版（IPv6）的下一代互联网实现规模商用。县级以上城市有线广播电视网络实现数字化，80%实现双向化。应急通信保障能力显著增强。

2．国民经济信息化水平再上新台阶。制造业主要行业大中型企业关键工序数（自）控化率达到 70%以上，规模以上工业企业信息技术综合集成应用达到中等收入国家领先水平，中小企业信息化应用水平显著提升。信息化和工业化深度融合服务体系基本建立。初步建成适应现代农业发展的信息服务体系。电子商务交易总额超过 18 万亿元，网络零售额占社会消费品零售总额的比重超过 9%。在集成电路、新型显示器件、系统软件、关键元器件等领域取得一批重大创新成果，集成电路芯片规模生产工艺达到 32/28 纳米。

3．电子政务促进政府职能转变和服务型政府建设的作用更加显著。以国家电子政务传输骨干网为基础的统一电子政务网络基本形成，中央部委和省级政务部门主要业务信息化覆盖率超过 85%，地市级和县区级政务部门分别平均达到 70%、50%以上。

4．社会事业信息化水平明显提升。推进农村中小学远程互动教学和多媒体教学，初步形成支撑教育现代化和学习型社会建设的信息化公共服务体系。逐步建成规范可共享的电子健康档案与电子病历，电子健康档案覆盖 70%以上的城乡居民，新型农村合作医疗基本实现全省范围内即时结报。社会保障卡持卡人数达到 8 亿，基本实现社会保障“一卡通”。

5. 信息安全保障能力显著增强。

二、主要任务和发展重点

（一）促进工业领域信息化深度应用

1. 推进信息技术在工业领域全面普及。
2. 推动综合集成应用和业务协同创新。

专栏1 智能工业推进工程

推动建立协同研发体系。深化数字化研发设计工具应用，加快工艺设计数字化和绿色化，推进工艺知识管理和智能专家系统建设，提升工艺仿真和优化能力。加强产学研资源整合，以多专业协同和跨企业协作为重点，建设协同共享的研发设计体系。推动高端装备研发设计多学科综合优化。

加强企业信息技术改造。加强嵌入式系统和先进过程控制系统的研发和应用。以企业关键工序自动化生产线升级为突破口，实施底层生产装备和制造网络的数字化、网络化和智能化改造升级，深化现场总线、无线传感技术应用，推广自动化仪表和数字化检测设施，加强过程信息采集、管理和分析优化系统建设，提高生产过程可控性和管理精细度，提升产品质量，降低能耗物耗和污染排放。

开展集成系统应用创新示范。开展企业综合集成应用示范，以主要行业大型企业为重点，推动企业加强研发设计、生产制造、经营管理、市场流通等业务环节的集成创新。建立产品全生命周期信息跟踪、反馈系统，构建决策智能化平台。开展产业链协同创新应用示范，完善行业骨干企业的供应链管理、客户关系管理和现代物流管理体系，推动跨企业资源整合，建立健全行业龙头牵引、产业链上下游企业协同共享的协作机制。

3. 加快制造业服务化进程。

专栏2 制造业信息化科技工程

围绕制造业结构调整、转型升级和全球化、服务化、智能化、绿色化发展需求，着力突破一批引领性、创新性的制造业信息化关键技术，着力打造数字企业、服务型制造企业和产业服务平台。

攻克制造知识融合、产品创新研发、全生命周期管理与服务等关键技术，形成一批技术成果与软件产品。推广制造服务技术与系统，加速制造业企业向产业价值链高端迈进。在高端装备、生产过程、产品物联和物流中应用制造物联技术与系统，显著提高生产自动化程度和物流效率。打造全球协作和集团管控大型数字企业，提高产业集群协作能力和面向中小企业的服务能力。进一步完善制造业信息化技术培训体系、咨询服务体系、标准体系，形成制造业信息化发展的长效机制。

4. 推广节能减排信息技术。
5. 建立两化融合服务支撑体系。

专栏3 信息化和工业化深度融合服务体系建设重点

建设两化融合促进中心。依托工业园区、重点企业、行业协会、高等院校和科研机构，建设实体性和虚拟性的国家级信息化和工业化融合促进中心，提供适合市场需求的行业解决方案，发展各类专业化服务。

建设两化融合公共服务平台。面向行业和产业集群，建设低成本、高效益、安全可靠的公共服务平台，提高研发设计、业务外包、市场营销、监理实施的支撑服务能力，推广信息技术产品和行业信息化解决方案。依托重点企业、重点院校和社会培训机构，建设信息化和工业化融合培训和实训基地。

（二）加快推进服务业信息化。

1. 引导电子商务健康发展。
2. 提升物流信息化水平。
3. 提高服务业重点领域信息化水平。

专栏4 电子商务示范工程

推进电子商务协同应用。通过加强电子商务协同应用，在原材料、装备制造、消费品、电子信息、国防科工等重点工业领域，提高龙头企业的供应链管理水平，推进企业间网上协同研发、设计和制造，增强产业链商务协同能力。

推动中小企业普及电子商务。鼓励中小企业应用第三方电子商务服务平台，开展网上购销等活动。引导中小企业积极融入龙头企业的电子商务购销体系。

移动电子商务试点示范。继续开展试点示范，推动移动电子商务应用从生活服务、公共服务领域向工农业生产和生产性服务业领域延伸，提高移动电子商务关键技术的创新能力，完善产业链。

（三）积极提高中小企业信息化应用水平。

1. 深化中小企业信息技术应用。
2. 继续实施中小企业信息化推进工程。

专栏5 中小企业信息化发展重点

引导中小企业加强研发设计、生产经营、市场营销等系统数据的互联共享，促进信息资源的有效利用。建设面向区域、行业和企业的信息化服务平台，为中小企业技术创新、生产过程、经营管理、市场开拓、人才培养、筹集资金等提供支撑。

整合软件提供商、电信运营商、系统集成商、管理咨询和工程监理机构资源，加强产学研用协同合作，建立并完善中小企业信息化服务资源共享机制，引导建设中小企业信息化服务联盟。开展中小企业信息技术应用示范，培育典型企业，总结典型经验，加快行业推广。

（四）协力推进农业农村信息化

1. 完善农村综合信息服务体系。
2. 加强涉农信息资源整合。

专栏6 大力推动信息兴农

涉农信息资源整合集成计划。鼓励建设农业农村综合信息资源和服务平台，重点建立粮食、瓜果蔬菜、畜禽、水产品等专业性信息资源和服务平台，支撑重点农业产品产业链管理和科技服务信息化。

电子商务助农工程。发展农产品电子商务，减少农产品流通环节，推动产销对接，支持订单农业发展。鼓励发展跨区域、专业化的农产品特色网站和交易网络，形成以批发市场、商贸中心、物流调度中心和商品集散地为依托的农业电子商务服务体系。

现代农业信息科技计划。推进重点农产品种植养殖、生产加工、储运销售等各环节可追溯系统的建设和应用，提供农产品物流信息查询、智能配送、货物跟踪等物流信息服务。建立粮食主产区的气象监测预报、重大自然灾害预警防范、植被物候变化、生态环境保护、动植物疫情监测检验检测等信息系统，形成全面覆盖、及时响应的农业减灾防灾预警平台。完善农产品市场价格信息监测服务体系，健全农业专家信息咨询服务体系。

（五）全面深化电子政务应用

1. 推进信息技术与政务工作深度融合。
2. 提升基层电子政务服务能力。
3. 提高社会管理信息化水平。

专栏7 电子政务工作重点

完善统一的国家电子政务网络。以互联互通为重点，基于国家电子政务网络传输骨干网，建设电子政务内网、外网，继续完善统一的国家电子政务网络。到2015年，基本形成覆盖中央和地方的统一国家电子政务网络，具备承载各级政务部门业务应用的能力。

推进信息共享和业务协同。建立和完善政务信息共享机制，继续推进政务信息资源目录体系和交换体系等信息共享基础设施建设。围绕社会信用、综合治税、社会保障、食品药品监管、环境保护、电子监察和应急管理等需求迫切、效益明显的业务需求，积极推进跨部门、跨地区、跨层级的信息共享和业务协同，鼓励开展试点示范。

（六）稳步提高社会事业信息化水平

1. 大力提高教育信息化水平。
2. 加快医疗卫生信息化建设。

专栏8 医疗卫生信息化发展重点

建立完善城乡居民电子健康档案和电子病历。适应医疗机构向群众提供连续的预防、保健、医疗、康复等服务的需要，完善城乡居民电子健康档案和电子病历，方便居民参与个人健康管理。

建立医疗机构管理信息系统。针对不同层级医疗机构的功能，建立完善医疗机构管理信息系统，支持实行规范化的临床诊疗路径管理，提高医疗机构和医疗人员精细化管理和绩效管理水平。

加强区域医药卫生信息共享。开展区域卫生信息化试点，实现公共卫生、医疗服务、医疗保障、基本药物制度信息等的互联互通和数据共享。

3. 构建覆盖城乡居民的就业和社会保障信息服务体系。

专栏9 就业和社会保障信息化发展重点

推进社会保障“一卡通”建设。大力推广标准统一、功能兼容的社会保障卡，推动社保卡在社会保障领域应用，建立覆盖全国、联通城乡的人力资源社会保障信息网络，实现社会保障卡向农民延伸，做到“人手一卡”，面向全体参保群众逐步实现“服务一生、保障一生”。

促进跨地区就业和社保信息共享。以人口信息共享为基础，积极推动跨地区就业和社保信息共享，建立跨地区就业和社保信息交换平台与结算中心，支持实现就业和社保异地接续、异地实时结算。

（七）统筹城镇化与信息化互动发展

1. 提高城市运行管理的智能化水平。
2. 推进社区信息化。
3. 提高公共安全信息化管理水平。

专栏 10 开展城市智能管理示范

公用事业智能化试点示范。支持有条件的城市运用物联网、云计算等新一代信息技术，以水、电、气、热及地下管线等市政公共基础设施的信息采集、信息网络和数据中心建设为重点，建设智能供水、供电、供暖、供气和城市地下管线综合管理体系，提高公用事业智能化运行水平。

城市智能交通试点示范。鼓励有条件的城市建设城市智能交通系统，实现对车辆、道路、泊位等交通信息的精确采集、及时发布与共享，提高调度管理智能化水平。

城市应急联动示范。鼓励大中型城市运用信息化手段，推进应急救助资源共享，增强应急指挥调度协同能力，形成统一指挥、反应灵敏、运转高效的应急联动体系，提高城市应急处置水平。

（八）加强信息资源开发利用

1. 提高政务信息资源共享能力。

专栏 11 统计信息资源开发利用

开展重大国情国力调查。充分运用信息技术，开展人口普查、农业普查、经济普查和 1%人口抽样调查、投入产出调查、科学研究与实验发展资源（R&D）清查等重大国情国力调查，实现方案设计、调查布置、数据采集分析和信息发布全流程信息化。

加强统计信息资源联网直报。建成网络直报统计数据系统，实现工业、建筑业、房地产开发业、能源、住户、价格等全部统计专业数据的网上直接采集，满足各级统计机构、有关部门和社会各界各类统计信息服务需求。

推动统计信息资源共享。完善支持宏观调控、市场监管、社会管理和公共服务的国家统计基础数据库，推进政府综合统计、部门行业统计信息资源共享，满足各级政务部门对国民经济和社会发展基础数据的应用需求。

2. 加大公益性信息资源利用力度。
3. 发展先进网络文化。
4. 壮大数字内容产业。

（九）构建下一代国家综合信息基础设施

1. 加快宽带网络优化升级和区域协调发展。优化骨干网络架构，完善业务节点国际布局，提升国家骨干网传输能力。采用多种技术推进光纤向用户端延伸，扩大无线宽带网络覆盖，提升用户端接入能力。优化互联网数据中心空间布局，实现互联网信息源高速接入。支持东部地区积极利用光纤和新一代移动通信技术、下一代广播电视网技术，全面提升宽带网络速度与性能，基本实现城市光纤到楼入户，缩小与发达国家差距。支持中西部地区增加光缆路由，提升网络容量，扩大接入网络覆盖范围；引导大型云计算数据中心落户中西部条件适宜的地区。因地制宜采用光纤、铜线、同轴电缆、3G/LTE、微波、卫星等多种技术手段加快宽带网络从乡镇向行政村、自然村延伸，推进农村宽带进乡入村。

2. 促进下一代互联网规模商用和前沿布局。加快部署下一代互联网，抓紧开展 IPv6 商用试点，适时推动 IPv6 大规模部署和商用，加快推进 IPv4 向 IPv6 的网络过渡、业务迁移与商业运营，在设备制造、软件开发、运营服务等环节形成较完善的产业和协同创新链条。完善互联网国家顶层架构，升级骨干网络，实现高速度高质量互联互通，提升网络安全性、可靠性和效率。推动中国互联网国际互联架构优化，提升互联层次和流量转接水平。加快未来网络技术研发和战略布局，建设面向未来互联网创新发展的示范平台，开展新型架构及创新技术的试验和示范，突破关键核心技术，推动形成系列国际标准。

3. 建设安全可靠的信息应用基础设施。综合考虑业务需求、设施配套、信息安全保障等因素，引导形成布局合理、安全可靠的互联网数据中心基础设施，推进互联网数据中心的规模化、集约化、节能化、绿色化升级。加强统筹管理，逐步形成技术先进、安全可靠的内容分发网络（CDN）。

4．加快推进三网融合。组织实施三网融合全面推广工作，在全国范围内推动广电、电信业务双向进入，加快网络基础设施建设和统筹规划，加快建立适应三网融合的标准体系，加大资源开发和业务创新力度，大力发展新兴融合型业务，培育壮大文化产业、信息内容产业和信息服务业。加强三网融合法制建设，强化网络信息和文化安全监管，建设可管可控的安全保障体系。

5．优化国际通信网络布局。

专栏12　宽带中国工程

光纤入户工程。加快城镇光纤到楼入户配套建设，实现光纤宽带网络与各地国土利用、城乡建设和市政设施同步规划、同步建设。利用政府引导资金，在学校、医院等公共服务机构推广普及宽带网络。推广宽带业务应用，支持光纤器件、线缆和设备企业加快关键技术研发和产业化。

村村通宽带工程。推进宽带下乡和农村光纤改造，加快行政村宽带普遍服务进程，实现 100%的乡镇、95%以上的行政村通宽带。

宽带无线移动通信示范。依托新一代宽带无线移动通信网科技重大专项，推动 TD-SCDMA 增强型技术产业化，支持 LTE 及其增强型技术研发攻关，加快推动 TD-LTE 商用部署和产业化发展，支持基带芯片、射频器件、核心软件等关键技术产业化。

下一代互联网商用工程。实施 IPv4 向 IPv6 的网络改造和应用迁移；推进网络、网站同步改造，实现骨干网和主要商业网站、教育科研网站、政府网站全面支持 IPv6，全面部署 IPv6 安全防护系统。加快下一代互联网关键网络设备、应用软件、终端产品的产业化升级。

（十）促进重要领域基础设施智能化改造升级

专栏13　加快基础设施智能化

电网智能化试点工程。组织实施清洁能源发电储输和配电自动化、智能变电、双向互动用电、电网综合调度等试点，完善电网基础体系、技术支撑体系、智能应用体系和标准规范体系。

促进综合交通运输体系智能化升级。加快建设交通基础设施和运输装备运行监测网络，组织开展各种运输方式间信息交换、共享以及条码、射频等先进技术研发和应用试点，逐步完善高速公路不停车收费系统。

加强水利信息化建设。加强水文站网和水文巡测基地建设，加快水利卫星通信网、国家防汛抗旱指挥系统、国家水资源管理系统、国家水利数据中心建设，强化水利信息资源整合与共享，充分发挥水利管理信息系统的作用，深化水资源智能管理应用试点。

构建先进完备的数字环保体系。提升重点区域臭氧、细颗粒物（PM2.5）等特征污染物的日常监测能力，建立卫星遥感监测与地面监测相结合的国家生态环境监测网络，建立国家、省、市三级环境预警和应急体系，提高环境信息的基础统计和业务应用能力。

全面提升气象信息化支撑能力。加强气象监测与灾害预警。完善国土资源监测技术体系，加快以国土资源遥感监测“一张图”为基础的核心数据库建设。

（十一）着力提高国民信息能力

（十二）加强网络与信息安全保障体系建设

1．确保基础信息网络和重要信息系统安全。

2．强化信息安全基础。

3．加强信息内容安全管理。

三、保障措施

（原文约16400字）

工业和信息化部印发信息化和工业化深度融合专项行动计划（2013—2018年）（摘要）

2013年8月23日，工业和信息化部印发《信息化和工业化深度融合专项行动计划（2013—2018年）》，摘要如下。

一、总体要求

到2018年，两化深度融合取得显著成效，信息化条件下的企业竞争能力普遍增强，信息技术应用和商业模式创新有力促进产业结构调整升级，工业发展质量和效益全面提升，全国两化融合发展水平指数达到82。

“企业两化融合管理体系”得到全面推广。重点行业大中型企业两化融合水平逐级提升，处于集成提升阶段以上的企业达到80%，涌现出一批创新能力强、应用效果好、具有国际竞争力的优秀企业。中小企业应用信息技术开展研发、管理和生产控制的比例达到55%，应用电子商务开展采购、销售等业务的比例达到50%。

信息技术向工业领域全面渗透，传统行业两化融合水平整体提升。基于信息网络的融合创新不断涌现，电子商务、工业云、大数据等新技术新应用驱动的新型生产性服务业蓬勃发展，企业间电子商务（B2B）交易额突破20万亿元。

食品、药品等重点产品质量安全信息可追溯体系建设取得进展。民爆、危险化学品等高危行业安全生产水平得到增强。各行业能源利用效率显著提高，50%的重点工业用能企业数字能源解决方案应用达到较高水平，实现节能量5000万吨标准煤。

信息技术支撑服务能力显著增强。以数字化、柔性化及系统集成技术为核心的智能制造装备取得重大突破，在国民经济重点领域得到快速应用，重点行业装备数控化率达到70%。安全可控的信息技术产品配套能力和信息化服务能力明显增强，重点关键领域实现全面自主配套。

二、主要行动

（一）“企业两化融合管理体系”标准建设和推广行动

制定“企业两化融合管理体系”国家标准。

推动建立第三方认定服务体系。

开展试点和推广。

加快制定支持两化深度融合的技术标准规范。

（二）企业两化深度融合示范推广行动

完善工业企业两化融合水平测度机制。

推进企业对标和行业示范推广。

开展区域分级分类推进。

（三）中小企业两化融合能力提升行动

健全和完善社会化、专业化中小企业信息化服务体系。

提高中小企业信息化应用能力和水平。

（四）电子商务和物流信息化集成创新行动

提升重点行业电子商务和供应链协同能力。在原材料、装备制造、消费品、电子信息、国防科技等领域，围绕支持主制造商发展订单驱动的制造模式，带动产业链上下游企业协同联动，降低平均库存水平，缩短市场响应时间，提高供应链整体竞争能力，推进电子商务和供应链管理协同发展。在有条件的重点行业，促进合作企业商务信息和知识共享，开展网上研发、设计和制造，增强产业链的商务协同能力，提高市场应变能力。

提升第三方物流服务能力。推动物流信息化发展，壮大第三方物流服务业，重点支持钢铁、石化、汽车、家电、食品、医药、危化品、电子产品、快速消费品、冷链等专业物流和供应链服务业发展，提升全程透明可视化管理能力，增强面向工业领域供应链协同需求的物流响应能力。

推动工业企业电子商务创新发展。支持大型企业建立开放性采购平台，提高网上集中采购水平。支持有条件的大型企业电子商务平台向行业平台转化。支持制造企业利用电子商务创新营销模式，提高产品销售和售后服务水平。支持面向工业企业的电子商务服务平台发展壮大、创新商务模式，支撑和带动制造企业业务流程优化。

（五）重点领域智能化水平提升行动

加强民爆行业安全生产监测监管。建设覆盖各级民爆主管部门、民爆企业的行业综合管理服务平台，实现民爆物品生产经营动态信息全程监测。建立民爆企业生产、流通全过程安全管控体系，实现对关键安全生产要素的闭环信息化管控，提升民爆行业本质安全生产水平。

开展危险化学品危险特性公示。在危险化学品领域全面推行联合国《全球化学品统一分类和标签制度》（GHS），建立国家化学品危险特性基础数据库和在线报送系统，提供危险化学品危险特性数据检索服务，有效控制危险化学品健康与环境风险。

实现食品行业质量安全信息可追溯。搭建食品质量安全信息可追溯公共服务平台，在婴幼儿配方乳粉、白酒、肉制品等领域开展食品质量安全信息追溯体系建设试点，面向消费者提供企业公开法定信息实时追溯服务，强化企业质量安全主体责任。

建立稀土行业信息化监管基础。鼓励重点矿区企业建设监控系统，实现在线监控。鼓励重点稀土企业集团建立管控信息系统，实现企业生产经营信息动态监管。支持建立行业生产统计系统。

加强农药行业信息化监管。建立农药产品生产批准证书查询库和换证信息共享平台，促进农药行业信息交流。建立农药生产信息数据库，加强农药生产企业监管。搭建违法案件群众举报信息平台，完善农药打假机制，提升农药监管能力。

提高重点高危行业安全生产水平。围绕特种设备管理、安全隐患排查、安全事故应急管理、人员安全管理、高危工业产品运输监控和管理等关键环节，支持煤矿、非煤矿山、危险化学品、烟花爆竹、冶金等重点高危行业企业的安全生产信息化系统建设，促进生产本质安全。

推进重点行业节能减排。实施数字能源重点工程，大力推动企业能源管控中心建设，推广流程工业能源在线仿真系统等节能减排信息技术，在重点行业和地区建立工业主要污染物排放监测和工业固体废弃物综合利用信息管理体系，建立区域能耗在线监测平台，开展企业数字能源应用等级评价，提高能源资源利用效率。

（六）智能制造生产模式培育行动

加快重点领域装备智能化。实施“数控一代”装备创新工程行动计划，推广应用数字化控制技术，集成创新一批数控装备，实现装备性能、功能的升级换代。实施高档数控机床与基础制造装备专项，推进重点领域高端数控机床的研发设计和生产应用。实施智能制造装备发展专项，面向重点行业生产过程柔性化、智能化的应用需求，开发一批标志性的重大智能制造成套设备。

推进生产过程和制造工艺的智能化。开展先进制造创新试点，发展以人机智能交互、柔性敏捷生产等为特征的智能制造方式，促进工业机器人在关键生产线的规模应用，推进生产制造设备联网和智能管控。拓宽增材制造（3D打印）技术在工业产品研发设计中的应用范围，推进增材制造在航空航天和医疗等领域的率先应用。创新政企合作模式，建立先进制造技术研发中心。

推动智能制造生产模式的集成应用。结合原材料、装备、消费品等行业发展特点，在集团管控、设计与制造集成、管控衔接、产供销一体、业务和财务衔接等领域，开展关键环节集成应用示范。逐步推广重点行业数字化车间，开展智能工厂试点建设，探索全业务链综合集成的路径和方法。选择有条件的产业集聚区，开展智能制造示范试验区建设。

（七）互联网与工业融合创新行动

推动物联网在工业领域的集成创新和应用。实施物联网发展专项活动，在重点行业组织开展试点示范，以传感器和传感器网络、RFID、工业大数据的应用为切入点，重点支持生产过程控制、生产环境检测、制造供应链跟踪、远程诊断管理等物联网应用，促进经济效益提升、安全生产和节能减排。

发展网络制造新型生产方式。鼓励有条件的企业通过网络化制造系统，实现产品设计、制造、销售、采购、管理等生产经营各环节的企业间协同，形成网络化企业集群。支持工业云服务平台建设，推进研发设计、数据管理、工程服务等制造资源的开放共享，推进制造需求和社会化制造资源的无缝对接，鼓励发展基于互联网的按需制造、众包设计等新型制造模式。

加快电子商务驱动的制造业生态变革。鼓励B2C电子商务平台从产品销售和广告营销向研发设计、生产制造等领域渗透，促进生产和消费环节对接，推动基于消费需求动态感知的研发、制造和产业组织方式变革，形成个性化定制生产新模式。鼓励企业利用移动互联网，创新电子商务与制造业的集成应用模式。

促进工业大数据集成应用。支持和鼓励典型行业骨干企业在工业生产经营过程中应用大数据技术，提升生产制造、供应链管理、产品营销及服务等环节的智能决策水平和经营效率。支持第三方大数据平台建设，面向中小制造企业提供精准营销、互联网金融等生产性服务。推动大数据在工业行业管理和经济运行中的应用，形成行业大数据平台，促进信息共享和数据开放，实现产品、市场和经济运行的动态监控、预测预警，提高行业管理、决策与服务水平。

（八）信息产业支撑服务能力提升行动

加快提升信息网络基础设施。结合实施宽带中国战略，根据专项行动需求，加快产业集聚区的光纤网、移动通信网和无线局域网的部署和优化，实现信息网络宽带化升级。全面推进下一代互联网与移动互联网、物联网、云计算的融合发展，开展网络新技术现网试验和应用示范，推进TD-LTE智能终端的产业化和广泛应用，提高面向工业应用的网络服务能力。

增强电子信息产业支撑服务能力。加快集成电路、关键电子元器件、基础软件、新型显示、云计算、物联网等核心技术创新，突破专项行动急需的应用电子、工业控制系统、工业软件、三维图形等关键技术。围绕工业重点行业应用形成重大信息系统产业链配套能力，开展国产CPU与操作系统等关键软硬件适配技术联合攻关，提升产业链整体竞争力和安全可控发展能力。支持面向云计算、移动互联网、工业控制系统等关键领域安全技术研发与产业化，加快安全可靠通信设备、网络设备等终端产品研发与应用。

提高信息化综合服务能力。鼓励电信运营商、信息技术服务商、互联网企业之间加强合作，有效利用平台资源、数据资源和渠道资源，通过云服务模式面向企业提供服务。支持电子商务、物流、第三方支付等信息平台建设，深化信息服务在企业经营管理、节能环保、安全生产等方面的支撑作用。培育信息化咨询、规划、培训、评估、审计等专业服务机构。

支持信息技术企业与工业企业战略合作。实施信息技术产用合作专项，在机械、石化、电力等重点行业开展信息技术应用试点示范，形成可推广的行业解决方案，支持工业企业采用安全可控的信息技术和产品。在重点消费领域加强产用互动合作，提升移动智能终端、高端家电、医疗器械、玩具等产品智能化水平，提高产品附加值。探索建立工业产品信息化指数测评服务体系。加强应用电子产品和系统研发和产业化，推动工业软件开发、标准化及行业应用。推进重点行业信息技术应用公共服务平台建设，引导行业协会、企业和研发机构共同组织产用合作联盟。

提升新型工业化产业示范基地服务能力。完善示范基地信息基础设施，提高宽带和高速无线网络的覆盖率。增强示范基地公共服务平台的信息化支撑能力，建设并完善一批面向产业集群的专业化信息化服务平台，鼓励建设示范基地管理综合服务平台。依托示范基地骨干企业，促进产业链上下游企业间、制造企业与生产性服务企业间信息共享和业务协作。

三、保障措施

（原文约8400字）

工业和信息化部等八部委关于实施宽带中国2013专项行动的意见（摘要）

2013年4月2日，工业和信息化部、国家发展和改革委员会、教育部、科学技术部、财政部、环境保护部、住房和城乡建设部、国家税务总局等八部门发布《关于实施宽带中国2013专项行动的意见》，摘要如下。

一、指导思想

二、基本原则

（一）政府引导与企业主导相结合。

（二）提高网络能力与扩大普及覆盖同步。

（三）加强网络建设与提升网络应用并重。

（四）宽带发展水平提升与安全保障同步。

三、主要目标

2013年的目标是：网络覆盖能力持续增强，新增FTTH覆盖家庭超过3500万户，新增3G基站18万个，新增WLAN接入点130万个。惠民普及规模不断扩大，新增固定宽带接入互联网用户超过2500万户，新增3G用户1亿户，新增通宽带行政村18000个，实现5000所贫困农村地区中小学宽带接入或改造提速，启动实施"宽带网络校校通"工程。宽带接入水平有效提升，使用4M及以上宽带接入产品的用户超过70%。城市宽带发展初显成效，涌现一批宽带城市，形成良好的宽带发展政策环境，实现较高的信息基础设施和宽带应用水平。

四、工作任务

（一）加快城市光纤宽带网络发展，深化无线宽带网络覆盖。全面贯彻落实《住宅区和住宅建筑内光纤到户通信设施工程设计规范》和《住宅区和住宅建筑内光纤到户通信设施工程施工及验收规范》两项光纤到户国家标准，继续加大城市老旧小区光纤网络成片改造力度，进一步提升城市宽带接入能力和城域网传输交换能力。进一步深化城市3G和WLAN网络覆盖，积极开展TD-LTE扩大规模试验，推进IPv6商用试点部署。

（二）利用多种技术方式，拓展农村宽带网络覆盖。结合"村村通电话"工程，灵活选择有线、无线技术，持续推进农村地区宽带网络建设，提升农村地区信息基础设施水平。

（三）增强网络性能，改善用户上网体验。加大骨干网网间互联带宽扩容力度，优化网间互联架构，推动在西部地区增设互联点。鼓励互联网企业积极参与专项行动，采取优化网站设计、部署内容分发网络（CDN）、增加网站接入带宽等措施，提升网站和应用的服务能力。

（四）推动农村中小学宽带接入，共享宽带发展成果。加大信息助教力度，启动实施"宽带网络校校通"工程，全面推动中小学校宽带接入。由教育部牵头，推动各地采取与基础电信企业合作等多种方式，为10万所农村中小学校接入宽带网络，提升农村地区中小学校的网络接入能力和普及水平。其中，工业和信息化部与教育部合作，重点为5000所贫困农村地区中小学实现宽带接入或改造提速。

（五）推广应用创新示范，促进宽带应用水平提升。大力推广教育、健康医疗、交通旅游、食品溯源、安全生产等领域宽带应用的普及。

（六）加强高性能宽带技术、产品与系统研发，支撑基础产业发展。综合利用各项资金支持政策，加大对高性能宽带设备和系统的技术标准研制、产品研发与产业化支持力度。支持企业研发生产低功耗产品，加快高耗能宽带网络设备的升级和节能化改造。支持企业研发自主品牌移动智能终端操作系统并推广应用。推动 FTTH ONU 设备接口标准的开放，降低成本，提高产业化规模。推动宽带相关产品的产业化和在国内宽带网络建设中的应用。

五、保障措施

（原文约 2800 字）

工业和信息化部关于开展移动通信转售业务试点工作

2013 年 5 月 17 日，工业和信息化部部发布关于开展移动通信转售业务试点工作的通告，其中《移动通信转售业务试点方案》全文如下。

一、试点目标

鼓励和引导民间资本进一步进入电信业，充分发挥民间资本灵活、创新的优势，鼓励业务和服务创新，满足移动用户个性化、差异化的应用需求，探索基础电信业务经营者与移动通信转售企业（以下简称转售企业）之间合作竞争的模式和监管政策，提升移动通信市场竞争层次和服务水平，保护用户合法权益，为正式商用奠定基础。

二、业务定义

移动通信转售业务是指从拥有移动网络的基础电信业务经营者购买移动通信服务，重新包装成自有品牌并销售给最终用户的移动通信服务。移动通信转售企业不自建无线网、核心网、传输网等移动通信网络基础设施，必须建立客服系统，可依据需要建立业务管理平台以及计费、营账等业务支撑系统。移动通信转售业务不包括卫星移动通信业务的转售。

移动通信转售业务为第二类基础电信业务，比照增值电信业务管理。

三、试点业务审批条件和程序

（一）审批条件

申请经营移动通信转售业务的企业，应当符合《中华人民共和国电信条例》第十三条、《电信业务经营许可管理办法》第六条的规定。并满足下列要求：

1. 申请者为依法设立的民营公司

本试点中的民营公司是指，申请者为依法设立的公司，其民间资本占公司资本比例不低于 50%，且单一最大股东是民间资本的公司（不含外商及台港澳商投资。境内民营企业境外上市的，其外资股权比例应低于 10%且单一最大股东为中方投资者）。

2. 有与开展经营活动相适应的专业人员

企业技术负责人应当有 8 年以上信息技术和通信行业工作经验，并具有信息技术和通信及相关专业高级技术职称或同等专业水平；企业财务负责人应当具有中级以上（含中级）会计职称或同等专业水平；企业管理人员中至少有 5 人应具有 5 年以上信息技术和通信行业的工作经验。在省、自治区、直辖市范围内经营的，企业应具有信息技术和通信及管理相关专业初级以上（含初级）职称或者同等专业水平的技术和管理人员不少于 30 人。在全国或者跨省、自治区、直辖市范围经营的，企业应具有信息技术和通信及管理相关专业初级以上（含初级）职称或者同等专业水平的技术和管理人员不少于 50 人，并应根据业务发展情况增加相适应的人员。

3. *有为用户提供长期服务的能力*

申请者必须设有专门的客服部门和客服人员，建立服务质量管理体系，公布监督电话，受理用户投诉，有服务保证措施和市场退出善后处理方案。

4. *有必要的场地及设施*

申请者应有固定的办公地点，有与转售业务相适应的营业场所或营销渠道。必须建立客户服务系统，可依需建立计费管理系统和业务管理系统，能够保障系统运行安全。

5. *具备网络与信息安全保障能力*

申请者应成立安全管理部门，明确安全责任人和联系人，建立网络与信息安全管理制度和应急处置机制，按照相关要求和技术标准建立健全网络与信息安全技术保障措施。

6. *具备移动通信转售业务商业合同*

申请者应与基础电信业务经营者签订移动通信转售业务商业合同。合同中应包括用于转售的移动通信用户号码资源、双方服务质量保障责任划分、用户权益和用户信息安全保护等内容。

（二）申请材料及审批程序

申请经营移动通信转售业务试点的企业，应当向工业和信息化部或者省、自治区、直辖市通信管理局（以下简称电信管理机构）提交《电信业务经营许可管理办法》第八条规定的申请材料以及符合本试点方案审批条件的其他证明材料。

电信管理机构依据《中华人民共和国电信条例》、《电信业务经营许可管理办法》以及本方案相关规定对申请材料进行审查。

申请材料齐全、符合法定形式的，由电信管理机构向申请者出具受理申请通知书。经审查，符合要求的，颁发移动通信转售业务试点批文。不符合要求的，书面通知申请人并说明理由。

工业和信息化部颁发试点批文的转售企业，在开展业务前，应凭试点批文以及与基础电信业务经营者签订的商业合同到相关试点地区电信管理机构办理备案手续。

四、试点保障

（一）拥有移动网络的基础电信业务经营者应在发文之日起 15 日内，在其公司网站的显著位置向社会公开移动通信转售业务的接洽部门，并明确与转售企业合作的相关事项。在有转售企业提出合作意向之日起 4 个月内，基础电信业务经营者应与两家以上转售企业签署合作协议，并在试点受理期间与两家以上转售企业开展合作。

（二）基础电信业务经营者向转售企业提供的业务接入质量不得低于自营业务的接入质量。

（三）工业和信息化部将规划统一号段用于移动通信转售业务，并分配给基础电信业务经营者。基础电信业务经营者应做好相应的数据开通工作，并根据转售企业的需求，分配连续号码资源或整个号段供其使用。工业和信息化部将为转售企业开展客户服务规划相应的短号码资源。转售企业可以依据需求向工业和信息化部申请客户服务号码。

（四）基础电信业务经营者给予转售企业的批发价格水平应低于其当地公众市场上同类业务的最优惠零售价格水平。

（五）基础电信业务经营者不得与转售企业签订含有排他性条款的协议。

（六）转售企业应当遵守《中华人民共和国电信条例》、《互联网信息服务管理办法》、《全国人民代表大会常务委员会关于加强网络信息保护的决定》、《电信业务经营许可管理办法》、《通信网络安全防护管理办法》、《电信服务规范》等相关规定。

（七）转售企业应执行电信网码号资源、业务资费、服务质量、设施建设和运行、安全生产及网络与信息安全等行业管理要求，规范市场经营行为，做好经营服务工作，接受电信管理机构的监督检查。

（八）转售企业在出具长期服务保障措施证明的前提下，可采用预付费方式开展业务，最多只能向用户预收 2 年的服务费用。

（九）转售企业如提前终止试点经营的，应按照《电信条例》、《电信业务经营许可管理办法》、《电信服务规范》等相关要求和用户协议的内容向电信主管部门报告并提前告知用户，妥善处理预付费返还、费用结算、争议解决等善后工作。为其提供基础网络的基础电信业务经营者,应在用户自愿的前提下,根据与转售企业签订的商业合同,协助做好用户承接工作。

（十）转售企业与用户之间发生的服务质量问题，由试点地区电信管理机构所属申诉受理中心处理。

（十一）试点期间，转售企业与基础电信业务经营者在业务合作方面如有争议，由电信管理机构进行协调裁决。

（十二）试点期间，电信管理机构将切实做好试点的审查批准工作，紧密跟踪试点进展情况，加强市场监管，保障试点工作有序进行。

五、试点总结

工业和信息化部将根据试点开展情况适时调整相关政策，研究移动通信转售业务的正式商用事宜。

（全文约 2600 字）

工业和信息化部关于电信和互联网用户个人信息保护规定

2013 年 7 月 16 日，工业和信息化部发布《电信和互联网用户个人信息保护规定》，全文如下。

第一章　总则

第一条　为了保护电信和互联网用户的合法权益，维护网络信息安全，根据《全国人民代表大会常务委员会关于加强网络信息保护的决定》、《中华人民共和国电信条例》和《互联网信息服务管理办法》等法律、行政法规，制定本规定。

第二条　在中华人民共和国境内提供电信服务和互联网信息服务过程中收集、使用用户个人信息的活动，适用本规定。

第三条　工业和信息化部和各省、自治区、直辖市通信管理局（以下统称电信管理机构）依法对电信和互联网用户个人信息保护工作实施监督管理。

第四条　本规定所称用户个人信息，是指电信业务经营者和互联网信息服务提供者在提供服务的过程中收集的用户姓名、出生日期、身份证件号码、住址、电话号码、账号和密码等能够单独或者与其他信息结合识别用户的信息以及用户使用服务的时间、地点等信息。

第五条　电信业务经营者、互联网信息服务提供者在提供服务的过程中收集、使用用户个人信息，应当遵循合法、正当、必要的原则。

第六条　电信业务经营者、互联网信息服务提供者对其在提供服务过程中收集、使用的用户个人信息的安全负责。

第七条　国家鼓励电信和互联网行业开展用户个人信息保护自律工作。

第二章　信息收集和使用规范

第八条　电信业务经营者、互联网信息服务提供者应当制定用户个人信息收集、使用规则，并在其经营或者服务场所、网站等予以公布。

第九条　未经用户同意，电信业务经营者、互联网信息服务提供者不得收集、使用用户个人信息。

电信业务经营者、互联网信息服务提供者收集、使用用户个人信息的，应当明确告知用户收集、使用信息的目的、方式和范围，查询、更正信息的渠道以及拒绝提供信息的后果等事项。

电信业务经营者、互联网信息服务提供者不得收集其提供服务所必需以外的用户个人信息或者将信息用于提供服务之外的目的，不得以欺骗、误导或者强迫等方式或者违反法律、行政法规以及双方的约定收集、使用信息。

电信业务经营者、互联网信息服务提供者在用户终止使用电信服务或者互联网信息服务后，应当停止对用户个人信息的收集和使用，并为用户提供注销号码或者账号的服务。

法律、行政法规对本条第一款至第四款规定的情形另有规定的，从其规定。

第十条　电信业务经营者、互联网信息服务提供者及其工作人员对在提供服务过程中收集、使用的用户个人信息应当严格保密，不得泄露、篡改或者毁损，不得出售或者非法向他人提供。

第十一条　电信业务经营者、互联网信息服务提供者委托他人代理市场销售和技术服务等直接面向用户的服务性工作，涉及收集、使用用户个人信息的，应当对代理人的用户个人信息保护工作进行监督和管理，不得委托不符合本规定有关用户个人信息保护要求的代理人代办相关服务。

第十二条　电信业务经营者、互联网信息服务提供者应当建立用户投诉处理机制，公布有效的联系方式，接受与用户个人信息保护有关的投诉，并自接到投诉之日起十五日内答复投诉人。

第三章　安全保障措施

第十三条　电信业务经营者、互联网信息服务提供者应当采取以下措施防止用户个人信息泄露、毁损、篡改或者丢失：

（一）确定各部门、岗位和分支机构的用户个人信息安全管理责任；

（二）建立用户个人信息收集、使用及其相关活动的工作流程和安全管理制度；

（三）对工作人员及代理人实行权限管理，对批量导出、复制、销毁信息实行审查，并采取防泄密措施；

（四）妥善保管记录用户个人信息的纸介质、光介质、电磁介质等载体，并采取相应的安全储存措施；

（五）对储存用户个人信息的信息系统实行接入审查，并采取防入侵、防病毒等措施；

（六）记录对用户个人信息进行操作的人员、时间、地点、事项等信息；

（七）按照电信管理机构的规定开展通信网络安全防护工作；

（八）电信管理机构规定的其他必要措施。

第十四条　电信业务经营者、互联网信息服务提供者保管的用户个人信息发生或者可能发生泄露、毁损、丢失的，应当立即采取补救措施；造成或者可能造成严重后果的，应当立即向准予其许可或者备案的电信管理机构报告，配合相关部门进行的调查处理。

电信管理机构应当对报告或者发现的可能违反本规定的行为的影响进行评估；影响特别重大的，相关省、自治区、直辖市通信管理局应当向工业和信息化部报告。电信管理机构在依据本规定作出处理决定前，可以要求电信业务经营者和互联网信息服务提供者暂停有关行为，电信业务经营者和互联网信息服务提供者应当执行。

第十五条　电信业务经营者、互联网信息服务提供者应当对其工作人员进行用户个人信息保护相关知识、技能和安全责任培训。

第十六条　电信业务经营者、互联网信息服务提供者应当对用户个人信息保护情况每年至少进行一次自查，记录自查情况，及时消除自查中发现的安全隐患。

第四章　监督检查

第十七条　电信管理机构应当对电信业务经营者、互联网信息服务提供者保护用户个人信息的情况实施监督检查。

电信管理机构实施监督检查时，可以要求电信业务经营者、互联网信息服务提供者提供相关材料，进入其生产经营场所调查情况，电信业务经营者、互联网信息服务提供者应当予以配合。

电信管理机构实施监督检查，应当记录监督检查的情况，不得妨碍电信业务经营者、互联网信息服务提供者正常的经营或者服务活动，不得收取任何费用。

第十八条　电信管理机构及其工作人员对在履行职责中知悉的用户个人信息应当予以保密，不得泄露、篡改或者毁损，不得出售或者非法向他人提供。

第十九条　电信管理机构实施电信业务经营许可及经营许可证年检时，应当对用户个人信息保护情况进行审查。

第二十条　电信管理机构应当将电信业务经营者、互联网信息服务提供者违反本规定的行为记入其社会信用档案并予以公布。

第二十一条　鼓励电信和互联网行业协会依法制定有关用户个人信息保护的自律性管理制度，引导会员加强自律管理，提高用户个人信息保护水平。

第五章　法律责任

第二十二条　电信业务经营者、互联网信息服务提供者违反本规定第八条、第十二条规定的，由电信管理机构依据职权责令限期改正，予以警告，可以并处一万元以下的罚款。

第二十三条　电信业务经营者、互联网信息服务提供者违反本规定第九条至第十一条、第十三条至第十六条、第十七条第二款规定的，由电信管理机构依据职权责令限期改正，予以警告，可以并处一万元以上三万元以下的罚款，向社会公告；构成犯罪的，依法追究刑事责任。

第二十四条　电信管理机构工作人员在对用户个人信息保护工作实施监督管理的过程中玩忽职守、滥用职权、徇私舞弊的，依法给予处理；构成犯罪的，依法追究刑事责任。

第六章　附则

第二十五条　本规定自2013年9月1日起施行。

（全文约2700字）

工业和信息化部关于电话用户真实身份信息登记规定

2013年7月16日，工业和信息化部发布《电话用户真实身份信息登记规定》，全文如下。

第一条　为了规范电话用户真实身份信息登记活动，保障电话用户和电信业务经营者的合法权益，维护网络信息安全，促进电信业的健康发展，根据《全国人民代表大会常务委员会关于加强网络信息保护的决定》和《中华人民共和国电信条例》，制定本规定。

第二条　中华人民共和国境内的电话用户真实身份信息登记活动，适用本规定。

第三条　本规定所称电话用户真实身份信息登记，是指电信业务经营者为用户办理固定电话、移动电话（含无线上网卡，下同）等入网手续，在与用户签订协议或者确认提供服务时，如实登记用户提供的真实身份信息的活动。

本规定所称入网，是指用户办理固定电话装机、移机、过户，移动电话开户、过户等。

第四条　工业和信息化部和各省、自治区、直辖市通信管理局（以下统称电信管理机构）依法对电话用户真实身份信息登记工作实施监督管理。

第五条　电信业务经营者应当依法登记和保护电话用户办理入网手续时提供的真实身份信息。

第六条　电信业务经营者为用户办理入网手续时，应当要求用户出示有效证件、提供真实身份信息，用户应当予以配合。

用户委托他人办理入网手续的，电信业务经营者应当要求受托人出示用户和受托人的有效证件，并提供用户和受托人的真实身份信息。

第七条　个人办理电话用户真实身份信息登记的，可以出示下列有效证件之一：

（一）居民身份证、临时居民身份证或者户口簿；

（二）中国人民解放军军人身份证件、中国人民武装警察身份证件；

（三）港澳居民来往内地通行证、台湾居民来往大陆通行证或者其他有效旅行证件；

（四）外国公民护照；

（五）法律、行政法规和国家规定的其他有效身份证件。

第八条　单位办理电话用户真实身份信息登记的，可以出示下列有效证件之一：

（一）组织机构代码证；

（二）营业执照；

（三）事业单位法人证书或者社会团体法人登记证书；

（四）法律、行政法规和国家规定的其他有效证件或者证明文件。

单位办理登记的，除出示以上证件之一外，还应当出示经办人的有效证件和单位的授权书。

第九条　电信业务经营者应当对用户出示的证件进行查验，并如实登记证件类别以及证件上所记载的姓名（名称）、号码、住址信息；对于用户委托他人办理入网手续的，应当同时查验受托人的证件并登记受托人的上述信息。

为了方便用户提供身份信息、办理入网手续，保护用户的合法权益，电信业务经营者复印用户身份证件的，应当在复印件上注明电信业务经营者名称、复印目的和日期。

第十条　用户拒绝出示有效证件，拒绝提供其证件上所记载的身份信息，冒用他人的证件，或者使用伪造、变造的证件的，电信业务经营者不得为其办理入网手续。

第十一条　电信业务经营者在向电话用户提供服务期间及终止向其提供服务后两年内，应当留存用户办理入网手续时提供的身份信息和相关材料。

第十二条　电信业务经营者应当建立健全用户真实身份信息保密管理制度。

电信业务经营者及其工作人员对在提供服务过程中登记的用户真实身份信息应当严格保密，不得泄露、篡改或者毁损，不得出售或者非法向他人提供，不得用于提供服务之外的目的。

第十三条　电话用户真实身份信息发生或者可能发生泄露、毁损、丢失的，电信业务经营者应当立即采取补救措施；造成或者可能造成严重后果的，应当立即向相关电信管理机构报告，配合相关部门进行的调查处理。

电信管理机构应当对报告或者发现的可能违反电话用户真实身份信息保护规定的行为的影响进行评估；影响特别重大的，相关省、自治区、直辖市通信管理局应当向工业和信息化部报告。电信管理机构在依据本规定作出处理决定前，可以要求电信业务经营者暂停有关行为，电信业务经营者应当执行。

第十四条　电信业务经营者委托他人代理电话入网手续、登记电话用户真实身份信息的，应当对代理人的用户真实身份信息登记和保护工作进行监督和管理，不得委托不符合本规定有关用户真实身份信息登记和保护要求的代理人代办相关手续。

第十五条　电信业务经营者应当对其电话用户真实身份信息登记和保护情况每年至少进行一次自查，并对其工作人员进行电话用户真实身份信息登记和保护相关知识、技能和安全责任培训。

第十六条　电信管理机构应当对电信业务经营者的电话用户真实身份信息登记和保护情况实施监督检查。电信管理机构实施监督检查时，可以要求电信业务经营者提供相关材料，进入其生产经营场所调查情况，电信业务经营者应当予以配合。

电信管理机构实施监督检查，应当记录监督检查的情况，不得妨碍电信业务经营者正常的经营或者服务活动，不得收取任何费用。

电信管理机构及其工作人员对在实施监督检查过程中知悉的电话用户真实身份信息应当予以保密，不得泄露、篡改或者毁损，不得出售或者非法向他人提供。

第十七条　电信业务经营者违反本规定第六条、第九条至第十五条的规定，或者不配合电信管理机构依照本规定开展的监督检查的，由电信管理机构依据职权责令限期改正，予以警告，可以并处一万元以上三万元以下罚款，向社会公告。其中，《中华人民共和国电信条例》规定法律责任的，依照其规定处理；构成犯罪的，依法追究刑事责任。

第十八条　用户以冒用、伪造、变造的证件办理入网手续的，电信业务经营者不得为其提供服务，并由相关部门依照《中华人民共和国居民身份证法》、《中华人民共和国治安管理处罚法》、《现役军人和人民武装警察居民身份证申领发放办法》等规定处理。

第十九条　电信管理机构工作人员在对电话用户真实身份信息登记工作实施监督管理的过程中玩忽职守、滥用职权、徇私舞弊的，依法给予处理；构成犯罪的，依法追究刑事责任。

第二十条　电信业务经营者应当通过电话、短信息、书面函件或者公告等形式告知用户并采取便利措施，为本规定施行前尚未提供真实身份信息或者所提供身份信息不全的电话用户补办登记手续。

电信业务经营者为电话用户补办登记手续，不得擅自加重用户责任。

电信业务经营者应当在向尚未提供真实身份信息的用户确认提供服务时，要求用户提供真实身份信息。

第二十一条　本规定自 2013 年 9 月 1 日起施行。

（全文约 2440 字）

工业和信息化部关于互联网接入服务规范

2013 年 7 月 12 日，为进一步规范互联网接入服务规范，工业和信息化部制定了《互联网接入服务规范》，全文如下。

本规范适用于电信业务经营者和用户之间签订的服务协议中约定的互联网接入服务。其中因特网拨号接入业务应遵守《电信服务规范》附录 3.1“因特网拨号接入业务的服务标准”。

一、服务质量指标

第一条　预受理时限

平均值≤2 个工作日，最长为 5 个工作日。

预受理时限指用户登记后，电信业务经营者进行网络资源确认，答复用户能否开通业务所需要的时间。

第二条　业务开通、移机时限

对于不具备线路条件、但可以进行线路施工的情况：

城镇：平均值≤10 个工作日，最长为 16 个工作日；

农村：平均值≤15 个工作日，最长为 20 个工作日。

对于已具备线路条件的情况，平均值≤5 个工作日，最长为 7 个工作日（不分城镇和农村）。

业务开通、移机时限指自用户和电信业务经营者签订业务开通或移机协议起，到业务开通止所需要的时间。在不具备线路条件，并且也不具备施工条件的情况下，应在第一条规定的预受理时限内向用户说明。

第三条　障碍修复时限

城镇：平均值≤24 小时，最长为 48 小时；

农村：平均值≤36 小时，最长为 72 小时。

障碍修复时限指自用户提出障碍申告时起，至障碍排除或采取其他方式恢复用户正常通信所需要的时间。

本规范所指障碍不包含用户自有或自行维护的接入线路和设备的故障。

第四条　服务变更时限

平均值≤12 小时，最长为 24 小时。

服务变更时限指用户办理更名、过户、暂停、恢复、停机等服务变更项目，自柜台或网络办理完毕登记手续且结清账务时起，至实际变更完成所需要的时间。对于需要进行资源确认的服务变更，其时限比照本规范第二条“业务开通时限”。

第五条　客户服务应答时限

客户服务中心的应答时限最长为 15 秒。人工服务的应答时限最长为 15 秒。人工服务的应答率≥85%。

客户服务中心的应答时限指用户拨号完毕后，自听到回铃音起，至话务员（包括电脑话务员）应答所需要的时间。人工服务的应答时限指自用户选择人工服务后，至人工话务员应答所需要的时间。人工服务的应答率指用户在接入客户服务中心后，实际得到人工话务员应答服务次数和用户选择人工服务总次数之比。

第六条　用户信息保护义务

电信业务经营者应依照法律和有关规定对提供服务过程中收集、使用的用户个人信息严格保密，不得泄露、篡改或者毁损，不得出售或者非法向他人提供。

第七条　互联网接入服务协议续存时限

互联网接入服务协议（包括纸质的和电子的）续存时限为至少 5 个月。

互联网接入服务协议续存时限指从服务协议终止（服务协议有效期届满或用户与电信业务经营者共同协商解除合同）之时起，电信业务经营者需要继续保存协议的时间。

互联网接入服务电子协议指电信业务经营者与用户通过短信、客服电话、互联网等形式约定的业务订制或变更关系。

第八条　计费原始数据保存时限

电信业务经营者应根据用户的需要，免费向用户提供收费详细清单（含预付费业务）查询。计费原始数据保存时限至少为 5 个月。

第九条　互联网接入终端用户手册/使用说明

电信业务经营者提供互联网接入终端的，应同时提供纸质或电子类介质的用户手册或使用说明，至少包括配置方法、使用方法、日常故障的自我诊断方法等。

第十条　无线接入网络覆盖范围及漫游范围

采用无线接入方式提供互联网接入服务的电信业务经营者，应向社会公布其无线网络覆盖范围及漫游范围，并及时更新。

第十一条　提醒服务

电信业务经营者应向用户提供套餐的到量预警、超量提醒、到期提醒等提醒服务。

到量预警指用户套餐内互联网接入服务实际使用量接近套餐限量前，通过短信、语音、互联网等方式，提醒用户本计费周期内业务已使用量、套餐限量等信息。

套餐超量提醒指实际使用量达到套餐限量时，及时通知用户，并告知超出套餐外继续使用该业务的收费标准和收费查询方式。

套餐到期提醒指在套餐有效期届满前的一个合理的提前时段内，提醒用户现行套餐到期日，并告知用户套餐到期后终止或延续服务的方式，以及相应的收费标准。

二、通信质量指标

第十二条　有线接入连接建立成功率

有线接入连接建立成功率≥98%。

有线接入连接建立成功率指在用户账号、密码正确的前提下，接入服务器的接通次数与用户申请建立连接的总次数之比。

第十三条　有线接入用户接入认证平均响应时间

有线接入用户接入认证平均响应时间≤8 秒，最大值为 11 秒。

有线接入用户接入认证平均响应时间指用户申请建立网络连接时，从用户提交完账号和密码起，至接入服务器完成认证并返回响应止的时间平均值。

第十四条　有线接入速率

有线接入速率的平均值应能达到签约速率的 90%。

有线接入速率指从用户终端到接入服务器（BRAS）之间的接入速率。

第十五条　无线接入网络可接入率

在无线接入网络覆盖范围内的 90%位置，99%的时间、在 20 秒内无线终端均可接入网络。

第十六条　无线接入连接建立成功率

无线接入连接建立成功率≥95%。

无线接入连接建立成功率指无线终端发起分组数据连接建立请求并成功建立连接的次数与无线终端发起分组数据连接建立请求总次数之比。

第十七条　无线接入用户接入认证平均响应时间

无线接入用户接入认证平均响应时间≤8 秒，最大值为 11 秒。

无线接入用户接入认证平均响应时间指从用

户提交完数据连接建立请求时起，至网络返回连接响应时止的时间平均值。

第十八条 无线接入中断率

无线接入中断率≤5%。

无线接入中断率指互联网业务进行过程中发生业务中断的概率，即互联网接入连接中断的次数与用户使用互联网业务总次数之比。本规范所指中断是在终端正常进行数据传送过程中由于电信业务经营者网络原因造成的接入连接断开。

第十九条 互联网接入计费差错率

互联网接入计费差错率≤10^{-4}。

互联网接入计费差错率指互联网接入计费相关设备出现计费差错的概率，采用如下公式计算：

计费差错率=有错误的计费记录条数/总计费记录条数

（全文约 2300 字）

工业和信息化部关于进一步加强通信业节能减排工作的指导意见（摘要）

2013 年 2 月 19 日，为贯彻落实国务院《节能减排“十二五”规划》以及《“十二五”节能减排综合性工作方案》，工业和信息化部发布《关于进一步加强通信业节能减排工作的指导意见》，摘要如下。

一、充分认识通信业节能减排的重要性和紧迫性

二、指导思想、基本原则和主要目标

到 2015 年年末，通信网全面应用节能减排技术，高能耗老旧设备基本淘汰，初步达到国际通信业能耗可比先进水平，实现单位电信业务总量综合能耗较 2010 年底下降 10%；推进信息化与工业化深度融合，促进社会节能减排量达到通信业自身能耗排放量的 5 倍以上；新建大型云计算数据中心的能耗效率（PUE）值达到 1.5 以下；电信基础设施共建共享全面推进，数量上有提高、范围上有拓展、模式上有创新；新能源和可再生能源应用比例逐年提高。

三、重点任务

（一）促进全社会节能减排。紧密结合经济社会发展需要，研发推广有助于节能减排的信息技术应用，推动面向全社会的信息服务，重点加大电子商务、移动办公、视频会议、视频监控等应用推广力度，促进经济社会各领域的节能减排。推动信息化和工业化深度融合，强化信息通信技术对传统工业节能减排的支撑作用，促进工业转型升级，带动全社会更广泛地节能降耗。

（二）加快网络结构优化升级。鼓励企业采用节能新技术和设备，推进通信网络结构性和系统性节能创新。新建通信网络应全面引入节能技术和设备，积极推动老旧设备退网，加快传统交换设备和高耗能设备的升级改造，实施网络软交换、IP 化集中改造，提高网络集约化水平和资源利用率。

（三）统筹部署绿色数据中心建设。落实《工业和信息化部 发展改革委 国土资源部电监会能源局关于数据中心建设布局的指导意见》（工信部联通〔2013〕13 号），促进数据中心选址统筹考虑资源和环境因素，积极稳妥引入虚拟化、海量数据存储等云计算新技术，推进资源集约利用，提升节能减排水平；出台适应新一代绿色数据中心要求的相关标准，优化机房的冷热气流布局，采用精确送风、热源快速冷却等措施，从机房建设、主设备选型等方

面降低运营成本，确保新建大型数据中心的PUE值达到1.5以下，力争使改造后数据中心的PUE值下降到2以下。

（四）加大绿色基站建设力度。结合实际采用分布式基站、软件无线电节能基站（SDR软基站)，采用智能调整等手段降低基站主设备能耗。推广以自然冷/热源和蓄电池温控为基础的空调温控技术，合理利用风、光等可再生能源，同时积极采用建筑保温等新技术对已建基站进行节能改造。

（五）深化基础设施共建共享。继续加大电信管道、杆路、铁塔、基站、机房、光缆、住宅小区电信设施的共建共享力度，实现电信基础设施集约建设。扩展基础设施共建共享的深度和广度，探索跨行业的共建共享，扩大共建共享带来的节能效应。

（六）实施生产用房节能改造。全面贯彻落实《通信局（站）节能设计规范》要求，优化机房布局、合理配置线缆，充分考虑节能减排需要。严格执行建筑节能标准，选用节能建筑材料，提高新建建筑能效水平。开展已建机房节能减排普查和整治，整合机房设备，提高机房利用率和能耗效率。严控办公场所公共区域照明设备及大功率用电设备运行时间，控制室内空调温度。优化设备运行状态，实施照明等用电设施节能改造。

（七）推进电力能源合理使用。合理设计供电方案，加强对在网高能耗供电设备的节能改造，推广高压直流供电和高效模块化不间断电源等节能技术和设备。加快电表改造和分表计量工作，准确耗电计量，有效防止用电“跑冒滴漏”。提高风能、太阳能、新型蓄电池等新能源占比，构建绿色通信网络。

（八）加强产业链各环节节能减排力度。以基础电信运营企业为核心，联合设备制造、工程设计、工程施工、网络运行维护等产业链各环节，从产品的设计、运输、使用、维护、回收出发，引导通信设备制造的绿色设计、清洁生产，强化绿色采购和资源回收再利用体系建设，全面推进产业链各环节的节能、节地、节材、废弃物回收及环境保护工作，营造健康的生态环境。

（九）完善合同能源管理和节能自愿协议等节能新机制。积极鼓励电信运营企业签订节能自愿协议，做好已签订节能自愿协议履约情况的评估和总结，研究制定相关激励政策。鼓励企业积极利用国家有关合同能源管理项目的财政、税收优惠政策，充分发挥市场机制作用，研究探索与节能服务公司的合作模式，开展合同能源管理试点工作，积极推进合同能源模式在通信业的应用。

四、保障措施

（原文约3880字）

工业和信息化部关于加强移动智能终端进网管理的通知

2013 年 4 月 11 日，工业和信息化部发布《关于加强移动智能终端进网管理的通知》，全文如下。

为维护用户个人信息安全和合法权益，保障网络与信息安全，促进行业健康发展，根据《全国人民代表大会常务委员会关于加强网络信息保护的决定》、《中华人民共和国电信条例》，依据《电信设备进网管理办法》有关规定，现将加强移动智能终端进网管理有关要求进一步明确如下。

一、本通知所称移动智能终端是指接入公众移动通信网络、具有操作系统、可由用户自行安装应用软件的移动通信终端产品。

二、申请进网许可的移动智能终端应当符合通信行业标准有关移动智能终端安全的基本要求，检测机构在进网检测时应当依据相关标准进行检测。

三、生产企业申请移动智能终端进网许可时，应当在申请材料中提供操作系统版本、预置应用软件基本配置信息。

四、生产企业不得在移动智能终端中预置具有以下性质的应用软件：

（一）未向用户明示并经用户同意，擅自收集、修改用户个人信息的；

（二）未向用户明示并经用户同意，擅自调用终端通信功能，造成流量消耗、费用损失、信息泄露等不良后果的；

（三）影响移动智能终端正常功能或通信网络安全运行的；

（四）含有《中华人民共和国电信条例》禁止发布、传播的信息内容的；

（五）其他侵害用户个人信息安全和合法权益以及危害网络与信息安全的。

五、获得进网许可的移动智能终端新增预置应用软件，或者操作系统升级发生的变化涉及进网检测中终端基本安全要求项目的，生产企业应当向工业和信息化部报备。

六、生产企业应当在其获得进网许可的产品或其包装显著位置标注工业和信息化部规定的进网许可标志查验网址。

七、本通知自 2013 年 11 月 1 日起执行。

（全文约 700 字）

工业和信息化部关于深入治理垃圾短信息专项行动工作方案（摘要）

2013 年 4 月 7 日，工业和信息化部发布《开展深入治理垃圾短信息专项行动通知》，其中“深入治理垃圾短信息专项行动工作方案”摘要如下。

一、指导思想

二、工作目标

通过本次专项行动，进一步完善短信息服务的法规、标准体系；落实企业责任，建立多环节技术手段，完善垃圾短信息发现、举报、处置、监督流程;建立治理效果评估体系；加强部门间沟通协作，健全综合治理长效机制。

三、工作重点

（一）完善法规、技术标准，营造规范有序的政策环境

1. 制定出台“通信短信息服务管理规定”。落实《全国人大常委会关于加强网络信息保护的决定》的要求，健全配套措施。

2. 完善短信息服务规范和技术标准。研究制定《反垃圾信息框架技术要求》，推动落实《移动终端垃圾短消息过滤技术要求》等六项网络端、用户端反垃圾信息技术标准。

（二）强化技术手段建设，夯实治理基础

1. 升级基础电信企业垃圾短信息网间联动处理平台。建成全国范围内跨企业、跨地区的垃圾短信息治理协调支撑平台，汇总网间垃圾短信息举报信息，及时下发相关属地企业并跟踪反馈，强化数据分析挖掘能力，全面掌握网间垃圾短信息状况。

2. 建立垃圾短信息监测及治理效果评估平台。在全国范围部署垃圾短信息采集监测点，通过采集有效样本，建立科学模型，发现和分析垃圾短信息的发展态势，为治理工作提供情况监测和效果评估。

3. 健全基础电信企业网络收、发端垃圾短信息处置系统，提升防范和处理效率。

（三）建立健全工作机制，确保执行到位

1. 健全行业自律机制。充分发挥行业协会优势，吸收产业链相关成员单位参与，推行中国互联网协会“反垃圾短信息自律公约”及“短信息服务规范”。

2. 建立垃圾短信息预警处置机制。通过主动监测，及时发现端口类商业短信发送服务中出现的不规范行为，反馈相关企业予以处置，提高垃圾短信治理时效性。

3. 加强基础电信企业网间联动，探索建立跨企业、跨地区关键词库和处置策略共享机制，形成治理合力。

（四）切断垃圾短信利益链，发挥各治理主体作用

1. 畅通用户举报投诉受理渠道。加强 12321 举报中心、基础电信企业举报渠道的建设和宣传，提升用户举报、投诉的便捷性。对举报、投诉予以及时有效的处理和反馈。

2. 规范商业性短信息定制和退订。严格执行《关于规范短信息服务有关问题的通知》（信部电[2004]136 号）。未经用户同意或请求，或用户已经明确表示拒绝的，不得向用户发送商业类短信息。重点清理基础电信企业自有及合作的端口类短信息发送业务。对用户明确表示对其造成侵扰的商业性短信息发送行为，应采取有效措施予以制止。

3. 推广手机客户端安全应用。鼓励开发、推广基于手机客户端的垃圾短信息处置应用程序，提供一键式举报等功能，简化举报操作。方便用户自主选择短信息接受策略，减少垃圾短信息侵扰。探索建立用户举报信息分析和共享机制。加强用户信息保护。

4. 加强公众宣传。通过部网站、媒体专栏等形式，向社会及时发布治理工作进展，向用户宣传普及个人防治措施，开展垃圾信息防范知识竞赛、垃圾信息有奖举报等系列活动。

四、工作要求

（全文约 **3980** 字）

附录2
资料类

2013年度中国通信学会科学技术奖获奖名单

序号	获奖项目	获奖等级	获奖单位	推荐单位	获奖者
1	通信用240V直流供电系统研究及大规模应用	1	中国电信股份有限公司 西安邮电大学 工业和信息化部电信研究院 杭州中恒电气股份有限公司 深圳市柏特瑞电子有限公司	西安邮电大学	董晓庄、赖世能、赵长煦、熊兰英、张高记、孙小红、罗朝霞、朱斌、孙文波、齐曙光、杨世忠、余斌、彭程、易国华、杨静云
2	自主创新的电信级实时操作系统研发及规模商用	1	中兴通讯股份有限公司	中兴通讯股份有限公司	王继刚、钟卫东、李翌、蔡远、王亮、刘韫晖、崔云峰、罗圣美、罗志云、吕达、薛志宏、刘东、管天云、谢宝友、何剑
3	基于移动通信广播网络的高精度位置服务关键技术与应用	1	北京邮电大学 北京首科信通科技有限责任公司 中卫星空移动多媒体网络有限公司 中国科学院国家天文台 中国传媒大学 四川长虹佳华数字技术有限公司	北京邮电大学	邓中亮、徐连明、刘雯、吕子平、施浒立、邓纶晖、李卫宁、关维国、余彦培、袁协、李序、李宁、蒋卓勤、张杰、杨磊
4	高压输电系统对通信局（站）危险影响研究及防护关键技术与应用	1	中讯邮电咨询设计院有限公司 中国联合网络通信集团有限公司 华为技术有限公司 清华大学	河南省通信学会	刘吉克、孔力、许伟杰、滕达、王志岗、陈强、戴传友、牛年增、吴思坚、陈水明、祁征、刘宝庆、王路、张兴海、佟军
5	智能的协同超宽带无线基站系统	2	中兴通讯股份有限公司 中国移动通信集团公司	中兴通讯股份有限公司	崔亦军、王喜瑜、赵志勇、柏钢、朱伏生、王建利、宗柏青、丁杰伟、吴明皓、边森
6	物联网业务应用以及统一运营支撑平台研发	2	中国联合网络通信集团有限公司	中国联合网络通信集团有限公司	马彦、陈赤航、唐雄燕、周光涛、王陆军、刘毅敏、胡昌玮、杨贝斯、贾雪琴、张凤全
7	复杂电磁环境下同步卫星干扰源高精度快速定位系统	2	国家无线电监测中心 国家无线电监测中心深圳监测站 中国人民解放军总参谋部第五十七研究所	国家无线电监测中心	李景春、刘武兵、王爱举、刘恒、宋大勇、肖庆文、刘兴汉、赖幸君、丁家昕、张弼弛
8	规模化物联网应用架构研发、构建及其典型应用“电动自行车防盗业务”开发	2	中国移动通信集团公司	中国移动通信集团公司	黄晓庆、杨志强、陈维、赵立君、刘越、韩凤仪、童恩、肖青、刘玮、程亮

（续表）

序号	获奖项目	获奖等级	获奖单位	推荐单位	获奖者
9	大容量、多业务光传送网（OTN）标准、设备、技术研发和应用	2	中国移动通信集团公司 工业和信息化部电信研究院 华为技术有限公司	中国移动通信集团公司	李晗、黄志勇、张海懿、秦光泽、段晓东、李允博、陈国、王磊、韩柳燕、赵文玉
10	宽带移动通信频谱高效利用技术创新与应用研究	2	北京邮电大学 国家无线电监测中心 中国移动通信集团设计院有限公司 华为技术有限公司 工业和信息化部电信研究院	北京邮电大学	冯志勇、黄标、孟德香、郎保真、张奇勋、矫健、张冬晨、张轶凡、李景春、谭海峰
11	中国电信IT能力开放体系的构建及规模应用	2	中国电信集团公司	中国电信集团公司	周益平、蔡康、王桂荣、华竹轩、徐楠、杨永辉、史萌、胡军军、童兴、谢晓军
12	非点对点短消息和多媒体消息业务的网间互通研究	2	工业和信息化部电信研究院	工业和信息化部电信研究院	龚双瑾、黄荷仙、林美玉、张捷、郭涛、李娜、付国强、孟然、黄颖、沈彬
13	CM-IMS端到端网络方案研究与融合通信应用推广	2	中国移动通信集团公司	中国移动通信集团公司	王晓云、魏冰、杨志强、蔡亚莉、俞承志、王亚晨、段晓东、赵毓毅、王帅宇、李继
14	基于固移融合全业务数据的精准营销及商机挖掘系统	2	中国联合网络通信集团有限公司	中国联合网络通信集团有限公司	郭建利、张忠平、王学毅、杨勇、许海翔、王中平、冷志高、唐戎、方庆喆、李晶
15	量子信道稳健性研究	2	西安邮电大学	西安邮电大学	惠小强、胡明亮、石国芳、田秀劳、连汉丽、陈文学、屈汉章、李昌兴、岳瑞宏、张涛
16	高性能可扩展并行存储系统关键技术及应用	2	曙光信息产业（北京）有限公司 国家计算机网络与信息安全管理中心	国家计算机网络与信息安全管理中心	历军、邵宗有、王洋、吴震、刘新春、周渊、苗艳超、李锐光、杨浩、徐原
17	面向城市光网(FTTH)规模化发展的精细化安装和运维技术创新	2	中国电信股份有限公司上海分公司	上海市通信学会	马明、张军、陈毅敏、陈瑜、汪国荣、张淑建、杜喆、陈贇、毛雯铭、殷洁
18	宽带无线移动频率规划研究	2	国家无线电监测中心 北京邮电大学 工业和信息部电信研究院 中国移动通信集团设计院有限公司	国家无线电监测中心	黄标、谭海峰、方箭、王卫东、万屹、李景春、孟德香、丁家昕、朱禹涛、崔晓曼
19	以顶层设计为引领的智慧城市研发及应用推广	2	中国电信集团公司	中国电信集团公司	韩臻聪、乐朝平、王志宏、冯明、陈松青、成建波、赵勇、林章、王艺、诸瑾文
20	基于自主虚拟化的桌面云服务平台	3	南京邮电大学 江苏集群信息产业股份有限责任公司	南京邮电大学	王汝传、韩志杰、任勋益、付雄、季一木
21	公众网络统一身份认证服务标准研究	3	西安邮电大学 陕西省通信管理局	西安邮电大学	刘建华、史军怀、王靖、田瑛、何军

（续表）

序号	获奖项目	获奖等级	获奖单位	推荐单位	获奖者
22	基于低成本云计算技术的电信业经分系统的探索与实践	3	中国移动通信集团山东有限公司	山东省通信学会	陈丕海、崔可升、赵建福、朱祥磊、徐丽娜
23	中国铁通网上营业厅系统	3	中国铁通集团有限公司	中国铁通集团有限公司	谭亚军、张立、张苣宝、高江、郑迅雷
24	高可靠性 IMS 容灾安全技术体系创建及规模应用	3	中国电信集团公司 中兴通讯股份有限公司 华为技术有限公司	中国电信集团公司	李力卡、许盛宏、解文旭、孙小红、陆立
25	面向三网融合的 IPTV 互动卡拉 OK 业务平台研发和推广	3	中国电信集团公司	中国电信集团公司	赵文军、朱映波、梁洁、王晋霞、刘宇鑫
26	中国电信业务平台网元结构精简及流量优化技术研究与 WAP 网关应用示范	3	中国电信集团公司	中国电信集团公司	孙小红、李洪、刘建民、许洪、唐哲红
27	多系统室内无线覆盖综合解决方案	3	中国联合网络通信集团有限公司	中国联合网络通信集团有限公司	吕召彪、杨军、张忠平、蔡庆宇、王健全
28	通信基站电源系统应对综合危害的防护技术	3	中国联合网络通信集团有限公司	中国联合网络通信集团有限公司	吴明、韦秀长、刘海文、刘军清、周田利
29	科技奖励评审系统的研发及在通信行业的推广应用	3	中国联合网络通信集团有限公司	中国联合网络通信集团有限公司	张智江、彭久生、陈赤航、李晖、冯立华
30	基于 3G 移动通信网的动态管控系统关键技术研究及应用	3	大唐联诚信息系统技术有限公司 济南军区空军航空中心修理厂	电信科学技术研究院	颜尧平、陈小舟、宋勇、乔元新、佟奎
31	电信网间用户号码携带集中管理系统关键技术研究开发和应用	3	工业和信息化部电信研究院	工业和信息化部电信研究院	吕军、龚双瑾、张大坤、黄荷仙、林美玉
32	移动互联网重大产业技术研究	3	工业和信息化部电信研究院	工业和信息化部电信研究院	许志远、李婷、王跃、周兰、袁琦
33	终端分析关键技术研究及规模化应用	3	中国移动通信集团广东有限公司	中国移动通信集团公司	高志兴、温乃粘、叶忠、王峻、孔轶
34	信息安全合规体系研究及支撑平台研发与应用	3	中国移动通信集团公司	中国移动通信集团公司	张滨、赵刚、冯运波、李越新、杨明（管信）
35	空中自服务 换号不换卡 构建新型卡号管理体系	3	中国移动通信集团山东有限公司	中国移动通信集团公司	李秀川、陈丕海、杨建廷、杜伟、赵建福
36	移动通信多制式数字分布覆盖系统设备研制及产业化	3	武汉虹信通信技术有限责任公司 武汉邮电科学研究院	武汉邮电科学研究院	黄涛、江鹏、陈东进、艾峰、吴子钢

2013年度中国通信标准化协会科学技术奖获奖名单

获奖等级	项目名称	主要完成单位	主要完成人
一等奖	《祖冲之算法》等5项3GPP国际标准	工业和信息化部电信研究院、中国科学院数据与通信保护研究教育中心、中国移动通信集团公司、华为技术有限公司、中兴通讯股份有限公司、大唐电信科技产业集团	王志勤、荆继武、魏冰、郑志彬、钱航、李伟、袁琦、刘东明、查达仁、朱红儒、刘斐、许怡娴、甘露、徐晖、詹达天
一等奖	《用于分组传送网（PTN）的MPLS-TP运行管理和维护机制》等14项ITU国际标准/行业标准/企业标准	工业和信息化部电信研究院、中国移动通信集团公司、华为技术有限公司、上海贝尔股份有限公司、中兴通讯股份有限公司、武汉邮电科学研究院、中国电信集团公司	李晗、李芳、王磊、张海懿、敖立、段晓东、陈国、贺佳、周惠琴、杨剑、荆瑞泉、徐云斌、张立江、张成良、江榕
二等奖	《视频监控系统架构》等4项ITU国际标准	中兴通讯股份有限公司、中国电信集团公司、工业和信息化部电信研究院	叶小阳、冯明、王东、张艳霞、卢秋波、孙明俊、彭凯、何宝宏、曹宁、黄峥
二等奖	《3GPP TS36.300：LTE整体设计》等20项TD-LTE-Advanced技术国际标准	中国移动通信集团公司、工业和信息化部电信研究院、华为技术有限公司、大唐电信科技产业集团无线移动创新中心、中兴通讯股份有限公司	刘光毅、万蕾、焦慧颖、潘学明、胡臻平、张峻峰、胡南、张鹏、刘晓峰、沈晓冬
二等奖	《xPON光收发合一模块技术条件》等7项行业标准/ITU国际标准	武汉邮电科学研究院、深圳新飞通光电子技术有限公司、中兴通讯股份有限公司、华为技术有限公司、无锡中兴光电子技术有限公司	徐红春、宋梦洋、秦巍、梁臣桓、李春芳、高繁荣、徐继东
二等奖	《分布式业务网（DSN）》等8项ITU/3GPP国际标准	中国移动通信集团公司、工业和信息化部电信研究院、中国电信集团公司、中国联合网络通信集团有限公司、华为技术有限公司、中兴通讯股份有限公司、诺基亚西门子通信（上海）有限公司、南京爱立信熊猫通信有限公司	魏冰、彭晋、段晓东、于青、韩小勇、李海花、陈炜、王茜、周巍、朱晓洁
二等奖	《通信用气吹微型光缆及光纤单元》行业标准/ITU国际标准	大唐电信科技产业集团、武汉邮电科学研究院、成都泰瑞通信设备检测有限公司、江苏中天科技股份有限公司、江苏亨通光电股份有限公司、长飞光纤光缆有限公司、四川汇源光通信有限公司、成都康宁光缆有限公司、江苏永鼎股份有限公司、北京康宁光缆有限公司、四川天邑康和通信股份有限公司	薛梦驰、史惠萍、宋志佗、黄堃、谢书鸿、吴重阳、孙志雄、王晗、杨世信、陈晓红
二等奖	《TDD频谱规划及应用技术》等23项ITU/3GPP国际标准/研究报告	工业和信息化部电信研究院、中国移动通信集团公司、国家无线电监测中心、大唐电信科技产业集团、华为技术有限公司	郎保真、李男、方箭、宋月霞、矫健、潘峭、王晓鹿、徐小超、尹丽燕、杨光
二等奖	《移动终端和其他手持式设备的通用电源适配器》行业标准/ITU国际标准	工业和信息化部电信研究院	孟梦、刘伟、朱晓峰、张夏、袁伟军、史德年、何桂立、刘丹
二等奖	《立体声扩展编码ITU-T G.722/G.711.1规范》2项ITU国际标准	华为技术有限公司	郎玥、苗磊、吴文海、胡晨

（续表）

获奖等级	项目名称	主要完成单位	主要完成人
三等奖	《智能型通信网络流量优化》等3项ITU国际标准/行业标准	中国电信集团公司、中兴通讯股份有限公司、中国移动通信集团公司	王茜、张园、胡捷、李凯、董昊、粟霄、黄峥
三等奖	《移动用户个人信息管理业务总体技术要求》等10项行业标准	北京邮电大学、中国移动通信集团公司、华为技术有限公司、工业和信息化部电信研究院	鄂海红、宋美娜、杨波、杨健、李家姿、王雷、匡晓烜
三等奖	《3GPP2 CDMA 网络 PCC 增强》等4项3GPP2国际标准	中国电信集团公司	窦笠、毛聪杰、谢伟良、聂衡、陈建刚、曹磊、杨峰义
三等奖	《中国移动物联网技术体制》等20项企业标准/行业标准	中国移动通信集团公司	杨志强、赵立君、刘越、肖青、刘玮、徐春丽、牛亚文
三等奖	《TD-LTE无线网络主设备规范——无线功能分册 》等20项企业标准	中国移动通信集团公司	黄宇红、丁海煜、杨光、邓伟、苑红、曹蕾、许灵军
三等奖	《混合多协议标签交换》等4项ITU/IETF国际标准	华为技术有限公司	郑若滨、李宏宇、徐卫平、杨文乐
三等奖	《基于参数的非侵入式媒体流质量评估》等3项ITU国际标准	华为技术有限公司	高山、谢清鹏、孙李娜
三等奖	《宽带速率测试方法 固定宽带接入》行业标准	工业和信息化部电信研究院、中国电信集团公司、中国联合网络通信有限公司、中国移动通信集团公司	刘谦、陆洋、房超、敖立、陈博、邵岩、杜蓓蓓
三等奖	《中国联通云计算技术体制V1.01》企业标准	中国联合网络通信集团有限公司	童晓渝、顾旻霞、张云勇、李卫、娄瑜、卢浩洋、魏进武
三等奖	《中国电信无源光分路器技术要求》等14项企业标准	中国电信集团公司	王作强、汪海强、赵建军、冯晓冬、任艳、赵洪波、张静
三等奖	《云计算基础设施需求》ITU国际标准	中国电信集团公司	赵慧玲、蔡永顺、冯明、陈楠、于玉海、马为民、雷葆华
三等奖	《3GPP TS23.060：GPRS 系统架构》等4项无线资源优化技术国际标准	中国移动通信集团公司	侯志强、邓娟、张昊、赵旸、蔡亚莉、房雅丁、杨晓
三等奖	《RCS-通信基础业务演进技术系列标准》等15项GSMA国际/行业标准/企业标准	中国联合网络通信集团有限公司	张智江、顾旻霞、陈国利、林敏、符刚、 杨剑键、严斌峰
三等奖	《从 UTRAN/GERAN 到 E-UTRAN/HSPA的rSRVCC切换》等2项3GPP国际标准	中兴通讯股份有限公司 华为技术有限公司 中国移动通信集团公司	王欣晖、刘俊强、刘霖、金鸣、王之曦 邓娟、谭斌
三等奖	《IPv6 用户会话技术要求》行业标准	华为技术有限公司	丁一兰、郑若滨、李宏宇、唐浩
三等奖	《地球站电磁环境保护要求》等4项国家标准	国家无线电监测中心	王晓冬、刘斌、曾繁声、谭海峰、方箭、黄标、李景春

2013年中国通信企业协会推荐获全国用户满意企业名单

中国通信企业协会推荐，中国质量协会、全国用户委员会联合授予通信行业8个单位2013年“全国实施用户满意工程先进单位”荣誉称号。

序号	单位名称
1	中国电信股份有限公司无锡分公司
2	中国电信股份有限公司温州分公司
3	中国移动集团公司山西有限公司大同分公司
4	中国移动通信集团吉林有限公司白城分公司
5	中国联合网络通信有限公司济南市分公司
6	中国联合网络通信有限公司上海市西区分公司
7	郑州市邮政局
8	大连市邮政局

2013年中国通信企业协会推荐获全国企业管理现代化创新成果名单

中国通信企业协会推荐，全国企业管理现代化创新成果审定委员会审定，通信企业获得第二十届全国企业管理现代化创新成果二等奖5项。

序号	等级	成果名称	单位名称
1	二等	电信企业提升客户感知的服务标准体系建设	中国电信集团公司
2	二等	移动通信企业基于全闭环流程的精益预算管理	中国移动通信集团北京有限公司
3	二等	基于鹰眼系统的通信网络全生命周期管理	中国联合网络通信集团有限公司北京市分公司
4	二等	面向移动互联网的“青年沃创业平台”构建与管理	中国联合网络通信集团有限公司北京市分公司
5	二等	通信企业基于体制变革驱动的系统优化管理	中国联合网络通信集团有限公司山东省分公司

2013年通信企业协会推荐获全国优秀质量管理小组名单

中国通信企业协会推荐，中国质量协会、中华全国总工会、中华全国妇女联合会和中国科学技术协会联合授予通信31个单位“2013年全国优秀质量管理小组”荣誉称号。

序号	企业名称	小组名称
1	中国电信股份有限公司上海移动互联网部	护翼QC行动小组
2	中国电信股份有限公司乌鲁木齐分公司	网络卫士QC小组
3	中国电信股份有限公司上海电信帐务中心	帐务极速QC小组
4	中国电信股份有限公司珠海分公司	网管龙头QC小组
5	中国电信股份有限公司海南分公司客户服务调度中心	宽带支撑QC小组
6	中国电信股份有限公司宁波分公司	扬帆起航QC小组
7	中国移动通信集团四川有限公司业务支撑中心和绵阳分公司	优化达人QC小组
8	中国移动通信集团山西有限公司	风信子QC小组
9	中国移动通信集团广东有限公司惠州分公司	传输先锋QC小组
10	中国移动通信集团浙江有限公司	网络之窗QC小组
11	中国移动通信集团天津有限公司	数据优化QC小组
12	中国移动通信集团安徽有限公司	运行监测探索QC小组
13	中国移动通信集团北京有限公司	安全精英QC小组
14	中国移动通信集团福建有限公司福州分公司	珊瑚在网QC小组
15	中国移动通信集团河南有限公司	GPRS优化QC小组
16	中国移动通信集团福建有限公司厦门分公司	迅雷疾电QC小组
17	中国移动通信集团北京有限公司	互联网技术创新小组
18	中国移动通信集团安徽有限公司	远航QC小组
19	中国移动通信集团广东有限公司珠海分公司	探索1号QC小组
20	中国移动通信集团浙江有限公司嘉兴分公司	金蛇狂舞QC小组
21	中国移动通信集团江苏有限公司南京分公司	蜘蛛侠QC小组
22	中国移动通信集团山西有限公司平遥县分公司	蒲公英QC小组
23	中国联合网络通信集团有限公司天津市分公司信息化事业部	数据驱动QC小组
24	中国联合网络通信有限公司北京市分公司	维护中心卫星局QC小组
25	中国联合网络通信集团有限公司天津市分公司网络管理中心	联通网络安全QC小组
26	中国联合网络通信有限公司北京市分公司	产品创新部精彩在沃3G先锋QC小组
27	中国联合网络通信有限公司威海市分公司	快乐修障QC小组
28	中国联合网络通信有限公司北京市分公司	移动维护中心端到端优化QC小组
29	中国联合网络通信集团有限公司天津市分公司网络线路维护中心	星星之光QC小组
30	中国联合网络通信有限公司郑州市分公司	耀星辰QC小组
31	中国联合网络通信有限公司郑州市分公司	无线支撑QC 小组

附录 3
数据类

2013年全国通信业主要指标完成情况

指标名称	单位	本年末累计达到	与上年同期相比（%）	比上年末新增
电信营业收入	亿元	13954.0	7.5	–3.2%
其中：电信主营业务收入	亿元	11689.1	8.7	–0.2%
其中：固定通信收入	亿元	2941.2	5.0	
其中：移动通信收入	亿元	8747.9	10.0	
电信固定资产投资完成额	亿元	3754.7	3.9	–3%
全国电话用户数量	亿户	14.96	7.6	10579 万户
其中：固定电话用户数量	亿户	2.67		–1116.8 万户
其中：移动电话用户数量	亿户	12.29		11695.8 万户
其中：3G 用户数量	亿户	4.02		16880.8 万户
全国互联网用户数量	亿人	6.81		5358 万人
其中：手机网民	亿人	5.0		8009 万人
其中：农村网民	亿人	1.77		2101 万人
互联网宽带接入用户	万户	18890.9		1905.6
移动互联网用户	万户	80756.3		4319.8
固定本地电话通话时长	亿分钟	3023.09	–15.2	
其中：区间电话通话时长	亿分钟	317.47	–20.0	
其中：区内电话及拨号上网通话时长	亿分钟	2705.6.2	–14.6	
固定长途电话通话时长	亿分钟	590.54	–15.7	
其中：国内长途通话时长	亿分钟	577.12	–15.7	
其中：国际电话通话时长	亿分钟	8.19	–18.3	
其中：港澳台电话通话时长	亿分钟	5.23	–18.3	
移动电话通话时长（含本地）	亿分钟	28987.73	5.0	
其中：国内长途通话时长	亿分钟	6729.04	5.8	
其中：国际电话通话时长	亿分钟	13.09	7.9	
其中：港澳台电话通话时长	亿分钟	9.71	–3.5	
移动短信业务量	亿条	8916.66	–0.6	
移动互联网接入流量	万 G	132138.1	71.3	

数据来源：工业和信息化部网站。

2013 年全国电信能力和电话普及率

	光缆线路长度 (公里)	互联网宽带 接入端口 (万个)	局用交换机 容量 (万门)	移动电话 交换机容量 (万户)	固定电话 普及率 (部/百人)	移动电话 普及率 (部/百人)
全 国	17451180	35972	41052.2	196545.3	19.7	90.8
北 京	219961	1187	1683.3	4820.0	42.0	163.4
天 津	130252	354	694.6	2355.0	25.0	93.9
河 北	807913	2049	1567.1	11258.8	15.8	82.5
辽 宁	522757	1631	2041.5	6258.7	27.9	104.4
上 海	317956	1375	1360.4	3923.0	36.6	134.6
江 苏	1757529	3065	3346.3	10356.5	28.9	100.3
浙 江	1156446	2447	2612.8	10807.2	32.5	129.1
福 建	699226	1439	1548.0	7726.0	26.3	114.9
山 东	811453	2537	2762.7	11424.4	17.6	86.1
广 东	1200748	3325	4086.5	21148.1	29.3	138.9
海 南	105218	199	227.0	1532.4	19.6	96.9
山 西	599864	882	967.8	5255.8	16.2	86.0
吉 林	264172	694	903.8	3814.0	21.1	86.3
黑龙江	434222	865	1344.5	5388.7	19.5	78.8
安 徽	705361	1125	844.4	7561.9	16.3	66.1
江 西	479062	858	839.0	4088.4	13.8	62.3
河 南	847118	1746	1799.0	8968.1	13.0	76.6
湖 北	660229	1153	1482.6	7245.2	17.0	76.5
湖 南	792942	1258	1298.9	7090.9	13.8	68.9
内蒙古	347030	677	808.6	6125.3	15.2	108.1
广 西	505633	979	1829.0	4462.0	11.7	70.2
重 庆	437663	779	1025.5	3810.0	19.7	80.9
四 川	1071931	1776	1407.4	14820.6	16.3	77.8
贵 州	444935	494	916.0	4954.0	10.4	76.4
云 南	538391	737	804.0	5922.6	10.4	72.9
西 藏	81116	44	133.7	393.0	13.2	86.5
陕 西	516240	941	1015.3	4961.9	20.5	93.6
甘 肃	377131	460	524.5	2618.8	14.1	76.7
青 海	108869	118	145.6	1134.0	17.8	94.7
宁 夏	74047	150	198.0	1158.0	16.2	96.9
新 疆	435767	629	832.3	5162.0	23.3	95.6

数据来源：2013 年通信运营业统计公报。

2013年全国电话用户分省情况

	固定电话用户		移动电话用户		互联网宽带接入用户	
	2013年（万户）	比上年（万户）	2013年（万户）	比上年（万户）	2013年（万户）	比上年（万户）
全 国	26698.5	−1116.8	122911.3	11695.8	18890.9	1905.6
北 京	867.6	−15.6	3373.8	205.8	480.4	9.5
天 津	352.8	−0.9	1323.2	−2.1	188.4	14.7
河 北	1152.4	−55.3	6006.2	493.1	1031.6	112.0
山 西	584.4	−100.8	3105.5	340.9	521.3	45.5
内蒙古	377.2	8.9	2690.6	140.5	284.4	32.9
辽 宁	1222.4	−62.6	4583.6	292.3	726.9	57.2
吉 林	579.0	0.2	2372.1	115.2	379.6	38.4
黑龙江	747.8	−28.3	3020.4	356.5	459.6	41.9
上 海	869.2	−33.7	3200.7	192.4	511.1	11.6
江 苏	2289.8	−97.4	7942.0	470.6	1431.3	103.0
浙 江	1781.3	−101.1	7071.8	629.2	1242.7	105.1
安 徽	976.7	−114.7	3958.9	349.0	546.8	43.8
福 建	983.5	−33.8	4303.3	254.1	835.6	98.4
江 西	622.4	−21.7	2806.9	233.5	410.1	40.6
山 东	1707.6	−146.6	8333.4	744.5	1465.1	179.3
河 南	1224.4	−64.3	7200.2	1412.7	1000.5	113.4
湖 北	984.0	−19.5	4416.8	−137.3	813.3	113.0
湖 南	914.4	−39.5	4570.0	308.0	702.4	102.2
广 东	3099.9	−35.9	14706.1	2238.1	2081.7	220.7
广 西	546.3	−53.0	3285.6	401.5	559.6	57.7
海 南	173.6	0.6	858.3	82.7	110.9	15.2
重 庆	580.3	4.6	2380.8	311.1	438.8	55.9
四 川	1313.7	−33.4	6283.3	785.1	835.2	51.0
贵 州	363.0	−17.4	2662.6	341.2	292.4	48.3
云 南	485.4	−38.9	3395.8	500.0	404.7	33.2
西 藏	40.4	−0.1	265.6	30.1	19.1	3.1
陕 西	769.3	−2.8	3512.5	247.7	506.2	70.8
甘 肃	364.3	−13.4	1976.2	212.7	192.2	29.3
青 海	101.8	−0.7	542.4	5.2	54.9	6.7
宁 夏	104.7	−0.3	627.2	36.1	71.1	10.2
新 疆	518.7	0.8	2133.9	123.4	293.0	40.9

数据来源：2013年通信运营业统计公报。

2013 年全国电信业务总量、收入和投资分省情况

	电信业务总量		电信业务收入		电信固定资产投资	
	2013 年 (亿元)	比上年 (±%)	2013 年 (亿元)	比上年 (±%)	2013 年 (亿元)	比上年 (±%)
全 国	13954.0	7.5	11689.1	8.7	3754.7	3.9
北 京	537.3	9.9	551.3	8.8	139.1	-11.7
天 津	165.4	3.9	166.5	5.4	56.6	-3.1
河 北	576.4	7.1	489.4	6.9	140.7	-4.8
山 西	325.5	5.6	270.4	6.0	88.0	-11.7
内蒙古	270.6	4.7	226.6	5.0	75.7	-20.8
辽 宁	486.6	3.4	428.1	3.5	131.0	-9.1
吉 林	251.4	4.5	186.0	7.6	64.8	-13.2
黑龙江	312.6	5.2	260.6	5.7	109.6	14.2
上 海	489.6	9.6	548.6	7.0	136.9	0.0
江 苏	982.8	7.4	874.5	6.4	247.8	11.7
浙 江	850.7	5.1	767.0	5.8	206.4	11.8
安 徽	408.7	9.9	370.5	11.0	109.3	7.6
福 建	554.3	7.3	453.7	7.1	142.9	18.3
江 西	297.4	6.6	252.1	10.7	92.1	36.3
山 东	863.9	8.4	662.1	7.4	178.9	-7.5
河 南	668.6	9.3	532.5	11.7	165.9	-6.0
湖 北	473.5	7.9	405.0	8.8	119.6	3.8
湖 南	485.1	9.6	409.0	9.4	124.4	7.7
广 东	1860.1	5.2	1552.1	6.1	394.7	-7.0
广 西	363.3	6.1	283.0	7.5	88.1	-0.2
海 南	101.6	6.4	91.7	5.5	30.0	-1.4
重 庆	275.4	12.1	218.8	9.0	84.7	16.7
四 川	686.9	10.8	543.9	10.5	186.3	17.8
贵 州	278.1	13.9	217.6	16.0	85.7	20.0
云 南	379.2	10.1	306.1	11.5	112.1	23.5
西 藏	37.4	13.6	35.2	21.1	25.0	29.1
陕 西	380.5	7.1	328.8	12.2	117.3	16.9
甘 肃	198.2	10.1	162.2	11.0	80.4	41.9
青 海	57.5	5.7	50.7	15.9	30.5	26.1
宁 夏	67.0	9.6	58.7	11.8	22.1	16.0
新 疆	268.5	8.8	216.1	13.5	91.9	10.4

数据来源：2013 年通信运营业统计公报。

2013 年通信运营业重点情况图表

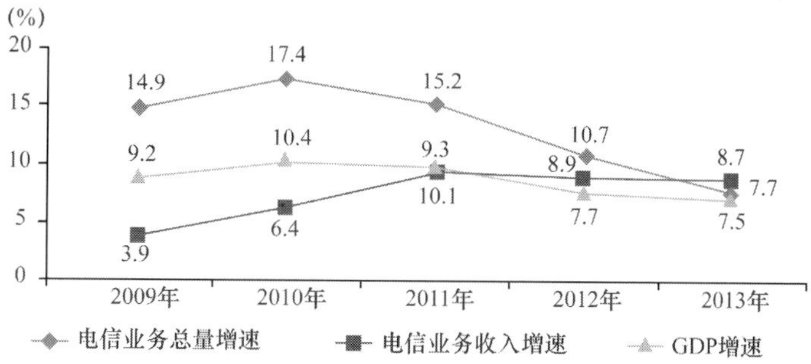

2009～2013 年电信业务总量与业务收入增长情况

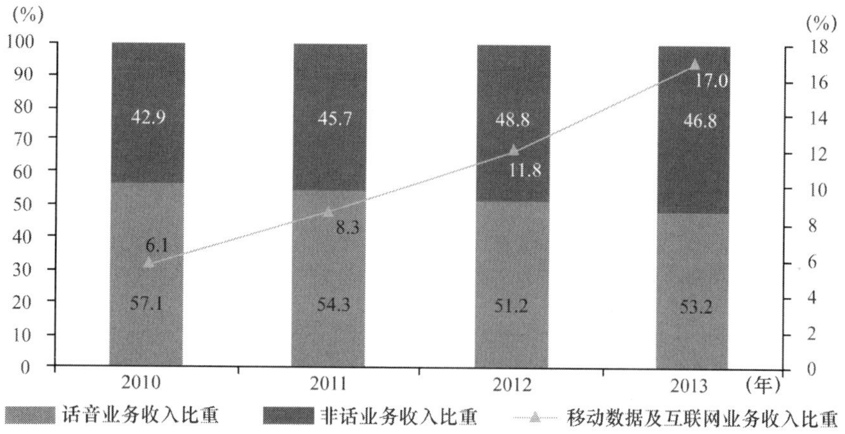

2010～2013 年话音业务和非话音业务收入占比变化情况

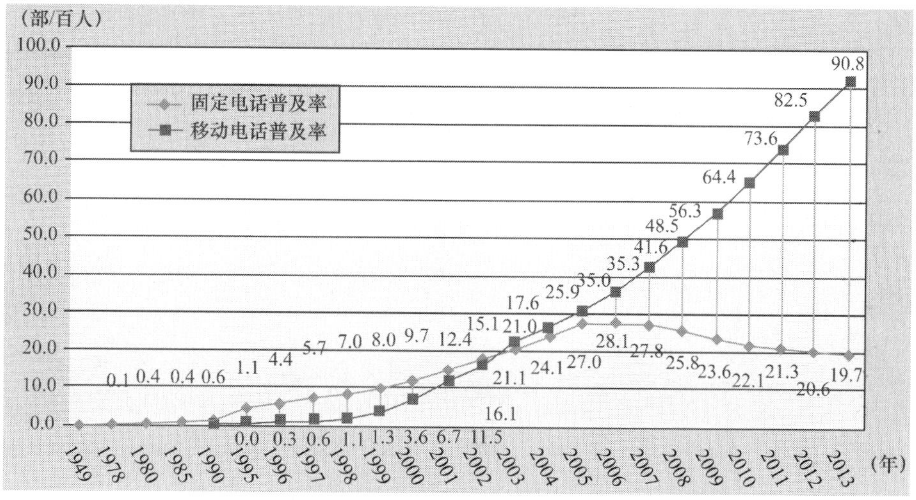

1949～2013 年固定电话、移动电话普及率发展情况

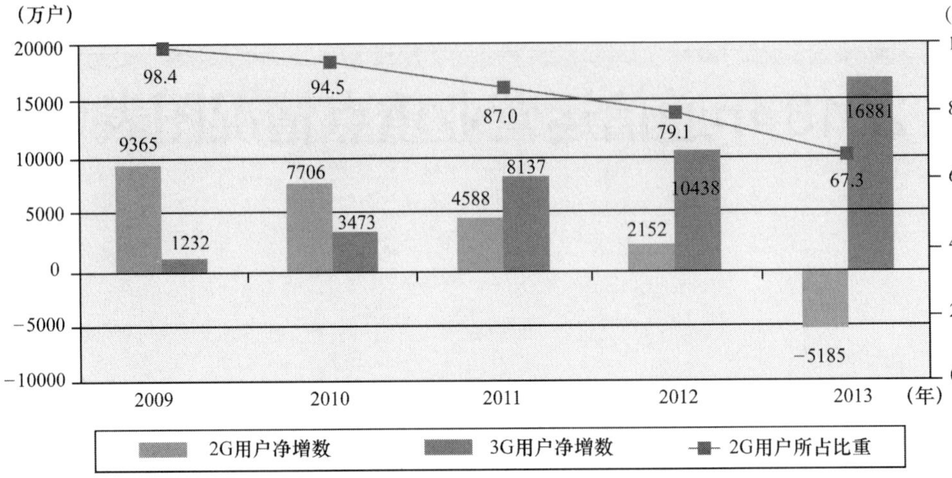

2009～2013年2G移动电话用户占比发展情况

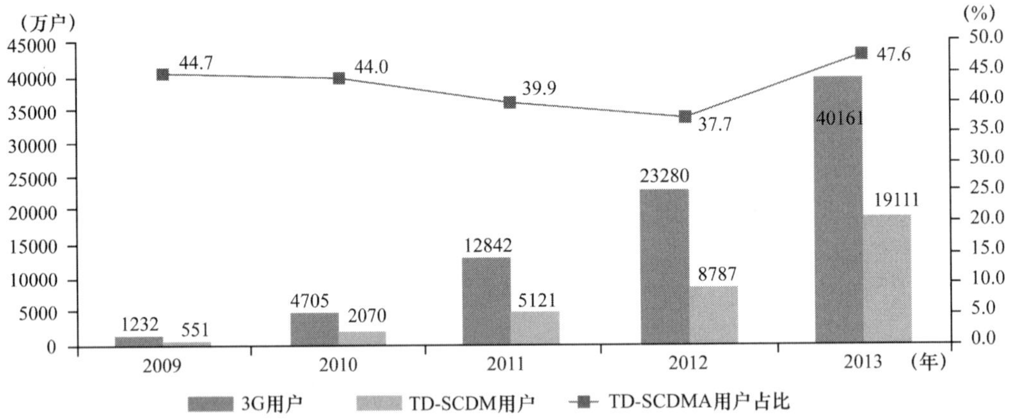

2009～2013年3G用户和TD用户发展情况

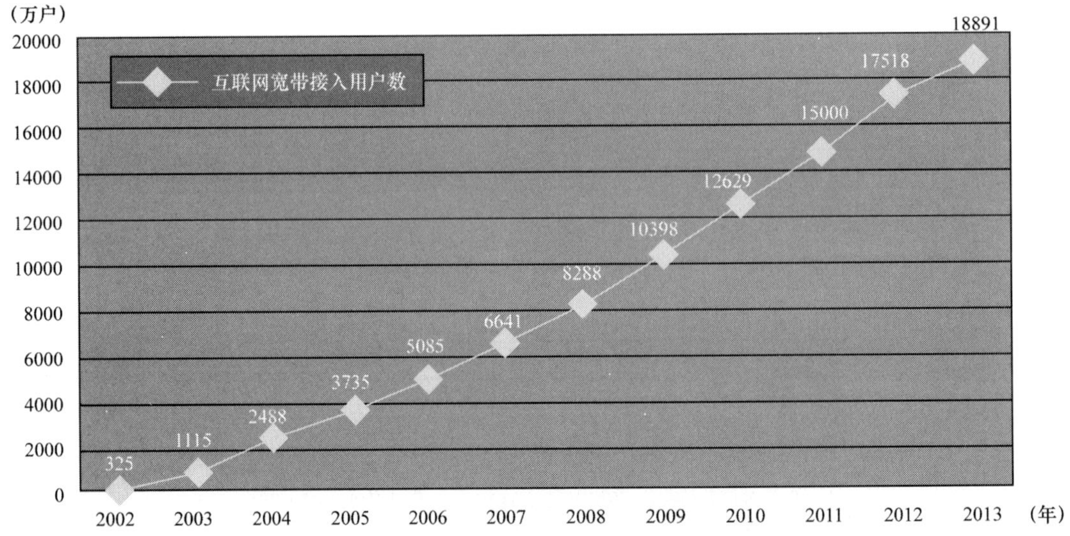

2002～2013年互联网宽带接入用户发展情况

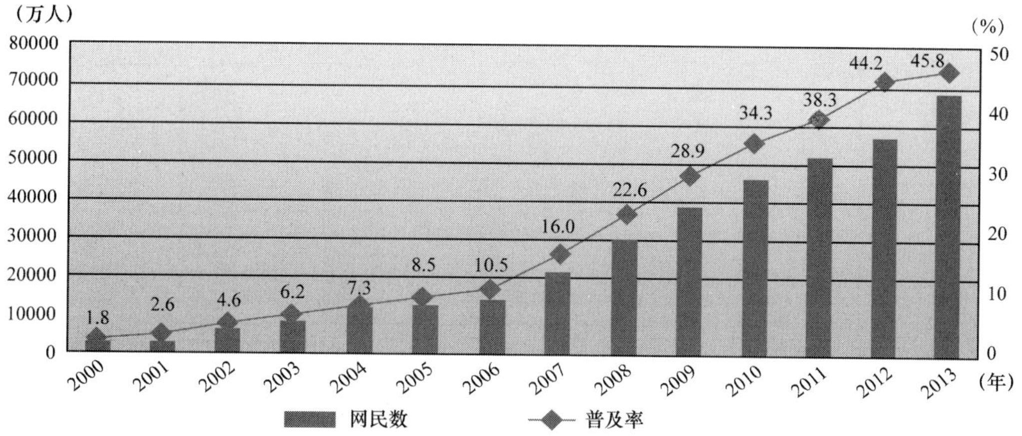

2000～2013 年互联网网民数和普及率发展情况

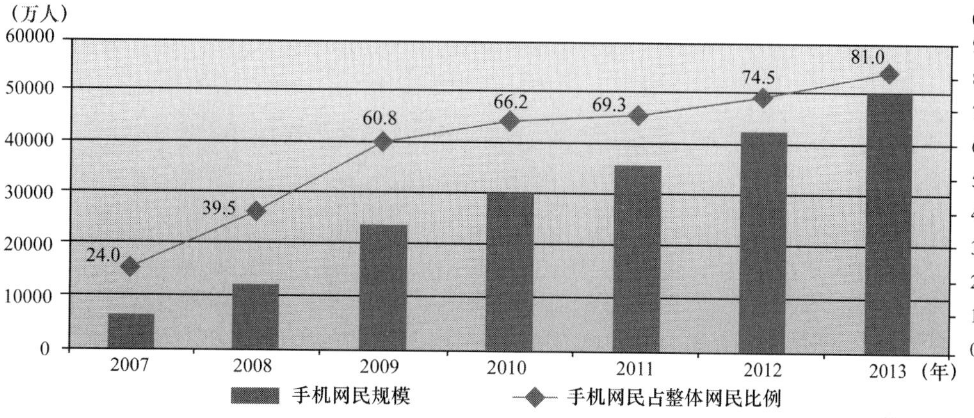

2007～2013 年手机网民规模和网民比例发展情况

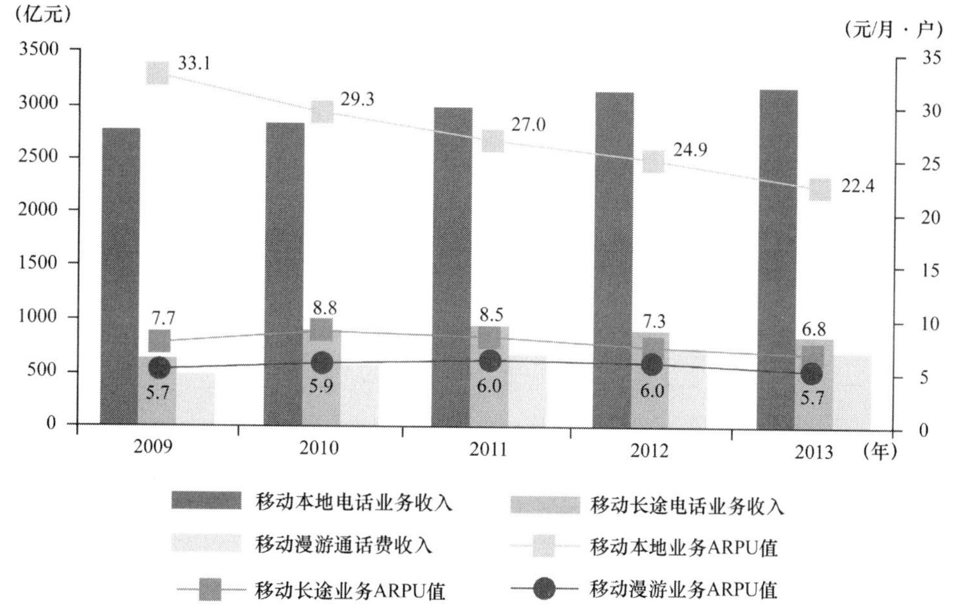

2009～2013 年移动话音户均收入贡献值比较

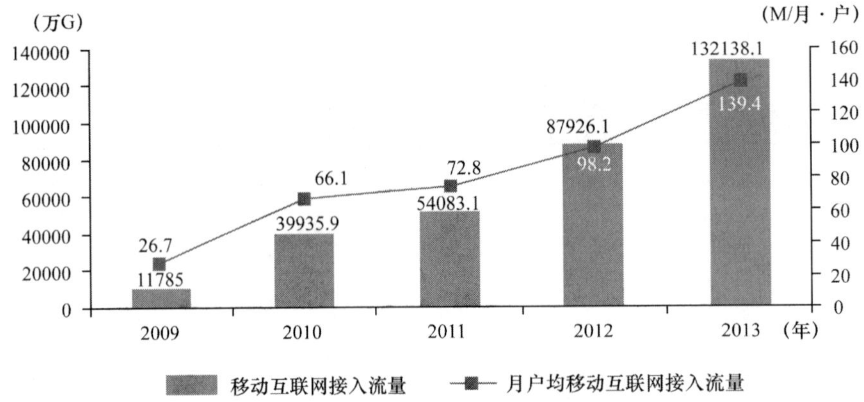

2009～2013年移动互联网流量发展情况比较

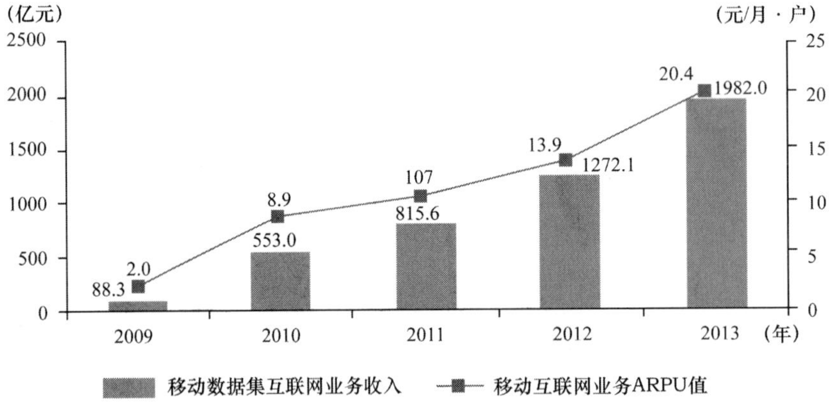

2009～2013年移动互联网业务收入发展情况比较

（数据来源：工信部运行监测协调局）

2013年全国各省(市、自治区)网民情况

省份	网民数（万人）	普及率（%）	网民增速（%）	普及率排名
北京	1556	75.2	6.7	1
上海	1683	70.7	4.8	2
广东	6992	66.0	5.5	3
福建	2402	64.1	5.4	4
天津	866	61.3	9.2	5
浙江	3330	60.8	3.4	6
辽宁	2453	55.9	11.6	7
江苏	4095	51.7	3.6	8
新疆	1094	49.0	13.7	9
山西	1755	48.6	10.4	10
青海	274	47.8	15.1	11
河北	3389	46.5	12.7	12
海南	411	46.4	7.0	13
陕西	1689	45.0	8.9	14
山东	4329	44.7	12.0	15
重庆	1293	43.9	8.2	16
内蒙古	1093	43.9	13.3	17
宁夏	283	43.7	9.7	18
湖北	2491	43.1	7.9	19
吉林	1163	42.3	9.5	20
黑龙江	1514	39.5	13.9	21
广西	1774	37.9	11.9	22
西藏	115	37.4	13.9	23
湖南	2410	36.3	9.5	24
安徽	2150	35.9	15.0	25
四川	2835	35.1	10.7	26
河南	3283	34.9	15.0	27
甘肃	894	34.7	12.5	28
贵州	1146	32.9	15.6	29
云南	1528	32.8	15.7	30
江西	1468	32.6	15.9	31
全国	61758	45.8	9.5	—

数据来源：CNNIC《第33次中国互联网络发展状况统计报告》。

2011~2013年全国农村固定电话用户

	全国农村固定电话（万户）		
	2013年	2012年	2011年
全　国	8241.7	8921.9	9401.5
东　部	4636.4	4912.5	5009.0
北　京	172.4	177.7	183.2
天　津	4.2	4.5	4.1
河　北	312.3	356.9	428.6
辽　宁	422.3	423.8	430.6
上　海	10.7	11.0	11.1
江　苏	1014.0	1046.2	978.4
浙　江	729.5	755.0	779.7
福　建	373.8	384.5	391.4
山　东	712.2	786.8	808.6
广　东	834.2	914.9	941.0
海　南	50.9	51.0	52.2
中　部	2117.1	2363.1	2559.3
山　西	150.9	203.2	214.3
吉　林	139.7	144.1	145.3
黑龙江	145.8	181.7	185.4
安　徽	372.9	450.5	582.5
江　西	226.6	238.8	252.0
河　南	470.6	498.8	495.9
湖　北	321.1	337.4	338.9
湖　南	289.6	308.7	344.9
西　部	1488.2	1646.3	1833.3
内蒙古	59.5	57.6	60.6
广　西	191.6	222.8	251.3
重　庆	150.0	168.4	186.7
四　川	387.3	419.4	460.0
贵　州	93.4	115.5	149.1
云　南	138.5	159.6	178.7
西　藏	1.1	1.4	1.6
陕　西	214.3	230.8	244.4
甘　肃	94.6	105.3	126.5
青　海	15.2	16.9	19.6
宁　夏	17.7	21.6	27.1
新　疆	125.1	126.9	127.5

数据来源：工信部运行监测协调局。

2011~2013 年村通工程建设情况

	2013 年		2012 年		2011 年	
	行政村通宽带	自然村通电话	行政村通宽带	自然村通电话	行政村通电话	自然村通电话
新增数量（万个）	1.9	0.887	1.9	1.1	1.7	1.2
占行政村比重（%）	91		87.9	—	84	—
占 20 户以上比重（%）	—	95.6	—	95.2	—	94.6

数据来源：工信部全国电信业统计公报。

2012~2013 年国内网民对各类网络应用的使用情况

	2013 年		2012 年		
应用	用户规模（万）	网民使用率（%）	用户规模（万）	网民使用率（%）	年增长率（%）
即时通信	53215	86.2	46775	82.9	13.8
网络新闻	49132	79.6	46092	78.0	6.6
搜索引擎	48966	79.3	45110	80.0	8.5
网络音乐	45312	73.4	43586	77.3	4.0
博客/个人空间	43658	70.7	37299	66.1	17.0
网络视频	42820	69.3	37183	65.9	15.2
网络游戏	33803	54.7	33569	59.5	0.7
网络购物	30189	48.9	24202	42.9	24.7
微博	28078	45.5	30861	54.7	–9.0
社交网站	27769	45.0	27505	48.8	1.0
网络文学	27441	44.4	23344	41.4	17.6
网上支付	26020	42.1	22065	39.1	17.9
电子邮件	25021	42.0	25080	44.5	3.4
网上银行	25006	40.5	22148	39.3	12.9
旅行预订	18077	29.3	11167	19.8	61.9
团购	14067	22.8	8327	14.8	68.9
论坛/BBS	12046	19.5	14925	26.5	19.3

数据来源：CNNIC《第 33 次中国互联网络发展状况统计报告》。

2012~2013 年国内手机网民各类手机应用情况

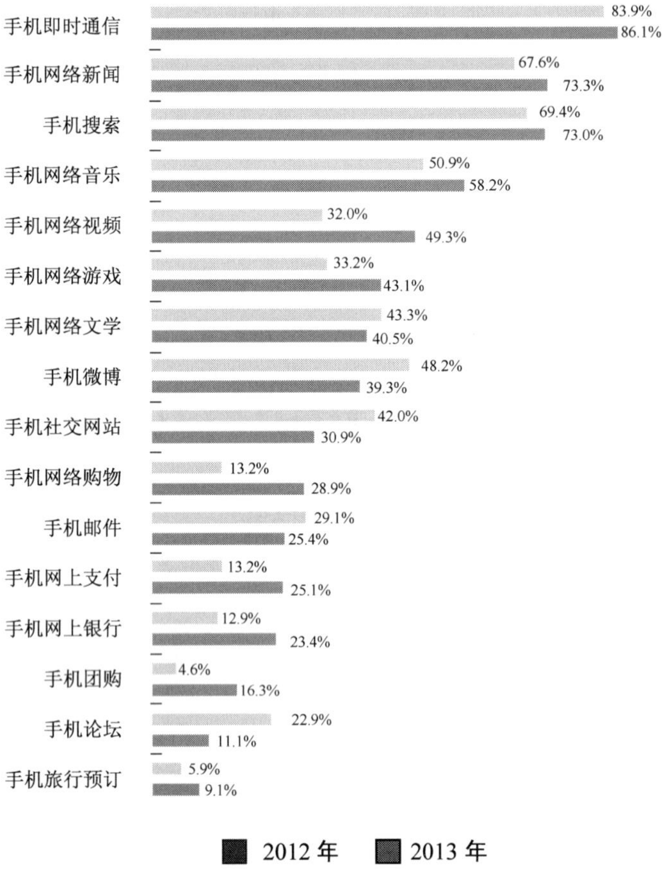

数据来源：CNNIC《第 33 次中国互联网络发展状况统计报告》。

国内主要骨干网络国际出口带宽、IPv6地址情况

单位名称	国际出口带宽数（Mbit/s）	IPv6数量（/32）
中国电信	2190878	4099
中国联通	850215	4097
中国移动	287629	4097
CNNIC IP地址分配联盟会员	—	2261
中国铁通		2049
中国科技网	22600	17
中国教育和科研计算机网	55500	16
中国国际经济贸易互联网	2	—
其他	—	34
合计	3406824	16670

数据来源：CNNIC《第33次中国互联网络发展状况统计报告》。

2013年全国3G用户发展情况

月份	1月	2月	3月	4月	5月	6月	7月	8月	9月	10月	11月	12月
月达到用户（万户）	24588.0	25991.6	27726.7	28874.3	30437.3	31887.0	33373.9	35129.1	36759.8	37980.4	38727.6	40180.4
月新增用户（万户）	1307.6	1403.6	1735.1	1563	1653	1449.7	1486.9	1755.2	1630.7	1220.6	747.2	1452.8
其中：TD用户达到数（万户）	9497.8	10448.8	11437	12002.1	12939.5	13787.8	14705.1	15868.6	16950.1	17601.8	18111.9	19162.3
月新增TD用户数（万户）	705	951	988.2	565.1	937.4	848.3	917.2	1163.6	1081.5	651.7	510.1	1050.3

数据来源：工信部网站和中国移动集团公司。

2013年下半年全国宽带速率情况

省份	忙闲时加权平均可用下载速率（Mbit/s）	忙时平均可用下载速率（Mbit/s）	闲时平均可用下载速率（Mbit/s）
		东部	
上海	5.01	4.91	5.41
北京	4.39	4.25	4.90
江苏	3.95	3.84	4.38
福建	3.93	3.80	4.36
浙江	3.72	3.62	4.08
广东	3.66	3.52	4.12
山东	3.60	3.48	4.10
天津	3.47	3.33	3.96
河北	3.45	3.35	3.94
辽宁	3.00	2.89	3.38
海南	2.83	2.70	3.21
		中部	
黑龙江	3.50	3.40	3.90
吉林	3.41	3.28	3.85
安徽	3.37	3.26	3.78
湖南	3.25	3.14	3.67
河南	3.14	3.00	3.66
江西	3.13	3.01	3.66
湖北	3.08	2.98	3.48
山西	2.87	2.78	3.26
		西部	
四川	3.68	3.58	4.04
云南	3.19	3.06	3.65
广西	3.16	3.09	3.44
陕西	3.13	3.01	3.36
甘肃	3.12	2.99	3.57
重庆	3.09	3.00	3.40
宁夏	2.97	2.86	3.39
内蒙古	2.96	2.85	3.43
新疆	2.84	2.70	3.21
贵州	2.78	2.67	3.13
西藏	2.78	2.60	3.22
青海	2.50	2.50	2.95

数据来源：宽带发展联盟《中国宽带速率状况报告》。

2011~2012年世界主要国家和地区ICT发展指数（IDI）

经济体	2012 排名	2012 IDI	2011 排名	2011 IDI
韩国	1	8.57	1	8.51
瑞典	2	8.54	2	8.41
冰岛	3	8.36	4	8.12
丹麦	4	8.35	3	8.18
芬兰	5	8.24	5	7.99
挪威	6	8.13	6	7.97
荷兰	7	8.00	7	7.85
英国	8	7.98	11	7.63
卢森堡	9	7.93	9	7.76
中国香港	10	7.92	10	7.66
澳大利亚	11	7.90	15	7.54
日本	12	7.82	8	7.77
瑞士	13	7.78	12	7.62
中国澳门	14	7.65	13	7.57
新加坡	15	7.65	14	7.55
新西兰	16	7.64	18	7.31
美国	17	7.53	16	7.35
法国	18	7.53	19	7.26
德国	19	7.46	17	7.33
加拿大	20	7.38	20	7.14
奥地利	21	7.36	21	7.10
爱沙尼亚	22	7.28	25	6.74
爱尔兰	23	7.25	22	7.10
马耳他	24	7.25	24	6.85
比利时	25	7.16	23	6.85
以色列	26	7.11	26	6.70
西班牙	27	6.89	27	6.65
斯洛文尼亚	28	6.76	28	6.60

（续表）

经济体	2012 排名	2012 IDI	2011 排名	2011 IDI
巴巴多斯	29	6.65	36	6.01
意大利	30	6.57	29	6.43
卡塔尔	31	6.54	30	6.41
希腊	32	6.45	33	6.21
阿拉伯联合酋长国	33	6.41	45	5.68
捷克共和国	34	6.40	31	6.30
拉脱维亚	35	6.36	37	6.00
葡萄牙	36	6.32	35	6.07
波兰	37	6.31	32	6.22
克罗地亚	38	6.31	34	6.14
巴林	39	6.30	42	5.79
俄罗斯联邦	40	6.19	38	5.94
白俄罗斯	41	6.11	46	5.57
匈牙利	42	6.10	39	5.91
斯洛伐克	43	6.05	40	5.85
立陶宛	44	5.88	41	5.79
塞浦路斯	45	5.86	43	5.71
保加利亚	46	5.83	47	5.50
乌拉圭	47	5.76	50	5.38
哈萨克斯坦	48	5.74	49	5.41
安提瓜和巴布达	49	5.74	44	5.70
沙特阿拉伯	50	5.69	48	5.46
智利	51	5.46	52	5.08
黎巴嫩	52	5.37	61	4.62
阿根廷	53	5.36	53	5.06
阿曼	54	5.36	58	4.80
罗马尼亚	55	5.35	54	5.05
塞尔维亚	56	5.34	51	5.38
马其顿	57	5.19	55	4.93
文莱达录萨兰国	58	5.06	56	4.93
马来西亚	59	5.04	57	4.81
哥斯达黎加	60	5.03	65	4.47
阿萨拜疆	61	5.01	60	4.62
巴西	62	5.00	62	4.59
圣文森特和格林纳达	63	4.81	59	4.71
赛舌尔	64	4.75	70	4.36
摩尔多瓦	65	4.74	67	4.46

（续表）

经济体	2012 排名	2012 IDI	2011 排名	2011 IDI
特立尼达和多巴哥	66	4.73	63	4.54
波斯尼亚与黑塞哥维那	67	4.71	64	4.49
乌克兰	68	4.64	69	4.38
土耳其	69	4.64	66	4.47
巴拿马	70	4.61	68	4.38
格鲁吉亚	71	4.59	73	4.24
毛里求斯	72	4.55	74	4.23
马尔代夫	73	4.53	71	4.31
亚美尼亚	74	4.45	75	4.18
圣路西亚	75	4.43	72	4.28
约旦	76	4.22	77	3.90
哥伦比亚	77	4.20	78	3.89
中国	78	4.18	79	3.86
委内瑞拉	79	4.17	76	4.00
阿尔巴尼亚	80	4.11	80	3.80
厄瓜多尔	81	4.08	83	3.73
斐济	82	3.99	81	3.79
墨西哥	83	3.95	82	3.78
南非	84	3.95	85	3.67
蒙古	85	3.92	90	3.59
埃及	86	3.85	87	3.65
苏里南	87	3.84	84	3.73
越南	88	3.80	86	3.65
摩洛哥	89	3.79	89	3.59
伊朗（伊斯兰共和国）	90	3.79	88	3.61
突尼斯	91	3.70	92	3.58
秘鲁	92	3.68	91	3.58
牙买加	93	3.68	93	3.54
多米尼加共和国	94	3.58	95	3.36
泰国	95	3.54	94	3.42
佛得角	96	3.53	96	3.18
印度尼西亚	97	3.43	97	3.14
菲律宾	98	3.34	98	3.14
玻利维亚	99	3.28	102	3.08
萨尔瓦多	100	3.25	103	3.06
汤加	101	3.23	101	3.09

（续表）

经济体	2012 排名	2012 IDI	2011 排名	2011 IDI
叙利亚	102	3.22	99	3.13
巴拉圭	103	3.21	100	3.10
乌兹别克斯坦	104	3.12	104	3.02
圭亚拉	105	3.08	106	2.96
阿尔及利亚	106	3.07	105	2.98
斯里兰卡	107	3.06	107	2.92
博茨瓦纳	108	3.00	108	2.83
纳米比亚	109	2.85	111	2.60
洪都拉斯	110	2.74	109	2.70
古巴	111	2.72	110	2.66
加蓬	112	2.61	112	2.46
加纳	113	2.60	114	2.30
尼加拉瓜	114	2.54	113	2.39
津巴布韦	115	2.52	119	2.16
肯尼亚	116	2.46	116	2.23
斯威士兰	117	2.44	115	2.27
不丹	118	2.40	117	2.19
苏丹	119	2.33	118	2.19
柬埔寨	120	2.30	121	2.05
印度	121	2.32	120	2.13
尼日利亚	122	2.18	123	1.96
老挝	123	2.10	122	1.99
塞内加尔	124	2.02	125	1.88
所罗门群岛	125	1.97	124	1.91
莱索托	126	1.95	126	1.84
也门	127	1.89	129	1.76
冈比亚	128	1.88	127	1.79
巴基斯坦	129	1.83	128	1.78
乌干达	130	1.81	130	1.72
吉布提	131	1.77	131	1.71
赞比亚	132	1.77	137	1.64
毛里塔尼亚	133	1.76	133	1.70
缅甸	134	1.74	132	1.70
孟加拉	135	1.73	139	1.62
喀麦隆	136	1.72	136	1.66
科特迪瓦	137	1.70	135	1.66
科摩罗	138	1.70	134	1.68

（续表）

经济体	2012 排名	2012 IDI	2011 排名	2011 IDI
安哥拉	139	1.68	138	1.63
刚果（共和国）	140	1.66	140	1.58
卢旺达	141	1.66	143	1.54
坦桑尼亚	142	1.65	141	1.57
贝宁	143	1.60	142	1.57
马里	144	1.54	144	1.43
马拉维	145	1.43	145	1.41
利比里亚	146	1.39	148	1.27
刚果（民主共和国）	147	1.31	146	1.30
莫桑比克	148	1.31	149	1.26
马达加斯加	149	1.28	147	1.28
几内亚比绍	150	1.26	152	1.19
埃塞俄比亚	151	1.24	150	1.22
几内亚	152	1.23	151	1.20
厄立特里亚	153	1.20	153	1.15
布基纳法索	154	1.18	154	1.11
乍得	155	1.01	156	0.94
中非共和国	156	1.00	155	1.00
尼日尔	157	0.99	157	0.93

数据来源：国际电联《衡量信息社会发展2013年》。

2012年世界主要国家和地区固定宽带价格

		固定宽带价格			
排名	经济体	占人均 GNI 百分比	美元	PPPS	2011年以美元计的GNIp.c(或提供的最新数字)
1	中国澳门	0.2	7.9	9.3	45460
2	科威特	0.4	14.5	12.6	48900
3	美国	0.4	15.0	15.0	48450
4	瑞士	0.6	38.3	23.4	76380
5	卢森堡	0.6	40.3	31.5	78130
6	安道尔	0.6	21.8	N/A	41750
7	英国	0.7	20.8	19.2	37780
8	日本	0.7	26.6	19.9	45180
9	挪威	0.7	53.3	33.7	88890
10	中国香港	0.7	21.6	31.3	35160
11	卡塔尔	0.8	54.9	52.8	30440
12	法国	0.8	29.2	24.1	42420
13	瑞典	0.8	36.8	26.7	53230
14	新加坡	0.8	30.0	36.6	42930
15	荷兰	0.9	35.4	30.2	49730
16	塞浦路斯	0.9	21.9	22.9	29450
17	比利时	0.9	34.7	28.8	46160
18	丹麦	0.9	46.4	31.8	60390
19	芬兰	0.9	37.4	28.8	48420
20	意大利	1.0	28.0	25.5	35330
21	特立尼达和多巴哥	1.0	12.3	19.2	15040
22	奥地利	1.0	41.6	35.3	48300
23	加拿大	1.1	40.4	32.4	45560
24	爱尔兰	1.1	34.8	29.8	38580
25	冰岛	1.1	31.8	26.1	35020
26	德国	1.1	41.7	37.3	43980
27	希腊	1.1	23.7	24.2	25030
28	立陶宛	1.2	12.1	38.4	12280
29	俄罗斯联邦	1.2	10.2	16.6	10400
30	阿拉伯联合酋长国	1.2	40.6	42.9	40760
31	马耳他	1.2	19.3	24.8	18620
32	西班牙	1.3	33.5	33.6	30990
33	拉脱维亚	1.3	13.8	19.1	12350
34	土耳其	1.4	12.5	20.8	10410
35	罗马尼亚	1.4	9.5	17.2	7910
36	捷克共和国	1.5	22.6	28.8	18520
37	马拉圭	1.5	14.9	16.3	11860
38	马尔代夫	1.5	8.2	11.5	6530
39	委内瑞拉	1.5	15.4	18.3	11920
40	韩国	1.6	27.1	36.5	20870

（续表）

排名	经济体	固定宽带价格			2011 年以美元计的 GNIp.c（或提供的最新数字）
		占人均 GNI 百分比	美元	PPPS	
41	以色列	1.6	28.3	34.0	28930
42	澳大利亚	1.6	61.9	38.4	46200
43	阿曼	1.6	26.0	29.8	19260
44	巴哈马	1.6	30.0	43.0	21970
45	克罗地亚	1.6	19.0	26.2	13850
46	葡萄牙	1.6	29.2	33.1	21250
47	赛舌尔	1.8	16.3	36.7	11130
48	爱沙尼亚	1.8	22.2	29.5	15200
49	毛里求斯	1.8	12.2	20.1	8240
50	斯洛文尼亚	1.8	36.2	41.0	23610
51	波兰	1.9	19.9	31.5	12480
52	哈萨克斯坦	1.9	13.2	15.4	8220
53	保加利亚	1.9	10.5	21.5	6550
54	文莱达努萨兰国	1.9	51.7	77.6	31800
55	巴西	2.0	17.8	16.6	10720
56	巴林	2.0	26.6	34.6	15920
57	斯洛伐克	2.1	27.6	37.6	16070
58	突尼斯	2.1	7.0	15.4	4070
59	波斯尼亚与黑塞哥维那	2.1	8.3	15.7	4780
60	斯里兰卡	2.1	4.5	8.9	2580
61	巴拿马	2.1	14.0	25.5	7910
62	墨西哥	2.3	17.6	26.7	9240
63	黎巴嫩	2.3	17.6	26.1	9110
64	新西兰	2.4	59.2	49.0	29350
65	白俄罗斯	2.5	11.9	30.9	5830
66	哥斯达黎加	2.5	15.8	22.3	7660
67	智利	2.5	25.8	31.1	12280
68	沙特阿拉伯	2.7	39.7	47.3	17820
69	阿萨拜疆	2.9	12.7	18.6	5290
70	乌克兰	2.9	7.5	15.1	3120
71	匈牙利	2.9	31.0	47.8	12730
72	马来西亚	3.1	21.6	34.8	8420
73	黑山	3.3	19.5	36.8	7060
74	马其顿	3.4	13.5	32.1	4730
75	埃及	3.5	7.6	17.2	2600
76	圣基茨和尼维斯	3.5	36.7	41.6	12480
77	阿尔巴尼亚	3.6	11.9	26.4	3980
78	哥伦比亚	3.7	18.7	26.7	6110
79	阿尔及利亚	3.8	14.1	23.4	4470
80	秘鲁	3.9	18.0	30.9	5500
81	利比亚	4.0	40.8	67.5	12320
82	巴巴多斯	4.3	45.2	66.1	12660
83	亚美尼亚	4.3	12.1	21.3	3360
84	塞尔维亚	4.5	21.2	40.8	5680
85	阿根廷	4.5	36.5	58.7	9740
86	伊朗（伊斯兰共和国）	4.7	17.8	48.6	4520
87	加蓬	4.8	31.8	45.7	7980
88	南非	4.8	28.1	38.4	6960

（续表）

排名	经济体	固定宽带价格			2011 年以美元计的 GNIp.c（或提供的最新数字）
		占人均 GNI 百分比	美元	PPPS	
89	格林纳达	4.9	29.4	42.2	7220
90	摩洛哥	4.9	12.2	20.0	2970
91	格鲁吉亚	5.0	11.9	20.4	2860
92	约旦	5.1	18.7	24.0	4380
93	印度	5.1	6.0	14.4	1410
94	蒙古	5.3	10.3	16.0	2320
95	多米尼加共和国	5.3	23.3	41.6	5240
96	安提瓜和巴布达	5.5	54.9	70.3	12060
97	多米尼克	5.6	33.0	28.6	7090
98	泰国	5.6	20.7	36.2	4420
99	中国	5.6	23.0	36.1	4940
100	厄瓜多尔	5.8	20.2	37.4	4140
101	不丹	6.2	10.7	27.2	2070
102	斐济	6.4	19.5	21.3	3680
103	圣路西亚	6.5	36.2	48.5	6680
104	苏里南	6.6	41.9	47.4	7640
105	圣文森特和格林纳达	6.6	33.6	57.8	6100
106	萨尔瓦多	7.0	20.3	37.8	3480
107	牙买加	7.0	29.2	42.2	4980
108	孟加拉	7.3	4.7	11.8	770
109	摩尔多瓦	7.7	12.8	22.0	1980
110	叙利亚	7.9	18.1	38.9	2750
111	危地马拉	8.6	20.6	32.1	2870
112	巴拉圭	8.8	21.8	32.6	2970
113	苏丹	9.0	9.7	16.9	1300
114	印度尼西亚	9.1	22.2	29.7	2940
115	乌兹别克斯坦	9.1	11.5	21.2	1510
116	博茨瓦纳	9.2	57.3	97.4	7480
117	圭亚那	10.1	24.5	28.2	2900
118	土库曼斯坦	10.2	35.0	68.1	4110
119	越南	11.3	11.8	26.2	1260
120	佛得角	11.3	33.3	36.2	3540
121	洪都拉斯	12.1	19.3	36.2	1970
122	菲律宾	12.4	22.9	39.9	2210
123	密克罗尼西亚	13.7	33.0	39.8	2900
124	玻利维亚	14.4	24.5	51.9	2040
125	马绍尔群岛	15.3	50.0	N/A	3910
126	巴基斯坦	15.5	14.5	33.8	1120
127	安哥拉	15.7	53.2	61.3	4060
128	萨摩亚	16.1	42.7	55.3	3190
129	伯利兹	16.3	50.0	81.3	3690
130	吉尔吉斯斯坦	16.3	12.5	28.2	920
131	也门	16.5	14.7	25.4	1070
132	纳米比亚	17.5	68.7	33.6	4700
133	尼泊尔	17.8	8.0	16.6	540
134	汤加	19.2	57.3	64.1	3580
135	尼加拉瓜	22.8	22.2	52.5	1170
136	马里塔尼亚	26.8	22.3	49.8	1000
137	斯威士兰	27.5	75.7	124.0	3300

（续表）

排名	经济体	固定宽带价格			2011 年以美元计的 GNIp.c（或提供的最新数字）
		占人均 GNI 百分比	美元	PPPS	
138	吉布提	29.9	31.6	60.2	1270
139	乌干达	32.9	14.0	42.2	510
140	柬埔寨	34.0	23.5	62.0	830
141	加纳	36.6	43.0	51.6	1410
142	尼日利亚	39.0	39.0	68.0	1200
143	坦桑尼亚	42.4	19.1	54.9	540
144	塞内加尔	42.8	38.1	67.5	1070
145	东帝汉	43.5	99.0	175.4	2730
146	瓦努阿图	44.0	105.2	158.7	2870
147	基里巴斯	44.0	77.4	111.2	2110
148	科特迪瓦	46.2	42.5	64.0	1100
149	肯尼亚	49.3	33.7	41.6	820
150	津巴布韦	56.3	30.0	N/A	640
151	喀麦隆	61.0	61.5	115.2	1210
152	埃塞俄比亚	71.0	23.7	74.0	400
153	科摩罗	81.5	52.3	72.2	770
154	贝宁	81.5	53.0	107.6	780
155	海地	81.9	47.8	77.7	700
156	莱索托	84.0	85.4	132.4	1220
157	赞比亚	85.1	82.3	0.1	1160
158	布基纳法索	98.2	46.6	101.7	570
159	马里	98.4	50.0	82.2	610
160	多哥	101.2	47.2	84.3	560
161	圣多美与普林西比	103.0	116.8	163.1	1360
162	莫桑比克	149.3	58.5	107.4	470
163	巴布亚新几内亚	150.5	185.6	271.1	1480
164	马拉维	169.7	48.1	119.7	340
165	马达加斯加	177.8	63.7	132.7	430
166	尼泊尔	210.2	63.0	123.3	360
167	阿富汗	221.3	53.5	129.0	290
168	所罗门群岛	280.2	259.2	502.6	1110
169	古巴	386.9	1760.4	N/A	5460

数据来源：国际电联《衡量信息社会发展 2013 年》。

2012 年中国邮政集团公司主要业务数据

一、规模和综合通信能力

名　　称	数　　量	单　　位
营业总收入	3213.5（增长 24.2%）	亿元
全国邮政从业人员	92.78	万人
邮政支局所	4.7	万处
电子化支局	3.9	万处
邮政自有生产用房	2822.9	万平方米
邮路	2.4	万条
邮路总长度（单程）	586	万公里
航空邮路	316	万公里
各类生产用汽车	7.6	万辆
全国邮政信函、包刷分拣机	241	套
全国邮政用微机	37.6	万台
ATM 柜员机	5	万台

二、业务数据

业　务	业务收入（亿元）	同比增长	说　　明
函件业务	131.4	7.0%	持续推进汽车、银行、保险、零售、房产五大行业直邮解决方案应用。 贺卡迈出了转型发展的步伐：二维码、“明码+密码”等元素的加载，实现了“线上+线下”互动；与央视、各地合作推广的电影卡项目，拓展了贺卡对接电视媒体、地区活动的新功能；通过书信、民俗、祈福文化内涵的不断挖掘，贺卡文化得到深入推广；通过服务政务、商务、旅游等市场。 8 月 1 日试行开办国内小包业务
包裹业务	9.6	8.7%	全国邮政共受理公益包裹捐赠款 6018.16 万元，其中爱心包裹捐赠款 4552.16 万元，母亲邮包捐助款 1466 万元，已使 38.6 万贫困学生和 13 万贫困母亲受益。爱心包裹项目获“公益中国 2012 年度最佳实践奖”；母亲邮包项目获“第八届中华慈善奖最具影响力慈善项目”和“2012 年中国慈善推动者”称号
分销业务	15.87	11.5%	全国邮政“三农服务站”累计数量达 11.8 万处，其中乡镇直营店 2.2 万处，直营店覆盖率达 64%；加盟店 9.6 万处，行政村覆盖率为 15%。全国邮政已建成县域和乡镇配送中心 3200 个，购置各类配送车辆 2312 辆；吸收农村就业人口 10 万余人
代理金融业务	523.71	13.5%	全国共有代理金融网点 31494 个，其中县城及以下网点占 75%。代理金融共有客户 4.58 亿户，ATM 自动取款机 2.2 万台，CRS 存取款一体机 4281 台。全国邮政代理储蓄余额规模达到 2.95 万亿元，同比增长 18.83%。全年发放邮政绿卡同比增长 10.06%，绿卡交易同比增长 60.2%，交易金额同比增长 39.89%。全年国内汇款收汇 1.85 亿笔，较上年下降 12.16%。代理金融人民币理财保有量同比增长 101.35%。代理金融个人网银客户结存 2346.97 万户，实现交易笔数 2.85 亿笔，交易金额 2373 亿元。手机银行客户结存 448.29 万户，实现交易笔数 1765 万笔，交易金额 105.79 亿元。邮政金融电子银行渠道替代率达 40.26%

（续表）

业　务	业务收入（亿元）	同比增长	说　　明
增值业务	44.73	26.1%	航空机票销售规模再上台阶，全年共销售 600 多万张，同比增长 43.3%，已成为国内第五大机票代理人；代收代缴业务增幅再创新高，受代收电费、代收税费发展拉动，代收代缴业务收入近 7 亿元，同比增长 51.6%；自邮一族业务有所突破，新增会员 104 万户，总数达 252.9 万户；短信业务健康发展，全年收入 27.5 亿元，同比增长 31.2%，储蓄短信在网用户超过 1.1 亿户；邮政便民服务站累计发展数量近 18 万个
国际及港澳台函件业务	17.95	48.5%	国际及港澳台小包业务正在成长为中国小额电子商务出口的重要渠道之一。中国邮政致力于不断加强与境外邮政的业务合作和产品创新，为国内电商客户提供总部对接服务，对促进中国的电子商务出口贸易发挥了重要作用
报刊发行业务	88.7	10%	圆满完成中央提出的党报党刊稳定增长目标，有效地扩大了党的舆论宣传阵地。采取市场化的发行方式，集中精力做大做强主流报刊，提升“中国邮政发行畅销报刊”的品牌影响力。围绕“阅读伴您成长”主题，为青少年的健康成长提供了文化精品
中邮保险	155	86.35%	已拓展至江西、四川、陕西、北京、天津、辽宁、江苏、浙江、安徽、宁夏、河南和黑龙江 12 省（区、市）161 地市 808 县市 17230 个网点。建立突发事件预先赔付机制，快速应对各类自然灾难。开展了中邮保险成立三周年系列宣传活动

业　务	项　目	同比增长	说　　明
邮储银行	全行资产（万亿元） 4.9	19%	全行资产规模居银行同业第 7 位，全国个人储蓄存款稳居同业第四，成功上线 36 个系统，共完成了 65 项中间业务平台新业务和 7 项应用系统的自主开发
速递物流	业务量（万件） 7.6	18.4%	在国内 31 个省（自治区、直辖市）设立全资子公司，拥有邮政货运航空公司、中邮物流有限责任公司等子公司，业务范围遍及全国的所有市县乡（镇），通达包括港、澳、台地区在内的全球 200 余个国家和地区，营业网点超过 4.5 万处

业　务	邮票销售（亿枚）	集邮品销售（万册）	说　　明
邮票发行	11.8	5746	中国邮政发行纪特邮票 32 套，其中纪念题材 12 套，特种题材 20 套，共 89 个图，3 个小型张，1 个小全张，3 个小本票，总面值 137.2 元，售价 169.2 元。发行个性化服务专用邮票 2 枚，贺年专用邮票 1 枚，贺年小全张 1 枚。全年发行纪念邮资信封 4 套 4 枚，纪念邮资明信片 3 套 3 枚，普通邮资信封 7 枚，普通邮资明信片 12 枚，普通邮资信卡 1 枚，发行中国邮政贺卡 6 种类型，计 220 枚

三、科技创新

全国邮政科技总投入 12405 万元，其中集团公司科研经费投入 2548 万元。集团公司安排课题 26 项，其中软科学研究项目 7 项，科技发展项目 8 项，标准项目 11 项。全国邮政共登记科技成果 242 项，发表科技论文 171 篇，出版科技著作 14 种，拥有发明专利总数 42 项。

科技项目在支撑企业发展创新、提升管理水平等方面加强基础研究和应用实施。软科学研究方面完成了一批重大课题：“中国邮政集团公司‘十二五’发展规划”、“2011-2013 年邮政三年滚动规划”、“中国邮政电子邮政业务发展规划”、“中国邮政便民服务平台规划”等课题。

在应用技术方面大力推动了物联网、新模式、新工艺、新材料等在邮政的研究应用。创新投递模式，完成了智能包裹箱原型机和系统的研制开发工作；研制的新式塑料瓦楞板信盒更具实用性；干线邮运车辆全部实现了卫星定位监控，为集中指挥调度奠定了基础；建立了基于 RFID 技术的邮件时限跟踪监测体系，促进了全网邮件传输质量的显著提升。

（由于 2013 年报尚未公布，本文中的统计数据摘录自中国邮政集团公司 2012 年报）

《2013～2014中国通信业发展分析报告》征订启事

《中国通信业发展分析报告》由中国通信企业协会主编，人民邮电出版社出版，每年出版一本，旨在反映当年中国通信业的发展变化情况，分析行业发展的趋势，探讨行业热点、难点问题，为政府和相关部门提供行业发展方面的分析与建议。自2006年出版以来，其因为客观、中立的视角，翔实丰富的数据，而受到业界的欢迎和认可。

《2013～2014 中国通信业发展分析报告》聚焦通信、互联网及战略性新兴产业领域，全面梳理了中国通信业的发展变化情况，对中国通信业的行业发展、电信运营企业（包括互联网企业）的发展、宽带及移动通信发展、新一代信息技术发展、互联网发展、网络与信息安全、通信设备制造及建设运维、政策法规等过去一年的重大研究成果及问题进行了比较全面的论述、分析和研究，同时，也对2014年通信业的发展作出了预测和展望。书中提出了推进LTE运营和发展的思路以及向新一代传送网演进的技术发展趋势，并对移动通信转售业务对民资开放、智能管道、信息消费、4G牌照发放对中国通信业的影响、四化同步、移动宽带互联网、互联网监管、OTT对“去电信化”的影响、广电系统的发展、中国铁路通信、全球卫星通信热点问题进行了全面详细的阐述，反映了行业内的不同声音。书中以摘要的形式收录了国务院关于促进信息消费扩大内需、“宽带中国”战略及实施方案和推进物联网有序健康发展的指导意见以及工业和信息化部2013年发布的重要文件。同时，书中还搜集了2013年中国通信业的大事记和通信业的各项评奖结果，并提供了大量全面反映当前通信业发展状况的专业统计数据。总之，《2013～2014 中国通信业发展分析报告》内容丰富，数据翔实，具有较强的分析性、研究性和参考性。

各单位如需订购，请按以下方式联系。

联 系 人：杨瑞琴　刘　婷

联系电话：010-81055598　　传真：010-81055464

010-66053341　　010-66034734

通信地址：北京市丰台区成寿寺路11号邮电出版大厦805室

邮政编码：100164

E-mail：yrq@bjxintong.com.cn

《2013～2014中国通信业发展分析报告》

征订单（复印有效）

<table>
<tr><td>书　　名</td><td colspan="4">《2013～2014 中国通信业发展分析报告》</td></tr>
<tr><td>书　　号</td><td colspan="4">ISBN 978-7-115-35127-2</td></tr>
<tr><td>开　　本</td><td>大 16 开</td><td>定价</td><td colspan="2">360 元/册</td></tr>
<tr><td>订阅单位</td><td colspan="4"></td></tr>
<tr><td>邮寄地址</td><td colspan="4">（邮编：　　　　　　）</td></tr>
<tr><td>联系电话</td><td></td><td>联 系 人</td><td colspan="2"></td></tr>
<tr><td>订阅册数</td><td></td><td>金　　额</td><td colspan="2"></td></tr>
<tr><td>E-mail</td><td></td><td>传　　真</td><td colspan="2"></td></tr>
<tr><td rowspan="3">邮局汇款</td><td rowspan="3">地址：北京市丰台区成寿寺路 11 号邮电出版大厦 805 室 北京信通传媒有限责任公司发行部（收）
邮编：100164</td><td rowspan="3">银行汇款</td><td>户名</td><td>北京信通传媒有限责任公司</td></tr>
<tr><td>开户行</td><td>中国工商银行北京体育馆路支行</td></tr>
<tr><td>账号</td><td>0200008109200044661</td></tr>
<tr><td>是否要发票</td><td></td><td>发票抬头</td><td colspan="2"></td></tr>
<tr><td>发票明细</td><td colspan="4">☐ 资料费　　☐书费</td></tr>
</table>

广告索引

前插

中插